Thomas Müller • Alexander Coels

Anlagezyklen I

Thomas Müller • Alexander Coels

ANLAGEZYKLEN I

Die besten Anlagezeiträume für Aktien

BÖRSENVERLAG

Bibliografische Information der Deutschen Bibliothek:
Die Deutsche Bibliothek verzeichnet diese Publikation in der Deutschen Nationalbibliografie; detaillierte bibliografische Daten sind im Internet über http://dnb.ddb.de abrufbar.

TM BÖRSENVERLAG AG
Dr.-Steinbeißer-Straße 10, 83026 Rosenheim
Telefon: 0 80 31/20 33 -0, Telefax: 0 80 31/20 33 30
Internet: www.boersenverlag.de

1. Auflage März 2008

ISBN 978-3-930851-67-6

Printed in EU

*„An der Börse haben sich die
Menschen stets gleich verhalten.
Ihre Motive waren Gier, Angst,
Unwissenheit und Hoffnung.
Deshalb entstehen immer wieder
die gleichen numerischen
Formationen und Muster.“*

Jesse Livermore

Inhaltsverzeichnis

Vorwort

Liebe Leserinnen und Leser,

vor Ihnen liegt ein Nachschlagewerk, in dem es einzig und alleine um Anlagezyklen geht, also um die aus zyklischer Sicht besten bzw. schlechtesten Anlagezeiträume innerhalb eines Jahres.

Wir würden uns freuen, wenn Sie dieses Buch immer wieder zur Hand nehmen, sobald Sie über eine Börsentransaktion nachdenken. Und zwar unabhängig davon, ob Sie sich als Investor oder als Trader sehen. Denn:

Für den, der sich noch nicht mit Börsenzyklen beschäftigt hat, klingt es vielleicht unglaublich, aber die „Anlagezyklen" zeigen Ihnen den wahrscheinlichsten Kursverlauf innerhalb eines Jahres. Denn Aktienkurse folgen einer Saisonalität, die sich z.B. aus den jeweiligen Geschäftsjahren und damit den Terminen für Hauptversammlungen, Dividendenausschüttungen, Quartalsberichten und den Prognosen dafür ergeben. Und für deren Berechnung gibt es auch überhaupt kein „Geheimnis" und wenn doch, dann lüften wir es in diesem Buch. Konkret:

Wie Sie im Nachfolgenden sehen werden, sind diese Saisonalitäten zunächst einmal das Ergebnis einer Übereinanderlagerung aller Kursveränderungen für jeden einzelnen, gleichen Tag des Jahres. Diese tagesdurchschnittlichen Kursveränderungen werden dann aneinandergereiht und ergeben somit den jährlichen Anlagezyklus einer Aktie. Das heißt:

Dadurch wird der „typische" Kursverlauf, also das historisch wiederkehrende Muster, sichtbar, von dem es in der täglichen Praxis natürlich immer wieder Abweichungen gibt. Denn es versteht sich von selbst, dass Terroranschläge, Kriege, Naturkatastrophen, Wirtschaftskrisen, Firmenpleiten oder sonstige Extrem-Ereignisse, die sich auf den Gesamtmarkt oder einzelne Unternehmen auswirken, nicht durch die Zyklen vorhersehbar sind. Doch aufgrund unserer Studien sind wir überzeugt davon, dass die Kurse letztlich immer wieder in ihren Zyklus einschwenken. Bedenken Sie:

In der Finanzindustrie gilt der als „Star", der seine Benchmark (d.h. den Index, auf den sich seine überwiegenden Investments beziehen) übertrifft. Das schaffen nur die wenigsten Fondsmanager und kaum jemand ist in der Lage, seine Benchmark sogar über viele Jahre hinweg in den Schatten zu stellen. Wir kennen keinen Fondsmanager, der in deutsche Standardwerte investiert und damit die Dax-Performance in den letzten 20 Jahren um das

Mehrfache überbieten konnte. Eine solche Outperformance ist aber für jeden von uns möglich und dafür ist einzig und alleine eine Orientierung an den vorherrschenden Anlagezyklen erforderlich. Der Beweis:

Die Deutsche Börse AG hat mit dem Dax Seasonal Strategy einen Index kreiert, der den Dax seit 1987 sogar um sagenhafte 257% outperformen konnte, bei noch dazu weitaus geringeren Rückschlägen, als im Deutschen Leitindex zu akzeptieren waren! Dieser außergewöhnliche Mehr-Ertrag wurde alleine dadurch erreicht, dass in den nachweislich schlechtesten Anlagemonaten des Jahres auf Investments verzichtet wurde und genau dieses Konzept haben wir für dieses Werk auf 225 Aktien umgelegt. Das heißt:

Unter Berücksichtigung der Anlagezyklen würde der Dax heute im Bereich von 28.000 Punkten notieren und dementsprechend eine Allianz-Aktie jenseits von 600 Euro, eine Daimler bei mehr als 450 und Siemens deutlich über 500 Euro!

Das sind per heute apokalyptische Kursregionen, die sich aber alleine durch eine Berücksichtigung der jeweiligen Anlagezyklen (die immerhin aus den Kursveränderungen der letzten 20 Jahre resultieren) ergeben. Dieses Buch zeigt Ihnen nun die Anlagezyklen der für Sie bedeutendsten Aktien und sollte für Sie nun wichtiger denn je sein. Denn:

Es ist überhaupt keine Frage, dass langfristige Aktieninvestments die Basis eines jeden Portfolios/einer jeden Vermögensaufbaustrategie sein sollten. Dafür sind bisher Steuerüberlegungen sekundär gewesen, weil nach 12 Monaten sämtliche Kursgewinne steuerfrei waren. Für die Gewinne aus allen Käufen ab 2009 werden indes pauschal 25% Abgeltungssteuer fällig, so dass sich zyklenbasierende Transaktionen in Zukunft mehr denn je lohnen werden. Denn es kommt (sinnvollerweise) einzig und alleine auf das Ergebnis Ihrer Investments an, nicht mehr auf den zugrundeliegenden Zeitraum.

Dieses Buch zeigt Ihnen, wann Sie aus historischer Sicht Über-Renditen erzielen können, als Investor in Aktien und natürlich genauso mit Ihren Tradings auf der Call- und der Put-Seite.

Wir würden uns sehr freuen und es ist Ziel unserer Forschungen, Ihnen mit diesem Buch zu besseren Ergebnissen zu verhelfen.

Rosenheim, im Januar 2008

Thomas Müller Alexander Coels

1. Grundlagen

1.1 Zyklen

Der Begriff Zyklus kommt aus dem griechischen (kyklos) und bezeichnet einen Kreislauf. Die griechische Philosophie sah im Kreis ein Symbol für die Vollkommenheit, denn ein Kreis verfügt über keinen Anfang und kein Ende und jeder Punkt ist vom Zentrum gleich weit entfernt. Eine kreisförmige Bewegung kommt also immer zu sich selbst zurück, bevor sie von neuem beginnt. Mit Zyklen verhält es sich genauso, denn hier werden Bewegungen beschrieben, die sich fortlaufend wiederholen. Dabei prägen Zyklen das menschliche Leben wie kaum ein anderes Phänomen.

Der Tag folgt einem Zyklus, vom Sonnenaufgang bis zum Sonnenuntergang. Der Monat ist durch den Umlauf des Mondes und das Jahr durch die Umrundung der Sonne durch die Erde geprägt, was genauso zyklische Bewegungen sind. Und da die Sonne im Lauf des Jahres in größeren oder kleineren Winkeln die Erde bestrahlt, herrschen je nach Jahreszeit unterschiedliche Temperaturen. Die Jahreszeiten haben wiederum eine unmittelbare Auswirkung auf die Natur. Im Frühling erblüht die Umwelt, im Sommer reift sie, im Herbst verblüht sie und im Winter erstirbt sie.

An diesem **Jahreszeiten-Zyklus** orientiert sich die Landwirtschaft, die das Leben der meisten Menschen bis ins späte 19. Jahrhundert bestimmte. Im Frühling wurde ausgesät, im Sommer und Herbst geerntet und im Winter das Vieh geschlachtet. Auch wenn dieser direkte ökonomische Zusammenhang von den Menschen der heutigen Industriegesellschaft kaum noch wahrgenommen wird, durchlaufen wir alle einige Zyklen, die sich Jahr für Jahr wiederholen.

So wird im Frühling auf Sommerreifen gewechselt und in den Modeabteilungen sind die neuen Sommer-Kollektionen zu finden. Mit den ersten Sonnenstrahlen füllen sich Biergärten und Parks und immer mehr auch Freibäder bzw. Badeseen. Das Leben findet vermehrt im Freien statt und die meisten Jahresurlaube werden im Sommer genommen. Mit den allmählich sinkenden Temperaturen findet dann wieder sukzessive der Rückzug in die eigenen vier Wände statt. Es wird auf Winterreifen gewechselt und das Weihnachtsfest schiebt sich immer weiter in den Vordergrund. Die Konsumausgaben steigen bis zum 24. Dezember massiv an und gleich darauf finden Silvester-Partys statt. Die Zeit der Jahresrückblicke ist vorbei und es wird optimistisch und häufig mit vielen Vorsätzen in das neue Jahr geblickt. Der Winter entfaltet seine ganze Kraft, doch allmählich naht das Frühjahr. Der Zyklus – der keinen Anfang und kein Ende kennt – beginnt von neuem.

Dieser Jahreszeiten-Zyklus hat eine mächtige Bedeutung für die einzelnen Segmente der Wirtschaft, denn es kann z.B. im Winter nur eingeschränkt gebaut werden und in der Ferienzeit sind die Autobahnen voll aber die Geschäfte leer. Viele Branchen erzielen ihre Hauptumsätze durch das Weihnachtsgeschäft im vierten Quartal. Andere Bereiche profitieren vom Sommer oder Frühjahr oder Herbst. Die verschiedenen Branchen unterliegen also ihren ganz eigenen Zyklen, die mehr oder weniger ausgeprägt ausfallen.

Zyklen begegnen uns überall in der Wirtschaft. So lehrt das Marketing einen **Produktlebenszyklus**, nach dem der Entwicklung eines neuen Produktes die Einführungs- und dann im Erfolgsfall die Wachstumsphase folgen. Irgendwann ist die Reifephase und schließlich die Sättigungsphase erreicht, worauf die Rückgangsphase den Produktlebenszyklus abschließt.

Genauso entwickeln sich nach herrschender VWL-Meinung ganze Volkswirtschaften in **Konjunktur-Zyklen**. Die Expansion mündet in einen Boom, worauf Rezession und schließlich Depression folgen. Dabei beschäftigen sich ganze Heerscharen von Aktien-Analysten mit der Frage, in welcher Phase des Konjunktur-Zyklus sich einzelne Länder gerade befinden, um daraus Rückschlüsse für die geeignete Aktienauswahl zu ziehen. Denn lt. Lehrbuchmeinung werden die Börsentrends sog. **zyklischer Aktien** sehr stark vom Konjunktur-Zyklus beeinflusst. So sind z.B. die Hersteller von Nahrungsmitteln nur im geringen Maß vom Wirtschaftszyklus abhängig, während Unternehmen aus den Bereichen Konsum, Bau, Maschinenbau oder Stahl stark von der konjunkturellen Entwicklung beeinflusst werden. Denn in wirtschaftlich schlechten Zeiten (oder vielmehr der Erwartung solcher) werden nicht unbedingt notwendige Konsumausgaben bzw. Investitionen zurückgestellt und in den anschließenden Expansions- und Boomphasen nachgeholt.

1.1.1 Zyklen & Börse

Es dominieren also eine Vielzahl von Zyklen und deshalb wäre es verwunderlich, wenn Zyklen nicht auch an der Börse eine wichtige Rolle spielen würden. Dabei gibt es natürlich nicht „den" Zyklus, sondern eine Vielzahl einander überlagernder Zyklen, die dem Betrachter einen engen oder weiten Interpretationsspielraum erlauben.

Zu Letzterem sind zum Beispiel der **Technologiezyklus** und der **Demographie-Zyklus** zu zählen. Denn etwa alle 80 Jahre setzen sich neue Technologien durch (Dampfmaschine, Eisenbahn, Elektrotechnik, Automobil, Internet), die erhebliche Auswirkungen auf die Wirtschaft haben. Genauso ist die demographische Entwicklung einzelner Volkswirtschaften Treiber mächtiger Börsentrends, da Wachstum in erheblichem Maß von der ansteigenden oder rückläufigen Zahl an Konsumenten abhängt.

Technologie- und Demographie-Zyklus deuten Jahrzehnte im Voraus das *Ausmaß* der bevorstehenden Hausse- und Baisse-Phasen an, sind aber *nicht* für Timing-Aspekte zu gebrauchen.

Dagegen zeigen **Kalendarische Zyklen** bzw. **Saisonalitäten**, *wann* mit zyklischen Wendepunkten zu rechnen ist, also sich bestimmte Trendphasen abwechseln. Zu dieser Kategorie sind der Jahrzehntzyklus, der Wahl-Zyklus, der Zyklus der 4-Jahres-Tiefs, die unterjährigen Börsenzyklen und der Jahreszyklus zu zählen, um den es in diesem Buch geht. Im einzelnen:

1.1.2 Jahrzehntzyklus

Dieser Zyklus unterteilt sich in die einzelnen Jahre innerhalb eines Jahrzehnts, reicht also von den 0er bis zu den 9er Jahren. Seit Beginn der Kurshistorien (Dow Jones 1896, Dax 1959) ist zu beobachten, dass die zweite Jahrzehnthälfte deutlich erfolgreicher verläuft als die erste, denn Dax und Dow Jones konnten sich zwischen 0er und 4er Jahren bisher im Mittel um 9% verbessern, zwischen 5er und 9er Jahren aber um 69%.

Dabei neigen die Börsen dazu, im Laufe von 0er Jahren in eine Baisse umzuschwenken, deren Tiefpunkt in 2er Jahren markiert wird. Nach ei-

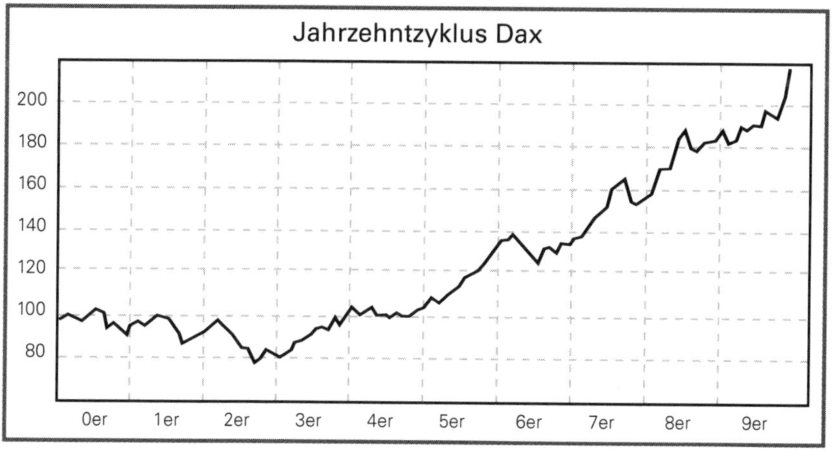

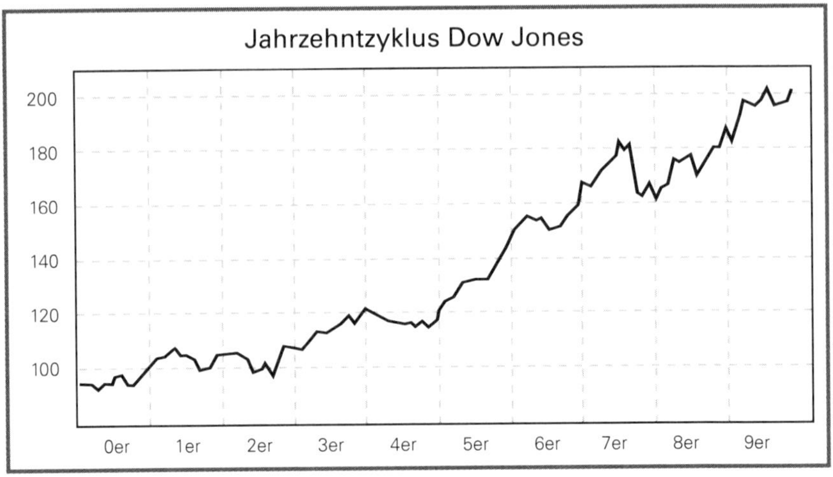

ner breiten Erholung in 3er Jahren und einer Seitwärtskonsolidierung in 4er Jahren startet dann eine neue Hausse, die in 6er und 7er Jahren von Korrekturen unterbrochen wird und ihren Hochpunkt am Ende von 9er bzw. am Anfang von 0er Jahren findet.

1.1.3 Wahlzyklus

Dieser Zyklus unterteilt sich in die einzelnen Jahre einer Wahlperiode, also in Wahljahre, Nachwahljahre, zweite Nachwahljahre und Vorwahljahre. Dabei steigen die Kurse im Vorfeld der Wahlen an, um im Anschluss wieder deutlich nachzugeben.

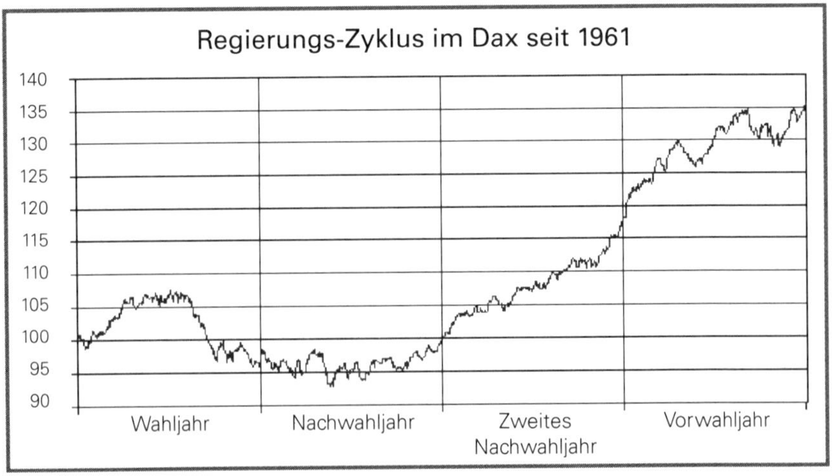

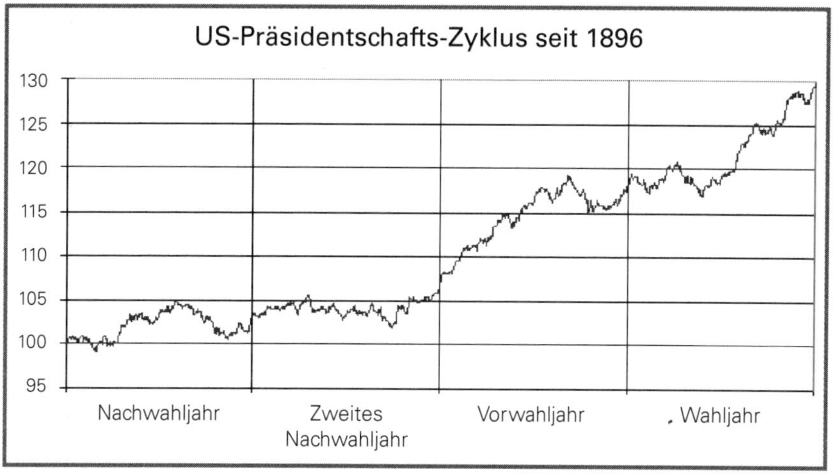

In den USA neigen die Kurse dazu, in Nachwahljahren ihre zyklischen Tiefs herauszubilden, in zweiten Nachwahljahren seitwärts zu tendieren und in Vorwahljahren sowie Wahljahren kräftig anzuziehen. In Deutschland kippen die Kurse in der Regel kurz vor den Wahlen, finden dann ebenfalls das Tief in Nachwahljahren und haussieren in zweiten Nachwahljahren bzw. Vorwahljahren.

1.1.4 Unterjährige Börsenzyklen

Diese Zyklen zeigen, dass sogar Tages- und Monatstendenzen einem zyklischen Muster folgen. So sind nach dem **Tageszyklus** aus langfristiger Sicht Freitage eher von Kursgewinnen geprägt, während an Montagen

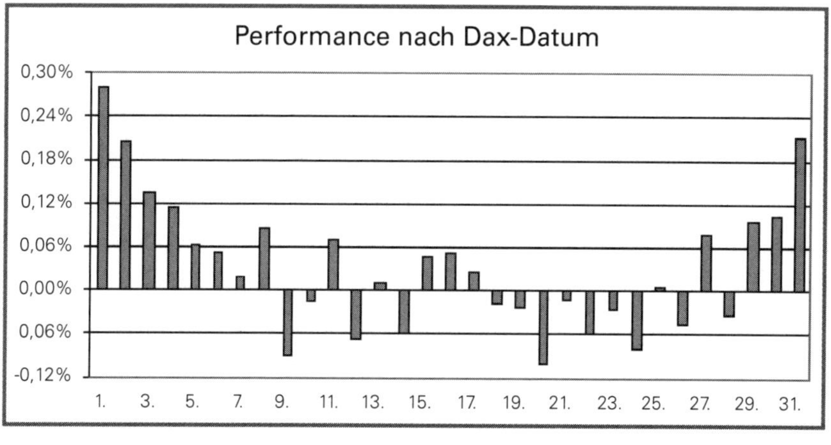

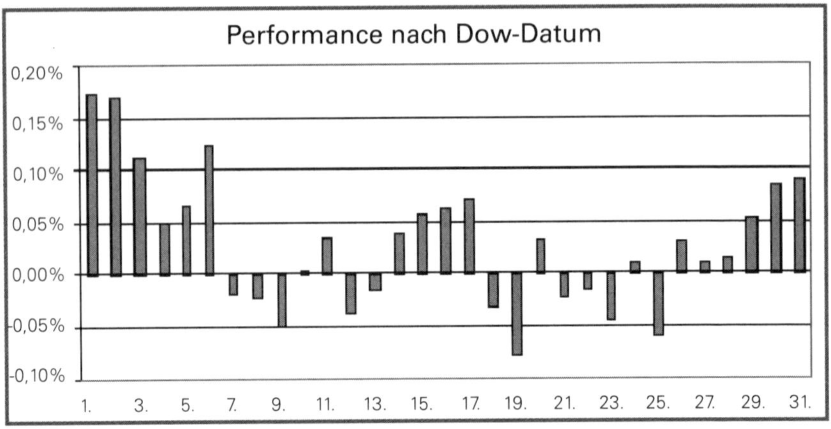

die Kurse häufig fallen. Nach dem **Datumszyklus** gewinnen die Kurse um den Monatswechsel herum, um in der Monatsmitte zu konsolidieren.

1.1.5 Zyklus der 4-Jahres-Tiefs

Nach diesem Zyklus eröffnet sich alle 4 Jahre eine ganz besondere Kaufchance. Der Zyklus lässt sich in den USA bis 1898 zurückverfolgen und hat im Dow Jones z.B. die Tiefs von 2006, 2002 und 1998 als bedeutende Einstiegszeitpunkte identifiziert. Im Dax gilt der Zyklus genauso, wobei die Tiefpunkte bisher häufig etwas später markiert wurden.

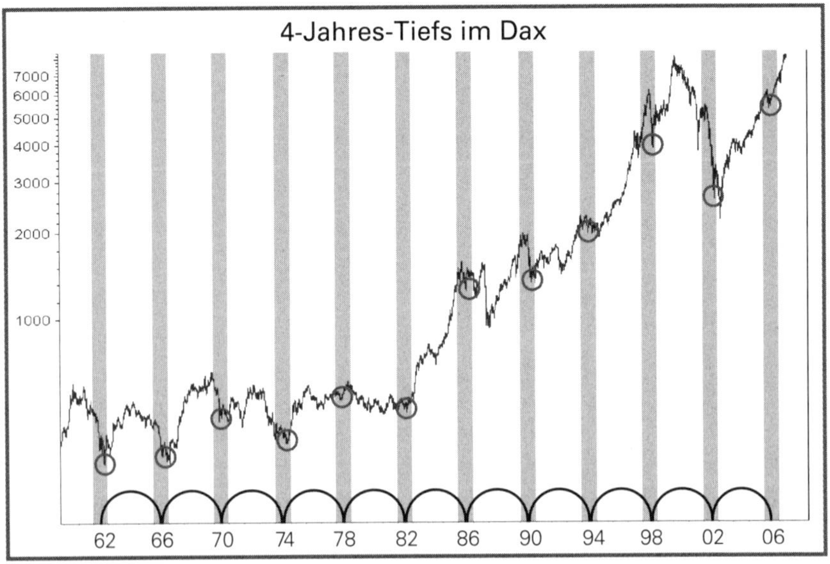

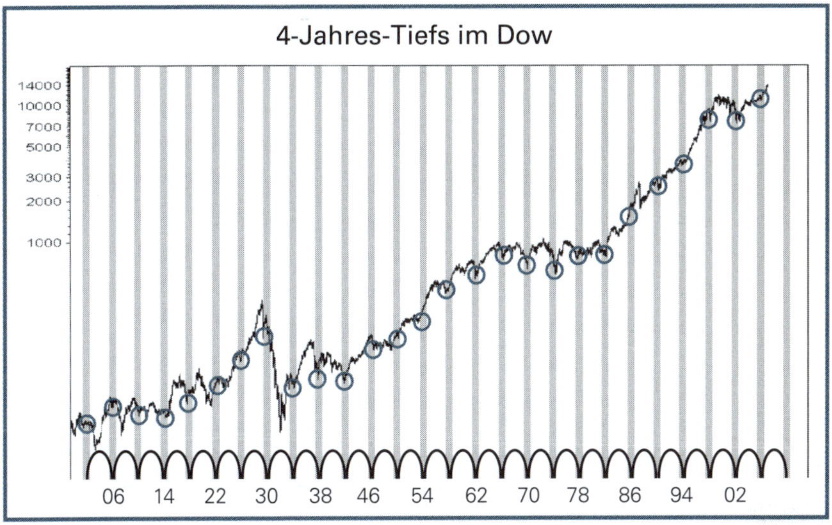

1.1.6 Jahreszyklus

Dieser Zyklus zeigt, wie sich die Kurse innerhalb eines Jahres entwickeln. Denn zum Jahresanfang startet typischerweise eine Rallye, die sich im Frühjahr fortsetzt. Dann kommt es zu einer mehrwöchigen Konsolidierung, der sich eine Sommer-Rallye anschließt. Im Hochsommer kippen die Trends und die Kurse schlagen eine stärkere Korrektur ein. Dann beginnt die Herbst-Rallye und die Kurse ziehen bis Jahresende wieder deutlich nach oben.

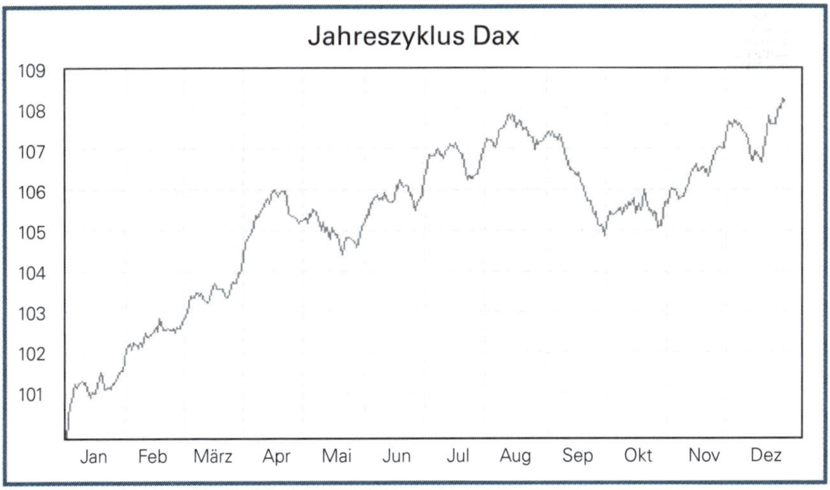

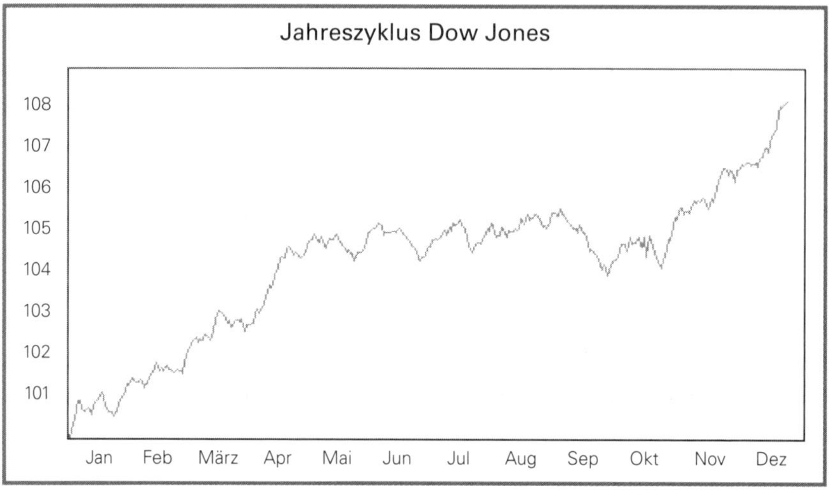

Natürlich hat jedes Jahr seinen ganz eigenen Charakter (genauso wie jeder Monat oder jedes Jahrzehnt), aber genau deshalb ist es überaus faszinierend, wie durch die Übereinanderlagerung der Kursveränderungen identischer Tage ein Jahreszyklus entsteht, dem die Kurse in einer erstaunlichen Regelmäßigkeit folgen.

Im Börsenverlag-Standardwerk „Gewinnen mit Börsenzyklen" finden Sie alle Auswertungen, Erklärungen und Darstellungen für die statistisch nachweisbaren kurz-, mittel- und langfristigen Börsenzyklen. In diesem Buch geht es um 12-Monats-Zeiträume, also um die Jahreszyklen von 225 Aktien und in „Anlagezyklen II" wird dieser Ansatz auf Indizes, Devisen, Zinsen und Rohstoffe umgelegt.

Die hier dargestellen Jahreszyklen eröffnen Ihnen phantastische Möglichkeiten sowohl für das Trading wie für die langfristige Anlage. Sie werden im Folgenden sehen, wie Sie Ihre langfristigen Anlage-Ergebnisse unter Zuhilfenahme der Anlagezyklen und mit nur zwei Transaktionen jährlich massiv verbesseren können (z.B. im Dax um 279% seit 1988) und gleich den statistischen Nachweis dafür erhalten. Diesen können und möchten wir für zyklische *Trading*-Transaktionen hier nicht erbringen. Denn im Trading sind viele andere Faktoren zu berücksichtigen und gerade das „diskretionäre" (subjektive und auf die akt. Situation angepasste) Zusammenspiel zwischen Charttechnik (Formationen), Markttechnik (Indikatoren) und Sentiment (Stimmung) mit den im Nachfolgenden dargestellten Zyklen ermöglicht überragende Gewinnchancen.

1.2 Zyklen-Tradings in der Praxis

Für diese Behauptung möchten wir den Beweis erbringen, in dem wir Ihnen zeigen, wie die Langfristprognosen aus „Gewinnen mit Börsenzyklen" (das Buch wurde im September 2005 bei einem Dax von damals 5000 Punkten abgeschlossen) in der Praxis, also in Abstimmung mit der jeweils vorherrschenden Technik, in Verbindung gebracht werden. Dabei bezieht sich die Betrachtung auf unsere drei Kernpublikationen, also den boerse.de-Aktienbrief (den Brief für langfristig ausgelegte Aktien-Investments), den Trendbrief Chartanalyst/Optionsbrief (seit 1988 der Brief für Trends & Tradings) und den Zyklen-Trader (dem ein reales, bei einem Online-Broker geführtes Musterdepot zugrunde liegt). Die nachfolgenden Aussagen sind jederzeit verifizierbar, da Sie in den Abobereichen alle zurückliegenden Ausgaben abrufen können.

In „Gewinnen mit Börsenzyklen" war für 2006 zu lesen, dass sich die damals laufende Rallye noch bis ins Frühjahr fortsetzen sollte. Per März/April wurde ein wichtiger zyklischer Hochpunkt avisiert und das Jahrestief war per Ende Mai oder alternativ August angekündigt worden. Dieses Tief sollte den Tiefpunkt bis zum Ende des Jahrzehnts bedeuten, also die größte Kaufgelegenheit der nächsten Jahre eröffnen.

1.2.1 Massive Hausse-Investments

Dementsprechend waren unsere Leser im Herbst 2005 massiv auf der Hausse-Seite investiert (wobei wir davor übrigens im Mai und im Sommer massive Einkäufe zwischen 4400 und 4800 Dax-Punkten empfohlen hatten). Der Dax erreichte sein Jahreshoch dann – genauso wie es die Zyklen erwarten ließen – bei 5458 zur Jahreswende.

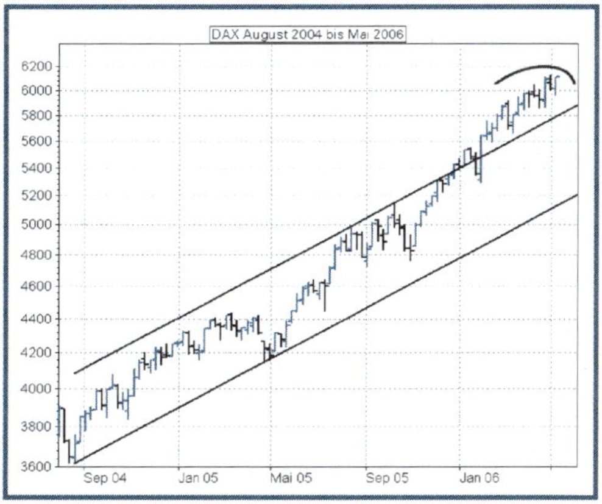

Im Januar kam es zu einer 200-Punkte-Korrektur, doch da die Zyklen noch für einige Wochen nach oben zeigten und auch die technischen Aufwärtstrends intakt waren, bestand weiter grünes Licht für die Börse. Der Dax verbesserte sich danach auch tatsächlich bis 5674 Ende Januar und 5915 Ende Februar.

Dann wurde die Luft allmählich dünner und wir hatten in

unseren Kernpublikationen unterstrichen, dass es den Durchmarsch an der 6000er Marke erst im zweiten Anlauf – im Herbst – geben wird und die Kurse davor eine mächtige Korrektur durchlaufen werden. Denn der aus zyklischer Sicht zu erwartende Hochpunkt rückte kalendarisch näher, während der Dax in eine Euphoriephase übergegangen war, da die Kurse nun außerhalb des seit 2004 gültigen Aufwärtstrendkanals nach oben kletterten.

1.2.2 Wechsel von Hausse auf Baisse

Der Dax erreichte jeweils kurz vor Monatsende neue Hochs bei 5985 im März und 6107 im April 2006. Wir hatten in dieser Phase massive Gewinnmitnahmen bei Aktien und Kauf-Optionsscheinen und – gebetsmühlenartig – gleichzeitig gegen den Trend den Kauf von Put-Optionsscheinen zur Absicherung sowie aus Trading-Gesichtspunkten empfohlen.

Am 9. Mai war der Dax dann bis 6141 gelaufen, um drei Sitzungen später mit dem Rutsch unter 6000 ein charttechnisches Verkaufssignal zu generieren. Dies war das definitive Signal, auch die letzten Hausse-Positionen glattzustellen und auf die Put-Seite zu wechseln, denn damit war das lange im Voraus erwartete zyklische Hoch gegeben.

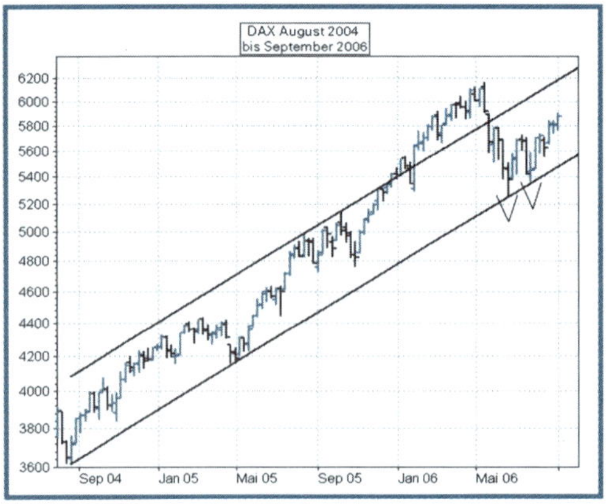

Danach ist die Börse mächtig unter die Räder gekommen und setzte – nach einem ersten Mai-Tief bei 5546 – am 13. Juni bei nur noch 5292 Punkten auf, was innerhalb von lediglich 4 Wochen einen Abschlag von 14% bedeutet hatte.

Der Dax befand sich in klaren Abwärtstrends, aber die technische Konstellation war hochbrisant. Denn gegenüber den Prognosen aus „Gewinnen mit Börsenzyklen" war das zyklische Hoch mit einer minimalen Zeitverzögerung entstanden, während die zyklischen Tiefs dort bereits für Ende Mai oder alternativ August erwartet worden waren. Dabei nannten wir in unseren Kern-Börsendiensten seit dem Frühjahr ein Mindest-Korrekturziel von 5300 Punkten und auch dieses Niveau war erreicht worden. Wir hatten in diesem Bereich massive Teilgewinne auf der Put-Seite mitgenommen, doch in Mitten einer breiten Verunsicherung stellten wir uns die Frage, ob die heftige Korrektur schon wieder vor dem Ende Stand. Die Antwort gab uns die charttechnische Entwicklung:

1.2.3 Wechsel von Baisse auf Hausse

Auf das Juni-Tief folgte im Juli eine Erholung auf 5729 und dann nochmals ein kurzer Rückfall auf 5397, worauf die Kurse sofort wieder bis 5500 nach oben federten. Damit war das Tief von 5292 von zwei höherliegenden Tiefpunkten (zunächst 5546, zuletzt 5397) umrahmt, womit im Chart ein Doppel-Boden entstanden war. Der Dax hatte also eine mächtige Umkehrformation herausgebildet und zudem zweimal auf der unteren Trendbegrenzung des seit Sommer 2004 maßgeblichen Aufwärtstrendkanals nach oben gedreht. Es bestanden damit beste Chancen, dass wir uns bereits inmitten der im Buch angekündigten „größten Kaufgelegenheit bis zum Jahrzehntende" befanden, weshalb wir zunächst vorsichtig und mit dem Erreichen neuer Zwischentops dann massiv, auf sehr breiter Front den Wieder-Einstieg in Aktien und den Kauf von Call-Optionsscheinen empfohlen hatten.

In der Tat waren 5292 der Tiefpunkt, der seitdem nicht mehr unterschritten wurde (und vermutlich auch nicht mehr in diesem Jahrzehnt). Der Dax startete eine neue Rallye und konnte bereits im Oktober die 6000er Grenze endgültig (und wie erwartet im zweiten Anlauf) erobern. Die 2006er Jahreshochs wurden dann abermals – wie es die Zyklen erwarten ließen – zur Jahreswende bei 6611 Punkten markiert.

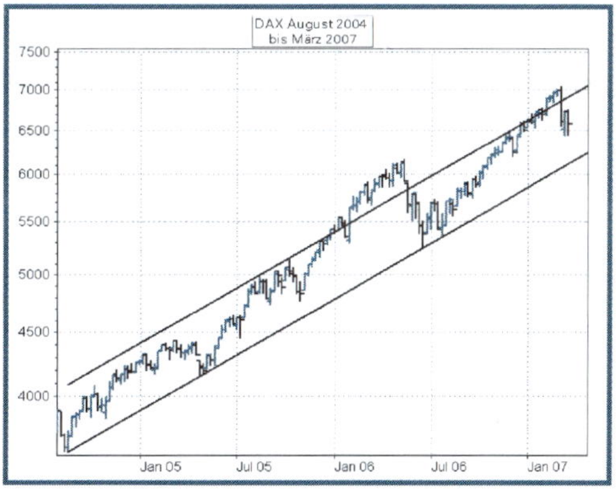

Für 2007 wurde in „Gewinnen mit Börsenzyklen" ein zweistelliger Dax-Gewinn mit einer durchaus heftigen Korrektur im zweiten Halbjahr prognostiziert. Der Dax sollte sich dabei erstmals in die Nähe seiner All-Time-Highs aus dem Jahr 2000 schieben und bereits im Januar seine Jahrestiefs markieren.

Tatsächlich kletterten die Kurse von 6567 am 10. Januar bis 7027 am 26. Februar. Von dort war der Dax nach Turbulenzen an der chinesischen Börse binnen zwei Sitzungen ansatzlos um 300 Punkte weggebrochen. Der Markt war davor zwar leicht überkauft (da sich die Kurse an der oberen Begrenzungslinie des

Aufwärtstrendkanals nach oben gearbeitet hatten), doch die große Korrektur war aus Zyklen-Sicht erst für die Sommer-Monate zu erwarten gewesen.

Deshalb hatten wir in festere Februar-Notierungen hinein zwar immer wieder Teilgewinne mitgenommen, aber den plötzlichen Einbruch als überraschende, glänzende Kauf-Chance für Aktien und Kaufoptionsscheine ausgenutzt, zumal die Januar-Tiefs nur an drei Tagen unterboten wurden. Nach dem Korrekturtief von 6448 am 14. März schloss der Markt am 30. März tatsächlich schon wieder bei 6917, worauf die Rallye massiv an Dynamik gewann.

Der Dax beendete den April bereits bei 7408 und den Mai bei 7883. Anfang Juni setzten die Kurse binnen 5 Sitzungen von 7988 auf 7591 zurück, doch das war eine normale technische Reaktion kurz vor der 8000er Grenze und damit den Höchstkursen aus dem März 2000. Schon 5 Sitzungen später schloss der Dax mit 8031 erstmals seit 87 Monaten wieder oberhalb von 8000 Punkten. Am 20. Juni wurden mit 8090 die Schlusskurs-All-Time-Highs vom 07. März 2000 überboten und am 13. Juli mit 8152 auch noch die damaligen Intraday-Hochs. Doch die Aufwärtskräfte erlahmten spürbar, nachdem die Kurse nicht mehr richtig von der Stelle gekommen waren und der Dax über einen Zeitraum von vier Wochen zwischen 7900 und 8100 seitwärts tendierte.

Damit zeichnete sich technisch eine vorläufige Gipfelbildung ab (ein

sog. Rounding-Top), während der Dax deutlich (um bis zu 695 Punkte) außerhalb des Aufwärtstrendkanals notiert hatte, womit eine Übertreibungsphase unterstellt werden konnte. Und aus zyklischer Sicht war mit Beginn des zweiten Halbjahres jederzeit der Start einer heftigen technischen Bereinigung möglich und auch wahrscheinlich.

1.2.4 Wechsel von Hausse auf Baisse

Folglich haben wir in unseren Kernpublikationen an festen Tagen oberhalb von 8000 Punkten wiederum massive Gewinnmitnahmen bei Aktien und Kauf-Optionsscheinen empfohlen und sind mehr und mehr auf Put-Optionsscheine umgeschwenkt, sowohl zur Absicherung wie unter Trading-Aspekten.

Tatsächlich hatte der Dax in der zweiten Juli-Hälfte wieder nach unten gedreht und mit dem Rutsch unter 7800 (die von uns seit dem Frühjahr avisierte charttechnische Entscheidungsgrenze) massive Verkaufssignale generiert. Darauf wurden am 27. Juli neue Zwischentiefs bei 7452 markiert und am 16. August setzte der Markt bei nur noch 7270 auf (intraday einen Tag später bei 7190), bevor die Senkung des Diskontsatzes durch die FED vorläufig Schlimmeres verhindert hatte.

Wir haben die August-Verkaufswelle zu Teilgewinnmitnahmen auf der Put-Seite genutzt und per Redaktionsschluss dieses Werkes (31. Dezember) wieder erste Hausse-Positionen aufgebaut. Aus Zyklen-Sicht besteht kein Zweifel daran, dass die Kurse in 12 Monaten um einiges höher notieren werden (denn die Langfrist-Hausse sollte sich bis 2009/2010 fortsetzen) und die Charttechnik wird uns den rechtzeitigen Einstiegszeitpunkt für breite Aktien- und Call-Käufe anzeigen.

1.2.5 Fazit

Mit diesem kurzen Rückblick wollten wir Ihnen zeigen, was „wir" und unsere Abonnenten aus dem Zusammenspiel von Zyklen und herkömmlicher Technik gemacht haben und was auch Sie künftig erreichen können. Dabei bezog sich dieser Rückblick auf den Dax, der für alle Leserinnen und Leser dieses Buches im Mittelpunkt stehen dürfte. In den anderen Indizes war die Konstellation und unser Vorgehen natürlich ähnlich. Um Ihnen die Gewinn-Dimension zu verdeutlichen:

– Der boerse.de-Aktienbrief konzentriert sich auf die lt. Performance-Analyse erfolgreichsten und sichersten Aktien der Welt. Wenn Sie diese Champions „blind" kaufen, erreichen Sie im im langfristigen Mittel einen Gewinn von 18% jährlich und damit alle vier Jahre eine Depotverdoppelung. Sofern Sie aber unter Zuhilfenahme der Zyklen für z.B. 80, statt für 100 einkaufen können, werden aus 10.000 Euro in vier Jahren nicht 20.000, sondern sogar 25.000 Euro.

– Im Trendbrief Chartanalyst/Optionsbrief (TCO) geht es um Tradings entsprechend der vorherrschenden Trends und der wahrscheinlichen Umkehrpunkte. Mit diesen diskretionären Transaktionen realisierten TCO-Abonnenten z.B. im Frühjahr 2006 Gewinne mit Kauf-Optionsscheinen von bis zu +316% bei Fresenius Medical Care, +320% im Nikkei oder sogar +552% bei Toshiba. Darauf folgten schnelle Korrekturgewinne mit Put-Optionsscheinen wie z.B. +96% im MDax, +117% Gewinn mit ThyssenKrupp oder +165% mit BMW. Im Januar und Februar 2007 wurden dann abermals Hausse-Gewinne auf breiter Front mitgenommen. Dabei konnte z.B. mit Kaufoptionsscheinen auf den TecDax +320% Gewinn realisiert werden, im HangSeng waren es +396% und bei Clariant +471%. In die neuen Rekordstände hinein wurden dann noch einmal Call-Gewinne von z.B. +236% im Dax, +348% im MDax oder +362% im Dow Jones erzielt.

– Der beste Beweis für die Macht der Börsenzyklen im Trading ist der Zyklen-Trader, dem ein reales Musterdepot zugrunde liegt. Dieses Musterdepot wird bei einem Online-Broker geführt und sobald Käufe oder Verkäufe vorgenommen werden, erhalten Teilnehmer eine SMS und kurz darauf den Zyklen-Trader per E-Mail. Das Musterdepot des Zyklen-Traders wurde am 30. Mai 2005 gestartet und hat in 2005 +429% gewonnen und in 2006 waren es +161%. Für 2007 betrug der Gewinn +40%. Damit sind aus anfänglich 5000 Euro zuletzt 97.105 Euro geworden, was einen Gewinn von 1842% bedeutet!

1.3 Fazit für Zyklen-Tradings

Die Börsenzyklen liefern den großen Fahrplan, lassen also weit im Voraus Ausmaß und Dauer der vorherrschenden Trends erahnen und geben damit kalendarische Wahrscheinlichkeit für Hoch- und Tiefpunkte und damit Trendwechsel vor.

Dies sind wichtige Indikationen für das Money-Management, denn bei einem Widerspruch zwischen den Zyklen und der Chart- und Markt-Technik sollten die Einsätze gering gehalten werden, während bei einer Übereinstimmung größere Einsätze riskiert werden können.

Damit dienen kalendarische Zyklen auch als Filter für Indikatorenmodelle bzw. Handelssysteme. Denn in Phasen, in denen aus zyklischer Sicht steigende Kurse wahrscheinlich sind, sollten Verkaufssignale besonders überprüft werden genauso wie Kaufsignale in den zyklisch negativen Börsenphasen. Zyklen helfen Ihnen Fehlsignale zu reduzieren.

Dementsprechend liefert die Zyklen-Technik auch eine frühzeitige Vor-Indikation für den Zeitpunkt von Gewinnmitnahmen oder Verlustbegrenzungen. So sollten Hausse-Engagements im Dax z.B. grundsätzlich im März/April reduziert (bzw. abgesichert) und im November verstärkt werden. Analog ist zu diesen Zeitpunkten der Aufbau bzw. der Abbau von Baisse-Engagements zu überlegen.

Börsenzyklen eröffnen nahezu unendliche Auswertungs- und damit Anwendungsmöglichkeiten, um – wie dargestellt – Tradings sicherer und erfolgreicher zu gestalten.

1.4 Dax-Anlagen nach den Zyklen

Während das Wissen um die kalendarischen Börsenzyklen für den Trader ein mächtiges „zusätzliches" Analysewerkzeug bedeutet, können Anleger unter Zuhilfename der Jahreszyklen die Renditen ihrer langfristig ausgelegten Investments beträchtlich steigern.

Dafür sind jährlich lediglich zwei Transaktionen erforderlich und zwar der Verkauf, wenn der Anlagezyklus endet und der Rückkauf, sobald ein neuer Anlagezyklus beginnt.

Natürlich könnten auch innerhalb eines Jahres die verschiedensten Anlagezyklen herausgearbeitet werden, doch bei Verkürzungen des Anlagehorizonts ginge es immer weniger um Investments und immer mehr um Tradings.

Anleger suchen nach einem jährlich, möglichst konstant wiederkehrenden Anlagezyklus, weshalb von der täglichen auf eine monatliche Betrachtung des zyklischen Verhaltens umgeschwenkt werden sollte.

Die nachfolgende Abbildung zeigt Ihnen die Dax-Performance seit 1959 aufgeteilt nach Monaten.

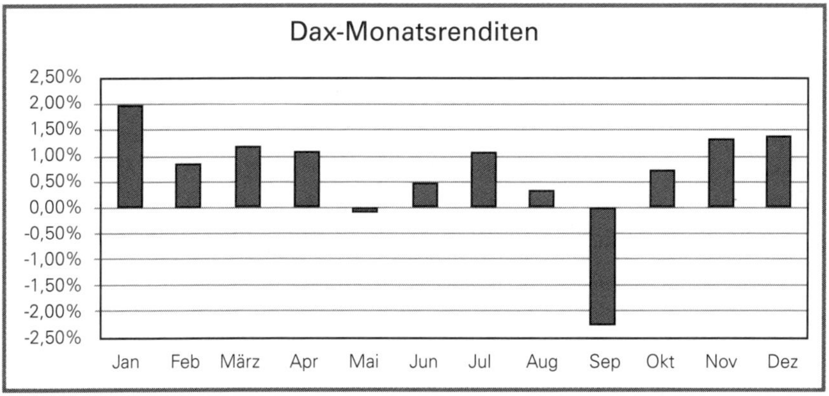

Der Dax steigt aus historischer Sicht in 11 von 12 Monaten. Im September fallen die Kurse und für den Januar errechnen sich die höchsten Kursrenditen. In der nächsten Abbildung haben wir die einzelnen Monate nach ihren Renditen gerankt.

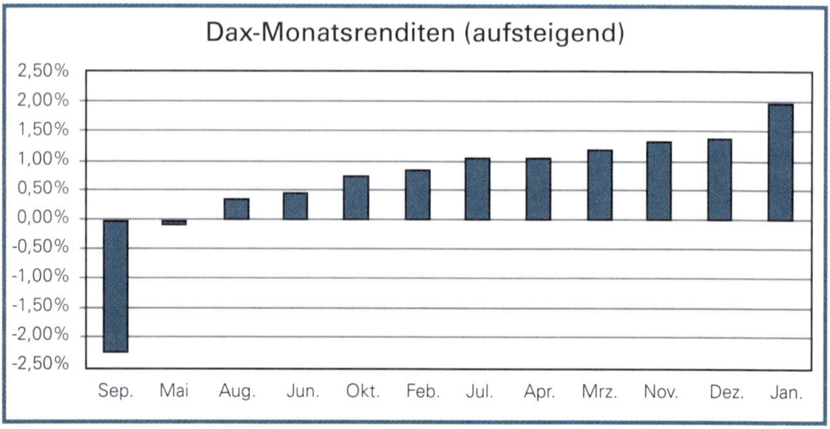

Sie erkennen, dass – nach dem Verlustmonat September – im Mai und an dritter Stelle im August die niedrigsten Renditen erzielt werden. Die besten Monate sind seit 1959 nach dem Januar der November und Dezember. Auf der Suche nach einem zusammenhängenden Anlagezyklus fällt natürlich sofort die hohe Performance zwischen November und Januar ins Auge. Und während es auf der Hand liegt, dass unter zyklischen Gesichtspunkten im September keine Hausse-Positionen gehalten werden sollten, ist der Mai schwierig einzustufen. Denn dieser Monat bringt zwar keine Kursgewinne, doch danach steigen die Kurse im Juni und vor allem im Juli.

Die schlechtesten hintereinanderfolgenden Monate sind demnach August und September, woraus sich für den Dax ein Anlagezyklus zwischen Oktober und Juli ergibt.

Auf Basis der kompletten Kurshistorie und damit aus einem maximal möglichen langfristigen Blickwinkel hätte der Oktober/Juli-Anlagezyklus also im Mittel zur folgenden Performance-Entwicklung geführt:

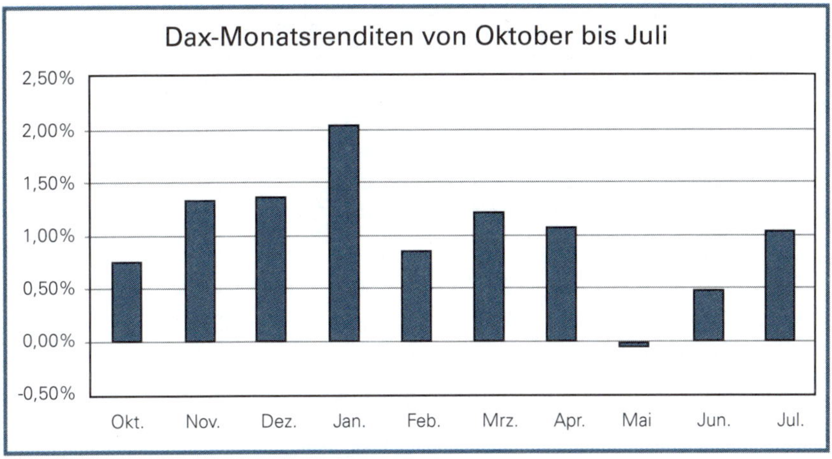

Kritiker dieses Konzepts mögen nun vielleicht einwenden, dass der Anlagezyklus alleine das Ergebnis einer unzulässigen historischen Optimierung sein könnte. Sehen wir uns deshalb die monatliche Dax-Performance nicht mehr seit 1959, sondern in einem deutlich kürzeren Zeithorizont an und zwar seit Ende 1987, als der Dax bei exakt 1000 Punkten gestartet war.

Das folgende Histogramm zeigt Ihnen alle Dax-Monatsrenditen von Januar 1988 bis Dezember 2007.

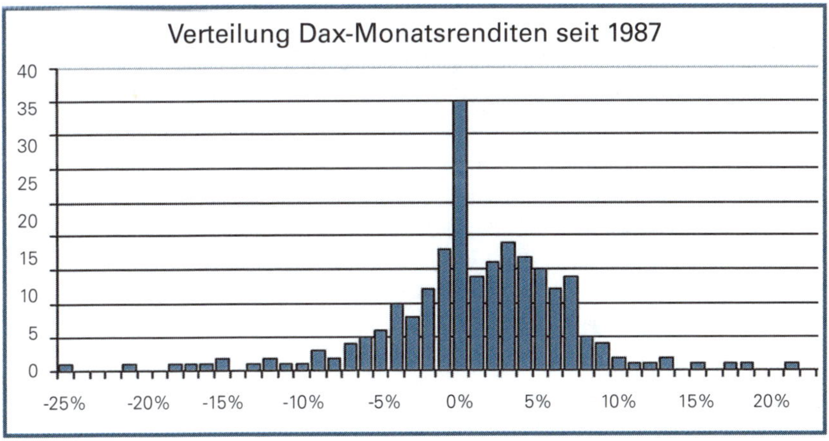

In der nächsten Grafik sehen Sie für den gleichen Zeitraum (01/88-12/07) alle monatlichen Dax-Renditen ohne Berücksichtigung der Monate August und September. Sie erkennen eine deutlich flachere Verteilung der Monatsrenditen und dabei vor allem weitaus weniger Ausreißer im negativen Bereich. Zusammengefasst:

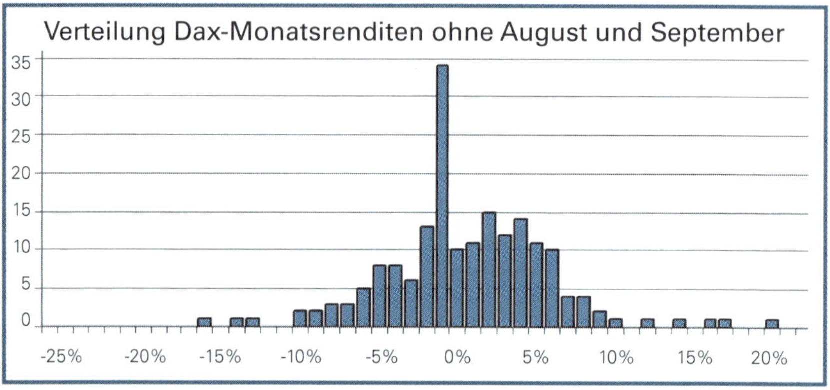

1.5 Zusammenfassung Dax-Anlagezyklus

Seit 1987 errechnet sich für den Dax ein Gewinn von durchschnittlich 11,0% jährlich. Das bedeutet eine geometische Rendite von im Mittel 0,90% monatlich. Wenn wir nun den Anlagezyklus berücksichtigen, ergeben sich enorme Verschiebungen vom Mittelwert. Denn:

Im August und September verliert der Dax im geometrischen Durchschnitt 3,08% monatlich, während sich für den Zeitraum zwischen Oktober und Juli ein Zuwachs von monatlich 1,49% errechnet!

Die Kurshistorie zeigt also, dass es im Dax eigentlich nur um einen Anlagezeitraum von 10 Monaten geht. Aus 11,0% Kursgewinn innerhalb von 12 Monaten werden 18,3%, wenn nur in 10 Monaten des Jahres investiert wird. Das ist ein exorbitanter Renditevorsprung von 66%, der nicht einmal berücksichtigt, dass der Mehrertrag mit deutlich geringeren (Abwärts-!) Volatilitäten erreicht wird und dabei Zins-Einnahmen für die zwei Monate, in denen keine Investments bestehen, völlig unberücksichtigt bleiben.

Solche optimierten Anlagezyklen sind Kerninhalt dieses Buches und die logische Weiterführung der Gedanken aus „Gewinnen mit Börsenzyklen".
Dabei hat die Deutsche Börse AG einen enorm wichtigen Beitrag zu diesem Thema geleistet, da im Jahr 2005 ein neuer Index präsentiert wurde, der genau diese Überlegungen aufgreift.

2. Zyklenberechnung

2.1 Dax-Seasonal Strategie-Index

Unter der Bezeichnung „DAXplus Seasonal Strategy“ gibt es seit Juni 2005 einen Strategie-Index, der sich nur in einem einzigen Punkt vom herkömmlichen Dax unterscheidet:

Der Dax-Seasonal ist lediglich 10 Monate im Jahr investiert, denn August und September werden einfach ausgeklammert. Demnach wird der Index-Stand also am 31. Juli jeden Jahres eingefroren und erst am 1. Oktober weitergeführt. Es gibt also keine Kursveränderung im August und September, während der Dax-Seasonal zwischen Oktober und Juli die Dax-Performance eins zu eins nachvollzieht.

Die Abbildung verdeutlicht Ihnen die Konstruktion.

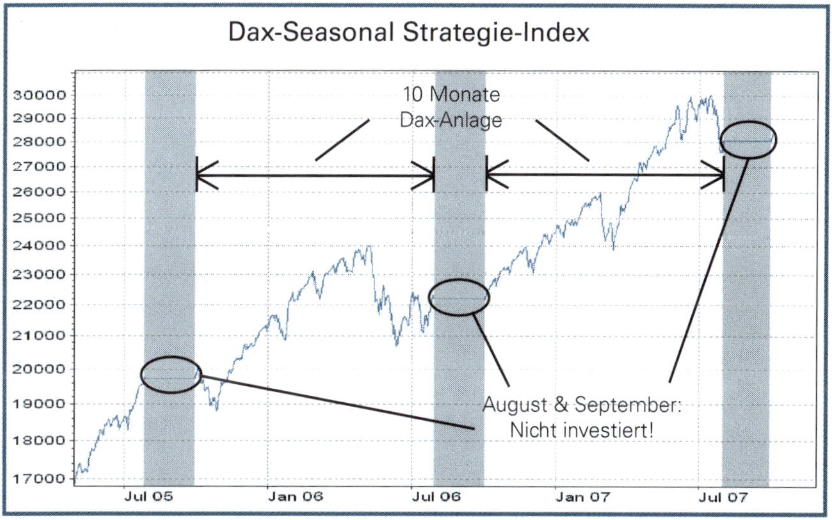

Dieser optimierte Anlagezyklus führt langfristig zu einer massiven Rendite-Verbesserung. Konkret:

Der zurückgerechnete Startpunkt für Dax und für den Dax-Seasonal Strategieindex war der 30. Dezember 1987 bei jeweils 1000 Punkten. Zum Jahres-Ultimo 2007 notierte der Dax bei 8067 Zählern, der Dax-Seasonal aber bei 28.817!

Der Dax-Seasonal hat durch die Anlagedauer von jährlich nur 10 Monaten also den Dax um den Faktor 3,6 outperformt! Im Durchschnitt errechnet sich für diesen Strategieindex eine jährliche Rendite von 18,3%, was gegenüber dem Plus von 11,0% im Dax einen Rendite-Vorsprung von 66% jährlich bedeutet!

Wie massiv die Renditeschere zwischen beiden Indizes langfristig auseinanderläuft, zeigt Ihnen das folgende Chartbild:

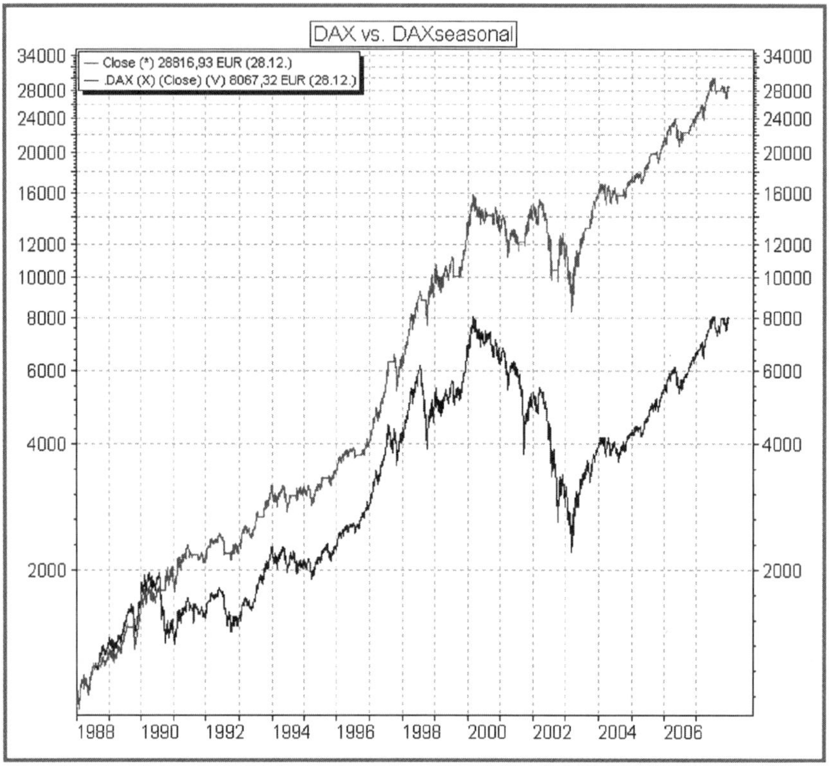

Eine Ausklammerung der historisch negativen Anlagephase im Jahreszyklus führt also zu einer erheblichen Outperformance gegenüber einer einfachen Buy&Hold-Strategie und zwar in der Hausse genauso wie in der Baisse. Konkret:

2.1.1 Rückblick

Der Dax verbesserte sich von 1000 Punkten Ende 1987 bis auf in der Spitze 8065 im März 2000 und damit um 707%. Der Dax-Seasonal markierte zum (natürlich) gleichen Zeitpunkt sein Top aber bei 15.807 Punkten, was einen Gewinn von 1481% bedeutet hatte. Damit wurde der Dax in der Hausse von 1987 bis 2000 also um den Faktor 2 outperformt.

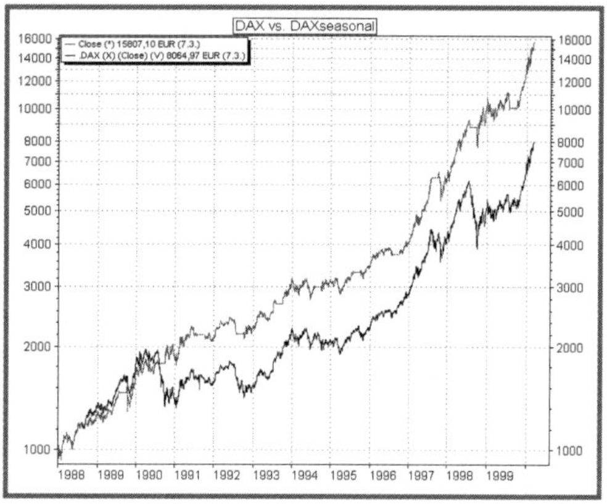

In der anschließenden Horror-Baisse fiel der Dax im Tief bis auf nur noch 2203 Punkte am 12. März 2003 und damit in der Spitze um 73%. Der Dax-Seasonal markierte sein Tief (natürlich) am gleichen Tag bei 8302 Punkten, womit der Baisse-Einbruch hier 46% betrug. Der Dax hatte also in der größten Baisse seit 70 Jahren 59% mehr verloren als der Dax-Seasonal.

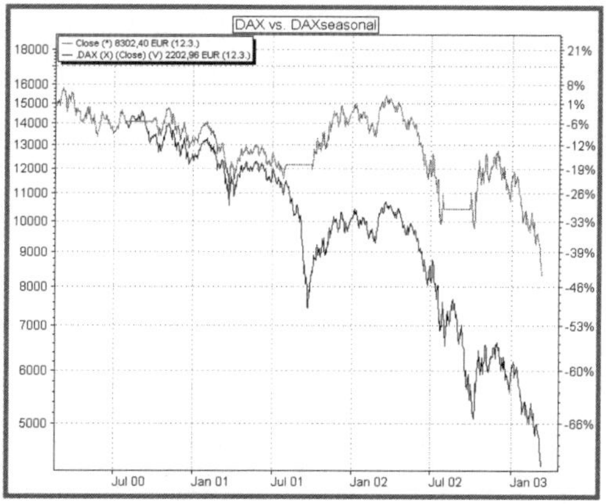

Anschließend haben die Märkte eine neue Hausse gestartet. Dabei dauerte es im Dax 7 Jahre und 3 Monate, bis am 20. Juni 2007 ein neues All-Time-High markiert werden konnte. Der Dax-Seasonal war indes bereits am 29. Dezember 2003 mit 15.954 Punkten auf den höchsten Stand aller Zeiten geklettert, womit zwischen beiden Tops lediglich 3 Jahre und 9 Monate lagen.

2.1.2 Zusammenfassung Vorteile Dax-Seasonal

Eine Anlagestrategie nach dem Dax-Seasonal hat in den letzten 20 Jahren gegenüber der Benchmark Dax also alle Vorteile geboten, die sich ein Anleger nur wünschen kann: Eine deutlich höhere Rendite in der Hausse von Januar 1988 bis März 2000, einen weitaus geringeren Rückschlag in der Baisse bis März 2003 und den wesentlich früheren Start einer neuen Hausse. Im Endeffekt konnte dadurch im Zeitraum Januar 1988 bis Ende 2007 eine weitaus ruhigere Performance-Entwicklung erreicht werden und gleichzeitig eine Outperformance von 257%!

Der Dax-Seasonal Strategieindex wird von der Deutschen Börse berechnet und belegt damit „von offizieller Seite" sehr eindrucksvoll die Vorteile der Anlagezyklen.

2.1.3 Zusammenfassung Vorteile Anlagezyklen

Natürlich kann die Beachtung der Anlagezyklen nicht die Ultima Ratio sein, um mit einem statischen Verkauf und Rückkauf die Märkte zu schlagen, denn so einfach funktionieren die Börsen nicht. Selbstverständlich gibt es immer wieder Phasen, in denen eine Buy&Hold-Strategie den Anlagezyklus schlägt und natürlich sind die jeweiligen Anlagezyklen nicht für alle Zeiten festgeschrieben (die Zyklen verlagern sich logischerweise nach vorne, je populärer der zyklische Ansatz wird).

In den Anlagezyklen geht es ganz einfach um statistische Signifikanzen, die es zu beachten gilt. Normalerweise steigen die Kurse zwischen November und Januar massiv an, um die Aufwärtsbewegung (mit nachlassender Dynamik) bis zur Jahresmitte fortzusetzen, dann in eine spürbare Korrektur überzugehen, und im Herbst eine neue Jahresendrallye einzuschlagen. Ist die Korrektur vor- oder nachgelagert, verschiebt sich natürlich das Zyklen-Raster, doch langfristig schwenken die Kurse u.E. immer wieder in ihren historischen Zyklus ein. Für diesen gibt es unzählige Begründungen und zwar auf der Mikroebene (bei den einzelnen Unternehmen) z.B. durch unterschiedliche Geschäftsjahre (und damit Berichts-, HV- bzw. Dividendentermine) und im größeren Gesamtbild natürlich durch die sich überlagernden Zyklen (z.B. Liquiditätszuflüsse innerhalb der einzelnen Monate sowie zur Jahreswende; Urlaubsrhythmen von Analysten sowie von privaten und institutionellen Anlegern; und noch viel weitergehend durch alle Einflüsse, die sich aus den zum Kapitel-Eingang erwähnten Zyklen ergeben). Das heißt:

Die Anlagezyklen zeigen Ihnen, wann Sie investiert sein sollten und wann Sie besser Cash halten bzw. Ihre langfristigen Investments über Puts absichern (und zwar im zeitlichen Kernbereich der zyklisch zu erwartenden Tops) sollten.

Wir verzichten auf alle Hochrechnungen und damit auf die theoretische Angabe, was Sie unter Beachtung des Anlagezyklus mit Zins-Erträgen oder – im Best-Case – rechtzeitigen Put-Einkäufen in der Vergangenheit hätten verdienen können. Wir möchten in diesem Buch einfach darstellen, wie in den letzten 20 Jahren der Anlagezyklus z.B. eine Allianz-Aktie von derzeit unter 200 auf über 600 Euro katapultiert hätte oder wie aus Daimler mehr als 450, statt weniger als 100 Euro geworden sein könnten. Was diese immense Outperformance für den Handel mit Derivaten bedeuten würde, soll Ihrer Phantasie überlassen bleiben. Aber nochmal zusammenfassend:

> Bei einer Nutzung der Anlagezyklen erzielen Sie gegenüber der Buy&Hold-Strategie höhere Renditen bei geringeren Performance-Schwankungen.

Die Herleitung für diese Behauptung haben wir auf den letzten Seiten erbracht und die Ausarbeitung finden Sie auf den folgenden 510 Seiten.

Für die Ausarbeitung der Anlagezyklen haben wir sämtliche Aktien aus den Segmenten Dax, TecDax, MDax, EuroStoxx 50, Dow Jones und S&P100 berücksichtigt, die über eine Kurshistorie von mehr als fünf Jahren verfügen. Eine Berücksichtigung der kompletten Kurshistorie hätte bei den Börsen-Urgesteinen (Aktien mit einer 30- oder 40-jährigen Kurshistorie) zu erheblichen Verzerrungen geführt und die Ergebnisse wenig aussagekräftig gestaltet. Um eine Vergleichbarkeit zu ermöglichen, haben wir das frühestmögliche Startdatum aller Berechnungen daher auf den 1. Januar 1987 gekappt.

2.2 So werden die Jahreszyklen berechnet

Wie Sie bereits wissen, ergeben sich die Anlagezyklen aus der Übereinanderlagerung von Kursveränderungen gleicher Zeiträume. Das folgende Beispiel erklärt Ihnen die Berechnung im Detail:

Die BMW-Aktie gewann z.B. am 6. Januar 1987 1,83%. Am gleichen Tag des nachfolgenden Jahres wurden 0,49% aufgesattelt. Damit errechnet sich für den 6. Januar aus diesen beiden Tagen ein Periodenmittel von +1,16%, das natürlich noch keine Relevanz besitzt. Die statistische Aussagekraft der durchschnittlichen Periodenveränderung wird um so größer, je mehr Perioden bei der Berechnung berücksichtigt werden.

Die BMW-Aktie wurde seit 1987 insgesamt 14 Mal an einem 2. Januar gehandelt und aus diesen 14 Kursveränderungen errechnet sich im Mittel ein durchschnittlicher Tagesgewinn von 0,27%.

Auf diese Art und Weise werden alle täglichen Kursveränderungen ausgewertet (wobei Wochenenden, Feiertage und sonstige Handelsaussetzungen auszuklammern sind), so dass sich für jeden einzelnen Tag des Jahres eine durchschnittliche Performance ergibt.

Die Aneinanderreihung aller Tagesveränderungen ergibt dann den typischen Anlagezyklus. Doch:

Da nicht an 365 Tagen im Jahr gehandelt wird und Wochenenden sowie viele Feiertage auf unterschiedliche Tage im Monat entfallen, liefert die einfache Aufsummierung der Tagesveränderungen ein falsches Bild. Stark vereinfacht erklärt:

Wenn wir annehmen, dass die durchschnittliche Performance für jeden einzelnen Tag 0,04% betragen würde, ergäbe sich aus der Summe dieser Tagesveränderungen eine Jahres-Performance von 14,6%. Tatsächlich wird aber nur an ca. 250 Tagen im Jahr gehandelt, so dass die summierte Jahres-Performance lediglich 10% betragen dürfte. Daher haben wir bei den einzelnen Tagesveränderungen einen Diskontierungsfaktor von 0,68 berücksichtigt, der sich aus der Division von 250 durch 365 errechnet.

2.3 So lesen Sie dieses Buch

Sie finden neben dem elementaren Anlagezyklus für jede einzelne Aktie auf zwei Seiten zahlreiche weitere Auswertungen, die Sie sich vor jeder Investmententscheidung vor Augen führen sollten. Im einzelnen:

2.3.1 Anlagezyklus

Zu jedem Wert wird zunächst der Anlagezyklus grafisch dargestellt. Damit Sie sich sofort orientieren können, wurden der zyklisch beste Anlagezeitraum schwarz und die Schwächephasen blau gekennzeichnet. Sie erkennen also auf einen Blick, in welchen Zeiträumen sich zyklische Kaufsignale ergeben und wann Gewinnmitnahmen zu überlegen sind.

Das Beispiel zeigt den typischen Jahresverlauf von BMW. Sie erkennen, dass die Aktie aus Zyklen-Sicht in den ersten 6 Monaten des Jahres relativ konstant nach oben zieht, um im Juli das Jahres-Hoch auszubilden. Im August und September kommt es dann häufig zu einer heftigen Korrektur, worauf im Oktober und November eine Seitwärtsphase folgt, die Mitte

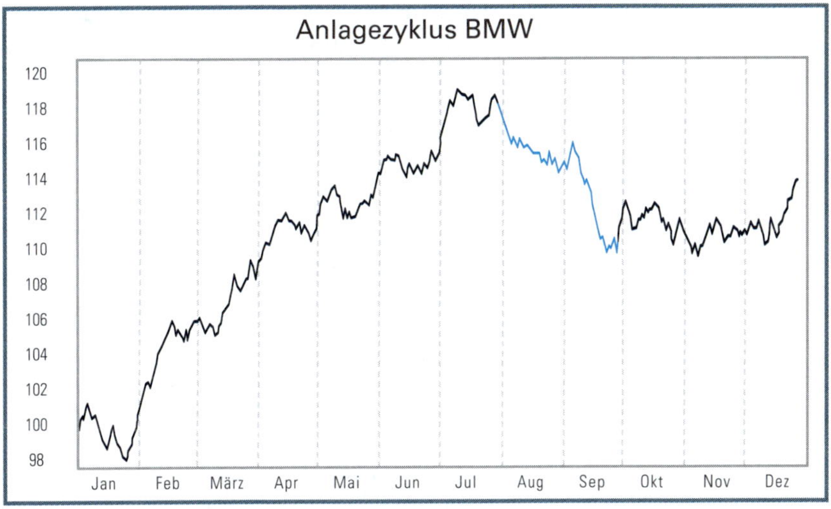

Dezember in eine Jahresend-Rallye mündet. Insgesamt tendiert BMW also in den Monaten August und September schwächer und verbucht in den übrigen 10 Monaten normalerweise Kursgewinne. Der Anlagezyklus erstreckt sich damit von Anfang Oktober bis Ende Juli.

2.3.2 Anlagezyklus im Langfrist-Vergleich

Das zweite Chartbild zeigt die unterschiedliche Wertentwicklung einer Buy&Hold-Anlage und einer Anlage nach dem Anlagezyklus im langfris-

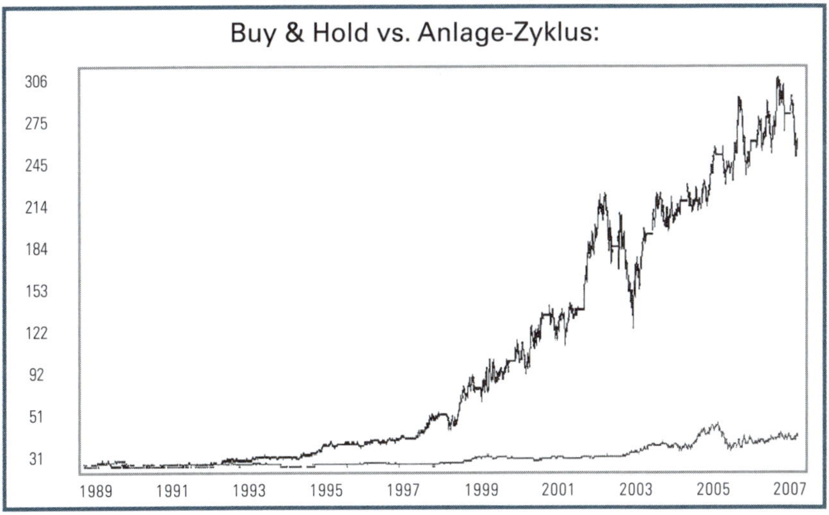

tigen Vergleich. Die Darstellung reicht bis 1988 zurück bzw. startet bei Unternehmen, die zu einem späteren Zeitpunkt an die Börse gekommen sind, mit der Notierungsaufnahme.

Die Abbildung vergleicht also den tatsächlichen Kursverlauf mit dem kumulierten Ergebnis von Investments nach dem Anlagezyklus.

Im Beispiel BMW ist zu erkennen, dass der Anlagezyklus zu einer erheblichen Mehr-Performance führt, denn unter Berücksichtigung der Zyklen-Strategie könnte die Aktie heute auf dem etwa 6-fachen Kursniveau notieren.

2.3.3 Daten zum Langfrist-Vergleich

In der nachfolgenden Tabelle finden Sie alle Daten aus dem Vergleich von Anlagezyklus mit Buy&Hold.

Vergleich: Buy & Hold vs. Anlage-Zyklus

	Buy & Hold	*Zyklen Strategie*
Kurs 28.12.2007	42,54	264,96
Startkurs:	7,60	7,60
Gesamtperformance seit 02.01.1987:	459,74%	3.386,33%
All-Time-High:	50,63	311,30
Erreicht am:	15.05.2007	15.05.2007
Das wäre aus einer Anlage von 10.000 Euro geworden:		
Anlage vor 10 Jahren:	19.630,83	62.503,51
Anlage seit 1987:	55.973,68	348.632,70

Sie erkennen, wann und mit welchen Kursen die Berechnungen gestartet haben und die All-Time-Highs markiert wurden. Sie sehen, wie sich die Kurse auseinander entwickelten und zudem die Gesamtperformance beider Anlage-Alternativen.

Der untere Teil der Tabelle zeigt dann, was aus Investments in den letzten 10 bzw. 20 Jahren geworden wäre.

Die BMW-Aktie hat sich seit 1987 von 7,60 Euro bis 42,54 Euro per Redaktionsschluss verbessert, was einer Gesamtperformance von 460% entspricht. Bei einer Anlage nach dem Anlagezyklus (also immer nur von

Anfang Oktober bis Ende Juli) würde die BMW-Aktie aber bei 305,15 Euro notieren, was einer Gesamtperformance von 3.386% entspricht.

Aus einem Investment von 10.000 Euro wären in den letzten 10 Jahren mit der Buy&Hold-Strategie 19.631 Euro geworden, nach dem Anlagezyklus aber 62.504 Euro.

2.3.4 Verteilung Jahresextrema

Zu Beginn der zweiten Seite einer jeden Aktien-Analyse finden Sie statistische Daten zur Verteilung der Jahreshochs und Jahrestiefs.

Die hellen Balken zeigen Ihnen, in welchen Monaten Jahreshochs markiert wurden und die dunklen Balken die Verteilung der Jahrestiefs. Die y-Achse kennzeichnet die prozentuale Häufigkeit der Jahresextrema innerhalb des Betrachtungszeitraumes.

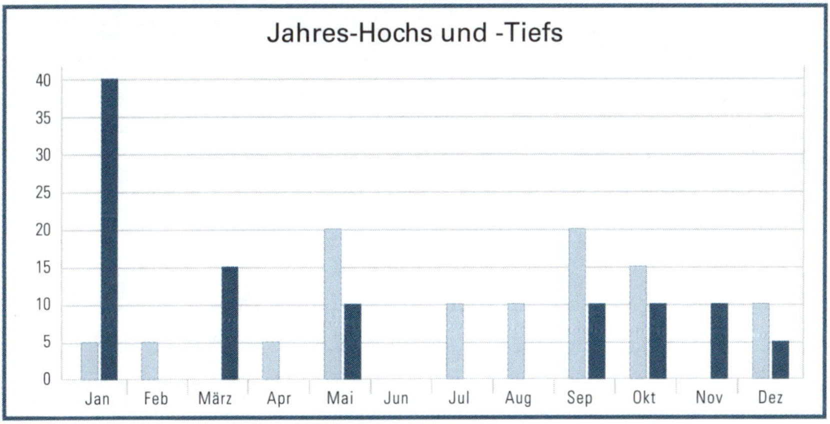

Die BMW-Aktie hat also z.B. mit einer Häufigkeit von 40% (in 8 der letzten 20 Jahre) bereits im Januar die späteren Jahrestiefs herausgebildet, aber noch nie im Zeitraum zwischen Juni und August.

2.3.5 Monatsrenditen aller Anlagezeiträume

Darunter befinden sich Rendite-Vierecke, die Ihnen auf Basis der monatlichen Schlusskurse die durchschnittlichen Renditen aller denkbaren Anlagezeiträume innerhalb einer 12-Monats-Periode zeigen. Das heißt:

Bei einer Monatsbetrachtung stehen jedem Einstiegs-Monat 11 mögliche Ausstiegs-Monate gegenüber, woraus sich 132 Rendite-Szenarien ergeben, deren Anlageergebnisse Sie ganz einfach den Tabellen entnehmen können.

Auf der horizontalen Achse sehen Sie den Monat des möglichen Einstiegs und auf der vertikalen alle denkbaren Ausstiegsmonate. Die Schnittpunkte der jeweiligen Kauf- und Verkaufszeitpunkte, zeigen Ihnen die durchschnittliche Performance der entsprechenden Anlagezeiträume. Dabei können Sie bereits aus der Farbintensität den Erfolg des jeweiligen Anlagezeitraums ablesen.

Für die BMW-Aktie entnehmen wir aus den Rendite-Vierecken beispielsweise die folgenden Aussagen:

Rendite-Viereck

Jan		7,54	5,36	3,16	1,64	-1,81	-4,95	-1,50	3,64	2,37	3,04	0,62
Feb	5,79		11,14	8,85	7,28	3,67	0,31	4,06	9,36	8,42	9,12	6,37
Mär	8,79	2,52		12,44	11,01	6,77	3,43	7,29	12,61	11,53	12,12	9,11
Apr	10,54	4,34	2,11		12,67	8,41	5,13	9,04	14,66	13,33	13,85	11,03
Mai	13,07	6,63	4,20	2,26		11,04	7,51	11,53	17,02	15,86	16,56	13,61
Jun	14,70	7,73	5,38	3,32	1,50		7,62	11,92	17,98	17,13	17,36	14,77
Jul	18,15	10,95	8,47	6,33	4,55	3,13		14,97	21,35	20,08	20,53	17,73
Aug	13,22	6,64	4,47	2,22	0,75	-0,18	-3,38		16,41	14,51	15,02	12,64
Sep	8,71	2,52	0,04	-1,93	-3,34	-4,44	-7,65	-4,59		9,69	10,28	7,88
Okt	10,58	4,29	2,13	0,08	-1,22	-4,03	-7,13	-3,90	1,34		12,29	9,93
Nov	10,32	4,12	2,09	-0,14	-1,59	-5,15	-7,98	-4,51	0,86	-0,68		10,08
Dez	13,25	7,03	5,15	2,75	1,45	-2,33	-5,41	-2,04	3,28	1,74	2,53	
	Jan	Feb	Mär	Apr	Mai	Jun	Jul	Aug	Sep	Okt	Nov	Dez

– wird Ende Februar gekauft und Ende April verkauft, führt dies im Mittel zu einer Rendite von 4,34%.

– bei einem Kauf Ende November und einem Verkauf Ende Mai, wird eine durchschnittliche Rendite von 16,56% erzielt.

– die höchste Rendite ergibt sich mit einem Plus von 21,35% zwischen Ende September und Ende Juli, was den Jahrezyklus der BMW-Aktie erklärt.

– der Farbverlauf zeigt z.B. auch, dass kurzfristige Anlagen in den Sommermonaten mit hohen Risiken behaftet sind (bzw. Trader hier vor allem nach Einstiegsmöglichkeiten auf der Put-Seite suchen sollten), während sich ab November gute Kurzfrist-Chancen für einen Zeithorizont von nur ein, zwei oder vier Monaten ergeben (analog Trader hier verstärkt über Call-Engagements nachdenken sollten).

2.3.6 Monatsstatistiken

Zum Schluss folgt eine Übersicht mit allen monatlichen Kennzahlen. Sie sehen hier in den ersten beiden Spalten die Anzahl der ausgewerteten Monate und deren durchschnittliche Performance. Danach werden die Kennzahlen nach Gewinn- und Verlust-Monaten aufgeschlüsselt und die einzelnen Gewinn-Wahrscheinlichkeiten ausgewiesen. Die letzten beiden Spalten zeigen Ihnen dann, zu welchen Zeitpunkten aus zyklischer Sicht mit der Herausbildung der monatlichen Hoch- und Tiefpunkte zu rechnen ist.

Für die BMW-Aktie ist aus zyklischer Sicht z.B. der Februar mit einem Monatsgewinn von im Mittel +5,8% der erfolgreichste Monat und der September mit durchschnittlich -4,6% der schlechteste. In Gewinnmonaten werden mit einem Plus von 10,2% ebenfalls im Februar die höchsten Zuwächse erreicht und im August mit 4,10% die niedrigsten. In Verlustmonaten erweist sich wiederum der Februar mit -2,4% am stabilsten, während im Oktober dann durchschnittlich sogar 13% abgegeben werden. Die höchste Gewinn-Wahrscheinlichkeit errechnet sich für den Juli mit +75% (mit einem Monatshoch um den 12. herum), die niedrigste für den September mit lediglich 35% (und einem Monatstief zum Ultimo).

Monatsstatistiken

	Anzahl Monate	durchschn. Performance	positive Monate	durchschn. Performance	negative Monate	durchschn. Performance	Gewinn-Wahrscheinlichkeit	Monatshoch am	Monatstief am
Jan	20	0,62 %	11	6,33%	9	-6,36%	0,55%	06.01.	26.01.
Feb	20	5,79%	13	10,20%	7	-2,41%	0,65%	18.02.	01.02.
Mär	20	2,52%	10	9,74%	10	-4,70%	0,50%	29.03.	11.03.
Apr	20	2,11%	13	6,22%	7	-5,54%	0,65%	16.04.	01.04.
Mai	20	2,26%	13	5,90%	7	-4,50%	0,65%	11.05.	19.05.
Jun	19	1,50%	10	6,18%	9	-3,70%	0,53%	29.06.	01.06.
Jul	20	3,13%	15	5,99%	5	-5,47%	0,75%	12.07.	01.07.
Aug	20	-3,38%	8	4,10%	12	-8,38%	0,40%	02.08.	26.08.
Sep	20	-4,59%	7	6,48%	13	-10,55%	0,35%	08.09.	30.09.
Okt	20	1,34%	14	7,49%	6	-13,00%	0,70%	20.10.	29.10.
Nov	20	-0,68%	9	6,63%	11	-6,67%	0,45%	19.11.	10.11.
Dez	20	2,53%	14	5,79%	6	-5,07%	0,70%	30.12.	13.12.

2.3.7 Aufbau des Buches

Auf den folgenden 470 Seiten finden Sie die Anlagezyklen und die beschriebenen zusätzlichen Auswertungen zu den wichtigsten europäischen und amerikanischen Aktien, die über eine Kurshistorie von mindestens 5 Jahren verfügen. Dabei beginnt das Buch mit den Analysen der Dax-Aktien, worauf dann TecDax- und MDax-Titel folgen. Im darauffolgenden Kapitel werden die Werte aus dem EuroStoxx 50 durchleuchtet, bevor es im letzten Abschnitt um US-Aktien aus dem Dow Jones sowie dem S&P100 geht.

3. Dax-Aktien im Anlagezyklus

Aktie Adidas WKN: 500340

Jahreszyklus:

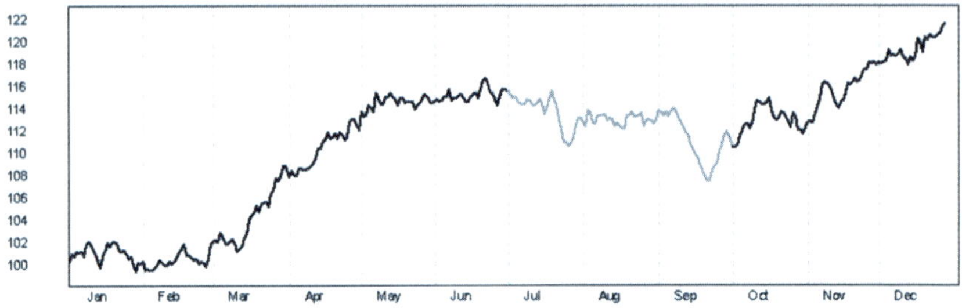

Erfolgreichster Anlage–Zeitraum: 9 Monate zwischen 30. September und 30. Juni

Buy & Hold vs. Anlage–Zyklus:

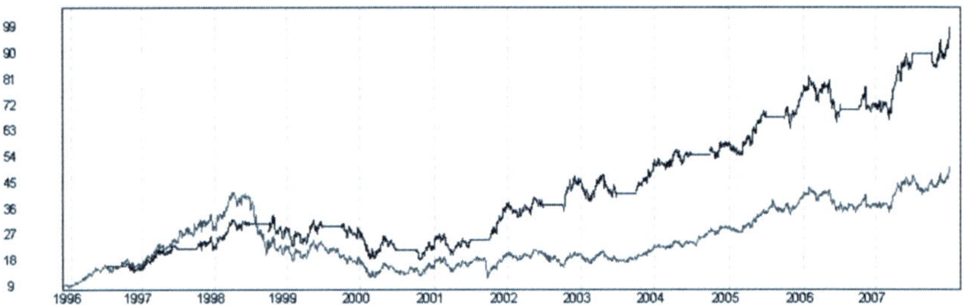

Vergleich: Buy & Hold vs. Anlage–Zyklus

	Buy & Hold	Anlage–Zyklus
Kurs 28.12.07:	50,64	99,25
Startkurs:	9,49	9,49
Gesamtperformance seit 20.11.1995:	433,90%	946,39%
All–Time–High:	50,64	99,25
Erreicht am:	28.12.2007	28.12.2007

Das wäre aus einer Anlage von 10.000 geworden:

Anlage vor 10 Jahren:	14.302,05	36.265,85
Anlage seit Börsengang:	53.389,56	104.638,85

Aktie Adidas **WKN: 500340**

Jahres-Hochs und -Tiefs

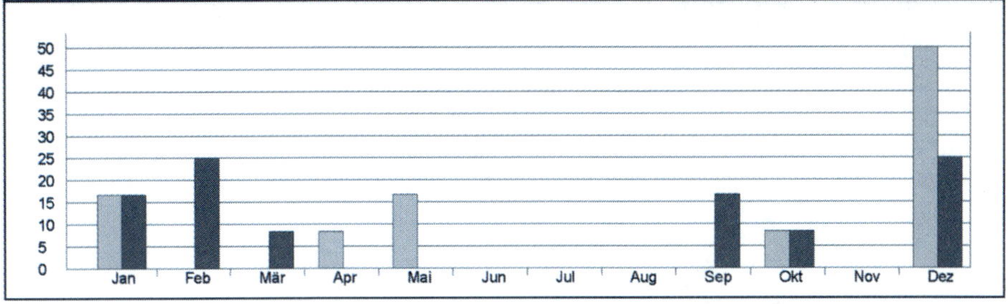

Rendite-Viereck

Jan		17,77	10,28	7,09	5,60	4,44	5,62	5,27	7,46	6,79	2,03	−0,66
Feb	0,62		9,43	6,98	5,97	4,47	5,46	5,02	7,81	6,82	2,95	1,09
Mär	7,41	6,59		14,42	13,36	11,40	12,37	11,67	14,53	13,16	10,14	8,24
Apr	10,22	9,37	2,96		13,64	11,94	13,33	12,71	15,60	14,73	12,45	10,56
Mai	12,06	11,23	4,58	1,86		15,01	16,18	15,45	18,58	17,40	14,51	12,50
Jun	13,53	12,41	5,62	2,90	1,01		16,78	15,98	18,83	17,70	16,27	14,37
Jul	10,47	9,81	3,26	0,59	−1,25	−2,26		14,54	17,03	16,44	13,49	11,52
Aug	10,46	9,66	3,19	0,21	−1,35	−2,44	−0,33		15,07	14,64	13,25	11,28
Sep	9,51	8,44	1,53	−1,35	−2,79	−3,92	−1,84	−1,84		11,66	12,24	10,36
Okt	9,51	8,79	1,79	−0,66	−2,27	−3,41	−1,57	−1,29	0,84		13,08	10,99
Nov	14,54	14,00	6,88	4,06	2,41	1,33	3,10	3,23	5,66	4,92		15,65
Dez	18,01	17,69	10,61	7,49	5,71	4,63	6,34	6,51	9,32	8,50	2,90	
	Jan	Feb	Mär	Apr	Mai	Jun	Jul	Aug	Sep	Okt	Nov	Dez

Monatsstatistiken

	Anzahl Monate	durchschn. Performance	positive Monate	durchschn. Performance	negative Monate	durchschn. Performance	Gewinn-Wahr-scheinlichkeit	Monats-hoch am	Monats-tief am
Jan	13	−0,66%	6	11,25%	7	−10,87%	0,46%	08.01	29.01
Feb	12	0,62%	5	8,09%	7	−4,71%	0,42%	18.02	05.02
Mar	12	6,59%	9	10,41%	3	−4,88%	0,75%	31.03	11.03
Apr	12	2,96%	7	8,97%	5	−5,45%	0,58%	28.04	01.04
May	12	1,86%	6	7,35%	6	−3,64%	0,50%	14.05	03.05
Jun	12	1,01%	6	4,99%	6	−2,97%	0,50%	22.06	27.06
Jul	12	−2,26%	5	5,61%	7	−7,87%	0,42%	19.07	26.07
Aug	12	−0,33%	7	4,71%	5	−7,40%	0,58%	03.08	18.08
Sep	12	−1,84%	6	5,03%	6	−8,70%	0,50%	07.09	22.09
Oct	12	0,84%	6	8,19%	6	−6,51%	0,50%	16.10	01.10
Nov	12	4,92%	8	8,86%	4	−2,95%	0,67%	29.11	01.11
Dec	13	2,90%	8	5,97%	5	−2,02%	0,62%	30.12	13.12

Aktie Allianz WKN: 840400

Jahreszyklus:

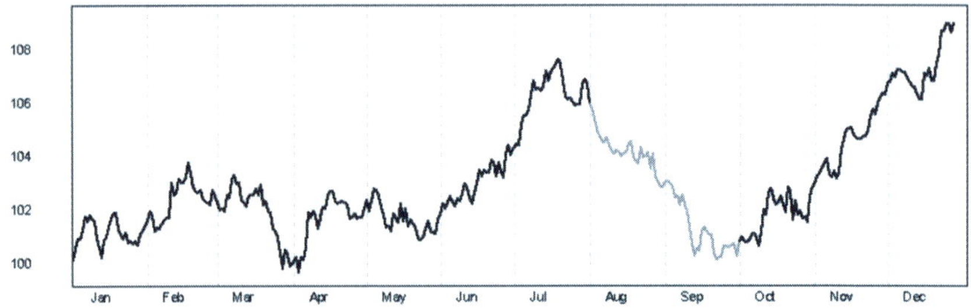

Erfolgreichster Anlage–Zeitraum: 10 Monate zwischen 30. September und 31. Juli

Buy & Hold vs. Anlage–Zyklus:

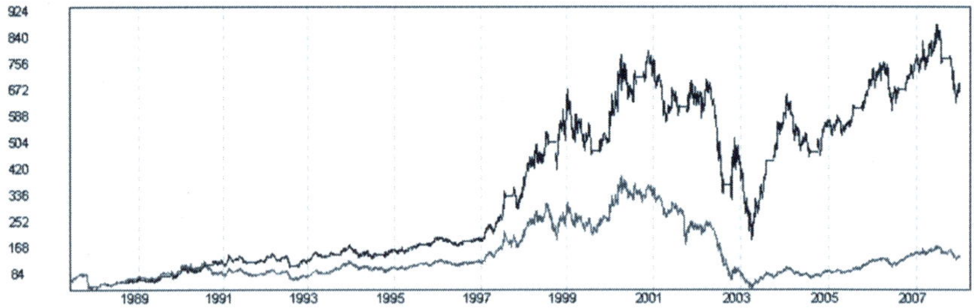

Vergleich: Buy & Hold vs. Anlage–Zyklus

	Buy & Hold	Anlage–Zyklus
Kurs 28.12.07:	147,56	698,78
Startkurs:	67,52	67,52
Gesamtperformance seit 26.05.1987:	118,54%	934,92%
All–Time–High:	402,23	884,32
Erreicht am:	04.04.2000	20.06.2007

Das wäre aus einer Anlage von 10.000 geworden:

Anlage vor 10 Jahren:	5.522,95	15.136,56
Anlage seit 1987:	21.854,27	103.492,18

Jahres-Hochs und -Tiefs

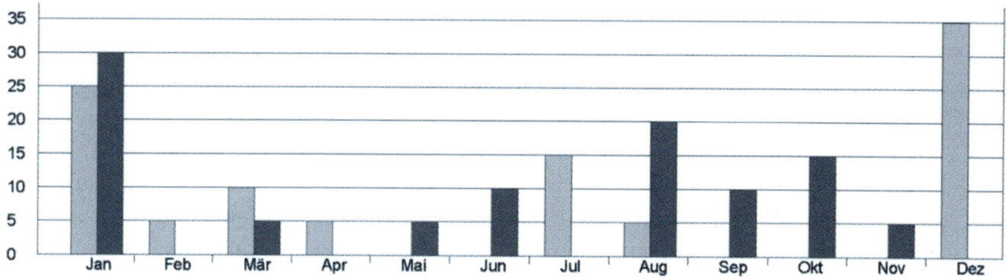

Rendite-Viereck

Jan		9,67	14,59	10,84	9,45	6,49	2,56	6,74	8,93	6,37	2,91	0,22
Feb	1,38		17,06	13,58	12,49	9,54	5,19	9,55	11,99	9,52	5,53	2,74
Mär	-1,02	-2,50		12,12	11,21	8,17	3,93	8,02	9,80	7,65	3,71	0,57
Apr	0,13	-1,13	2,22		11,19	8,25	4,20	8,41	10,64	8,14	4,22	1,37
Mai	-0,41	-1,86	1,67	-0,54		7,36	3,30	7,47	9,84	7,56	3,63	0,89
Jun	1,33	0,01	3,88	1,35	2,27		5,15	9,44	11,64	9,45	5,39	2,60
Jul	4,89	3,56	7,96	4,59	5,83	3,05		12,79	15,00	12,96	8,70	5,99
Aug	0,04	-1,34	2,66	-0,24	1,59	-1,03	-3,79		9,70	7,55	3,56	0,96
Sep	-1,35	-2,97	0,83	-1,94	-0,12	-2,81	-5,91	-2,49		6,27	2,35	-0,26
Okt	2,73	1,20	5,63	2,27	1,46	-1,10	-3,92	-0,18	2,77		6,24	3,68
Nov	6,32	4,76	9,32	5,94	4,74	2,14	-0,79	3,19	6,25	3,22		7,38
Dez	9,94	8,44	13,20	9,55	8,36	5,61	2,12	6,06	8,55	5,73	2,46	
	Jan	Feb	Mär	Apr	Mai	Jun	Jul	Aug	Sep	Okt	Nov	Dez

Monatsstatistiken

	Anzahl Monate	durchschn. Performance	positive Monate	durchschn. Performance	negative Monate	durchschn. Performance	Gewinn-Wahr-scheinlichkeit	Monats-hoch am	Monats-tief am
Jan	21	0,22%	12	5,98%	9	-7,46%	0,57%	06.01	26.01
Feb	20	1,38%	11	7,54%	9	-6,15%	0,55%	18.02	06.02
Mar	20	-2,50%	8	4,92%	12	-7,45%	0,40%	08.03	31.03
Apr	20	2,22%	7	11,85%	13	-2,97%	0,35%	16.04	03.04
May	20	-0,54%	11	3,86%	9	-5,91%	0,55%	05.05	24.05
Jun	21	2,27%	16	4,87%	5	-6,06%	0,76%	29.06	01.06
Jul	21	3,05%	13	11,32%	8	-10,39%	0,62%	19.07	01.07
Aug	21	-3,79%	7	3,99%	14	-7,69%	0,33%	01.08	31.08
Sep	21	-2,49%	9	5,40%	12	-8,40%	0,43%	02.09	22.09
Oct	21	2,77%	17	7,01%	4	-15,24%	0,81%	31.10	09.10
Nov	21	3,22%	19	4,30%	2	-7,08%	0,90%	29.11	01.11
Dec	21	2,46%	16	4,89%	5	-5,32%	0,76%	27.12	14.12

Jahreszyklus:

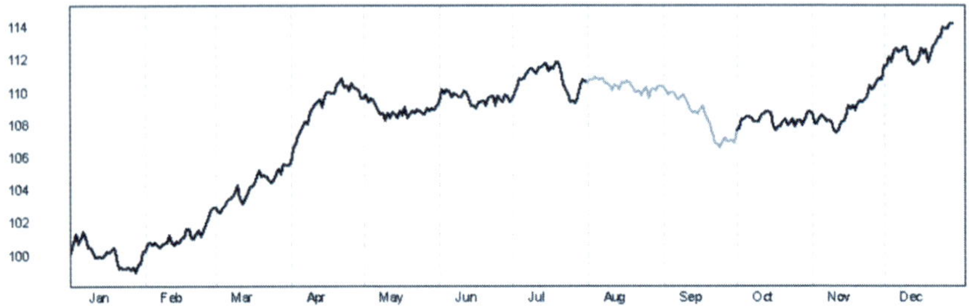

Erfolgreichster Anlage-Zeitraum: 10 Monate zwischen 30. September und 31. Juli

Buy & Hold vs. Anlage-Zyklus:

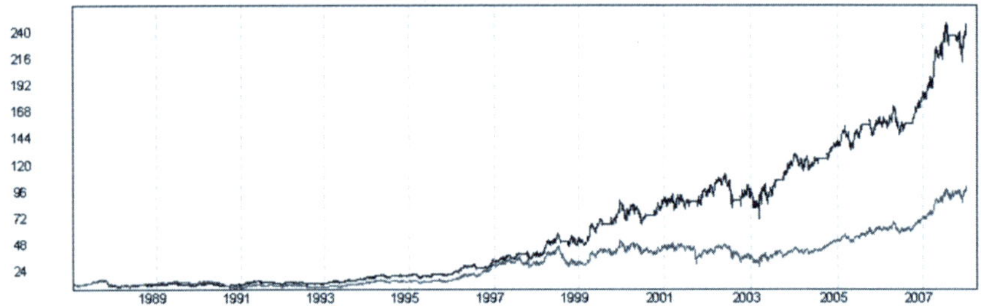

Vergleich: Buy & Hold vs. Anlage-Zyklus

	Buy & Hold	**Anlage-Zyklus**
Kurs 28.12.07:	101,05	247,48
Startkurs:	13,83	13,83
Gesamtperformance seit 02.01.1987:	630,66%	1.689,42%
All-Time-High:	101,24	248,97
Erreicht am:	27.12.2007	09.07.2007

Das wäre aus einer Anlage von 10.000 geworden:

Anlage vor 10 Jahren:	31.776,73	62.665,12
Anlage seit 1987:	73.065,80	178.941,78

Jahres-Hochs und -Tiefs

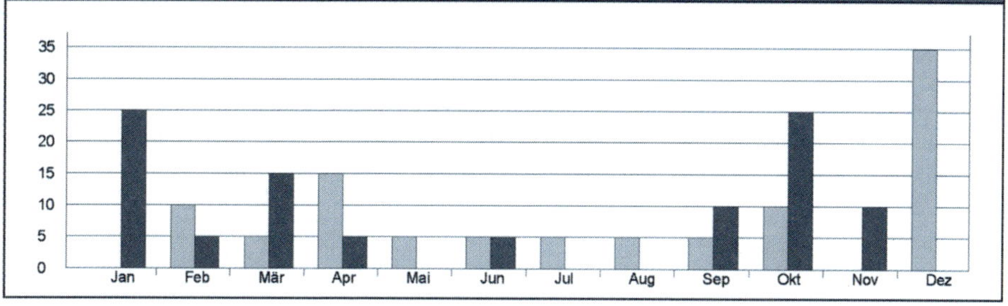

Rendite-Viereck

Jan		8,99	6,73	2,96	3,76	3,64	2,37	2,53	6,14	4,49	2,77	-0,25
Feb	2,54		9,61	5,69	6,87	6,93	5,53	5,85	9,67	7,91	5,98	3,05
Mär	5,15	2,53		8,13	9,32	9,30	7,85	8,34	12,15	10,48	8,37	5,40
Apr	8,74	6,18	3,65		12,70	12,78	11,37	11,93	16,14	14,20	12,12	9,20
Mai	8,08	5,43	2,89	-0,54		11,93	10,39	11,01	15,11	13,34	11,27	8,40
Jun	8,23	5,63	2,93	-0,58	0,01		10,21	10,87	14,92	13,04	11,01	8,15
Jul	9,50	6,82	4,26	0,66	1,37	1,31		11,67	15,69	13,64	11,64	8,71
Aug	9,14	6,53	4,03	0,33	0,97	0,89	-0,33		14,95	12,80	10,93	8,12
Sep	5,92	3,27	0,89	-2,57	-2,07	-2,26	-3,53	-3,34		9,36	7,50	4,80
Okt	7,09	4,39	1,89	-1,58	-0,92	-1,12	-2,27	-2,02	1,52		9,96	7,19
Nov	8,83	6,16	3,74	0,05	0,76	0,50	-0,57	-0,40	3,17	1,67		9,53
Dez	12,83	10,08	7,51	3,65	4,50	4,08	2,86	2,97	6,51	4,85	3,16	
	Jan	Feb	Mär	Apr	Mai	Jun	Jul	Aug	Sep	Okt	Nov	Dez

Monatsstatistiken

	Anzahl Monate	durchschn. Performance	positive Monate	durchschn. Performance	negative Monate	durchschn. Performance	Gewinn-Wahr-scheinlichkeit	Monats-hoch am	Monats-tief am
Jan	21	-0,25%	10	4,72%	11	-4,76%	0,48%	06.01	23.01
Feb	21	2,54%	12	5,85%	9	-1,88%	0,57%	29.02	01.02
Mar	21	2,53%	14	6,13%	7	-4,68%	0,67%	29.03	03.03
Apr	21	3,65%	15	6,96%	6	-4,62%	0,71%	22.04	01.04
May	21	-0,54%	10	4,04%	11	-4,70%	0,48%	02.05	10.05
Jun	21	0,01%	10	4,67%	11	-4,22%	0,48%	02.06	16.06
Jul	21	1,31%	14	5,07%	7	-6,22%	0,67%	20.07	27.07
Aug	21	-0,33%	14	3,59%	7	-8,18%	0,67%	04.08	26.08
Sep	21	-3,34%	6	5,60%	15	-6,91%	0,29%	01.09	24.09
Oct	21	1,52%	13	6,09%	8	-5,91%	0,62%	31.10	01.10
Nov	21	1,67%	11	6,40%	10	-3,53%	0,52%	29.11	11.11
Dec	21	3,16%	14	6,29%	7	-3,10%	0,67%	30.12	01.12

Aktie	Bayer	WKN: 575200

Jahreszyklus:

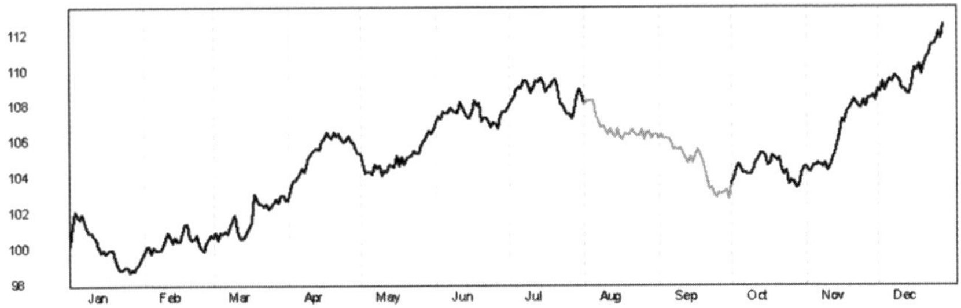

Erfolgreichster Anlage–Zeitraum: 10 Monate zwischen 30. September und 31. Juli

Buy & Hold vs. Anlage–Zyklus:

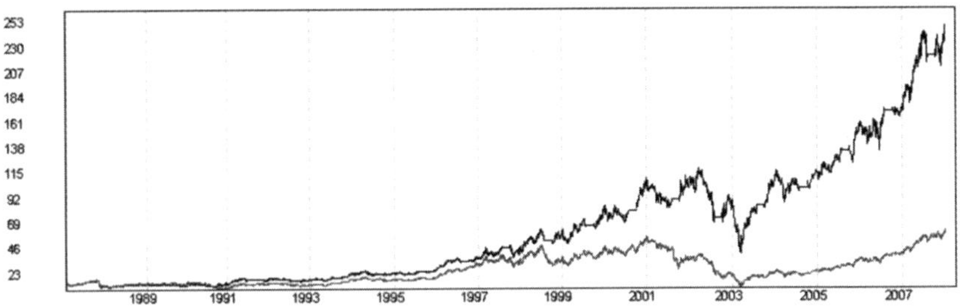

Vergleich: Buy & Hold vs. Anlage–Zyklus

	Buy & Hold	Anlage–Zyklus
Kurs 28.12.07:	62,36	249,23
Startkurs:	16,12	16,12
Gesamtperformance seit 02.01.1987:	286,85%	1.446,12%
All–Time–High:	62,36	249,23
Erreicht am:	28.12.2007	28.12.2007

Das wäre aus einer Anlage von 10.000 geworden:

Anlage vor 10 Jahren:	16.709,54	51.019,48
Anlage seit 1987:	38.684,86	154.611,51

Jahres-Hochs und -Tiefs

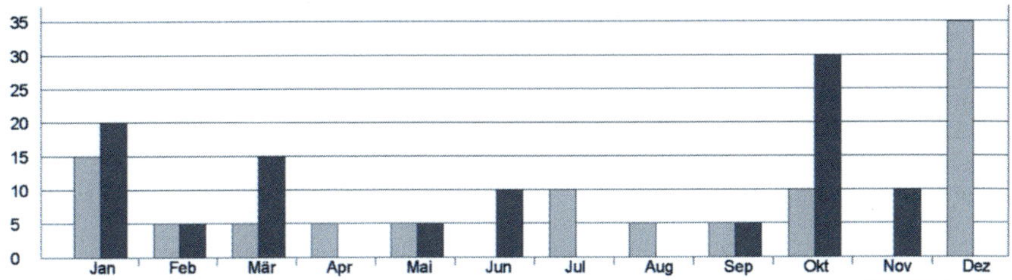

Rendite-Viereck

Jan		10,45	8,90	5,46	4,44	3,28	1,72	3,90	7,83	6,24	2,99	−0,86
Feb	1,26		9,87	6,62	5,91	4,86	2,72	5,55	9,27	7,97	4,55	0,79
Mär	3,03	1,71		7,95	7,29	6,26	4,08	7,09	10,82	9,72	6,24	2,47
Apr	4,92	4,08	2,42		9,04	7,84	5,84	9,03	13,02	11,75	7,98	4,32
Mai	5,76	4,97	3,32	0,86		8,45	6,36	9,60	13,59	12,45	8,74	5,16
Jun	6,92	6,35	4,59	1,84	0,88		7,03	10,31	14,29	13,24	9,38	5,93
Jul	8,05	7,37	5,76	2,87	2,00	1,08		10,79	14,80	13,67	9,78	6,24
Aug	6,00	5,35	3,55	0,67	−0,16	−1,04	−2,12		12,36	11,31	7,67	4,19
Sep	3,10	2,26	0,64	−2,21	−3,19	−4,17	−5,45	−3,57		8,10	4,57	1,28
Okt	3,99	3,42	1,69	−1,32	−2,24	−3,26	−4,42	−2,55	1,38		6,58	3,21
Nov	6,93	6,54	4,82	1,63	0,68	−0,44	−1,47	0,72	4,92	3,40		6,79
Dez	11,76	11,41	9,56	6,15	5,18	3,94	2,68	4,72	8,89	7,25	3,88	
	Jan	Feb	Mär	Apr	Mai	Jun	Jul	Aug	Sep	Okt	Nov	Dez

Monatsstatistiken

	Anzahl Monate	durchschn. Performance	positive Monate	durchschn. Performance	negative Monate	durchschn. Performance	Gewinn-Wahrscheinlichkeit	Monats-hoch am	Monats-tief am
Jan	21	−0,86%	8	7,30%	13	−5,88%	0,38%	03.01	26.01
Feb	21	1,26%	10	7,78%	11	−4,67%	0,48%	19.02	01.02
Mar	21	1,71%	13	5,61%	8	−4,62%	0,62%	18.03	03.03
Apr	21	2,42%	10	8,92%	11	−3,50%	0,48%	17.04	01.04
May	21	0,86%	13	4,39%	8	−4,88%	0,62%	31.05	10.05
Jun	21	0,88%	13	4,56%	8	−5,08%	0,62%	17.06	27.06
Jul	21	1,08%	13	6,50%	8	−7,73%	0,62%	14.07	27.07
Aug	21	−2,12%	12	3,95%	9	−10,22%	0,57%	03.08	26.08
Sep	21	−3,57%	9	3,85%	12	−9,14%	0,43%	02.09	25.09
Oct	21	1,38%	15	4,94%	6	−7,54%	0,71%	13.10	28.10
Nov	21	3,40%	13	7,64%	8	−3,48%	0,62%	29.11	03.11
Dec	21	3,88%	18	5,33%	3	−4,87%	0,86%	30.12	14.12

Aktie **BMW** **WKN: 519000**

Jahreszyklus:

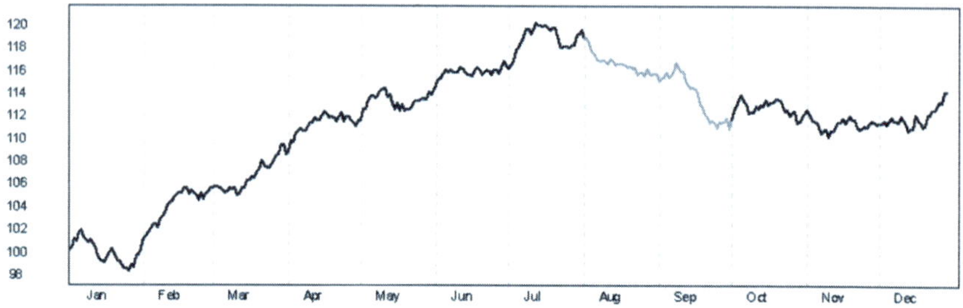

Erfolgreichster Anlage–Zeitraum: 10 Monate zwischen 30. September und 31. Juli

Buy & Hold vs. Anlage–Zyklus:

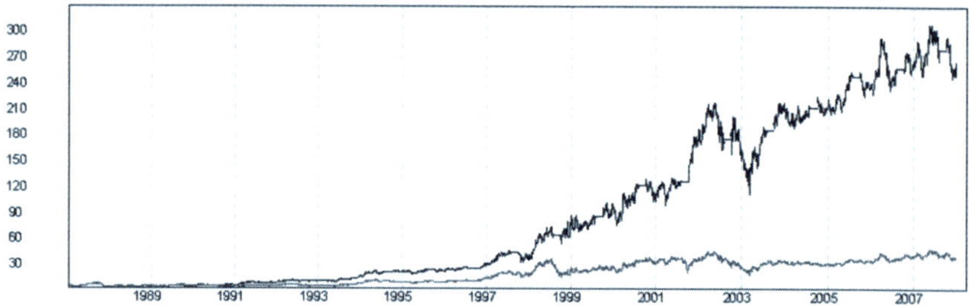

Vergleich: Buy & Hold vs. Anlage–Zyklus

	Buy & Hold	**Anlage–Zyklus**
Kurs 28.12.07:	42,54	264,96
Startkurs:	7,60	7,60
Gesamtperformance seit 02.01.1987:	459,74%	3.386,33%
All–Time–High:	50,63	311,30
Erreicht am:	15.05.2007	15.05.2007
Das wäre aus einer Anlage von 10.000 geworden:		
Anlage vor 10 Jahren:	16.867,57	53.705,43
Anlage seit 1987:	55.973,68	348.632,70

Jahres-Hochs und -Tiefs

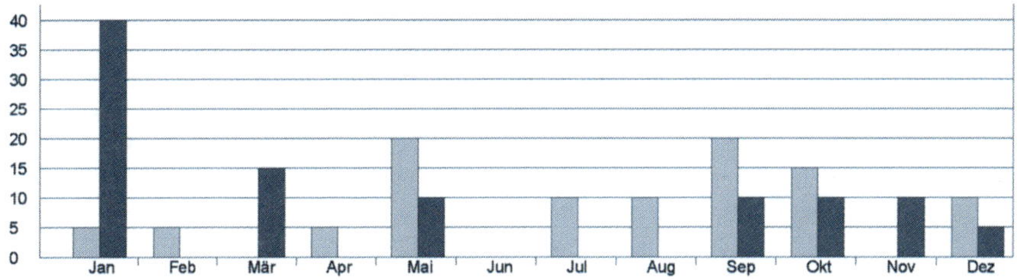

Rendite-Viereck

Jan		6,06	3,62	1,15	-0,78	-2,79	-5,64	-2,27	2,59	1,31	2,38	-0,03
Feb	5,21		10,60	7,99	6,22	3,67	0,31	4,06	9,36	8,42	9,12	6,37
Mär	8,50	2,86		11,16	9,55	6,77	3,43	7,29	12,61	11,53	12,12	9,11
Apr	10,63	5,08	2,45		11,16	8,41	5,13	9,04	14,66	13,33	13,85	11,03
Mai	13,37	7,63	4,77	2,46		11,04	7,51	11,53	17,02	15,86	16,56	13,61
Jun	14,95	9,41	6,63	4,10	1,69		8,14	12,22	17,72	16,57	17,22	14,49
Jul	18,31	12,58	9,64	7,01	4,64	2,81		14,91	20,72	19,18	20,02	17,10
Aug	14,25	9,10	6,39	3,64	1,52	-0,45	-3,33		15,89	13,77	14,67	12,15
Sep	9,78	4,96	2,01	-0,46	-2,50	-4,46	-7,35	-4,32		9,24	10,22	7,68
Okt	9,57	4,53	2,07	-0,33	-2,16	-4,00	-6,77	-3,59	1,36		12,22	9,72
Nov	7,97	2,92	0,65	-1,81	-3,70	-5,51	-8,05	-4,65	0,42	-1,12		9,34
Dez	11,01	5,97	3,81	1,17	-0,01	2,74	-5,50	-2,19	2,83	1,29	2,52	
	Jan	Feb	Mär	Apr	Mai	Jun	Jul	Aug	Sep	Okt	Nov	Dez

Monatsstatistiken

	Anzahl Monate	durchschn. Performance	positive Monate	durchschn. Performance	negative Monate	durchschn. Performance	Gewinn-Wahrscheinlichkeit	Monats-hoch am	Monats-tief am
Jan	21	-0,03%	11	6,33%	10	-7,02%	0,52%	06.01	26.01
Feb	21	5,21%	13	10,20%	8	-2,89%	0,62%	29.02	01.02
Mar	21	2,86%	11	9,74%	10	-4,70%	0,52%	29.03	11.03
Apr	21	2,45%	14	6,44%	7	-5,54%	0,67%	16.04	01.04
May	21	2,46%	14	5,94%	7	-4,50%	0,67%	11.05	19.05
Jun	21	1,69%	11	6,62%	10	-3,73%	0,52%	29.06	01.06
Jul	21	2,81%	15	5,99%	6	-5,16%	0,71%	12.07	01.07
Aug	21	-3,33%	8	4,10%	13	-7,91%	0,38%	02.08	26.08
Sep	21	-4,32%	8	5,80%	13	-10,55%	0,38%	08.09	30.09
Oct	21	1,36%	15	7,10%	6	-13,00%	0,71%	05.10	28.10
Nov	21	-1,12%	9	6,63%	12	-6,93%	0,43%	01.11	10.11
Dec	21	2,52%	15	5,55%	6	-5,07%	0,71%	30.12	13.12

Aktie Commerzbank WKN: 803200

Jahreszyklus:

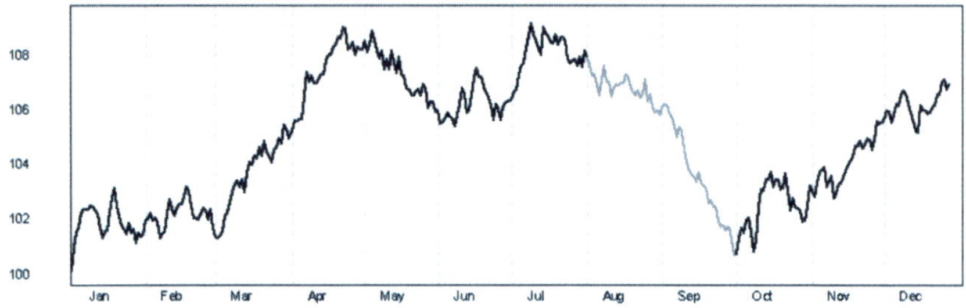

Erfolgreichster Anlage–Zeitraum: 10 Monate zwischen 30. September und 31. Juli

Buy & Hold vs. Anlage–Zyklus:

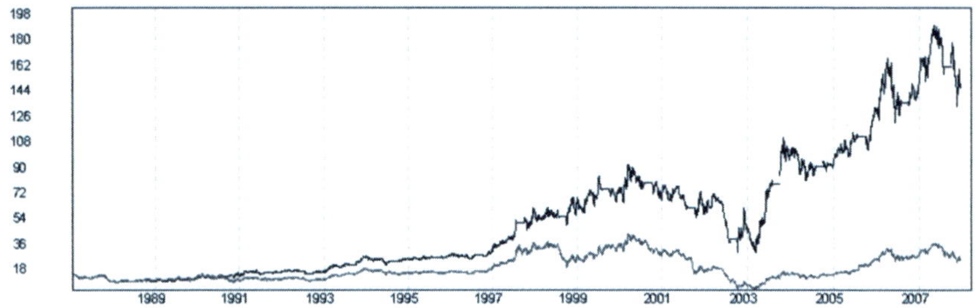

Vergleich: Buy & Hold vs. Anlage–Zyklus

	Buy & Hold	Anlage–Zyklus
Kurs 28.12.07:	26,36	150,07
Startkurs:	15,39	15,39
Gesamtperformance seit 02.01.1987:	71,28%	875,11%
All–Time–High:	44,10	191,32
Erreicht am:	22.03.2000	09.05.2007

Das wäre aus einer Anlage von 10.000 geworden:

Anlage vor 10 Jahren:	7.852,25	27.446,12
Anlage seit 1987:	17.128,01	97.511,05

Jahres-Hochs und -Tiefs

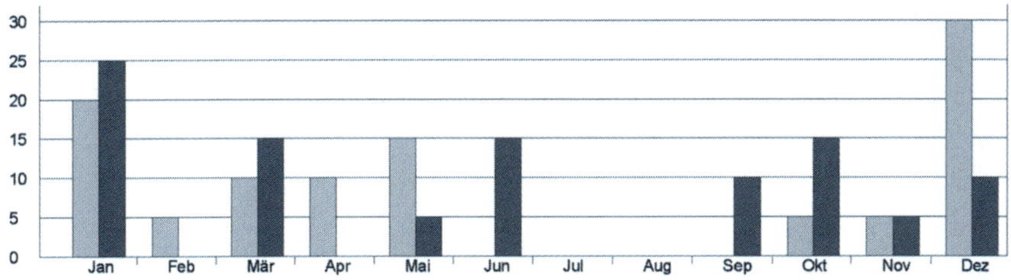

Rendite-Viereck

	Jan	Feb	Mär	Apr	Mai	Jun	Jul	Aug	Sep	Okt	Nov	Dez
Jan		9,31	6,41	1,96	3,73	2,20	-0,63	1,54	6,13	3,91	1,81	0,42
Feb	0,79		10,69	6,27	8,22	6,35	2,88	4,86	9,18	7,17	4,77	3,11
Mär	3,71	3,04		8,54	10,70	9,01	5,62	7,59	12,09	10,22	7,59	5,86
Apr	6,69	6,31	3,14		12,75	11,20	8,00	10,15	15,43	13,24	10,31	8,89
Mai	4,53	4,18	1,08	-2,14		8,82	5,68	7,81	13,20	11,20	8,12	6,81
Jun	5,25	5,22	2,08	-1,74	0,37		6,58	8,00	13,67	11,43	8,07	7,10
Jul	8,01	7,99	4,68	0,71	2,67	1,91		10,80	16,43	14,21	10,38	9,42
Aug	5,61	5,56	2,26	-1,58	0,47	-0,40	-2,34		13,68	11,43	7,69	6,97
Sep	2,37	2,07	-0,87	-4,73	-2,75	-4,01	-6,52	-4,53		7,72	3,98	3,44
Okt	5,61	5,55	2,42	-2,48	-0,70	-2,31	-4,76	-2,53	2,32		7,29	7,29
Nov	6,54	6,45	3,43	-1,19	0,47	-0,91	-3,21	-0,85	4,65	2,24		9,09
Dez	9,23	8,88	5,76	1,23	2,99	1,47	-1,34	0,82	5,54	3,33	1,35	

Monatsstatistiken

	Anzahl Monate	durchschn. Performance	positive Monate	durchschn. Performance	negative Monate	durchschn. Performance	Gewinn-Wahrscheinlichkeit	Monatshoch am	Monatstief am
Jan	21	0,42%	13	6,05%	8	-8,73%	0,62%	09.01	28.01
Feb	21	0,79%	11	7,51%	10	-6,60%	0,52%	18.02	07.02
Mar	21	3,04%	15	6,00%	6	-4,37%	0,71%	29.03	02.03
Apr	21	3,14%	12	7,70%	9	-2,95%	0,57%	22.04	01.04
May	21	-2,14%	7	4,30%	14	-5,35%	0,33%	05.05	31.05
Jun	21	0,37%	10	6,52%	11	-5,22%	0,48%	17.06	08.06
Jul	21	1,91%	14	7,06%	7	-8,38%	0,67%	09.07	01.07
Aug	21	-2,34%	6	5,74%	15	-5,57%	0,29%	01.08	31.08
Sep	21	-4,53%	8	5,11%	13	-10,47%	0,38%	02.09	30.09
Oct	21	2,32%	14	6,39%	7	-5,81%	0,67%	21.10	01.10
Nov	21	2,24%	13	8,24%	8	-7,50%	0,62%	28.11	02.11
Dec	21	1,35%	13	5,79%	8	-5,87%	0,62%	28.12	15.12

Aktie **Continental** **WKN: 543900**

Jahreszyklus:

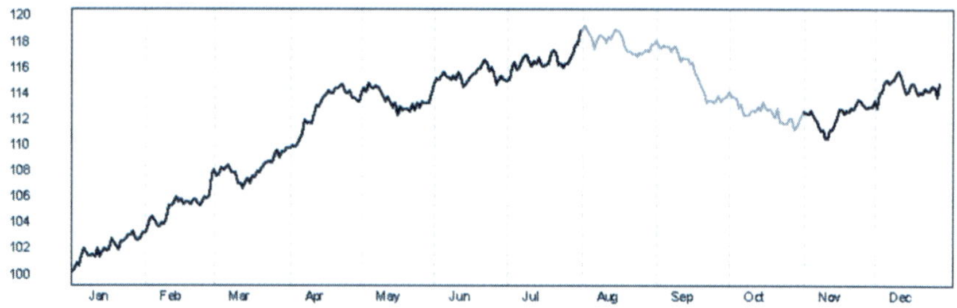

Erfolgreichster Anlage–Zeitraum: 9 Monate zwischen 31. Oktober und 31. Juli

Buy & Hold vs. Anlage–Zyklus:

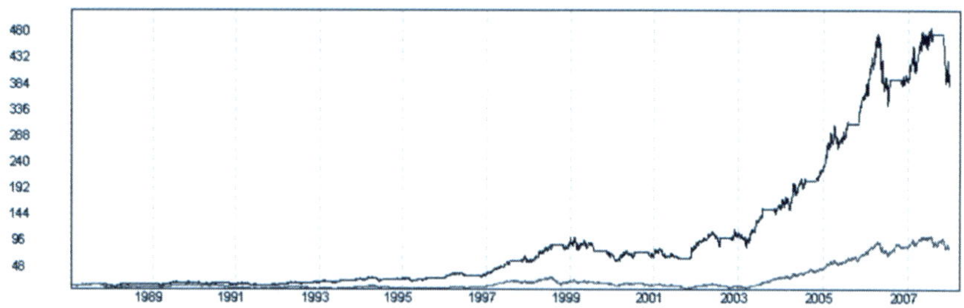

Vergleich: Buy & Hold vs. Anlage–Zyklus

	Buy & Hold	**Anlage–Zyklus**
Kurs 28.12.07:	88,00	404,32
Startkurs:	16,82	16,82
Gesamtperformance seit 02.01.1987:	423,19%	2.303,80%
All–Time–High:	109,05	491,38
Erreicht am:	19.07.2007	19.07.2007
Das wäre aus einer Anlage von 10.000 geworden:		
Anlage vor 10 Jahren:	41.063,93	65.769,39
Anlage seit 1987:	52.318,67	240.379,71

Aktie Continental WKN: 543900

Jahres-Hochs und -Tiefs

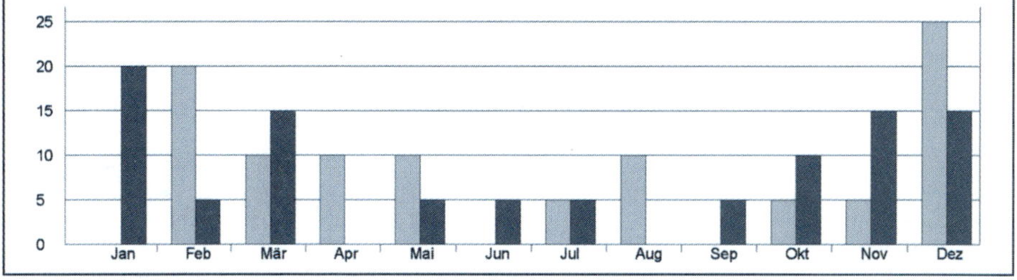

Rendite-Viereck

Jan		9,42	8,66	4,67	4,23	2,73	-0,68	-0,33	3,70	4,98	3,94	2,57
Feb	3,22		13,17	9,17	8,80	7,24	3,58	3,35	7,70	9,85	8,30	6,94
Mär	5,05	1,78		11,48	11,13	9,30	5,80	5,40	9,53	11,67	9,97	8,59
Apr	8,25	4,92	3,13		15,26	13,31	9,69	9,25	13,58	15,49	13,46	12,15
Mai	8,59	5,34	3,57	0,33		13,49	9,92	9,40	13,72	15,59	13,41	12,27
Jun	9,60	6,38	4,67	1,40	1,01		10,94	10,57	14,71	16,59	14,50	13,46
Jul	13,69	10,30	8,49	4,97	4,41	3,43		14,29	18,46	20,49	18,16	17,28
Aug	12,21	8,96	7,43	3,97	3,58	2,51	-0,75		16,97	18,64	16,45	15,43
Sep	9,15	5,71	4,15	0,68	0,43	-0,73	-3,98	-3,60		15,74	13,60	12,72
Okt	8,02	4,56	3,40	-0,41	-0,75	-2,20	-5,42	-4,98	-1,47		13,17	12,62
Nov	8,52	4,85	3,83	0,02	-0,34	-1,84	-4,99	-4,54	-0,72	0,61		13,99
Dez	9,85	6,16	5,22	1,43	1,08	-0,51	-3,71	-3,26	0,61	1,78	1,25	
	Jan	Feb	Mär	Apr	Mai	Jun	Jul	Aug	Sep	Okt	Nov	Dez

Monatsstatistiken

	Anzahl Monate	durchschn. Performance	positive Monate	durchschn. Performance	negative Monate	durchschn. Performance	Gewinn-Wahrscheinlichkeit	Monats-hoch am	Monats-tief am
Jan	21	2,57%	14	8,54%	7	-9,37%	0,67%	27.01	04.01
Feb	21	3,22%	17	5,82%	4	-7,81%	0,81%	29.02	01.02
Mar	21	1,78%	15	5,42%	6	-7,32%	0,71%	31.03	13.03
Apr	21	3,13%	15	6,61%	6	-5,59%	0,71%	23.04	01.04
May	21	0,33%	13	3,38%	8	-4,64%	0,62%	05.05	17.05
Jun	21	1,01%	13	5,84%	8	-6,82%	0,62%	22.06	13.06
Jul	21	3,43%	15	6,92%	6	-5,30%	0,71%	31.07	01.07
Aug	21	-0,75%	9	6,61%	12	-6,27%	0,43%	02.08	24.08
Sep	21	-3,60%	9	5,48%	12	-10,41%	0,43%	01.09	25.09
Oct	21	-1,47%	9	7,56%	12	-8,25%	0,43%	01.10	28.10
Nov	21	0,61%	10	8,57%	11	-6,63%	0,48%	24.11	11.11
Dec	21	1,25%	15	4,27%	6	-6,29%	0,71%	11.12	02.12

Aktie Daimler WKN: 710000

Jahreszyklus:

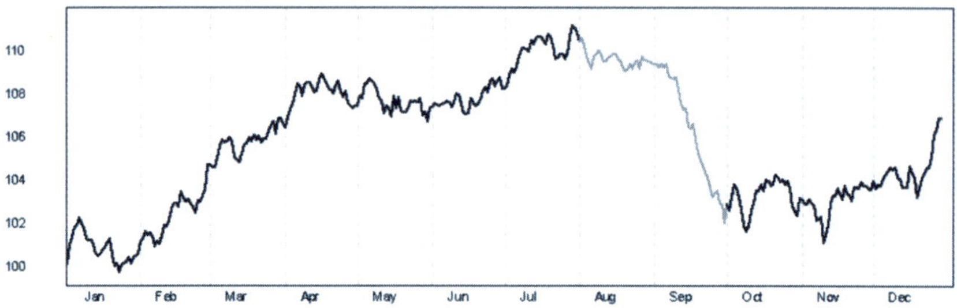

Erfolgreichster Anlage-Zeitraum: 10 Monate zwischen 30. September und 31. Juli

Buy & Hold vs. Anlage-Zyklus:

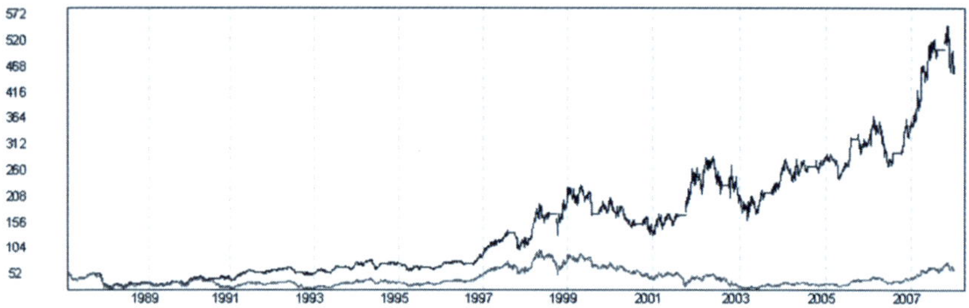

Vergleich: Buy & Hold vs. Anlage-Zyklus

	Buy & Hold	Anlage-Zyklus
Kurs 28.12.07:	66,25	473,91
Startkurs:	56,98	56,98
Gesamtperformance seit 02.01.1987:	16,27%	731,72%
All-Time-High:	103,32	552,60
Erreicht am:	08.05.1998	29.10.2007

Das wäre aus einer Anlage von 10.000 geworden:

Anlage vor 10 Jahren:	9.794,50	37.024,93
Anlage seit 1987:	11.626,89	83.171,99

Jahres-Hochs und -Tiefs

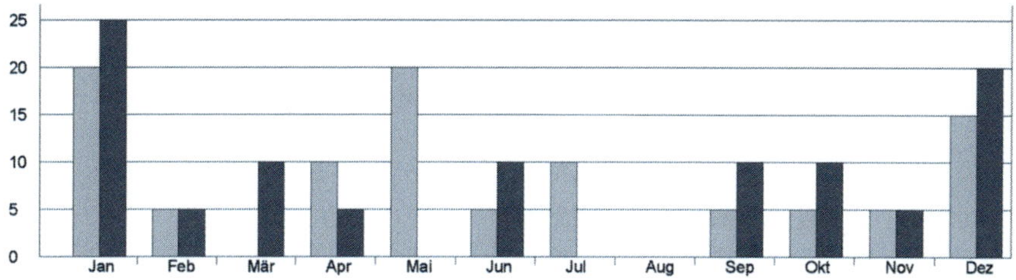

Rendite-Viereck

Jan		1,24	0,25	−0,13	0,09	−0,76	−3,59	−2,85	4,93	4,21	3,33	−0,07
Feb	3,19		3,61	3,17	3,97	3,05	−0,03	0,81	9,36	9,18	8,31	4,58
Mär	5,21	1,90		5,86	6,63	5,69	2,46	3,42	12,05	11,78	10,57	6,58
Apr	5,63	2,44	0,72		6,89	5,92	2,64	3,72	12,59	12,27	10,96	7,16
Mai	5,70	2,35	0,45	−0,16		5,91	2,58	3,81	12,67	12,22	10,91	7,15
Jun	6,50	3,12	1,20	0,63	0,80		2,70	3,97	12,76	12,44	11,13	7,55
Jul	9,13	5,51	3,60	3,32	3,47	2,52		6,17	14,66	14,44	13,53	9,92
Aug	7,47	4,09	2,41	2,11	2,33	1,39	−1,24		12,60	12,17	11,19	8,06
Sep	0,95	−2,42	−4,07	−4,04	−4,12	−5,13	−7,80	−6,85		5,38	4,38	1,50
Okt	0,80	−2,69	−4,15	−4,23	−4,06	−4,88	−7,36	−6,51	0,73		5,45	2,62
Nov	1,15	−2,52	−3,94	−4,21	−4,17	−4,89	−7,34	−6,22	1,32	0,50		4,21
Dez	5,02	1,33	0,10	−0,35	−0,08	−1,05	−3,72	−2,91	4,78	3,83	3,33	
	Jan	Feb	Mär	Apr	Mai	Jun	Jul	Aug	Sep	Okt	Nov	Dez

Monatsstatistiken

	Anzahl Monate	durchschn. Performance	positive Monate	durchschn. Performance	negative Monate	durchschn. Performance	Gewinn-Wahr-scheinlichkeit	Monats-hoch am	Monats-tief am
Jan	21	−0,07%	11	6,42%	10	−7,21%	0,52%	06.01	23.01
Feb	21	3,19%	12	7,91%	9	−3,11%	0,57%	29.02	07.02
Mar	21	1,90%	12	7,19%	9	−5,14%	0,57%	30.03	03.03
Apr	21	0,72%	11	6,94%	10	−6,12%	0,52%	16.04	01.04
May	21	−0,16%	11	4,59%	10	−5,39%	0,52%	06.05	30.05
Jun	21	0,80%	13	4,71%	8	−5,56%	0,62%	29.06	15.06
Jul	21	2,52%	14	7,11%	7	−6,67%	0,67%	29.07	01.07
Aug	21	−1,24%	11	5,43%	10	−8,58%	0,52%	02.08	20.08
Sep	21	−6,85%	5	6,70%	16	−11,09%	0,24%	04.09	30.09
Oct	21	0,73%	12	7,90%	9	−8,85%	0,57%	21.10	09.10
Nov	21	0,50%	10	8,90%	11	−7,13%	0,48%	26.11	10.11
Dec	21	3,33%	16	6,84%	5	−7,91%	0,76%	30.12	19.12

Aktie **Deutsche Bank** **WKN: 514000**

Jahreszyklus:

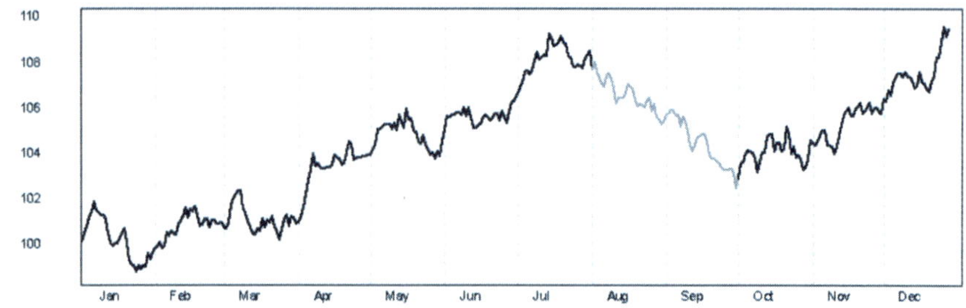

Erfolgreichster Anlage-Zeitraum: 10 Monate zwischen 30. September und 31. Juli

Buy & Hold vs. Anlage-Zyklus:

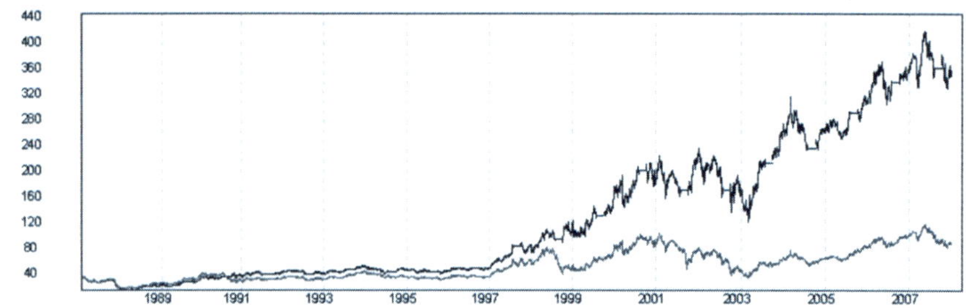

Vergleich: Buy & Hold vs. Anlage-Zyklus

	Buy & Hold	Anlage-Zyklus
Kurs 28.12.07:	89,43	357,89
Startkurs:	36,47	36,47
Gesamtperformance seit 02.01.1987:	145,22%	881,34%
All-Time-High:	117,75	419,42
Erreicht am:	11.05.2007	11.05.2007

Das wäre aus einer Anlage von 10.000 geworden:

Anlage vor 10 Jahren:	14.394,01	42.290,10
Anlage seit 1987:	24.521,52	98.134,06

Jahres-Hochs und -Tiefs

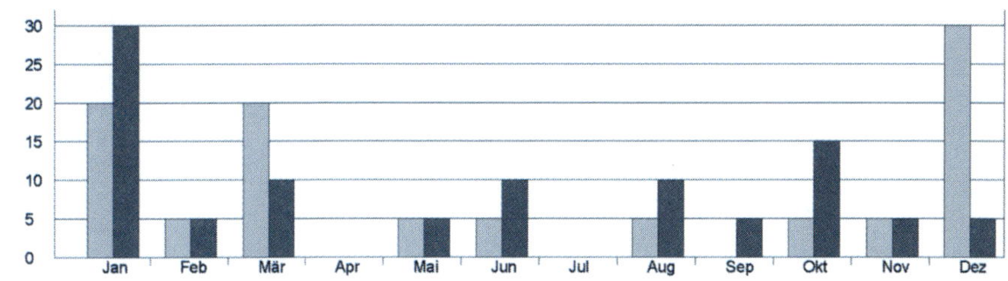

Rendite-Viereck

Jan		7,73	9,06	5,41	5,13	2,65	-0,20	2,88	5,56	3,48	2,45	-0,98
Feb	1,38		12,73	9,20	9,04	6,06	2,89	5,73	8,43	6,45	5,40	1,73
Mär	0,77	-0,35		8,47	8,16	5,35	2,08	5,16	7,67	5,90	4,54	0,99
Apr	3,38	2,33	2,82		10,44	7,64	4,44	7,66	10,61	8,60	7,28	3,84
Mai	3,98	2,77	3,32	0,46		8,46	5,20	8,39	11,42	9,58	8,23	4,63
Jun	5,90	4,66	5,19	2,13	1,68		6,41	9,69	12,85	11,00	9,68	6,19
Jul	8,56	7,09	7,77	4,71	4,23	2,21		12,35	15,37	13,56	12,35	8,90
Aug	4,94	3,52	4,44	1,37	1,13	-0,85	-2,98		11,22	9,07	7,94	4,78
Sep	3,41	1,58	2,62	-0,40	-0,52	-2,75	-5,37	-2,54		7,04	6,09	3,45
Okt	5,04	3,00	4,09	0,86	0,63	-1,57	-4,08	-1,07	1,78		8,72	6,00
Nov	5,54	3,60	4,52	1,29	1,06	-0,94	-3,24	-0,11	3,07	1,10		7,42
Dez	11,05	9,02	10,06	6,22	6,06	3,48	0,76	3,91	6,80	4,67	3,57	
	Jan	Feb	Mär	Apr	Mai	Jun	Jul	Aug	Sep	Okt	Nov	Dez

Monatsstatistiken

	Anzahl Monate	durchschn. Performance	positive Monate	durchschn. Performance	negative Monate	durchschn. Performance	Gewinn-Wahr-scheinlichkeit	Monats-hoch am	Monats-tief am
Jan	21	-0,98%	7	8,67%	14	-5,81%	0,33%	06.01	26.01
Feb	21	1,38%	11	8,27%	10	-6,20%	0,52%	18.02	05.02
Mar	21	-0,35%	13	3,70%	8	-6,92%	0,62%	08.03	24.03
Apr	21	2,82%	12	7,25%	9	-3,08%	0,57%	22.04	01.04
May	21	0,46%	10	5,26%	11	-3,90%	0,48%	16.05	28.05
Jun	21	1,68%	11	7,04%	10	-4,21%	0,52%	30.06	01.06
Jul	21	2,21%	15	6,62%	6	-8,82%	0,71%	14.07	01.07
Aug	21	-2,98%	7	4,58%	14	-6,75%	0,33%	02.08	30.08
Sep	21	-2,54%	8	7,09%	13	-8,47%	0,38%	04.09	30.09
Oct	21	1,78%	15	5,68%	6	-7,99%	0,71%	21.10	01.10
Nov	21	1,10%	15	4,81%	6	-8,16%	0,71%	21.11	10.11
Dec	21	3,57%	12	9,53%	9	-4,39%	0,57%	28.12	02.12

Aktie | Deutsche Börse | WKN: 581005

Jahreszyklus:

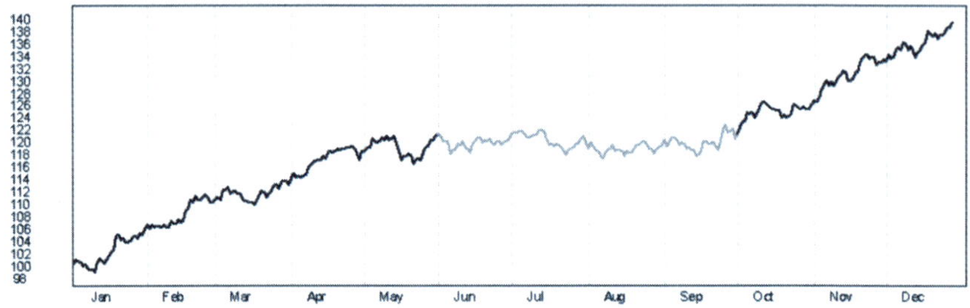

Erfolgreichster Anlage–Zeitraum: 8 Monate zwischen 30. September und 31. Mai

Buy & Hold vs. Anlage–Zyklus:

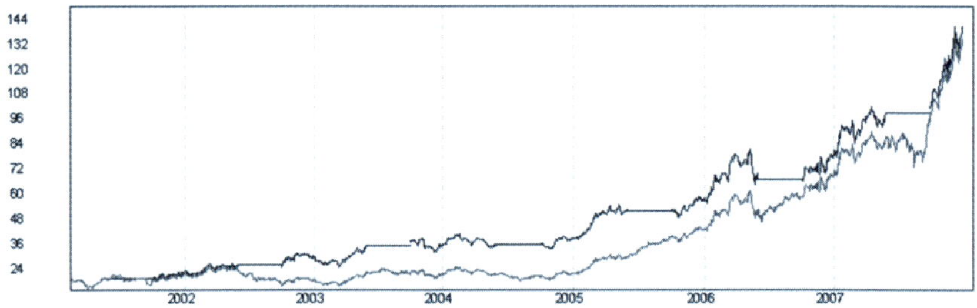

Vergleich: Buy & Hold vs. Anlage–Zyklus

	Buy & Hold	Anlage–Zyklus
Kurs 28.12.07:	135,15	141,36
Startkurs:	19,45	19,45
Gesamtperformance seit 06.02.2001:	594,86%	626,80%
All–Time–High:	135,15	141,36
Erreicht am:	28.12.2007	28.12.2007

Das wäre aus einer Anlage von 10.000 geworden:

Anlage vor 10 Jahren:	–	–
Anlage seit Börsengang:	69.485,86	72.679,61

Jahres-Hochs und -Tiefs

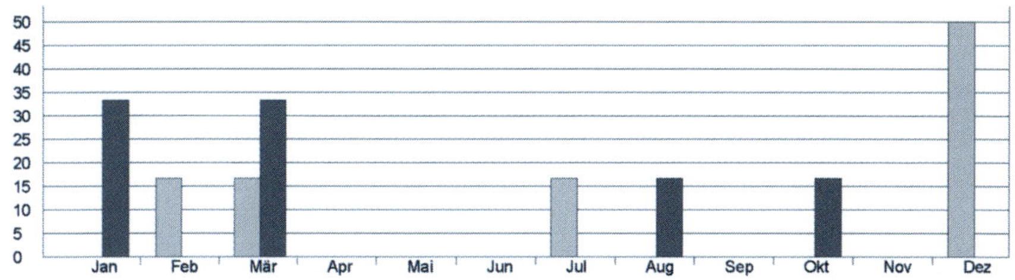

Rendite-Viereck

Jan		30,38	27,39	22,67	21,83	21,56	20,38	20,18	18,37	12,52	7,51	3,36
Feb	4,54		30,55	24,80	23,99	22,56	22,46	20,87	22,41	18,64	14,45	10,45
Mär	9,40	1,96		32,43	31,91	30,02	29,44	27,60	28,85	25,04	20,53	16,17
Apr	12,56	6,03	4,46		33,63	32,15	32,05	30,13	31,97	27,83	23,10	18,83
Mai	12,74	7,51	6,39	1,42		30,94	31,40	29,44	31,74	27,46	22,57	18,43
Jun	11,05	6,63	5,63	0,65	-0,78		29,64	27,86	29,96	25,92	20,74	17,02
Jul	13,29	7,07	5,63	0,84	-0,48	-0,01		31,01	32,95	29,04	23,35	19,77
Aug	12,77	7,07	5,69	1,01	-0,18	0,18	0,23		32,47	28,85	23,03	19,44
Sep	15,22	8,78	6,95	2,45	1,29	1,45	1,02	0,98		32,40	26,42	22,76
Okt	22,35	15,09	12,87	8,04	6,78	7,17	6,74	6,83	5,74		34,38	30,27
Nov	28,08	20,49	17,88	13,32	12,16	12,83	12,43	12,53	11,10	5,14		37,05
Dez	32,34	25,86	23,18	18,38	17,16	17,62	17,09	17,14	15,41	9,21	3,98	
	Jan	Feb	Mär	Apr	Mai	Jun	Jul	Aug	Sep	Okt	Nov	Dez

Monatsstatistiken

	Anzahl Monate	durchschn. Performance	positive Monate	durchschn. Performance	negative Monate	durchschn. Performance	Gewinn-Wahr-scheinlichkeit	Monats-hoch am	Monats-tief am
Jan	7	3,36%	4	13,39%	3	−10,02%	0,57%	31.01	07.01
Feb	6	4,54%	4	8,83%	2	−4,06%	0,67%	25.02	10.02
Mar	7	1,96%	4	7,98%	3	−6,06%	0,57%	29.03	17.03
Apr	7	4,46%	5	7,18%	2	−2,32%	0,71%	26.04	01.04
May	7	1,42%	5	5,20%	2	−8,01%	0,71%	31.05	22.05
Jun	7	−0,78%	4	4,56%	3	−7,91%	0,57%	01.06	06.06
Jul	7	−0,01%	4	5,44%	3	−7,28%	0,57%	13.07	23.07
Aug	7	0,23%	4	3,78%	3	−4,50%	0,57%	24.08	07.08
Sep	7	0,98%	4	6,82%	3	−6,81%	0,57%	26.09	14.09
Oct	7	5,74%	5	9,07%	2	−2,59%	0,71%	12.10	01.10
Nov	7	5,14%	6	8,01%	1	−12,12%	0,86%	23.11	02.11
Dec	7	3,98%	5	6,71%	2	−2,86%	0,71%	30.12	01.12

Aktie Deutsche Lufthansa WKN: 823212

Jahreszyklus:

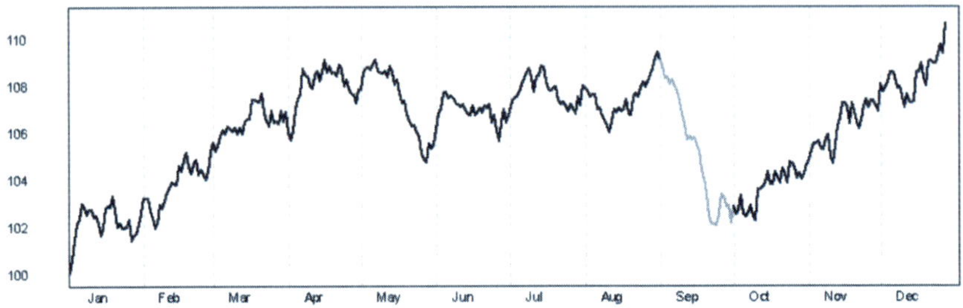

Erfolgreichster Anlage–Zeitraum: 11 Monate zwischen 30. September und 31. August

Buy & Hold vs. Anlage–Zyklus:

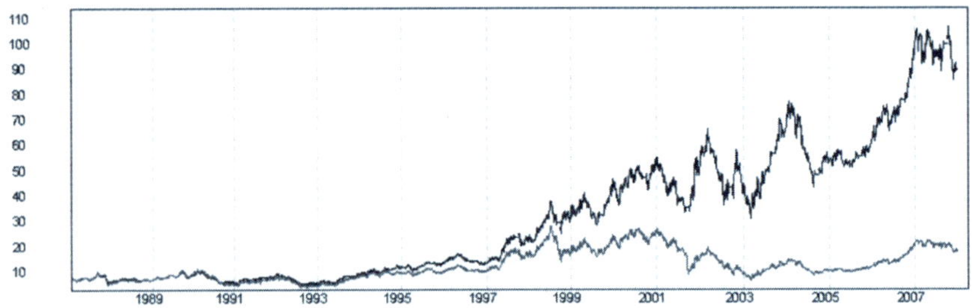

Vergleich: Buy & Hold vs. Anlage–Zyklus

	Buy & Hold	**Anlage–Zyklus**
Kurs 28.12.07:	18,16	89,95
Startkurs:	7,86	7,86
Gesamtperformance seit 02.01.1987:	131,04%	1.044,45%
All–Time–High:	28,27	107,19
Erreicht am:	08.07.1998	11.10.2007
Das wäre aus einer Anlage von 10.000 geworden:		
Anlage vor 10 Jahren:	10.926,59	40.070,10
Anlage seit 1987:	23.104,33	114.445,05

Jahres-Hochs und -Tiefs

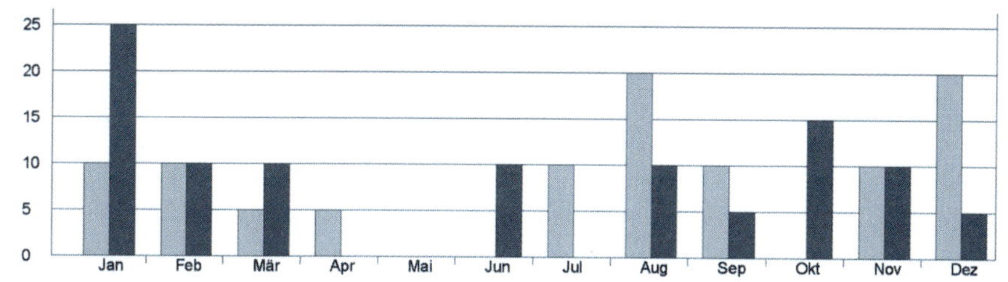

Rendite-Viereck

Jan		8,54	6,86	5,64	7,69	5,91	4,16	2,29	9,89	7,99	5,49	2,09
Feb	1,95		9,16	8,19	10,24	8,35	6,54	5,08	13,37	11,35	8,29	4,57
Mär	3,31	1,29		9,64	11,71	9,51	7,72	6,17	14,31	12,50	9,37	5,62
Apr	4,27	2,31	0,98		12,87	10,40	8,36	6,86	15,18	13,22	10,10	6,49
Mai	2,04	0,04	-1,32	-2,29		8,06	6,27	4,90	12,62	10,80	7,90	4,40
Jun	3,29	1,25	-0,26	-1,21	0,94		7,00	5,64	13,17	11,59	8,82	5,38
Jul	5,93	3,81	2,05	0,94	2,82	1,52		7,62	15,02	13,40	10,58	7,26
Aug	7,61	5,41	3,62	2,37	4,38	2,82	1,13		16,91	14,75	12,10	8,97
Sep	1,84	-0,51	-2,23	-3,27	-1,41	-3,25	-4,87	-6,50		8,28	6,37	3,37
Okt	2,17	-0,05	-1,72	-2,91	-0,73	-2,29	-3,66	-5,16	2,07		7,58	4,80
Nov	4,17	1,90	0,17	-0,98	1,16	-0,36	-1,83	-3,35	4,39	2,19		7,31
Dez	8,32	5,85	4,04	2,90	4,91	3,30	1,60	-0,06	7,46	5,53	3,19	
	Jan	Feb	Mär	Apr	Mai	Jun	Jul	Aug	Sep	Okt	Nov	Dez

Monatsstatistiken

	Anzahl Monate	durchschn. Performance	positive Monate	durchschn. Performance	negative Monate	durchschn. Performance	Gewinn-Wahr-scheinlichkeit	Monats-hoch am	Monats-tief am
Jan	21	2,09%	12	8,08%	9	-5,88%	0,57%	19.01	01.01
Feb	21	1,95%	13	6,38%	8	-5,25%	0,62%	19.02	06.02
Mar	21	1,29%	12	5,72%	9	-4,63%	0,57%	21.03	02.03
Apr	21	0,98%	13	4,63%	8	-4,95%	0,62%	16.04	02.04
May	21	-2,29%	8	5,97%	13	-7,37%	0,38%	07.05	28.05
Jun	21	0,94%	10	7,97%	11	-5,46%	0,48%	05.06	27.06
Jul	21	1,52%	13	6,95%	8	-7,29%	0,62%	14.07	28.07
Aug	21	1,13%	12	7,15%	9	-6,88%	0,57%	31.08	11.08
Sep	21	-6,50%	7	4,99%	14	-12,24%	0,33%	01.09	24.09
Oct	21	2,07%	14	8,10%	7	-10,00%	0,67%	24.10	10.10
Nov	21	2,19%	14	6,09%	7	-5,60%	0,67%	25.11	11.11
Dec	21	3,19%	16	5,79%	5	-5,13%	0,76%	30.12	11.12

Jahreszyklus:

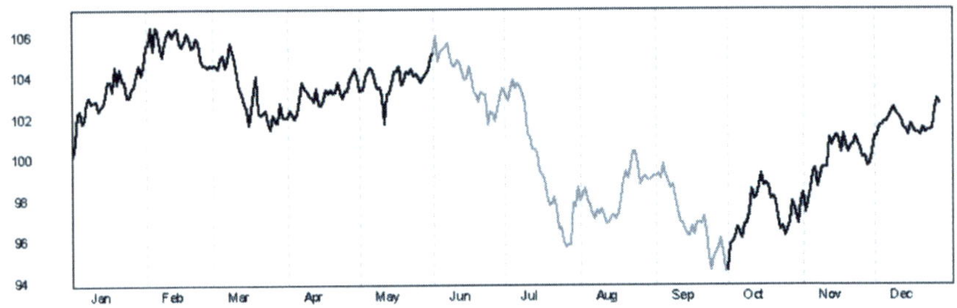

Erfolgreichster Anlage–Zeitraum: 8 Monate zwischen 30. September und 31. Mai

Buy & Hold vs. Anlage–Zyklus:

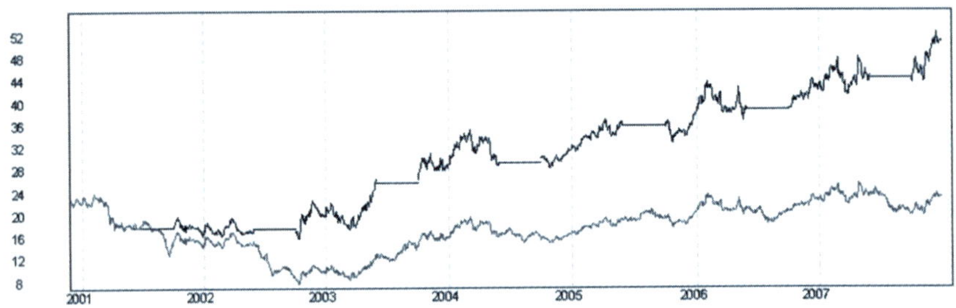

Vergleich: Buy & Hold vs. Anlage–Zyklus

	Buy & Hold	**Anlage–Zyklus**
Kurs 28.12.07:	23,31	51,00
Startkurs:	22,95	22,95
Gesamtperformance seit 21.11.2000:	1,57%	122,24%
All–Time–High:	25,63	52,60
Erreicht am:	27.04.2007	12.12.2007

Das wäre aus einer Anlage von 10.000 geworden:

Anlage vor 10 Jahren:	–	–
Anlage seit Börsengang:	10.156,86	22.223,61

Jahres-Hochs und -Tiefs

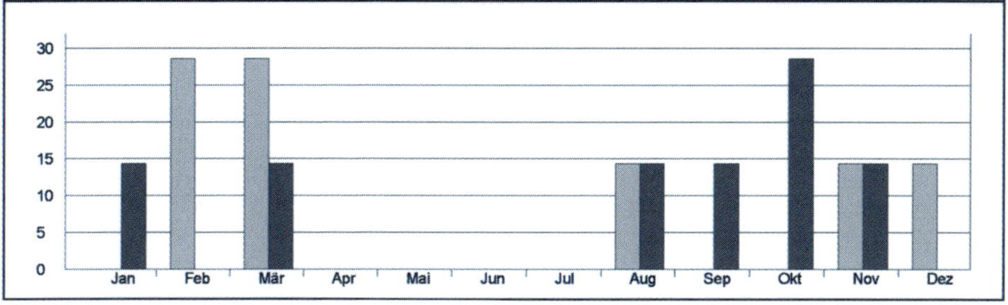

Rendite-Viereck

Jan		6,03	9,26	5,14	2,74	3,45	8,67	7,32	12,19	8,26	5,33	2,96
Feb	−0,28		12,55	8,91	4,92	5,79	10,02	8,24	12,77	8,54	6,76	4,12
Mär	−2,64	−2,35		7,18	3,69	4,35	8,59	7,20	11,71	7,73	3,96	1,50
Apr	−1,27	−0,84	1,95		5,65	6,80	11,60	9,74	14,70	10,26	5,38	3,02
Mai	0,14	0,92	3,51	1,18		7,29	12,91	11,07	17,03	12,50	6,34	4,28
Jun	−1,26	−0,61	2,41	−0,17	−1,04		11,83	9,66	15,43	10,75	5,28	3,07
Jul	−5,80	−5,10	−2,05	−4,87	−6,05	−5,41		4,48	10,47	5,87	0,46	−1,60
Aug	−4,48	−3,62	−0,75	−3,80	−5,38	−4,49	1,02		13,30	8,54	1,62	−0,30
Sep	−8,03	−7,06	−3,96	−7,29	−8,91	−8,38	−3,51	−4,37		4,71	−1,90	−3,83
Okt	−4,08	−2,83	0,33	−3,47	−5,59	−4,78	0,40	−0,78	3,85		1,86	0,14
Nov	−2,34	−1,21	1,96	−1,69	−3,47	−2,57	3,11	1,95	6,91	2,98		2,00
Dez	0,25	1,37	4,63	0,76	−1,13	−0,43	4,99	3,84	8,65	4,84	2,09	
	Jan	Feb	Mär	Apr	Mai	Jun	Jul	Aug	Sep	Okt	Nov	Dez

Monatsstatistiken

	Anzahl Monate	durchschn. Performance	positive Monate	durchschn. Performance	negative Monate	durchschn. Performance	Gewinn-Wahr-scheinlichkeit	Monats-hoch am	Monats-tief am
Jan	8	2,96%	6	5,61%	2	−4,98%	0,75%	19.01	02.01
Feb	7	−0,28%	4	2,97%	3	−4,60%	0,57%	18.02	01.02
Mar	7	−2,35%	2	9,34%	5	−7,03%	0,29%	08.03	25.03
Apr	7	1,95%	4	8,42%	3	−6,68%	0,57%	29.04	04.04
May	7	1,18%	3	10,23%	4	−5,60%	0,43%	31.05	12.05
Jun	7	−1,04%	4	3,22%	3	−6,73%	0,57%	02.06	24.06
Jul	7	−5,41%	2	5,14%	5	−9,63%	0,29%	04.07	26.07
Aug	7	1,02%	4	4,66%	3	−3,85%	0,57%	23.08	12.08
Sep	7	−4,37%	2	2,82%	5	−7,25%	0,29%	04.09	24.09
Oct	7	3,85%	4	8,42%	3	−2,24%	0,57%	15.10	01.10
Nov	7	2,98%	5	5,44%	2	−3,17%	0,71%	18.11	02.11
Dec	8	2,09%	6	4,39%	2	−4,80%	0,75%	29.12	01.12

Jahreszyklus:

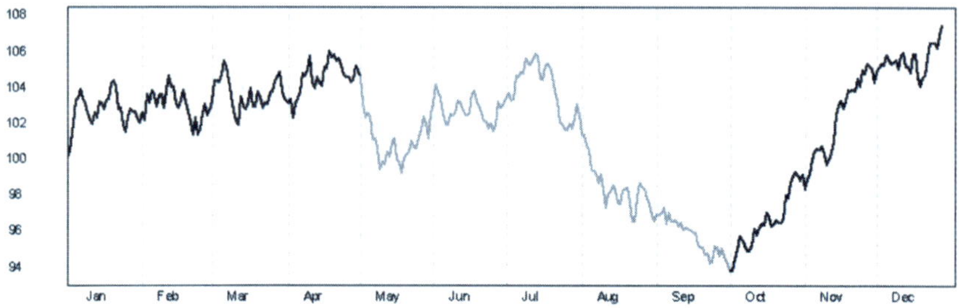

Erfolgreichster Anlage–Zeitraum: 7 Monate zwischen 30. September und 30. April

Buy & Hold vs. Anlage–Zyklus:

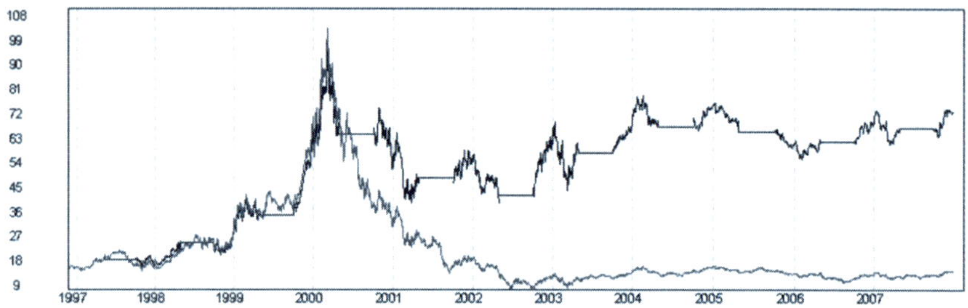

Vergleich: Buy & Hold vs. Anlage–Zyklus

	Buy & Hold	Anlage–Zyklus
Kurs 28.12.07:	15,02	73,38
Startkurs:	16,32	16,32
Gesamtperformance seit 19.11.1996:	–7,97%	349,63%
All–Time–High:	103,90	96,29
Erreicht am:	06.03.2000	06.03.2000
Das wäre aus einer Anlage von 10.000 geworden:		
Anlage vor 10 Jahren:	8.154,18	36.253,21
Anlage seit Börsengang:	9.203,43	44.962,93

Jahres-Hochs und -Tiefs

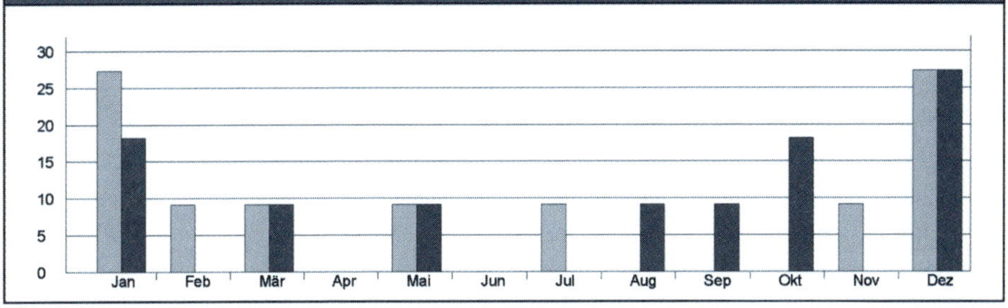

Rendite-Viereck

Jan		8,71	8,98	5,88	7,20	7,11	7,66	13,37	16,52	11,35	4,48	1,22
Feb	0,75		13,15	10,35	11,32	10,56	10,28	17,01	20,41	15,21	7,09	2,61
Mär	1,23	0,35		7,30	8,30	7,43	7,21	14,13	17,63	12,63	6,47	2,44
Apr	1,77	1,40	1,09		7,30	6,92	6,17	13,31	17,12	11,97	6,40	3,05
Mai	-0,45	-1,28	-1,40	-2,79		5,78	4,61	11,35	14,96	10,08	4,65	1,16
Jun	0,45	-0,09	-0,32	-2,22	0,25		3,77	10,35	14,06	9,21	5,43	2,29
Jul	-0,35	-0,65	-1,21	-3,13	-0,56	-0,64		7,36	10,98	6,49	3,75	1,09
Aug	-6,41	-7,14	-7,08	-8,75	-6,79	-6,51	-5,88		7,12	3,12	-1,43	-4,58
Sep	-7,72	-8,57	-8,59	-10,68	-8,98	-9,24	-8,36	-2,48		1,18	-3,34	-6,09
Okt	-5,09	-5,73	-5,43	-7,20	-5,02	-4,62	-3,82	1,92	5,35		0,21	-3,11
Nov	0,36	-0,17	0,29	-1,73	0,34	0,54	1,17	6,93	10,59	4,97		3,60
Dez	5,77	5,12	5,86	3,45	5,22	5,23	5,86	11,46	15,08	9,29	2,85	
	Jan	Feb	Mär	Apr	Mai	Jun	Jul	Aug	Sep	Okt	Nov	Dez

Monatsstatistiken

	Anzahl Monate	durchschn. Performance	positive Monate	durchschn. Performance	negative Monate	durchschn. Performance	Gewinn-Wahr-scheinlichkeit	Monats-hoch am	Monats-tief am
Jan	12	1,22%	3	21,53%	9	-5,55%	0,25%	20.01	01.01
Feb	11	0,75%	6	9,10%	5	-9,27%	0,55%	12.02	22.02
Mar	11	0,35%	5	7,86%	6	-5,91%	0,45%	06.03	12.03
Apr	11	1,09%	5	10,79%	6	-7,00%	0,45%	18.04	03.04
May	11	-2,79%	6	4,43%	5	-11,45%	0,55%	02.05	19.05
Jun	11	0,25%	7	5,04%	4	-8,12%	0,64%	02.06	26.06
Jul	11	-0,64%	5	7,77%	6	-7,64%	0,45%	13.07	26.07
Aug	11	-5,88%	3	6,93%	8	-10,69%	0,27%	01.08	22.08
Sep	11	-2,48%	5	5,22%	6	-8,90%	0,45%	04.09	30.09
Oct	11	5,35%	8	10,01%	3	-7,07%	0,73%	28.10	02.10
Nov	11	4,97%	8	9,65%	3	-7,52%	0,73%	27.11	01.11
Dec	12	2,85%	6	9,38%	6	-3,67%	0,50%	30.12	19.12

Jahreszyklus:

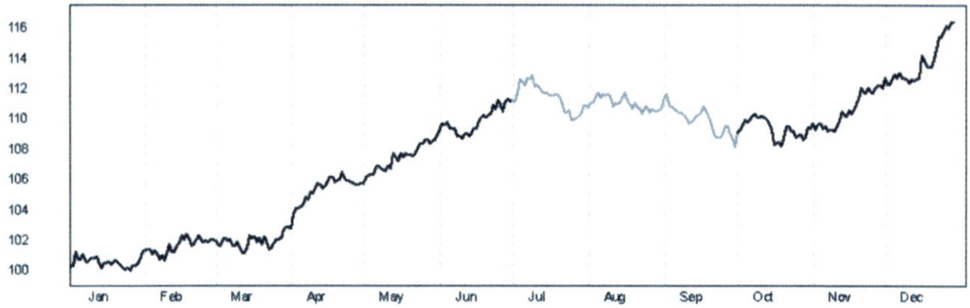

Erfolgreichster Anlage–Zeitraum: 9 Monate zwischen 30. September und 30. Juni

Buy & Hold vs. Anlage–Zyklus:

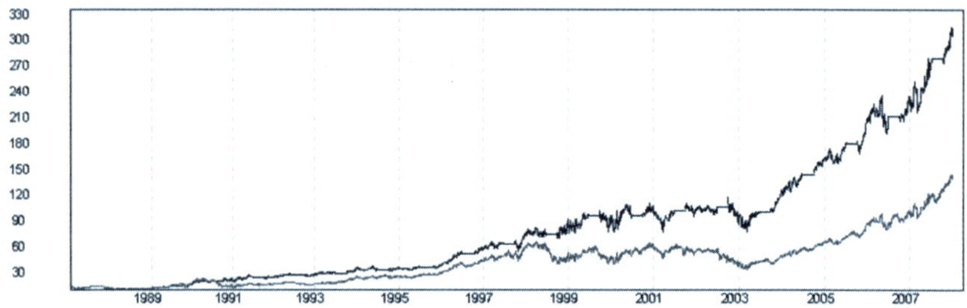

Vergleich: Buy & Hold vs. Anlage–Zyklus

	Buy & Hold	Anlage–Zyklus
Kurs 28.12.07:	145,51	315,25
Startkurs:	14,89	14,89
Gesamtperformance seit 02.01.1987:	877,23%	2.017,22%
All–Time–High:	145,97	316,25
Erreicht am:	14.12.2007	14.12.2007

Das wäre aus einer Anlage von 10.000 geworden:

Anlage vor 10 Jahren:	23.560,56	41.178,89
Anlage seit 1987:	97.723,30	211.722,23

Jahres-Hochs und -Tiefs

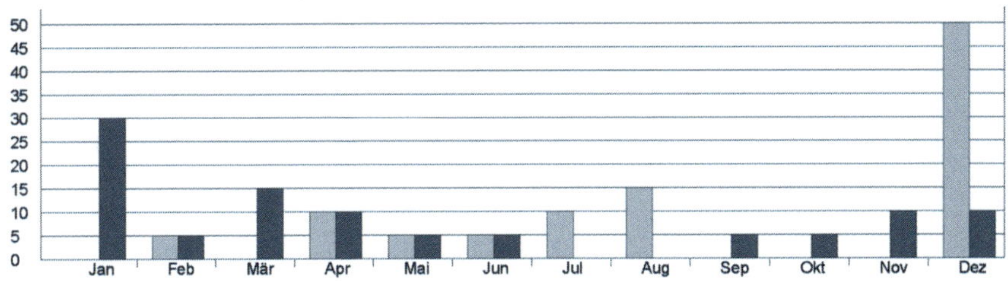

Rendite-Viereck

Jan		12,70	12,66	9,81	6,87	4,93	4,87	5,13	7,64	7,09	4,56	0,68
Feb	0,72		12,90	10,32	7,66	5,64	5,28	5,83	8,86	8,53	6,01	2,18
Mär	1,19	0,46		11,24	8,51	6,43	5,99	6,47	9,49	9,23	6,68	2,73
Apr	3,54	2,87	2,48		10,63	8,55	8,14	8,65	11,87	11,48	9,00	5,07
Mai	6,37	5,66	5,34	2,72		10,94	10,58	11,22	14,61	14,08	11,58	7,67
Jun	8,17	7,52	7,21	4,61	1,90		12,55	13,18	16,45	15,96	13,36	9,36
Jul	8,04	7,28	7,00	4,32	1,58	-0,20		12,55	15,90	15,32	12,79	8,95
Aug	7,95	7,27	7,16	4,25	1,47	-0,35	-0,12		15,69	14,92	12,59	8,81
Sep	5,59	4,69	4,53	1,76	-1,05	-2,77	-2,68	-2,56		12,14	9,89	6,25
Okt	6,07	5,17	4,97	2,16	-0,59	-2,29	-2,18	-1,96	0,60		10,97	7,23
Nov	8,82	7,81	7,57	4,67	1,80	0,10	0,10	0,32	2,78	2,22		10,39
Dez	13,40	12,32	12,16	9,17	6,18	4,38	4,20	4,43	6,87	6,26	3,82	
	Jan	Feb	Mär	Apr	Mai	Jun	Jul	Aug	Sep	Okt	Nov	Dez

Monatsstatistiken

	Anzahl Monate	durchschn. Performance	positive Monate	durchschn. Performance	negative Monate	durchschn. Performance	Gewinn-Wahr-scheinlichkeit	Monats-hoch am	Monats-tief am
Jan	21	0,68%	14	4,61%	7	-7,17%	0,67%	03.01	23.01
Feb	21	0,72%	12	4,58%	9	-4,43%	0,57%	18.02	09.02
Mar	21	0,46%	10	4,21%	11	-2,94%	0,48%	30.03	13.03
Apr	21	2,48%	15	5,08%	6	-4,02%	0,71%	22.04	01.04
May	21	2,72%	14	5,62%	7	-3,07%	0,67%	31.05	02.05
Jun	21	1,90%	17	3,60%	4	-5,32%	0,81%	29.06	10.06
Jul	21	-0,20%	11	5,27%	10	-6,21%	0,52%	09.07	25.07
Aug	21	-0,12%	13	4,42%	8	-7,49%	0,62%	16.08	23.08
Sep	21	-2,56%	8	3,96%	13	-6,56%	0,38%	02.09	30.09
Oct	21	0,60%	11	4,12%	10	-3,27%	0,52%	08.10	19.10
Nov	21	2,22%	13	5,47%	8	-3,08%	0,62%	29.11	10.11
Dec	21	3,82%	15	6,64%	6	-3,22%	0,71%	30.12	03.12

Aktie **Fresenius Medical Care** **WKN: 578580**

Jahreszyklus:

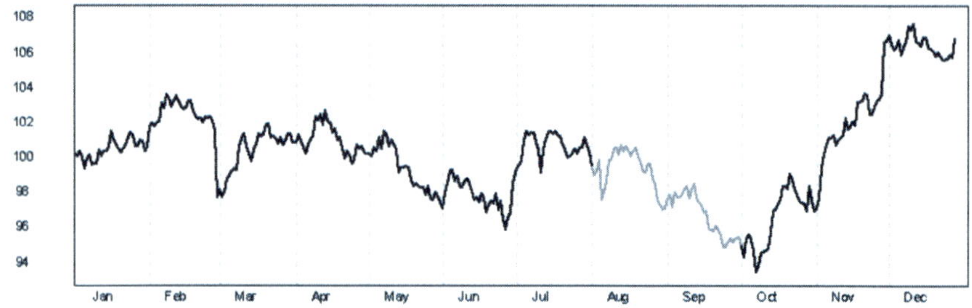

Erfolgreichster Anlage–Zeitraum: 10 Monate zwischen 30. September und 31. Juli

Buy & Hold vs. Anlage–Zyklus:

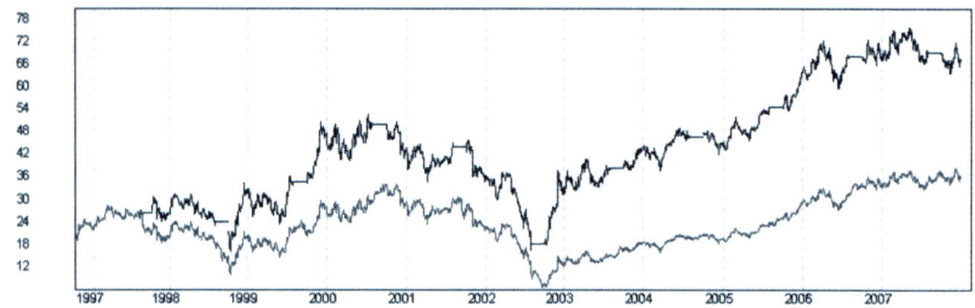

Vergleich: Buy & Hold vs. Anlage–Zyklus

	Buy & Hold	**Anlage–Zyklus**
Kurs 28.12.07:	36,47	67,71
Startkurs:	20,62	20,62
Gesamtperformance seit 04.10.1996:	76,84%	228,31%
All–Time–High:	38,75	75,97
Erreicht am:	03.12.2007	08.05.2007

Das wäre aus einer Anlage von 10.000 geworden:

Anlage vor 10 Jahren:	16.273,98	23.295,00
Anlage seit Börsengang:	17.683,88	32.830,67

Jahres-Hochs und -Tiefs

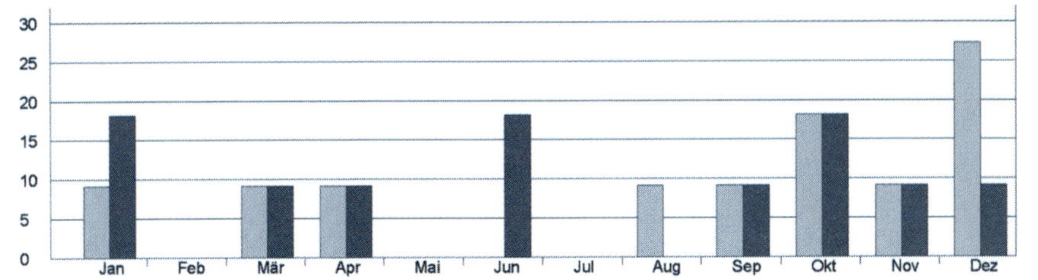

Rendite-Viereck

Jan		6,38	3,25	4,45	7,76	5,37	3,80	7,75	11,77	9,66	-0,53	-0,11
Feb	0,06		3,48	4,75	8,01	4,88	3,26	7,61	11,78	10,70	0,39	0,46
Mär	3,02	3,31		7,54	11,27	8,02	6,74	11,73	16,81	14,58	3,31	3,35
Apr	2,01	2,25	-0,76		11,51	8,10	6,54	10,96	15,88	13,10	2,12	2,22
Mai	-1,03	-0,87	-3,50	-3,01		5,88	3,99	7,94	12,53	9,73	-0,79	-0,80
Jun	0,13	0,00	-2,41	-1,77	1,21		5,09	9,61	14,10	11,68	0,48	0,30
Jul	2,74	2,50	0,16	0,81	3,72	1,77		13,41	18,18	15,21	3,12	2,83
Aug	1,23	1,03	-1,34	-0,89	1,80	-0,44	-2,73		19,32	13,95	1,42	0,83
Sep	0,61	0,44	-1,89	-1,60	0,75	-1,48	-4,10	-1,78		13,37	0,95	0,43
Okt	-1,15	-1,30	-4,05	-3,46	-0,77	-2,82	-4,79	-2,20	0,68		-0,90	-1,55
Nov	7,49	7,70	4,45	5,51	8,90	6,78	5,24	8,94	13,26	10,67		7,02
Dez	8,20	8,31	5,11	6,38	9,78	7,19	5,33	9,11	12,85	10,48	-0,23	
	Jan	Feb	Mär	Apr	Mai	Jun	Jul	Aug	Sep	Okt	Nov	Dez

Monatsstatistiken

	Anzahl Monate	durchschn. Performance	positive Monate	durchschn. Performance	negative Monate	durchschn. Performance	Gewinn-Wahr-scheinlichkeit	Monats-hoch am	Monats-tief am
Jan	12	-0,11%	5	7,76%	7	-5,72%	0,42%	16.01	05.01
Feb	11	0,06%	7	4,60%	4	-7,89%	0,64%	18.02	29.02
Mar	11	3,31%	7	8,27%	4	-5,36%	0,64%	21.03	02.03
Apr	11	-0,76%	4	6,28%	7	-4,79%	0,36%	13.04	24.04
May	11	-3,01%	3	6,16%	8	-6,45%	0,27%	08.05	31.05
Jun	11	1,21%	6	8,14%	5	-7,10%	0,55%	05.06	27.06
Jul	11	1,77%	8	5,74%	3	-8,82%	0,73%	17.07	01.07
Aug	11	-2,73%	6	4,99%	5	-11,99%	0,55%	13.08	30.08
Sep	11	-1,78%	6	3,86%	5	-8,56%	0,55%	12.09	25.09
Oct	11	0,68%	4	13,52%	7	-6,67%	0,36%	21.10	07.10
Nov	12	10,67%	9	15,14%	3	-2,75%	0,75%	30.11	01.11
Dec	12	-0,23%	6	5,72%	6	-6,18%	0,50%	11.12	23.12

Aktie Henkel WKN: 604843

Jahreszyklus:

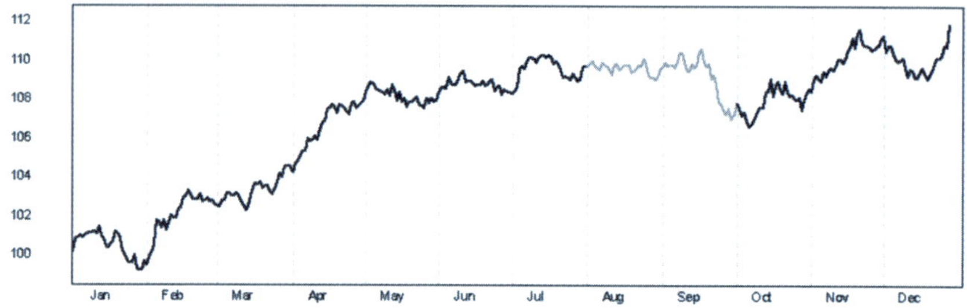

Erfolgreichster Anlage-Zeitraum: 10 Monate zwischen 30. September und 31. Juli

Buy & Hold vs. Anlage-Zyklus:

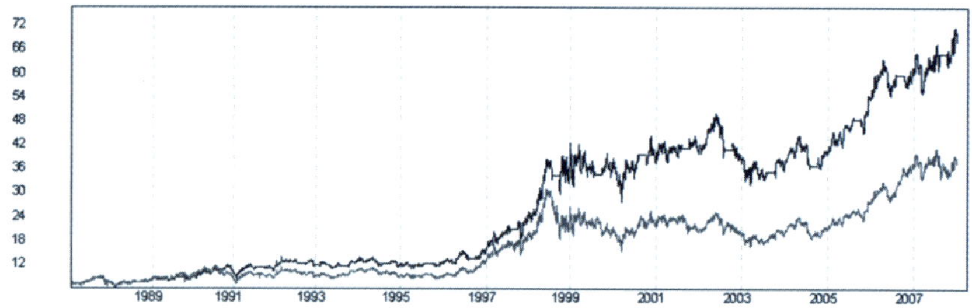

Vergleich: Buy & Hold vs. Anlage-Zyklus

	Buy & Hold	Anlage-Zyklus
Kurs 28.12.07:	38,35	69,45
Startkurs:	7,58	7,58
Gesamtperformance seit 02.01.1987:	405,71%	815,78%
All-Time-High:	41,50	71,98
Erreicht am:	12.07.2007	13.12.2007

Das wäre aus einer Anlage von 10.000 geworden:

Anlage vor 10 Jahren:	18.369,76	26.713,62
Anlage seit 1987:	50.571,45	91.577,55

Jahres-Hochs und -Tiefs

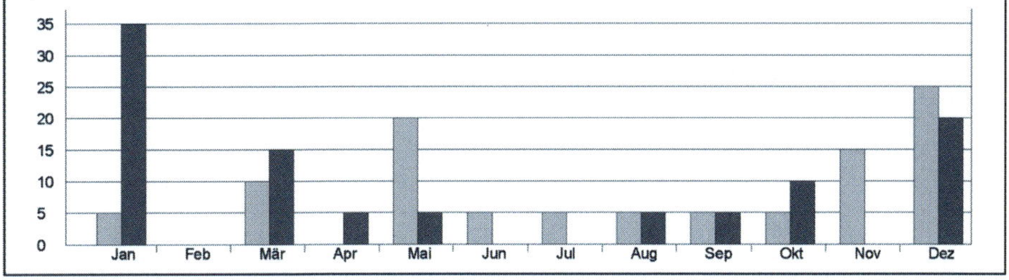

Rendite-Viereck

Jan		5,72	4,21	1,41	1,62	1,55	0,34	0,30	2,23	1,64	-0,93	-1,34
Feb	3,17		8,33	5,48	5,46	5,34	4,21	4,22	6,19	5,38	2,86	2,63
Mär	5,04	1,89		7,52	7,54	7,37	6,19	6,25	8,13	7,50	4,75	4,46
Apr	8,03	4,76	2,93		10,52	10,32	9,06	9,15	11,13	10,36	7,59	7,28
Mai	7,98	4,74	2,78	-0,08		10,25	8,98	9,21	11,05	10,48	7,49	7,26
Jun	8,32	5,06	3,03	0,18	0,22		9,61	9,92	11,54	11,15	7,91	7,55
Jul	9,33	6,11	4,09	1,29	1,43	1,26		10,28	11,99	11,55	8,42	8,03
Aug	8,76	5,67	3,78	0,93	1,26	1,22	-0,07		11,11	10,43	7,58	7,23
Sep	6,20	3,25	1,47	-1,27	-0,98	-1,06	-2,34	-2,31		7,98	5,06	4,80
Okt	6,95	3,87	2,03	-0,73	-0,38	-0,48	-1,66	-1,61	0,95		6,30	6,04
Nov	9,52	6,40	4,55	1,75	1,91	1,72	0,58	0,81	3,17	2,41		9,03
Dez	10,11	6,98	5,21	2,35	2,55	2,34	1,18	1,37	3,64	2,90	0,42	
	Jan	Feb	Mär	Apr	Mai	Jun	Jul	Aug	Sep	Okt	Nov	Dez

Monatsstatistiken

	Anzahl Monate	durchschn. Performance	positive Monate	durchschn. Performance	negative Monate	durchschn. Performance	Gewinn-Wahrscheinlichkeit	Monats-hoch am	Monats-tief am
Jan	21	-1,34%	11	5,78%	10	-9,17%	0,52%	12.01	30.01
Feb	21	3,17%	14	6,62%	7	-3,72%	0,67%	18.02	01.02
Mar	21	1,89%	13	5,88%	8	-4,60%	0,62%	30.03	13.03
Apr	21	2,93%	16	5,03%	5	-3,79%	0,76%	30.04	01.04
May	21	-0,08%	10	5,23%	11	-4,91%	0,48%	04.05	26.05
Jun	21	0,22%	12	2,92%	9	-3,39%	0,57%	11.06	27.06
Jul	21	1,26%	15	4,86%	6	-7,74%	0,71%	16.07	01.07
Aug	21	-0,07%	11	4,71%	10	-5,34%	0,52%	24.08	29.08
Sep	21	-2,31%	7	4,95%	14	-5,94%	0,33%	17.09	29.09
Oct	21	0,95%	11	5,89%	10	-4,49%	0,52%	15.10	06.10
Nov	21	2,41%	12	6,23%	9	-2,69%	0,57%	21.11	01.11
Dec	21	0,42%	14	3,26%	7	-5,26%	0,67%	30.12	19.12

Jahreszyklus:

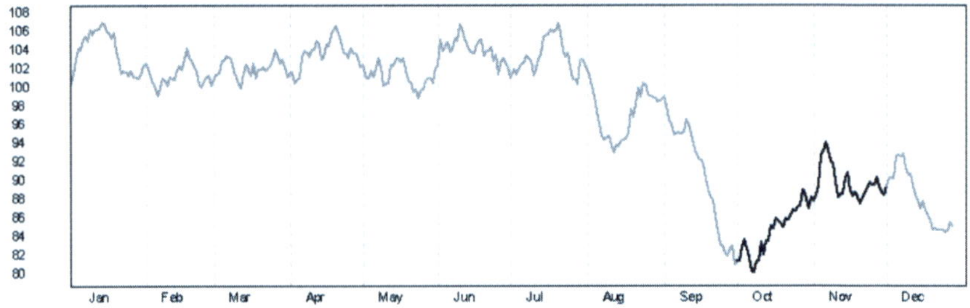

Erfolgreichster Anlage–Zeitraum: 2 Monate zwischen 30. September und 30. November

Buy & Hold vs. Anlage–Zyklus:

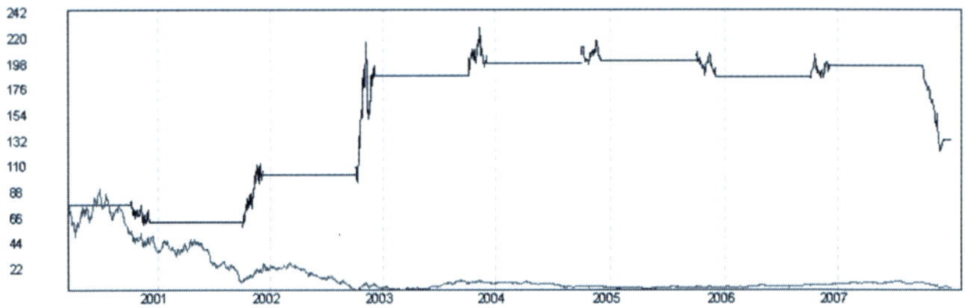

Vergleich: Buy & Hold vs. Anlage–Zyklus

	Buy & Hold	Anlage–Zyklus
Kurs 28.12.07:	8,12	133,78
Startkurs:	79,00	79,00
Gesamtperformance seit 14.03.2000:	-89,72%	69,34%
All–Time–High:	92,30	230,76
Erreicht am:	27.06.2000	07.11.2003

Das wäre aus einer Anlage von 10.000 geworden:

Anlage vor 10 Jahren:	–	–
Anlage seit Börsengang:	1.027,85	16.933,78

Jahres-Hochs und -Tiefs

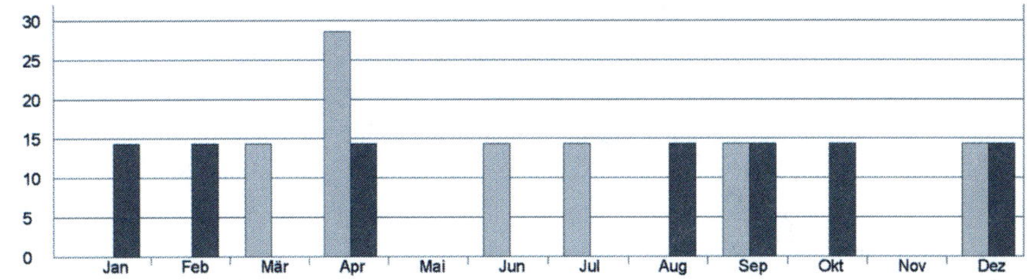

Rendite-Viereck

Jan		−6,00	−10,85	−14,23	−14,91	−15,34	−17,43	−15,50	6,38	−3,67	−3,74	0,56
Feb	−2,54		−8,86	−12,22	−12,86	−12,16	−14,50	−12,58	11,89	−1,06	−4,23	−0,37
Mär	1,02	4,42		−8,43	−9,27	−9,08	−11,72	−9,91	15,14	2,17	−0,60	3,71
Apr	−0,87	3,53	2,71		−11,25	−12,06	−14,13	−12,39	10,43	−1,42	−2,89	2,03
Mai	−1,98	1,77	0,44	−1,64		−13,40	−15,43	−13,64	9,09	−3,79	−5,20	0,13
Jun	−3,54	−0,93	1,57	−1,04	−0,36		−16,42	−14,55	7,01	−6,77	−8,06	−2,57
Jul	0,36	3,68	3,41	0,51	0,43	0,58		−13,63	11,04	−5,61	−6,74	0,69
Aug	0,09	3,65	3,49	−0,38	−0,93	−1,86	−3,45		10,06	−7,98	−8,72	−0,19
Sep	−9,13	−7,17	−9,61	−12,33	−13,76	−16,40	−17,62	−15,67		−17,32	−17,16	−10,14
Okt	−4,84	−2,19	−6,66	−8,92	−10,26	−11,89	−13,49	−10,77	11,66		−13,83	−5,74
Nov	−7,83	−4,71	−10,20	−12,42	−13,29	−13,72	−15,26	−12,30	12,17	−0,84		−8,33
Dez	−9,48	−6,29	−12,80	−15,32	−16,06	−16,32	−18,00	−15,63	5,51	−4,67	−4,38	
	Jan	Feb	Mär	Apr	Mai	Jun	Jul	Aug	Sep	Okt	Nov	Dez

Monatsstatistiken

	Anzahl Monate	durchschn. Performance	positive Monate	durchschn. Performance	negative Monate	durchschn. Performance	Gewinn-Wahr-scheinlichkeit	Monats-hoch am	Monats-tief am
Jan	8	0,56%	5	7,52%	3	−11,04%	0,63%	14.01	28.01
Feb	7	−2,54%	3	7,21%	4	−9,85%	0,43%	01.02	28.02
Mar	7	4,42%	5	7,72%	2	−3,85%	0,71%	26.03	12.03
Apr	8	2,71%	4	17,06%	4	−11,63%	0,50%	20.04	03.04
May	8	−1,64%	4	6,89%	4	−10,17%	0,50%	08.05	24.05
Jun	8	−0,36%	5	9,03%	3	−16,02%	0,63%	10.06	26.06
Jul	8	0,58%	3	15,70%	5	−8,49%	0,38%	20.07	28.07
Aug	8	−3,45%	3	9,09%	5	−10,98%	0,38%	01.08	12.08
Sep	8	−15,67%	4	4,47%	4	−35,81%	0,50%	01.09	30.09
Oct	8	11,66%	5	24,59%	3	−9,88%	0,63%	28.10	08.10
Nov	8	−0,84%	3	11,59%	5	−8,30%	0,38%	06.11	01.11
Dec	8	−4,38%	3	6,27%	5	−10,78%	0,38%	08.12	27.12

Aktie	Linde	WKN: 648300

Jahreszyklus:

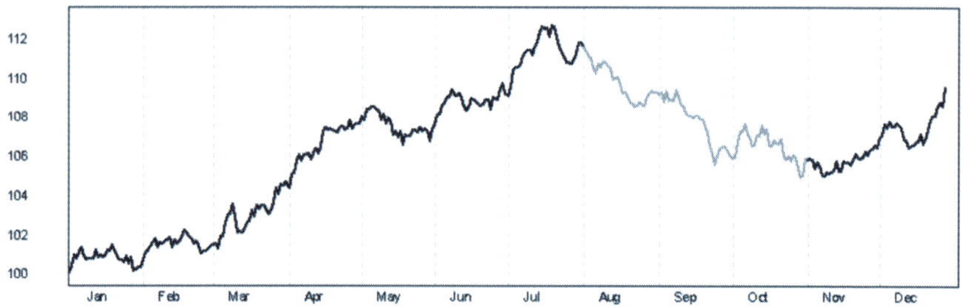

Erfolgreichster Anlage–Zeitraum: 9 Monate zwischen 31. Oktober und 31. Juli

Buy & Hold vs. Anlage–Zyklus:

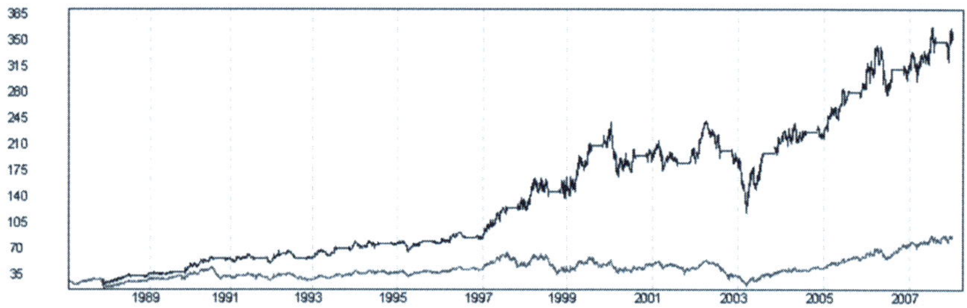

Vergleich: Buy & Hold vs. Anlage–Zyklus

	Buy & Hold	Anlage–Zyklus
Kurs 28.12.07:	90,71	364,84
Startkurs:	29,59	29,59
Gesamtperformance seit 05.01.1987:	206,56%	1.132,97%
All–Time–High:	91,76	370,75
Erreicht am:	07.12.2007	13.07.2007

Das wäre aus einer Anlage von 10.000 geworden:

Anlage vor 10 Jahren:	16.647,09	25.970,70
Anlage seit 1987:	30.655,63	123.297,29

Jahres-Hochs und -Tiefs

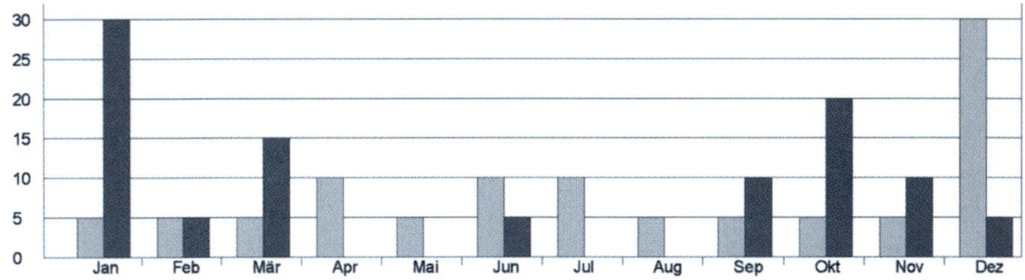

Rendite-Viereck

	Jan	Feb	Mär	Apr	Mai	Jun	Jul	Aug	Sep	Okt	Nov	Dez
Jan		7,74	4,95	2,02	2,86	1,09	-1,70	0,13	3,17	3,53	3,20	0,60
Feb	0,98		5,59	2,63	3,37	1,89	-0,92	1,12	4,37	5,06	4,80	2,19
Mär	4,17	3,17		5,53	6,30	4,68	1,89	4,03	7,25	8,26	7,89	5,15
Apr	6,73	5,80	2,70		8,44	6,87	3,95	6,16	9,54	10,41	10,18	7,40
Mai	6,18	5,10	2,09	-0,39		6,43	3,52	5,72	9,02	10,05	9,88	7,12
Jun	7,98	6,98	3,84	1,16	1,71		5,07	7,25	10,50	11,53	11,40	8,59
Jul	10,51	9,62	6,37	3,54	4,29	2,44		9,32	12,75	13,79	13,60	10,65
Aug	7,64	6,95	3,98	1,13	1,89	0,11	-2,36		9,64	10,33	10,41	7,54
Sep	4,58	3,92	1,10	-1,69	-0,96	-2,71	-5,08	-3,02		7,19	7,48	4,64
Okt	3,83	3,35	0,50	-2,22	-1,43	-3,06	-5,64	-3,56	-0,35		7,69	4,79
Nov	4,10	3,60	0,79	-1,93	-1,15	-2,79	-5,34	-3,21	0,06	0,35		5,80
Dez	7,45	0,01	3,86	1,10	1,91	0,12	-2,64	-0,53	2,72	3,07	2,71	

Monatsstatistiken

	Anzahl Monate	durchschn. Performance	positive Monate	durchschn. Performance	negative Monate	durchschn. Performance	Gewinn-Wahrscheinlichkeit	Monats-hoch am	Monats-tief am
Jan	21	0,60%	12	5,76%	9	-6,29%	0,57%	19.01	28.01
Feb	21	0,98%	11	6,65%	10	-5,27%	0,52%	18.02	01.02
Mar	21	3,17%	17	5,51%	4	-6,79%	0,81%	31.03	03.03
Apr	21	2,70%	14	6,58%	7	-5,08%	0,67%	26.04	01.04
May	21	-0,39%	10	4,53%	11	-4,87%	0,48%	06.05	19.05
Jun	21	1,71%	12	5,86%	9	-3,81%	0,57%	29.06	01.06
Jul	21	2,44%	11	7,63%	10	-3,26%	0,52%	19.07	01.07
Aug	21	-2,36%	11	2,01%	10	-7,17%	0,52%	01.08	22.08
Sep	21	-3,02%	9	3,18%	12	-7,66%	0,43%	08.09	24.09
Oct	21	-0,35%	12	5,47%	9	-8,12%	0,57%	06.10	29.10
Nov	21	0,35%	9	4,76%	12	-2,96%	0,43%	29.11	08.11
Dec	21	2,71%	12	6,58%	9	-2,45%	0,57%	30.12	13.12

Aktie **MAN** **WKN: 593700**

Jahreszyklus:

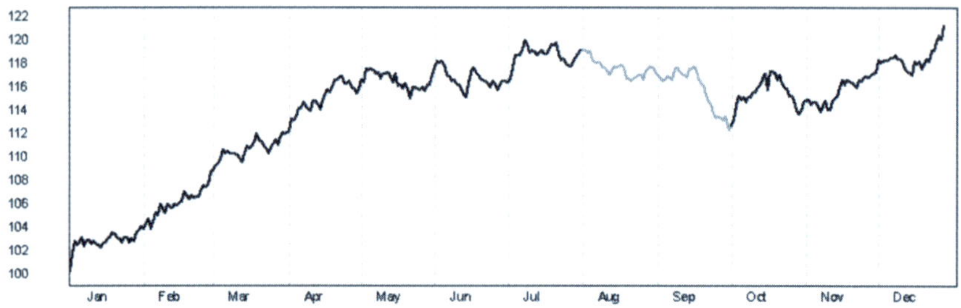

Erfolgreichster Anlage-Zeitraum: 10 Monate zwischen 30. September und 31. Juli

Buy & Hold vs. Anlage-Zyklus:

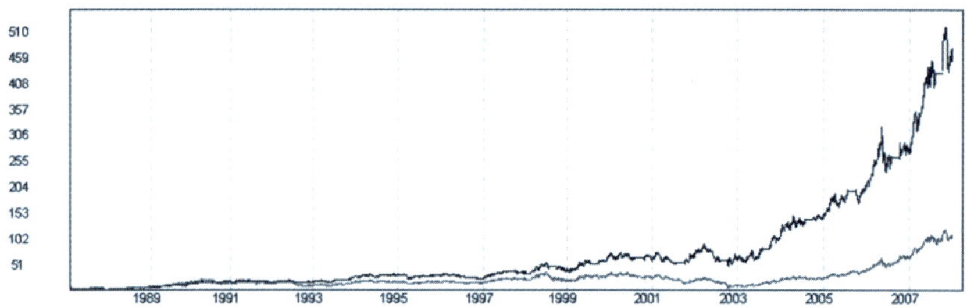

Vergleich: Buy & Hold vs. Anlage-Zyklus

	Buy & Hold	Anlage-Zyklus
Kurs 28.12.07:	114,16	481,49
Startkurs:	9,11	9,11
Gesamtperformance seit 05.01.1987:	1.153,13%	5.185,25%
All-Time-High:	124,05	523,20
Erreicht am:	22.10.2007	22.10.2007

Das wäre aus einer Anlage von 10.000 geworden:

Anlage vor 10 Jahren:	45.847,39	131.421,43
Anlage seit 1987:	125.312,84	528.525,41

Aktie MAN WKN: 593700

Jahres-Hochs und -Tiefs

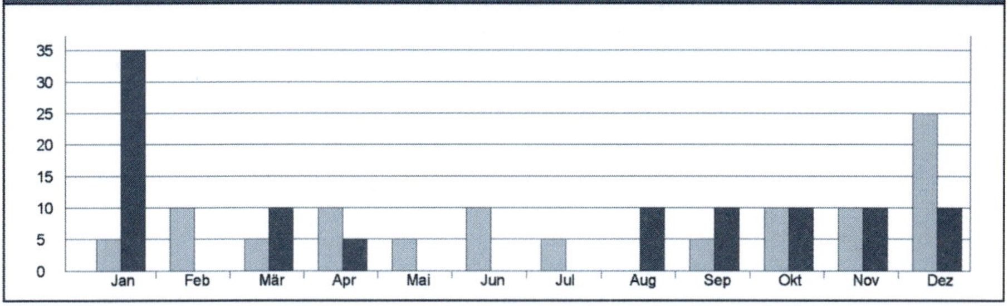

Rendite-Viereck

Jan		14,24	11,60	7,75	7,52	7,34	4,05	5,13	10,05	8,80	6,30	3,20
Feb	3,57		15,83	12,38	12,54	12,19	8,66	9,87	14,88	14,37	11,43	8,13
Mär	6,67	2,96		16,60	16,64	15,94	12,44	13,55	18,42	18,03	14,80	11,08
Apr	9,72	5,91	3,03		20,12	19,52	15,74	16,80	21,60	21,32	18,19	14,63
Mai	10,40	6,48	3,54	0,64		20,56	16,89	18,14	22,46	22,22	19,37	15,67
Jun	10,40	6,45	3,35	0,29	-0,31		15,85	17,20	21,13	21,15	18,46	14,83
Jul	12,64	8,71	5,65	2,49	1,97	2,25		19,33	23,84	23,91	20,83	17,15
Aug	10,88	7,08	4,40	1,13	0,86	0,98	-1,56		21,21	21,39	18,19	14,77
Sep	7,72	3,86	1,09	-2,10	-2,61	-2,87	-5,46	-3,99		17,79	14,97	11,50
Okt	9,38	5,67	2,77	-0,88	-1,32	-1,48	-4,33	-2,80	1,40		18,08	14,85
Nov	10,81	7,15	4,37	0,81	0,34	0,36	-2,55	-1,08	3,64	2,31		17,52
Dez	15,37	11,80	8,75	4,88	4,36	3,96	0,92	2,17	6,92	5,51	3,30	
	Jan	Feb	Mär	Apr	Mai	Jun	Jul	Aug	Sep	Okt	Nov	Dez

Monatsstatistiken

	Anzahl Monate	durchschn. Performance	positive Monate	durchschn. Performance	negative Monate	durchschn. Performance	Gewinn-Wahrscheinlichkeit	Monats-hoch am	Monats-tief am
Jan	21	3,20%	14	8,93%	7	-8,26%	0,67%	31.01	23.01
Feb	21	3,57%	15	6,07%	6	-2,70%	0,71%	29.02	01.02
Mar	21	2,96%	13	7,86%	8	-5,01%	0,62%	30.03	01.03
Apr	21	3,03%	14	7,55%	7	-6,01%	0,67%	23.04	01.04
May	21	0,64%	12	5,96%	9	-6,44%	0,57%	06.05	22.05
Jun	21	-0,31%	9	6,54%	12	-5,45%	0,43%	02.06	14.06
Jul	21	2,25%	14	6,24%	7	-5,73%	0,67%	08.07	01.07
Aug	21	-1,56%	12	4,64%	9	-9,83%	0,57%	01.08	21.08
Sep	21	-3,99%	8	6,30%	13	-10,32%	0,38%	16.09	30.09
Oct	21	1,40%	13	7,39%	8	-8,34%	0,62%	17.10	01.10
Nov	21	2,31%	13	8,13%	8	-7,15%	0,62%	30.11	07.11
Dec	21	3,30%	14	7,84%	7	-5,77%	0,67%	30.12	15.12

Aktie **Merck** **WKN: 659990**

Jahreszyklus:

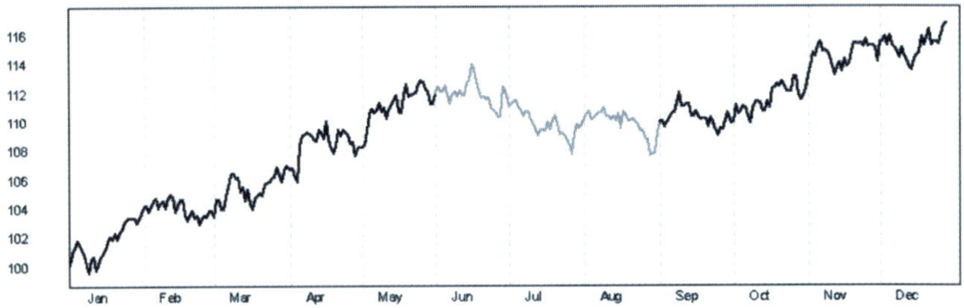

Erfolgreichster Anlage-Zeitraum: 9 Monate zwischen 31. August und 31. Mai

Buy & Hold vs. Anlage-Zyklus:

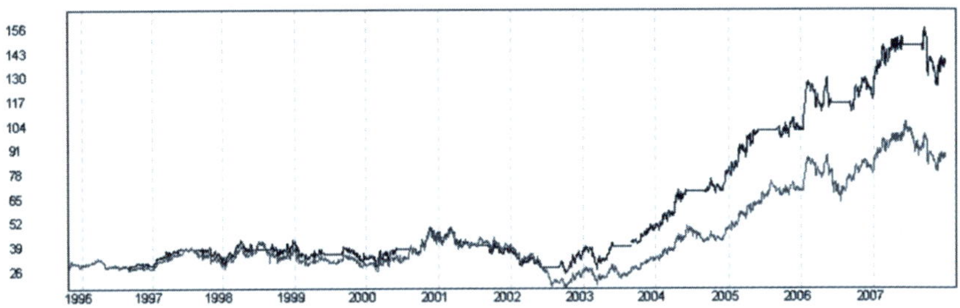

Vergleich: Buy & Hold vs. Anlage-Zyklus

	Buy & Hold	**Anlage-Zyklus**
Kurs 28.12.07:	89,17	139,83
Startkurs:	28,64	28,64
Gesamtperformance seit 23.10.1995:	211,37%	388,28%
All-Time-High:	106,98	157,03
Erreicht am:	15.06.2007	12.09.2007
Das wäre aus einer Anlage von 10.000 geworden:		
Anlage vor 10 Jahren:	27.335,65	39.553,47
Anlage seit Börsengang:	31.137,49	48.827,70

Jahres-Hochs und -Tiefs

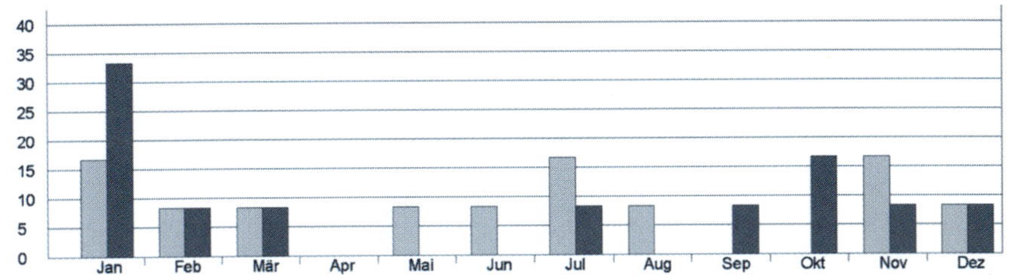

Rendite-Viereck

	Jan	Feb	Mär	Apr	Mai	Jun	Jul	Aug	Sep	Okt	Nov	Dez
Jan		12,57	9,06	8,21	5,14	6,09	9,03	9,26	8,98	6,27	4,56	2,94
Feb	0,29		12,47	11,35	7,69	8,93	10,71	11,22	9,78	7,30	5,89	4,02
Mär	3,07	3,09		13,47	9,82	11,05	13,05	13,66	12,23	9,95	8,61	6,97
Apr	3,00	3,08	0,14		11,40	12,92	15,25	15,69	14,17	10,51	8,93	7,14
Mai	5,34	5,70	2,60	2,29		15,49	18,54	18,93	17,39	13,31	11,59	9,64
Jun	6,27	6,00	2,75	2,52	0,32		19,78	20,16	18,40	14,21	12,57	10,74
Jul	4,58	4,13	0,97	0,79	−1,62	−2,15		18,30	16,38	12,53	11,20	9,12
Aug	2,73	2,82	−0,18	−0,52	−3,03	−2,92	−0,68		14,87	10,63	9,34	7,10
Sep	3,24	3,58	0,43	−0,07	−2,70	−2,42	−0,38	0,22		11,34	9,99	7,68
Okt	4,88	5,75	2,26	1,85	−0,97	−0,34	1,94	2,25	2,03		11,65	9,31
Nov	5,88	6,77	3,40	3,04	0,25	0,96	3,70	4,02	4,03	1,69		10,42
Dez	8,75	9,77	5,98	5,51	2,56	3,17	5,89	6,28	6,17	3,49	1,90	

Monatsstatistiken

	Anzahl Monate	durchschn. Performance	positive Monate	durchschn. Performance	negative Monate	durchschn. Performance	Gewinn-Wahrscheinlichkeit	Monatshoch am	Monatstief am
Jan	13	2,94%	9	8,90%	4	−10,47%	0,69%	31.01	12.01
Feb	12	0,29%	7	6,41%	5	−8,26%	0,58%	12.02	24.02
Mar	12	3,09%	9	6,77%	3	−7,92%	0,75%	31.03	01.03
Apr	12	0,14%	7	5,71%	5	−7,67%	0,58%	16.04	04.04
May	12	2,29%	7	6,14%	5	−3,12%	0,58%	26.05	02.05
Jun	12	0,32%	6	7,84%	6	−7,20%	0,50%	16.06	27.06
Jul	12	−2,15%	6	4,18%	6	−8,47%	0,50%	04.07	27.07
Aug	12	−0,68%	6	6,18%	6	−7,54%	0,50%	09.08	28.08
Sep	12	0,22%	7	4,10%	5	−5,23%	0,58%	09.09	25.09
Oct	12	2,03%	6	6,98%	6	−2,92%	0,50%	26.10	08.10
Nov	13	1,69%	9	4,33%	4	−4,25%	0,69%	25.11	01.11
Dec	13	1,90%	8	5,40%	5	−3,69%	0,62%	30.12	14.12

Aktie **Metro** **WKN: 725750**

Jahreszyklus:

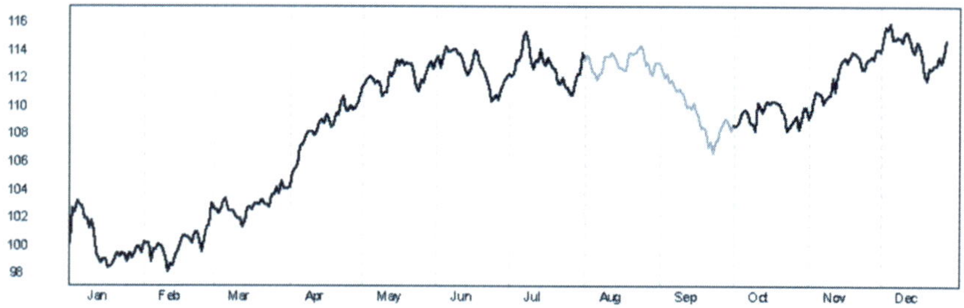

Erfolgreichster Anlage-Zeitraum: 10 Monate zwischen 30. September und 31. Juli

Buy & Hold vs. Anlage-Zyklus:

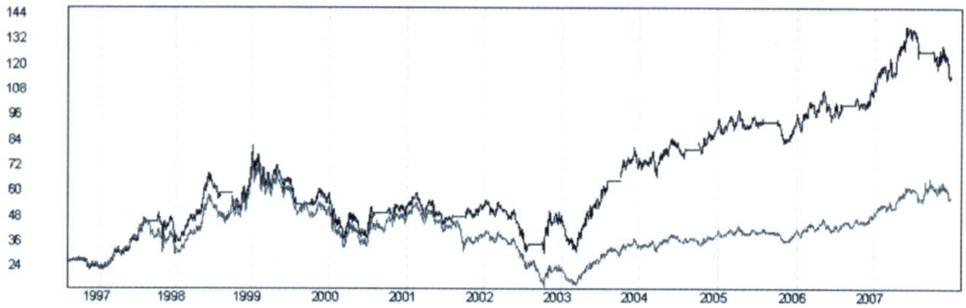

Vergleich: Buy & Hold vs. Anlage-Zyklus

	Buy & Hold	**Anlage-Zyklus**
Kurs 28.12.07:	57,23	114,76
Startkurs:	27,38	27,38
Gesamtperformance seit 26.07.1996:	109,02%	319,12%
All-Time-High:	77,05	138,83
Erreicht am:	06.01.1999	04.06.2007

Das wäre aus einer Anlage von 10.000 geworden:

Anlage vor 10 Jahren:	15.513,69	26.456,74
Anlage seit Börsengang:	20.902,12	41.912,38

Jahres-Hochs und -Tiefs

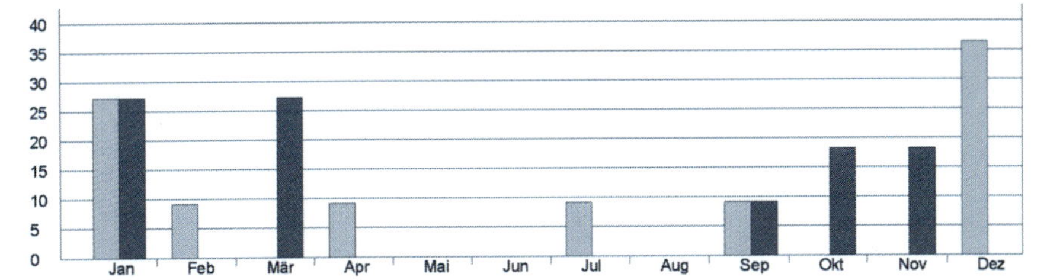

Rendite-Viereck

	Jan	Feb	Mär	Apr	Mai	Jun	Jul	Aug	Sep	Okt	Nov	Dez
Jan		13,78	12,01	4,47	2,01	2,18	-0,94	0,04	3,82	3,13	-0,34	-0,88
Feb	2,00		13,43	5,88	3,79	3,99	0,88	2,82	6,92	6,39	2,51	1,78
Mär	2,76	0,61		3,19	1,37	1,67	0,72	2,46	7,17	6,42	2,56	2,17
Apr	8,82	6,95	6,33		8,16	8,63	6,75	8,78	13,91	12,76	8,55	8,11
Mai	11,92	9,36	8,38	1,81		9,79	8,49	10,85	16,60	15,32	11,00	11,70
Jun	11,20	8,74	7,63	0,95	-0,74		7,85	10,07	15,80	14,46	10,18	10,80
Jul	15,36	12,68	10,68	3,74	1,97	2,32		12,40	19,14	17,34	12,97	14,10
Aug	12,62	10,46	8,84	1,76	0,24	0,60	-0,67		17,05	14,99	10,73	11,43
Sep	9,84	7,35	5,63	-1,33	-3,26	-3,21	-4,74	-4,01		11,60	7,44	8,81
Okt	10,65	8,76	6,94	-0,28	-1,84	-1,66	-4,10	-3,45	1,67		8,04	8,99
Nov	14,48	12,37	10,45	3,03	1,29	1,52	-0,96	-0,17	5,12	3,41		12,84
Dez	15,57	13,31	11,88	4,19	2,06	2,42	-0,10	0,60	5,37	4,00	0,52	

Monatsstatistiken

	Anzahl Monate	durchschn. Performance	positive Monate	durchschn. Performance	negative Monate	durchschn. Performance	Gewinn-Wahrscheinlichkeit	Monats-hoch am	Monats-tief am
Jan	12	-0,88%	7	5,42%	5	-9,71%	0,58%	04.01	17.01
Feb	11	2,00%	6	7,83%	5	-4,99%	0,55%	29.02	11.02
Mar	11	0,61%	5	7,21%	6	-4,89%	0,45%	29.03	13.03
Apr	11	6,33%	7	11,42%	4	-2,57%	0,64%	30.04	01.04
May	11	1,81%	5	12,55%	6	-7,15%	0,45%	30.05	10.05
Jun	11	-0,74%	6	2,35%	5	-4,44%	0,55%	05.06	24.06
Jul	11	2,32%	6	11,29%	5	-8,43%	0,55%	08.07	27.07
Aug	12	-0,67%	5	4,83%	7	-4,59%	0,42%	24.08	06.08
Sep	12	-4,01%	3	8,55%	9	-8,20%	0,25%	01.09	23.09
Oct	12	1,67%	7	8,40%	5	-7,76%	0,58%	17.10	28.10
Nov	12	3,41%	11	3,84%	1	-1,36%	0,92%	30.11	01.11
Dec	12	0,52%	6	7,72%	6	-6,69%	0,50%	05.12	20.12

Aktie **Münchener Rück** **WKN: 843002**

Jahreszyklus:

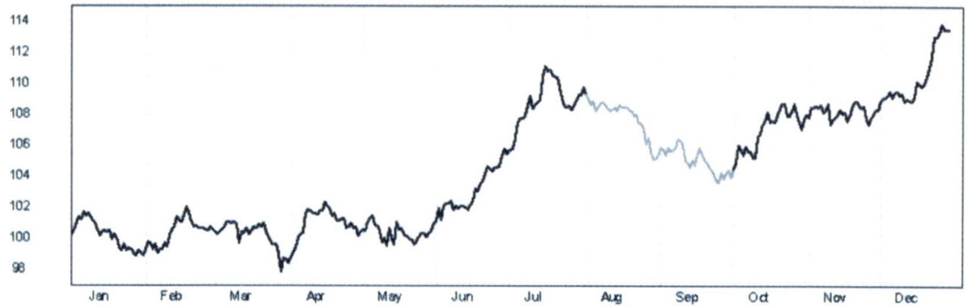

Erfolgreichster Anlage-Zeitraum: 10 Monate zwischen 30. September und 31. Juli

Buy & Hold vs. Anlage-Zyklus:

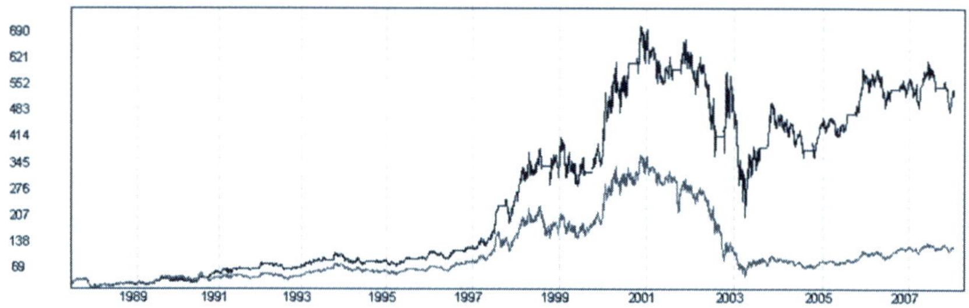

Vergleich: Buy & Hold vs. Anlage-Zyklus

	Buy & Hold	Anlage-Zyklus
Kurs 28.12.07:	132,85	544,70
Startkurs:	36,30	36,30
Gesamtperformance seit 02.06.1987:	265,94%	1.400,41%
All-Time-High:	371,69	710,33
Erreicht am:	09.11.2000	09.11.2000

Das wäre aus einer Anlage von 10.000 geworden:

Anlage vor 10 Jahren:	6.421,91	16.088,55
Anlage seit 1987:	36.594,37	150.041,22

Jahres-Hochs und -Tiefs

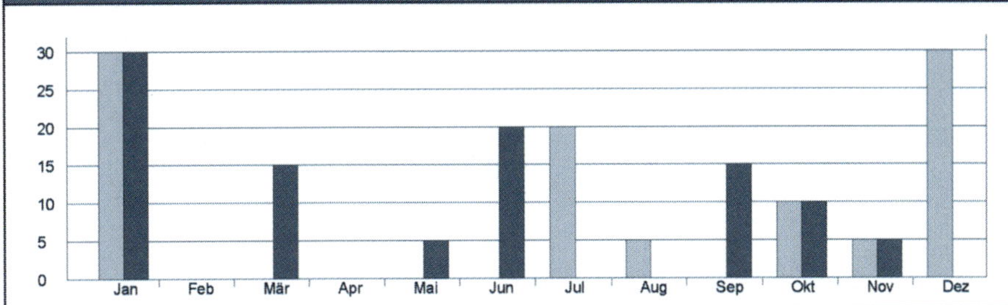

Rendite-Viereck

Jan		12,05	16,09	13,39	13,15	5,59	0,73	5,64	6,40	3,12	3,18	-1,93
Feb	1,85		18,16	15,87	16,00	8,40	2,79	8,05	9,04	5,75	5,71	0,34
Mär	-0,22	-2,10		15,46	15,78	7,88	2,33	7,35	7,49	4,53	4,51	-1,27
Apr	0,73	-1,04	2,48		15,09	7,39	2,04	7,07	7,89	4,50	4,49	-0,85
Mai	0,92	-0,99	2,68	0,18		7,66	2,20	7,18	8,21	4,74	4,63	-0,66
Jun	4,93	2,95	6,55	4,21	4,16		6,40	11,63	12,38	9,15	9,22	3,46
Jul	10,23	8,10	12,07	9,41	9,00	4,50		17,03	17,79	14,42	14,54	8,60
Aug	4,55	2,63	6,48	3,89	3,64	-0,28	-4,26		11,25	7,99	8,38	2,92
Sep	4,68	2,46	6,04	3,59	3,38	-0,96	-5,21	-1,10		8,72	9,29	3,46
Okt	8,68	6,66	10,76	7,69	7,59	1,66	-2,35	1,87	3,72		13,21	7,27
Nov	9,53	7,50	11,34	8,70	8,54	1,61	-2,47	2,00	3,93	0,04		8,22
Dez	15,37	13,26	17,22	14,44	14,38	6,92	2,34	7,10	8,32	4,72	4,76	
	Jan	Feb	Mär	Apr	Mai	Jun	Jul	Aug	Sep	Okt	Nov	Dez

Monatsstatistiken

	Anzahl Monate	durchschn. Performance	positive Monate	durchschn. Performance	negative Monate	durchschn. Performance	Gewinn-Wahrscheinlichkeit	Monats-hoch am	Monats-tief am
Jan	21	-1,93%	8	5,90%	13	-6,75%	0,38%	06.01	27.01
Feb	20	1,85%	13	6,55%	7	-6,89%	0,65%	18.02	06.02
Mar	20	-2,10%	11	3,70%	9	-9,20%	0,55%	09.03	28.03
Apr	20	2,48%	9	12,18%	11	-5,46%	0,45%	15.04	01.04
May	20	0,18%	11	5,54%	9	-6,36%	0,55%	06.05	12.05
Jun	20	4,16%	12	8,98%	8	-3,07%	0,60%	29.06	01.06
Jul	21	4,50%	15	9,57%	6	-8,19%	0,71%	15.07	01.07
Aug	21	-4,26%	7	4,05%	14	-8,42%	0,33%	01.08	29.08
Sep	21	-1,10%	11	6,72%	10	-9,70%	0,52%	08.09	25.09
Oct	21	3,72%	14	10,01%	7	-8,87%	0,67%	26.10	01.10
Nov	21	0,04%	12	5,12%	9	-6,74%	0,57%	21.11	26.11
Dec	21	4,76%	19	6,27%	2	-9,58%	0,90%	28.12	01.12

Jahreszyklus:

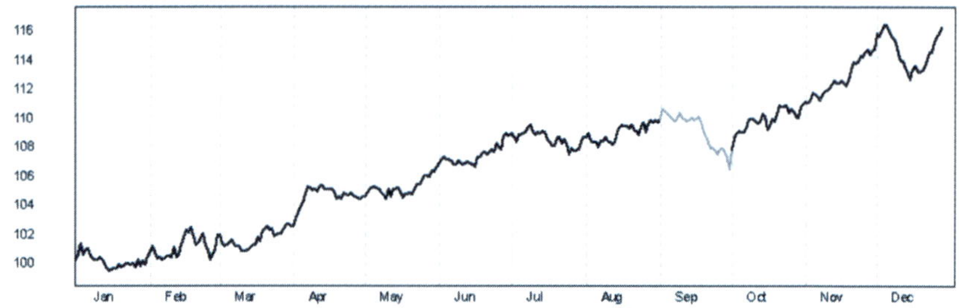

Erfolgreichster Anlage–Zeitraum: 11 Monate zwischen 30. September und 31. August

Buy & Hold vs. Anlage–Zyklus:

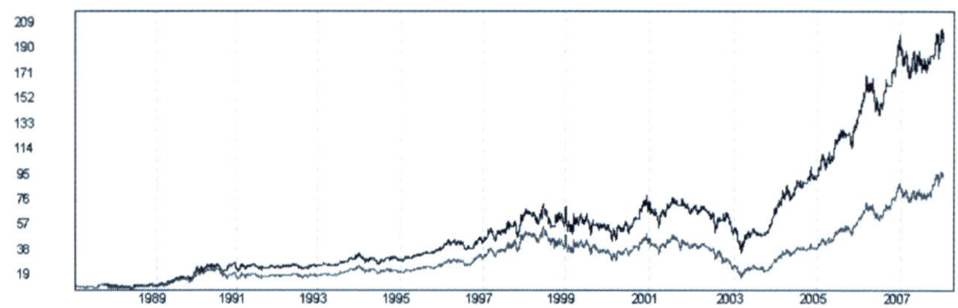

Vergleich: Buy & Hold vs. Anlage–Zyklus

	Buy & Hold	Anlage–Zyklus
Kurs 28.12.07:	96,76	203,28
Startkurs:	11,58	11,58
Gesamtperformance seit 02.01.1987:	735,58%	1.655,43%
All–Time–High:	97,68	205,21
Erreicht am:	07.12.2007	07.12.2007

Das wäre aus einer Anlage von 10.000 geworden:

Anlage vor 10 Jahren:	18.961,40	30.486,36
Anlage seit 1987:	83.557,86	175.542,57

Jahres-Hochs und -Tiefs

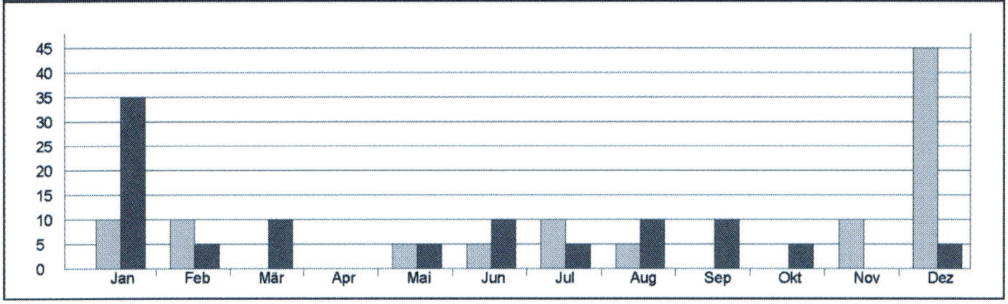

Rendite-Viereck

Jan		12,72	12,76	10,45	8,25	6,20	5,83	4,96	8,21	4,76	0,87	-0,30
Feb	0,70		14,48	11,77	9,77	7,29	6,93	6,42	10,09	6,72	2,36	1,22
Mär	0,89	0,24		12,49	10,49	7,80	7,49	6,93	10,60	7,38	2,87	1,50
Apr	2,37	1,96	1,81		11,32	8,67	8,38	7,80	11,68	8,15	3,87	2,75
Mai	4,34	3,85	3,67	1,85		10,95	10,68	10,08	14,07	10,44	6,08	5,03
Jun	6,30	5,93	5,72	3,80	1,94		13,13	12,49	16,55	12,94	8,47	7,37
Jul	6,33	5,77	5,60	3,69	1,83	-0,01		12,13	16,07	12,37	7,92	6,79
Aug	7,18	6,61	6,50	4,50	2,67	1,03	0,94		16,26	12,37	8,20	7,20
Sep	3,97	3,23	3,25	1,36	-0,48	-2,03	-2,27	-3,24		9,17	5,13	4,38
Okt	7,56	6,79	6,65	4,93	2,95	1,47	1,33	0,43	3,94		9,42	8,36
Nov	11,59	10,78	10,64	8,72	6,58	4,97	4,78	3,87	7,32	3,44		12,95
Dez	13,70	13,07	13,04	10,79	8,55	6,67	6,35	5,41	8,68	5,04	1,23	
	Jan	Feb	Mär	Apr	Mai	Jun	Jul	Aug	Sep	Okt	Nov	Dez

Monatsstatistiken

	Anzahl Monate	durchschn. Performance	positive Monate	durchschn. Performance	negative Monate	durchschn. Performance	Gewinn-Wahr-scheinlichkeit	Monats-hoch am	Monats-tief am
Jan	21	-0,30%	10	6,22%	11	-6,22%	0,48%	03.01	23.01
Feb	21	0,70%	10	7,13%	11	-5,14%	0,48%	18.02	04.02
Mar	21	0,24%	8	4,67%	13	-2,49%	0,38%	30.03	12.03
Apr	21	1,81%	10	6,88%	11	-2,79%	0,48%	13.04	01.04
May	21	1,85%	13	4,47%	8	-2,40%	0,62%	31.05	10.05
Jun	21	1,94%	13	6,04%	8	-4,71%	0,62%	29.06	16.06
Jul	21	-0,01%	11	6,23%	10	-6,86%	0,52%	09.07	25.07
Aug	21	0,94%	11	5,31%	10	-3,86%	0,52%	30.08	06.08
Sep	21	-3,24%	8	3,09%	13	-7,14%	0,38%	02.09	30.09
Oct	21	3,94%	15	7,75%	6	-5,60%	0,71%	21.10	01.10
Nov	21	3,44%	11	9,00%	10	-2,68%	0,52%	27.11	02.11
Dec	21	1,23%	10	7,99%	11	-4,92%	0,48%	05.12	15.12

Aktie **SAP** **WKN: 716460**

Jahreszyklus:

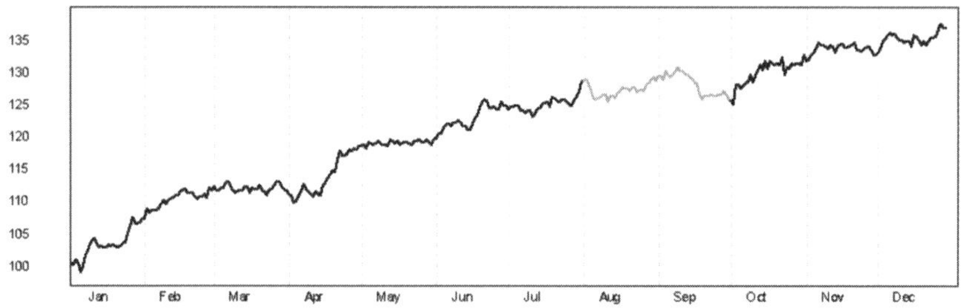

Erfolgreichster Anlage–Zeitraum: 10 Monate zwischen 30. September und 31. Juli

Buy & Hold vs. Anlage–Zyklus:

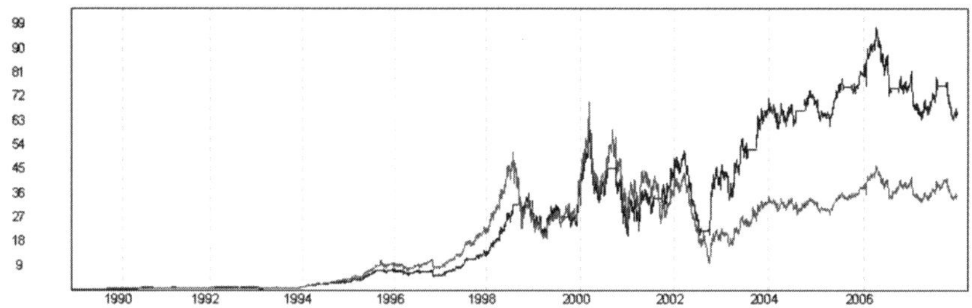

Vergleich: Buy & Hold vs. Anlage–Zyklus

	Buy & Hold	**Anlage–Zyklus**
Kurs 28.12.07:	35,53	66,23
Startkurs:	0,50	0,50
Gesamtperformance seit 04.11.1988:	7.041,71%	13.211,94%
All–Time–High:	70,24	98,44
Erreicht am:	07.03.2000	10.04.2006

Das wäre aus einer Anlage von 10.000 geworden:

Anlage vor 10 Jahren:	12.960,06	38.791,08
Anlage seit Börsengang:	714.170,85	1.331.194,22

Jahres-Hochs und -Tiefs

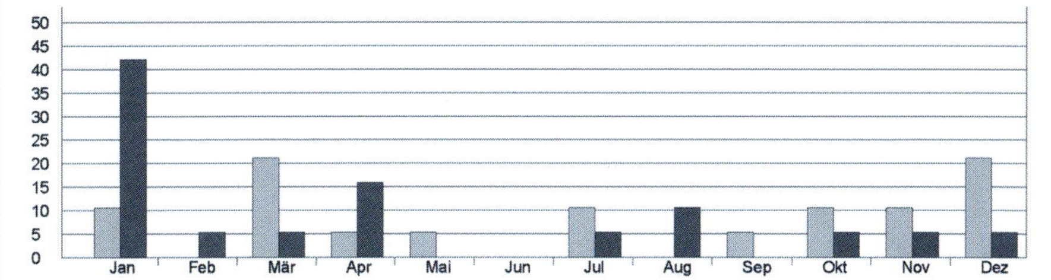

Rendite-Viereck

Jan		27,74	29,29	19,67	18,49	14,02	11,27	9,97	13,55	8,63	10,04	6,07
Feb	4,60		38,78	28,29	26,71	22,08	18,67	17,27	20,52	15,20	17,21	12,31
Mär	4,22	-0,35		27,49	25,84	21,26	18,04	16,76	19,52	14,59	16,60	11,81
Apr	10,16	5,15	6,18		33,12	28,36	24,55	23,11	26,63	20,40	23,18	18,57
Mai	11,18	6,24	7,39	0,67		30,70	26,55	24,93	28,06	21,16	23,39	19,12
Jun	16,65	11,20	12,31	5,14	4,19		34,08	32,13	34,91	27,54	29,71	25,20
Jul	22,24	16,04	17,23	9,24	7,88	3,10		40,73	42,55	35,04	37,11	31,51
Aug	21,13	14,63	16,11	8,52	7,63	3,16	0,39		39,89	32,27	35,99	30,20
Sep	21,55	14,68	16,03	8,42	7,24	2,60	-0,72	-1,69		31,11	36,08	30,29
Okt	23,64	16,89	17,75	9,81	8,94	4,49	1,71	0,90	4,44		38,26	32,83
Nov	23,36	16,88	17,71	9,23	8,02	3,69	1,47	1,12	5,48	0,35		32,62
Dez	27,98	21,38	22,63	13,30	11,88	7,48	5,02	4,42	7,65	3,19	3,34	
	Jan	Feb	Mär	Apr	Mai	Jun	Jul	Aug	Sep	Okt	Nov	Dez

Monatsstatistiken

	Anzahl Monate	durchschn. Performance	positive Monate	durchschn. Performance	negative Monate	durchschn. Performance	Gewinn-Wahr-scheinlichkeit	Monats-hoch am	Monats-tief am
Jan	20	6,07%	14	13,23%	6	−10,64%	0,70%	27.01	05.01
Feb	19	4,60%	14	9,13%	5	−8,07%	0,74%	28.02	01.02
Mar	19	-0,35%	11	6,98%	8	−10,43%	0,58%	07.03	23.03
Apr	19	6,18%	10	16,84%	9	−5,67%	0,53%	30.04	03.04
May	19	0,67%	9	9,08%	10	−6,89%	0,47%	25.05	03.05
Jun	19	4,19%	15	6,90%	4	−6,01%	0,79%	21.06	01.06
Jul	19	3,10%	10	11,90%	9	−6,69%	0,53%	31.07	11.07
Aug	19	0,39%	9	10,30%	10	−8,52%	0,47%	30.08	11.08
Sep	19	−1,69%	11	7,28%	8	−14,03%	0,58%	09.09	19.09
Oct	19	4,44%	8	17,71%	11	−5,21%	0,42%	31.10	02.10
Nov	19	0,35%	12	5,90%	7	−9,17%	0,63%	21.11	01.11
Dec	20	3,34%	12	8,99%	8	−5,13%	0,60%	29.12	01.12

Aktie Siemens WKN: 723610

Jahreszyklus:

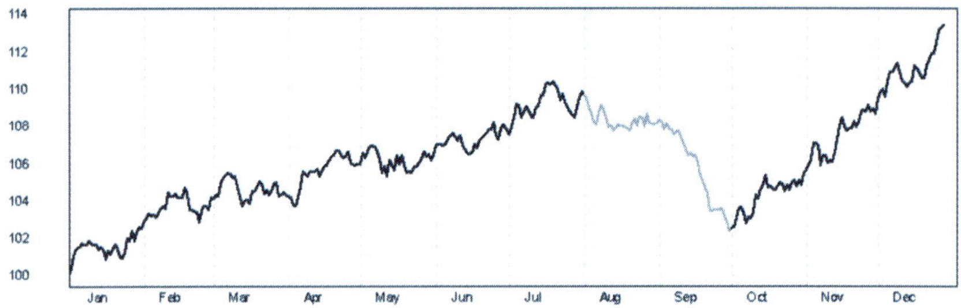

Erfolgreichster Anlage–Zeitraum: 10 Monate zwischen 30. September und 31. Juli

Buy & Hold vs. Anlage–Zyklus:

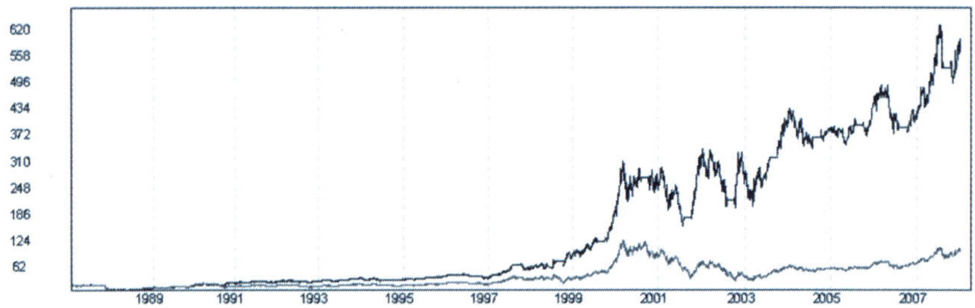

Vergleich: Buy & Hold vs. Anlage–Zyklus

	Buy & Hold	Anlage–Zyklus
Kurs 28.12.07:	108,50	598,89
Startkurs:	24,78	24,78
Gesamtperformance seit 02.01.1987:	337,85%	2.316,83%
All–Time–High:	126,99	631,66
Erreicht am:	02.03.2000	09.07.2007

Das wäre aus einer Anlage von 10.000 geworden:

Anlage vor 10 Jahren:	28.395,71	91.191,01
Anlage seit 1987:	43.785,31	241.683,05

Jahres-Hochs und -Tiefs

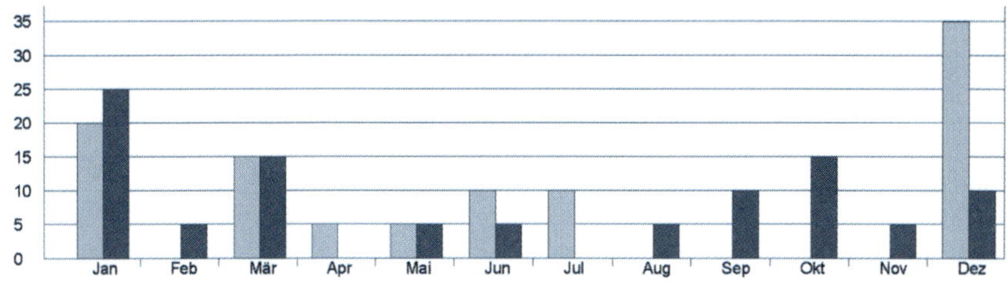

Rendite-Viereck

	Jan	Feb	Mär	Apr	Mai	Jun	Jul	Aug	Sep	Okt	Nov	Dez
Jan		12,22	12,22	9,84	10,33	7,70	5,40	6,90	13,82	9,97	6,14	1,52
Feb	1,18		15,07	12,69	13,83	11,02	8,14	9,71	16,98	12,93	9,11	4,08
Mär	0,86	0,04		11,40	12,21	9,78	6,92	8,76	16,03	12,10	8,20	3,43
Apr	2,15	1,46	1,59		13,75	11,25	8,49	10,12	17,75	13,32	9,38	4,79
Mai	2,15	1,43	1,58	0,13		11,07	8,36	10,02	17,39	13,20	9,51	4,90
Jun	3,97	3,02	3,11	1,54	1,45		9,59	11,33	18,58	14,64	11,02	6,65
Jul	6,43	5,24	5,23	3,60	3,51	1,84		13,96	21,13	17,21	13,68	9,51
Aug	4,81	3,46	3,71	1,77	1,90	0,12	−1,70		19,82	15,39	11,76	7,83
Sep	0,33	−1,03	−0,80	−2,74	−2,66	−4,87	−6,69	−5,26		9,23	6,39	3,04
Okt	1,73	0,39	0,62	−1,24	−1,02	−3,09	−4,75	−3,29	3,13		9,02	5,67
Nov	4,89	4,00	4,00	2,06	2,23	0,17	−1,49	0,20	7,25	3,32		10,10
Dez	10,97	10,15	10,22	7,84	8,17	5,61	3,73	5,28	12,16	8,24	4,50	

Monatsstatistiken

	Anzahl Monate	durchschn. Performance	positive Monate	durchschn. Performance	negative Monate	durchschn. Performance	Gewinn-Wahr-scheinlichkeit	Monats-hoch am	Monats-tief am
Jan	21	1,52%	14	6,48%	7	−8,40%	0,67%	08.01	23.01
Feb	21	1,18%	8	10,32%	13	−4,44%	0,38%	18.02	24.02
Mar	21	0,04%	11	5,12%	10	−5,55%	0,52%	07.03	13.03
Apr	21	1,59%	13	6,73%	8	−6,77%	0,62%	22.04	04.04
May	21	0,13%	10	4,68%	11	−4,00%	0,48%	06.05	12.05
Jun	21	1,45%	13	6,17%	8	−6,22%	0,62%	25.06	15.06
Jul	21	1,84%	12	8,42%	9	−6,94%	0,57%	19.07	01.07
Aug	21	−1,70%	10	4,47%	11	−7,31%	0,48%	01.08	13.08
Sep	21	−5,26%	8	4,78%	13	−11,44%	0,38%	01.09	30.09
Oct	21	3,13%	11	11,78%	10	−6,39%	0,52%	31.10	01.10
Nov	21	3,32%	13	9,29%	8	−6,38%	0,62%	27.11	01.11
Dec	21	4,50%	15	8,74%	6	−6,10%	0,71%	30.12	01.12

Aktie **ThyssenKrupp** **WKN: 750000**

Jahreszyklus:

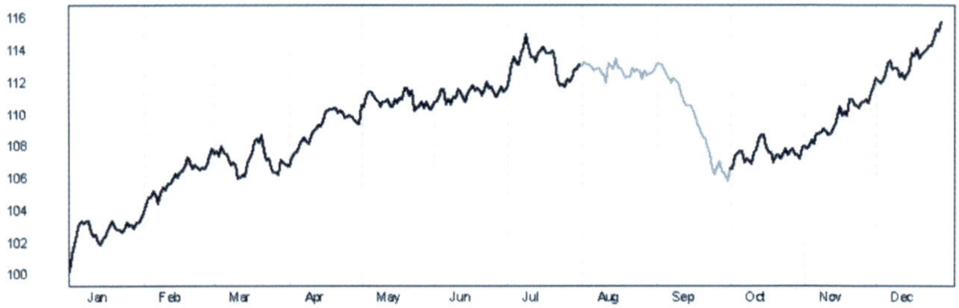

Erfolgreichster Anlage–Zeitraum: 10 Monate zwischen 30. September und 31. Juli

Buy & Hold vs. Anlage–Zyklus:

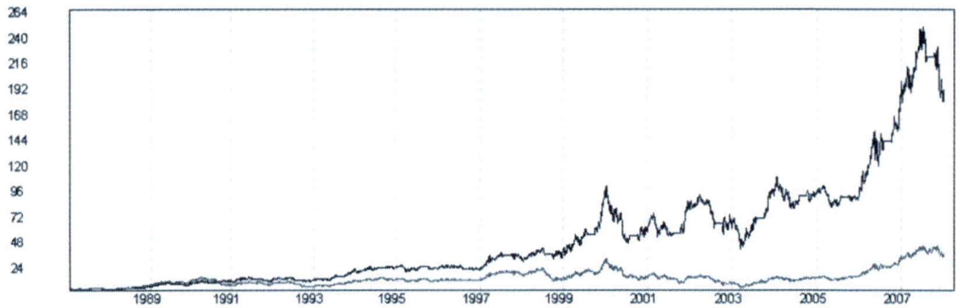

Vergleich: Buy & Hold vs. Anlage–Zyklus

	Buy & Hold	**Anlage–Zyklus**
Kurs 28.12.07:	38,36	192,27
Startkurs:	6,24	6,24
Gesamtperformance seit 02.01.1987:	514,74%	2.981,21%
All–Time–High:	46,45	252,28
Erreicht am:	29.10.2007	09.07.2007

Das wäre aus einer Anlage von 10.000 geworden:

Anlage vor 10 Jahren:	19.793,60	56.393,27
Anlage seit 1987:	61.474,36	308.121,07

Jahres-Hochs und -Tiefs

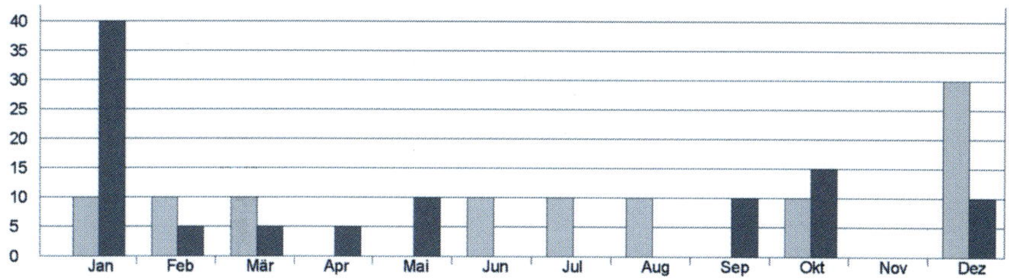

Rendite-Viereck

	Jan	Feb	Mär	Apr	Mai	Jun	Jul	Aug	Sep	Okt	Nov	Dez
Jan		9,96	12,31	8,59	8,84	7,08	4,75	4,93	12,00	9,92	6,28	2,53
Feb	3,99		17,02	13,46	13,89	12,18	9,59	10,25	18,10	16,24	11,93	7,68
Mär	2,94	−1,21		13,47	13,57	11,76	9,23	9,78	17,11	15,28	10,80	6,43
Apr	5,05	0,87	2,36		15,40	13,66	11,10	11,93	19,42	17,59	13,36	9,07
Mai	5,64	1,43	2,88	0,47		14,62	12,00	12,67	19,76	18,32	14,20	9,93
Jun	6,90	2,48	3,97	1,29	0,93		12,28	13,11	20,31	19,05	14,95	10,86
Jul	8,02	3,73	5,52	2,72	2,62	1,46		13,69	21,06	19,77	15,69	11,65
Aug	7,78	3,60	5,49	2,46	2,43	1,06	−0,48		20,45	18,94	14,95	10,95
Sep	2,09	−1,84	−0,16	−2,96	−3,18	−4,60	−6,16	−6,10		12,45	8,72	5,10
Okt	3,90	−0,01	1,93	−1,38	−1,34	−3,10	−4,96	−4,79	1,64		11,46	7,83
Nov	7,34	3,25	5,53	1,91	1,93	0,15	−1,72	−1,48	5,64	3,80		12,24
Dez	12,41	8,00	10,15	6,23	6,46	4,43	2,34	2,50	9,75	7,46	3,64	

Monatsstatistiken

	Anzahl Monate	durchschn. Performance	positive Monate	durchschn. Performance	negative Monate	durchschn. Performance	Gewinn-Wahrscheinlichkeit	Monats-hoch am	Monats-tief am
Jan	21	2,53%	14	6,95%	7	−6,31%	0,67%	08.01	02.01
Feb	21	3,99%	14	7,99%	7	−3,99%	0,67%	29.02	01.02
Mar	21	−1,21%	10	5,39%	11	−7,21%	0,48%	21.03	11.03
Apr	21	2,36%	14	7,09%	7	−7,12%	0,67%	20.04	01.04
May	21	0,47%	13	4,68%	8	−6,37%	0,62%	20.05	24.05
Jun	21	0,93%	10	7,11%	11	−4,69%	0,48%	23.06	08.06
Jul	21	1,46%	14	5,84%	7	−7,30%	0,67%	09.07	01.07
Aug	21	−0,48%	13	3,88%	8	−7,55%	0,62%	15.08	11.08
Sep	21	−6,10%	7	4,48%	14	−11,39%	0,33%	02.09	30.09
Oct	21	1,64%	11	9,83%	10	−7,38%	0,52%	14.10	01.10
Nov	21	3,80%	16	7,90%	5	−9,31%	0,76%	30.11	02.11
Dec	21	3,64%	14	7,94%	7	−4,96%	0,67%	30.12	03.12

Aktie | TUI | WKN: TUAG00

Jahreszyklus:

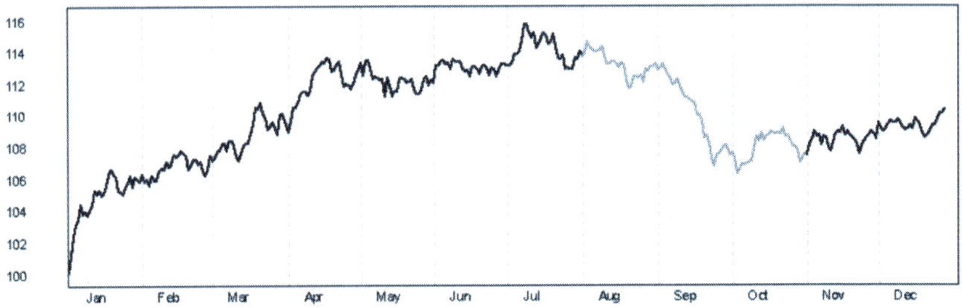

Erfolgreichster Anlage–Zeitraum: 9 Monate zwischen 31. Oktober und 31. Juli

Buy & Hold vs. Anlage–Zyklus:

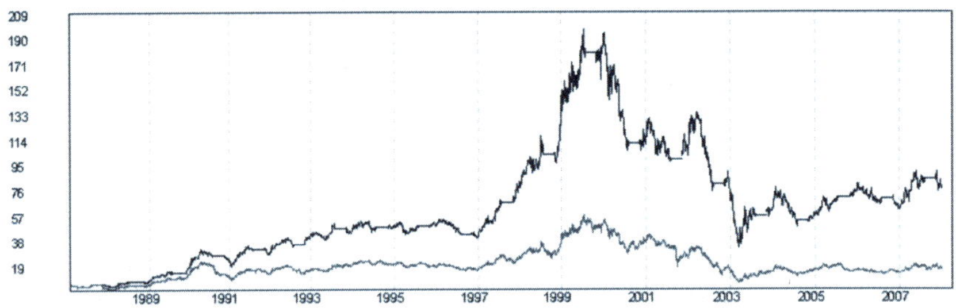

Vergleich: Buy & Hold vs. Anlage–Zyklus

	Buy & Hold	Anlage–Zyklus
Kurs 28.12.07:	19,00	80,95
Startkurs:	7,72	7,72
Gesamtperformance seit 02.01.1987:	146,11%	948,59%
All–Time–High:	59,25	198,47
Erreicht am:	19.07.1999	19.07.1999
Das wäre aus einer Anlage von 10.000 geworden:		
Anlage vor 10 Jahren:	6.341,79	8.977,66
Anlage seit 1987:	24.611,40	104.859,24

Jahres-Hochs und -Tiefs

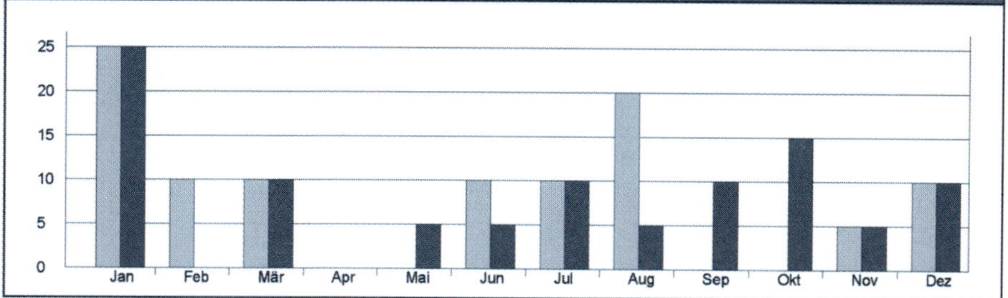

Rendite-Viereck

Jan		10,81	9,13	4,26	5,37	3,62	3,46	3,84	9,04	8,82	7,56	4,96
Feb	1,02		13,07	8,21	9,30	7,37	7,19	7,47	12,52	12,82	11,53	8,72
Mär	3,51	1,97		11,63	12,66	10,32	10,03	10,60	15,47	16,20	14,80	11,78
Apr	5,95	4,89	3,13		13,38	11,25	10,88	11,57	16,62	17,25	16,12	13,52
Mai	5,48	3,95	2,04	-0,90		10,43	10,09	10,92	15,68	16,50	15,53	12,95
Jun	6,65	5,20	3,25	-0,05	0,80		11,55	12,51	17,06	17,96	16,97	14,35
Jul	7,50	6,25	4,36	0,88	1,50	0,55		11,99	16,48	17,40	16,43	13,85
Aug	5,78	4,94	3,46	-0,24	0,67	-0,18	-0,61		14,10	14,57	13,87	11,47
Sep	1,44	0,50	-1,00	-4,90	-4,10	-5,20	-5,84	-5,21		8,84	8,49	6,40
Okt	0,85	-0,07	-1,69	-5,44	-4,33	-5,34	-5,54	-5,04	0,54		9,51	7,25
Nov	1,27	0,33	-1,08	-4,95	-3,77	-4,90	-4,85	-4,42	1,47	0,91		8,60
Dez	4,72	3,62	1,95	-2,22	-1,10	-2,58	-2,70	-2,14	3,35	2,85	1,86	
	Jan	Feb	Mär	Apr	Mai	Jun	Jul	Aug	Sep	Okt	Nov	Dez

Monatsstatistiken

	Anzahl Monate	durchschn. Performance	positive Monate	durchschn. Performance	negative Monate	durchschn. Performance	Gewinn-Wahrscheinlichkeit	Monats-hoch am	Monats-tief am
Jan	21	4,96%	16	11,23%	5	-15,10%	0,76%	19.01	01.01
Feb	21	1,02%	10	8,52%	11	-5,79%	0,48%	17.02	02.02
Mar	21	1,97%	10	9,25%	11	-4,64%	0,48%	21.03	01.03
Apr	21	3,13%	14	8,06%	7	-6,72%	0,67%	17.04	01.04
May	21	-0,90%	12	4,04%	9	-7,48%	0,57%	05.05	15.05
Jun	21	0,80%	10	5,80%	11	-3,74%	0,48%	09.06	01.06
Jul	21	0,55%	13	5,67%	8	-7,77%	0,62%	09.07	28.07
Aug	21	-0,61%	11	5,74%	10	-7,59%	0,52%	03.08	20.08
Sep	21	-5,21%	5	6,49%	16	-8,87%	0,24%	03.09	24.09
Oct	21	0,54%	11	8,06%	10	-7,73%	0,52%	22.10	03.10
Nov	21	0,91%	10	7,85%	11	-5,40%	0,48%	16.11	01.11
Dec	21	1,86%	12	8,21%	9	-6,61%	0,57%	30.12	20.12

Aktie **Volkswagen** **WKN: 766400**

Jahreszyklus:

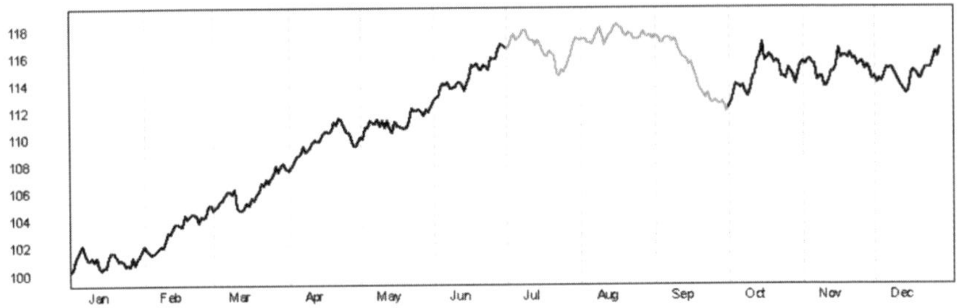

Erfolgreichster Anlage–Zeitraum: 9 Monate zwischen 30. September und 30. Juni

Buy & Hold vs. Anlage–Zyklus:

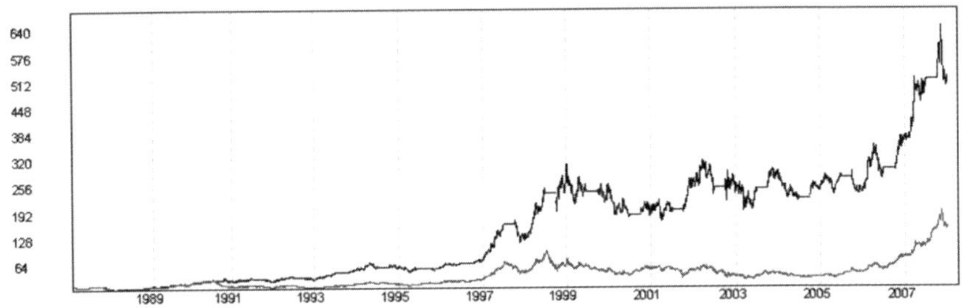

Vergleich: Buy & Hold vs. Anlage–Zyklus

	Buy & Hold	**Anlage–Zyklus**
Kurs 28.12.07:	156,00	513,53
Startkurs:	20,25	20,25
Gesamtperformance seit 02.01.1987:	670,37%	2.435,94%
All–Time–High:	197,91	651,49
Erreicht am:	31.10.2007	31.10.2007

Das wäre aus einer Anlage von 10.000 geworden:

Anlage vor 10 Jahren:	28.092,92	33.725,58
Anlage seit 1987:	77.037,04	253.593,57

Jahres-Hochs und -Tiefs

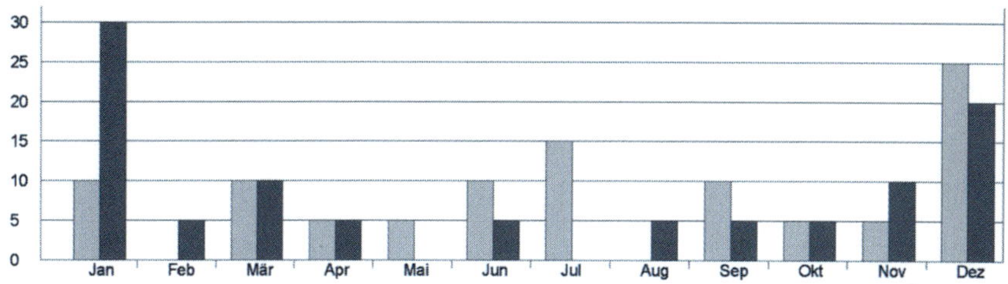

Rendite-Viereck

Jan		12,96	10,68	9,16	6,99	3,01	1,91	1,43	6,10	3,06	3,82	2,24
Feb	3,31		13,32	11,83	9,35	5,42	4,63	4,80	9,63	7,83	8,00	6,20
Mär	6,45	2,97		16,60	14,10	9,55	8,97	9,12	13,77	12,00	11,99	9,67
Apr	7,93	4,36	1,56		15,93	11,31	10,85	10,85	15,47	13,67	13,66	11,54
Mai	10,16	6,47	3,62	2,26		13,09	12,78	12,73	17,51	15,55	15,65	13,34
Jun	15,16	11,16	8,05	6,40	4,08		17,65	17,56	22,29	20,52	20,50	18,40
Jul	15,59	11,67	8,51	6,97	4,59	0,56		19,28	23,72	21,42	21,49	19,20
Aug	15,22	11,42	8,66	7,03	4,79	0,70	-0,02		23,33	20,57	20,58	18,60
Sep	11,01	7,14	4,44	3,13	0,91	-3,12	-4,27	-4,55		15,63	16,02	14,22
Okt	14,27	10,09	7,30	6,02	4,13	0,24	-1,07	-1,68	2,92		20,60	18,81
Nov	12,68	8,35	5,78	4,49	2,55	-1,21	-2,44	-2,80	1,85	-1,10		17,66
Dez	15,39	11,00	8,58	7,09	5,16	1,05	-0,11	-0,68	3,89	0,72	1,82	
	Jan	Feb	Mär	Apr	Mai	Jun	Jul	Aug	Sep	Okt	Nov	Dez

Monatsstatistiken

	Anzahl Monate	durchschn. Performance	positive Monate	durchschn. Performance	negative Monate	durchschn. Performance	Gewinn-Wahrscheinlichkeit	Monatshoch am	Monatstief am
Jan	21	2,24%	12	8,76%	9	-6,46%	0,57%	06.01	14.01
Feb	21	3,31%	13	8,38%	8	-4,91%	0,62%	29.02	04.02
Mar	21	2,97%	13	10,04%	8	-8,50%	0,62%	30.03	01.03
Apr	21	1,56%	11	7,24%	10	-4,69%	0,52%	22.04	01.04
May	21	2,26%	15	5,63%	6	-6,17%	0,71%	31.05	03.05
Jun	21	4,08%	13	9,84%	8	-5,29%	0,62%	29.06	01.06
Jul	21	0,56%	9	9,69%	12	-6,29%	0,43%	08.07	23.07
Aug	21	-0,02%	10	7,86%	11	-7,19%	0,48%	16.08	11.08
Sep	21	-4,55%	7	7,91%	14	-10,78%	0,33%	01.09	30.09
Oct	21	2,92%	14	9,57%	7	-10,37%	0,67%	15.10	01.10
Nov	21	-1,10%	9	6,76%	12	-7,00%	0,43%	16.11	10.11
Dec	21	1,82%	11	7,51%	10	-4,43%	0,52%	30.12	14.12

4. TecDax-Aktien im Anlagezyklus

Jahreszyklus:

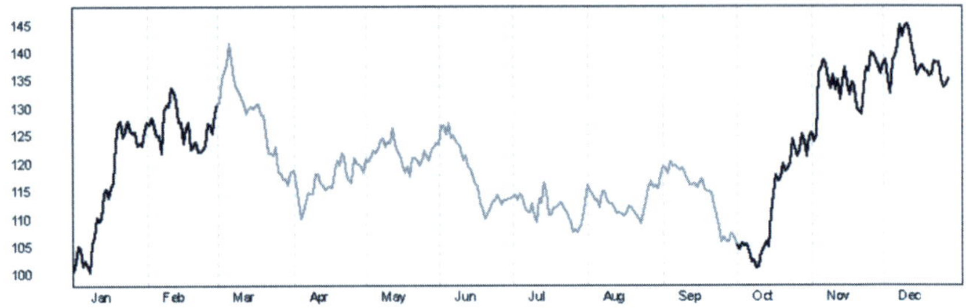

Erfolgreichster Anlage–Zeitraum: 5 Monate zwischen 30. September und 28. Februar

Buy & Hold vs. Anlage–Zyklus:

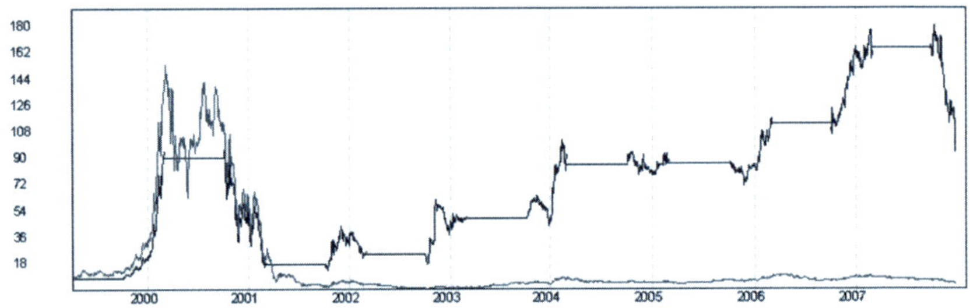

Vergleich: Buy & Hold vs. Anlage–Zyklus

	Buy & Hold	**Anlage–Zyklus**
Kurs 28.12.07:	3,44	95,32
Startkurs:	8,17	8,17
Gesamtperformance seit 30.03.1999:	–57,89%	1.066,98%
All–Time–High:	154,20	180,12
Erreicht am:	06.03.2000	12.10.2007

Das wäre aus einer Anlage von 10.000 geworden:

Anlage vor 10 Jahren:	–	–
Anlage seit Börsengang:	4.211,40	116.698,02

Jahres-Hochs und -Tiefs

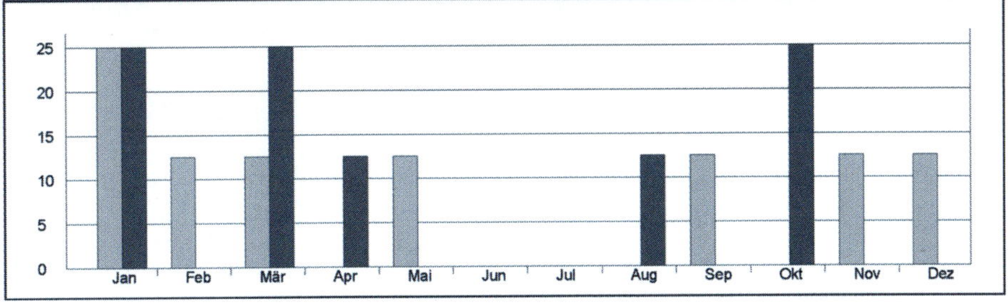

Rendite-Viereck

	Jan	Feb	Mär	Apr	Mai	Jun	Jul	Aug	Sep	Okt	Nov	Dez
Jan		8,58	85,66	66,16	56,22	57,39	64,06	52,92	71,02	36,38	24,70	22,45
Feb	5,96		197,16	160,07	154,27	147,60	161,84	136,24	158,90	97,22	66,52	50,89
Mär	−5,84	−13,59		127,01	118,49	113,35	124,22	102,60	120,62	69,72	44,83	32,52
Apr	−10,75	−17,66	−0,78		99,05	96,16	106,65	87,87	106,72	59,42	34,69	24,16
Mai	−6,43	−12,88	4,15	3,07		95,38	105,04	88,31	112,42	63,22	35,96	29,24
Jun	−7,82	−17,24	−0,80	−3,12	−7,48		106,22	89,61	115,19	64,86	35,71	29,25
Jul	0,87	−11,54	4,21	0,61	−5,70	−0,80		116,43	148,72	87,63	50,66	43,47
Aug	5,24	−8,39	10,91	5,50	−2,07	1,97	2,13		166,38	99,42	58,19	50,86
Sep	−2,03	−13,63	3,90	−1,25	−8,73	−6,82	−7,13	−9,23		76,61	41,90	37,92
Okt	1,92	−6,46	18,27	10,24	0,94	4,82	7,26	4,19	17,31		37,59	39,88
Nov	−7,44	−11,14	18,73	10,78	3,20	10,62	17,24	14,19	32,19	7,18		22,99
Dez	−9,94	−15,77	22,74	13,78	7,80	11,86	17,70	12,84	26,58	4,23	−1,38	

Monatsstatistiken

	Anzahl Monate	durchschn. Performance	positive Monate	durchschn. Performance	negative Monate	durchschn. Performance	Gewinn-Wahrscheinlichkeit	Monats-hoch am	Monats-tief am
Jan	9	22,45%	7	33,72%	2	−16,96%	0,78%	24.01	08.01
Feb	8	5,96%	6	23,19%	2	−45,73%	0,75%	11.02	22.02
Mar	8	−13,59%	1	16,71%	7	−17,92%	0,13%	06.03	30.03
Apr	9	−0,78%	4	13,60%	5	−12,29%	0,44%	21.04	04.04
May	9	3,07%	3	20,73%	6	−5,76%	0,33%	13.05	20.05
Jun	9	−7,48%	5	6,13%	4	−24,49%	0,56%	05.06	20.06
Jul	9	−0,80%	4	16,09%	5	−14,32%	0,44%	14.07	28.07
Aug	9	2,13%	5	12,93%	4	−11,36%	0,56%	31.08	23.08
Sep	9	−9,23%	3	7,31%	6	−17,51%	0,33%	04.09	28.09
Oct	9	17,31%	6	31,02%	3	−10,12%	0,67%	28.10	09.10
Nov	9	7,18%	5	29,19%	4	−20,34%	0,56%	26.11	02.11
Dec	9	−1,38%	4	20,90%	5	−19,21%	0,44%	08.12	28.12

Aktie **Aixtron** **WKN: 506620**

Jahreszyklus:

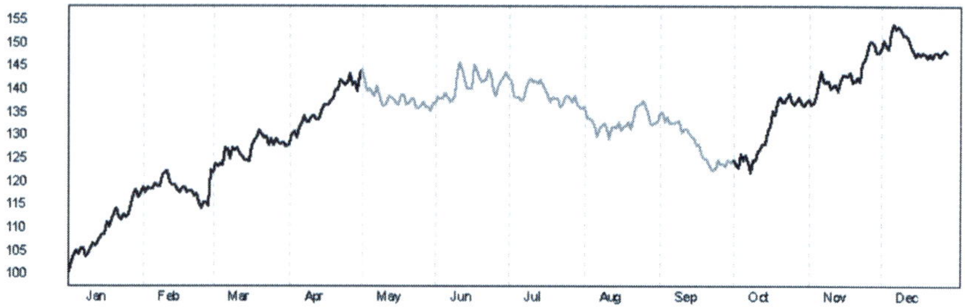

Erfolgreichster Anlage-Zeitraum: 7 Monate zwischen 30. September und 30. April

Buy & Hold vs. Anlage-Zyklus:

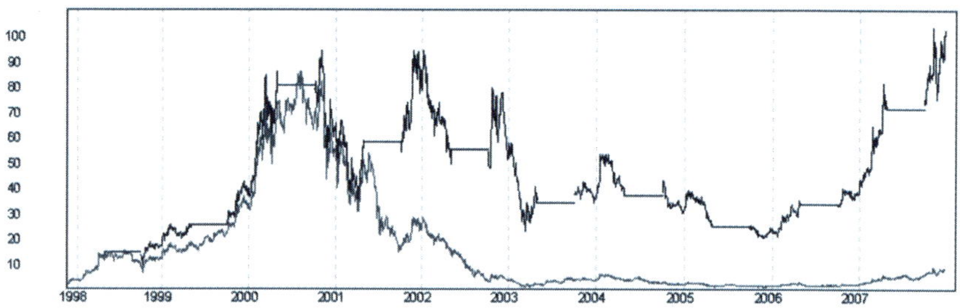

Vergleich: Buy & Hold vs. Anlage-Zyklus

	Buy & Hold	Anlage-Zyklus
Kurs 28.12.07:	9,73	103,79
Startkurs:	2,99	2,99
Gesamtperformance seit 14.11.1997:	225,10%	3.367,95%
All-Time-High:	87,25	104,54
Erreicht am:	02.08.2000	06.11.2007

Das wäre aus einer Anlage von 10.000 geworden:

Anlage vor 10 Jahren:	12.939,69	138.030,21
Anlage seit Börsengang:	32.510,38	346.794,62

Jahres-Hochs und -Tiefs

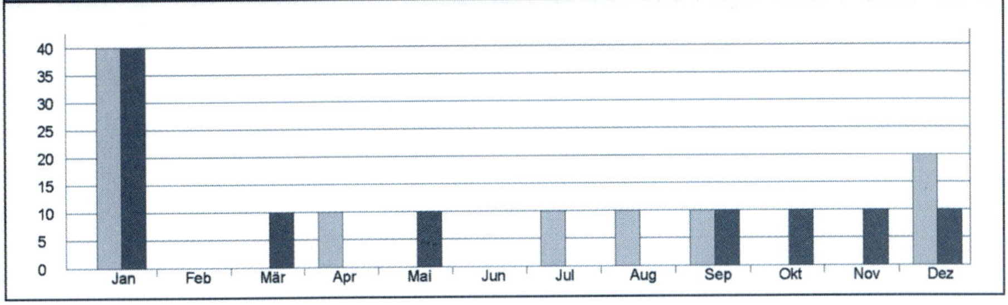

Rendite-Viereck

Jan		33,78	31,73	14,35	22,22	12,22	15,48	17,15	24,80	14,01	13,44	13,85
Feb	-0,26		35,83	18,44	28,20	17,53	19,99	19,56	28,10	18,09	18,49	19,08
Mär	3,65	2,52		18,34	28,19	18,10	20,00	19,85	27,81	18,09	24,50	24,14
Apr	18,62	17,01	12,36		37,49	27,98	28,31	27,97	36,14	25,20	44,55	43,13
Mai	11,53	10,17	6,06	-5,68		20,18	20,68	19,70	27,66	16,84	36,25	35,33
Jun	13,12	11,90	10,16	-0,71	4,85		29,39	27,57	36,82	24,94	36,37	37,15
Jul	13,00	9,04	5,85	-6,07	-0,58	-5,26		26,61	34,44	23,10	38,75	38,50
Aug	7,89	5,81	4,27	-7,62	-1,98	-8,51	-3,25		31,92	20,77	30,01	30,80
Sep	3,74	0,53	-0,95	-11,87	-6,50	-13,48	-9,96	-6,92		17,66	25,81	26,35
Okt	14,42	10,82	9,17	-3,83	2,35	-5,08	-1,18	1,61	9,76		38,38	38,78
Nov	16,16	13,93	12,15	-1,95	4,57	-2,34	2,48	5,20	14,28	3,65		41,17
Dez	19,64	15,78	13,83	-0,19	6,41	-0,93	2,41	5,19	12,34	2,20	-0,29	
	Jan	Feb	Mär	Apr	Mai	Jun	Jul	Aug	Sep	Okt	Nov	Dez

Monatsstatistiken

	Anzahl Monate	durchschn. Performance	positive Monate	durchschn. Performance	negative Monate	durchschn. Performance	Gewinn-Wahrscheinlichkeit	Monats-hoch am	Monats-tief am
Jan	11	13,85%	7	27,37%	4	-9,81%	0,64%	29.01	01.01
Feb	10	-0,26%	5	17,30%	5	-17,82%	0,50%	29.02	25.02
Mar	10	2,52%	6	10,75%	4	-9,82%	0,60%	20.03	01.03
Apr	10	12,36%	7	25,52%	3	-18,33%	0,70%	26.04	01.04
May	10	-5,68%	1	3,11%	9	-6,66%	0,10%	02.05	30.05
Jun	10	4,85%	6	20,16%	4	-18,11%	0,60%	11.06	01.06
Jul	10	-5,26%	5	8,51%	5	-19,03%	0,50%	01.07	31.07
Aug	10	-3,25%	2	22,03%	8	-9,57%	0,20%	25.08	11.08
Sep	10	-6,92%	3	5,77%	7	-12,35%	0,30%	02.09	23.09
Oct	10	9,76%	8	14,43%	2	-8,92%	0,80%	24.10	08.10
Nov	10	3,65%	5	16,46%	5	-9,17%	0,50%	27.11	02.11
Dec	11	-0,29%	6	8,63%	5	-10,99%	0,55%	06.12	20.12

Jahreszyklus:

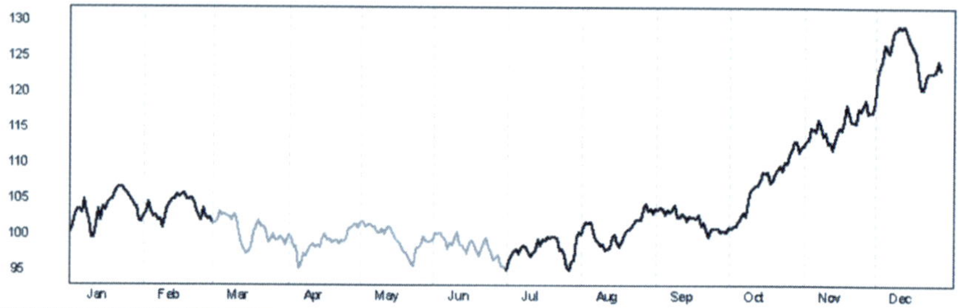

Erfolgreichster Anlage–Zeitraum: 8 Monate zwischen 30. Juni und 28. Februar

Buy & Hold vs. Anlage–Zyklus:

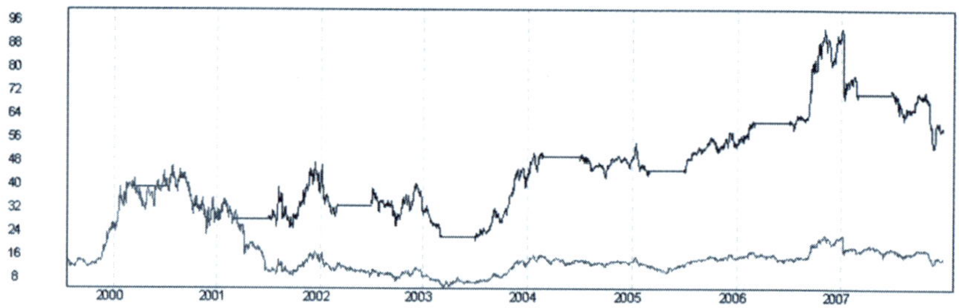

Vergleich: Buy & Hold vs. Anlage–Zyklus

	Buy & Hold	Anlage–Zyklus
Kurs 28.12.07:	15,46	59,57
Startkurs:	14,50	14,50
Gesamtperformance seit 19.07.1999:	6,62%	310,82%
All–Time–High:	47,00	93,83
Erreicht am:	25.07.2000	01.11.2006

Das wäre aus einer Anlage von 10.000 geworden:

Anlage vor 10 Jahren:	–	–
Anlage seit Börsengang:	10.662,07	41.081,55

Jahres-Hochs und -Tiefs

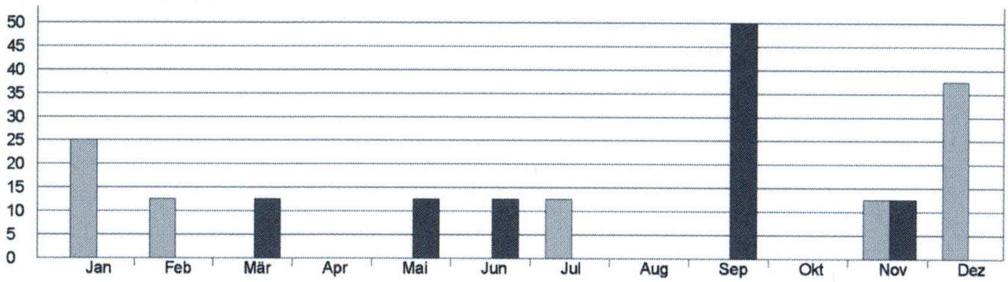

Rendite-Viereck

Jan		0,08	8,57	4,56	8,06	12,08	22,28	17,90	23,55	10,05	3,97	-1,15
Feb	-0,34		14,14	9,40	12,38	17,01	33,50	27,25	34,23	18,37	7,92	1,27
Mär	-6,33	-6,01		3,75	6,76	11,49	24,67	19,04	24,65	9,88	0,55	-5,48
Apr	-6,55	-6,29	-0,10		4,52	8,91	26,76	20,68	26,71	11,24	0,35	-5,49
Mai	-9,81	-9,80	-3,69	-3,49		3,57	23,11	17,20	23,42	8,25	-2,79	-8,69
Jun	-11,30	-11,76	-5,77	-6,75	-3,80		22,83	16,68	22,39	6,85	-4,76	-10,27
Jul	-6,37	-6,82	-0,19	-1,46	1,39	5,33		23,40	30,11	13,72	0,93	-5,02
Aug	-6,18	-6,11	0,79	-1,08	1,84	5,74	1,46		29,08	12,87	0,19	-5,10
Sep	-7,81	-7,46	-0,79	-2,11	0,92	4,54	-1,13	-2,43		6,78	-3,51	-7,51
Okt	1,38	2,56	10,09	7,82	11,81	16,41	10,48	8,59	11,34		4,15	1,20
Nov	0,83	3,11	11,01	8,90	12,91	19,09	16,51	13,82	17,52	4,55		-0,22
Dez	1,12	3,07	11,22	8,37	12,50	17,80	20,88	17,57	21,54	8,34	3,63	
	Jan	Feb	Mär	Apr	Mai	Jun	Jul	Aug	Sep	Okt	Nov	Dez

Monatsstatistiken

	Anzahl Monate	durchschn. Performance	positive Monate	durchschn. Performance	negative Monate	durchschn. Performance	Gewinn-Wahrscheinlichkeit	Monats-hoch am	Monats-tief am
Jan	9	-1,15%	4	14,01%	5	-13,28%	0,44%	07.01	11.01
Feb	8	-0,34%	4	8,84%	4	-9,52%	0,50%	03.02	09.02
Mar	8	-6,01%	2	4,50%	6	-9,51%	0,25%	04.03	15.03
Apr	8	-0,10%	3	14,78%	5	-9,02%	0,38%	29.04	05.04
May	8	-3,49%	3	5,00%	5	-8,57%	0,38%	03.05	24.05
Jun	8	-3,80%	6	3,58%	2	-25,92%	0,75%	11.06	30.06
Jul	8	5,33%	6	7,98%	2	-2,63%	0,75%	18.07	27.07
Aug	9	1,46%	3	9,37%	6	-2,49%	0,33%	28.08	11.08
Sep	9	-2,43%	4	10,22%	5	-12,55%	0,44%	09.09	23.09
Oct	9	11,34%	7	15,81%	2	-4,30%	0,78%	28.10	02.10
Nov	9	4,55%	5	17,45%	4	-11,56%	0,56%	27.11	13.11
Dec	9	3,63%	6	10,49%	3	-10,09%	0,67%	13.12	01.12

Aktie **BB Biotech** **WKN: 888509**

Jahreszyklus:

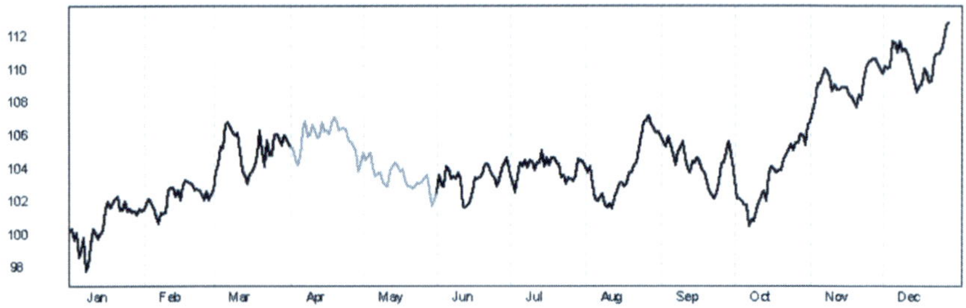

Erfolgreichster Anlage–Zeitraum: 10 Monate zwischen 31. Mai und 31. März

Buy & Hold vs. Anlage–Zyklus:

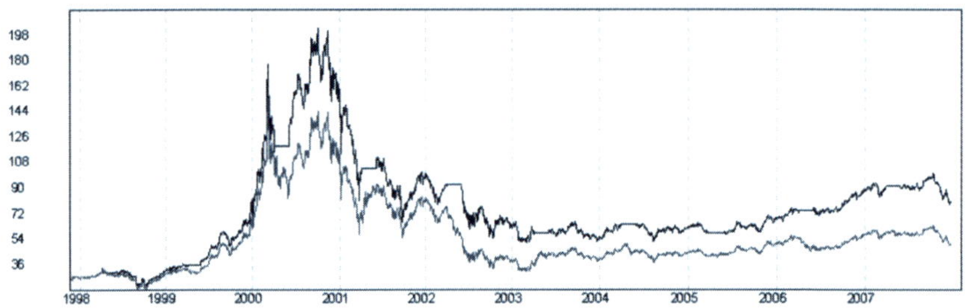

Vergleich: Buy & Hold vs. Anlage–Zyklus

	Buy & Hold	Anlage–Zyklus
Kurs 28.12.07:	51,29	80,47
Startkurs:	26,38	26,38
Gesamtperformance seit 14.11.1997:	94,41%	205,01%
All–Time–High:	153,50	203,51
Erreicht am:	07.03.2000	29.09.2000

Das wäre aus einer Anlage von 10.000 geworden:

Anlage vor 10 Jahren:	18.372,65	28.825,58
Anlage seit Börsengang:	19.440,77	30.501,40

Jahres-Hochs und -Tiefs

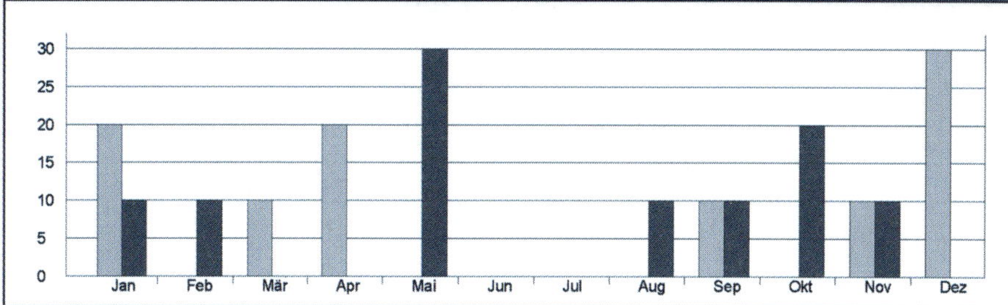

Rendite-Viereck

Jan		15,05	12,76	14,40	17,08	11,64	9,66	7,59	11,06	7,78	3,74	0,44
Feb	0,88		22,60	24,95	27,39	20,71	16,88	14,04	19,39	14,65	7,82	2,59
Mär	3,42	2,62		24,48	26,84	20,95	17,37	15,25	20,68	15,87	9,93	5,02
Apr	1,66	1,38	-1,03		22,84	17,48	14,27	11,84	16,93	12,43	7,17	2,87
Mai	-1,13	-1,17	-3,45	-2,74		13,06	10,26	8,15	12,77	8,66	3,85	-0,08
Jun	2,56	1,60	-0,33	0,35	3,22		18,15	14,93	20,27	15,42	9,64	4,53
Jul	2,71	1,76	-0,31	0,50	3,24	0,11		15,86	20,68	15,92	9,63	4,52
Aug	6,87	4,76	2,83	3,99	7,08	2,67	2,32		33,01	27,04	16,20	9,49
Sep	4,74	2,27	0,40	1,69	4,80	0,20	0,17	-1,97		24,65	14,43	7,72
Okt	5,87	3,75	1,81	3,23	6,28	1,97	1,70	-0,27	2,12		15,15	8,63
Nov	8,13	6,60	4,75	6,02	8,85	4,64	3,91	2,35	5,28	2,70		10,53
Dez	13,95	12,13	10,25	11,85	14,70	9,59	8,42	6,60	9,82	6,80	2,80	
	Jan	Feb	Mär	Apr	Mai	Jun	Jul	Aug	Sep	Okt	Nov	Dez

Monatsstatistiken

	Anzahl Monate	durchschn. Performance	positive Monate	durchschn. Performance	negative Monate	durchschn. Performance	Gewinn-Wahrscheinlichkeit	Monatshoch am	Monatstief am
Jan	11	0,44%	7	6,01%	4	-9,30%	0,64%	20.01	08.01
Feb	10	0,88%	5	8,71%	5	-6,95%	0,50%	18.02	07.02
Mar	10	2,62%	6	8,27%	4	-5,86%	0,60%	07.03	01.03
Apr	10	-1,03%	4	9,47%	6	-8,04%	0,40%	19.04	29.04
May	10	-2,74%	3	1,38%	7	-4,51%	0,30%	02.05	30.05
Jun	10	3,22%	7	8,16%	3	-8,31%	0,70%	30.06	13.06
Jul	10	0,11%	5	7,02%	5	-6,80%	0,50%	14.07	03.07
Aug	10	2,32%	5	12,08%	5	-7,44%	0,50%	27.08	12.08
Sep	10	-1,97%	6	4,47%	4	-11,61%	0,60%	04.09	23.09
Oct	10	2,12%	6	6,58%	4	-4,57%	0,60%	31.10	07.10
Nov	10	2,70%	7	7,48%	3	-8,45%	0,70%	28.11	01.11
Dec	11	2,80%	7	8,14%	4	-6,55%	0,64%	30.12	15.12

Aktie | BB Medtech | WKN: 898194

Jahreszyklus:

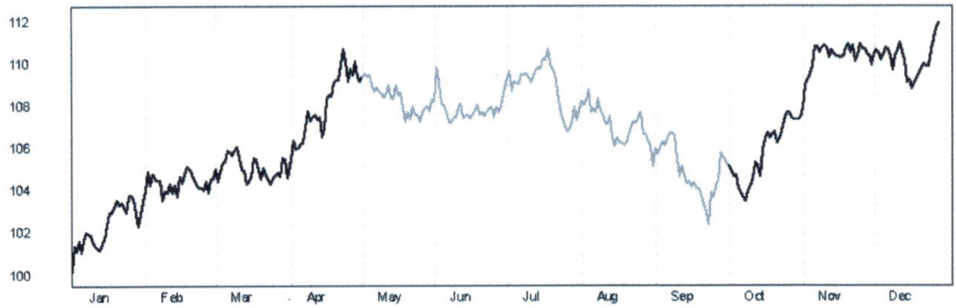

Erfolgreichster Anlage–Zeitraum: 7 Monate zwischen 30. September und 30. April

Buy & Hold vs. Anlage–Zyklus:

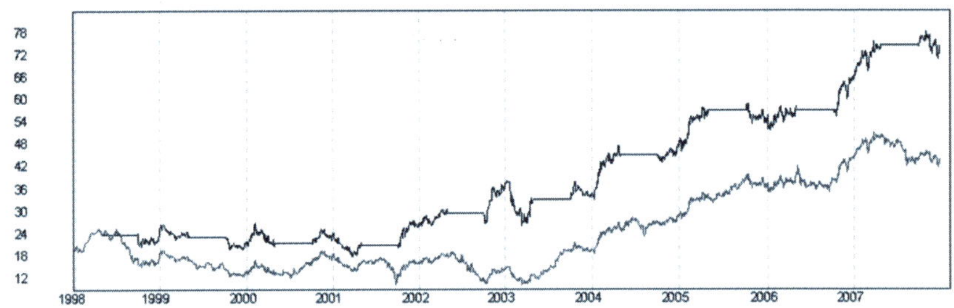

Vergleich: Buy & Hold vs. Anlage–Zyklus

	Buy & Hold	Anlage–Zyklus
Kurs 28.12.07:	44,00	74,24
Startkurs:	19,79	19,79
Gesamtperformance seit 22.12.1997:	122,37%	275,21%
All–Time–High:	51,12	78,17
Erreicht am:	26.03.2007	01.11.2007

Das wäre aus einer Anlage von 10.000 geworden:

Anlage vor 10 Jahren:	–	–
Anlage seit Börsengang:	22.236,82	37.520,74

Jahres-Hochs und -Tiefs

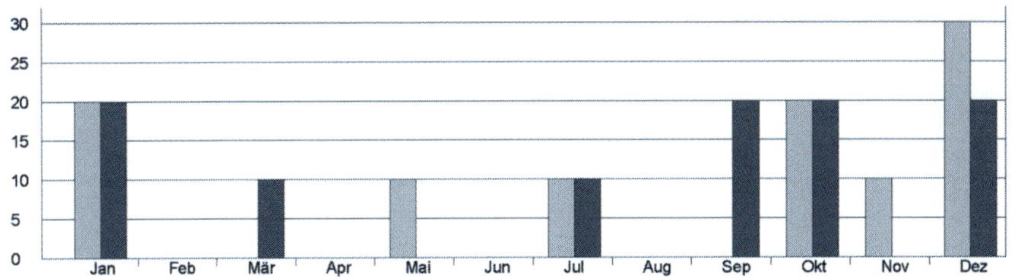

Rendite-Viereck

Jan		9,01	11,08	5,16	6,47	5,75	5,75	7,92	8,17	5,80	3,55	1,23
Feb	1,19		16,20	9,53	10,68	9,51	8,98	10,38	10,60	8,54	5,92	4,52
Mär	1,35	−0,14		9,29	10,38	9,00	8,32	9,61	9,74	7,43	4,91	4,83
Apr	4,93	3,74	4,18		14,93	13,67	13,09	14,44	14,68	11,93	9,21	8,28
Mai	3,98	2,77	3,10	−1,06		13,12	12,28	13,41	13,65	10,70	8,03	7,34
Jun	4,22	2,98	3,45	−0,93	0,14		12,18	13,05	13,18	10,18	7,64	7,42
Jul	2,87	2,02	2,99	−1,73	−0,53	−0,87		12,96	13,18	10,34	7,79	5,88
Aug	0,79	0,14	1,55	−3,42	−2,14	−2,64	−2,35		12,37	9,71	7,25	3,79
Sep	1,75	0,97	2,47	−2,53	−1,17	−1,75	−1,66	0,17		11,49	9,18	4,89
Okt	4,13	3,76	5,58	0,08	1,43	0,84	0,80	2,51	2,40		12,77	7,12
Nov	5,64	5,12	6,93	1,51	2,80	2,27	2,43	4,55	4,73	2,23		8,72
Dez	7,53	6,01	8,66	3,28	4,59	4,14	4,38	6,57	6,69	4,21	2,00	
	Jan	Feb	Mär	Apr	Mai	Jun	Jul	Aug	Sep	Okt	Nov	Dez

Monatsstatistiken

	Anzahl Monate	durchschn. Performance	positive Monate	durchschn. Performance	negative Monate	durchschn. Performance	Gewinn-Wahr-scheinlichkeit	Monats-hoch am	Monats-tief am
Jan	11	1,23%	6	7,92%	5	−6,80%	0,55%	20.01	29.01
Feb	10	1,19%	5	8,22%	5	−5,83%	0,50%	18.02	08.02
Mar	10	−0,14%	5	5,96%	5	−6,24%	0,50%	10.03	24.03
Apr	10	4,18%	7	6,91%	3	−2,19%	0,70%	23.04	01.04
May	10	−1,06%	4	2,35%	6	−3,34%	0,40%	03.05	20.05
Jun	10	0,14%	5	4,14%	5	−3,85%	0,50%	02.06	08.06
Jul	10	−0,87%	5	5,32%	5	−7,06%	0,50%	18.07	26.07
Aug	10	−2,35%	5	6,28%	5	−10,98%	0,50%	04.08	31.08
Sep	10	0,17%	6	5,01%	4	−7,10%	0,60%	08.09	23.09
Oct	10	2,40%	6	8,56%	4	−6,84%	0,60%	26.10	08.10
Nov	10	2,23%	7	5,11%	3	−4,50%	0,70%	25.11	01.11
Dec	10	2,00%	7	3,44%	3	−1,37%	0,70%	30.12	17.12

Aktie **Bechtle** **WKN: 515870**

Jahreszyklus:

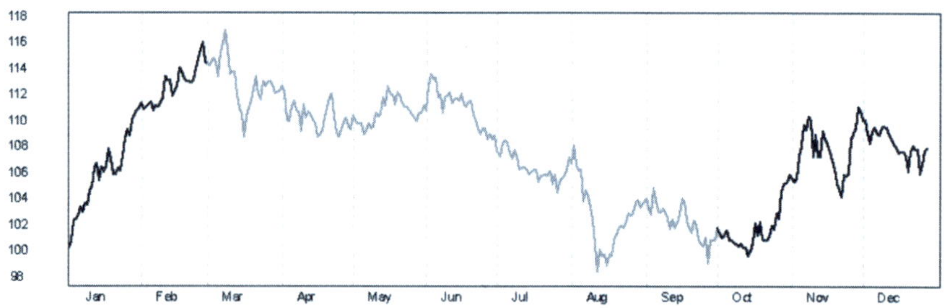

Erfolgreichster Anlage-Zeitraum: 5 Monate zwischen 30. September und 28. Februar

Buy & Hold vs. Anlage-Zyklus:

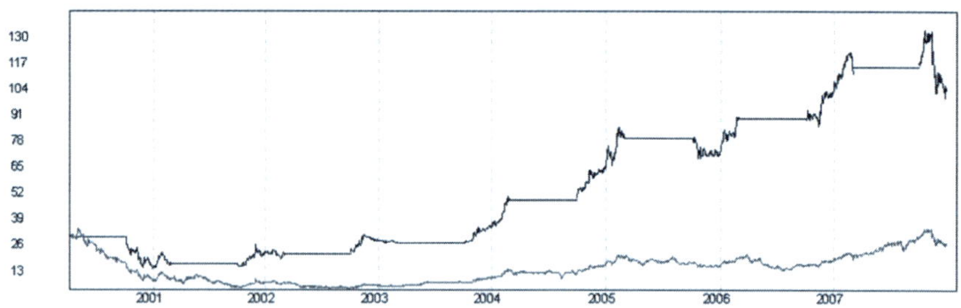

Vergleich: Buy & Hold vs. Anlage-Zyklus

	Buy & Hold	Anlage-Zyklus
Kurs 28.12.07:	27,46	104,41
Startkurs:	31,00	31,00
Gesamtperformance seit 31.03.2000:	-11,42%	236,79%
All-Time-High:	35,34	134,37
Erreicht am:	17.10.2007	17.10.2007

Das wäre aus einer Anlage von 10.000 geworden:

Anlage vor 10 Jahren:	-	-
Anlage seit Börsengang:	8.858,06	33.679,17

Jahres-Hochs und -Tiefs

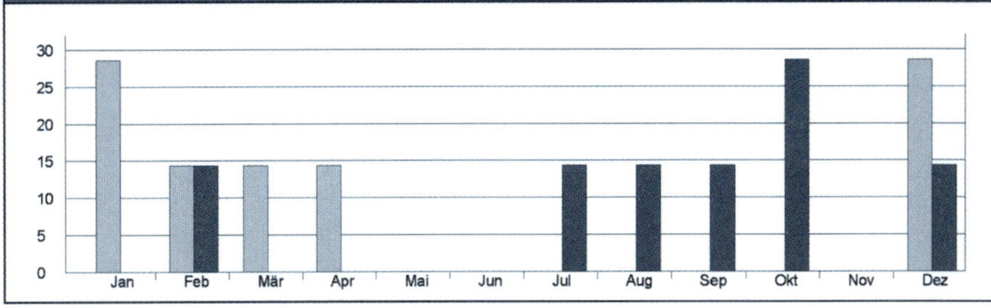

Rendite-Viereck

Jan		10,85	4,29	7,13	3,18	5,53	7,57	10,87	15,83	9,27	4,19	8,22
Feb	2,13		12,11	16,06	11,67	14,72	17,13	21,05	27,06	19,56	11,49	14,17
Mär	−0,80	−2,89		12,76	8,68	11,64	14,09	17,52	23,47	16,09	8,11	10,59
Apr	−4,32	−6,11	−1,42		4,56	7,35	9,83	12,49	18,03	11,48	4,26	7,03
Mai	1,52	0,04	0,80	2,55		14,03	17,28	19,37	25,58	18,08	10,44	13,46
Jun	0,48	−1,67	−2,29	−0,33	−3,13		18,06	19,71	25,99	17,52	9,09	11,40
Jul	0,74	−1,46	−3,40	−1,49	−4,91	−1,94		20,21	26,46	17,85	9,45	11,64
Aug	−1,49	−4,01	−6,81	−4,49	−7,58	−5,33	−3,28		24,35	15,73	6,84	8,57
Sep	−3,72	−6,50	−9,37	−7,36	−10,45	−8,40	−6,73	−3,53		13,33	4,57	5,97
Okt	6,23	3,41	−2,36	−0,11	−4,08	−2,65	−0,92	1,72	5,83		14,97	16,70
Nov	10,99	8,30	1,36	4,11	−0,07	1,84	3,78	6,58	11,47	4,41		22,17
Dez	10,36	7,37	−0,34	2,47	−1,78	−0,05	1,76	4,34	9,15	1,61	−3,32	
	Jan	Feb	Mär	Apr	Mai	Jun	Jul	Aug	Sep	Okt	Nov	Dez

Monatsstatistiken

	Anzahl Monate	durchschn. Performance	positive Monate	durchschn. Performance	negative Monate	durchschn. Performance	Gewinn-Wahrscheinlichkeit	Monats-hoch am	Monats-tief am
Jan	8	8,22%	6	15,46%	2	−13,50%	0,75%	30.01	01.01
Feb	7	2,13%	4	10,83%	3	−9,47%	0,57%	27.02	08.02
Mar	7	−2,89%	2	2,95%	5	−5,23%	0,29%	08.03	16.03
Apr	8	−1,42%	5	5,66%	3	−13,21%	0,63%	01.04	25.04
May	8	2,55%	4	13,80%	4	−8,69%	0,50%	16.05	06.05
Jun	8	−3,13%	4	5,35%	4	−11,62%	0,50%	03.06	27.06
Jul	8	−1,94%	3	5,38%	5	−6,32%	0,38%	04.07	26.07
Aug	8	−3,28%	3	7,40%	5	−9,69%	0,38%	02.08	12.08
Sep	8	−3,53%	3	2,28%	5	−7,02%	0,38%	04.09	27.09
Oct	8	5,83%	6	13,87%	2	−18,29%	0,75%	31.10	14.10
Nov	8	4,41%	6	11,04%	2	−15,49%	0,75%	29.11	22.11
Dec	8	−3,32%	3	3,13%	5	−7,19%	0,38%	01.12	20.12

Jahreszyklus:

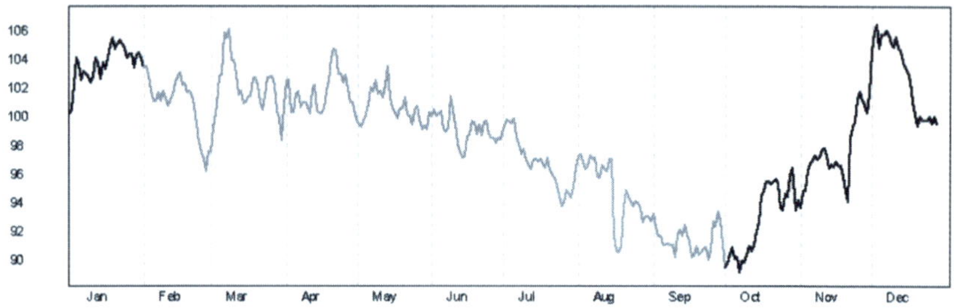

Erfolgreichster Anlage-Zeitraum: 4 Monate zwischen 30. September und 31. Januar

Buy & Hold vs. Anlage-Zyklus:

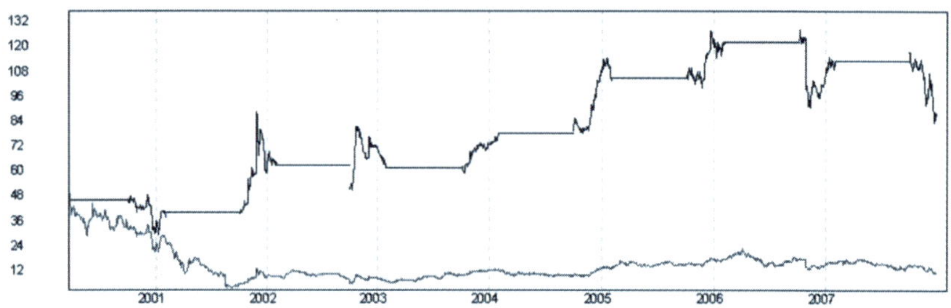

Vergleich: Buy & Hold vs. Anlage-Zyklus

	Buy & Hold	**Anlage-Zyklus**
Kurs 28.12.07:	11,92	88,08
Startkurs:	46,80	46,80
Gesamtperformance seit 23.03.2000:	-74,53%	88,21%
All-Time-High:	49,80	128,75
Erreicht am:	24.03.2000	04.10.2006

Das wäre aus einer Anlage von 10.000 geworden:

Anlage vor 10 Jahren:	-	-
Anlage seit Börsengang:	2.547,01	18.821,06

Jahres-Hochs und -Tiefs

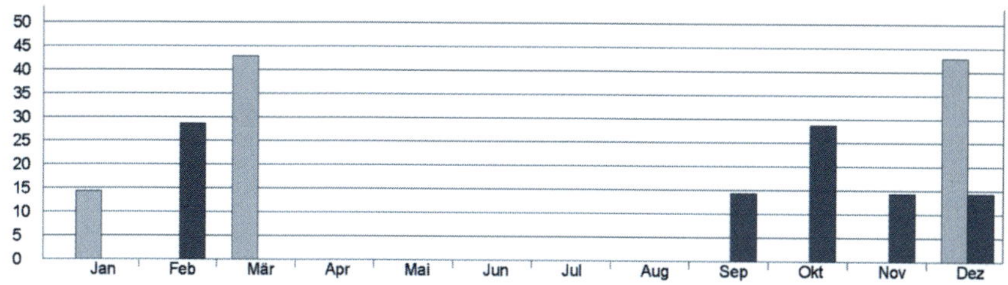

Rendite-Viereck

Jan		0,74	-6,87	-4,75	-5,85	-3,22	-0,78	12,05	9,74	6,82	-0,61	2,85
Feb	-4,37		-5,37	-2,44	-4,06	-1,41	1,23	14,45	12,25	9,16	-0,46	-0,67
Mär	0,74	3,83		0,67	-0,45	2,93	5,72	25,20	20,81	15,16	3,99	3,02
Apr	-2,02	1,87	-0,60		-3,57	-0,24	2,67	20,03	16,24	11,81	1,27	0,92
Mai	-2,85	1,50	-1,97	-1,29		-1,59	1,06	16,77	14,47	9,65	-0,03	-0,61
Jun	-5,93	-2,24	-5,55	-4,28	-3,24		-2,03	13,83	11,57	6,33	-3,33	-4,32
Jul	-6,88	-3,47	-7,77	-6,32	-5,50	-2,64		13,10	10,79	5,25	-4,48	-5,61
Aug	-9,37	-6,79	-13,12	-10,19	-10,02	-8,29	-6,30		8,25	2,03	-7,16	-9,48
Sep	-10,99	-8,61	-14,55	-12,22	-12,08	-9,87	-7,66	0,70		0,26	-7,82	-10,98
Okt	-10,06	-6,68	-13,26	-11,54	-11,71	-9,42	-7,35	4,12	3,10		-7,98	-9,78
Nov	-5,52	-1,08	-7,33	-6,05	-6,62	-3,66	-1,13	14,84	11,70	7,28		-5,03
Dez	-2,34	1,53	-8,57	-6,69	-7,59	-4,83	-2,58	9,85	7,92	4,61	-2,20	
	Jan	Feb	Mär	Apr	Mai	Jun	Jul	Aug	Sep	Okt	Nov	Dez

Monatsstatistiken

	Anzahl Monate	durchschn. Performance	positive Monate	durchschn. Performance	negative Monate	durchschn. Performance	Gewinn-Wahrscheinlichkeit	Monats-hoch am	Monats-tief am
Jan	8	2,85%	4	13,01%	4	-7,32%	0,50%	19.01	02.01
Feb	7	-4,37%	3	9,81%	4	-15,01%	0,43%	02.02	27.02
Mar	7	3,83%	3	25,50%	4	-12,41%	0,43%	08.03	01.03
Apr	8	-0,60%	3	12,03%	5	-8,18%	0,38%	21.04	04.04
May	8	-1,29%	2	13,69%	6	-6,29%	0,25%	14.05	30.05
Jun	8	-3,24%	4	3,59%	4	-10,07%	0,50%	09.06	14.06
Jul	8	-2,64%	3	2,93%	5	-5,97%	0,38%	05.07	25.07
Aug	8	-6,30%	4	6,47%	4	-19,07%	0,50%	02.08	18.08
Sep	8	0,70%	4	11,91%	4	-10,51%	0,50%	28.09	24.09
Oct	8	3,10%	4	14,80%	4	-8,59%	0,50%	29.10	07.10
Nov	8	7,28%	5	15,21%	3	-5,93%	0,63%	26.11	01.11
Dec	8	-2,29%	4	11,38%	4	-15,95%	0,50%	03.12	20.12

Jahreszyklus:

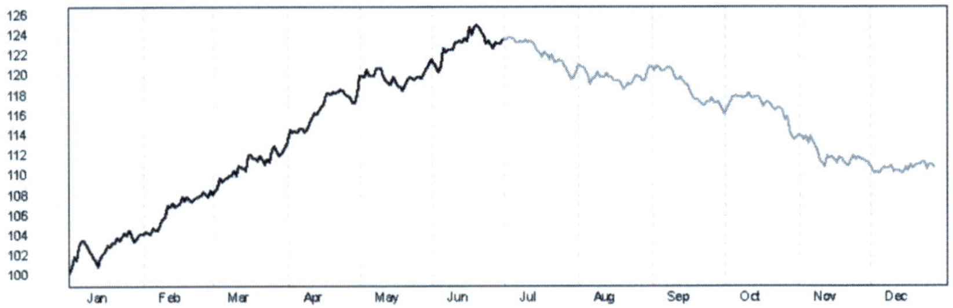

Erfolgreichster Anlage–Zeitraum: 6 Monate zwischen 31. Dezember und 30. Juni

Buy & Hold vs. Anlage–Zyklus:

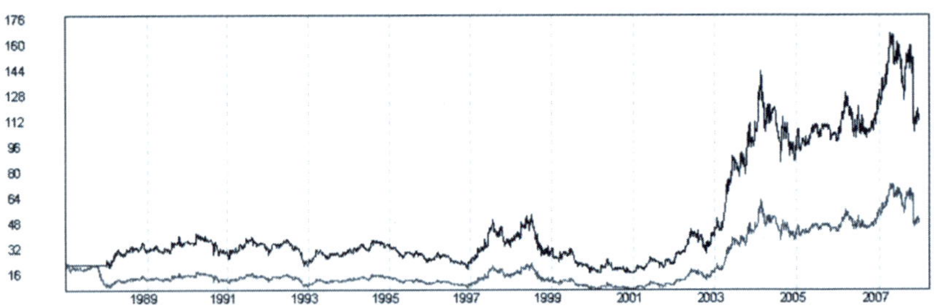

Vergleich: Buy & Hold vs. Anlage–Zyklus

	Buy & Hold	Anlage–Zyklus
Kurs 28.12.07:	51,04	116,21
Startkurs:	23,40	23,40
Gesamtperformance seit 02.01.1987:	118,12%	396,61%
All–Time–High:	73,83	168,09
Erreicht am:	12.04.2007	12.04.2007
Das wäre aus einer Anlage von 10.000 geworden:		
Anlage vor 10 Jahren:	28.685,44	28.685,44
Anlage seit 1987:	21.811,97	49.660,92

Jahres-Hochs und -Tiefs

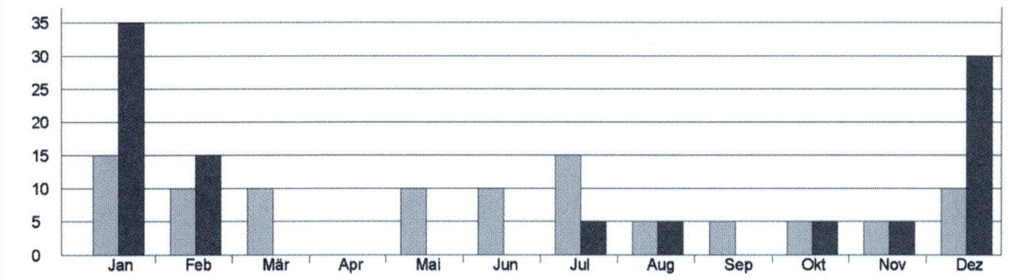

Rendite-Viereck

Jan		7,87	2,43	-2,27	-5,36	-6,63	-4,42	-4,92	-0,54	1,11	3,08	3,41
Feb	3,81		7,68	2,73	-0,68	-2,02	-0,04	-0,34	4,07	5,85	8,01	8,52
Mär	7,76	3,91		6,40	2,94	1,47	3,72	3,62	8,43	10,45	12,53	13,05
Apr	12,13	8,18	4,08		7,13	5,70	8,05	8,10	13,41	15,30	17,36	17,76
Mai	15,39	11,49	7,15	2,69		9,67	12,17	12,31	18,10	19,80	21,66	22,15
Jun	17,15	13,17	8,61	4,05	1,51		13,80	13,95	19,83	21,78	23,81	24,07
Jul	14,38	10,45	5,79	1,31	-1,06	-2,57		10,79	16,60	18,55	20,76	20,92
Aug	14,70	10,91	6,24	1,75	-0,54	-1,96	0,51		17,12	18,58	20,69	21,00
Sep	10,26	6,59	2,04	-2,14	-4,14	-5,69	-3,39	-3,98		13,65	15,82	16,06
Okt	8,01	4,61	-0,38	-4,71	-6,97	-8,33	-6,12	-6,65	-2,58		13,86	14,71
Nov	6,19	2,71	-2,29	-6,56	-8,98	-10,36	-8,27	-8,73	-4,63	-2,12		14,48
Dez	5,75	2,31	-2,63	-6,82	-9,26	-10,57	-8,40	-8,84	-4,75	-2,53	-0,55	
	Jan	Feb	Mär	Apr	Mai	Jun	Jul	Aug	Sep	Okt	Nov	Dez

Monatsstatistiken

	Anzahl Monate	durchschn. Performance	positive Monate	durchschn. Performance	negative Monate	durchschn. Performance	Gewinn-Wahrscheinlichkeit	Monats-hoch am	Monats-tief am
Jan	21	3,41%	12	10,85%	9	-6,50%	0,57%	26.01	01.01
Feb	21	3,81%	12	8,85%	9	-2,91%	0,57%	29.02	07.02
Mar	21	3,91%	14	9,33%	7	-6,92%	0,67%	27.03	01.03
Apr	21	4,08%	15	7,12%	6	-3,53%	0,71%	23.04	01.04
May	21	2,69%	11	8,92%	10	-4,16%	0,52%	31.05	20.05
Jun	21	1,51%	11	7,79%	10	-5,39%	0,52%	20.06	04.06
Jul	21	-2,57%	8	4,48%	13	-6,91%	0,38%	03.07	29.07
Aug	21	0,51%	11	6,58%	10	-6,17%	0,52%	01.08	20.08
Sep	21	-3,98%	3	1,94%	18	-4,97%	0,14%	03.09	30.09
Oct	21	-2,58%	9	6,89%	12	-9,68%	0,43%	11.10	30.10
Nov	21	-2,12%	9	6,12%	12	-8,31%	0,43%	04.11	12.11
Dec	21	-0,55%	8	7,23%	13	-5,33%	0,38%	23.12	15.12

Aktie **Epcos** **WKN: 512800**

Jahreszyklus:

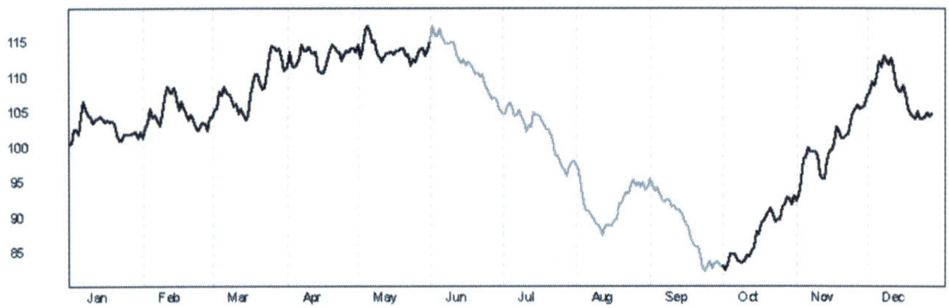

Erfolgreichster Anlage–Zeitraum: 8 Monate zwischen 30. September und 31. Mai

Buy & Hold vs. Anlage–Zyklus:

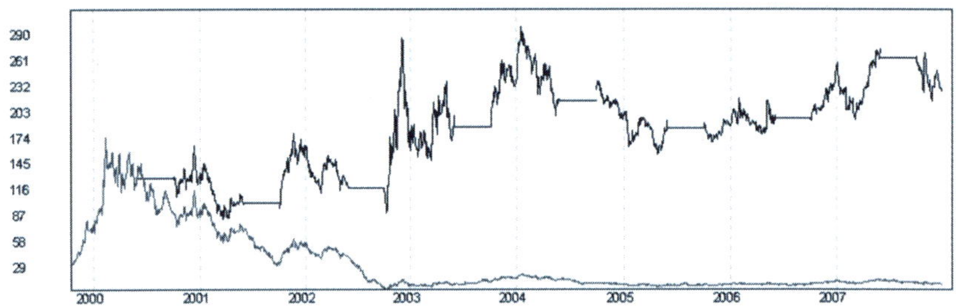

Vergleich: Buy & Hold vs. Anlage–Zyklus

	Buy & Hold	**Anlage–Zyklus**
Kurs 28.12.07:	11,76	227,51
Startkurs:	34,95	34,95
Gesamtperformance seit 18.10.1999:	–66,35%	550,97%
All–Time–High:	177,00	300,64
Erreicht am:	11.02.2000	19.01.2004

Das wäre aus einer Anlage von 10.000 geworden:

Anlage vor 10 Jahren:	–	–
Anlage seit Börsengang:	3.364,81	65.097,17

Jahres-Hochs und -Tiefs

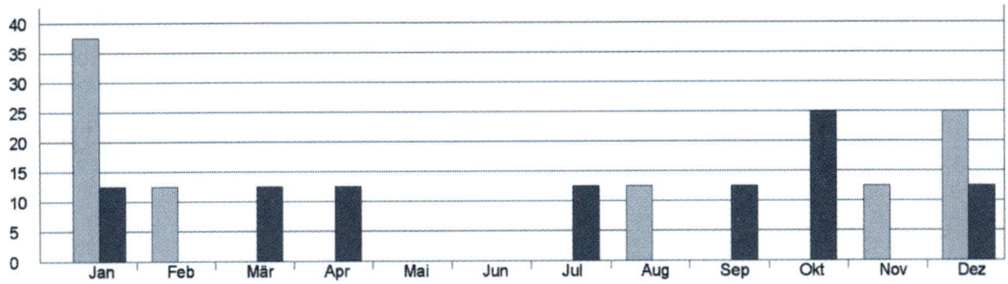

Rendite-Viereck

Jan		−8,19	−9,37	−13,39	−11,84	−5,82	−3,50	−0,52	12,49	14,92	−0,73	−0,17
Feb	0,67		−15,82	−18,20	−16,50	−11,41	−8,17	−4,67	9,16	30,65	5,98	4,49
Mär	1,96	1,67		−17,02	−15,51	−10,25	−6,19	−1,85	13,07	30,00	5,83	4,90
Apr	5,75	5,40	3,78		−15,18	−9,49	−4,78	−0,88	16,31	37,50	10,13	9,83
Mai	1,72	2,39	0,98	−1,82		−9,21	−5,25	−1,15	13,26	28,97	5,39	4,77
Jun	−7,31	−5,98	−7,15	−9,54	−8,20		−10,98	−7,64	6,00	15,04	−5,12	−4,47
Jul	−11,38	−10,58	−11,51	−14,25	−13,64	−6,84		−13,00	0,51	8,80	−10,62	−8,45
Aug	−12,55	−13,06	−14,20	−18,16	−16,39	−9,58	−4,11		−2,28	10,77	−11,68	−8,52
Sep	−18,16	−17,90	−18,73	−22,07	−21,33	−15,81	−13,40	−9,79		1,06	−18,10	−14,45
Okt	−12,20	−10,97	−12,12	−16,52	−15,02	−8,86	−5,11	−1,10	12,82		−13,70	−8,38
Nov	−8,03	−6,65	−8,00	−12,14	−10,42	−3,74	2,02	6,80	26,62	14,69		−4,32
Dez	8,59	−7,30	−8,02	−12,18	−11,06	−4,66	−1,19	3,11	16,11	12,82	−0,60	
	Jan	Feb	Mär	Apr	Mai	Jun	Jul	Aug	Sep	Okt	Nov	Dez

Monatsstatistiken

	Anzahl Monate	durchschn. Performance	positive Monate	durchschn. Performance	negative Monate	durchschn. Performance	Gewinn-Wahr-scheinlichkeit	Monats-hoch am	Monats-tief am
Jan	9	−0,17%	4	15,53%	5	−12,73%	0,44%	07.01	23.01
Feb	8	0,67%	2	34,86%	6	−10,73%	0,25%	14.02	01.02
Mar	8	1,67%	4	8,55%	4	−5,22%	0,50%	26.03	15.03
Apr	8	3,78%	4	17,39%	4	−9,83%	0,50%	20.04	16.04
May	8	−1,82%	4	7,61%	4	−11,25%	0,50%	06.05	24.05
Jun	8	−8,20%	1	4,26%	7	−9,97%	0,13%	02.06	30.06
Jul	8	−6,84%	3	10,96%	5	−17,52%	0,38%	04.07	28.07
Aug	8	−4,11%	2	20,74%	6	−12,39%	0,25%	01.08	12.08
Sep	8	−9,79%	2	9,80%	6	−16,32%	0,25%	01.09	24.09
Oct	8	12,82%	5	22,73%	3	−3,71%	0,63%	31.10	02.10
Nov	9	14,69%	6	24,33%	3	−4,58%	0,67%	27.11	01.11
Dec	9	−0,60%	5	11,12%	4	−15,25%	0,56%	08.12	21.12

Aktie freenet AG WKN: A0EAMMF

Jahreszyklus:

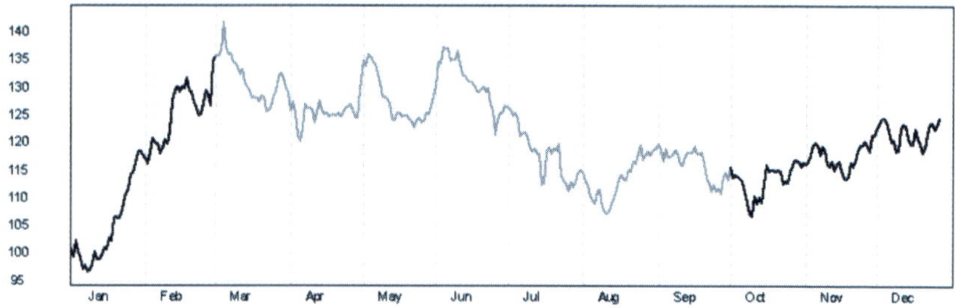

Erfolgreichster Anlage–Zeitraum: 5 Monate zwischen 30. September und 28. Februar

Buy & Hold vs. Anlage–Zyklus:

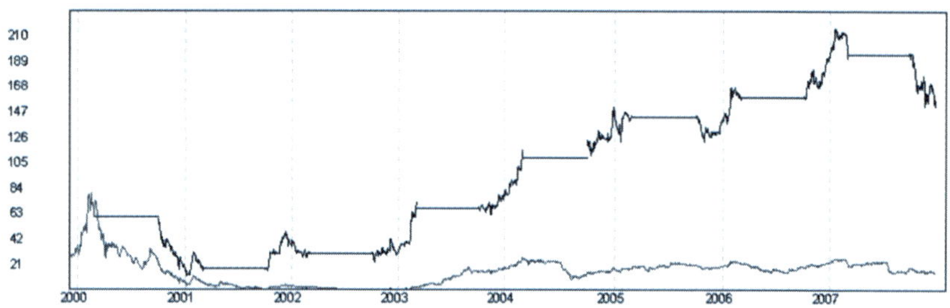

Vergleich: Buy & Hold vs. Anlage–Zyklus

	Buy & Hold	Anlage–Zyklus
Kurs 28.12.07:	16,01	158,03
Startkurs:	29,00	29,00
Gesamtperformance seit 06.12.1999:	–44,79%	444,98%
All–Time–High:	80,66	217,98
Erreicht am:	18.02.2000	16.01.2007

Das wäre aus einer Anlage von 10.000 geworden:

Anlage vor 10 Jahren:	–	–
Anlage seit Börsengang:	5.521,24	54.498,29

Jahres-Hochs und -Tiefs

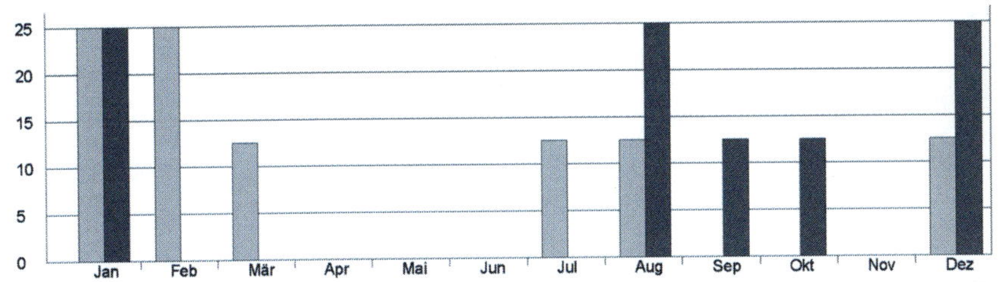

Rendite-Viereck

	Jan	Feb	Mär	Apr	Mai	Jun	Jul	Aug	Sep	Okt	Nov	Dez
Jan		40,27	16,95	14,82	10,86	3,72	10,94	7,72	15,44	9,21	5,86	15,00
Feb	8,37		41,38	38,62	33,96	24,63	27,47	21,71	34,36	24,81	15,06	29,18
Mär	9,04	-4,03		45,15	42,63	37,19	39,11	32,93	47,46	37,67	23,21	29,14
Apr	9,62	-5,07	-1,98		43,41	39,67	40,09	32,23	47,35	39,30	24,30	32,23
Mai	15,23	-2,31	-2,27	-0,63		50,33	51,22	42,94	58,15	49,93	32,78	39,08
Jun	36,99	8,18	0,95	1,21	-0,17		82,48	71,95	92,83	84,57	58,20	67,78
Jul	39,34	6,62	-4,86	-4,99	-7,42	-9,15		76,49	99,64	90,90	60,06	71,36
Aug	72,94	26,17	7,43	5,61	2,09	-3,33	4,30		149,85	139,79	96,35	115,48
Sep	55,52	15,02	-0,66	-1,40	-4,47	-9,58	-0,57	-3,96		115,29	78,12	92,31
Okt	55,91	15,88	-0,06	-1,43	-4,06	-8,67	0,10	-2,26	3,84		80,91	93,38
Nov	58,26	19,50	3,93	2,40	0,16	-2,55	5,75	4,53	14,98	5,75		96,09
Dez	71,51	26,82	7,32	5,03	1,32	-4,19	4,21	3,14	10,90	2,32	-2,97	

Monatsstatistiken

	Anzahl Monate	durchschn. Performance	positive Monate	durchschn. Performance	negative Monate	durchschn. Performance	Gewinn-Wahr-scheinlichkeit	Monats-hoch am	Monats-tief am
Jan	9	15,00%	6	29,48%	3	−13,95%	0,67%	30.01	09.01
Feb	8	8,37%	5	23,86%	3	−17,45%	0,63%	29.02	02.02
Mar	8	−4,03%	2	33,62%	6	−16,58%	0,25%	04.03	22.03
Apr	8	−1,98%	2	17,35%	6	−8,43%	0,25%	30.04	05.04
May	8	−0,63%	4	12,16%	4	−13,41%	0,50%	04.05	23.05
Jun	8	−0,17%	3	21,40%	5	−13,11%	0,38%	04.06	26.06
Jul	8	−9,15%	3	11,62%	5	−21,61%	0,38%	01.07	26.07
Aug	8	4,30%	4	19,04%	4	−10,43%	0,50%	25.08	11.08
Sep	8	−3,96%	3	15,62%	5	−15,70%	0,38%	16.09	27.09
Oct	8	3,84%	5	16,94%	3	−17,99%	0,63%	28.10	10.10
Nov	8	5,75%	5	18,08%	3	−14,79%	0,63%	30.11	18.11
Dec	8	−2,97%	5	9,14%	3	−23,15%	0,63%	30.12	09.12

Aktie **IDS Scheer** **WKN: 625700**

Jahreszyklus:

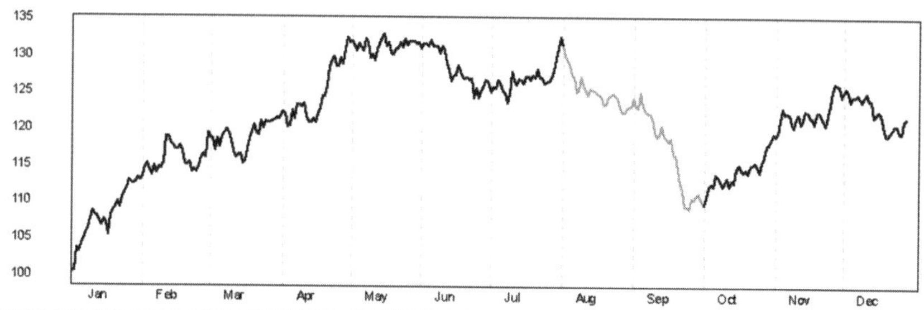

Erfolgreichster Anlage–Zeitraum: 10 Monate zwischen 30. September und 31. Juli

Buy & Hold vs. Anlage–Zyklus:

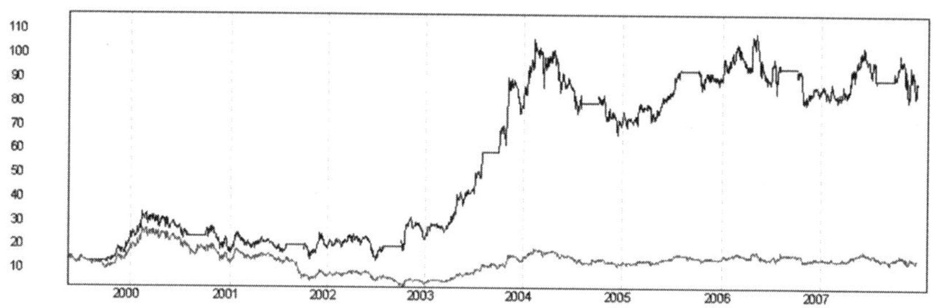

Vergleich: Buy & Hold vs. Anlage–Zyklus

	Buy & Hold	**Anlage–Zyklus**
Kurs 28.12.07:	15,21	89,10
Startkurs:	14,90	14,90
Gesamtperformance seit 12.05.1999:	2,08%	497,99%
All–Time–High:	28,00	110,09
Erreicht am:	11.02.2000	08.05.2006
Das wäre aus einer Anlage von 10.000 geworden:		
Anlage vor 10 Jahren:	–	–
Anlage seit Börsengang:	10.208,05	59.798,85

Jahres-Hochs und -Tiefs

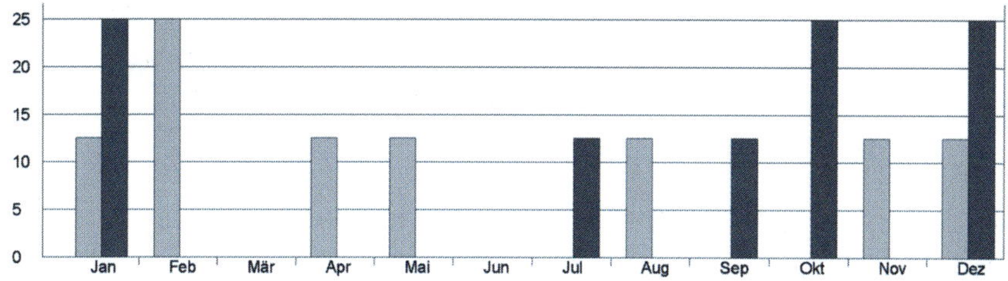

Rendite-Viereck

	Jan	Feb	Mär	Apr	Mai	Jun	Jul	Aug	Sep	Okt	Nov	Dez
Jan		4,77	3,17	−6,83	−1,28	1,05	−3,98	2,47	16,92	8,08	4,77	8,49
Feb	3,11		9,97	−1,24	9,98	11,97	5,79	12,39	29,67	19,72	13,87	16,32
Mär	3,31	0,66		−2,83	7,92	10,42	4,47	11,26	29,08	19,60	13,58	16,61
Apr	9,62	7,21	6,56		13,04	16,80	9,74	17,10	36,85	25,38	20,13	24,17
Mai	8,47	6,38	5,39	−1,17		14,39	7,37	14,71	34,40	23,22	18,07	22,65
Jun	3,65	1,40	0,78	−6,10	−3,83		3,53	10,39	28,87	16,80	12,86	17,06
Jul	11,60	10,28	8,89	0,62	0,27	4,90		15,83	37,78	23,69	20,08	26,87
Aug	4,27	2,85	1,75	−6,46	−6,28	−2,50	−7,02		28,62	14,97	11,74	18,41
Sep	−4,12	−6,54	−6,91	−14,30	−14,98	−12,65	−15,63	−9,81		6,44	2,84	8,14
Okt	4,96	2,71	1,38	−7,41	−8,47	−5,42	−9,91	−3,48	8,41		11,86	19,04
Nov	5,40	4,39	2,87	−6,94	−6,30	−3,59	−8,78	−2,51	10,95	3,30		20,32
Dez	−2,08	−3,51	−4,59	−13,46	−8,81	−6,97	−10,70	−4,99	7,06	0,13	−3,13	

Monatsstatistiken

	Anzahl Monate	durchschn. Performance	positive Monate	durchschn. Performance	negative Monate	durchschn. Performance	Gewinn-Wahrscheinlichkeit	Monatshoch am	Monatstief am
Jan	9	8,49%	7	15,82%	2	−17,14%	0,78%	30.01	02.01
Feb	8	3,11%	5	9,94%	3	−8,27%	0,63%	29.02	01.02
Mar	8	0,66%	5	5,07%	3	−6,69%	0,63%	30.03	15.03
Apr	8	6,56%	5	12,74%	3	−3,76%	0,63%	29.04	03.04
May	8	−1,17%	4	5,69%	4	−8,02%	0,50%	16.05	12.05
Jun	9	−3,83%	4	4,36%	5	−10,39%	0,44%	05.06	24.06
Jul	9	4,90%	5	16,83%	4	−10,01%	0,56%	31.07	08.07
Aug	9	−7,02%	1	6,63%	8	−8,73%	0,11%	01.08	28.08
Sep	9	−9,81%	3	4,84%	6	−17,13%	0,33%	04.09	25.09
Oct	9	8,41%	5	23,00%	4	−9,83%	0,56%	31.10	01.10
Nov	9	3,30%	5	14,09%	4	−10,19%	0,56%	27.11	01.11
Dec	9	−3,13%	3	9,47%	6	−9,43%	0,33%	02.12	20.12

Aktie Kontron AG WKN: 605395

Jahreszyklus:

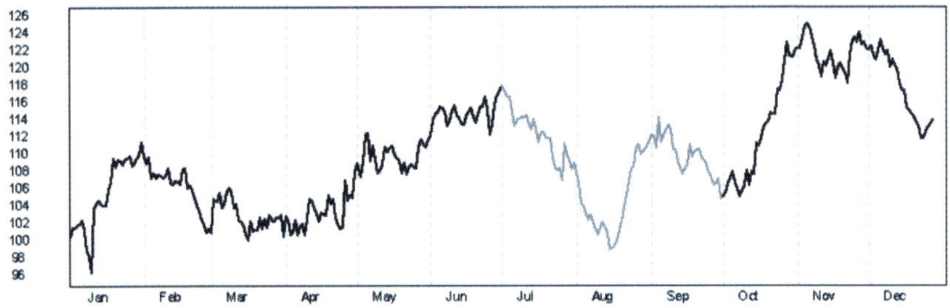

Erfolgreichster Anlage–Zeitraum: 9 Monate zwischen 30. September und 30. Juni

Buy & Hold vs. Anlage–Zyklus:

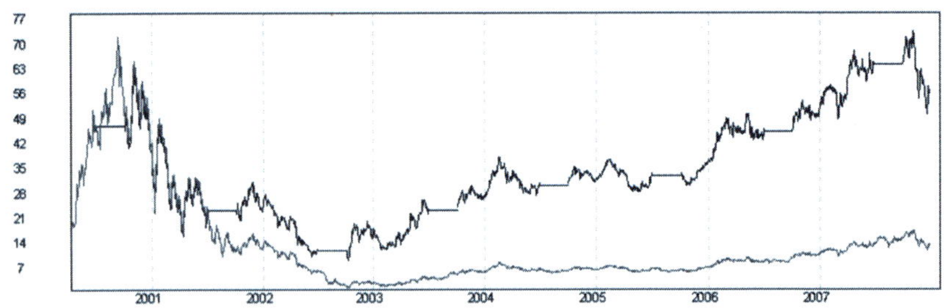

Vergleich: Buy & Hold vs. Anlage–Zyklus

	Buy & Hold	Anlage–Zyklus
Kurs 28.12.07:	13,74	57,01
Startkurs:	19,60	19,60
Gesamtperformance seit 07.04.2000:	–29,90%	190,86%
All–Time–High:	72,50	73,77
Erreicht am:	08.09.2000	02.11.2007

Das wäre aus einer Anlage von 10.000 geworden:

Anlage vor 10 Jahren:	–	–
Anlage seit Börsengang:	7.010,20	29.085,80

Jahres-Hochs und -Tiefs

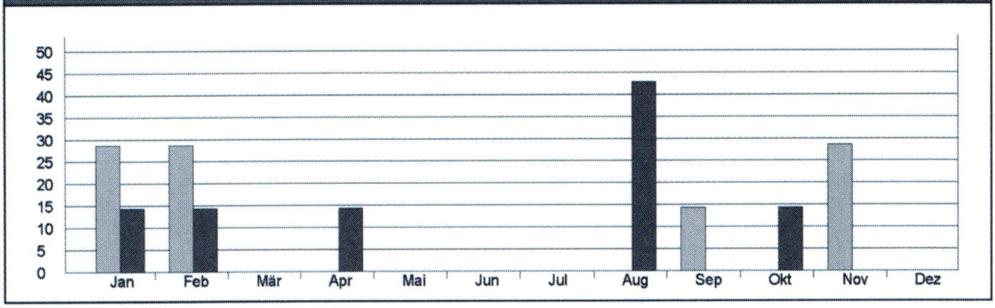

Rendite-Viereck

Jan		18,59	20,75	18,05	11,13	4,42	9,25	9,39	14,59	0,05	0,61	7,03
Feb	-8,35		24,22	11,37	5,79	-0,35	7,59	7,76	12,14	-1,67	-3,54	0,99
Mär	-10,44	-2,23		6,89	2,07	-3,61	4,20	4,67	9,28	-4,44	-6,10	-1,68
Apr	-6,69	3,06	5,22		4,91	-1,49	6,50	6,95	13,30	-2,56	-3,57	1,47
Mai	-7,01	1,98	3,96	1,83		-3,64	4,86	5,60	12,73	-4,04	-4,77	0,28
Jun	-4,51	2,69	4,54	6,90	3,70		7,98	9,01	16,31	-1,19	-2,13	2,61
Jul	-8,88	-3,60	-2,36	4,30	-1,11	-6,18		6,06	11,96	-4,79	-5,71	-2,01
Aug	-9,27	-4,33	-3,16	6,27	-0,30	-5,97	-0,57		11,08	-6,35	-7,13	-3,24
Sep	-5,09	-1,75	-0,64	1,84	-4,12	-9,77	-6,42	-5,99		-1,99	-2,92	0,74
Okt	6,11	9,87	11,05	17,39	10,29	3,51	8,07	8,47	17,59		8,32	12,38
Nov	4,77	8,43	9,97	13,09	6,63	0,42	5,72	6,21	14,83	-1,70		10,60
Dez	2,65	5,69	7,26	5,48	0,16	-5,39	-0,31	0,36	7,02	-7,58	-6,45	
	Jan	Feb	Mär	Apr	Mai	Jun	Jul	Aug	Sep	Okt	Nov	Dez

Monatsstatistiken

	Anzahl Monate	durchschn. Performance	positive Monate	durchschn. Performance	negative Monate	durchschn. Performance	Gewinn-Wahr-scheinlichkeit	Monats-hoch am	Monats-tief am
Jan	8	7,03%	6	14,39%	2	−15,06%	0,75%	31.01	10.01
Feb	7	−8,35%	4	3,30%	3	−23,88%	0,57%	01.02	27.02
Mar	7	−2,23%	2	5,65%	5	−5,38%	0,29%	08.03	16.03
Apr	7	5,22%	4	18,96%	3	−13,10%	0,57%	30.04	03.04
May	8	1,83%	3	17,44%	5	−7,54%	0,38%	06.05	03.05
Jun	8	3,70%	6	9,00%	2	−12,22%	0,75%	30.06	26.06
Jul	8	−6,18%	3	12,02%	5	−17,09%	0,38%	01.07	26.07
Aug	8	−0,57%	2	11,45%	6	−4,58%	0,25%	31.08	15.08
Sep	8	−5,99%	5	7,53%	3	−28,53%	0,63%	04.09	30.09
Oct	8	17,59%	7	21,21%	1	−7,72%	0,88%	28.10	08.10
Nov	8	−1,70%	3	7,44%	5	−7,19%	0,38%	05.11	22.11
Dec	8	−6,45%	2	4,59%	6	−10,13%	0,25%	06.12	23.12

Aktie **MorphoSys** **WKN: 663200**

Jahreszyklus:

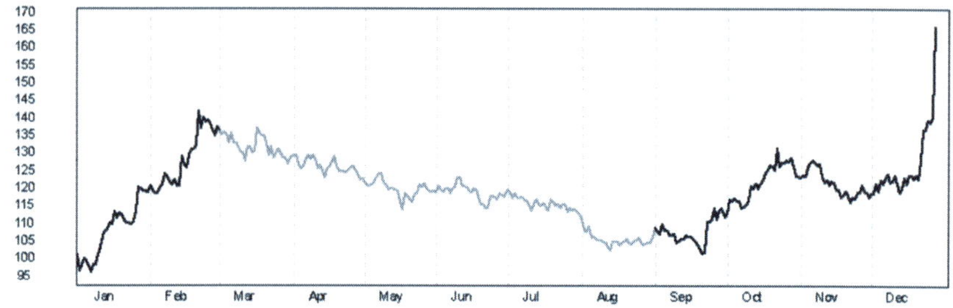

Erfolgreichster Anlage-Zeitraum: 6 Monate zwischen 31. August und 28. Februar

Buy & Hold vs. Anlage-Zyklus:

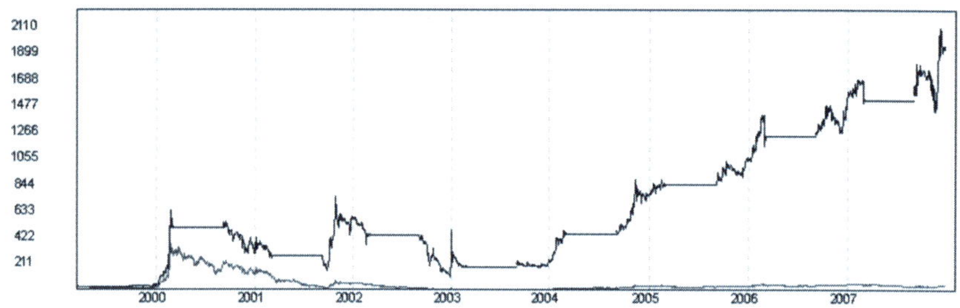

Vergleich: Buy & Hold vs. Anlage-Zyklus

	Buy & Hold	Anlage-Zyklus
Kurs 28.12.07:	48,14	1.949,71
Startkurs:	32,40	32,40
Gesamtperformance seit 10.03.1999:	48,58%	5.917,62%
All-Time-High:	380,00	2.118,60
Erreicht am:	21.02.2000	10.12.2007

Das wäre aus einer Anlage von 10.000 geworden:

Anlage vor 10 Jahren:	–	–
Anlage seit Börsengang:	14.858,02	601.761,99

Jahres-Hochs und -Tiefs

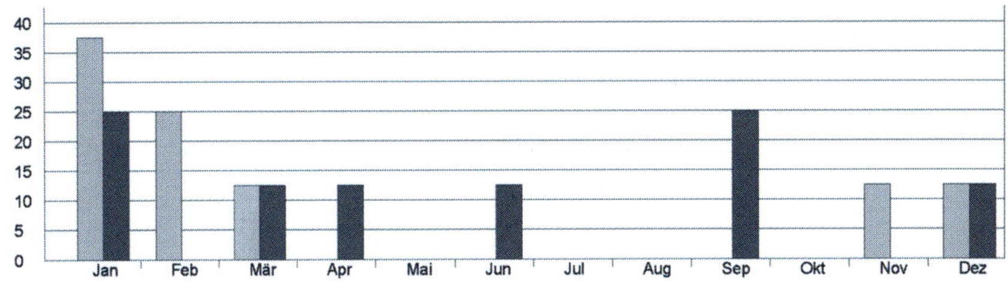

Rendite-Viereck

Jan		7,47	34,65	44,13	49,47	51,39	53,96	67,80	67,30	46,40	54,84	25,34
Feb	30,36		146,23	170,70	198,18	199,02	190,44	216,94	227,02	179,47	186,76	128,01
Mär	20,32	-8,53		149,78	176,10	176,98	168,03	193,13	202,85	159,41	166,74	110,23
Apr	13,93	-13,84	-7,00		161,96	162,45	153,37	176,78	186,20	146,57	154,28	99,46
Mai	3,92	-16,83	-11,29	-4,67		123,79	117,64	137,08	143,69	112,03	119,13	71,88
Jun	3,65	-18,31	-13,64	-7,47	-3,17		119,78	139,84	146,75	115,04	122,01	73,03
Jul	-5,46	-22,21	-16,73	-10,52	-7,13	-4,63		107,75	112,04	85,88	91,89	49,89
Aug	-3,81	-26,31	-21,74	-16,13	-12,58	-11,02	-6,39		135,96	105,76	111,19	64,77
Sep	-1,15	-22,62	-18,76	-13,17	-10,55	-9,33	-5,27	0,93		106,33	111,63	65,47
Okt	1,28	-17,49	-11,48	-5,50	-3,24	-0,28	4,72	14,01	13,16		109,28	64,43
Nov	-6,42	-19,72	-13,58	-7,97	-7,18	-4,36	-0,13	9,46	7,66	-7,04		43,73
Dez	7,08	-4,99	3,00	10,30	12,23	15,69	20,49	32,93	33,37	19,32	33,69	
	Jan	Feb	Mär	Apr	Mai	Jun	Jul	Aug	Sep	Okt	Nov	Dez

Monatsstatistiken

	Anzahl Monate	durchschn. Performance	positive Monate	durchschn. Performance	negative Monate	durchschn. Performance	Gewinn-Wahr-scheinlichkeit	Monats-hoch am	Monats-tief am
Jan	9	25,34%	6	50,53%	3	-25,04%	0,67%	29.01	07.01
Feb	8	30,36%	3	98,60%	5	-10,58%	0,38%	21.02	03.02
Mar	8	-8,53%	2	5,66%	6	-13,26%	0,25%	17.03	30.03
Apr	9	-7,00%	1	4,49%	8	-8,44%	0,11%	09.04	29.04
May	9	-4,67%	3	13,25%	6	-13,63%	0,33%	09.05	18.05
Jun	9	-3,17%	5	3,82%	4	-11,91%	0,56%	11.06	23.06
Jul	9	-4,63%	3	10,14%	6	-12,01%	0,33%	01.07	31.07
Aug	9	-6,39%	1	27,27%	8	-10,60%	0,11%	01.08	13.08
Sep	9	0,93%	5	10,88%	4	-11,51%	0,56%	29.09	21.09
Oct	9	13,16%	6	25,11%	3	-10,74%	0,67%	22.10	01.10
Nov	9	-7,04%	4	4,54%	5	-16,30%	0,44%	06.11	22.11
Dec	9	33,69%	8	38,19%	1	-2,34%	0,89%	30.12	01.12

Jahreszyklus:

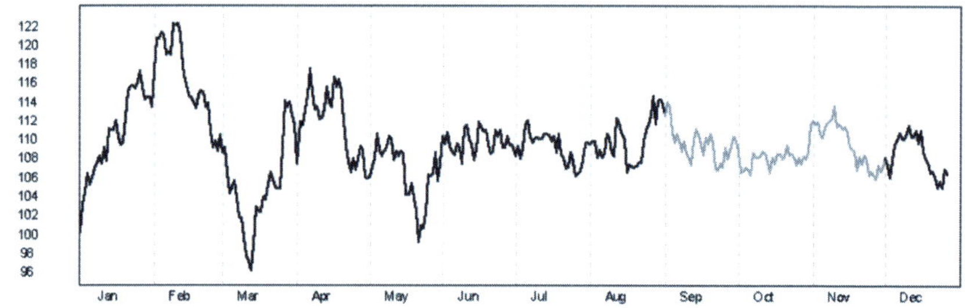

Erfolgreichster Anlage-Zeitraum: 9 Monate zwischen 30. November und 31. August

Buy & Hold vs. Anlage-Zyklus:

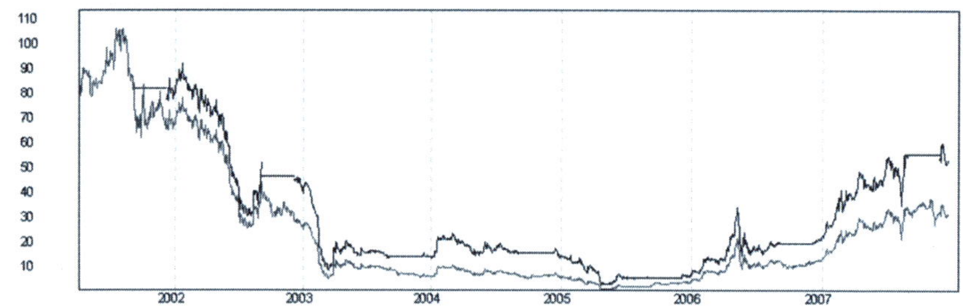

Vergleich: Buy & Hold vs. Anlage-Zyklus

	Buy & Hold	Anlage-Zyklus
Kurs 28.12.07:	31,87	53,50
Startkurs:	84,00	84,00
Gesamtperformance seit 02.04.2001:	-62,06%	-36,31%
All-Time-High:	107,00	107,00
Erreicht am:	17.07.2001	17.07.2001

Das wäre aus einer Anlage von 10.000 geworden:

Anlage vor 10 Jahren:	-	-
Anlage seit Börsengang:	3.794,05	6.368,68

Jahres-Hochs und -Tiefs

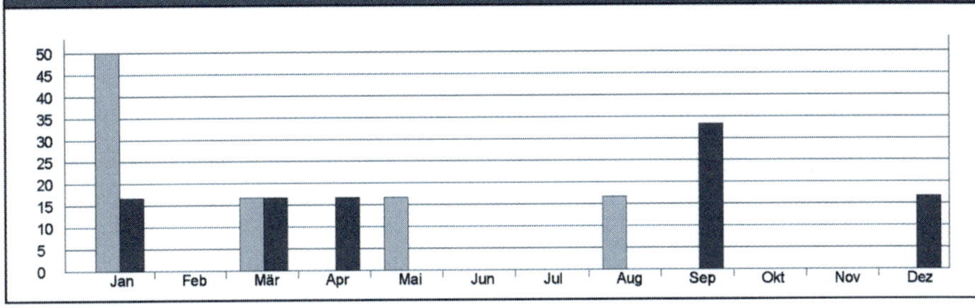

Rendite-Viereck

Jan		6,17	7,10	24,35	17,43	13,36	11,99	10,09	8,39	7,83	11,70	10,72
Feb	1,41		27,09	54,39	41,09	33,53	30,98	31,08	24,84	25,03	26,72	21,25
Mär	-2,44	-0,43		48,88	36,34	29,90	27,93	26,73	20,68	20,81	22,30	16,77
Apr	7,41	5,03	2,89		85,33	70,51	67,51	63,57	43,51	43,51	44,82	32,75
Mai	1,80	-0,79	-2,37	-1,58		59,80	57,03	53,29	35,90	35,67	36,87	25,91
Jun	-5,57	-6,96	-8,52	-0,45	-0,61		40,71	36,68	24,96	24,53	25,03	16,06
Jul	-3,54	-5,35	-7,29	1,72	1,06	0,52		39,77	28,74	28,08	28,04	18,71
Aug	4,27	-1,02	-2,15	1,14	1,11	2,55	3,57		40,30	39,88	39,35	28,29
Sep	-1,42	-7,43	-7,29	4,80	2,00	0,55	0,62	-2,07		30,20	28,70	19,11
Okt	1,17	-5,19	-4,81	6,06	3,15	2,09	2,58	-0,93	1,43		31,87	22,34
Nov	0,81	-7,35	-6,55	2,34	-0,72	-1,79	-1,88	-4,86	-2,60	-3,87		23,16
Dez	2,64	-6,31	-4,76	7,26	2,53	0,20	-0,44	-3,19	-2,91	-4,00	-0,62	
	Jan	Feb	Mär	Apr	Mai	Jun	Jul	Aug	Sep	Okt	Nov	Dez

Monatsstatistiken

	Anzahl Monate	durchschn. Performance	positive Monate	durchschn. Performance	negative Monate	durchschn. Performance	Gewinn-Wahr-scheinlichkeit	Monats-hoch am	Monats-tief am
Jan	7	10,72%	4	30,35%	3	−15,45%	0,57%	26.01	02.01
Feb	6	1,41%	4	19,11%	2	−33,97%	0,67%	11.02	27.02
Mar	6	−0,43%	2	18,39%	4	−9,84%	0,33%	27.03	13.03
Apr	6	2,89%	3	35,69%	3	−29,91%	0,50%	06.04	23.04
May	7	−1,58%	2	16,61%	5	−8,86%	0,29%	10.05	22.05
Jun	7	−0,61%	4	10,52%	3	−15,45%	0,57%	16.06	09.06
Jul	7	0,52%	6	4,55%	1	−23,66%	0,86%	06.07	26.07
Aug	7	3,57%	4	16,83%	3	−14,12%	0,57%	27.08	04.08
Sep	7	−2,07%	2	25,06%	5	−12,92%	0,29%	02.09	23.09
Oct	7	1,43%	4	5,95%	3	−4,59%	0,57%	31.10	14.10
Nov	7	−3,87%	2	8,89%	5	−8,98%	0,29%	10.11	27.11
Dec	7	−0,62%	2	15,75%	5	−7,17%	0,29%	11.12	23.12

Jahreszyklus:

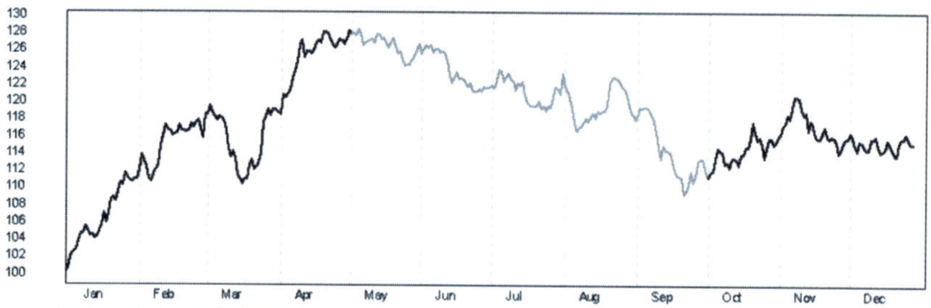

Erfolgreichster Anlage-Zeitraum: 7 Monate zwischen 30. September und 30. April

Buy & Hold vs. Anlage-Zyklus:

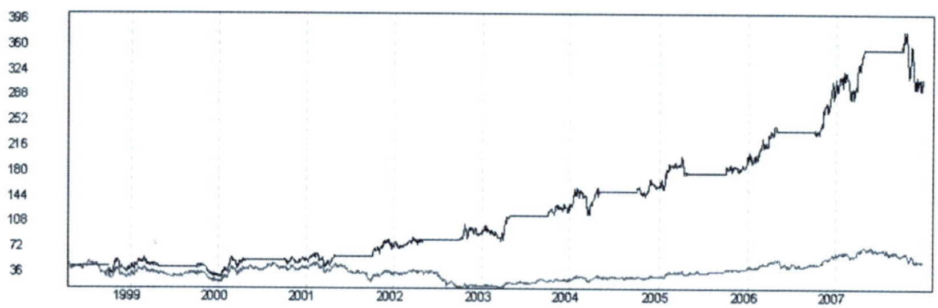

Vergleich: Buy & Hold vs. Anlage-Zyklus

	Buy & Hold	Anlage-Zyklus
Kurs 28.12.07:	55,77	312,43
Startkurs:	51,18	51,18
Gesamtperformance seit 16.04.1998:	8,97%	510,45%
All-Time-High:	76,01	382,63
Erreicht am:	30.04.2007	19.10.2007

Das wäre aus einer Anlage von 10.000 geworden:

Anlage vor 10 Jahren:	–	–
Anlage seit Börsengang:	10.896,77	61.045,20

Jahres-Hochs und -Tiefs

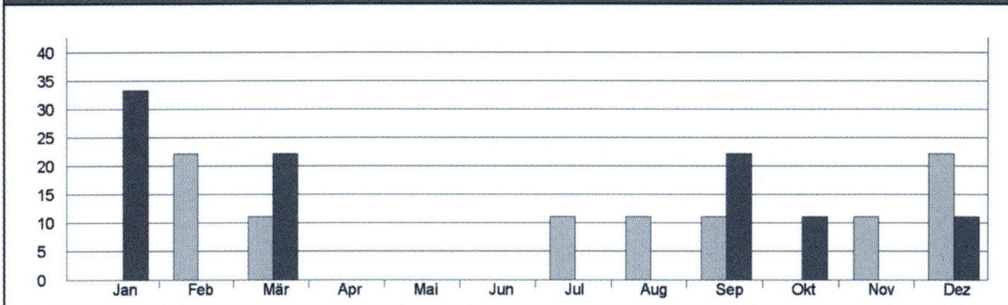

Rendite-Viereck

Jan		4,32	7,56	-3,77	-1,73	2,20	-0,32	3,93	10,51	6,08	6,86	8,33
Feb	5,67		14,82	4,30	6,54	10,66	7,94	12,35	19,10	13,13	15,01	17,26
Mär	3,66	-1,73		2,92	5,25	9,33	6,60	10,87	17,24	11,50	12,64	14,59
Apr	11,26	6,40	8,52		12,28	16,75	14,39	18,75	26,32	20,01	20,95	22,92
Mai	9,09	4,16	6,22	-1,94		14,32	12,13	16,38	23,83	17,67	18,56	20,70
Jun	4,05	-0,74	1,24	-5,96	-4,12		7,22	11,06	18,33	12,39	12,87	14,95
Jul	5,47	0,08	2,36	-4,23	-2,40	1,88		12,29	18,95	13,15	15,29	17,29
Aug	3,82	-1,40	1,18	-8,52	-6,76	-2,66	-4,66		16,99	11,23	13,30	15,39
Sep	-1,17	-6,60	-4,12	-12,77	-11,13	-7,47	-9,85	-5,79		5,73	8,03	9,88
Okt	1,90	-3,72	-0,94	-9,60	-7,85	-4,02	-6,45	-2,18	4,02		11,16	13,30
Nov	1,58	-3,15	-0,59	-11,00	-9,09	-5,19	-7,14	-2,65	4,21	0,14		12,53
Dez	2,61	-2,74	-0,26	-11,00	-9,16	-5,48	-7,64	-3,48	2,72	-1,14	-1,20	
	Jan	Feb	Mär	Apr	Mai	Jun	Jul	Aug	Sep	Okt	Nov	Dez

Monatsstatistiken

	Anzahl Monate	durchschn. Performance	positive Monate	durchschn. Performance	negative Monate	durchschn. Performance	Gewinn-Wahrscheinlichkeit	Monats-hoch am	Monats-tief am
Jan	10	8,33%	8	11,93%	2	-6,08%	0,80%	26.01	02.01
Feb	9	5,67%	5	16,34%	4	-7,68%	0,56%	29.02	06.02
Mar	9	-1,73%	4	5,12%	5	-7,22%	0,44%	02.03	16.03
Apr	9	8,52%	7	13,10%	2	-7,51%	0,78%	30.04	01.04
May	10	-1,94%	2	3,89%	8	-3,40%	0,20%	05.05	25.05
Jun	10	-4,12%	2	2,53%	8	-5,78%	0,20%	03.06	25.06
Jul	10	1,88%	8	5,89%	2	-14,15%	0,80%	04.07	24.07
Aug	10	-4,66%	3	8,18%	7	-10,17%	0,30%	22.08	06.08
Sep	10	-5,79%	2	4,26%	8	-8,30%	0,20%	04.09	21.09
Oct	10	4,02%	8	6,25%	2	-4,86%	0,80%	20.10	01.10
Nov	10	0,14%	5	11,66%	5	-11,37%	0,50%	08.11	26.11
Dec	10	-1,20%	4	6,78%	6	-6,52%	0,40%	01.12	21.12

Aktie Qiagen WKN: 901626

Jahreszyklus:

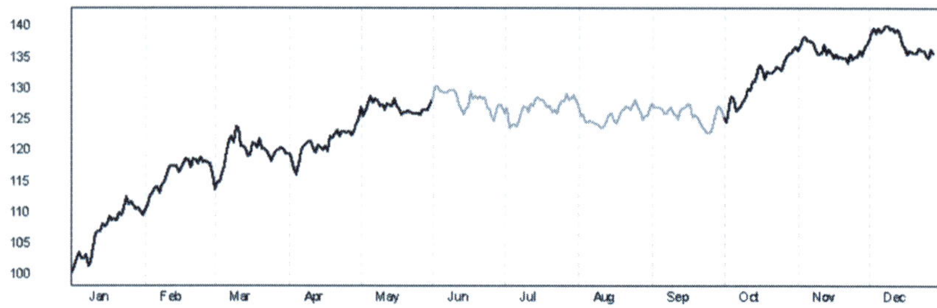

Erfolgreichster Anlage-Zeitraum: 8 Monate zwischen 30. September und 31. Mai

Buy & Hold vs. Anlage-Zyklus:

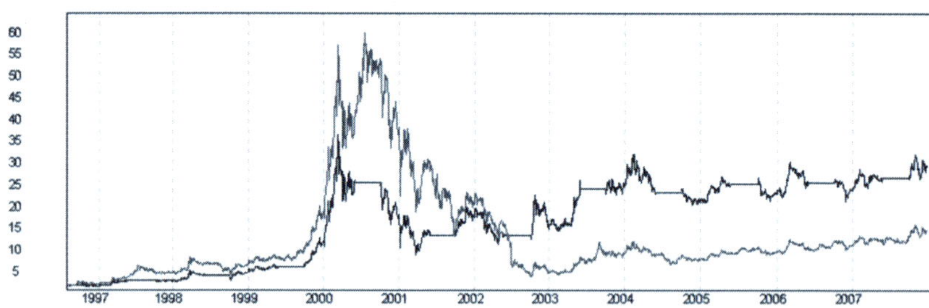

Vergleich: Buy & Hold vs. Anlage-Zyklus

	Buy & Hold	Anlage-Zyklus
Kurs 28.12.07:	14,83	29,46
Startkurs:	2,30	2,30
Gesamtperformance seit 26.07.1996:	545,45%	1.182,41%
All-Time-High:	60,40	36,88
Erreicht am:	18.07.2000	10.03.2000

Das wäre aus einer Anlage von 10.000 geworden:

Anlage vor 10 Jahren:	25.359,53	78.353,70
Anlage seit Börsengang:	64.545,33	128.241,21

Jahres-Hochs und -Tiefs

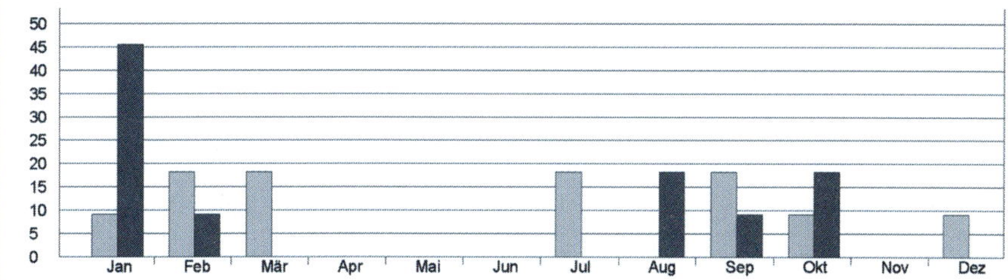

Rendite-Viereck

Jan		29,75	25,71	18,85	17,21	17,74	15,53	15,77	17,10	7,59	5,85	6,82
Feb	8,60		53,00	44,09	42,33	44,30	38,39	36,52	37,37	25,70	19,30	19,48
Mär	10,74	2,67		39,58	37,44	37,61	35,83	35,42	35,73	25,98	20,62	21,23
Apr	14,11	5,69	3,62		40,26	40,62	39,98	39,76	39,35	29,10	23,82	24,83
Mai	15,95	7,60	5,52	1,69		40,33	42,11	42,14	42,78	30,77	25,17	27,03
Jun	18,30	8,61	5,42	1,33	-0,01		49,81	48,36	47,08	35,38	28,92	30,30
Jul	24,14	12,65	8,68	3,56	2,01	0,77		57,48	54,37	42,35	35,18	36,87
Aug	23,96	12,14	9,84	3,66	0,77	0,20	-0,90		58,12	42,32	34,50	37,32
Sep	21,72	9,11	6,20	1,04	-0,69	-2,11	-1,41	0,14		41,78	33,76	35,20
Okt	25,96	14,41	11,68	6,23	4,27	3,96	4,50	6,07	7,95		37,70	39,45
Nov	26,04	15,64	12,44	6,69	4,97	4,95	5,14	6,43	8,51	-0,12		38,73
Dez	27,74	17,37	13,96	7,86	6,26	6,20	4,91	5,79	7,00	-1,00	-1,28	
	Jan	Feb	Mär	Apr	Mai	Jun	Jul	Aug	Sep	Okt	Nov	Dez

Monatsstatistiken

	Anzahl Monate	durchschn. Performance	positive Monate	durchschn. Performance	negative Monate	durchschn. Performance	Gewinn-Wahr-scheinlichkeit	Monats-hoch am	Monats-tief am
Jan	12	6,82%	9	11,17%	3	-6,22%	0,75%	24.01	08.01
Feb	11	8,60%	8	16,80%	3	-13,25%	0,73%	24.02	01.02
Mar	11	2,67%	4	19,52%	7	-6,96%	0,36%	10.03	01.03
Apr	11	3,62%	7	10,59%	4	-8,58%	0,64%	30.04	04.04
May	11	1,69%	4	13,44%	7	-5,03%	0,36%	06.05	03.05
Jun	11	-0,01%	5	10,99%	6	-9,18%	0,45%	03.06	27.06
Jul	11	0,77%	7	10,87%	4	-16,92%	0,64%	27.07	03.07
Aug	12	-0,90%	4	17,49%	8	-10,10%	0,33%	25.08	11.08
Sep	12	0,14%	8	10,45%	4	-20,46%	0,67%	01.09	24.09
Oct	12	7,95%	6	22,32%	6	-6,42%	0,50%	31.10	02.10
Nov	12	-0,12%	4	12,73%	8	-6,55%	0,33%	04.11	22.11
Dec	12	-1,28%	6	4,48%	6	-7,05%	0,50%	08.12	28.12

Jahreszyklus:

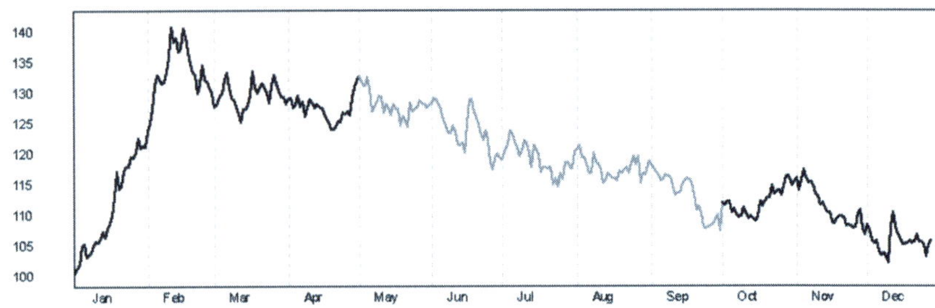

Erfolgreichster Anlage-Zeitraum: 7 Monate zwischen 30. September und 30. April

Buy & Hold vs. Anlage-Zyklus:

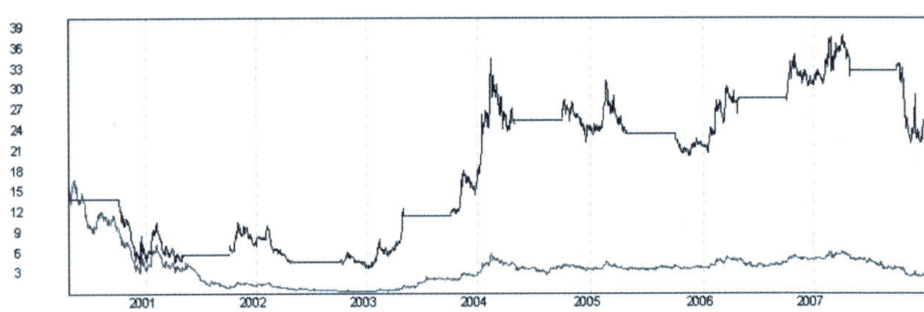

Vergleich: Buy & Hold vs. Anlage-Zyklus

	Buy & Hold	**Anlage-Zyklus**
Kurs 28.12.07:	2,92	25,51
Startkurs:	15,30	15,30
Gesamtperformance seit 20.04.2000:	-80,92%	66,70%
All-Time-High:	16,95	38,02
Erreicht am:	10.05.2000	03.04.2007
Das wäre aus einer Anlage von 10.000 geworden:		
Anlage vor 10 Jahren:	-	-
Anlage seit Börsengang:	1.908,50	16.670,34

Jahres-Hochs und -Tiefs

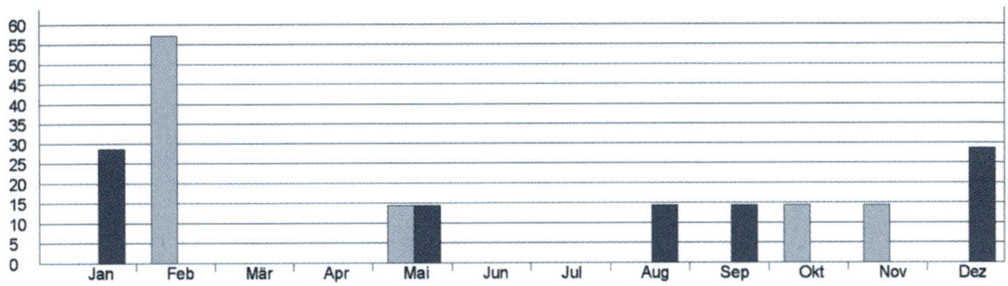

Rendite-Viereck

Jan		61,84	65,06	11,06	14,27	6,49	0,59	0,10	12,17	2,43	13,52	16,88
Feb	5,18		112,69	35,41	39,32	26,02	17,92	15,13	28,30	14,44	22,05	27,11
Mär	1,31	-3,98		26,53	30,36	19,34	12,46	9,54	21,46	9,05	16,93	21,78
Apr	11,36	2,28	5,86		33,56	24,40	17,65	14,82	30,66	17,82	26,66	33,88
Mai	6,99	-1,74	1,79	-3,59		17,24	11,59	9,07	24,63	11,96	20,99	28,27
Jun	16,41	1,39	4,54	-10,70	-7,45		17,44	14,82	34,55	20,17	27,47	37,78
Jul	30,96	11,65	14,67	-6,17	-3,23	1,64		22,73	47,87	31,75	40,84	54,53
Aug	33,89	13,44	16,73	-5,57	-2,53	0,84	-0,94		52,19	35,61	43,97	57,91
Sep	23,78	4,12	7,19	-12,69	-9,55	-7,46	-8,78	-8,93		27,19	33,48	45,48
Okt	36,59	15,26	18,43	-8,43	-4,79	-3,00	-3,95	-3,63	7,98		48,12	61,90
Nov	48,24	23,31	26,30	-9,45	-6,09	-8,32	-10,08	-10,33	0,05	-8,74		75,12
Dez	47,21	21,81	24,69	-10,94	-7,71	-10,77	-12,81	-13,34	-4,27	-11,46	-2,84	
	Jan	Feb	Mär	Apr	Mai	Jun	Jul	Aug	Sep	Okt	Nov	Dez

Monatsstatistiken

	Anzahl Monate	durchschn. Performance	positive Monate	durchschn. Performance	negative Monate	durchschn. Performance	Gewinn-Wahrscheinlichkeit	Monatshoch am	Monatstief am
Jan	8	16,88%	7	23,40%	1	-28,77%	0,88%	28.01	02.01
Feb	7	5,18%	5	18,56%	2	-28,26%	0,71%	11.02	01.02
Mar	7	-3,98%	3	2,93%	4	-9,17%	0,43%	26.03	12.03
Apr	7	5,86%	2	41,23%	5	-8,29%	0,29%	30.04	20.04
May	8	-3,59%	4	0,77%	4	-7,95%	0,50%	02.05	19.05
Jun	8	-7,45%	1	50,46%	7	-15,72%	0,13%	02.06	27.06
Jul	8	1,64%	2	27,60%	6	-7,02%	0,25%	04.07	24.07
Aug	8	-0,94%	4	7,29%	4	-9,16%	0,50%	02.08	28.08
Sep	8	-8,93%	3	5,88%	5	-17,81%	0,38%	01.09	30.09
Oct	8	7,98%	5	23,89%	3	-18,54%	0,63%	29.10	15.10
Nov	8	-8,74%	2	10,69%	6	-15,22%	0,25%	04.11	30.11
Dec	8	-2,84%	4	3,05%	4	-8,73%	0,50%	12.12	10.12

Jahreszyklus:

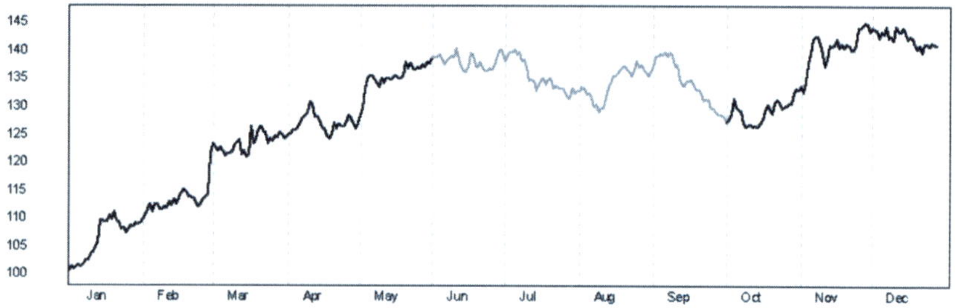

Erfolgreichster Anlage–Zeitraum: 8 Monate zwischen 30. September und 31. Mai

Buy & Hold vs. Anlage–Zyklus:

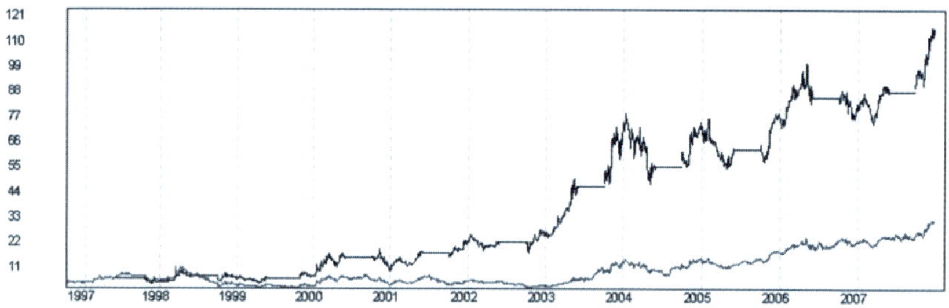

Vergleich: Buy & Hold vs. Anlage–Zyklus

	Buy & Hold	Anlage–Zyklus
Kurs 28.12.07:	32,08	114,95
Startkurs:	4,35	4,35
Gesamtperformance seit 02.10.1996:	638,15%	2.545,02%
All–Time–High:	32,58	116,74
Erreicht am:	14.12.2007	14.12.2007

Das wäre aus einer Anlage von 10.000 geworden:

Anlage vor 10 Jahren:	48.827,26	204.405,82
Anlage seit Börsengang:	73.815,00	264.502,45

Aktie Rofin-Sinar WKN: 902757

Jahres-Hochs und -Tiefs

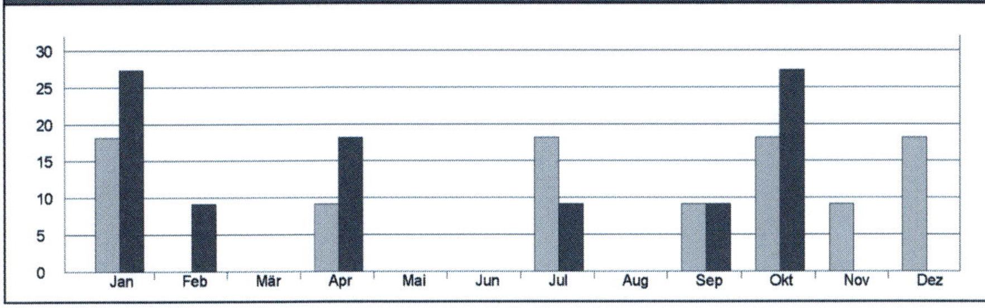

Rendite-Viereck

Jan		21,48	22,61	20,33	9,76	8,74	14,88	9,42	16,36	11,83	3,97	6,84
Feb	6,58		26,42	26,45	13,27	13,25	19,14	15,14	22,76	20,04	12,10	16,08
Mär	8,24	1,20		27,31	14,57	13,70	19,02	15,37	22,93	21,14	13,52	17,88
Apr	12,46	4,40	2,54		15,34	14,55	19,58	17,02	25,41	25,14	17,99	22,89
Mai	19,29	11,02	10,15	8,12		22,88	28,92	25,94	35,78	33,12	25,29	30,66
Jun	21,83	13,18	12,15	9,38	1,62		27,22	23,59	33,41	35,17	27,49	33,85
Jul	14,85	5,83	5,52	3,06	-4,43	-5,63		17,96	26,96	28,80	20,57	25,64
Aug	20,31	9,56	9,87	7,27	-1,16	-1,96	3,12		38,88	36,73	26,61	31,33
Sep	12,24	2,90	3,30	1,21	-6,44	-7,91	-3,04	-6,20		27,75	17,29	21,31
Okt	15,76	6,37	6,93	4,56	-3,86	-5,01	0,19	-3,68	2,75		20,89	25,05
Nov	26,83	17,28	17,95	15,22	5,67	4,68	10,34	4,99	11,55	7,89		35,96
Dez	25,57	16,88	17,59	14,67	5,22	3,91	9,97	4,41	10,67	6,17	-2,04	
	Jan	Feb	Mär	Apr	Mai	Jun	Jul	Aug	Sep	Okt	Nov	Dez

Monatsstatistiken

	Anzahl Monate	durchschn. Performance	positive Monate	durchschn. Performance	negative Monate	durchschn. Performance	Gewinn-Wahr-scheinlichkeit	Monats-hoch am	Monats-tief am
Jan	12	6,84%	8	12,31%	4	-4,11%	0,67%	31.01	04.01
Feb	11	6,58%	5	24,03%	6	-7,97%	0,45%	29.02	01.02
Mar	11	1,20%	6	7,24%	5	-6,05%	0,55%	21.03	15.03
Apr	11	2,54%	7	9,84%	4	-10,23%	0,64%	10.04	18.04
May	11	8,12%	8	14,10%	3	-7,81%	0,73%	30.05	02.05
Jun	11	1,62%	6	10,59%	5	-9,15%	0,55%	11.06	24.06
Jul	11	-5,63%	5	4,28%	6	-13,89%	0,45%	05.07	28.07
Aug	11	3,12%	5	19,44%	6	-10,48%	0,45%	25.08	09.08
Sep	11	-6,20%	5	4,84%	6	-15,41%	0,45%	06.09	30.09
Oct	11	2,75%	7	7,54%	4	-5,64%	0,64%	30.10	14.10
Nov	12	7,89%	9	13,50%	3	-8,94%	0,75%	28.11	02.11
Dec	12	-2,04%	6	5,15%	6	-9,22%	0,50%	07.12	22.12

Jahreszyklus:

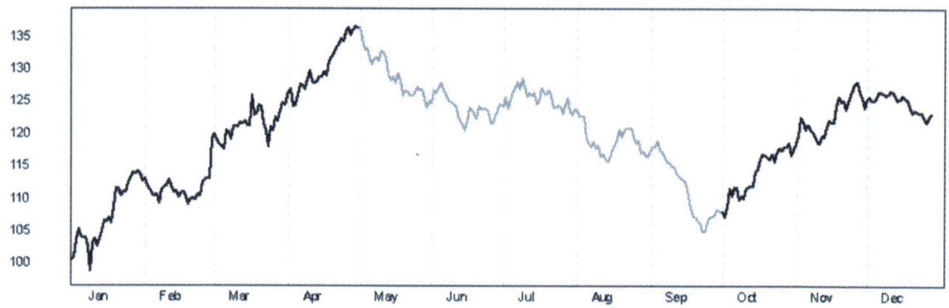

Erfolgreichster Anlage-Zeitraum: 7 Monate zwischen 30. September und 30. April

Buy & Hold vs. Anlage-Zyklus:

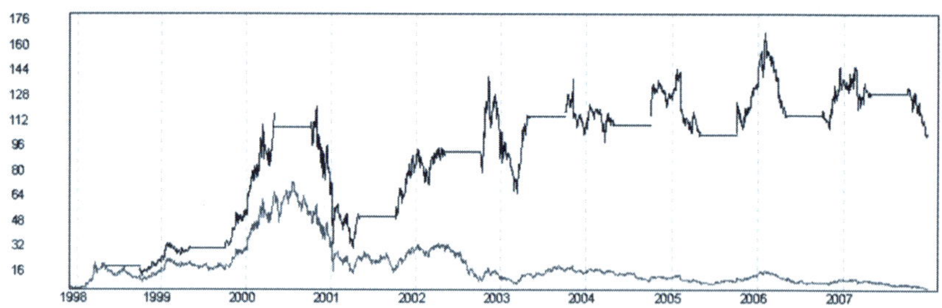

Vergleich: Buy & Hold vs. Anlage-Zyklus

	Buy & Hold	**Anlage-Zyklus**
Kurs 28.12.07:	6,88	104,10
Startkurs:	6,96	6,96
Gesamtperformance seit 26.11.1997:	-1,17%	1.395,35%
All-Time-High:	74,20	169,74
Erreicht am:	20.07.2000	30.01.2006
Das wäre aus einer Anlage von 10.000 geworden:		
Anlage vor 10 Jahren:	7.070,47	106.978,95
Anlage seit Börsengang:	9.883,08	149.534,85

Jahres-Hochs und -Tiefs

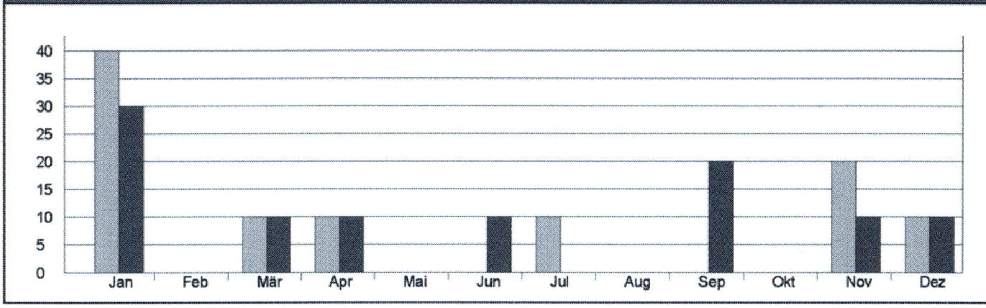

Rendite-Viereck

	Jan	Feb	Mär	Apr	Mai	Jun	Jul	Aug	Sep	Okt	Nov	Dez
Jan		16,83	12,98	4,61	14,72	17,96	16,40	21,81	31,76	21,67	11,78	12,47
Feb	2,14		17,78	7,90	18,20	22,23	18,91	23,57	34,47	22,05	15,39	14,89
Mär	9,86	4,01		3,73	13,27	17,33	14,76	19,98	31,65	18,48	22,60	23,22
Apr	18,69	12,05	8,37		20,27	24,53	22,18	27,96	40,80	26,32	31,53	32,69
Mai	6,06	1,53	−0,61	−8,82		12,33	10,20	15,69	27,33	14,53	16,79	17,90
Jun	4,94	0,41	−1,76	−9,68	−0,78		13,51	18,54	30,50	16,60	16,36	17,35
Jul	6,99	2,50	−0,26	−9,32	−0,51	0,33		19,18	31,49	16,69	17,82	19,81
Aug	−1,31	−3,73	−5,65	−14,14	−6,02	−5,14	−6,13		22,86	9,89	8,55	10,69
Sep	−7,78	−11,02	−14,01	−20,97	−13,13	−12,38	−13,38	−8,11		−0,22	1,78	3,93
Okt	−3,56	−4,38	−6,54	−14,57	−6,68	−5,56	−6,53	−0,75	9,36		4,96	7,63
Nov	1,71	−0,12	−1,77	−10,07	−1,80	0,22	−0,58	5,26	15,82	5,73		13,80
Dez	2,44	0,57	−0,30	−8,84	−0,57	1,73	0,46	5,44	15,48	5,99	−1,07	

Monatsstatistiken

	Anzahl Monate	durchschn. Performance	positive Monate	durchschn. Performance	negative Monate	durchschn. Performance	Gewinn-Wahrscheinlichkeit	Monats-hoch am	Monats-tief am
Jan	11	12,47%	7	24,21%	4	−8,09%	0,64%	29.01	02.01
Feb	10	2,14%	3	30,77%	7	−10,13%	0,30%	29.02	07.02
Mar	10	4,01%	4	25,43%	6	−10,27%	0,40%	17.03	05.03
Apr	10	8,37%	5	20,87%	5	−4,13%	0,50%	29.04	03.04
May	10	−8,82%	1	6,25%	9	−10,49%	0,10%	02.05	30.05
Jun	10	−0,78%	4	6,72%	6	−5,77%	0,40%	05.06	15.06
Jul	10	0,33%	5	12,52%	5	−11,86%	0,50%	09.07	30.07
Aug	10	−6,13%	4	3,68%	6	−12,66%	0,40%	01.08	14.08
Sep	10	−8,11%	1	7,42%	9	−9,83%	0,10%	04.09	24.09
Oct	10	9,36%	6	21,70%	4	−9,16%	0,60%	29.10	02.10
Nov	10	5,73%	6	17,88%	4	−12,50%	0,60%	27.11	11.11
Dec	11	−1,07%	5	7,76%	6	−8,43%	0,45%	11.12	28.12

Jahreszyklus:

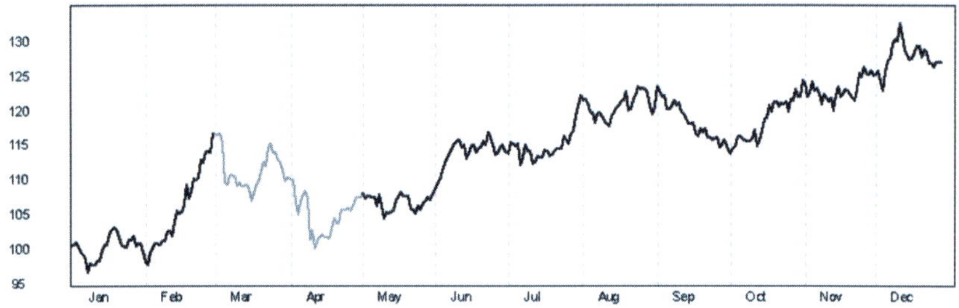

Erfolgreichster Anlage–Zeitraum: 10 Monate zwischen 30. April und 28. Februar

Buy & Hold vs. Anlage–Zyklus:

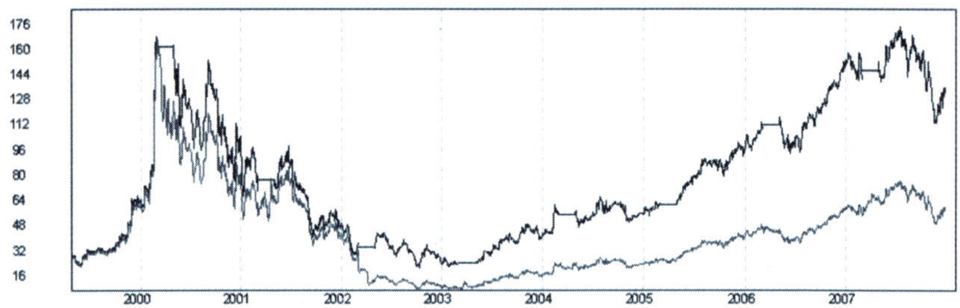

Vergleich: Buy & Hold vs. Anlage–Zyklus

	Buy & Hold	**Anlage–Zyklus**
Kurs 28.12.07:	60,03	135,99
Startkurs:	29,70	29,70
Gesamtperformance seit 27.04.1999:	102,12%	357,87%
All–Time–High:	167,00	175,22
Erreicht am:	01.03.2000	19.07.2007

Das wäre aus einer Anlage von 10.000 geworden:

Anlage vor 10 Jahren:	–	–
Anlage seit Börsengang:	20.212,12	45.787,07

Jahres-Hochs und -Tiefs

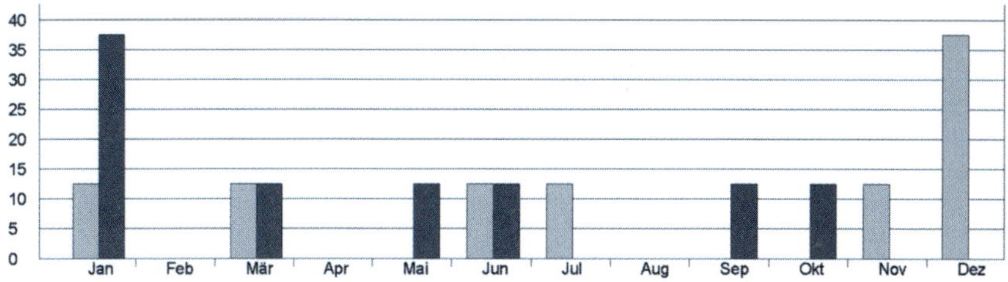

Rendite-Viereck

	Jan	Feb	Mär	Apr	Mai	Jun	Jul	Aug	Sep	Okt	Nov	Dez
Jan		2,40	2,94	18,82	22,42	10,64	2,89	5,31	9,18	−0,45	−1,53	−2,34
Feb	20,49		12,43	72,73	87,36	59,13	48,09	53,09	54,08	33,57	21,42	21,67
Mär	10,79	−5,05		51,71	61,74	40,77	30,45	33,95	36,04	18,67	11,21	11,66
Apr	11,62	−6,07	−1,71		69,56	46,48	35,08	38,49	39,28	21,40	13,46	13,00
Mai	10,35	−3,13	0,47	0,70		37,15	26,21	29,07	30,90	16,07	11,58	10,89
Jun	14,12	0,12	3,03	5,65	5,89		30,07	33,08	35,05	19,75	15,38	14,86
Jul	22,67	8,19	9,93	12,37	12,40	5,74		40,05	43,63	26,24	22,53	24,02
Aug	22,16	5,41	7,74	9,69	10,31	3,90	−1,54		47,58	29,04	22,36	23,99
Sep	17,65	0,86	2,65	4,96	6,50	−0,55	−6,67	−5,42		24,48	17,87	20,19
Okt	20,90	6,59	7,34	14,89	15,90	7,72	0,70	2,62	9,27		19,03	22,66
Nov	13,95	2,47	3,09	18,15	20,51	9,79	2,79	5,72	11,59	0,88		15,56
Dez	16,74	2,44	3,55	17,74	21,48	10,42	3,52	5,69	10,35	1,32	1,39	

Monatsstatistiken

	Anzahl Monate	durchschn. Performance	positive Monate	durchschn. Performance	negative Monate	durchschn. Performance	Gewinn-Wahrscheinlichkeit	Monatshoch am	Monatstief am
Jan	9	−2,34%	4	7,20%	5	−9,97%	0,44%	03.01	11.01
Feb	8	20,49%	5	38,40%	3	−9,36%	0,63%	29.02	02.02
Mar	8	−5,05%	3	11,98%	5	−15,27%	0,38%	03.03	16.03
Apr	8	−1,71%	5	7,50%	3	−17,05%	0,63%	01.04	11.04
May	9	0,70%	5	13,31%	4	−15,07%	0,56%	02.05	11.05
Jun	9	5,89%	8	8,50%	1	−15,00%	0,89%	23.06	01.06
Jul	9	5,74%	6	13,16%	3	−9,11%	0,67%	31.07	11.07
Aug	9	−1,54%	3	9,67%	6	−7,15%	0,33%	24.08	12.08
Sep	9	−5,42%	4	5,14%	5	−13,86%	0,44%	01.09	27.09
Oct	9	9,27%	5	23,64%	4	−8,70%	0,56%	31.10	01.10
Nov	9	0,88%	5	13,14%	4	−14,44%	0,56%	26.11	13.11
Dec	9	1,39%	6	9,18%	3	−14,18%	0,67%	11.12	04.12

Aktie	Solarworld	WKN: 510840

Jahreszyklus:

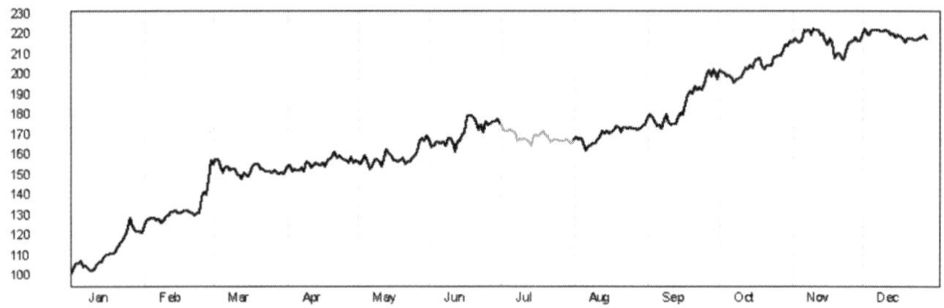

Erfolgreichster Anlage-Zeitraum: 11 Monate zwischen 31. Juli und 30. Juni

Buy & Hold vs. Anlage-Zyklus:

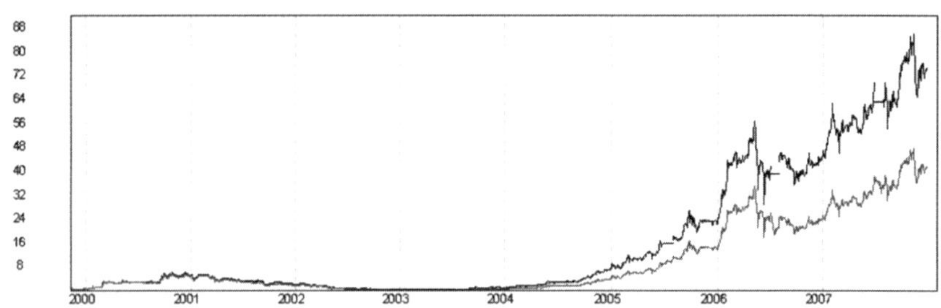

Vergleich: Buy & Hold vs. Anlage-Zyklus

	Buy & Hold	Anlage-Zyklus
Kurs 28.12.07:	41,36	74,24
Startkurs:	0,84	0,84
Gesamtperformance seit 10.11.1999:	4.831,15%	8.750,83%
All-Time-High:	47,88	85,94
Erreicht am:	12.11.2007	12.11.2007

Das wäre aus einer Anlage von 10.000 geworden:

Anlage vor 10 Jahren:	-	-
Anlage seit Börsengang:	493.114,75	885.083,39

Jahres-Hochs und -Tiefs

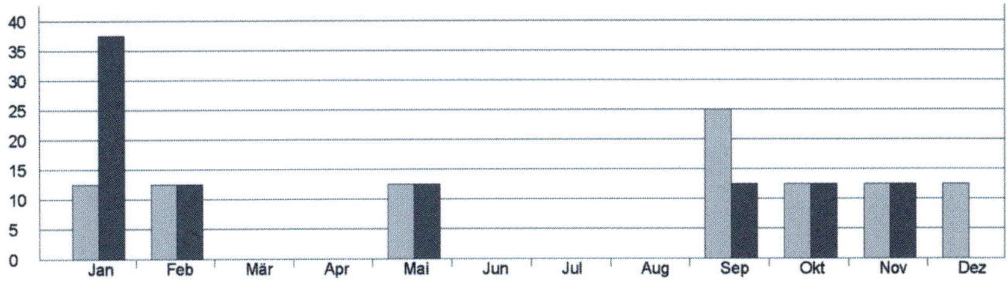

Rendite-Viereck

Jan		81,59	91,37	79,10	59,06	47,32	52,04	42,32	20,60	12,12	16,34	15,34
Feb	32,08		152,32	132,70	101,49	82,31	86,58	73,61	42,61	33,19	76,65	64,44
Mär	22,37	-6,02		119,64	90,74	72,50	76,43	64,01	36,37	27,52	62,76	52,69
Apr	23,81	-4,15	1,81		115,09	91,95	95,05	80,63	47,25	38,89	63,53	54,61
Mai	36,77	3,78	10,01	6,18		111,94	114,44	96,98	60,00	52,51	80,71	71,22
Jun	37,98	5,54	11,65	7,56	0,61		117,67	101,31	66,50	54,12	79,15	68,92
Jul	34,45	3,25	8,87	4,02	-3,38	-6,21		101,25	67,18	53,39	73,42	63,44
Aug	43,36	10,57	16,45	11,25	3,37	-0,49	5,63		79,96	64,38	84,06	73,74
Sep	92,43	38,80	46,04	39,92	27,62	19,01	23,56	16,17		100,79	154,70	134,41
Okt	103,03	47,81	55,66	48,16	33,39	26,54	32,29	24,97	9,77		167,97	148,77
Nov	110,89	57,14	65,19	55,88	38,61	30,28	35,54	27,52	10,61	1,21		157,38
Dez	117,81	58,60	66,81	56,44	36,87	29,94	35,10	27,24	8,14	-1,16	0,72	
	Jan	Feb	Mär	Apr	Mai	Jun	Jul	Aug	Sep	Okt	Nov	Dez

Monatsstatistiken

	Anzahl Monate	durchschn. Performance	positive Monate	durchschn. Performance	negative Monate	durchschn. Performance	Gewinn-Wahr-scheinlichkeit	Monats-hoch am	Monats-tief am
Jan	9	15,34%	7	24,17%	2	-15,57%	0,78%	26.01	10.01
Feb	8	32,08%	4	75,19%	4	-11,04%	0,50%	29.02	01.02
Mar	8	-6,02%	1	6,12%	7	-7,75%	0,13%	03.03	13.03
Apr	8	1,81%	5	12,40%	3	-15,83%	0,63%	21.04	03.04
May	8	6,18%	5	17,88%	3	-13,32%	0,63%	31.05	07.05
Jun	8	0,61%	3	25,11%	5	-14,09%	0,38%	19.06	12.06
Jul	8	-6,21%	3	5,91%	5	-13,48%	0,38%	01.07	14.07
Aug	8	5,63%	7	6,60%	1	-1,23%	0,88%	31.08	06.08
Sep	8	16,17%	5	38,40%	3	-20,88%	0,63%	29.09	07.09
Oct	8	9,77%	5	19,14%	3	-5,86%	0,63%	31.10	07.10
Nov	8	1,21%	4	13,89%	4	-11,48%	0,50%	10.11	23.11
Dec	9	0,72%	4	14,26%	5	-10,12%	0,44%	02.12	19.12

Jahreszyklus:

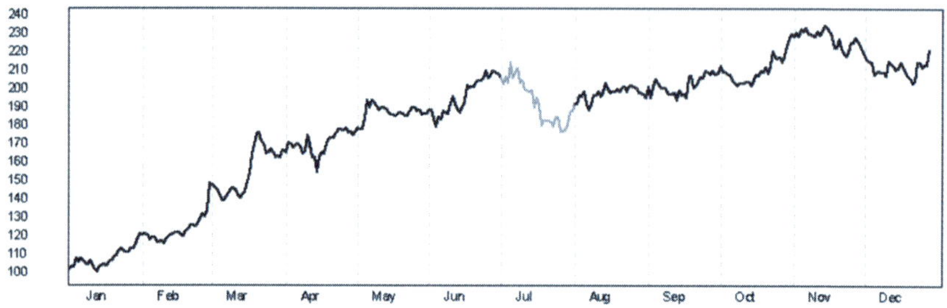

Erfolgreichster Anlage–Zeitraum: 11 Monate zwischen 31. Juli und 30. Juni

Buy & Hold vs. Anlage–Zyklus:

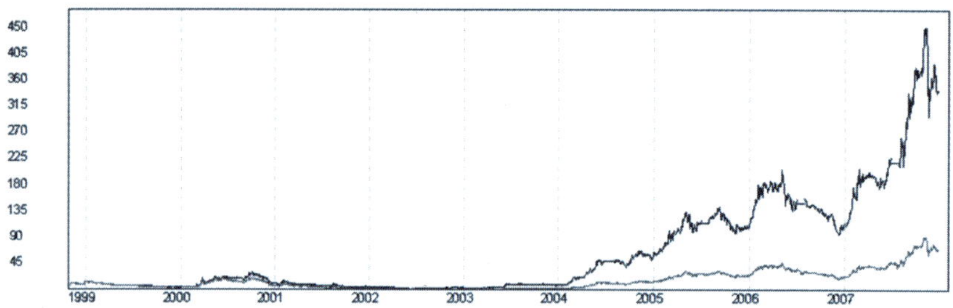

Vergleich: Buy & Hold vs. Anlage–Zyklus

	Buy & Hold	Anlage–Zyklus
Kurs 28.12.07:	69,66	341,30
Startkurs:	8,00	8,00
Gesamtperformance seit 22.10.1998:	770,75%	4.166,27%
All–Time–High:	92,40	452,72
Erreicht am:	06.11.2007	06.11.2007
Das wäre aus einer Anlage von 10.000 geworden:		
Anlage vor 10 Jahren:	–	–
Anlage seit Börsengang:	87.075,00	426.626,89

Aktie Solon WKN: 747119

Jahres-Hochs und -Tiefs

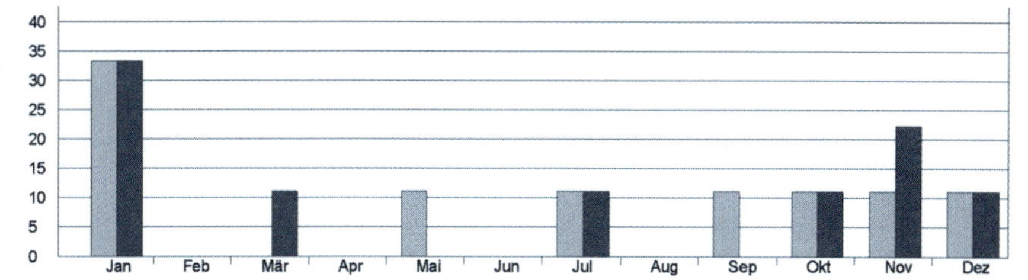

Rendite-Viereck

	Jan	Feb	Mär	Apr	Mai	Jun	Jul	Aug	Sep	Okt	Nov	Dez
Jan		46,90	23,96	11,15	4,48	-7,55	9,27	6,32	5,86	1,81	9,84	14,12
Feb	15,65		62,78	38,60	24,79	7,11	26,27	28,48	34,61	24,81	33,69	38,07
Mär	30,32	10,00		57,46	42,57	21,59	44,88	47,51	57,62	39,57	48,86	55,11
Apr	43,68	18,40	4,94		67,24	38,11	65,02	68,29	79,84	53,79	63,43	72,16
Mai	62,21	29,43	11,74	3,48		54,00	86,55	89,80	103,71	70,80	81,31	93,76
Jun	85,63	55,33	29,22	18,07	12,22		119,54	120,86	138,21	93,55	103,73	118,75
Jul	61,42	33,13	11,28	0,10	-5,07	-15,46		93,67	108,36	69,44	78,55	91,21
Aug	58,69	31,92	11,77	1,59	-2,29	-13,01	2,62		106,61	67,93	77,71	89,06
Sep	79,91	44,35	19,93	8,91	4,17	-7,62	8,50	5,88		90,77	104,76	116,18
Okt	89,26	52,08	27,29	16,69	10,08	-3,07	15,27	11,36	6,94		113,44	126,73
Nov	73,58	39,64	17,74	8,13	1,52	-10,61	7,32	3,16	0,99	-7,02		106,91
Dez	57,32	26,10	7,83	-1,71	-7,38	-17,88	-2,53	-6,60	-7,57	-9,60	-3,07	

Monatsstatistiken

	Anzahl Monate	durchschn. Performance	positive Monate	durchschn. Performance	negative Monate	durchschn. Performance	Gewinn-Wahr-scheinlichkeit	Monats-hoch am	Monats-tief am
Jan	10	14,12%	7	25,14%	3	−11,58%	0,70%	31.01	13.01
Feb	9	15,65%	6	36,56%	3	−26,18%	0,67%	29.02	10.02
Mar	9	10,00%	4	33,28%	5	−8,63%	0,44%	21.03	06.03
Apr	9	4,94%	7	14,80%	2	−29,56%	0,78%	26.04	14.04
May	9	3,48%	3	30,61%	6	−10,09%	0,33%	08.05	03.05
Jun	9	12,22%	7	20,35%	2	−16,25%	0,78%	28.06	04.06
Jul	9	−15,46%	0	0,00%	9	−15,46%	0,00%	05.07	26.07
Aug	9	2,62%	4	15,83%	5	−7,94%	0,44%	14.08	07.08
Sep	9	5,88%	2	52,11%	7	−7,32%	0,22%	28.09	13.09
Oct	9	6,94%	5	23,22%	4	−13,41%	0,56%	31.10	14.10
Nov	10	−7,02%	2	7,97%	8	−10,76%	0,20%	14.11	23.11
Dec	10	−3,07%	3	17,35%	7	−11,82%	0,30%	30.12	21.12

Jahreszyklus:

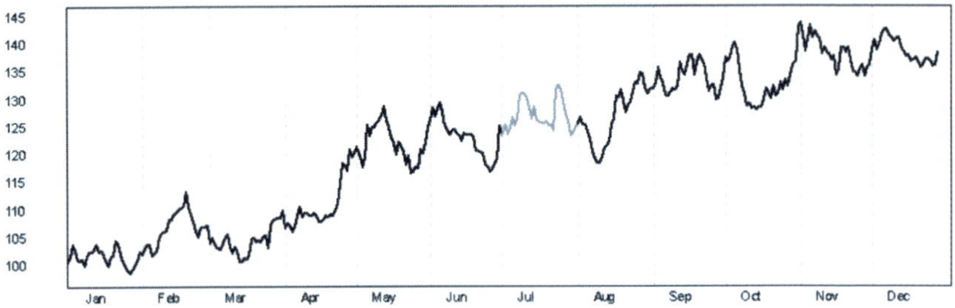

Erfolgreichster Anlage-Zeitraum: 11 Monate zwischen 31. Juli und 30. Juni

Buy & Hold vs. Anlage-Zyklus:

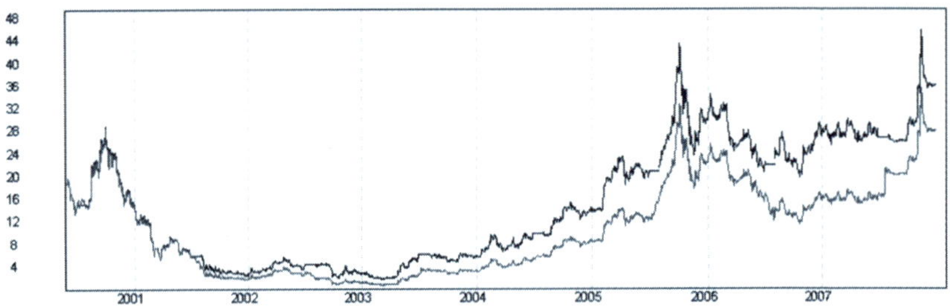

Vergleich: Buy & Hold vs. Anlage-Zyklus

	Buy & Hold	Anlage-Zyklus
Kurs 28.12.07:	28,13	36,18
Startkurs:	19,00	19,00
Gesamtperformance seit 29.05.2000:	48,05%	90,41%
All-Time-High:	35,62	45,81
Erreicht am:	13.11.2007	13.11.2007

Das wäre aus einer Anlage von 10.000 geworden:

Anlage vor 10 Jahren:	-	-
Anlage seit Börsengang:	14.805,26	19.040,61

Jahres-Hochs und -Tiefs

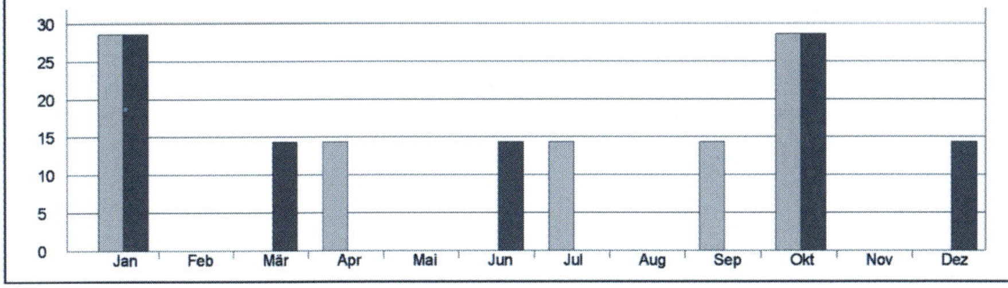

Rendite-Viereck

	Jan	Feb	Mär	Apr	Mai	Jun	Jul	Aug	Sep	Okt	Nov	Dez
Jan		56,21	54,12	33,39	13,86	11,83	5,37	-0,95	2,84	-6,63	1,19	0,51
Feb	6,28		94,19	56,62	25,35	17,03	12,81	6,19	11,54	3,33	12,41	10,60
Mär	8,76	2,32		43,97	19,36	13,06	12,14	7,51	13,40	4,54	13,72	13,14
Apr	17,50	12,59	10,93		23,80	16,20	15,68	12,38	22,14	12,13	21,36	21,70
Mai	21,15	17,00	14,81	2,12		18,75	19,39	14,55	26,03	14,88	22,83	23,22
Jun	28,67	25,79	22,86	6,02	-1,06		21,45	17,81	33,88	20,87	27,85	29,44
Jul	37,73	35,29	31,74	12,94	0,80	0,18		26,00	44,97	29,37	34,67	35,99
Aug	46,63	40,01	36,71	18,30	9,21	9,24	7,18		56,92	39,60	45,42	45,89
Sep	48,20	35,15	32,51	19,49	14,59	16,95	11,74	0,28		44,05	51,07	49,05
Okt	58,85	49,08	47,24	29,91	19,61	20,36	14,84	5,73	8,59		60,45	59,19
Nov	49,58	41,77	39,93	22,90	8,95	8,60	3,78	-2,92	1,78	-7,75		49,66
Dez	57,48	48,29	46,40	29,00	12,64	11,92	5,86	-1,64	1,80	-7,42	0,41	

Monatsstatistiken

	Anzahl Monate	durchschn. Performance	positive Monate	durchschn. Performance	negative Monate	durchschn. Performance	Gewinn-Wahrscheinlichkeit	Monats-hoch am	Monats-tief am
Jan	8	0,51%	5	8,38%	3	-12,61%	0,63%	21.01	08.01
Feb	7	6,28%	4	25,54%	3	-19,40%	0,57%	19.02	05.02
Mar	7	2,32%	4	16,22%	3	-16,22%	0,57%	31.03	14.03
Apr	7	10,93%	5	20,48%	2	-12,95%	0,71%	28.04	04.04
May	7	2,12%	3	20,55%	4	-11,70%	0,43%	13.05	04.05
Jun	8	-1,06%	3	16,34%	5	-11,50%	0,38%	05.06	26.06
Jul	8	0,18%	4	22,59%	4	-22,24%	0,50%	24.07	29.07
Aug	8	7,18%	5	20,18%	3	-14,48%	0,63%	27.08	10.08
Sep	8	0,28%	4	21,23%	4	-20,67%	0,50%	20.09	27.09
Oct	8	8,59%	6	17,56%	2	-18,33%	0,75%	31.10	14.10
Nov	8	-7,75%	3	2,98%	5	-14,18%	0,38%	01.11	28.11
Dec	8	0,41%	5	6,44%	3	-9,66%	0,63%	07.12	28.12

Aktie **United Internet** **WKN: 508903**

Jahreszyklus:

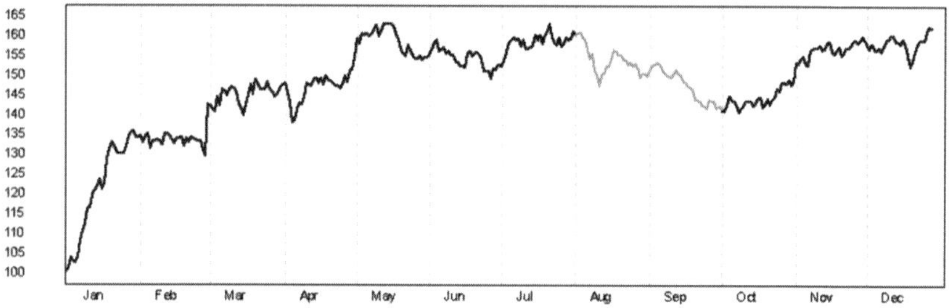

Erfolgreichster Anlage–Zeitraum: 10 Monate zwischen 30. September und 31. Juli

Buy & Hold vs. Anlage–Zyklus:

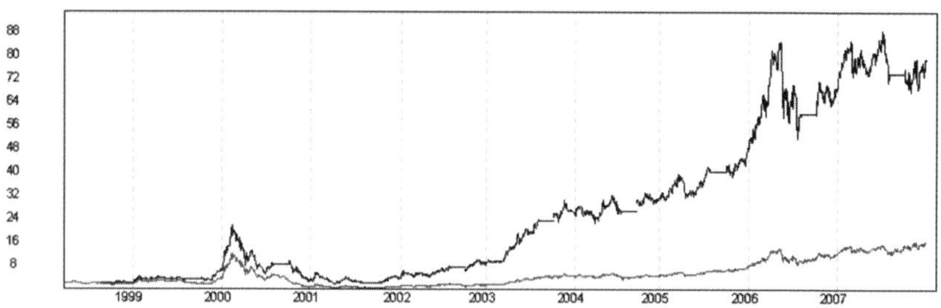

Vergleich: Buy & Hold vs. Anlage–Zyklus

	Buy & Hold	Anlage–Zyklus
Kurs 28.12.07:	16,56	78,94
Startkurs:	2,45	2,45
Gesamtperformance seit 24.03.1998:	575,96%	3.122,18%
All–Time–High:	16,63	88,69
Erreicht am:	15.11.2007	03.07.2007

Das wäre aus einer Anlage von 10.000 geworden:

Anlage vor 10 Jahren:	–	–
Anlage seit Börsengang:	67.596,25	322.217,89

Jahres-Hochs und -Tiefs

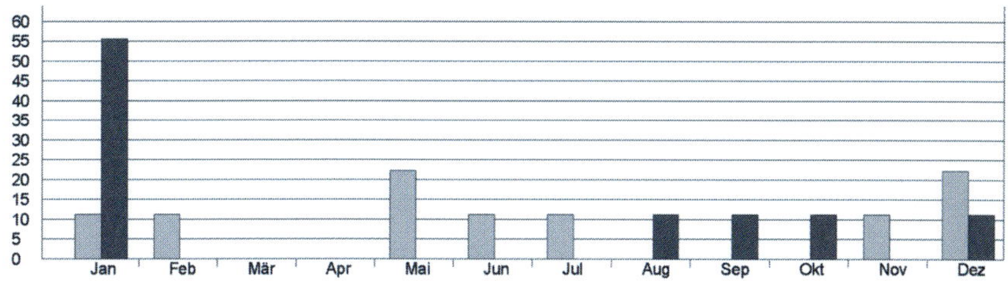

Rendite-Viereck

Jan		52,02	45,06	39,62	36,31	38,27	36,58	53,10	60,23	51,68	38,19	32,02
Feb	-2,05		56,21	49,11	46,85	47,77	46,25	66,77	75,48	65,44	46,74	36,08
Mär	0,58	2,12		51,38	45,84	45,85	43,81	60,89	68,66	57,47	40,09	33,40
Apr	1,65	3,70	2,61		46,78	46,65	42,29	59,57	67,84	57,27	40,37	34,85
Mai	3,88	8,28	4,18	1,80		40,49	36,67	51,36	60,37	48,87	34,52	33,67
Jun	7,94	12,06	3,86	1,47	-1,41		39,07	52,80	61,69	49,13	34,66	35,57
Jul	11,23	14,39	7,55	5,02	3,72	6,75		63,91	74,43	60,20	41,45	41,04
Aug	5,92	8,17	-0,79	-2,64	-4,44	-2,49	-7,88		62,63	49,69	32,46	32,10
Sep	1,76	3,87	-5,00	-7,09	-9,48	-8,99	-12,35	-5,35		36,77	22,69	23,93
Okt	6,75	9,75	0,73	-1,80	-5,60	-5,43	-7,72	-0,34	4,28		26,48	29,18
Nov	17,66	22,62	11,82	9,30	2,69	2,30	1,35	9,48	14,10	7,55		43,03
Dez	20,44	25,30	13,50	10,78	5,36	4,58	4,43	13,18	17,40	10,83	2,04	
	Jan	Feb	Mär	Apr	Mai	Jun	Jul	Aug	Sep	Okt	Nov	Dez

Monatsstatistiken

	Anzahl Monate	durchschn. Performance	positive Monate	durchschn. Performance	negative Monate	durchschn. Performance	Gewinn-Wahr-scheinlichkeit	Monats-hoch am	Monats-tief am
Jan	10	32,02%	8	43,01%	2	−11,94%	0,80%	29.01	02.01
Feb	9	−2,05%	4	13,22%	5	−14,26%	0,44%	29.02	28.02
Mar	9	2,12%	6	14,61%	3	−22,87%	0,67%	20.03	15.03
Apr	10	2,61%	5	13,62%	5	−8,40%	0,50%	30.04	04.04
May	10	1,80%	5	20,37%	5	−16,77%	0,50%	14.05	29.05
Jun	10	−1,41%	6	8,49%	4	−16,27%	0,60%	04.06	27.06
Jul	10	6,75%	5	26,05%	5	−12,55%	0,50%	21.07	01.07
Aug	10	−7,88%	3	5,02%	7	−13,42%	0,30%	03.08	11.08
Sep	10	−5,35%	4	4,99%	6	−12,24%	0,40%	04.09	29.09
Oct	10	4,28%	7	10,47%	3	−10,17%	0,70%	29.10	01.10
Nov	10	7,55%	7	17,25%	3	−15,08%	0,70%	29.11	06.11
Dec	10	2,04%	5	12,95%	5	−8,86%	0,50%	29.12	19.12

5. MDax-Aktien im Anlagezyklus

Jahreszyklus:

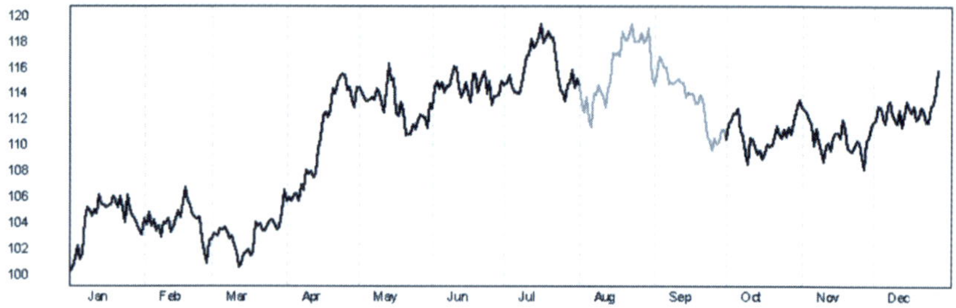

Erfolgreichster Anlage–Zeitraum: 10 Monate zwischen 30. September und 31. Juli

Buy & Hold vs. Anlage–Zyklus:

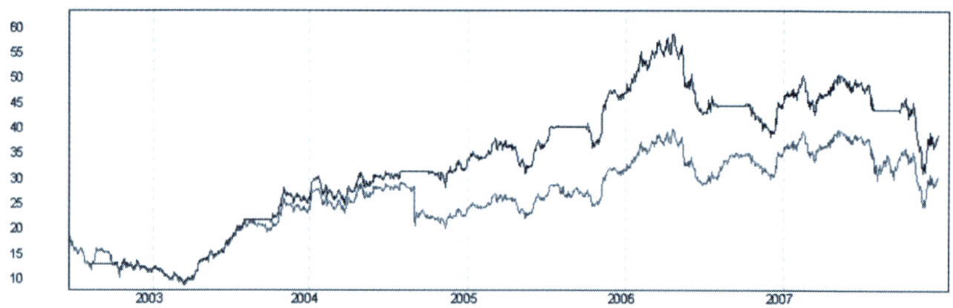

Vergleich: Buy & Hold vs. Anlage–Zyklus

	Buy & Hold	Anlage–Zyklus
Kurs 28.12.07:	30,72	39,08
Startkurs:	18,75	18,75
Gesamtperformance seit 18.06.2002:	63,84%	108,44%
All–Time–High:	40,04	59,08
Erreicht am:	20.04.2006	20.04.2006

Das wäre aus einer Anlage von 10.000 geworden:

Anlage vor 10 Jahren:	–	–
Anlage seit Börsengang:	16.384,00	20.844,15

Jahres-Hochs und -Tiefs

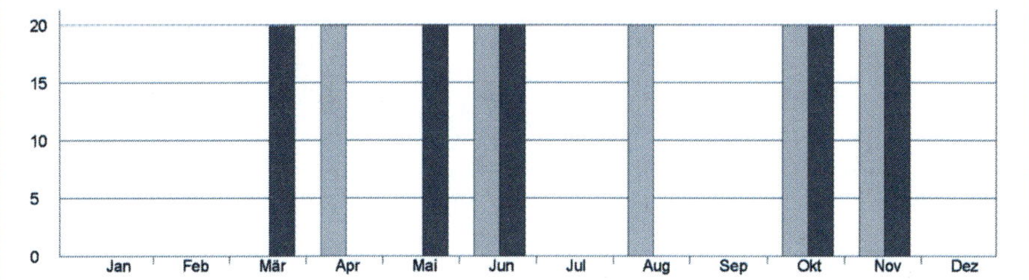

Rendite-Viereck

Jan		29,46	25,37	14,17	15,13	1,43	-1,35	0,03	2,56	0,45	0,53	-3,01
Feb	0,08		41,08	28,82	30,13	9,93	5,17	7,87	10,46	8,64	5,53	1,91
Mär	3,70	3,69		34,61	35,85	14,36	9,23	11,96	14,64	12,53	9,37	5,66
Apr	10,70	11,36	7,36		38,58	20,54	15,93	16,82	20,78	18,17	15,56	11,93
Mai	9,36	10,25	6,30	-1,55		17,83	13,79	14,07	18,39	15,69	13,73	10,14
Jun	15,52	16,63	12,55	3,44	4,53		18,00	17,87	23,21	20,31	19,00	15,41
Jul	22,47	23,67	19,44	8,97	9,85	0,58		22,81	29,28	26,29	24,73	21,53
Aug	16,74	17,58	13,75	3,97	5,08	0,59	0,99		22,88	21,59	19,23	15,87
Sep	16,73	17,51	13,66	4,10	5,27	-2,87	-3,28	-3,28		21,73	19,32	15,98
Okt	24,79	26,23	22,18	9,84	10,41	0,32	-0,77	-0,62	2,75		25,86	22,67
Nov	23,85	24,83	20,88	9,55	10,09	-0,91	-2,57	-1,69	1,45	-0,91		21,67
Dez	27,03	27,86	23,76	12,73	13,67	2,27	0,65	1,44	4,47	2,35	3,60	
	Jan	Feb	Mär	Apr	Mai	Jun	Jul	Aug	Sep	Okt	Nov	Dez

Monatsstatistiken

	Anzahl Monate	durchschn. Performance	positive Monate	durchschn. Performance	negative Monate	durchschn. Performance	Gewinn-Wahr-scheinlichkeit	Monats-hoch am	Monats-tief am
Jan	6	-3,01%	4	5,24%	2	-19,52%	0,67%	14.01	31.01
Feb	5	0,08%	2	6,97%	3	-4,52%	0,40%	18.02	27.02
Mar	5	3,69%	5	3,69%	0	0,00%	1,00%	31.03	12.03
Apr	5	7,36%	3	16,62%	2	-6,53%	0,60%	24.04	01.04
May	5	-1,55%	2	3,30%	3	-4,78%	0,40%	14.05	21.05
Jun	5	4,53%	3	11,60%	2	-6,07%	0,60%	10.06	01.06
Jul	6	0,58%	4	8,04%	2	-14,33%	0,67%	16.07	26.07
Aug	6	0,99%	3	13,80%	3	-11,81%	0,50%	30.08	06.08
Sep	6	-3,28%	3	1,65%	3	-8,21%	0,50%	03.09	25.09
Oct	6	2,75%	2	14,78%	4	-3,26%	0,33%	31.10	10.10
Nov	6	-0,91%	2	13,37%	4	-8,05%	0,33%	01.11	27.11
Dec	6	3,60%	4	6,64%	2	-2,49%	0,67%	30.12	13.12

Jahreszyklus:

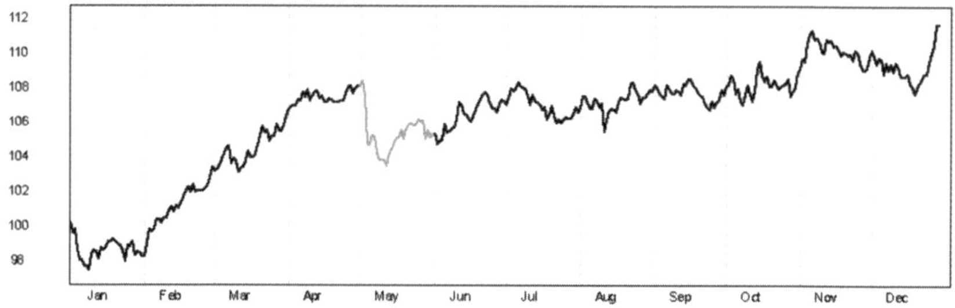

Erfolgreichster Anlage-Zeitraum: 11 Monate zwischen 31. Mai und 30. April

Buy & Hold vs. Anlage-Zyklus:

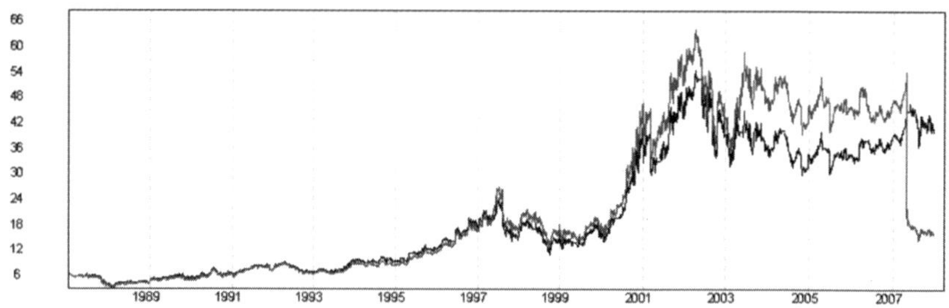

Vergleich: Buy & Hold vs. Anlage-Zyklus

	Buy & Hold	Anlage-Zyklus
Kurs 28.12.07:	16,52	41,26
Startkurs:	6,46	6,46
Gesamtperformance seit 02.01.1987:	155,73%	538,77%
All-Time-High:	64,50	54,75
Erreicht am:	10.04.2002	10.04.2002

Das wäre aus einer Anlage von 10.000 geworden:

Anlage vor 10 Jahren:	7.996,13	22.272,36
Anlage seit 1987:	25.572,76	63.876,79

Jahres-Hochs und -Tiefs

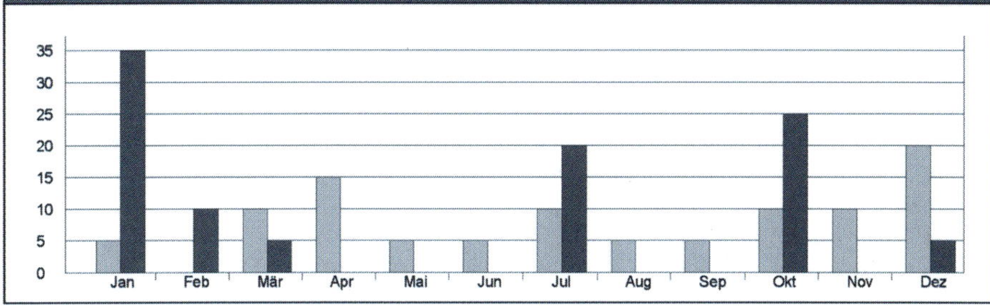

Rendite-Viereck

Jan		6,96	4,28	2,80	4,22	2,13	2,53	0,73	0,45	-0,05	-0,66	-2,22
Feb	4,83		12,92	11,46	10,01	7,50	7,87	5,97	5,76	5,31	4,81	3,09
Mär	7,68	2,68		12,91	11,59	9,27	9,81	7,89	8,02	7,63	7,27	5,52
Apr	9,26	4,27	1,63		13,52	11,20	11,70	9,62	9,77	9,32	8,92	7,19
Mai	6,85	1,62	-0,81	-2,10		8,44	9,07	7,08	7,10	6,47	6,11	4,75
Jun	9,08	3,57	1,29	0,06	1,77		12,33	10,13	9,96	9,28	8,78	7,37
Jul	8,47	3,00	0,50	-0,77	0,96	-0,68		8,74	8,81	8,03	7,58	6,17
Aug	9,48	4,04	1,72	0,31	2,25	0,63	1,22		10,22	9,35	8,54	6,87
Sep	10,83	5,09	2,54	1,05	2,79	1,02	1,52	0,08		10,17	9,43	7,97
Okt	11,60	5,70	2,88	1,48	3,21	1,43	1,86	0,41	0,61		11,01	9,51
Nov	12,87	6,77	3,98	2,65	4,46	2,54	2,97	1,26	1,22	0,58		10,94
Dez	15,14	8,82	5,83	4,48	6,21	4,37	4,74	3,03	2,93	2,29	1,64	
	Jan	Feb	Mär	Apr	Mai	Jun	Jul	Aug	Sep	Okt	Nov	Dez

Monatsstatistiken

	Anzahl Monate	durchschn. Performance	positive Monate	durchschn. Performance	negative Monate	durchschn. Performance	Gewinn-Wahr-scheinlichkeit	Monats-hoch am	Monats-tief am
Jan	21	−2,22%	10	4,99%	11	−8,77%	0,48%	01.01	09.01
Feb	21	4,83%	13	9,30%	8	−2,44%	0,62%	29.02	01.02
Mar	21	2,68%	13	7,16%	8	−4,58%	0,62%	31.03	01.03
Apr	21	1,63%	13	4,57%	8	−3,15%	0,62%	30.04	01.04
May	21	−2,10%	10	5,58%	11	−9,07%	0,48%	02.05	12.05
Jun	21	1,77%	10	8,51%	11	−4,36%	0,48%	22.06	02.06
Jul	21	−0,68%	10	4,25%	11	−5,16%	0,48%	06.07	22.07
Aug	21	1,22%	11	8,89%	10	−7,21%	0,52%	23.08	11.08
Sep	21	0,08%	10	8,05%	11	−7,16%	0,48%	16.09	24.09
Oct	21	0,61%	10	6,78%	11	−5,00%	0,48%	15.10	08.10
Nov	21	0,58%	11	5,86%	10	−5,23%	0,52%	06.11	01.11
Dec	21	1,64%	12	5,75%	9	−3,83%	0,57%	30.12	19.12

Jahreszyklus:

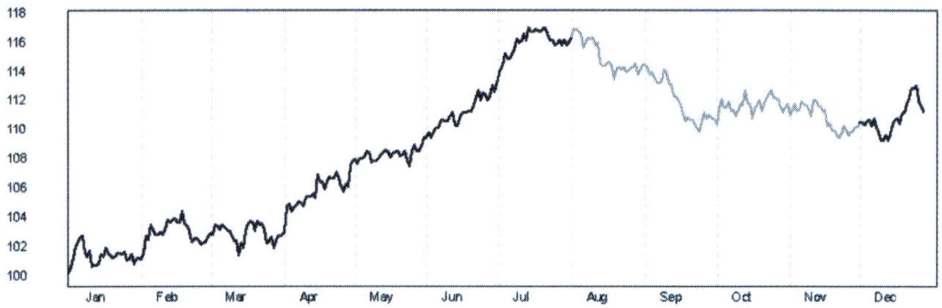

Erfolgreichster Anlage-Zeitraum: 8 Monate zwischen 30. November und 31. Juli

Buy & Hold vs. Anlage-Zyklus:

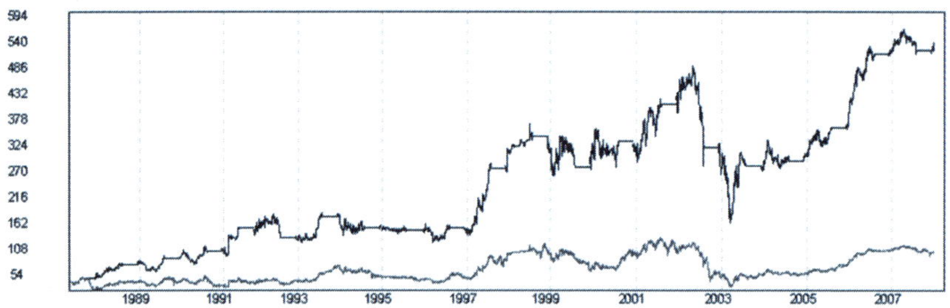

Vergleich: Buy & Hold vs. Anlage-Zyklus

	Buy & Hold	Anlage-Zyklus
Kurs 28.12.07:	106,53	540,17
Startkurs:	42,44	42,44
Gesamtperformance seit 27.04.1987:	151,01%	1.172,79%
All-Time-High:	134,30	568,83
Erreicht am:	24.07.2001	18.04.2007

Das wäre aus einer Anlage von 10.000 geworden:

Anlage vor 10 Jahren:	10.238,35	16.536,91
Anlage seit 1987:	25.101,32	127.279,40

Jahres-Hochs und -Tiefs

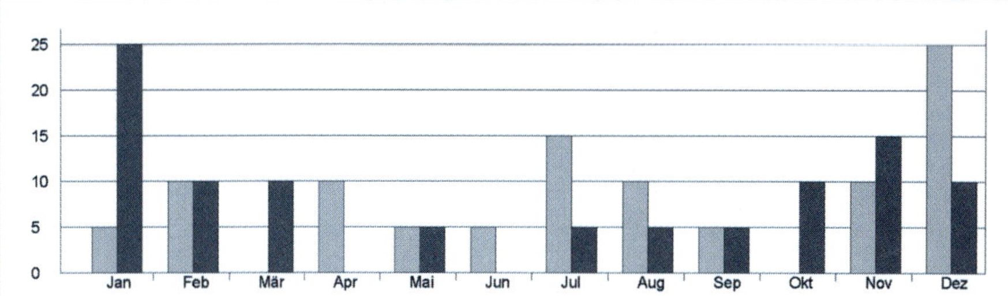

Rendite-Viereck

Jan		10,98	11,67	4,01	2,22	-1,26	-4,34	-3,03	0,01	-0,35	1,40	0,17
Feb	1,22		13,76	6,65	4,61	0,97	-2,74	-1,73	1,29	1,08	2,87	1,75
Mär	1,89	0,21		7,52	5,42	1,72	-2,16	-1,16	1,51	1,53	3,52	2,28
Apr	6,10	4,57	4,96		8,49	4,89	0,94	1,86	5,51	5,10	7,13	6,33
Mai	7,74	6,16	6,50	1,46		6,61	2,52	3,48	7,04	6,93	8,99	8,02
Jun	10,80	9,33	9,90	4,55	3,11		5,87	6,41	10,18	9,88	11,72	10,97
Jul	14,39	12,78	13,26	8,31	6,73	3,18		9,43	13,29	13,31	15,41	14,65
Aug	11,94	10,65	11,17	6,69	5,16	1,67	-1,33		11,01	11,11	13,34	12,41
Sep	9,63	8,18	8,49	4,15	2,57	-0,98	-4,40	-3,22		8,83	11,07	10,22
Okt	11,17	9,67	10,10	3,89	2,22	-1,07	-4,07	-3,06	0,57		12,92	11,93
Nov	10,50	9,27	9,86	2,73	0,93	-2,46	-5,34	-4,44	-0,77	-1,64		11,26
Dez	12,00	10,48	10,93	3,70	1,90	-1,58	-4,74	-3,51	-0,31	-0,77	1,02	
	Jan	Feb	Mär	Apr	Mai	Jun	Jul	Aug	Sep	Okt	Nov	Dez

Monatsstatistiken

	Anzahl Monate	durchschn. Performance	positive Monate	durchschn. Performance	negative Monate	durchschn. Performance	Gewinn-Wahr-scheinlichkeit	Monats-hoch am	Monats-tief am
Jan	21	0,17%	10	6,22%	11	-5,32%	0,48%	07.01	29.01
Feb	20	1,22%	11	8,22%	9	-7,32%	0,55%	18.02	01.02
Mar	20	0,21%	11	4,77%	9	-5,36%	0,55%	18.03	13.03
Apr	20	4,96%	10	12,79%	10	-2,88%	0,50%	30.04	01.04
May	21	1,46%	11	6,01%	10	-3,56%	0,52%	31.05	03.05
Jun	21	3,11%	14	7,14%	7	-4,95%	0,67%	29.06	03.06
Jul	21	3,18%	12	11,14%	9	-7,43%	0,57%	21.07	01.07
Aug	21	-1,33%	6	9,15%	15	-5,52%	0,29%	02.08	19.08
Sep	21	-3,22%	9	5,03%	12	-9,40%	0,43%	01.09	24.09
Oct	21	0,57%	10	8,00%	11	-6,19%	0,48%	13.10	01.10
Nov	21	-1,64%	10	4,50%	11	-7,23%	0,48%	11.11	22.11
Dec	21	1,02%	12	6,66%	9	-6,51%	0,57%	27.12	11.12

Jahreszyklus:

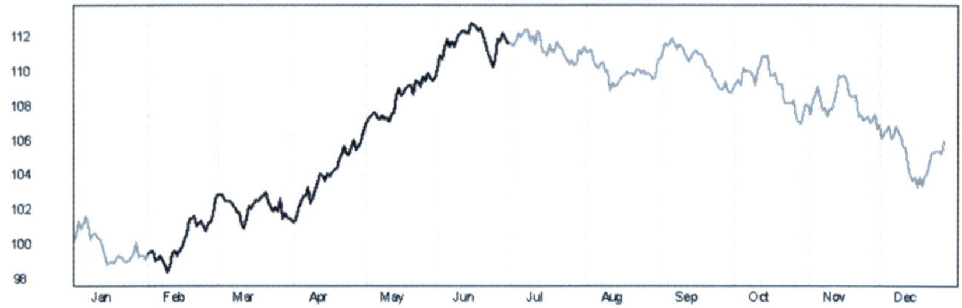

Erfolgreichster Anlage–Zeitraum: 5 Monate zwischen 31. Januar und 30. Juni

Buy & Hold vs. Anlage–Zyklus:

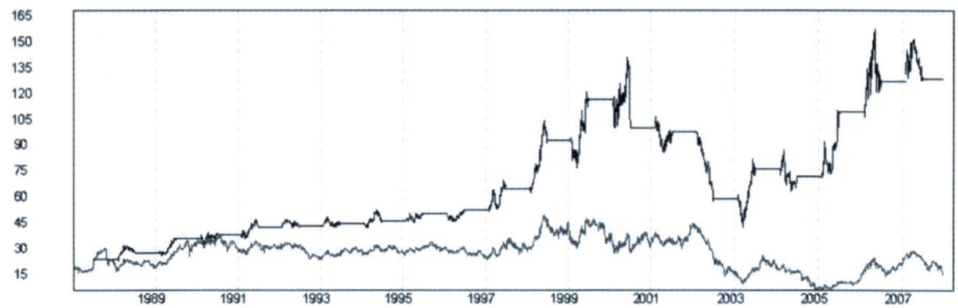

Vergleich: Buy & Hold vs. Anlage–Zyklus

	Buy & Hold	**Anlage–Zyklus**
Kurs 28.12.07:	16,16	129,38
Startkurs:	19,59	19,59
Gesamtperformance seit 02.01.1987:	–17,51%	560,45%
All–Time–High:	50,41	158,51
Erreicht am:	08.06.1998	11.05.2006

Das wäre aus einer Anlage von 10.000 geworden:

Anlage vor 10 Jahren:	5.097,79	19.588,81
Anlage seit 1987:	8.249,11	66.044,67

Aktie **Arcandor** **WKN: 627500**

Jahres-Hochs und -Tiefs

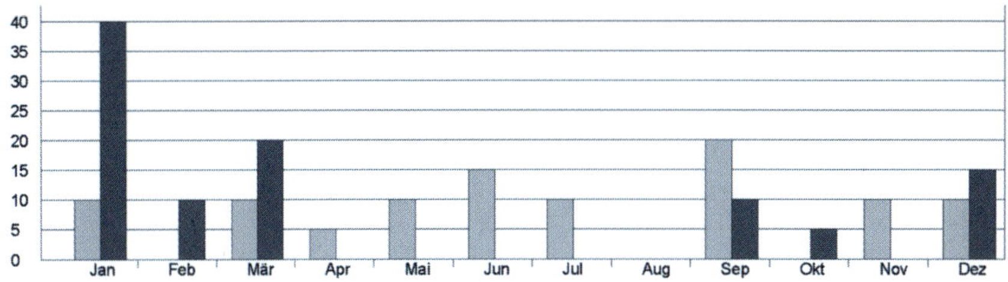

Rendite-Viereck

Jan		3,33	5,26	−0,05	−4,20	−6,06	−6,27	−5,84	−4,04	−3,06	−2,21	−1,80
Feb	2,81		12,23	6,59	1,79	−0,83	−1,37	−1,14	1,04	2,51	3,19	2,69
Mär	1,47	−1,27		5,73	1,00	−1,81	−2,49	−2,06	−0,19	1,39	1,89	1,39
Apr	6,43	3,84	5,22		6,50	3,38	2,58	3,35	5,43	6,93	7,48	6,80
Mai	9,29	6,58	7,89	2,70		4,83	3,96	5,02	7,21	8,79	9,80	9,43
Jun	11,25	8,65	10,29	4,87	1,93		3,48	4,73	6,85	8,62	9,91	9,84
Jul	11,66	9,04	10,60	5,42	2,14	−0,06		3,32	5,36	7,12	8,83	8,88
Aug	11,24	9,22	10,90	5,04	1,70	−0,60	−0,66		4,27	5,42	7,49	7,74
Sep	10,21	7,85	9,43	3,48	0,10	−2,20	−2,46	−1,66		4,44	6,59	6,73
Okt	8,02	5,82	7,05	1,29	−1,95	−3,38	−3,40	−2,88	−0,60		6,12	6,02
Nov	6,90	4,60	6,00	0,38	−3,14	−4,78	−4,80	−4,40	−2,20	−1,53		5,48
Dez	6,80	4,16	5,74	0,05	−3,63	−5,55	−5,55	−5,15	−3,05	−2,27	−0,86	
	Jan	Feb	Mär	Apr	Mai	Jun	Jul	Aug	Sep	Okt	Nov	Dez

Monatsstatistiken

	Anzahl Monate	durchschn. Performance	positive Monate	durchschn. Performance	negative Monate	durchschn. Performance	Gewinn-Wahr-scheinlichkeit	Monats-hoch am	Monats-tief am
Jan	21	−1,80%	7	11,39%	14	−8,40%	0,33%	06.01	23.01
Feb	21	2,81%	13	7,88%	8	−5,43%	0,62%	29.02	09.02
Mar	21	−1,27%	7	6,65%	14	−5,24%	0,33%	21.03	12.03
Apr	21	5,22%	11	13,68%	10	−4,10%	0,52%	30.04	01.04
May	21	2,70%	13	7,89%	8	−5,74%	0,62%	28.05	02.05
Jun	21	1,93%	10	11,28%	11	−6,57%	0,48%	15.06	01.06
Jul	21	−0,06%	10	7,75%	11	−7,16%	0,48%	08.07	27.07
Aug	21	−0,66%	9	8,45%	12	−7,48%	0,43%	03.08	11.08
Sep	21	−1,66%	9	7,37%	12	−8,43%	0,43%	06.09	30.09
Oct	21	−0,60%	12	6,92%	9	−10,64%	0,57%	13.10	29.10
Nov	21	−1,53%	8	7,86%	13	−7,31%	0,38%	14.11	30.11
Dec	21	−0,86%	11	5,86%	10	−8,24%	0,52%	08.12	17.12

Aktie **Arques AG** **WKN: 515600**

Jahreszyklus:

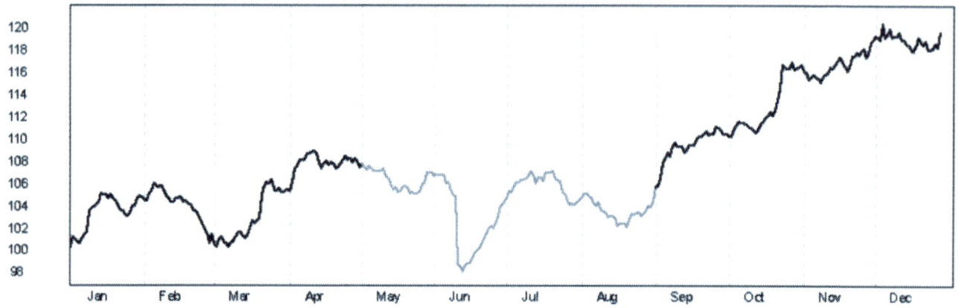

Erfolgreichster Anlage–Zeitraum: 8 Monate zwischen 31. August und 30. April

Buy & Hold vs. Anlage–Zyklus:

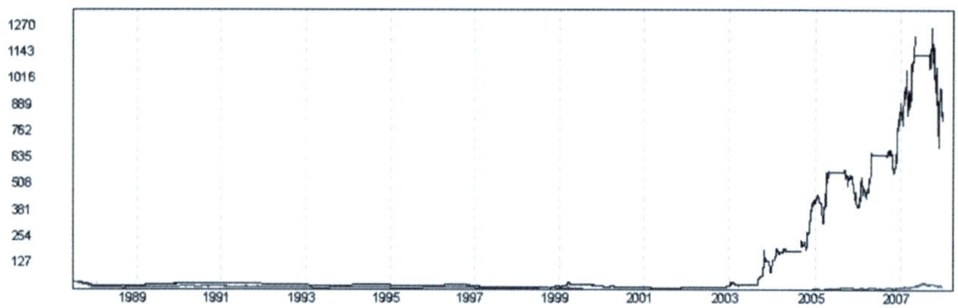

Vergleich: Buy & Hold vs. Anlage–Zyklus

	Buy & Hold	Anlage–Zyklus
Kurs 28.12.07:	23,20	842,49
Startkurs:	38,35	38,35
Gesamtperformance seit 26.06.1987:	–39,50%	2.097,02%
All–Time–High:	40,75	1.274,63
Erreicht am:	12.07.2007	26.09.2007

Das wäre aus einer Anlage von 10.000 geworden:

Anlage vor 10 Jahren:	32.410,88	538.008,30
Anlage seit 1987:	6.050,03	219.702,30

Jahres-Hochs und -Tiefs

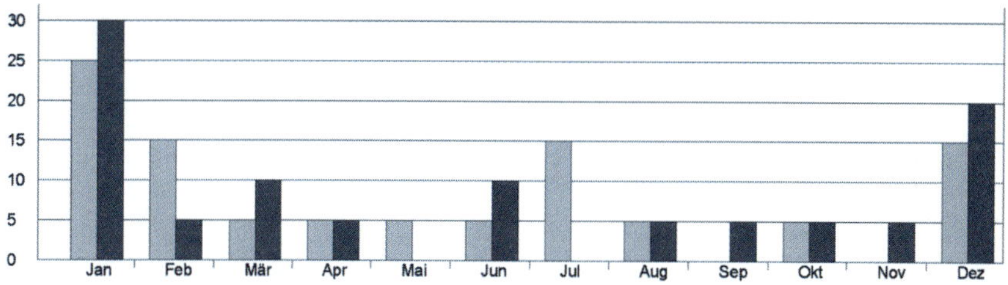

Rendite-Viereck

Jan		56,17	56,65	49,02	47,29	52,91	48,49	36,21	16,18	7,82	4,20	3,25
Feb	-3,80		62,53	54,93	53,40	57,58	53,18	38,66	16,06	6,46	1,99	0,59
Mär	1,77	4,92		60,72	59,51	62,76	59,41	45,42	23,31	13,07	7,30	5,44
Apr	2,69	6,59	2,51		66,60	69,95	65,65	50,30	26,33	15,60	9,52	7,76
Mai	2,86	7,10	3,00	0,14		74,13	69,21	53,12	28,08	17,34	10,35	8,22
Jun	-0,25	4,32	-0,63	-3,82	-3,06		61,77	47,58	22,52	12,50	7,54	4,92
Jul	0,43	5,73	1,35	-2,78	-2,55	0,40		50,73	24,92	15,09	9,41	6,29
Aug	1,29	7,66	3,57	-1,08	-1,00	1,44	0,32		28,72	16,96	11,32	8,44
Sep	12,92	21,82	18,84	13,58	12,46	14,17	12,05	8,61		37,45	33,63	27,78
Okt	36,24	50,49	49,68	42,29	38,91	38,84	34,94	25,05	6,81		78,14	66,37
Nov	35,65	48,04	47,88	41,54	39,95	40,37	36,75	27,35	10,11	3,18		63,79
Dez	33,97	46,23	46,00	39,82	38,69	40,37	37,00	27,64	10,91	1,11	0,27	
	Jan	Feb	Mär	Apr	Mai	Jun	Jul	Aug	Sep	Okt	Nov	Dez

Monatsstatistiken

	Anzahl Monate	durchschn. Performance	positive Monate	durchschn. Performance	negative Monate	durchschn. Performance	Gewinn-Wahr-scheinlichkeit	Monats-hoch am	Monats-tief am
Jan	21	3,25%	11	17,05%	10	-11,93%	0,52%	14.01	01.01
Feb	20	-3,80%	10	4,28%	10	-11,89%	0,50%	05.02	28.02
Mar	20	4,92%	13	11,58%	7	-7,43%	0,65%	25.03	07.03
Apr	20	2,51%	14	8,48%	6	-11,41%	0,70%	28.04	01.04
May	20	0,14%	10	8,62%	10	-8,33%	0,50%	02.05	24.05
Jun	20	-3,06%	12	7,34%	8	-18,65%	0,60%	03.06	13.06
Jul	21	0,40%	13	6,13%	8	-8,91%	0,62%	11.07	29.07
Aug	21	0,32%	11	10,44%	10	-10,80%	0,52%	03.08	20.08
Sep	21	8,61%	16	14,23%	5	-9,37%	0,76%	26.09	01.09
Oct	21	6,81%	15	13,27%	6	-9,34%	0,71%	23.10	12.10
Nov	21	3,18%	11	15,06%	10	-9,88%	0,52%	30.11	08.11
Dec	21	0,27%	12	5,60%	9	-6,83%	0,57%	04.12	17.12

Aktie **AWD** **WKN: 508590**

Jahreszyklus:

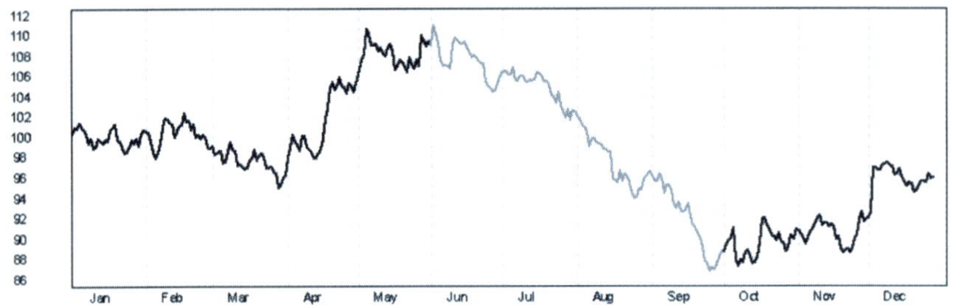

Erfolgreichster Anlage–Zeitraum: 8 Monate zwischen 30. September und 31. Mai

Buy & Hold vs. Anlage–Zyklus:

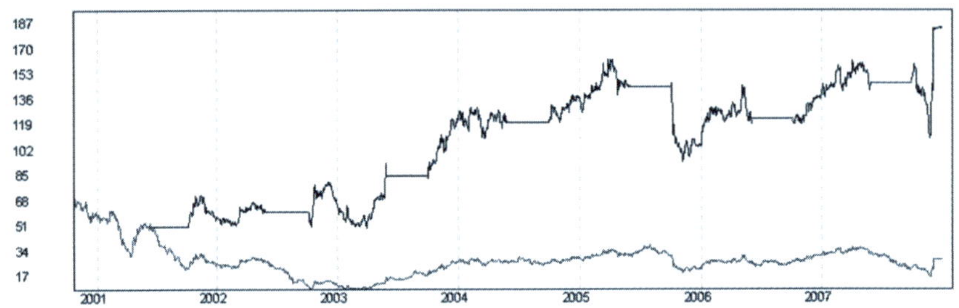

Vergleich: Buy & Hold vs. Anlage–Zyklus

	Buy & Hold	**Anlage–Zyklus**
Kurs 28.12.07:	29,41	184,34
Startkurs:	70,00	70,00
Gesamtperformance seit 23.10.2000:	–57,99%	163,34%
All–Time–High:	71,00	184,65
Erreicht am:	24.10.2000	18.12.2007

Das wäre aus einer Anlage von 10.000 geworden:

Anlage vor 10 Jahren:	–	–
Anlage seit Börsengang:	4.201,43	26.333,84

Jahres-Hochs und -Tiefs

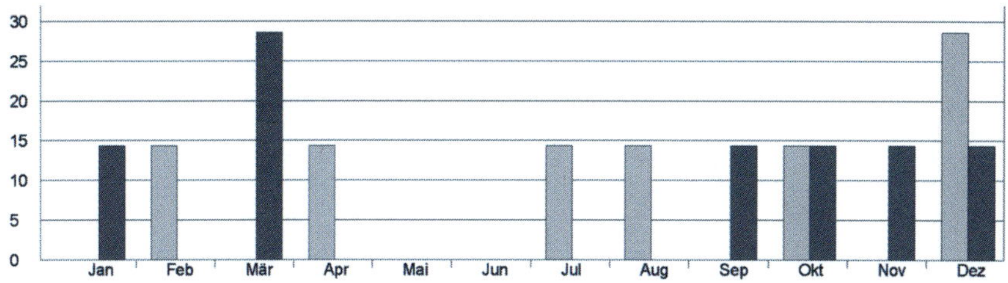

Rendite-Viereck

Jan		10,55	13,36	0,19	-4,01	-1,92	-0,46	5,34	14,22	6,28	4,75	1,11
Feb	-1,48		21,17	5,25	-1,35	-0,35	-0,58	2,60	10,72	2,10	0,42	-0,26
Mär	-3,55	-1,96		5,88	-0,25	0,93	1,17	5,16	13,69	0,67	-1,35	-1,91
Apr	3,08	5,75	8,76		3,16	4,84	5,53	9,94	20,13	6,46	4,31	4,38
Mai	5,49	8,98	13,20	3,00		3,46	4,36	9,25	20,49	7,98	5,90	6,38
Jun	1,65	5,09	8,93	-0,77	-3,78		2,51	7,13	17,85	4,80	2,40	2,65
Jul	-0,54	3,00	5,57	-3,49	-6,22	-3,35		8,27	19,13	3,73	0,82	0,92
Aug	-5,71	-0,99	2,02	-8,45	-12,07	-9,71	-6,86		12,74	-2,52	-5,55	-4,71
Sep	-11,46	-6,98	-4,64	-14,16	-17,31	-15,65	-14,27	-8,26		-7,02	-10,34	-9,72
Okt	-7,46	-1,51	1,96	-10,25	-14,32	-11,92	-9,43	-4,03	6,11		-7,89	-6,14
Nov	-3,65	2,76	5,90	-6,84	-11,01	-8,60	-6,48	-0,92	9,15	1,23		-2,13
Dez	1,79	8,76	11,85	-1,83	-6,11	-3,79	-1,95	3,51	12,77	1,80	3,51	
	Jan	Feb	Mär	Apr	Mai	Jun	Jul	Aug	Sep	Okt	Nov	Dez

Monatsstatistiken

	Anzahl Monate	durchschn. Performance	positive Monate	durchschn. Performance	negative Monate	durchschn. Performance	Gewinn-Wahrscheinlichkeit	Monats-hoch am	Monats-tief am
Jan	8	1,11%	4	6,84%	4	-4,63%	0,50%	19.01	23.01
Feb	7	-1,48%	3	4,43%	4	-5,92%	0,43%	17.02	05.02
Mar	7	-1,96%	4	7,78%	3	-14,94%	0,57%	08.03	28.03
Apr	7	8,76%	5	14,28%	2	-5,03%	0,71%	23.04	12.04
May	7	3,00%	3	14,22%	4	-5,42%	0,43%	05.05	22.05
Jun	7	-3,78%	3	3,71%	4	-9,40%	0,43%	02.06	27.06
Jul	7	-3,35%	4	6,19%	3	-16,07%	0,57%	05.07	29.07
Aug	7	-6,86%	1	21,25%	6	-11,55%	0,14%	01.08	25.08
Sep	7	-8,26%	1	14,66%	6	-12,08%	0,14%	04.09	25.09
Oct	7	6,11%	5	14,81%	2	-15,66%	0,71%	18.10	07.10
Nov	8	1,23%	5	5,80%	3	-6,38%	0,63%	28.11	20.11
Dec	8	3,51%	6	8,15%	2	-10,39%	0,75%	09.12	01.12

Aktie **Beiersdorf** **WKN: 520000**

Jahreszyklus:

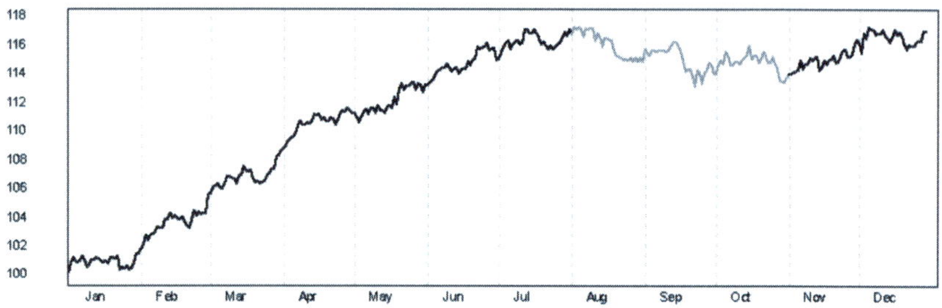

Erfolgreichster Anlage-Zeitraum: 9 Monate zwischen 31. Oktober und 31. Juli

Buy & Hold vs. Anlage-Zyklus:

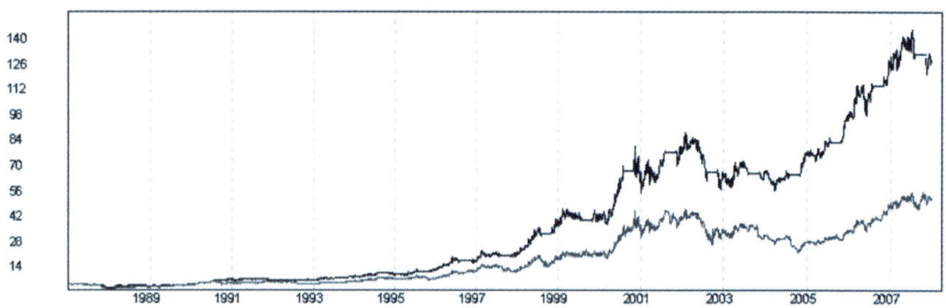

Vergleich: Buy & Hold vs. Anlage-Zyklus

	Buy & Hold	**Anlage-Zyklus**
Kurs 28.12.07:	52,95	128,78
Startkurs:	5,84	5,84
Gesamtperformance seit 02.01.1987:	806,68%	2.105,17%
All-Time-High:	56,50	146,39
Erreicht am:	12.10.2007	09.07.2007
Das wäre aus einer Anlage von 10.000 geworden:		
Anlage vor 10 Jahren:	36.130,52	51.463,79
Anlage seit 1987:	90.667,81	220.517,09

Aktie Beiersdorf WKN: 520000

Jahres-Hochs und -Tiefs

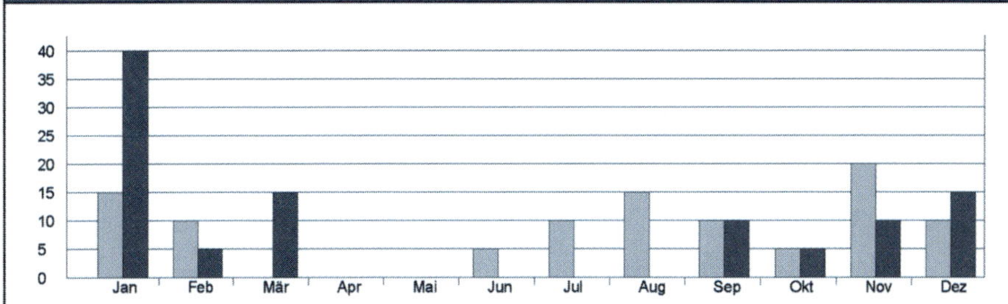

Rendite-Viereck

	Jan	Feb	Mär	Apr	Mai	Jun	Jul	Aug	Sep	Okt	Nov	Dez
Jan		11,18	7,77	5,45	3,72	1,98	0,02	2,67	3,59	3,87	1,44	1,26
Feb	3,11		11,64	9,29	7,17	5,23	2,87	5,62	6,90	7,42	4,68	4,49
Mär	5,92	2,80		12,38	10,36	8,40	5,99	8,73	10,05	10,70	7,86	7,61
Apr	8,16	5,05	2,22		12,33	10,41	7,99	10,72	12,13	12,88	10,13	9,83
Mai	9,72	6,70	3,72	1,44		12,15	9,85	12,71	13,94	14,86	12,11	11,75
Jun	11,43	8,32	5,23	2,96	1,39		12,24	15,18	16,32	17,40	14,48	14,14
Jul	13,83	10,63	7,30	5,06	3,34	1,84		17,62	18,69	19,82	16,75	16,57
Aug	11,53	8,28	5,04	2,81	1,31	-0,05	-1,95		15,50	16,50	13,45	13,34
Sep	10,27	7,13	3,89	1,65	0,11	-1,16	-2,92	-0,91		15,37	12,52	12,32
Okt	10,29	7,16	3,68	1,50	-0,12	-1,53	-3,43	-1,26	-0,32		13,69	13,49
Nov	13,28	10,22	6,56	4,36	2,49	0,87	-1,26	1,14	2,18	2,36		17,30
Dez	12,79	9,64	6,16	3,96	2,26	0,81	-1,34	1,20	2,20	2,47	0,12	

Monatsstatistiken

	Anzahl Monate	durchschn. Performance	positive Monate	durchschn. Performance	negative Monate	durchschn. Performance	Gewinn-Wahrscheinlichkeit	Monatshoch am	Monatstief am
Jan	21	1,26%	11	5,85%	10	-3,79%	0,52%	31.01	23.01
Feb	21	3,11%	13	7,19%	8	-3,51%	0,62%	29.02	01.02
Mar	21	2,80%	15	4,82%	6	-2,25%	0,71%	31.03	01.03
Apr	21	2,22%	13	5,01%	8	-2,32%	0,62%	28.04	01.04
May	21	1,44%	11	5,30%	10	-2,80%	0,52%	28.05	03.05
Jun	21	1,39%	12	5,10%	9	-3,55%	0,57%	26.06	01.06
Jul	21	1,84%	14	5,40%	7	-5,28%	0,67%	16.07	01.07
Aug	21	-1,95%	9	5,54%	12	-7,57%	0,43%	04.08	29.08
Sep	21	-0,91%	9	5,08%	12	-5,40%	0,43%	14.09	22.09
Oct	21	-0,32%	11	6,40%	10	-7,73%	0,52%	15.10	30.10
Nov	21	2,36%	14	6,06%	7	-5,05%	0,67%	30.11	01.11
Dec	21	0,12%	9	4,49%	12	-3,15%	0,43%	05.12	02.12

Jahreszyklus:

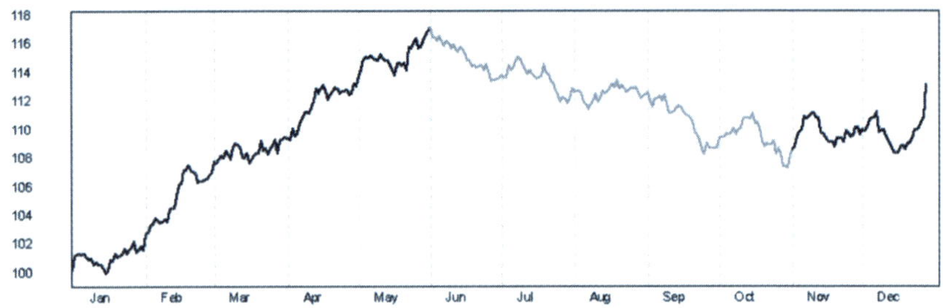

Erfolgreichster Anlage–Zeitraum: 7 Monate zwischen 31. Oktober und 31. Mai

Buy & Hold vs. Anlage–Zyklus:

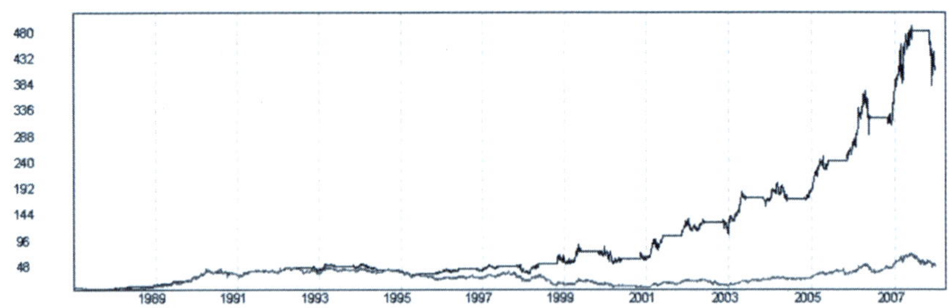

Vergleich: Buy & Hold vs. Anlage–Zyklus

	Buy & Hold	Anlage–Zyklus
Kurs 28.12.07:	51,86	411,24
Startkurs:	11,89	11,89
Gesamtperformance seit 02.01.1987:	336,16%	3.358,69%
All–Time–High:	74,33	487,53
Erreicht am:	04.06.2007	21.05.2007

Das wäre aus einer Anlage von 10.000 geworden:

Anlage vor 10 Jahren:	21.716,92	107.551,17
Anlage seit 1987:	43.616,48	345.868,60

Jahres-Hochs und -Tiefs

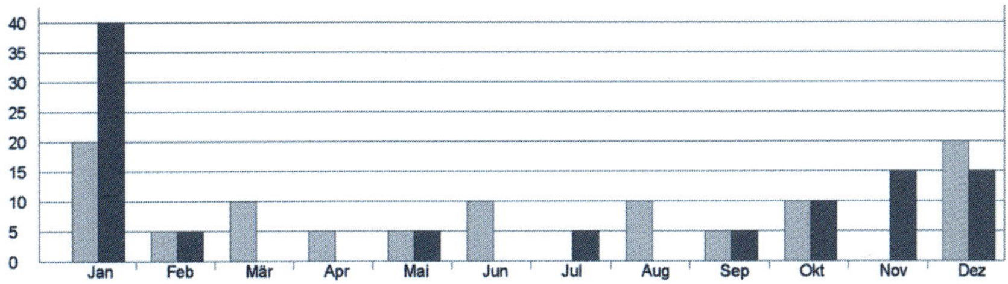

Rendite-Viereck

Jan		6,70	4,74	0,85	-2,53	0,25	1,19	0,67	3,58	4,24	2,82	0,19
Feb	5,37		12,84	8,97	5,32	8,18	9,05	8,55	11,31	12,63	10,80	7,64
Mär	7,58	2,24		12,35	8,33	11,20	12,27	11,53	14,04	15,66	13,42	10,18
Apr	10,98	5,57	3,44		10,37	13,37	14,69	14,18	17,66	18,98	16,73	13,50
Mai	15,05	9,36	7,14	3,50		17,59	19,08	18,42	21,95	23,44	21,13	17,61
Jun	11,68	6,04	3,91	0,41	-2,94		16,25	15,55	18,88	20,35	17,95	14,54
Jul	10,82	5,28	3,27	-0,30	-3,42	-0,60		14,85	18,32	19,64	17,27	13,96
Aug	10,20	4,51	2,78	-0,82	-3,86	-1,11	-0,44		17,74	19,02	16,93	13,42
Sep	6,96	1,57	0,06	-3,49	-6,55	-3,90	-3,31	-3,27		15,66	14,01	10,34
Okt	6,86	0,95	-0,93	-4,46	-7,40	-4,86	-4,18	-4,12	-0,47		15,07	11,47
Nov	9,00	2,85	0,92	-2,72	-6,14	-3,62	-2,76	-2,75	0,79	1,27		13,86
Dez	12,66	6,18	1,04	0,08	-3,39	-0,68	0,25	0,20	3,61	1,17	2,86	
	Jan	Feb	Mär	Apr	Mai	Jun	Jul	Aug	Sep	Okt	Nov	Dez

Monatsstatistiken

	Anzahl Monate	durchschn. Performance	positive Monate	durchschn. Performance	negative Monate	durchschn. Performance	Gewinn-Wahr-scheinlichkeit	Monats-hoch am	Monats-tief am
Jan	21	0,19%	13	7,90%	8	-12,33%	0,62%	27.01	15.01
Feb	21	5,37%	16	9,04%	5	-6,35%	0,76%	19.02	01.02
Mar	21	2,24%	12	7,63%	9	-4,94%	0,57%	31.03	16.03
Apr	21	3,44%	12	9,06%	9	-4,05%	0,57%	29.04	02.04
May	21	3,50%	14	7,33%	7	-4,15%	0,67%	31.05	17.05
Jun	21	-2,94%	7	3,85%	14	-6,33%	0,33%	01.06	27.06
Jul	21	-0,60%	9	6,85%	12	-6,18%	0,43%	08.07	29.07
Aug	21	-0,44%	12	5,27%	9	-8,04%	0,57%	19.08	07.08
Sep	21	-3,27%	7	6,50%	14	-8,16%	0,33%	01.09	25.09
Oct	21	-0,47%	10	9,14%	11	-9,21%	0,48%	15.10	30.10
Nov	21	1,27%	8	10,37%	13	-4,32%	0,38%	10.11	01.11
Dec	21	2,86%	12	9,78%	9	-6,37%	0,57%	30.12	15.12

Jahreszyklus:

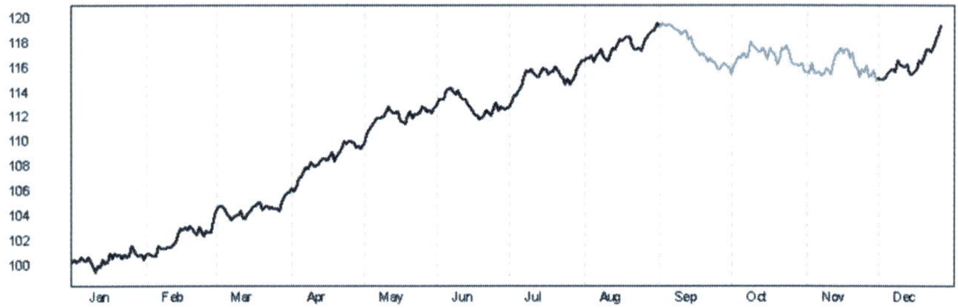

Erfolgreichster Anlage–Zeitraum: 9 Monate zwischen 30. November und 31. August

Buy & Hold vs. Anlage–Zyklus:

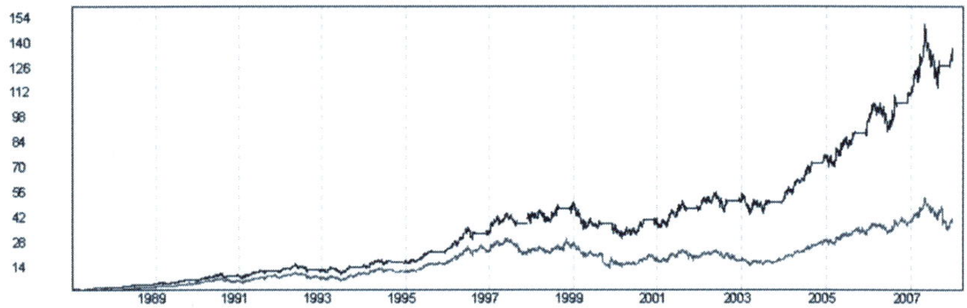

Vergleich: Buy & Hold vs. Anlage–Zyklus

	Buy & Hold	Anlage–Zyklus
Kurs 28.12.07:	42,46	137,91
Startkurs:	2,98	2,98
Gesamtperformance seit 05.01.1987:	1.325,97%	4.531,66%
All–Time–High:	54,50	151,11
Erreicht am:	26.04.2007	26.04.2007

Das wäre aus einer Anlage von 10.000 geworden:

Anlage vor 10 Jahren:	17.773,50	32.443,64
Anlage seit 1987:	142.597,11	463.165,52

Jahres-Hochs und -Tiefs

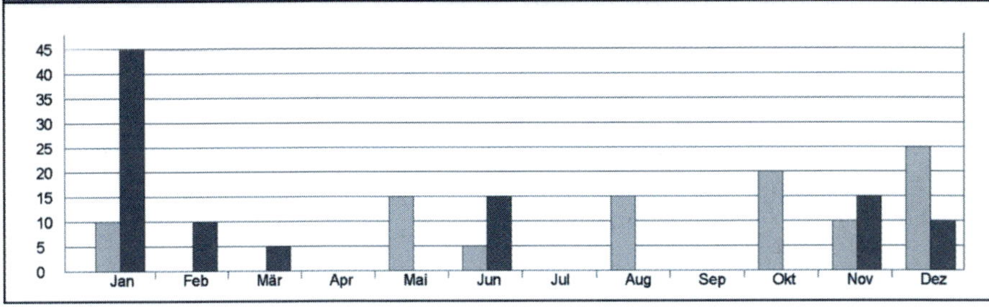

Rendite-Viereck

Jan		14,08	11,13	8,62	5,58	5,66	1,94	-0,88	2,11	3,03	3,89	0,17
Feb	2,46		15,84	13,61	10,12	9,96	5,51	2,66	5,66	6,01	6,95	3,25
Mär	4,76	2,16		16,10	12,52	12,36	7,81	5,00	8,13	8,76	9,66	5,89
Apr	7,75	5,06	2,90		15,96	15,90	11,04	7,99	11,07	11,66	12,52	8,70
Mai	10,86	8,04	5,86	2,92		18,72	13,73	10,67	13,80	14,54	15,44	11,41
Jun	10,80	7,94	5,73	2,79	-0,23		13,47	10,45	13,52	14,23	15,15	11,08
Jul	14,57	11,65	9,33	6,38	3,35	3,52		13,68	17,15	17,84	18,53	14,43
Aug	17,03	14,18	11,76	8,95	5,90	6,18	2,55		19,25	20,03	20,79	16,52
Sep	14,12	11,21	8,52	5,82	2,79	2,94	-0,62	-3,16		17,44	18,06	13,80
Okt	13,43	10,48	7,65	5,25	2,34	2,54	-1,14	-3,80	-0,79		18,46	14,27
Nov	11,93	9,02	6,42	4,01	1,25	1,47	-2,23	-4,86	-1,61	-0,73		13,03
Dez	16,38	13,36	10,56	8,15	5,23	5,37	1,53	-1,19	2,08	2,95	3,75	
	Jan	Feb	Mär	Apr	Mai	Jun	Jul	Aug	Sep	Okt	Nov	Dez

Monatsstatistiken

	Anzahl Monate	durchschn. Performance	positive Monate	durchschn. Performance	negative Monate	durchschn. Performance	Gewinn-Wahrscheinlichkeit	Monats-hoch am	Monats-tief am
Jan	21	0,17%	11	7,58%	10	-7,97%	0,52%	26.01	11.01
Feb	21	2,46%	13	6,52%	8	-4,14%	0,62%	29.02	05.02
Mar	21	2,16%	14	5,29%	7	-4,09%	0,67%	31.03	07.03
Apr	21	2,90%	16	5,46%	5	-5,29%	0,76%	26.04	02.04
May	21	2,92%	14	6,09%	7	-3,41%	0,67%	26.05	02.05
Jun	21	-0,23%	9	5,28%	12	-4,36%	0,43%	07.06	19.06
Jul	21	3,52%	15	6,92%	6	-4,99%	0,71%	31.07	01.07
Aug	21	2,55%	15	6,12%	6	-6,36%	0,71%	31.08	05.08
Sep	21	-3,16%	8	3,27%	13	-7,11%	0,38%	02.09	26.09
Oct	21	-0,79%	11	5,44%	10	-7,64%	0,52%	09.10	01.10
Nov	21	-0,73%	9	5,99%	12	-5,76%	0,43%	15.11	30.11
Dec	21	3,75%	17	5,11%	4	-2,03%	0,81%	30.12	02.12

Aktie **Deutsche EuroShop** **WKN: 748020**

Jahreszyklus:

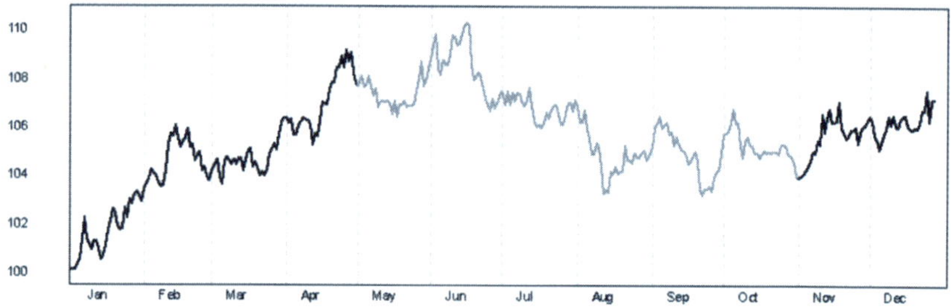

Erfolgreichster Anlage-Zeitraum: 6 Monate zwischen 31. Oktober und 30. April

Buy & Hold vs. Anlage-Zyklus:

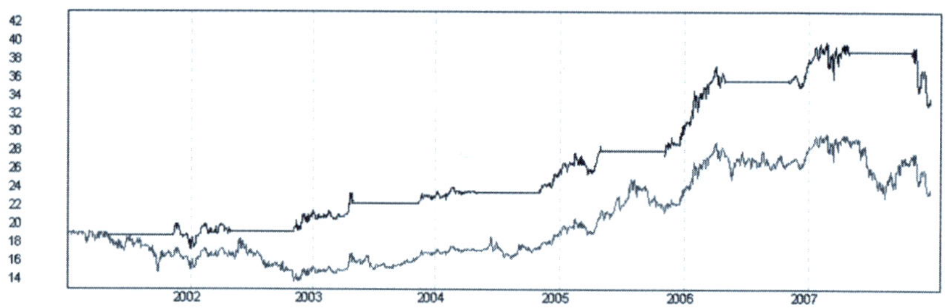

Vergleich: Buy & Hold vs. Anlage-Zyklus

	Buy & Hold	**Anlage-Zyklus**
Kurs 28.12.07:	23,66	33,46
Startkurs:	19,20	19,20
Gesamtperformance seit 03.01.2001:	23,23%	74,26%
All-Time-High:	30,13	40,10
Erreicht am:	23.02.2007	23.02.2007

Das wäre aus einer Anlage von 10.000 geworden:

Anlage vor 10 Jahren:	–	–
Anlage seit Börsengang:	12.322,92	17.426,17

Jahres-Hochs und -Tiefs

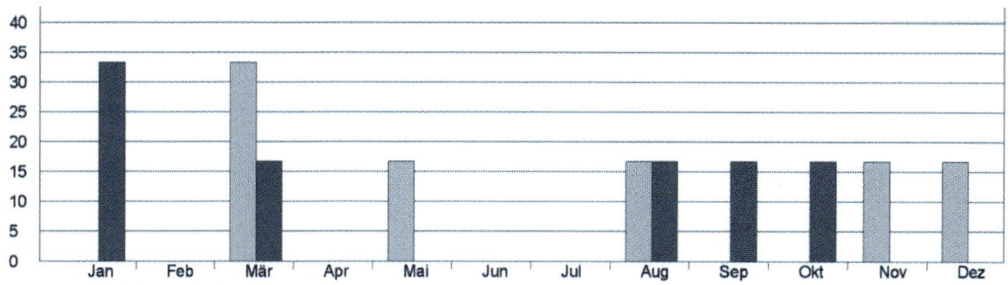

Rendite-Viereck

Jan		4,20	2,16	0,99	1,11	2,12	2,15	4,19	4,69	5,50	3,51	3,15
Feb	0,12		6,72	5,30	5,46	4,93	4,08	6,85	7,58	9,62	6,50	4,34
Mär	2,48	2,34		7,60	7,78	7,19	6,18	9,04	9,88	12,00	8,85	6,65
Apr	3,21	3,09	0,83		8,61	8,10	7,30	10,17	10,88	13,10	9,83	7,53
Mai	3,21	3,11	0,89	0,04		9,03	8,36	11,27	12,02	14,14	10,88	8,74
Jun	1,79	1,67	-0,49	-1,35	-1,28		6,27	9,09	9,77	11,79	8,51	6,35
Jul	1,94	1,79	-0,27	-1,31	-1,24	-0,09		9,84	10,41	12,55	9,13	6,83
Aug	-0,19	-0,36	-2,38	-3,40	-3,31	-2,13	-1,99		8,53	10,67	7,31	4,96
Sep	-0,67	-0,87	-2,91	-3,89	-3,87	-2,59	-2,38	-0,44		11,16	7,80	5,48
Okt	-1,27	-1,47	-3,50	-4,51	-4,33	-3,00	-2,72	-0,91	-0,46		6,60	4,11
Nov	0,48	0,29	-1,74	-2,80	-2,71	-1,40	-1,15	0,76	1,18	1,83		6,24
Dez	1,29	1,01	-1,00	-2,08	-2,08	-0,94	-0,82	1,14	1,50	2,38	0,40	
	Jan	Feb	Mär	Apr	Mai	Jun	Jul	Aug	Sep	Okt	Nov	Dez

Monatsstatistiken

	Anzahl Monate	durchschn. Performance	positive Monate	durchschn. Performance	negative Monate	durchschn. Performance	Gewinn-Wahrscheinlichkeit	Monats-hoch am	Monats-tief am
Jan	7	3,15%	6	4,32%	1	-3,87%	0,86%	29.01	15.01
Feb	7	0,12%	3	2,24%	4	-1,48%	0,43%	14.02	08.02
Mar	7	2,34%	6	3,14%	1	-2,45%	0,86%	31.03	05.03
Apr	7	0,83%	3	4,80%	4	-2,15%	0,43%	26.04	12.04
May	7	0,04%	4	2,91%	3	-3,78%	0,57%	28.05	18.05
Jun	7	-1,28%	4	3,19%	3	-7,23%	0,57%	16.06	28.06
Jul	7	-0,09%	2	7,84%	5	-3,27%	0,29%	01.07	17.07
Aug	7	-1,99%	2	1,20%	5	-3,27%	0,29%	01.08	12.08
Sep	7	-0,44%	5	1,68%	2	-5,73%	0,71%	04.09	22.09
Oct	7	-0,46%	4	3,58%	3	-5,85%	0,57%	05.10	31.10
Nov	7	1,83%	5	3,82%	2	-3,16%	0,71%	18.11	01.11
Dec	7	0,40%	4	5,15%	3	-5,92%	0,57%	27.12	05.12

Jahreszyklus:

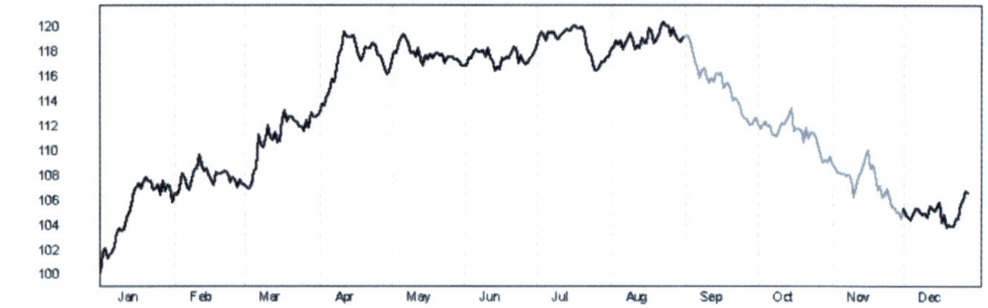

Erfolgreichster Anlage-Zeitraum: 9 Monate zwischen 30. November und 31. August

Buy & Hold vs. Anlage-Zyklus:

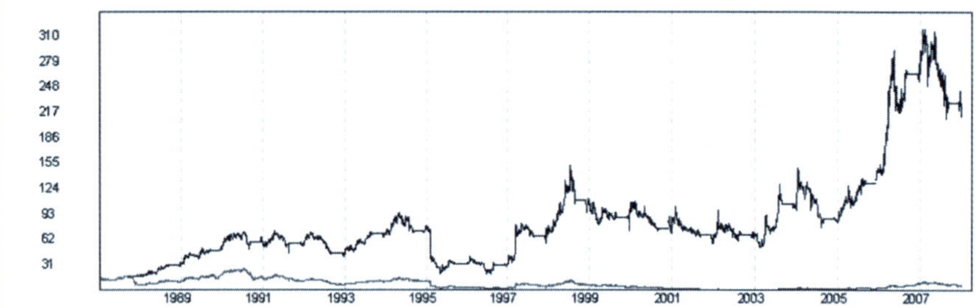

Vergleich: Buy & Hold vs. Anlage-Zyklus

	Buy & Hold	Anlage-Zyklus
Kurs 28.12.07:	6,91	215,03
Startkurs:	16,03	16,03
Gesamtperformance seit 02.01.1987:	-56,89%	1.241,44%
All-Time-High:	26,65	319,64
Erreicht am:	06.07.1990	22.01.2007

Das wäre aus einer Anlage von 10.000 geworden:

Anlage vor 10 Jahren:	8.904,64	25.075,28
Anlage seit 1987:	4.310,67	134.143,98

Jahres-Hochs und -Tiefs

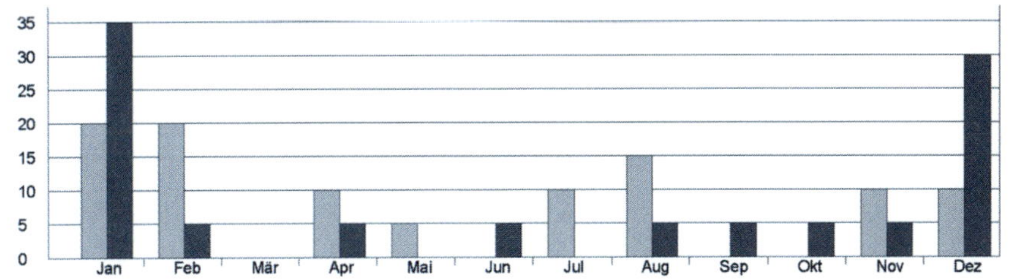

Rendite-Viereck

	Jan	Feb	Mär	Apr	Mai	Jun	Jul	Aug	Sep	Okt	Nov	Dez
Jan		8,44	0,94	-1,81	-1,75	-1,84	-3,06	-5,84	-0,71	3,00	7,73	6,03
Feb	1,07		3,97	1,27	0,90	0,24	-0,89	-3,98	1,95	6,10	10,14	8,10
Mär	6,94	5,49		8,71	8,40	9,49	8,34	3,03	9,49	13,91	18,21	15,92
Apr	10,60	8,97	2,94		11,64	12,91	11,60	6,41	13,42	18,04	22,34	20,03
Mai	10,29	8,68	2,71	0,29		11,08	10,34	5,01	11,91	16,70	21,22	18,82
Jun	11,27	9,57	3,48	1,12	0,63		10,74	5,24	12,24	16,84	22,04	19,53
Jul	11,91	10,26	4,15	1,86	0,76	0,02		4,96	11,88	16,50	21,69	18,96
Aug	12,71	11,02	4,95	2,50	1,77	1,58	1,52		11,26	15,95	21,74	19,11
Sep	7,65	5,89	-0,21	-2,65	-3,15	-3,38	-3,87	-5,59		9,99	15,78	13,27
Okt	3,59	2,03	-4,10	-6,87	-6,93	-6,97	-7,38	-9,01	-3,42		12,99	10,78
Nov	0,78	-1,33	-7,97	-10,72	-10,54	-10,57	-11,21	-12,94	-7,61	-4,66		9,43
Dez	2,95	0,63	-6,22	-8,93	-8,86	-9,11	-9,75	-11,56	-6,37	-3,10	1,79	

Monatsstatistiken

	Anzahl Monate	durchschn. Performance	positive Monate	durchschn. Performance	negative Monate	durchschn. Performance	Gewinn-Wahrscheinlichkeit	Monats-hoch am	Monats-tief am
Jan	21	6,03%	14	15,49%	7	-12,91%	0,67%	27.01	01.01
Feb	21	1,07%	9	11,12%	12	-6,48%	0,43%	11.02	02.02
Mar	21	5,49%	12	14,95%	9	-7,12%	0,57%	18.03	03.03
Apr	21	2,94%	14	7,22%	7	-5,60%	0,67%	11.04	01.04
May	21	0,29%	8	10,25%	13	-5,83%	0,38%	07.05	15.05
Jun	21	0,63%	11	7,96%	10	-7,44%	0,52%	11.06	14.06
Jul	21	0,02%	9	10,94%	12	-8,18%	0,43%	17.07	26.07
Aug	21	1,52%	12	9,18%	9	-8,70%	0,57%	23.08	11.08
Sep	21	-5,59%	5	5,67%	16	-9,11%	0,24%	02.09	28.09
Oct	21	-3,42%	8	7,87%	13	-10,36%	0,38%	15.10	28.10
Nov	21	-4,66%	7	9,03%	14	-11,50%	0,33%	16.11	30.11
Dec	21	1,79%	11	7,19%	10	-4,14%	0,52%	29.12	19.12

Aktie Douglas Holding WKN: 609900

Jahreszyklus:

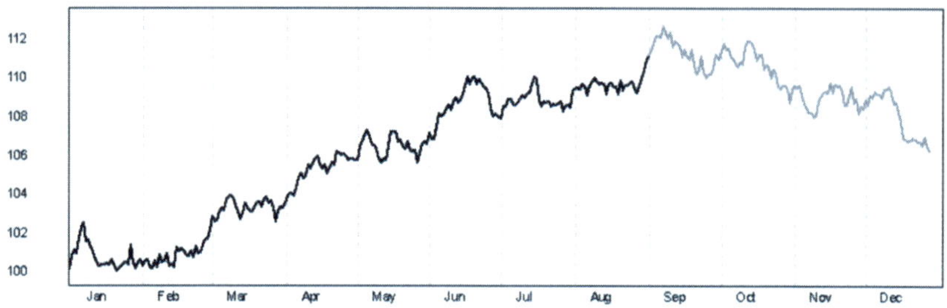

Erfolgreichster Anlage-Zeitraum: 8 Monate zwischen 31. Dezember und 31. August

Buy & Hold vs. Anlage-Zyklus:

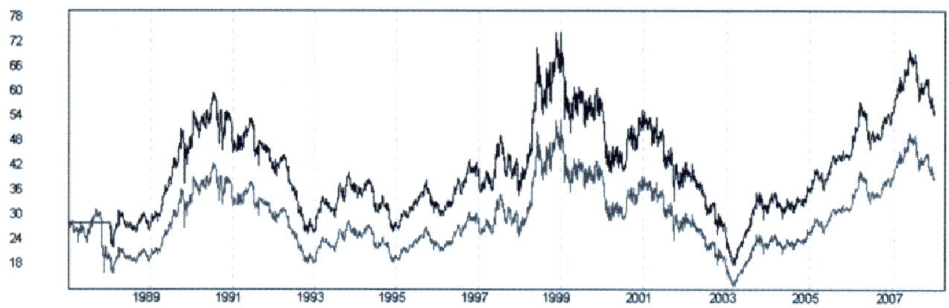

Vergleich: Buy & Hold vs. Anlage-Zyklus

	Buy & Hold	Anlage-Zyklus
Kurs 28.12.07:	39,37	55,24
Startkurs:	28,27	28,27
Gesamtperformance seit 02.01.1987:	39,26%	95,38%
All-Time-High:	53,17	74,60
Erreicht am:	20.11.1998	20.11.1998

Das wäre aus einer Anlage von 10.000 geworden:

Anlage vor 10 Jahren:	13.833,45	13.833,45
Anlage seit 1987:	13.926,42	19.538,46

Jahres-Hochs und -Tiefs

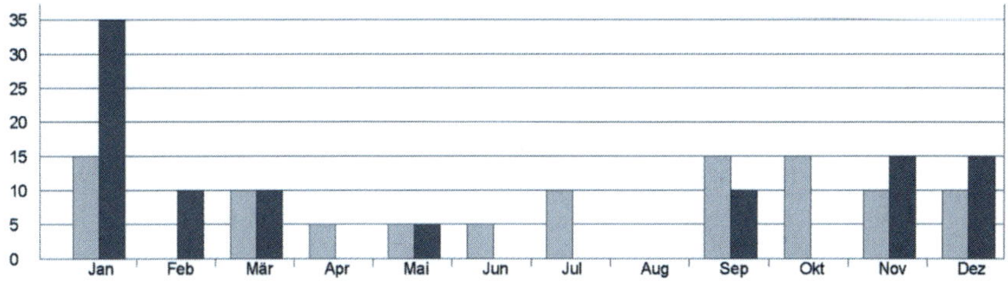

Rendite-Viereck

	Jan	Feb	Mär	Apr	Mai	Jun	Jul	Aug	Sep	Okt	Nov	Dez
Jan		4,97	3,31	0,68	−0,48	−1,89	−3,28	−4,47	−4,60	−3,15	−2,09	−0,13
Feb	1,16		5,43	3,02	2,16	0,53	−1,14	−2,55	−2,61	−0,81	0,30	2,02
Mär	2,41	1,15		4,35	3,59	1,86	0,13	−1,23	−1,34	0,62	1,73	3,55
Apr	4,47	3,39	2,22		5,12	3,38	1,71	0,48	0,42	2,24	3,46	5,63
Mai	5,47	4,46	3,15	0,73		4,78	3,10	2,15	1,91	3,79	4,94	7,44
Jun	6,86	5,80	4,49	2,09	1,20		4,34	3,36	2,80	4,89	6,11	8,61
Jul	8,11	7,09	5,71	3,32	2,44	1,14		3,99	3,50	5,53	6,85	9,37
Aug	9,43	8,61	7,26	4,55	3,75	2,61	1,41		4,60	6,46	7,79	10,47
Sep	10,73	9,81	8,37	5,32	4,21	2,72	1,41	−0,01		7,35	8,88	11,94
Okt	8,70	7,72	6,22	3,32	2,18	0,80	−0,23	−1,63	−1,40		8,36	11,43
Nov	7,63	6,68	5,12	2,29	1,02	−0,46	−1,49	−2,74	−2,63	−1,17		10,64
Dez	5,00	4,71	3,22	0,32	−0,79	−2,11	−3,27	−4,66	−4,69	−3,11	−1,95	
	Jan	Feb	Mär	Apr	Mai	Jun	Jul	Aug	Sep	Okt	Nov	Dez

Monatsstatistiken

	Anzahl Monate	durchschn. Performance	positive Monate	durchschn. Performance	negative Monate	durchschn. Performance	Gewinn-Wahrscheinlichkeit	Monats-hoch am	Monats-tief am
Jan	21	−0,13%	11	7,47%	10	−8,50%	0,52%	07.01	21.01
Feb	21	1,16%	11	6,57%	10	−4,80%	0,52%	29.02	07.02
Mar	21	1,15%	14	3,84%	7	−4,24%	0,67%	09.03	02.03
Apr	21	2,22%	12	7,51%	9	−4,85%	0,57%	22.04	01.04
May	21	0,73%	9	7,92%	12	−4,66%	0,43%	06.05	27.05
Jun	21	1,20%	12	6,44%	9	−5,79%	0,57%	20.06	02.06
Jul	21	1,14%	11	7,29%	10	−5,62%	0,52%	15.07	01.07
Aug	21	1,41%	12	5,73%	9	−4,35%	0,57%	31.08	06.08
Sep	21	−0,01%	10	7,63%	11	−6,96%	0,48%	07.09	25.09
Oct	21	−1,40%	10	5,36%	11	−7,54%	0,48%	13.10	30.10
Nov	21	−1,17%	10	3,96%	11	−5,83%	0,48%	16.11	09.11
Dec	21	−1,95%	7	6,05%	14	−5,95%	0,33%	11.12	30.12

Jahreszyklus:

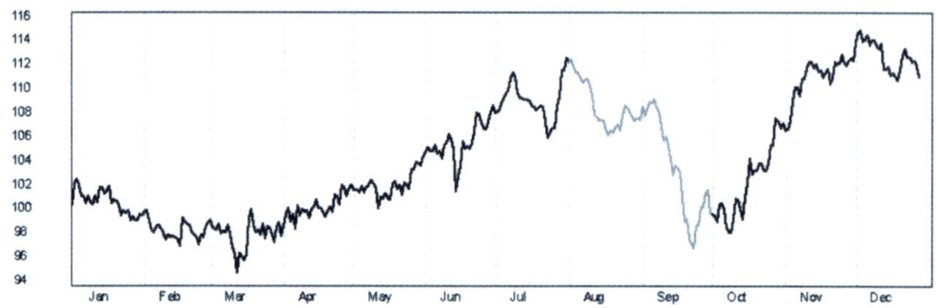

Erfolgreichster Anlage–Zeitraum: 10 Monate zwischen 30. September und 31. Juli

Buy & Hold vs. Anlage–Zyklus:

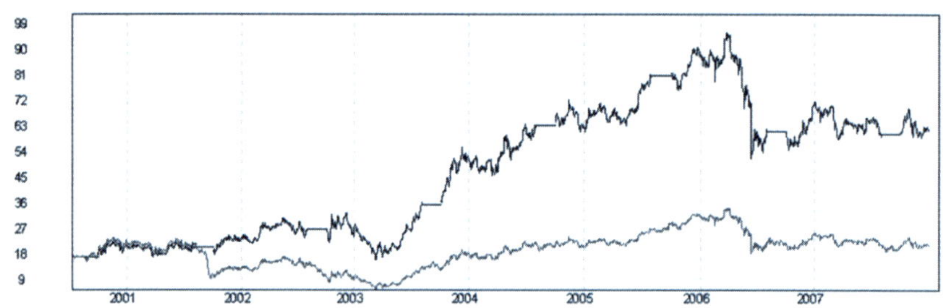

Vergleich: Buy & Hold vs. Anlage–Zyklus

	Buy & Hold	Anlage–Zyklus
Kurs 28.12.07:	22,00	62,30
Startkurs:	18,18	18,18
Gesamtperformance seit 11.07.2000:	21,01%	242,69%
All–Time–High:	35,10	96,78
Erreicht am:	24.03.2006	24.03.2006

Das wäre aus einer Anlage von 10.000 geworden:

Anlage vor 10 Jahren:	–	–
Anlage seit Börsengang:	12.101,21	34.268,52

Aktie EADS WKN: 938914

Jahres-Hochs und -Tiefs

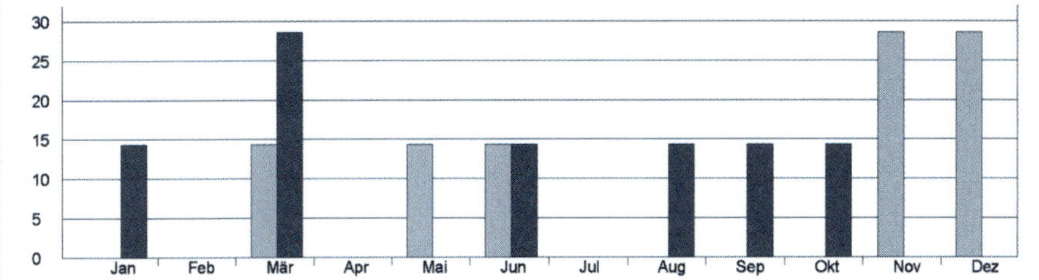

Rendite-Viereck

Jan		7,51	13,37	5,78	2,75	-1,22	-2,73	0,74	7,49	-0,84	-4,62	-3,32
Feb	-0,59		21,35	12,31	8,46	3,92	-0,24	3,47	11,42	2,51	-2,27	-1,32
Mär	-2,11	-1,88		11,13	7,02	2,14	-2,22	1,64	9,70	1,08	-3,59	-2,78
Apr	1,15	1,49	4,13		12,45	7,21	0,37	4,30	13,55	3,93	-0,97	0,13
Mai	2,99	3,51	6,53	2,15		6,07	1,38	5,60	15,29	5,42	0,50	2,10
Jun	5,15	6,02	10,14	4,64	2,02		3,62	7,83	17,77	7,22	2,17	4,21
Jul	10,46	12,34	17,32	10,70	7,44	4,67		11,72	22,60	11,79	6,18	9,57
Aug	4,80	6,98	11,91	5,47	2,50	-0,21	-4,48		15,78	6,20	0,66	4,06
Sep	-3,39	-1,44	3,36	-2,78	-5,16	-8,24	-10,06	-6,58		-1,62	-6,80	-3,93
Okt	4,48	7,67	13,91	6,04	2,89	-1,30	-1,91	1,80	8,96		-0,36	3,75
Nov	8,95	12,13	18,31	10,28	6,90	2,69	1,40	5,33	13,04	3,96		8,32
Dez	7,99	11,86	18,28	10,43	7,18	3,08	0,09	4,33	11,40	2,50	-1,16	
	Jan	Feb	Mär	Apr	Mai	Jun	Jul	Aug	Sep	Okt	Nov	Dez

Monatsstatistiken

	Anzahl Monate	durchschn. Performance	positive Monate	durchschn. Performance	negative Monate	durchschn. Performance	Gewinn-Wahrscheinlichkeit	Monats-hoch am	Monats-tief am
Jan	8	-3,32%	2	4,63%	6	-5,98%	0,25%	03.01	28.01
Feb	7	-0,59%	4	5,14%	3	-8,22%	0,57%	28.02	16.02
Mar	7	-1,88%	2	12,24%	5	-7,53%	0,29%	18.03	12.03
Apr	7	4,13%	4	11,86%	3	-6,16%	0,57%	30.04	06.04
May	7	2,15%	4	7,90%	3	-5,52%	0,57%	31.05	12.05
Jun	7	2,02%	4	11,08%	3	-10,07%	0,57%	30.06	14.06
Jul	7	4,67%	6	6,72%	1	-7,68%	0,86%	31.07	23.07
Aug	8	-4,48%	2	2,90%	6	-6,94%	0,25%	02.08	18.08
Sep	8	-6,58%	3	6,53%	5	-14,44%	0,38%	06.09	23.09
Oct	8	8,96%	6	13,42%	2	-4,39%	0,75%	28.10	09.10
Nov	8	3,96%	7	5,45%	1	-6,44%	0,88%	25.11	01.11
Dec	8	-1,16%	4	6,13%	4	-8,44%	0,50%	03.12	19.12

Jahreszyklus:

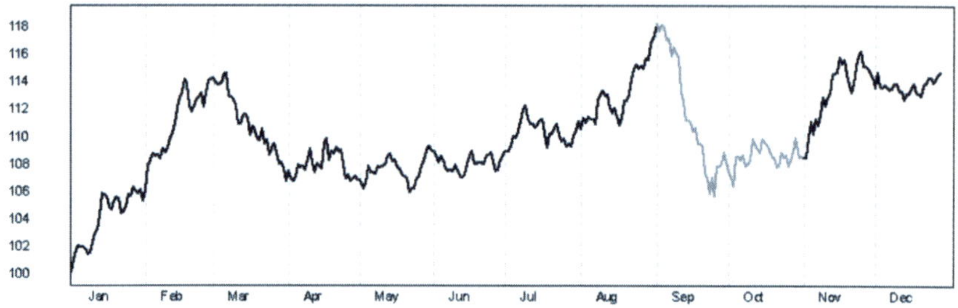

Erfolgreichster Anlage–Zeitraum: 10 Monate zwischen 31. Oktober und 31. August

Buy & Hold vs. Anlage–Zyklus:

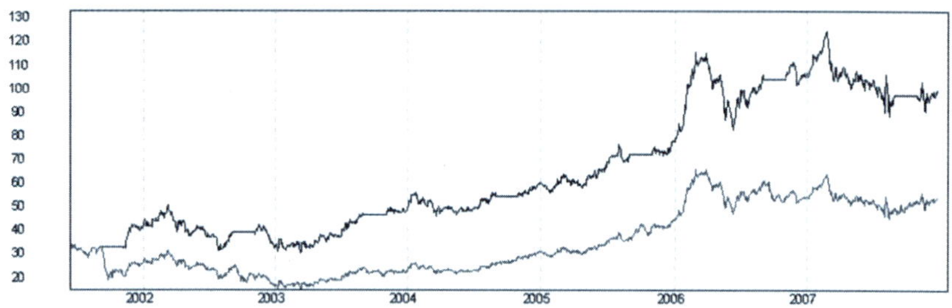

Vergleich: Buy & Hold vs. Anlage–Zyklus

	Buy & Hold	Anlage–Zyklus
Kurs 28.12.07:	54,54	99,72
Startkurs:	33,15	33,15
Gesamtperformance seit 12.06.2001:	64,52%	200,82%
All–Time–High:	66,71	125,16
Erreicht am:	27.02.2006	26.02.2007

Das wäre aus einer Anlage von 10.000 geworden:

Anlage vor 10 Jahren:	–	–
Anlage seit Börsengang:	16.452,49	30.081,66

Jahres-Hochs und -Tiefs

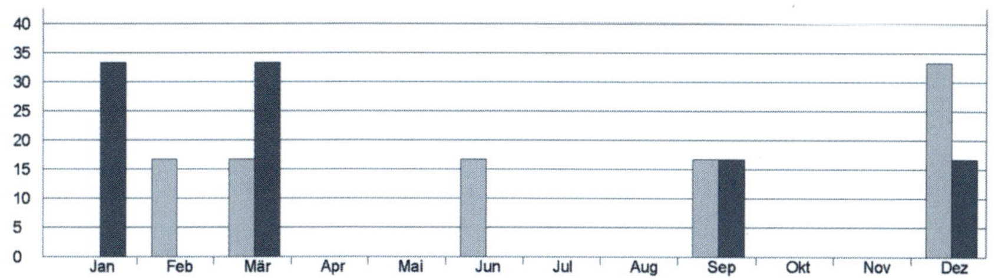

Rendite-Viereck

Jan		8,23	15,71	15,38	13,06	9,00	5,92	0,57	8,40	8,39	3,35	3,35
Feb	8,72		31,87	31,09	28,21	21,48	16,84	10,25	18,93	20,59	14,05	14,43
Mär	1,18	-7,09		24,08	21,11	13,81	9,29	3,25	10,71	12,15	6,29	6,54
Apr	0,59	-7,46	-0,42		20,35	12,66	8,16	2,08	9,57	10,94	5,26	5,80
Mai	2,01	-5,97	1,27	1,60		12,99	8,64	2,35	10,58	11,84	5,95	6,79
Jun	1,60	-6,54	0,51	0,82	-0,70		8,66	2,50	10,05	11,13	5,58	6,31
Jul	5,86	-2,55	4,61	4,58	2,87	1,73		6,31	13,74	14,59	9,31	10,49
Aug	11,11	2,24	9,81	9,82	8,04	7,85	6,28		19,48	20,56	14,63	16,01
Sep	8,06	-0,42	6,76	6,61	4,61	-0,04	-2,43	-7,62		16,40	11,26	12,38
Okt	9,42	1,05	8,46	8,34	6,38	0,79	-1,57	-6,68	0,65		13,02	14,03
Nov	10,61	2,22	9,72	9,53	7,48	4,38	2,14	-3,35	5,22	4,91		15,21
Dez	12,06	3,63	11,08	10,76	8,72	5,06	2,41	-2,77	5,07	4,68	-0,13	
	Jan	Feb	Mär	Apr	Mai	Jun	Jul	Aug	Sep	Okt	Nov	Dez

Monatsstatistiken

	Anzahl Monate	durchschn. Performance	positive Monate	durchschn. Performance	negative Monate	durchschn. Performance	Gewinn-Wahr-scheinlichkeit	Monats-hoch am	Monats-tief am
Jan	7	3,35%	4	10,15%	3	−5,73%	0,57%	27.01	09.01
Feb	6	8,72%	5	11,44%	1	−4,92%	0,83%	28.02	01.02
Mar	6	−7,09%	0	0,00%	6	−7,09%	0,00%	06.03	31.03
Apr	6	−0,42%	2	5,80%	4	−3,54%	0,33%	17.04	03.04
May	6	1,60%	5	4,13%	1	−11,06%	0,83%	30.05	22.05
Jun	6	−0,70%	3	3,06%	3	−4,45%	0,50%	25.06	13.06
Jul	7	1,73%	4	8,76%	3	−7,66%	0,57%	09.07	02.07
Aug	7	6,28%	7	6,28%	0	0,00%	1,00%	31.08	01.08
Sep	7	−7,62%	2	8,20%	5	−13,95%	0,29%	01.09	25.09
Oct	7	0,65%	3	6,29%	4	−3,58%	0,43%	15.10	03.10
Nov	7	4,91%	5	7,42%	2	−1,37%	0,71%	25.11	02.11
Dec	7	−0,13%	4	4,87%	3	−6,80%	0,57%	30.12	13.12

Jahreszyklus:

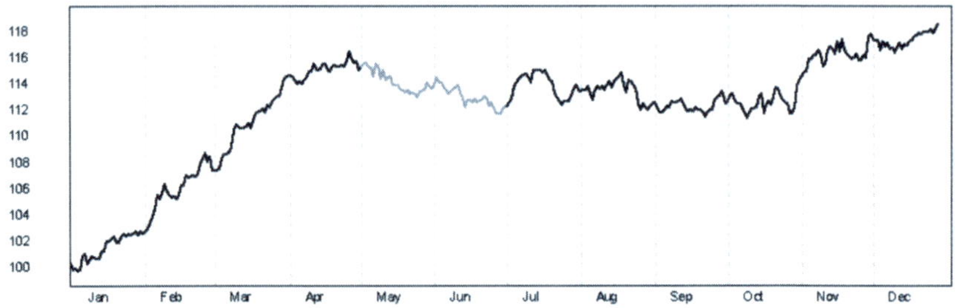

Erfolgreichster Anlage–Zeitraum: 10 Monate zwischen 30. Juni und 30. April

Buy & Hold vs. Anlage–Zyklus:

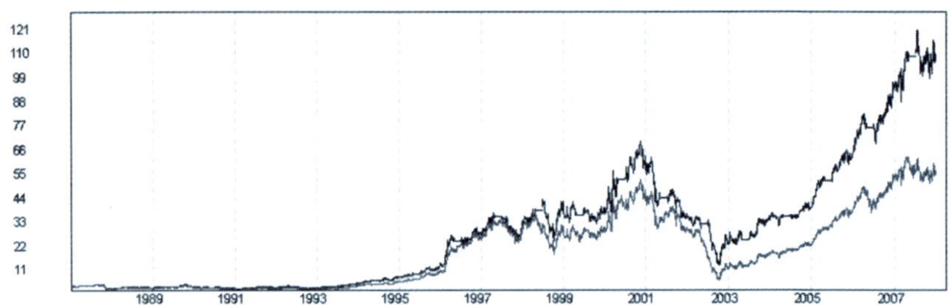

Vergleich: Buy & Hold vs. Anlage–Zyklus

	Buy & Hold	Anlage–Zyklus
Kurs 28.12.07:	56,86	110,51
Startkurs:	3,78	3,78
Gesamtperformance seit 02.01.1987:	1.404,23%	2.823,67%
All–Time–High:	63,23	121,28
Erreicht am:	16.04.2007	19.07.2007

Das wäre aus einer Anlage von 10.000 geworden:

Anlage vor 10 Jahren:	17.466,74	31.884,02
Anlage seit 1987:	150.423,28	292.367,33

Jahres-Hochs und -Tiefs

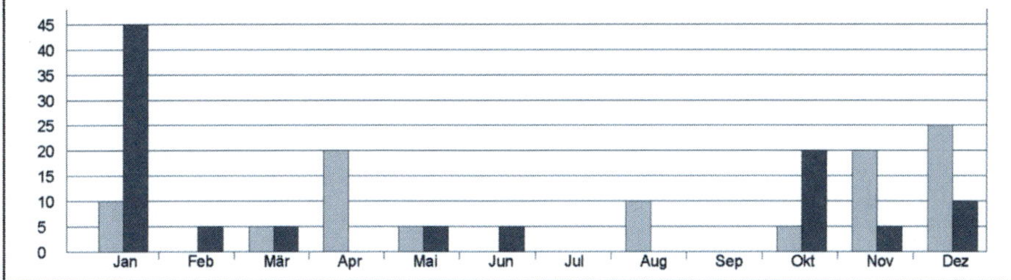

Rendite-Viereck

Jan		12,43	5,44	4,90	6,00	6,49	5,11	6,11	7,00	4,98	1,91	1,41
Feb	6,16		15,38	14,55	15,33	15,33	13,39	13,55	14,36	12,23	9,23	8,20
Mär	13,38	6,76		22,38	23,64	23,18	21,05	21,62	22,64	20,41	17,03	15,66
Apr	13,63	7,06	0,40		23,67	23,20	21,06	21,62	22,73	20,55	17,22	15,91
Mai	12,71	5,72	-0,85	-1,29		22,77	20,45	20,89	21,96	19,62	16,24	14,90
Jun	11,40	4,24	-2,10	-2,39	-1,19		20,02	20,28	21,25	18,47	14,99	13,63
Jul	13,58	6,18	-0,24	-0,58	0,52	1,29		22,27	23,32	20,15	16,44	15,23
Aug	13,77	6,03	-0,30	-0,80	0,00	0,67	-0,93		24,24	20,60	16,66	15,48
Sep	14,90	7,41	0,73	0,25	0,94	1,40	-0,58	0,12		22,47	18,22	17,20
Okt	15,44	7,31	0,42	0,02	0,72	1,52	0,00	0,85	1,46		20,16	18,84
Nov	17,40	9,47	2,53	2,05	3,05	4,03	2,96	4,09	5,22	3,07		21,84
Dez	19,03	10,80	3,87	3,32	4,05	5,00	3,50	4,51	5,19	3,47	0,48	
	Jan	Feb	Mär	Apr	Mai	Jun	Jul	Aug	Sep	Okt	Nov	Dez

Monatsstatistiken

	Anzahl Monate	durchschn. Performance	positive Monate	durchschn. Performance	negative Monate	durchschn. Performance	Gewinn-Wahrscheinlichkeit	Monatshoch am	Monatstief am
Jan	21	1,41%	11	7,76%	10	-5,58%	0,52%	30.01	04.01
Feb	21	6,16%	13	12,90%	8	-4,79%	0,62%	26.02	01.02
Mar	21	6,76%	18	9,27%	3	-8,25%	0,86%	31.03	02.03
Apr	21	0,40%	13	4,61%	8	-6,43%	0,62%	26.04	04.04
May	21	-1,29%	9	5,09%	12	-6,07%	0,43%	04.05	25.05
Jun	21	-1,19%	9	6,21%	12	-6,75%	0,43%	02.06	29.06
Jul	21	1,29%	13	6,24%	8	-6,76%	0,62%	15.07	01.07
Aug	21	-0,93%	11	5,65%	10	-8,17%	0,52%	18.08	29.08
Sep	21	0,12%	9	7,88%	12	-5,70%	0,43%	29.09	22.09
Oct	21	1,46%	14	7,19%	7	-10,01%	0,67%	31.10	09.10
Nov	21	3,07%	13	8,59%	8	-5,89%	0,62%	30.11	01.11
Dec	21	0,48%	12	5,10%	9	-5,69%	0,57%	30.12	10.12

Jahreszyklus:

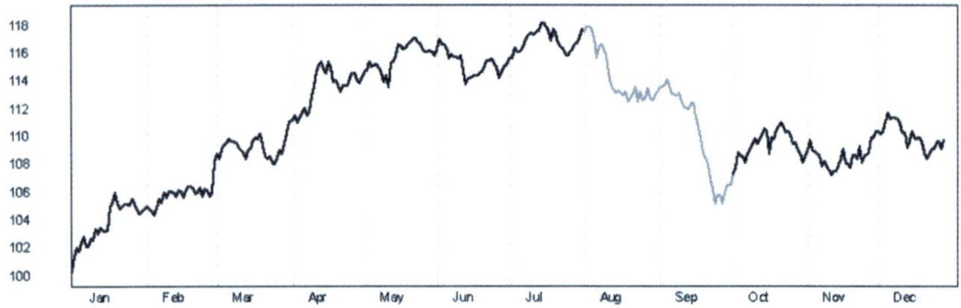

Erfolgreichster Anlage–Zeitraum: 10 Monate zwischen 30. September und 31. Juli

Buy & Hold vs. Anlage–Zyklus:

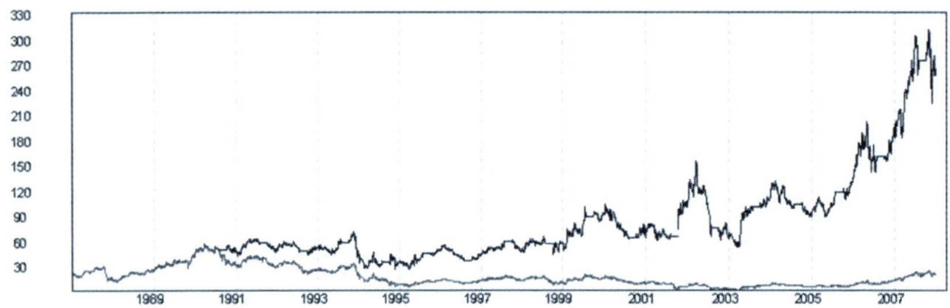

Vergleich: Buy & Hold vs. Anlage–Zyklus

	Buy & Hold	Anlage–Zyklus
Kurs 28.12.07:	23,39	261,62
Startkurs:	23,95	23,95
Gesamtperformance seit 02.01.1987:	–2,34%	992,34%
All–Time–High:	59,36	314,30
Erreicht am:	19.03.1990	23.10.2007

Das wäre aus einer Anlage von 10.000 geworden:

Anlage vor 10 Jahren:	12.501,34	44.549,11
Anlage seit 1987:	9.766,18	109.234,05

Jahres-Hochs und -Tiefs

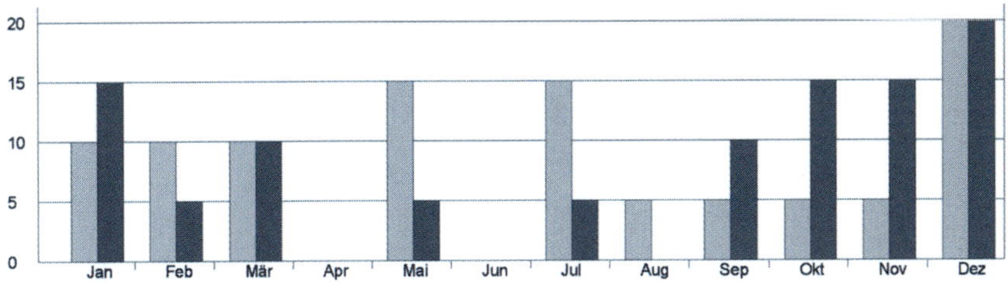

Rendite-Viereck

Jan		6,85	4,84	−0,54	−1,40	−1,36	−3,26	1,18	8,02	6,06	3,95	4,36
Feb	1,49		5,83	0,70	0,39	0,74	−1,51	3,51	11,01	9,44	7,08	7,04
Mär	4,22	2,61		2,97	2,72	2,85	0,45	5,57	12,68	11,44	8,96	8,94
Apr	6,98	5,81	3,30		3,20	3,68	1,88	6,92	14,14	13,00	10,59	11,13
Mai	8,18	6,96	4,24	0,82		4,16	2,65	7,49	14,74	14,00	11,64	12,42
Jun	8,01	6,68	3,84	0,27	−0,56		2,53	7,15	13,91	13,59	11,23	11,71
Jul	11,21	9,78	6,99	3,08	2,28	2,42		8,56	15,35	15,42	13,27	13,89
Aug	6,96	5,72	3,08	−1,07	−1,64	−1,64	−3,87		11,56	11,08	9,12	9,48
Sep	2,08	0,74	−1,90	−6,44	−7,02	−7,28	−9,30	−5,99		5,56	3,73	4,07
Okt	2,18	0,87	−1,55	−6,08	−7,01	−7,10	−9,12	−5,34	1,30		5,23	5,88
Nov	3,32	2,05	−0,12	−4,78	−5,62	−5,71	−7,40	−3,57	2,86	1,56		8,47
Dez	2,87	1,61	−0,71	−5,53	−6,27	−6,33	−8,08	−4,12	2,33	0,92	−0,72	
	Jan	Feb	Mär	Apr	Mai	Jun	Jul	Aug	Sep	Okt	Nov	Dez

Monatsstatistiken

	Anzahl Monate	durchschn. Performance	positive Monate	durchschn. Performance	negative Monate	durchschn. Performance	Gewinn-Wahr-scheinlichkeit	Monats-hoch am	Monats-tief am
Jan	21	4,36%	14	9,93%	7	−6,77%	0,67%	19.01	02.01
Feb	21	1,49%	10	9,61%	11	−5,89%	0,48%	29.02	04.02
Mar	21	2,61%	11	9,47%	10	−4,93%	0,52%	31.03	25.03
Apr	21	3,30%	11	12,83%	10	−7,18%	0,52%	16.04	03.04
May	21	0,82%	12	5,52%	9	−5,43%	0,57%	23.05	12.05
Jun	21	−0,56%	10	6,22%	11	−6,73%	0,48%	02.06	13.06
Jul	21	2,42%	11	10,32%	10	−6,28%	0,52%	14.07	01.07
Aug	21	−3,87%	8	4,37%	13	−8,94%	0,38%	02.08	29.08
Sep	21	−5,99%	5	7,18%	16	−10,11%	0,24%	04.09	24.09
Oct	21	1,30%	10	10,73%	11	−7,27%	0,48%	21.10	01.10
Nov	21	1,56%	11	9,39%	10	−7,05%	0,52%	30.11	11.11
Dec	21	−0,72%	10	6,24%	11	−7,06%	0,48%	05.12	21.12

Jahreszyklus:

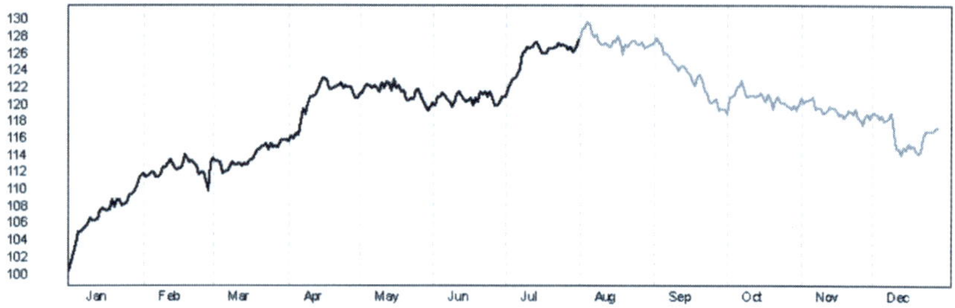

Erfolgreichster Anlage-Zeitraum: 7 Monate zwischen 31. Dezember und 31. Juli

Buy & Hold vs. Anlage-Zyklus:

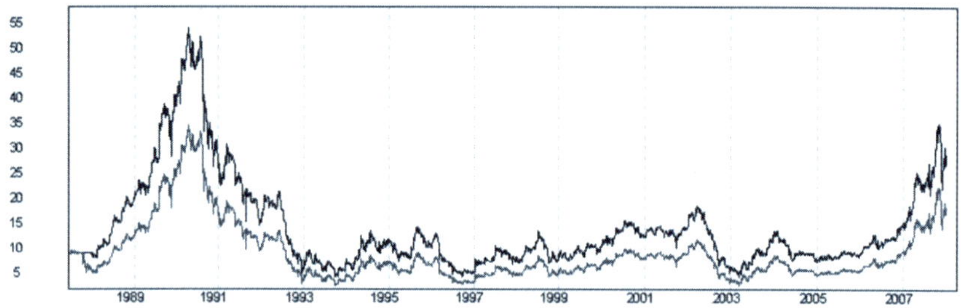

Vergleich: Buy & Hold vs. Anlage-Zyklus

	Buy & Hold	Anlage-Zyklus
Kurs 28.12.07:	18,63	29,11
Startkurs:	9,47	9,47
Gesamtperformance seit 23.06.1987:	96,73%	207,43%
All-Time-High:	34,83	54,43
Erreicht am:	02.04.1990	02.04.1990

Das wäre aus einer Anlage von 10.000 geworden:

Anlage vor 10 Jahren:	37.560,48	37.560,48
Anlage seit 1987:	19.672,65	30.742,57

Jahres-Hochs und -Tiefs

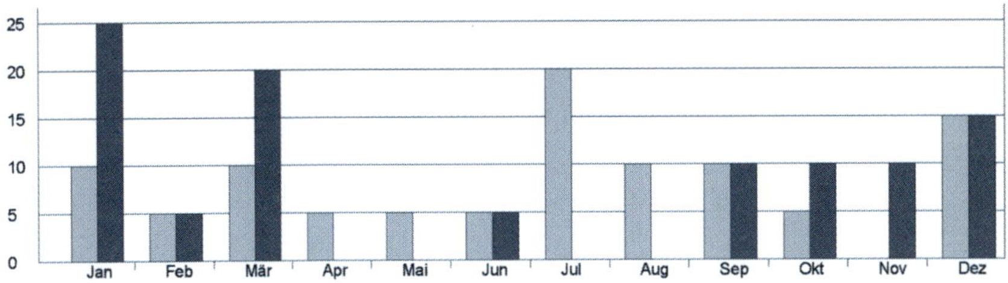

Rendite-Viereck

	Jan	Feb	Mär	Apr	Mai	Jun	Jul	Aug	Sep	Okt	Nov	Dez
Jan		19,95	18,36	11,42	12,26	7,32	1,16	−0,18	6,66	6,93	8,16	9,99
Feb	−1,30		14,31	8,89	9,04	4,64	−0,60	−1,32	5,59	6,79	7,49	9,56
Mär	1,60	2,88		13,86	14,31	9,59	3,76	2,97	9,95	10,99	11,18	12,70
Apr	5,31	6,52	3,85		15,93	12,15	6,51	5,96	13,55	14,50	14,90	16,70
Mai	4,91	6,33	2,99	−0,45		12,30	6,68	6,30	13,92	14,71	15,32	16,69
Jun	7,21	7,98	4,39	0,43	0,78		7,65	7,67	15,08	16,00	17,08	18,27
Jul	13,37	14,29	10,88	5,99	6,70	5,29		13,85	21,75	22,71	23,70	25,15
Aug	13,99	15,31	12,41	6,98	7,37	5,41	−0,11		22,57	22,83	23,89	25,02
Sep	9,37	9,96	7,21	1,67	2,19	0,09	−5,33	−5,92		17,43	18,39	19,18
Okt	10,05	10,47	7,64	1,67	2,39	−0,63	−6,13	−6,51	−0,31		18,82	19,84
Nov	8,91	10,21	7,68	1,22	1,97	−1,89	−7,57	−8,32	−1,92	−1,71		19,00
Dez	10,94	12,03	9,23	2,40	2,89	−1,57	−7,43	−8,53	−2,72	−2,53	−1,14	
	Jan	Feb	Mär	Apr	Mai	Jun	Jul	Aug	Sep	Okt	Nov	Dez

Monatsstatistiken

	Anzahl Monate	durchschn. Performance	positive Monate	durchschn. Performance	negative Monate	durchschn. Performance	Gewinn-Wahr-scheinlichkeit	Monats-hoch am	Monats-tief am
Jan	21	9,99%	16	16,50%	5	−10,84%	0,76%	31.01	01.01
Feb	20	−1,30%	9	8,16%	11	−9,04%	0,45%	29.02	28.02
Mar	20	2,88%	13	9,91%	7	−10,16%	0,65%	30.03	05.03
Apr	20	3,85%	11	12,09%	9	−6,22%	0,55%	16.04	01.04
May	20	−0,45%	8	11,86%	12	−8,65%	0,40%	16.05	30.05
Jun	20	0,78%	10	9,18%	10	−7,62%	0,50%	23.06	09.06
Jul	21	5,29%	17	9,26%	4	−11,57%	0,81%	14.07	01.07
Aug	21	−0,11%	11	9,72%	10	−10,92%	0,52%	04.08	19.08
Sep	21	−5,92%	9	5,59%	12	−14,55%	0,43%	02.09	28.09
Oct	21	−0,31%	9	8,67%	12	−7,05%	0,43%	07.10	01.10
Nov	21	−1,71%	7	12,78%	14	−8,95%	0,33%	06.11	27.11
Dec	21	−1,14%	14	4,22%	7	−11,86%	0,67%	02.12	13.12

Aktie **Hannover Rück** **WKN: 840221**

Jahreszyklus:

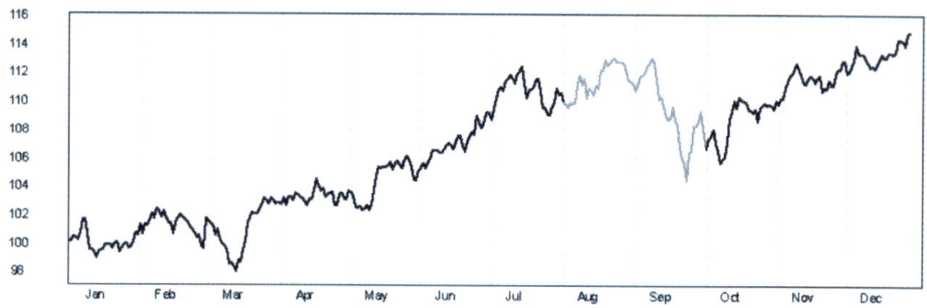

Erfolgreichster Anlage–Zeitraum: 10 Monate zwischen 30. September und 31. Juli

Buy & Hold vs. Anlage–Zyklus:

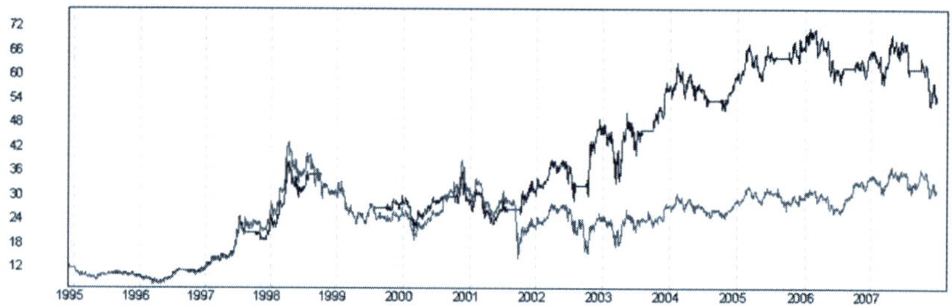

Vergleich: Buy & Hold vs. Anlage–Zyklus

	Buy & Hold	Anlage–Zyklus
Kurs 28.12.07:	31,71	55,26
Startkurs:	12,77	12,77
Gesamtperformance seit 30.11.1994:	148,32%	332,74%
All–Time–High:	43,54	72,31
Erreicht am:	07.04.1998	01.02.2006

Das wäre aus einer Anlage von 10.000 geworden:

Anlage vor 10 Jahren:	9.819,34	19.278,11
Anlage seit Börsengang:	24.832,41	43.274,05

Jahres-Hochs und -Tiefs

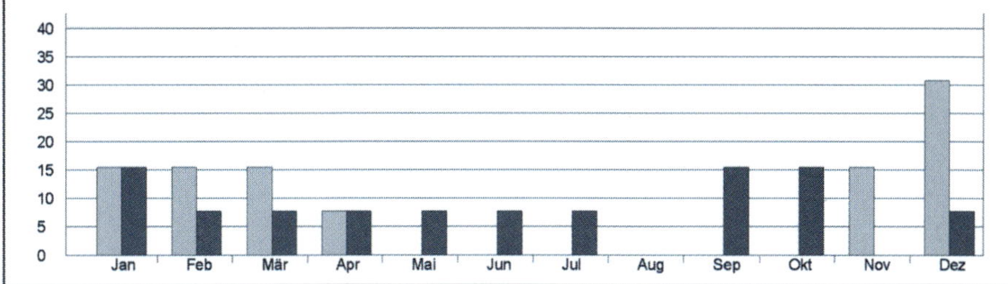

Rendite-Viereck

Jan		14,33	14,23	13,13	11,32	6,68	4,87	4,11	8,82	5,97	3,55	-0,32
Feb	-0,57		16,82	16,24	13,66	8,08	5,61	4,73	9,99	7,30	3,75	-0,60
Mär	1,00	1,00		21,25	18,56	10,91	8,45	7,35	12,37	10,39	6,75	0,75
Apr	0,76	1,31	0,81		17,57	10,76	8,48	7,57	13,13	10,36	6,73	0,53
Mai	1,46	2,14	2,08	1,22		10,05	7,81	6,97	12,95	9,93	6,12	1,15
Jun	5,43	6,09	5,83	5,31	4,03		13,33	12,26	17,94	15,43	11,35	5,64
Jul	7,07	7,83	7,44	6,85	5,55	1,50		13,85	19,36	16,92	13,04	6,98
Aug	7,27	8,43	8,28	7,57	6,01	1,83	0,40		19,10	16,53	12,64	7,27
Sep	4,88	6,03	5,30	4,53	3,16	-1,04	-2,74	-3,43		14,66	11,22	4,87
Okt	6,22	7,51	7,02	5,98	4,50	0,65	-0,77	-1,41	2,88		12,32	6,25
Nov	7,98	9,66	9,47	8,32	6,70	2,70	1,19	0,52	5,55	2,39		8,11
Dez	11,88	13,25	13,13	12,04	10,31	5,52	3,99	3,18	7,77	4,88	2,65	
	Jan	Feb	Mär	Apr	Mai	Jun	Jul	Aug	Sep	Okt	Nov	Dez

Monatsstatistiken

	Anzahl Monate	durchschn. Performance	positive Monate	durchschn. Performance	negative Monate	durchschn. Performance	Gewinn-Wahrscheinlichkeit	Monats-hoch am	Monats-tief am
Jan	14	-0,32%	7	5,86%	7	-6,49%	0,50%	07.01	23.01
Feb	13	-0,57%	7	6,79%	6	-9,14%	0,54%	08.02	28.02
Mar	13	1,00%	5	14,08%	8	-7,18%	0,38%	25.03	13.03
Apr	13	0,81%	5	10,03%	8	-4,96%	0,38%	16.04	12.04
May	13	1,22%	8	5,55%	5	-5,73%	0,62%	26.05	07.05
Jun	13	4,03%	8	8,89%	5	-3,75%	0,62%	30.06	01.06
Jul	13	1,50%	7	7,28%	6	-5,23%	0,54%	14.07	01.07
Aug	13	0,40%	7	6,00%	6	-6,14%	0,54%	23.08	03.08
Sep	13	-3,43%	5	6,72%	8	-9,78%	0,38%	08.09	23.09
Oct	13	2,88%	7	8,72%	6	-3,92%	0,54%	15.10	07.10
Nov	13	2,39%	7	8,39%	6	-4,62%	0,54%	09.11	01.11
Dec	13	2,65%	8	7,63%	5	-5,33%	0,62%	30.12	01.12

Jahreszyklus:

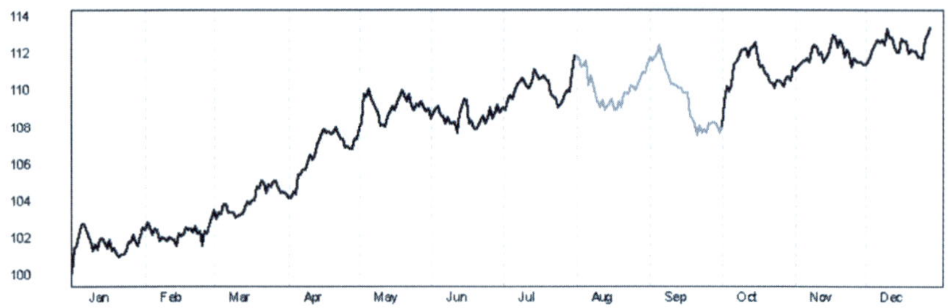

Erfolgreichster Anlage–Zeitraum: 10 Monate zwischen 30. September und 31. Juli

Buy & Hold vs. Anlage–Zyklus:

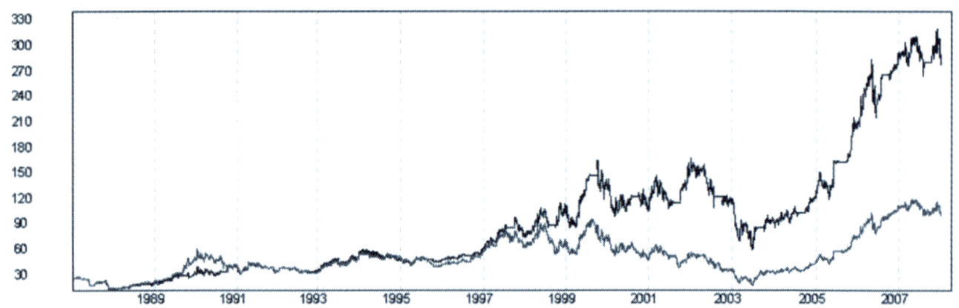

Vergleich: Buy & Hold vs. Anlage–Zyklus

	Buy & Hold	Anlage–Zyklus
Kurs 28.12.07:	105,96	289,96
Startkurs:	26,95	26,95
Gesamtperformance seit 02.01.1987:	293,17%	975,91%
All–Time–High:	119,85	320,17
Erreicht am:	23.05.2007	20.11.2007

Das wäre aus einer Anlage von 10.000 geworden:

Anlage vor 10 Jahren:	15.352,07	35.083,06
Anlage seit 1987:	39.317,25	107.590,89

Jahres-Hochs und -Tiefs

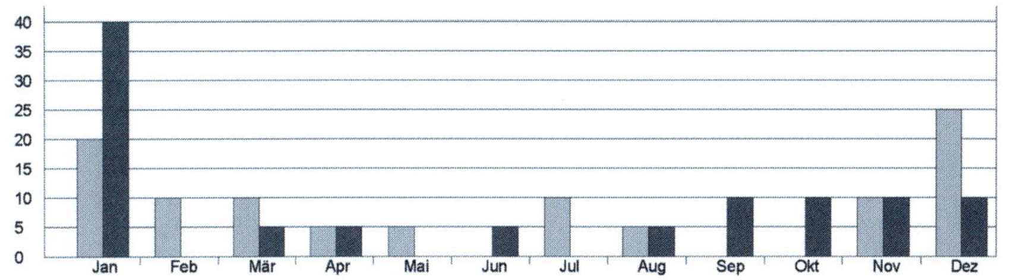

Rendite-Viereck

Jan		13,29	11,72	9,02	6,69	6,98	3,78	3,78	6,85	3,77	3,57	1,98
Feb	0,36		12,69	10,36	8,09	8,26	4,67	4,96	7,95	4,94	4,90	3,24
Mär	1,15	1,09		12,18	9,80	9,82	6,13	6,31	9,07	6,07	5,99	4,19
Apr	3,73	3,61	2,54		11,72	11,89	7,95	8,28	11,58	8,45	8,46	6,80
Mai	5,60	5,18	4,23	1,54		14,98	11,35	11,80	14,86	11,79	11,90	9,99
Jun	5,58	5,13	4,29	1,62	-0,19		12,10	12,36	15,48	12,27	12,39	10,29
Jul	7,80	7,67	6,72	4,01	2,48	3,13		13,58	16,81	13,77	13,68	11,38
Aug	7,48	7,50	6,37	3,50	2,10	2,93	-0,45		16,04	13,05	13,20	10,98
Sep	4,71	4,66	3,37	0,68	-0,73	-0,10	-3,47	-3,31		10,28	10,66	8,17
Okt	7,39	7,40	5,79	3,16	1,64	2,50	-1,06	-0,98	2,65		14,28	11,76
Nov	7,77	7,74	6,15	3,66	1,72	2,26	-0,82	-0,70	2,97	0,08		13,30
Dez	10,92	10,70	9,07	6,40	4,15	4,50	1,45	1,24	4,58	1,71	1,53	
	Jan	Feb	Mär	Apr	Mai	Jun	Jul	Aug	Sep	Okt	Nov	Dez

Monatsstatistiken

	Anzahl Monate	durchschn. Performance	positive Monate	durchschn. Performance	negative Monate	durchschn. Performance	Gewinn-Wahrscheinlichkeit	Monats-hoch am	Monats-tief am
Jan	21	1,98%	13	9,08%	8	-9,56%	0,62%	06.01	21.01
Feb	21	0,36%	12	5,96%	9	-7,11%	0,57%	29.02	25.02
Mar	21	1,09%	13	4,96%	8	-5,21%	0,62%	27.03	02.03
Apr	21	2,54%	13	6,99%	8	-4,69%	0,62%	21.04	01.04
May	21	1,54%	13	8,24%	8	-9,36%	0,62%	20.05	02.05
Jun	21	-0,19%	10	6,32%	11	-6,12%	0,48%	15.06	20.06
Jul	21	3,13%	12	9,65%	9	-5,56%	0,57%	31.07	02.07
Aug	21	-0,45%	8	7,55%	13	-5,37%	0,38%	01.08	13.08
Sep	21	-3,31%	10	5,41%	11	-11,24%	0,48%	05.09	21.09
Oct	21	2,65%	13	7,67%	8	-5,51%	0,62%	15.10	01.10
Nov	21	0,08%	12	5,43%	9	-7,05%	0,57%	17.11	01.11
Dec	21	1,53%	12	5,97%	9	-4,39%	0,57%	10.12	01.12

Jahreszyklus:

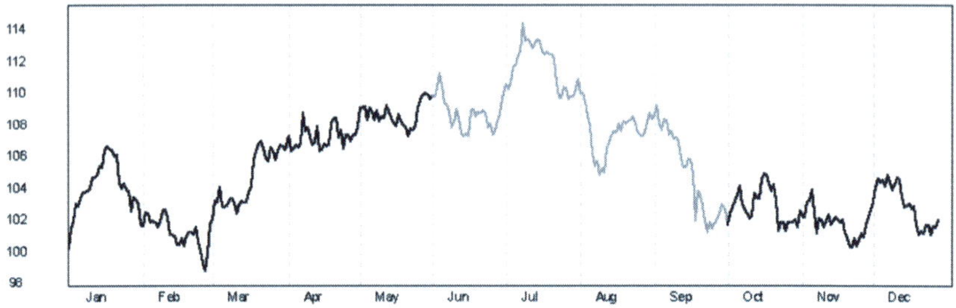

Erfolgreichster Anlage-Zeitraum: 8 Monate zwischen 30. September und 31. Mai

Buy & Hold vs. Anlage-Zyklus:

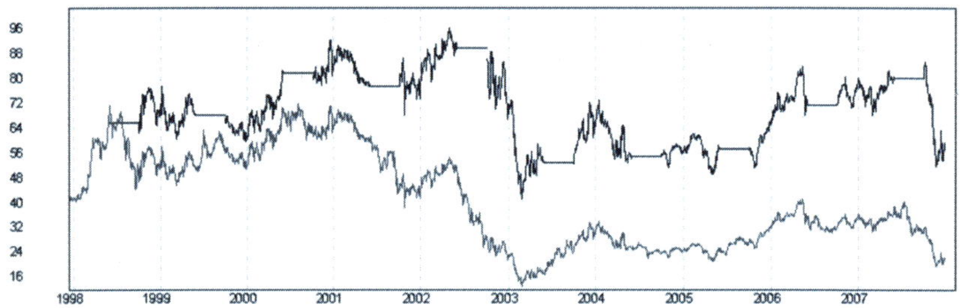

Vergleich: Buy & Hold vs. Anlage-Zyklus

	Buy & Hold	Anlage-Zyklus
Kurs 28.12.07:	22,66	59,50
Startkurs:	42,56	42,56
Gesamtperformance seit 09.12.1997:	-46,76%	39,80%
All-Time-High:	72,30	96,82
Erreicht am:	02.08.2000	02.05.2002

Das wäre aus einer Anlage von 10.000 geworden:

Anlage vor 10 Jahren:	-	-
Anlage seit Börsengang:	5.324,25	13.979,93

Jahres-Hochs und -Tiefs

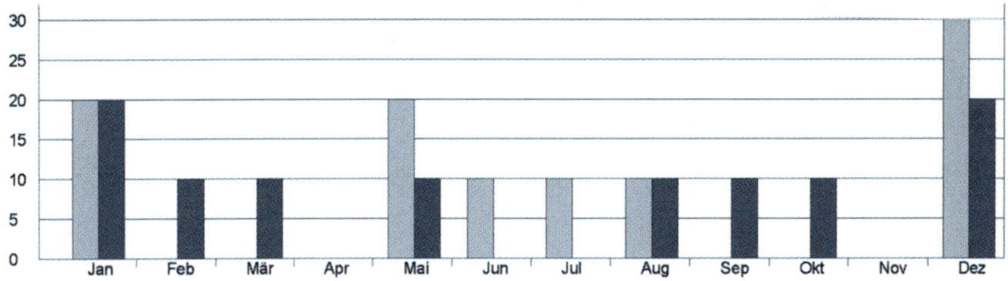

Rendite-Viereck

Jan		3,87	-0,36	-0,94	-3,19	-5,20	-7,46	-5,41	-0,08	-0,47	-1,43	-0,25
Feb	-1,50		2,86	2,35	0,23	-1,99	-4,33	-2,54	2,61	1,68	-1,65	0,39
Mär	3,05	4,49		2,21	0,25	-1,83	-4,00	-2,34	2,86	2,02	-1,08	4,74
Apr	4,62	6,27	1,75		2,45	0,40	-1,95	-0,21	5,31	4,27	1,16	6,34
Mai	6,32	7,72	2,61	1,41		-0,98	-2,70	-1,02	4,26	3,57	0,64	7,77
Jun	5,59	7,59	2,50	1,10	-0,08		-4,11	-2,17	2,96	2,22	-0,68	6,18
Jul	7,07	9,38	4,15	2,97	1,16	0,82		-1,75	3,42	2,95	0,12	7,03
Aug	3,83	6,32	1,80	0,58	-1,06	-1,77	-2,83		2,10	1,75	-1,18	3,53
Sep	-1,67	0,66	-3,65	-4,87	-6,45	-7,31	-8,48	-5,83		-3,60	-6,55	-2,00
Okt	-0,07	2,76	-2,20	-3,59	-5,21	-6,77	-8,15	-5,48	0,18		-7,06	-0,93
Nov	0,19	3,02	-1,73	-2,80	-4,64	-6,18	-7,81	-5,24	0,35	0,22		-0,42
Dez	-0,29	2,02	-1,93	-2,91	-4,84	-6,57	-8,39	-5,99	-0,76	-1,08	-1,17	
	Jan	Feb	Mär	Apr	Mai	Jun	Jul	Aug	Sep	Okt	Nov	Dez

Monatsstatistiken

	Anzahl Monate	durchschn. Performance	positive Monate	durchschn. Performance	negative Monate	durchschn. Performance	Gewinn-Wahrscheinlichkeit	Monatshoch am	Monatstief am
Jan	11	-0,25%	7	7,18%	4	-13,27%	0,64%	16.01	31.01
Feb	10	-1,50%	5	2,69%	5	-5,69%	0,50%	02.02	27.02
Mar	10	4,49%	6	10,62%	4	-4,71%	0,60%	29.03	01.03
Apr	10	1,75%	6	7,06%	4	-6,22%	0,60%	07.04	02.04
May	10	1,41%	5	10,66%	5	-7,83%	0,50%	29.05	22.05
Jun	10	-0,08%	4	9,71%	6	-6,61%	0,40%	04.06	16.06
Jul	10	0,82%	5	8,10%	5	-6,45%	0,50%	08.07	27.07
Aug	10	-2,83%	4	4,36%	6	-7,63%	0,40%	01.08	09.08
Sep	10	-5,83%	1	4,29%	9	-6,95%	0,10%	02.09	23.09
Oct	10	0,18%	3	13,43%	7	-5,50%	0,30%	16.10	25.10
Nov	10	0,22%	6	6,18%	4	-8,72%	0,60%	05.11	22.11
Dec	10	-1,17%	4	5,80%	6	-5,81%	0,40%	07.12	20.12

Aktie Hochtief WKN: 607000

Jahreszyklus:

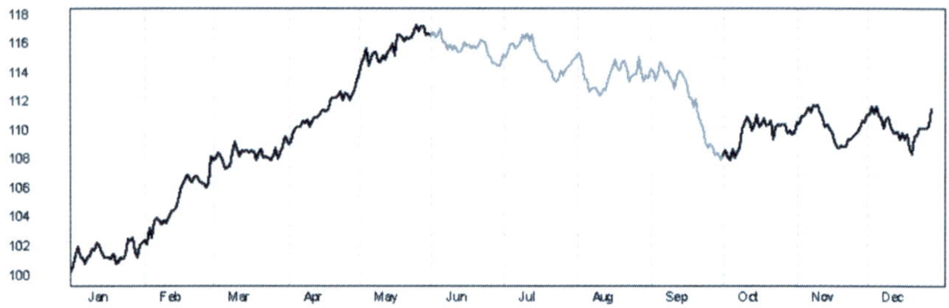

Erfolgreichster Anlage-Zeitraum: 8 Monate zwischen 30. September und 31. Mai

Buy & Hold vs. Anlage-Zyklus:

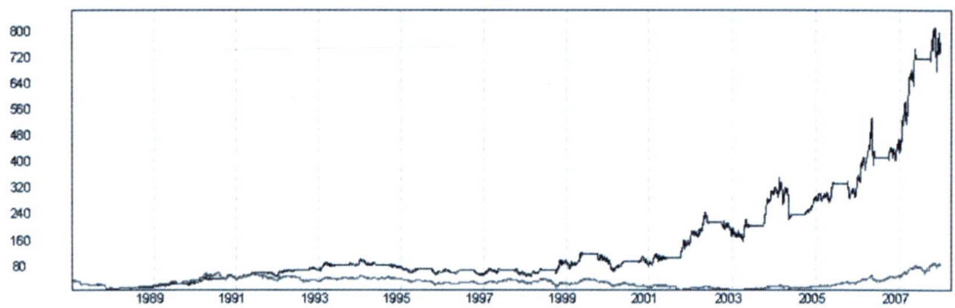

Vergleich: Buy & Hold vs. Anlage-Zyklus

	Buy & Hold	Anlage-Zyklus
Kurs 28.12.07:	90,72	770,06
Startkurs:	40,26	40,26
Gesamtperformance seit 02.01.1987:	125,34%	1.812,73%
All-Time-High:	96,19	816,49
Erreicht am:	01.11.2007	01.11.2007

Das wäre aus einer Anlage von 10.000 geworden:

Anlage vor 10 Jahren:	27.683,86	136.562,79
Anlage seit 1987:	22.533,53	191.272,64

Jahres-Hochs und -Tiefs

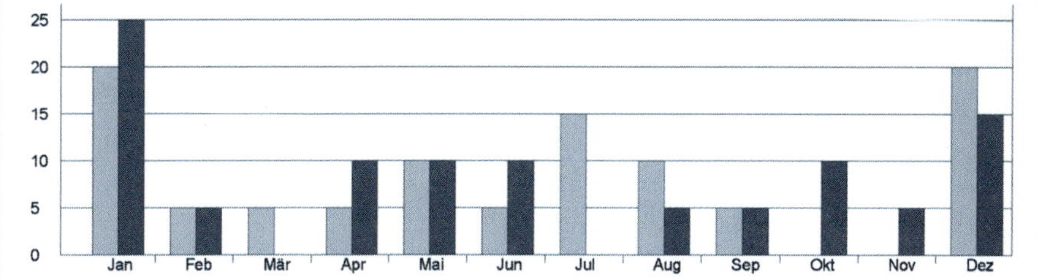

Rendite-Viereck

Jan		4,52	3,80	−0,21	−2,23	−0,88	−1,16	−0,17	5,53	2,85	1,65	1,13
Feb	4,59		9,28	4,95	2,95	4,27	4,02	4,95	11,72	9,24	8,11	7,75
Mär	6,08	1,51		7,82	5,60	6,79	6,97	7,82	14,37	11,99	10,65	10,13
Apr	9,82	5,26	3,86		8,84	10,27	10,02	11,34	19,29	16,07	14,65	14,08
Mai	12,98	8,34	6,58	3,09		12,68	13,09	14,31	22,02	19,29	17,78	17,34
Jun	10,88	6,33	4,53	1,18	−1,96		11,87	12,68	19,93	17,45	15,70	15,17
Jul	11,18	6,29	4,96	1,47	−1,42	0,42		11,85	19,09	16,82	15,00	14,63
Aug	8,68	4,31	3,31	−0,26	−3,04	−1,26	−1,32		16,65	14,70	12,91	12,34
Sep	4,49	0,29	−0,45	−3,88	−6,65	−5,19	−5,04	−4,67		11,34	9,52	8,40
Okt	6,84	2,16	0,77	−3,21	−5,63	−4,31	−4,40	−3,23	2,43		12,79	11,82
Nov	7,55	2,82	1,60	−2,60	−4,88	−3,62	−3,66	−2,31	3,53	0,90		12,91
Dez	8,73	3,84	2,75	−1,54	−3,63	−2,13	−2,58	−1,57	3,92	1,33	0,40	
	Jan	Feb	Mär	Apr	Mai	Jun	Jul	Aug	Sep	Okt	Nov	Dez

Monatsstatistiken

	Anzahl Monate	durchschn. Performance	positive Monate	durchschn. Performance	negative Monate	durchschn. Performance	Gewinn-Wahr-scheinlichkeit	Monats-hoch am	Monats-tief am
Jan	21	1,13%	13	10,18%	8	−13,59%	0,62%	04.01	21.01
Feb	21	4,59%	14	10,24%	7	−6,69%	0,67%	29.02	02.02
Mar	21	1,51%	12	7,86%	9	−6,97%	0,57%	31.03	06.03
Apr	21	3,86%	11	11,73%	10	−4,79%	0,52%	30.04	01.04
May	21	3,09%	12	11,54%	9	−8,18%	0,57%	26.05	02.05
Jun	21	−1,96%	9	5,18%	12	−7,31%	0,43%	05.06	29.06
Jul	21	0,42%	11	9,07%	10	−9,09%	0,52%	11.07	23.07
Aug	21	−1,32%	11	7,09%	10	−10,56%	0,52%	02.08	11.08
Sep	21	−4,67%	7	8,87%	14	−11,44%	0,33%	05.09	30.09
Oct	21	2,43%	11	14,93%	10	−11,33%	0,52%	15.10	04.10
Nov	21	0,90%	9	8,70%	12	−4,95%	0,43%	10.11	19.11
Dec	21	0,40%	11	5,15%	10	−4,83%	0,52%	30.12	20.12

Aktie Hugo Boss WKN: 524553

Jahreszyklus:

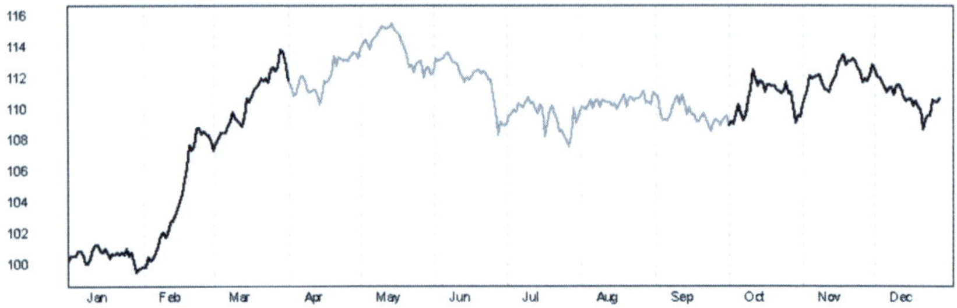

Erfolgreichster Anlage-Zeitraum: 6 Monate zwischen 30. September und 31. März

Buy & Hold vs. Anlage-Zyklus:

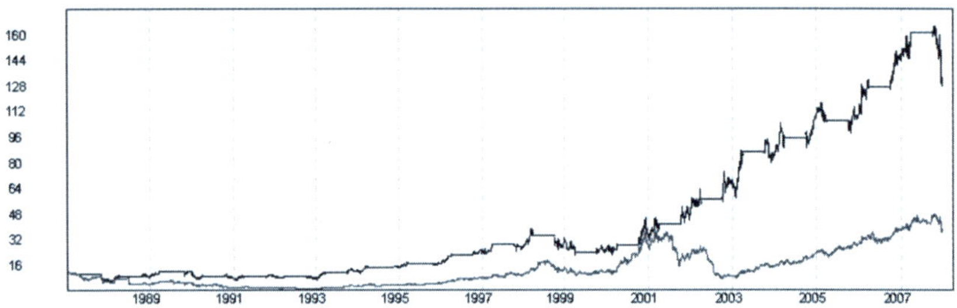

Vergleich: Buy & Hold vs. Anlage-Zyklus

	Buy & Hold	Anlage-Zyklus
Kurs 28.12.07:	38,64	132,30
Startkurs:	12,69	12,69
Gesamtperformance seit 02.01.1987:	204,49%	942,56%
All-Time-High:	48,60	166,40
Erreicht am:	10.10.2007	10.10.2007

Das wäre aus einer Anlage von 10.000 geworden:

Anlage vor 10 Jahren:	31.373,31	40.578,23
Anlage seit 1987:	30.449,17	104.255,71

Jahres-Hochs und -Tiefs

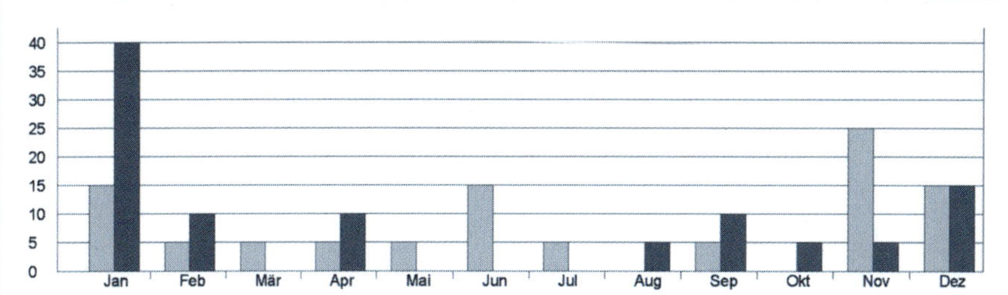

Rendite-Viereck

Jan		6,31	1,59	0,15	0,34	3,18	1,95	−0,25	1,03	0,63	−2,38	−0,18
Feb	8,98		10,64	9,39	9,54	12,72	11,25	8,57	10,63	10,52	7,41	9,11
Mär	14,05	4,79		13,75	14,17	17,71	16,75	14,01	16,26	15,70	12,66	14,54
Apr	14,49	5,28	0,59		16,13	19,49	18,15	15,54	17,66	17,16	14,21	15,89
Mai	13,99	4,71	−0,02	−0,56		20,21	18,78	15,84	17,47	16,97	13,98	15,91
Jun	10,04	1,35	−3,10	−3,74	−3,32		15,78	12,96	14,55	13,75	10,74	12,32
Jul	12,18	3,06	−1,72	−2,24	−2,20	0,84		13,87	15,18	14,65	11,99	13,45
Aug	14,14	4,72	−0,28	−1,02	−0,82	2,31	1,34		17,48	16,47	14,03	15,42
Sep	13,88	4,35	−0,47	−1,30	−1,05	1,82	0,29	−1,31		16,27	14,24	15,26
Okt	14,93	5,02	0,02	−1,21	−0,96	2,12	0,94	−1,14	0,23		16,25	17,37
Nov	19,34	9,67	4,45	2,44	2,56	5,39	4,33	2,07	3,57	3,32		22,62
Dez	15,17	5,26	0,57	−0,77	−0,63	2,12	1,11	−0,77	0,66	0,82	−2,14	
	Jan	Feb	Mär	Apr	Mai	Jun	Jul	Aug	Sep	Okt	Nov	Dez

Monatsstatistiken

	Anzahl Monate	durchschn. Performance	positive Monate	durchschn. Performance	negative Monate	durchschn. Performance	Gewinn-Wahr-scheinlichkeit	Monats-hoch am	Monats-tief am
Jan	21	−0,18%	12	7,29%	9	−10,15%	0,57%	12.01	29.01
Feb	21	8,98%	15	13,70%	6	−2,81%	0,71%	24.02	02.02
Mar	21	4,79%	16	8,58%	5	−7,37%	0,76%	29.03	01.03
Apr	21	0,59%	9	8,75%	12	−5,53%	0,43%	28.04	14.04
May	21	−0,56%	13	5,97%	8	−11,17%	0,62%	15.05	28.05
Jun	21	−3,32%	9	4,57%	12	−9,25%	0,43%	07.06	28.06
Jul	21	0,84%	13	8,76%	8	−12,02%	0,62%	10.07	27.07
Aug	21	1,34%	11	6,69%	10	−4,53%	0,52%	19.08	20.08
Sep	21	−1,31%	12	5,00%	9	−9,73%	0,57%	12.09	24.09
Oct	21	0,23%	11	9,42%	10	−9,88%	0,52%	11.10	03.10
Nov	21	3,32%	15	7,48%	6	−7,08%	0,71%	18.11	01.11
Dec	21	−2,14%	11	3,23%	10	−8,05%	0,52%	01.12	21.12

Jahreszyklus:

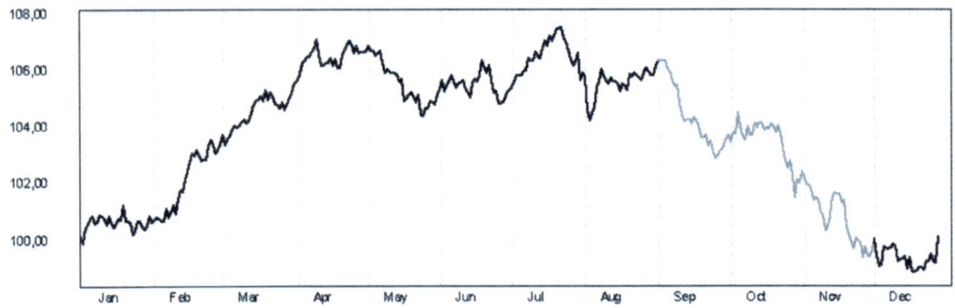

Erfolgreichster Anlage-Zeitraum: 9 Monate zwischen 30. November und 31. August

Buy & Hold vs. Anlage-Zyklus:

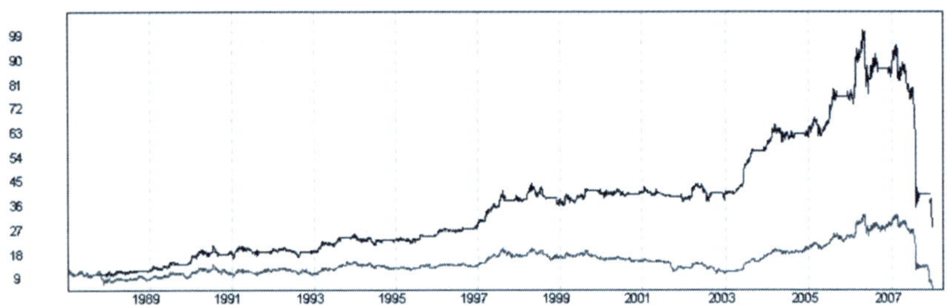

Vergleich: Buy & Hold vs. Anlage-Zyklus

	Buy & Hold	Anlage-Zyklus
Kurs 28.12.07:	6,15	28,46
Startkurs:	12,67	12,67
Gesamtperformance seit 02.01.1987:	-51,46%	124,65%
All-Time-High:	33,23	101,68
Erreicht am:	21.04.2006	21.04.2006

Das wäre aus einer Anlage von 10.000 geworden:

Anlage vor 10 Jahren:	3.435,75	7.328,96
Anlage seit 1987:	4.853,99	22.465,24

Jahres-Hochs und -Tiefs

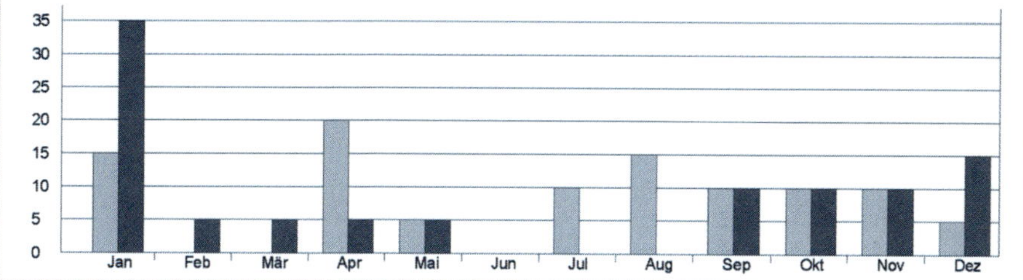

Rendite-Viereck

Jan		−0,41	−2,14	−2,92	−1,78	−2,09	−3,83	−4,13	−1,60	−0,18	2,00	1,56
Feb	2,67		4,71	3,92	4,90	4,45	1,86	1,01	3,69	5,39	6,20	4,00
Mär	4,75	2,01		5,83	6,77	6,32	3,72	2,84	5,60	7,44	8,31	6,02
Apr	5,59	2,85	0,84		7,32	6,90	4,21	3,28	6,05	7,87	8,73	6,48
Mai	3,77	1,14	−0,80	−1,52		5,42	2,90	1,99	4,79	6,48	7,46	5,23
Jun	3,76	1,14	−0,73	−1,49	0,01		3,28	2,33	5,12	6,85	7,86	5,60
Jul	5,08	2,22	0,28	−0,48	0,89	0,82		3,37	6,13	7,98	9,16	6,75
Aug	5,26	2,33	0,47	−0,30	0,98	0,92	−0,20		5,88	7,61	8,86	6,52
Sep	2,85	−0,05	−1,87	−2,66	−1,37	−1,38	−2,53	−2,35		4,63	5,98	3,58
Okt	1,35	−1,62	−3,47	−4,12	−2,95	−3,00	−4,06	−3,82	−1,32		5,37	3,00
Nov	−0,12	−3,23	−4,93	−5,64	−4,55	−4,72	−6,25	−6,40	−3,85	−2,53		1,77
Dez	1,48	−1,67	−3,40	−4,14	−3,06	−3,26	−5,06	−5,47	−2,99	−1,53	0,61	
	Jan	Feb	Mär	Apr	Mai	Jun	Jul	Aug	Sep	Okt	Nov	Dez

Monatsstatistiken

	Anzahl Monate	durchschn. Performance	positive Monate	durchschn. Performance	negative Monate	durchschn. Performance	Gewinn-Wahrscheinlichkeit	Monats-hoch am	Monats-tief am
Jan	21	1,56%	14	4,58%	7	−4,49%	0,67%	30.01	23.01
Feb	21	2,67%	16	4,79%	5	−4,10%	0,76%	25.02	11.02
Mar	21	2,01%	12	5,44%	9	−2,57%	0,57%	31.03	02.03
Apr	21	0,84%	13	3,02%	8	−2,70%	0,62%	23.04	01.04
May	21	−1,52%	10	2,55%	11	−5,22%	0,48%	02.05	25.05
Jun	21	0,01%	10	4,25%	11	−3,85%	0,48%	19.06	14.06
Jul	21	0,82%	14	4,50%	7	−6,53%	0,67%	22.07	01.07
Aug	21	−0,20%	14	3,25%	7	−7,09%	0,67%	31.08	03.08
Sep	21	−2,35%	8	3,11%	13	−5,71%	0,38%	01.09	25.09
Oct	21	−1,32%	10	3,57%	11	−5,77%	0,48%	04.10	28.10
Nov	21	−2,53%	6	7,42%	15	−6,52%	0,29%	01.11	26.11
Dec	21	0,61%	15	3,77%	6	−7,31%	0,71%	30.12	18.12

Jahreszyklus:

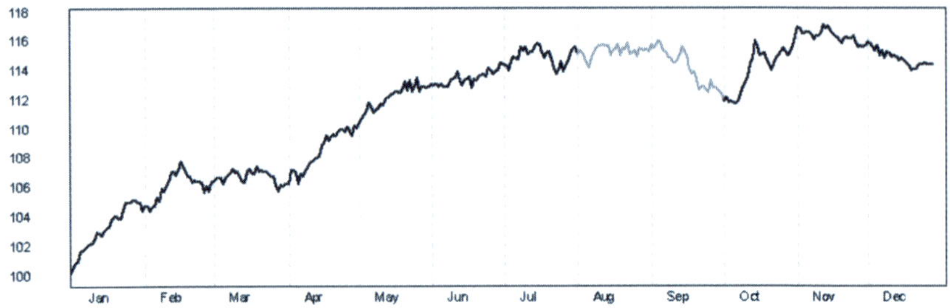

Erfolgreichster Anlage-Zeitraum: 10 Monate zwischen 30. September und 31. Juli

Buy & Hold vs. Anlage-Zyklus:

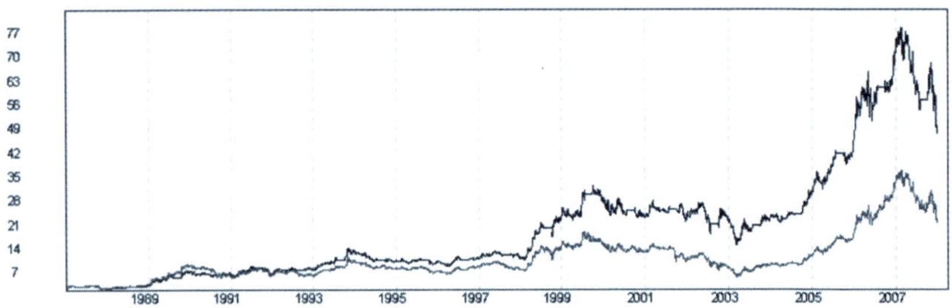

Vergleich: Buy & Hold vs. Anlage-Zyklus

	Buy & Hold	Anlage-Zyklus
Kurs 28.12.07:	22,77	49,96
Startkurs:	2,99	2,99
Gesamtperformance seit 02.01.1987:	661,54%	1.570,91%
All-Time-High:	36,90	78,69
Erreicht am:	20.02.2007	20.02.2007

Das wäre aus einer Anlage von 10.000 geworden:

Anlage vor 10 Jahren:	28.605,53	43.256,18
Anlage seit 1987:	76.153,85	167.091,28

Jahres-Hochs und -Tiefs

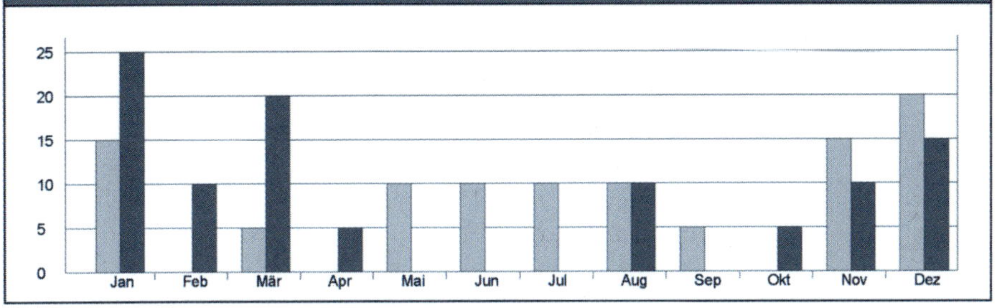

Rendite-Viereck

Jan		14,87	14,33	10,28	7,44	4,85	3,76	3,87	5,94	2,54	3,17	3,91
Feb	1,42		17,95	13,43	10,37	7,19	5,82	5,96	8,09	5,30	5,50	5,53
Mär	1,50	0,14		14,08	10,83	7,66	6,27	6,63	8,71	6,11	6,23	6,25
Apr	4,85	3,46	3,29		13,54	10,41	9,15	9,67	12,03	9,31	9,39	9,69
Mai	7,48	6,11	5,93	2,47		12,74	11,51	12,19	14,68	11,94	12,05	12,40
Jun	9,76	8,14	7,97	4,32	1,73		13,92	14,77	16,98	14,41	14,52	14,70
Jul	10,63	9,00	8,86	5,19	2,55	0,88		15,75	18,24	15,41	15,39	15,72
Aug	10,42	8,84	8,63	4,83	2,28	0,50	−0,44		18,24	15,46	15,51	15,72
Sep	7,48	6,14	5,84	2,32	−0,23	−2,19	−3,08	−2,70		12,94	13,03	12,92
Okt	11,48	10,06	9,62	5,74	3,29	1,30	0,50	0,81	3,74		18,58	18,47
Nov	11,36	9,99	9,57	5,55	3,07	0,93	0,13	0,37	3,19	−0,64		19,14
Dez	10,69	9,35	8,93	5,00	2,47	0,19	−0,77	−0,59	1,87	−1,71	−1,13	
	Jan	Feb	Mär	Apr	Mai	Jun	Jul	Aug	Sep	Okt	Nov	Dez

Monatsstatistiken

	Anzahl Monate	durchschn. Performance	positive Monate	durchschn. Performance	negative Monate	durchschn. Performance	Gewinn-Wahrscheinlichkeit	Monatshoch am	Monatstief am
Jan	21	3,91%	13	9,53%	8	−5,23%	0,62%	27.01	02.01
Feb	21	1,42%	13	5,77%	8	−5,65%	0,62%	16.02	05.02
Mar	21	0,14%	8	7,52%	13	−4,41%	0,38%	19.03	28.03
Apr	21	3,29%	15	6,17%	6	−3,93%	0,71%	29.04	01.04
May	21	2,47%	13	5,83%	8	−2,98%	0,62%	26.05	02.05
Jun	21	1,73%	14	6,34%	7	−7,48%	0,67%	30.06	08.06
Jul	21	0,88%	10	5,99%	11	−3,77%	0,48%	15.07	23.07
Aug	21	−0,44%	10	5,07%	11	−5,44%	0,48%	22.08	06.08
Sep	21	−2,70%	7	5,55%	14	−6,82%	0,33%	04.09	30.09
Oct	21	3,74%	12	10,58%	9	−5,38%	0,57%	31.10	06.10
Nov	21	−0,64%	9	4,75%	12	−4,69%	0,43%	12.11	29.11
Dec	21	−1,13%	9	5,03%	12	−5,75%	0,43%	01.12	19.12

Jahreszyklus:

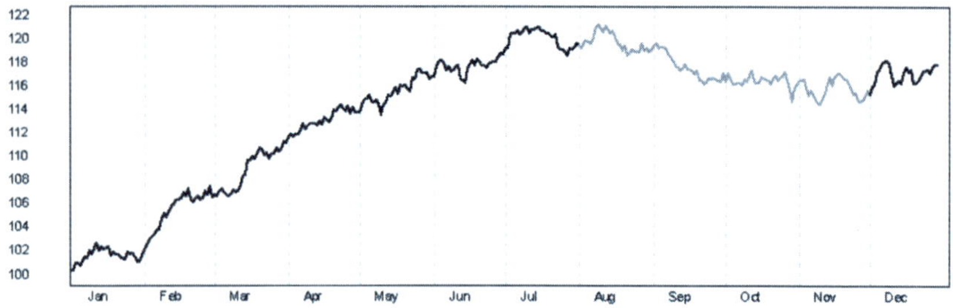

Erfolgreichster Anlage–Zeitraum: 8 Monate zwischen 30. November und 31. Juli

Buy & Hold vs. Anlage–Zyklus:

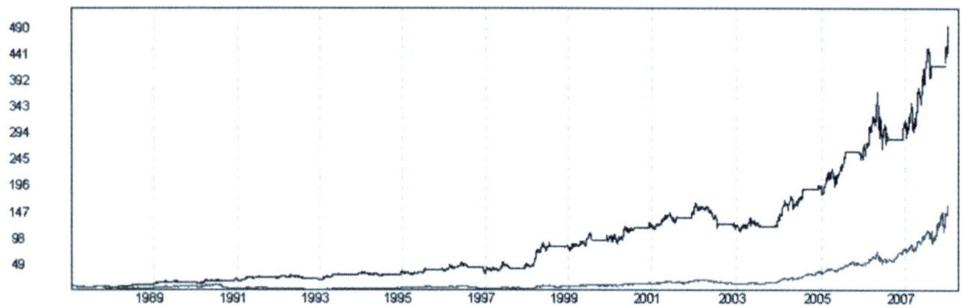

Vergleich: Buy & Hold vs. Anlage–Zyklus

	Buy & Hold	Anlage–Zyklus
Kurs 28.12.07:	162,04	497,89
Startkurs:	12,27	12,27
Gesamtperformance seit 02.01.1987:	1.220,62%	3.957,80%
All–Time–High:	162,04	497,89
Erreicht am:	28.12.2007	28.12.2007
Das wäre aus einer Anlage von 10.000 geworden:		
Anlage vor 10 Jahren:	217.795,70	98.075,11
Anlage seit 1987:	132.061,94	405.780,34

Jahres-Hochs und -Tiefs

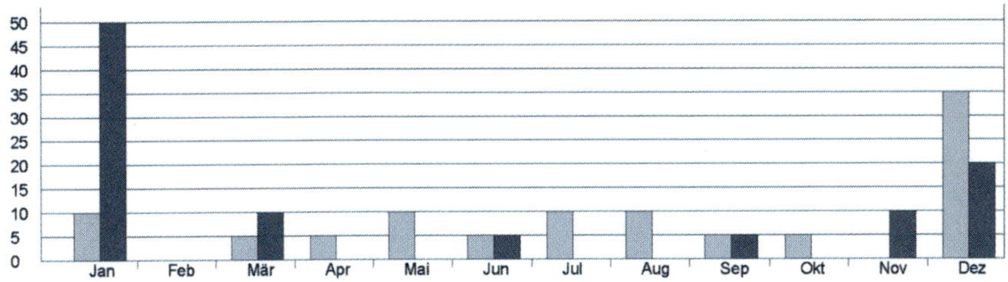

Rendite-Viereck

Jan		13,63	9,42	6,26	3,73	2,20	1,67	2,05	3,17	2,80	3,70	1,76
Feb	5,84		10,36	8,52	6,59	5,49	4,41	4,80	7,48	8,22	8,93	8,18
Mär	11,08	4,94		13,83	11,37	9,88	9,01	9,27	12,00	13,01	14,14	13,01
Apr	13,17	6,88	2,11		13,99	12,70	11,95	12,25	15,03	15,66	16,91	15,71
Mai	16,29	9,81	4,58	2,52		16,05	15,44	15,48	18,24	19,15	20,47	19,22
Jun	17,85	11,04	6,04	3,99	1,48		16,70	16,98	19,82	20,77	21,96	20,91
Jul	18,60	11,90	6,58	4,74	2,21	0,81		17,21	19,97	20,85	22,07	20,54
Aug	16,89	10,36	5,70	3,91	1,63	0,11	-0,78		18,55	19,27	20,32	18,93
Sep	15,50	9,05	4,73	2,80	0,42	-1,16	-2,03	-1,64		18,70	19,70	18,15
Okt	15,36	8,81	4,33	1,92	-0,48	-1,91	-2,42	-1,91	-0,39		21,00	19,22
Nov	14,93	8,46	3,87	1,32	-1,06	-2,32	-2,94	-2,34	-0,95	-0,73		19,38
Dez	18,50	11,74	7,24	4,33	1,89	0,56	0,04	0,29	1,46	1,10	1,99	
	Jan	Feb	Mär	Apr	Mai	Jun	Jul	Aug	Sep	Okt	Nov	Dez

Monatsstatistiken

	Anzahl Monate	durchschn. Performance	positive Monate	durchschn. Performance	negative Monate	durchschn. Performance	Gewinn-Wahr-scheinlichkeit	Monats-hoch am	Monats-tief am
Jan	21	1,76%	11	8,52%	10	-5,67%	0,52%	12.01	01.01
Feb	21	5,84%	14	10,63%	7	-3,74%	0,67%	28.02	01.02
Mar	21	4,94%	11	11,94%	10	-2,75%	0,52%	30.03	07.03
Apr	21	2,11%	12	7,35%	9	-4,87%	0,57%	23.04	03.04
May	21	2,52%	13	7,66%	8	-5,82%	0,62%	26.05	10.05
Jun	21	1,48%	10	7,58%	11	-4,06%	0,48%	29.06	14.06
Jul	21	0,81%	9	9,23%	12	-5,50%	0,43%	15.07	27.07
Aug	21	-0,78%	13	4,66%	8	-9,62%	0,62%	09.08	21.08
Sep	21	-1,64%	7	8,45%	14	-6,68%	0,33%	02.09	22.09
Oct	21	-0,39%	13	5,65%	8	-10,19%	0,62%	12.10	29.10
Nov	21	-0,73%	10	6,09%	11	-6,93%	0,48%	18.11	10.11
Dec	21	1,99%	12	9,09%	9	-7,49%	0,57%	08.12	01.12

Jahreszyklus:

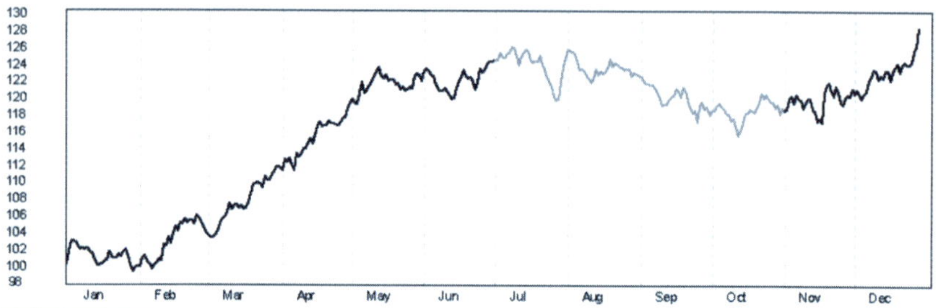

Erfolgreichster Anlage–Zeitraum: 8 Monate zwischen 31. Oktober und 30. Juni

Buy & Hold vs. Anlage–Zyklus:

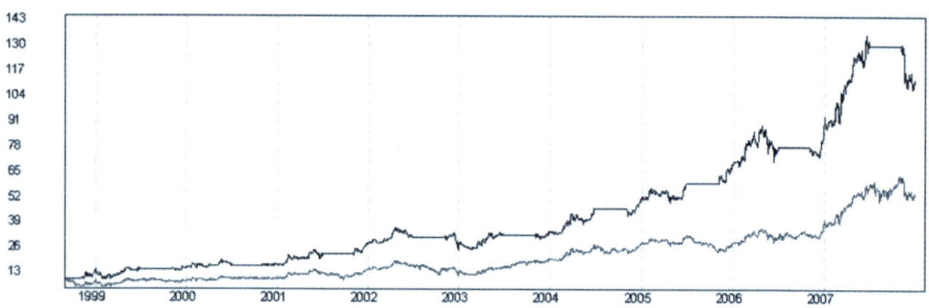

Vergleich: Buy & Hold vs. Anlage–Zyklus

	Buy & Hold	Anlage–Zyklus
Kurs 28.12.07:	54,83	113,60
Startkurs:	10,57	10,57
Gesamtperformance seit 01.09.1998:	418,89%	975,10%
All–Time–High:	64,51	136,58
Erreicht am:	25.10.2007	20.06.2007

Das wäre aus einer Anlage von 10.000 geworden:

Anlage vor 10 Jahren:	–	–
Anlage seit Börsengang:	51.889,43	107.510,33

Aktie	Krones	WKN: 633500

Jahres-Hochs und -Tiefs

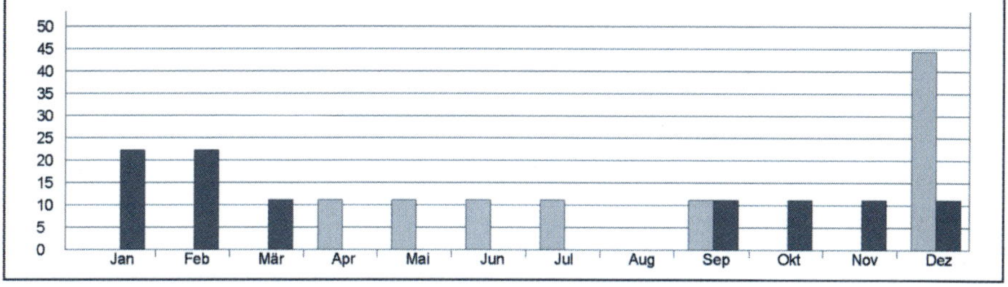

Rendite-Viereck

	Jan	Feb	Mär	Apr	Mai	Jun	Jul	Aug	Sep	Okt	Nov	Dez
Jan		22,94	15,11	8,52	7,00	5,17	5,79	8,11	7,08	7,07	6,25	-0,03
Feb	4,69		19,77	13,71	11,70	10,18	11,03	13,36	13,01	14,60	12,24	4,59
Mär	11,89	6,88		21,94	20,02	18,60	19,12	21,49	20,86	22,35	19,96	11,68
Apr	19,13	13,83	6,41		25,10	23,98	24,70	27,39	28,07	30,08	27,16	18,46
Mai	20,45	15,12	7,76	1,49		25,73	26,21	28,86	29,44	31,41	28,52	19,94
Jun	22,66	17,09	9,33	3,16	1,88		28,55	31,25	31,63	33,34	30,61	21,93
Jul	22,14	16,73	9,00	2,43	1,31	-0,34		29,40	30,61	32,68	29,74	21,26
Aug	19,82	14,63	7,11	0,48	-0,69	-2,29	-2,08		27,61	29,63	26,71	18,93
Sep	16,63	11,47	4,13	-2,10	-3,17	-4,87	-4,66	-2,57		26,25	23,62	15,96
Okt	20,45	15,38	7,45	0,73	-0,36	-1,98	-1,92	0,19	0,33		27,73	20,07
Nov	18,33	13,26	5,72	-0,76	-1,98	-3,46	-3,26	-1,17	0,84	1,17		17,85
Dez	25,26	19,44	11,69	5,17	3,74	1,91	2,41	4,54	6,99	7,84	6,35	
	Jan	Feb	Mär	Apr	Mai	Jun	Jul	Aug	Sep	Okt	Nov	Dez

Monatsstatistiken

	Anzahl Monate	durchschn. Performance	positive Monate	durchschn. Performance	negative Monate	durchschn. Performance	Gewinn-Wahr-scheinlichkeit	Monats-hoch am	Monats-tief am
Jan	10	-0,03%	7	5,59%	3	-13,13%	0,70%	03.01	21.01
Feb	9	4,69%	5	10,35%	4	-2,37%	0,56%	25.02	06.02
Mar	9	6,88%	7	8,96%	2	-0,41%	0,78%	30.03	02.03
Apr	9	6,41%	6	11,47%	3	-3,72%	0,67%	30.04	06.04
May	9	1,49%	4	6,93%	5	-2,86%	0,44%	13.05	04.05
Jun	9	1,88%	5	8,12%	4	-5,91%	0,56%	30.06	13.06
Jul	9	-0,34%	6	4,16%	3	-9,35%	0,67%	08.07	27.07
Aug	9	-2,08%	1	8,75%	8	-3,44%	0,11%	01.08	11.08
Sep	9	-2,57%	3	3,65%	6	-5,68%	0,33%	01.09	25.09
Oct	10	0,33%	6	7,63%	4	-10,64%	0,60%	22.10	12.10
Nov	10	1,17%	6	5,27%	4	-4,96%	0,60%	20.11	17.11
Dec	10	6,35%	8	10,57%	2	-10,53%	0,80%	30.12	04.12

Aktie **KUKA** **WKN: 620440**

Jahreszyklus:

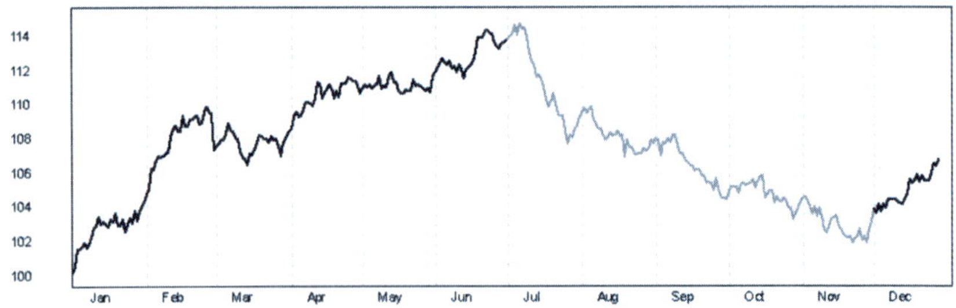

Erfolgreichster Anlage–Zeitraum: 7 Monate zwischen 30. November und 30. Juni

Buy & Hold vs. Anlage–Zyklus:

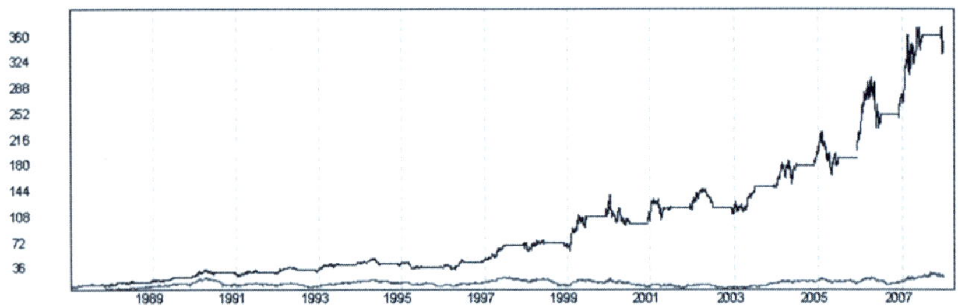

Vergleich: Buy & Hold vs. Anlage–Zyklus

	Buy & Hold	Anlage–Zyklus
Kurs 28.12.07:	26,06	348,60
Startkurs:	12,99	12,99
Gesamtperformance seit 02.01.1987:	100,62%	2.583,64%
All–Time–High:	31,82	375,63
Erreicht am:	04.09.2007	07.12.2007

Das wäre aus einer Anlage von 10.000 geworden:

Anlage vor 10 Jahren:	13.558,79	53.658,36
Anlage seit 1987:	20.061,59	268.363,78

Jahres-Hochs und -Tiefs

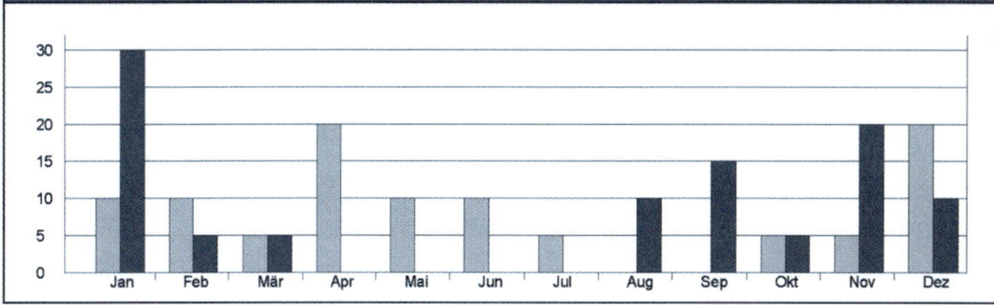

Rendite-Viereck

Jan		2,24	2,15	0,09	-0,96	-3,07	1,47	3,14	6,59	6,47	7,63	3,72
Feb	4,78		6,32	3,97	3,12	0,92	6,17	8,64	12,57	12,28	13,52	9,33
Mär	5,90	1,00		5,57	4,41	2,12	7,53	10,14	13,99	13,83	14,66	10,37
Apr	8,02	2,85	1,95		5,53	3,39	8,73	11,46	15,49	15,29	16,16	12,05
Mai	8,28	3,35	2,52	0,57		3,71	8,99	11,93	15,79	15,72	16,45	12,32
Jun	10,44	5,22	4,45	2,30	1,69		10,86	13,82	17,50	17,68	18,49	14,43
Jul	5,69	0,75	0,13	-1,95	-2,57	-4,19		8,73	12,26	12,39	13,02	9,19
Aug	4,40	-0,36	-0,70	-2,87	-3,78	-5,48	-1,59		11,20	10,98	11,56	7,91
Sep	1,77	-2,87	-3,18	-5,30	-6,43	-8,27	-4,51	-3,04		7,45	8,21	4,70
Okt	1,20	-3,68	-4,00	-6,17	-7,06	-8,98	-4,94	-3,48	-0,05		9,45	6,08
Nov	-0,03	-4,70	-5,04	-7,23	-8,13	-10,00	-5,94	-4,30	-0,64	-0,94		6,12
Dez	3,60	-1,31	-1,65	-3,79	-4,73	-6,78	-2,46	-0,76	2,81	2,48	3,56	
	Jan	Feb	Mär	Apr	Mai	Jun	Jul	Aug	Sep	Okt	Nov	Dez

Monatsstatistiken

	Anzahl Monate	durchschn. Performance	positive Monate	durchschn. Performance	negative Monate	durchschn. Performance	Gewinn-Wahrscheinlichkeit	Monatshoch am	Monatstief am
Jan	21	3,72%	15	8,51%	6	-8,27%	0,71%	31.01	02.01
Feb	21	4,78%	14	8,99%	7	-3,65%	0,67%	26.02	01.02
Mar	21	1,00%	15	4,82%	6	-8,54%	0,71%	06.03	14.03
Apr	21	1,95%	14	5,91%	7	-5,96%	0,67%	25.04	01.04
May	21	0,57%	10	5,86%	11	-4,25%	0,48%	14.05	18.05
Jun	21	1,69%	12	5,60%	9	-3,52%	0,57%	23.06	13.06
Jul	21	-4,19%	5	4,85%	16	-7,02%	0,24%	06.07	26.07
Aug	21	-1,59%	11	6,25%	10	-10,21%	0,52%	05.08	19.08
Sep	21	-3,04%	9	5,19%	12	-9,21%	0,43%	09.09	30.09
Oct	21	-0,05%	11	9,19%	10	-10,21%	0,52%	15.10	28.10
Nov	21	-0,94%	10	6,59%	11	-7,78%	0,48%	02.11	22.11
Dec	21	3,56%	12	8,56%	9	-3,11%	0,57%	30.12	02.12

Aktie **Leoni** **WKN: 540888**

Jahreszyklus:

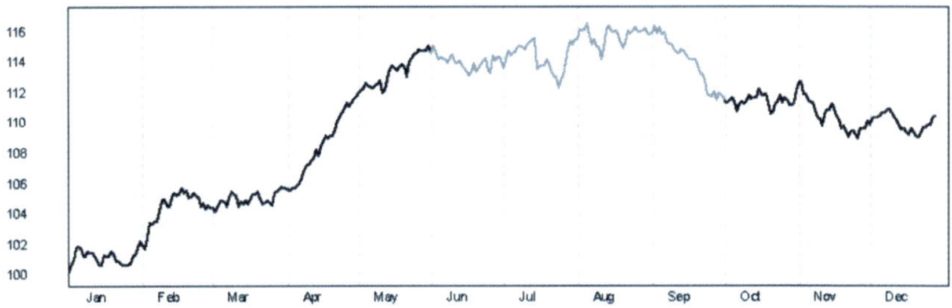

Erfolgreichster Anlage–Zeitraum: 8 Monate zwischen 30. September und 31. Mai

Buy & Hold vs. Anlage–Zyklus:

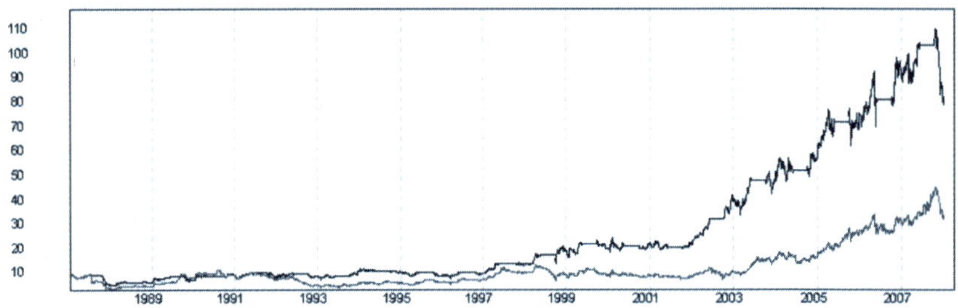

Vergleich: Buy & Hold vs. Anlage–Zyklus

	Buy & Hold	Anlage–Zyklus
Kurs 28.12.07:	33,62	81,59
Startkurs:	9,99	9,99
Gesamtperformance seit 02.01.1987:	236,54%	716,71%
All–Time–High:	45,54	110,52
Erreicht am:	15.10.2007	15.10.2007
Das wäre aus einer Anlage von 10.000 geworden:		
Anlage vor 10 Jahren:	32.959,81	59.653,55
Anlage seit 1987:	33.653,65	81.670,89

Jahres-Hochs und -Tiefs

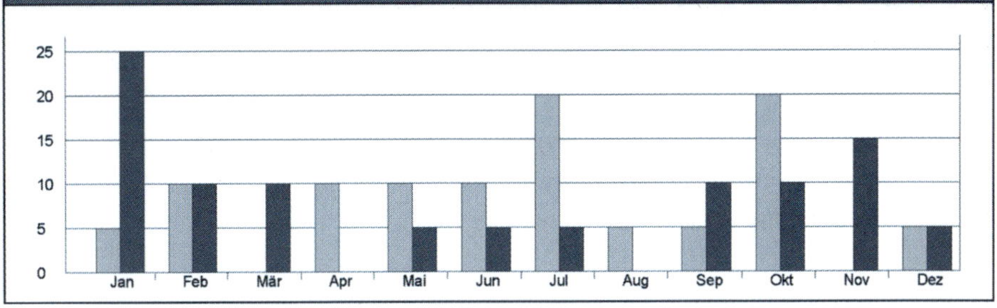

Rendite-Viereck

Jan		8,50	7,48	1,67	−0,90	−0,44	−2,37	−3,22	0,66	0,40	2,11	1,89
Feb	2,35		10,63	4,92	2,31	2,85	1,18	0,60	5,15	5,06	6,25	5,79
Mär	3,59	1,32		5,20	2,76	3,26	1,78	1,19	5,81	5,80	6,88	6,57
Apr	9,17	6,62	5,50		8,64	8,97	7,50	7,17	12,08	11,83	13,07	12,72
Mai	12,07	9,65	8,35	2,78		11,56	10,00	9,82	15,06	14,63	15,74	15,41
Jun	11,91	9,46	8,10	2,38	−0,53		9,61	9,44	14,61	14,14	15,31	14,89
Jul	13,22	10,61	9,43	3,56	0,72	1,16		12,52	17,83	17,34	18,42	17,90
Aug	13,38	10,91	9,78	4,01	1,13	1,65	0,47		18,64	17,77	18,87	18,12
Sep	9,87	7,60	6,54	0,94	−1,88	−1,55	−2,81	−3,59		14,21	15,45	14,65
Okt	9,65	7,15	6,05	0,46	−2,25	−1,79	−3,36	−3,80	0,08		15,71	14,89
Nov	7,32	4,67	3,69	−1,79	−4,24	−3,53	−5,17	−5,58	−1,58	−1,84		13,23
Dez	7,85	5,30	4,27	−1,17	−3,76	−3,08	−4,87	−5,30	−1,25	−1,63	0,17	
	Jan	Feb	Mär	Apr	Mai	Jun	Jul	Aug	Sep	Okt	Nov	Dez

Monatsstatistiken

	Anzahl Monate	durchschn. Performance	positive Monate	durchschn. Performance	negative Monate	durchschn. Performance	Gewinn-Wahr-scheinlichkeit	Monats-hoch am	Monats-tief am
Jan	21	1,89%	13	9,04%	8	−9,72%	0,62%	31.01	23.01
Feb	21	2,35%	10	8,75%	11	−3,47%	0,48%	22.02	02.02
Mar	21	1,32%	12	7,01%	9	−6,26%	0,57%	30.03	02.03
Apr	21	5,50%	16	8,70%	5	−4,75%	0,76%	30.04	02.04
May	21	2,78%	14	5,82%	7	−3,30%	0,67%	31.05	02.05
Jun	21	−0,53%	10	5,81%	11	−6,29%	0,48%	02.06	17.06
Jul	21	1,16%	14	6,61%	7	−9,75%	0,67%	14.07	24.07
Aug	21	0,47%	9	9,21%	12	−6,09%	0,43%	05.08	11.08
Sep	21	−3,59%	7	4,63%	14	−7,71%	0,33%	02.09	28.09
Oct	21	0,08%	11	6,67%	10	−7,16%	0,52%	31.10	06.10
Nov	21	−1,84%	10	4,29%	11	−7,41%	0,48%	02.11	26.11
Dec	21	0,17%	10	5,48%	11	−4,66%	0,48%	09.12	21.12

Jahreszyklus:

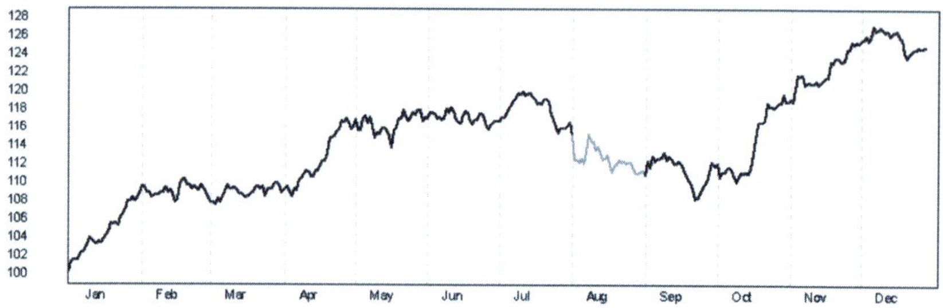

Erfolgreichster Anlage-Zeitraum: 11 Monate zwischen 31. August und 31. Juli

Buy & Hold vs. Anlage-Zyklus:

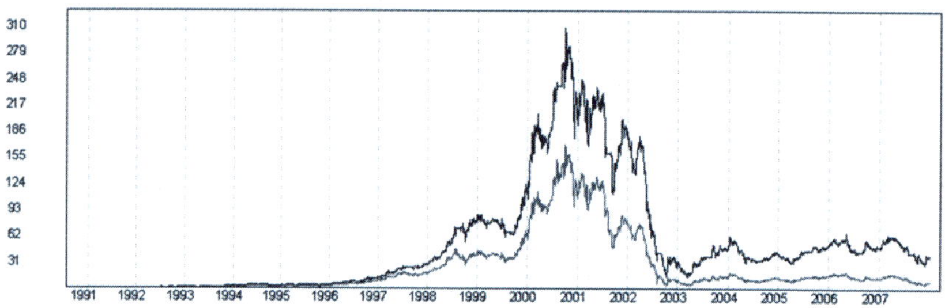

Vergleich: Buy & Hold vs. Anlage-Zyklus

	Buy & Hold	Anlage-Zyklus
Kurs 28.12.07:	10,79	41,00
Startkurs:	1,98	1,98
Gesamtperformance seit 18.07.1990:	444,95%	1.970,48%
All-Time-High:	173,00	311,07
Erreicht am:	02.10.2000	02.10.2000

Das wäre aus einer Anlage von 10.000 geworden:

Anlage vor 10 Jahren:	4.200,08	10.488,75
Anlage seit Börsengang:	54.494,95	207.048,14

Jahres-Hochs und -Tiefs

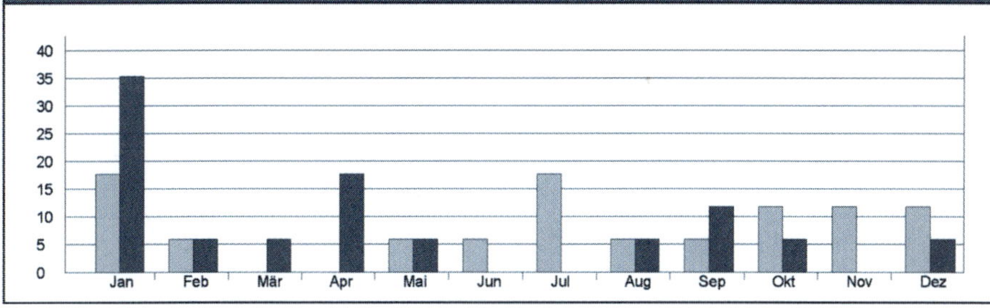

Rendite-Viereck

	Jan	Feb	Mär	Apr	Mai	Jun	Jul	Aug	Sep	Okt	Nov	Dez
Jan		30,89	33,81	21,64	18,61	16,75	14,08	20,49	19,42	12,70	7,45	7,91
Feb	-0,03		42,17	28,62	25,13	22,74	19,08	24,78	21,30	13,90	8,43	8,80
Mär	0,37	0,35		29,04	25,71	23,41	20,08	25,86	21,84	14,55	8,90	9,07
Apr	5,49	6,21	6,53		30,01	28,11	24,30	30,28	27,44	19,85	13,72	14,65
Mai	6,95	6,93	7,74	0,57		32,02	26,99	32,74	29,47	21,76	15,48	16,40
Jun	7,70	8,05	9,51	1,05	-0,21		28,67	33,87	31,57	23,07	16,10	17,51
Jul	11,40	10,71	12,45	3,27	0,73	-0,10		40,67	38,34	29,34	20,50	21,88
Aug	3,87	3,22	5,21	-3,19	-5,34	-6,25	-6,72		29,81	21,02	12,36	13,69
Sep	8,65	7,88	10,06	1,28	-1,06	-2,88	-4,90	1,28		28,48	18,55	19,85
Okt	13,96	14,06	16,82	6,16	3,96	1,98	0,00	6,32	6,16		23,41	25,49
Nov	17,72	18,18	20,91	10,10	7,55	6,31	4,64	11,29	12,36	5,30		29,11
Dez	18,80	19,23	22,04	11,18	8,53	7,11	4,71	11,02	10,67	4,35	-0,60	

Monatsstatistiken

	Anzahl Monate	durchschn. Performance	positive Monate	durchschn. Performance	negative Monate	durchschn. Performance	Gewinn-Wahr-scheinlichkeit	Monats-hoch am	Monats-tief am
Jan	18	7,91%	12	14,99%	6	-6,23%	0,67%	31.01	01.01
Feb	17	-0,03%	9	8,46%	8	-9,59%	0,53%	19.02	15.02
Mar	17	0,35%	10	6,71%	7	-8,73%	0,59%	29.03	03.03
Apr	17	6,53%	10	15,89%	7	-6,84%	0,59%	27.04	04.04
May	17	0,57%	9	8,65%	8	-8,51%	0,53%	28.05	17.05
Jun	17	-0,21%	9	8,41%	8	-9,92%	0,53%	11.06	27.06
Jul	17	-0,10%	8	12,50%	9	-11,31%	0,47%	11.07	26.07
Aug	18	-6,72%	5	4,41%	13	-10,99%	0,28%	08.08	29.08
Sep	18	1,28%	11	10,61%	7	-13,36%	0,61%	09.09	22.09
Oct	18	6,16%	12	12,75%	6	-7,04%	0,67%	29.10	09.10
Nov	18	5,30%	12	11,98%	6	-8,06%	0,67%	29.11	02.11
Dec	18	-0,60%	9	4,40%	9	-5,60%	0,50%	06.12	20.12

Jahreszyklus:

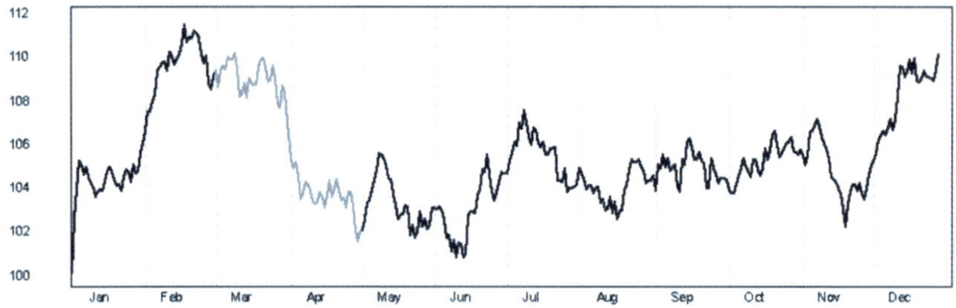

Erfolgreichster Anlage-Zeitraum: 10 Monate zwischen 30. April und 28. Februar

Buy & Hold vs. Anlage-Zyklus:

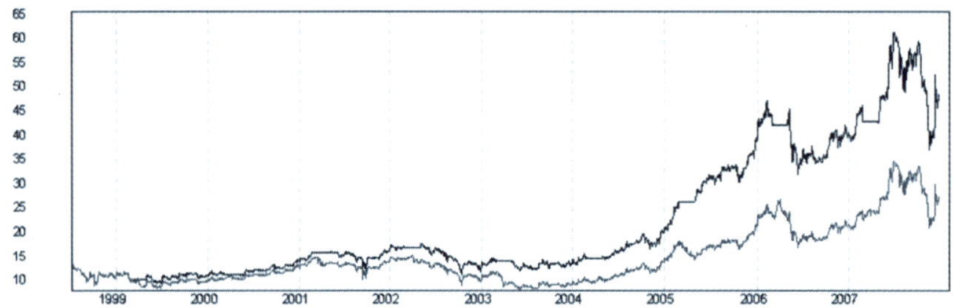

Vergleich: Buy & Hold vs. Anlage-Zyklus

	Buy & Hold	**Anlage-Zyklus**
Kurs 28.12.07:	26,85	47,38
Startkurs:	13,42	13,42
Gesamtperformance seit 08.07.1998:	100,07%	253,08%
All-Time-High:	34,78	61,38
Erreicht am:	04.07.2007	04.07.2007

Das wäre aus einer Anlage von 10.000 geworden:

Anlage vor 10 Jahren:	–	–
Anlage seit Börsengang:	20.007,45	35.308,40

Jahres-Hochs und -Tiefs

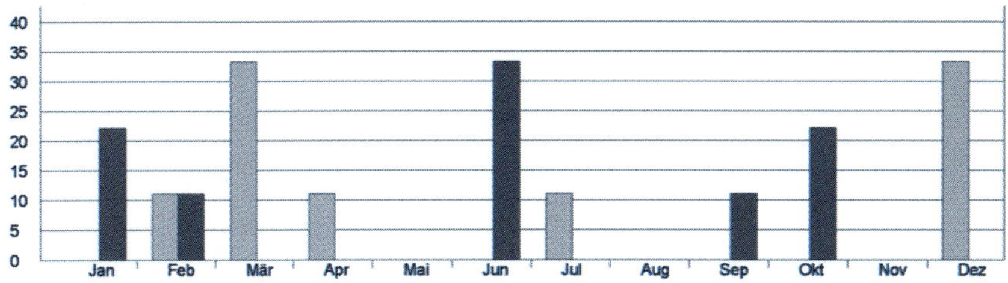

Rendite-Viereck

Jan		10,76	13,48	17,99	15,65	13,25	10,14	10,82	11,47	9,92	11,12	6,11
Feb	2,79		17,82	23,32	22,21	21,58	15,92	16,46	16,65	14,24	12,87	8,88
Mär	0,65	−1,74		21,33	20,14	19,61	14,21	14,69	14,60	12,17	10,69	6,44
Apr	−3,47	−5,84	−3,73		15,04	14,77	9,04	9,49	9,65	7,10	5,80	2,07
Mai	−1,64	−4,27	−2,32	1,58		17,58	11,32	11,77	11,70	8,94	7,88	3,86
Jun	1,39	−1,51	0,60	4,29	2,31		14,86	15,33	15,25	12,12	11,17	7,04
Jul	1,93	−0,90	1,14	4,91	2,91	0,67		15,91	15,79	12,67	11,79	7,58
Aug	2,48	−0,41	1,84	5,58	3,51	1,15	−0,83		16,21	13,09	12,35	8,19
Sep	1,44	−1,38	0,72	4,54	2,44	0,17	−1,52	−0,72		11,95	11,34	7,08
Okt	2,26	−0,47	1,71	5,60	3,83	1,82	−0,05	0,80	1,53		12,22	8,01
Nov	0,89	−2,09	0,18	4,38	2,70	1,03	−0,84	0,05	0,75	−0,88		6,65
Dez	7,13	3,85	6,33	10,58	8,54	6,46	3,84	4,55	5,09	3,53	4,68	
	Jan	Feb	Mär	Apr	Mai	Jun	Jul	Aug	Sep	Okt	Nov	Dez

Monatsstatistiken

	Anzahl Monate	durchschn. Performance	positive Monate	durchschn. Performance	negative Monate	durchschn. Performance	Gewinn-Wahrscheinlichkeit	Monatshoch am	Monatstief am
Jan	10	6,11%	9	6,84%	1	−0,39%	0,90%	31.01	02.01
Feb	9	2,79%	6	6,58%	3	−4,80%	0,67%	17.02	01.02
Mar	9	−1,74%	5	5,27%	4	−10,49%	0,56%	09.03	31.03
Apr	9	−3,73%	4	4,70%	5	−10,47%	0,44%	01.04	29.04
May	9	1,58%	6	5,89%	3	−7,05%	0,67%	09.05	24.05
Jun	9	2,31%	4	9,15%	5	−3,16%	0,44%	23.06	10.06
Jul	9	0,67%	6	2,73%	3	−3,43%	0,67%	08.07	26.07
Aug	10	−0,83%	6	3,24%	4	−6,93%	0,60%	22.08	16.08
Sep	10	−0,72%	6	3,21%	4	−6,61%	0,60%	15.09	11.09
Oct	10	1,53%	7	3,88%	3	−3,96%	0,70%	20.10	02.10
Nov	10	−0,88%	5	4,54%	5	−6,29%	0,50%	07.11	19.11
Dec	10	4,68%	8	7,33%	2	−5,91%	0,80%	30.12	01.12

Jahreszyklus:

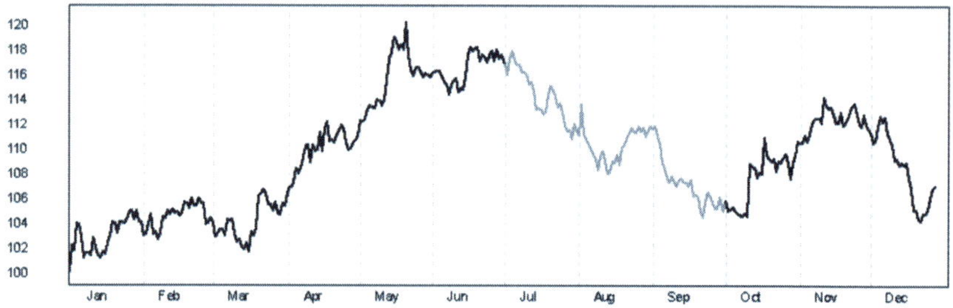

Erfolgreichster Anlage-Zeitraum: 9 Monate zwischen 30. September und 30. Juni

Buy & Hold vs. Anlage-Zyklus:

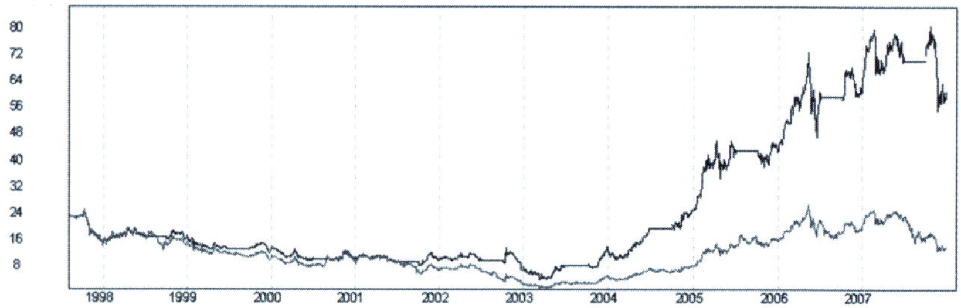

Vergleich: Buy & Hold vs. Anlage-Zyklus

	Buy & Hold	Anlage-Zyklus
Kurs 28.12.07:	14,14	61,11
Startkurs:	23,31	23,31
Gesamtperformance seit 30.07.1997:	-39,35%	162,10%
All-Time-High:	27,01	81,25
Erreicht am:	10.05.2006	18.10.2007

Das wäre aus einer Anlage von 10.000 geworden:

Anlage vor 10 Jahren:	7.992,90	35.325,84
Anlage seit Börsengang:	6.064,82	26.209,92

Jahres-Hochs und -Tiefs

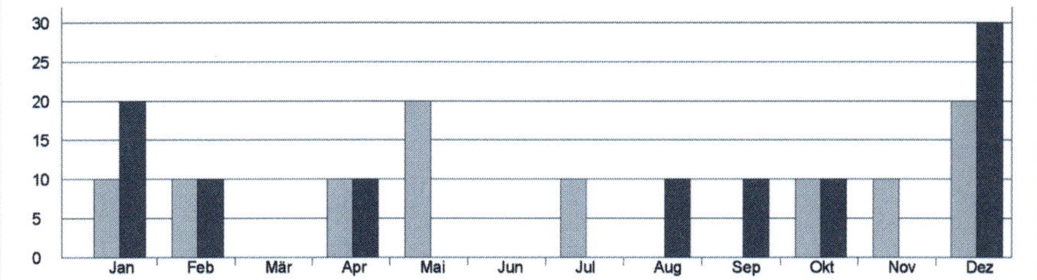

Rendite-Viereck

Jan		13,72	15,77	10,61	3,82	−0,52	1,66	1,19	6,88	2,80	0,47	4,67
Feb	−0,03		26,03	19,61	11,59	4,59	6,09	5,01	10,17	6,92	1,08	5,31
Mär	0,27	0,33		20,97	12,60	5,53	7,26	6,03	11,06	8,22	1,89	5,82
Apr	4,44	4,71	4,23		18,24	10,88	12,51	11,50	16,14	13,44	6,42	9,83
Mai	7,72	7,90	8,44	4,22		11,55	13,93	12,66	18,33	15,03	8,19	12,19
Jun	10,48	10,22	11,04	6,35	1,37		18,31	16,65	22,37	19,04	10,76	14,06
Jul	5,42	4,06	4,79	0,91	−3,35	−4,87		12,13	17,77	14,66	6,47	9,58
Aug	4,76	4,38	5,23	1,17	−3,16	−4,91	−0,03		16,52	12,92	4,76	8,00
Sep	−1,85	−2,85	−1,61	−5,38	−9,86	−12,02	−6,72	−6,35		5,57	−2,01	1,21
Okt	4,00	3,36	4,29	0,10	−4,08	−5,91	−2,65	−2,22	5,32		3,98	7,38
Nov	9,01	8,25	10,11	5,83	−0,39	−3,45	−0,78	−1,02	5,85	1,25		10,90
Dez	9,20	8,44	11,40	7,09	−1,55	−5,31	−2,02	−3,29	2,39	−1,58	−4,13	
	Jan	Feb	Mär	Apr	Mai	Jun	Jul	Aug	Sep	Okt	Nov	Dez

Monatsstatistiken

	Anzahl Monate	durchschn. Performance	positive Monate	durchschn. Performance	negative Monate	durchschn. Performance	Gewinn-Wahrscheinlichkeit	Monats-hoch am	Monats-tief am
Jan	11	4,67%	8	10,97%	3	−12,10%	0,73%	27.01	15.01
Feb	10	−0,03%	3	15,31%	7	−6,60%	0,30%	21.02	07.02
Mar	10	0,33%	6	5,37%	4	−7,23%	0,60%	22.03	16.03
Apr	10	4,23%	6	8,83%	4	−2,68%	0,60%	17.04	01.04
May	10	4,22%	5	16,18%	5	−7,75%	0,50%	21.05	03.05
Jun	10	1,37%	5	9,67%	5	−6,93%	0,50%	17.06	08.06
Jul	10	−4,87%	3	12,15%	7	−12,16%	0,30%	04.07	29.07
Aug	11	−0,03%	4	11,47%	7	−6,60%	0,36%	02.08	13.08
Sep	11	−6,35%	5	3,63%	6	−14,67%	0,45%	02.09	22.09
Oct	11	5,32%	8	10,97%	3	−9,73%	0,73%	17.10	10.10
Nov	11	1,25%	6	12,72%	5	−12,50%	0,55%	11.11	04.11
Dec	11	−4,13%	4	9,20%	7	−11,75%	0,36%	05.12	22.12

Aktie ProSieben Sat.1 Media WKN: 777117

Jahreszyklus:

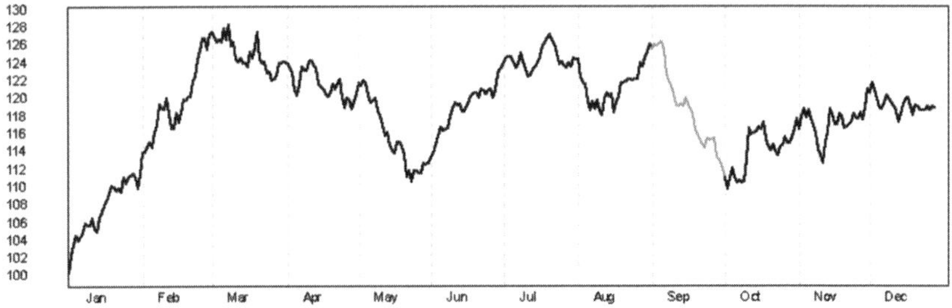

Erfolgreichster Anlage–Zeitraum: 11 Monate zwischen 30. September und 31. August

Buy & Hold vs. Anlage–Zyklus:

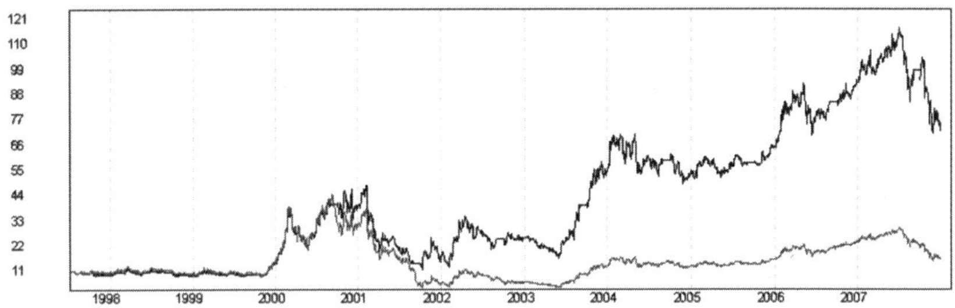

Vergleich: Buy & Hold vs. Anlage–Zyklus

	Buy & Hold	Anlage–Zyklus
Kurs 28.12.07:	16,21	72,67
Startkurs:	11,57	11,57
Gesamtperformance seit 08.07.1997:	40,10%	528,12%
All–Time–High:	44,69	117,39
Erreicht am:	06.09.2000	04.07.2007

Das wäre aus einer Anlage von 10.000 geworden:

Anlage vor 10 Jahren:	14.058,98	67.859,45
Anlage seit Börsengang:	14.010,37	62.811,69

Jahres-Hochs und -Tiefs

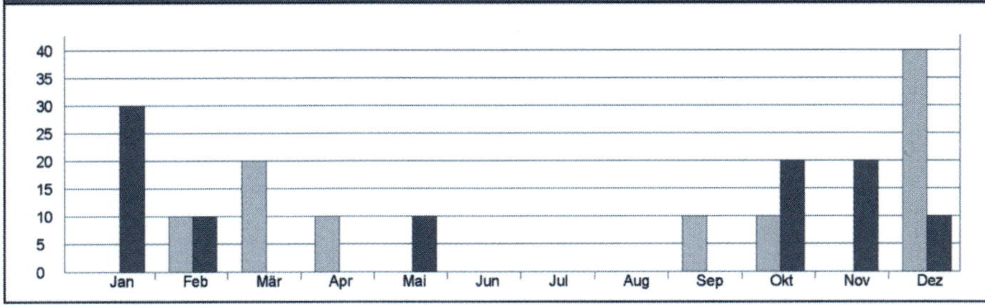

Rendite-Viereck

	Jan	Feb	Mär	Apr	Mai	Jun	Jul	Aug	Sep	Okt	Nov	Dez
Jan		14,04	15,99	21,85	33,61	15,37	11,35	4,94	15,23	10,60	7,25	8,21
Feb	15,65		42,10	48,31	62,99	42,71	37,07	29,81	44,65	39,12	30,50	28,82
Mär	12,60	-2,88		37,41	51,20	32,94	28,84	22,86	38,12	32,55	24,50	24,02
Apr	9,54	-5,13	-2,64		45,96	27,93	23,23	17,51	32,92	26,96	19,41	20,01
Mai	1,80	-11,79	-9,13	-6,48		19,25	15,81	10,83	24,06	19,31	12,33	11,98
Jun	12,16	-3,89	-1,22	2,24	9,66		29,01	23,27	38,27	33,23	24,93	23,68
Jul	13,67	-2,67	0,38	4,49	12,05	1,28		27,43	42,06	37,48	28,76	26,13
Aug	18,46	1,52	4,09	8,90	17,65	4,16	1,67		48,40	43,90	34,68	31,39
Sep	5,26	-7,54	-6,20	-1,92	6,44	-6,36	-7,26	-10,32		26,67	19,89	16,87
Okt	12,39	-1,20	0,53	5,65	15,30	-0,09	-2,98	-7,33	4,14		28,02	24,51
Nov	13,63	0,19	2,29	7,57	17,30	1,75	-1,36	-5,64	7,41	2,73		25,78
Dez	11,83	-0,46	1,16	5,98	15,75	0,89	-1,69	-6,20	4,54	0,64	-1,98	

Monatsstatistiken

	Anzahl Monate	durchschn. Performance	positive Monate	durchschn. Performance	negative Monate	durchschn. Performance	Gewinn-Wahrscheinlichkeit	Monats-hoch am	Monats-tief am
Jan	11	8,21%	8	15,16%	3	−10,33%	0,73%	31.01	02.01
Feb	10	15,65%	7	26,61%	3	−9,91%	0,70%	29.02	02.02
Mar	10	−2,88%	4	8,42%	6	−10,41%	0,40%	08.03	26.03
Apr	10	−2,64%	6	1,75%	4	−9,23%	0,60%	11.04	28.04
May	10	−6,48%	3	1,84%	7	−10,05%	0,30%	04.05	24.05
Jun	10	9,66%	8	14,40%	2	−9,30%	0,80%	30.06	01.06
Jul	10	1,28%	5	8,77%	5	−6,21%	0,50%	20.07	11.07
Aug	11	1,67%	5	12,60%	6	−7,43%	0,45%	31.08	11.08
Sep	11	−10,32%	3	4,65%	8	−15,93%	0,27%	05.09	30.09
Oct	11	4,14%	5	14,58%	6	−4,56%	0,45%	31.10	02.10
Nov	11	2,73%	7	8,18%	4	−6,81%	0,64%	30.11	11.11
Dec	11	−1,98%	4	10,98%	7	−9,38%	0,36%	02.12	13.12

Jahreszyklus:

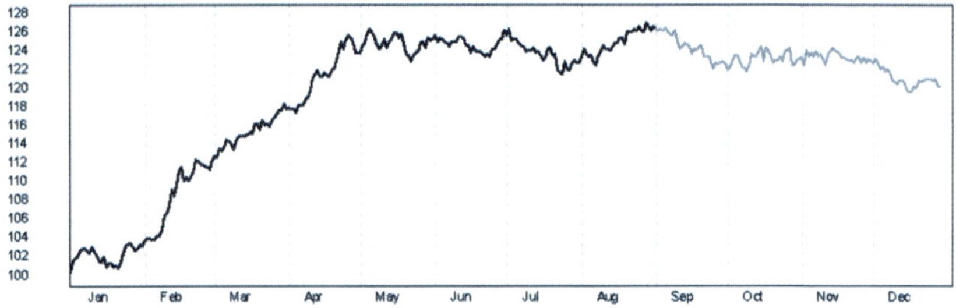

Erfolgreichster Anlage-Zeitraum: 8 Monate zwischen 31. Dezember und 31. August

Buy & Hold vs. Anlage-Zyklus:

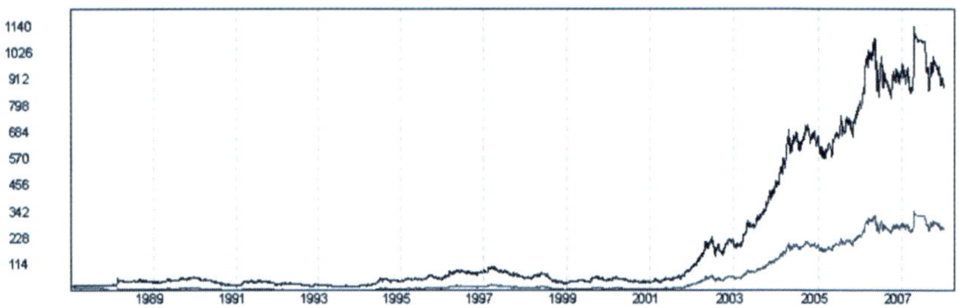

Vergleich: Buy & Hold vs. Anlage-Zyklus

	Buy & Hold	Anlage-Zyklus
Kurs 28.12.07:	270,01	884,78
Startkurs:	32,67	32,67
Gesamtperformance seit 02.01.1987:	726,48%	2.608,22%
All-Time-High:	350,28	1.147,81
Erreicht am:	11.04.2007	11.04.2007

Das wäre aus einer Anlage von 10.000 geworden:

Anlage vor 10 Jahren:	144.699,89	144.699,89
Anlage seit 1987:	82.647,69	270.822,47

Jahres-Hochs und -Tiefs

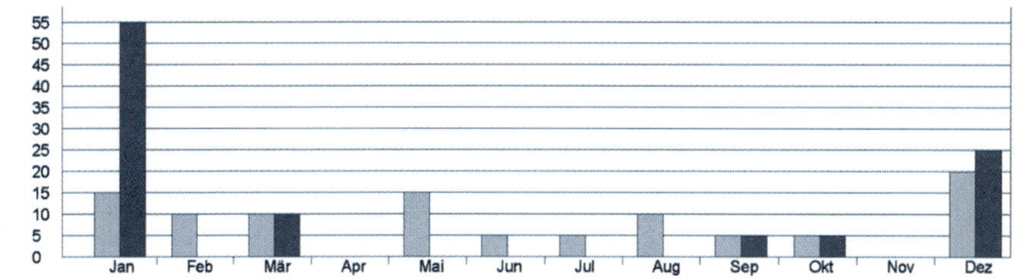

Rendite-Viereck

	Jan	Feb	Mär	Apr	Mai	Jun	Jul	Aug	Sep	Okt	Nov	Dez
Jan		13,62	9,18	1,92	0,51	0,06	2,23	-1,80	1,83	0,83	0,83	3,14
Feb	8,74		19,80	12,69	10,60	10,17	11,69	6,94	11,45	10,70	10,81	13,51
Mär	13,19	4,42		18,95	16,60	16,24	17,86	12,80	17,53	16,19	16,28	18,64
Apr	19,14	10,09	5,24		25,69	25,37	27,02	21,13	26,33	23,90	24,02	26,02
Mai	20,46	11,56	6,53	1,47		25,80	27,54	21,91	26,94	24,41	24,59	26,73
Jun	21,92	12,65	7,55	2,19	0,60		31,04	25,07	30,10	27,20	27,20	28,91
Jul	17,73	8,79	4,16	-1,01	-2,60	-2,98		19,02	23,98	21,67	21,71	24,22
Aug	22,63	12,83	8,42	2,67	1,16	0,73	3,50		28,72	26,15	26,73	29,75
Sep	18,16	8,88	4,44	-1,29	-2,50	-2,79	-0,22	-3,66		22,29	22,61	25,39
Okt	19,56	10,21	5,45	-1,04	-2,36	-2,78	-0,18	-3,71	0,04		25,23	27,78
Nov	20,05	10,76	6,01	-0,85	-2,03	-2,55	0,05	-3,37	0,27	0,02		29,01
Dez	19,33	10,24	5,88	-1,32	-2,58	-3,14	-0,89	-4,82	-1,35	-2,05	-2,25	

Monatsstatistiken

	Anzahl Monate	durchschn. Performance	positive Monate	durchschn. Performance	negative Monate	durchschn. Performance	Gewinn-Wahr-scheinlichkeit	Monats-hoch am	Monats-tief am
Jan	21	3,14%	13	8,97%	8	-6,33%	0,62%	10.01	21.01
Feb	21	8,74%	13	18,24%	8	-6,70%	0,62%	29.02	05.02
Mar	21	4,42%	14	9,73%	7	-6,20%	0,67%	30.03	02.03
Apr	21	5,24%	14	11,50%	7	-7,27%	0,67%	26.04	04.04
May	21	1,47%	10	9,51%	11	-5,83%	0,48%	05.05	22.05
Jun	21	0,60%	9	7,22%	12	-4,36%	0,43%	30.06	24.06
Jul	21	-2,98%	7	7,40%	14	-8,17%	0,33%	02.07	24.07
Aug	21	3,50%	15	9,15%	6	-10,60%	0,71%	28.08	07.08
Sep	21	-3,66%	8	3,05%	13	-7,80%	0,38%	05.09	25.09
Oct	21	0,04%	8	11,57%	13	-7,06%	0,38%	17.10	09.10
Nov	21	0,02%	10	8,79%	11	-7,94%	0,48%	14.11	02.11
Dec	21	-2,25%	8	6,37%	13	-7,56%	0,38%	02.12	16.12

Jahreszyklus:

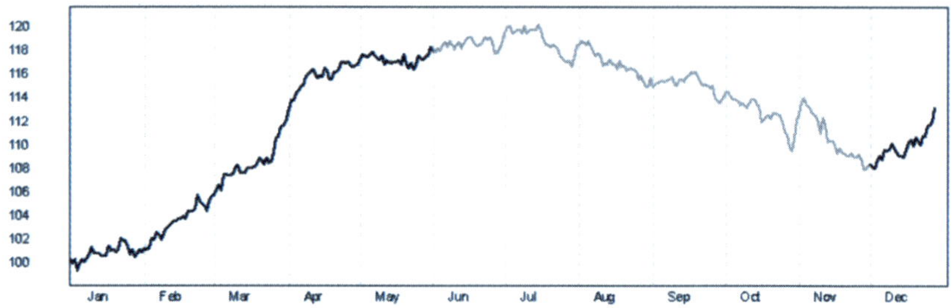

Erfolgreichster Anlage-Zeitraum: 6 Monate zwischen 30. November und 31. Mai

Buy & Hold vs. Anlage-Zyklus:

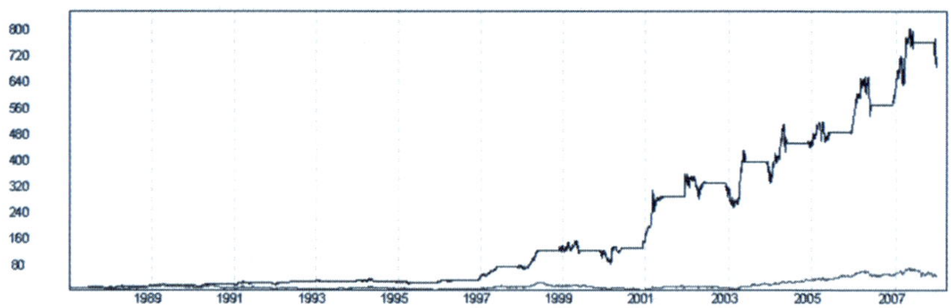

Vergleich: Buy & Hold vs. Anlage-Zyklus

	Buy & Hold	Anlage-Zyklus
Kurs 28.12.07:	52,50	712,32
Startkurs:	16,39	16,39
Gesamtperformance seit 02.01.1987:	220,32%	4.246,09%
All-Time-High:	74,15	810,01
Erreicht am:	02.05.2007	02.05.2007
Das wäre aus einer Anlage von 10.000 geworden:		
Anlage vor 10 Jahren:	29.428,25	93.192,86
Anlage seit 1987:	32.031,73	434.609,42

Jahres-Hochs und -Tiefs

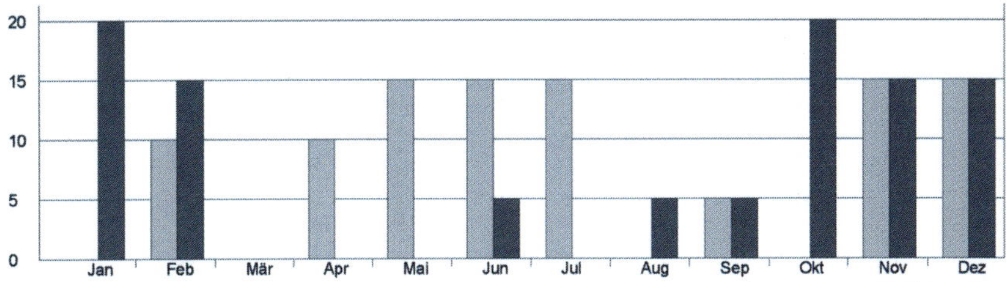

Rendite-Viereck

Jan		7,25	1,63	-2,35	-3,55	-3,84	-4,14	-1,48	-0,55	0,93	5,58	0,58
Feb	4,57		8,07	3,91	2,28	1,97	1,49	4,35	5,01	7,23	12,80	6,69
Mär	10,79	6,38		8,78	7,22	6,91	6,61	9,77	10,34	12,89	18,56	12,36
Apr	14,78	10,29	3,93		10,97	10,91	10,36	13,36	13,83	16,57	22,35	16,06
Mai	16,70	12,16	5,29	1,39		11,83	11,71	14,96	15,24	18,23	24,16	17,89
Jun	17,14	12,25	5,53	1,45	0,16		11,36	14,91	15,20	18,22	24,26	18,04
Jul	16,89	12,30	5,76	1,23	0,02	-0,24		14,07	14,85	17,93	23,67	17,60
Aug	12,32	7,91	2,21	-1,80	-2,64	-2,68	-2,32		11,17	13,60	19,36	13,25
Sep	11,24	6,60	1,07	-2,95	-3,87	-4,14	-3,98	-1,50		13,37	18,86	12,75
Okt	10,25	5,15	-0,52	-4,65	-5,52	-5,81	-5,90	-3,22	-1,78		19,33	13,31
Nov	6,45	1,57	-3,47	-7,82	-8,52	-8,97	-9,25	-6,68	-5,48	-3,84		9,67
Dez	11,19	5,67	0,26	-3,65	-4,53	-5,06	-5,04	-2,53	-1,38	0,36	4,69	
	Jan	Feb	Mär	Apr	Mai	Jun	Jul	Aug	Sep	Okt	Nov	Dez

Monatsstatistiken

	Anzahl Monate	durchschn. Performance	positive Monate	durchschn. Performance	negative Monate	durchschn. Performance	Gewinn-Wahrscheinlichkeit	Monats-hoch am	Monats-tief am
Jan	21	0,58%	11	8,77%	10	-8,42%	0,52%	24.01	04.01
Feb	21	4,57%	14	9,87%	7	-6,03%	0,67%	23.02	02.02
Mar	21	6,38%	14	12,63%	7	-6,13%	0,67%	31.03	01.03
Apr	21	3,93%	14	8,78%	7	-5,77%	0,67%	23.04	01.04
May	21	1,39%	12	7,36%	9	-6,56%	0,57%	31.05	24.05
Jun	21	0,16%	11	5,62%	10	-5,85%	0,52%	23.06	27.06
Jul	21	-0,24%	6	10,83%	15	-4,66%	0,29%	15.07	29.07
Aug	21	-2,32%	10	5,56%	11	-9,49%	0,48%	05.08	29.08
Sep	21	-1,50%	9	8,63%	12	-9,10%	0,43%	17.09	29.09
Oct	21	-1,78%	6	10,99%	15	-6,88%	0,29%	01.10	29.10
Nov	21	-3,84%	8	3,48%	13	-8,35%	0,38%	03.11	29.11
Dec	21	4,69%	13	11,57%	8	-6,48%	0,62%	30.12	03.12

Aktie Rhön-Klinikum WKN: 704230

Jahreszyklus:

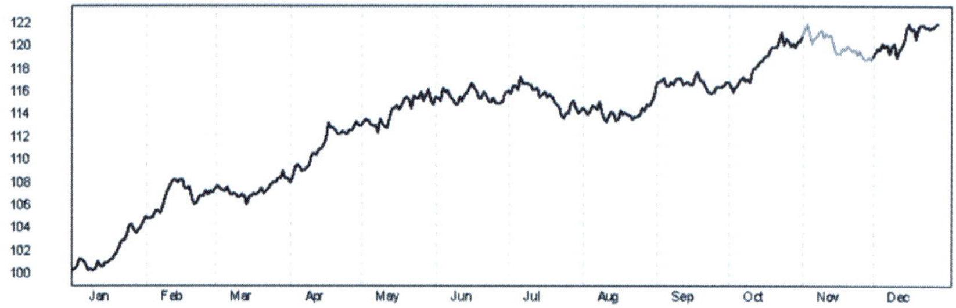

Erfolgreichster Anlage-Zeitraum: 11 Monate zwischen 30. November und 31. Oktober

Buy & Hold vs. Anlage-Zyklus:

Vergleich: Buy & Hold vs. Anlage-Zyklus

	Buy & Hold	Anlage-Zyklus
Kurs 28.12.07:	21,42	30,30
Startkurs:	1,65	1,65
Gesamtperformance seit 14.10.1991:	1.197,71%	1.735,52%
All-Time-High:	23,45	32,67
Erreicht am:	04.06.2007	04.06.2007

Das wäre aus einer Anlage von 10.000 geworden:

Anlage vor 10 Jahren:	26.743,44	26.451,10
Anlage seit Börsengang:	129.770,99	183.552,34

Jahres-Hochs und -Tiefs

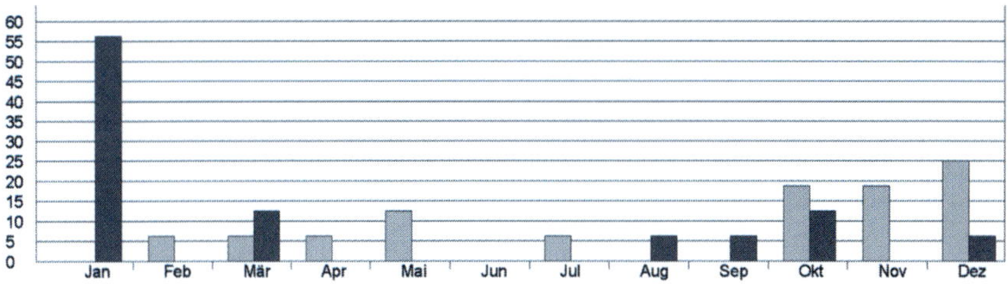

Rendite-Viereck

	Jan	Feb	Mär	Apr	Mai	Jun	Jul	Aug	Sep	Okt	Nov	Dez
Jan		15,88	15,79	11,59	9,13	8,03	2,43	1,47	0,61	4,04	6,33	3,28
Feb	2,49		21,27	16,72	14,02	12,79	6,24	5,58	4,62	7,86	10,24	6,99
Mär	3,53	1,02		17,13	14,52	13,37	7,14	6,46	5,57	8,95	11,41	8,02
Apr	7,17	4,91	3,98		18,84	17,64	11,10	10,35	9,31	12,68	15,47	11,87
Mai	8,59	6,49	5,63	1,49		18,49	12,14	11,39	10,04	14,28	17,08	13,42
Jun	9,57	7,12	6,20	2,19	0,82		13,73	12,89	11,50	14,94	18,10	14,15
Jul	8,51	5,99	5,26	1,34	-0,43	-1,20		11,92	10,33	13,38	16,34	12,91
Aug	9,73	7,20	6,52	2,45	0,55	-0,19	1,17		11,61	15,00	18,06	14,29
Sep	10,62	8,24	7,61	3,54	1,44	0,83	2,22	0,95		16,24	19,14	15,38
Okt	14,17	11,67	11,40	7,21	4,63	4,30	-1,09	-2,14	-3,02		22,36	19,12
Nov	12,13	9,56	9,30	5,29	2,94	2,64	-2,74	-3,66	-4,62	-1,75		17,24
Dez	15,24	12,66	12,42	8,14	5,54	4,97	-0,60	-1,47	-2,32	0,70	2,86	

Monatsstatistiken

	Anzahl Monate	durchschn. Performance	positive Monate	durchschn. Performance	negative Monate	durchschn. Performance	Gewinn-Wahr-scheinlichkeit	Monats-hoch am	Monats-tief am
Jan	17	3,28%	10	10,38%	7	-6,86%	0,59%	31.01	10.01
Feb	16	2,49%	13	4,47%	3	-6,09%	0,81%	15.02	03.02
Mar	16	1,02%	10	4,32%	6	-4,49%	0,63%	29.03	14.03
Apr	16	3,98%	12	6,70%	4	-4,15%	0,75%	29.04	01.04
May	16	1,49%	10	7,95%	6	-9,27%	0,63%	29.05	08.05
Jun	16	0,82%	7	8,69%	9	-5,30%	0,44%	16.06	10.06
Jul	16	-1,20%	8	6,22%	8	-8,63%	0,50%	06.07	24.07
Aug	17	1,17%	11	5,52%	6	-6,80%	0,65%	31.08	11.08
Sep	17	0,95%	10	5,20%	7	-5,12%	0,59%	18.09	06.09
Oct	17	-3,02%	10	10,50%	7	-22,34%	0,59%	23.10	03.10
Nov	17	-1,75%	7	4,65%	10	-6,22%	0,41%	03.11	30.11
Dec	17	2,86%	11	7,53%	6	-5,70%	0,65%	16.12	01.12

Jahreszyklus:

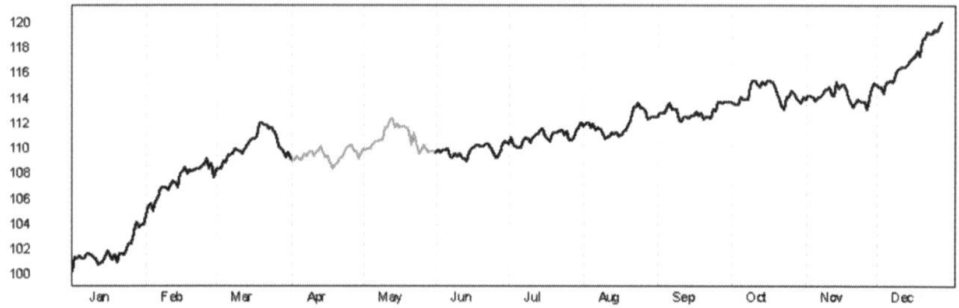

Erfolgreichster Anlage–Zeitraum: 10 Monate zwischen 31. Mai und 31. März

Buy & Hold vs. Anlage–Zyklus:

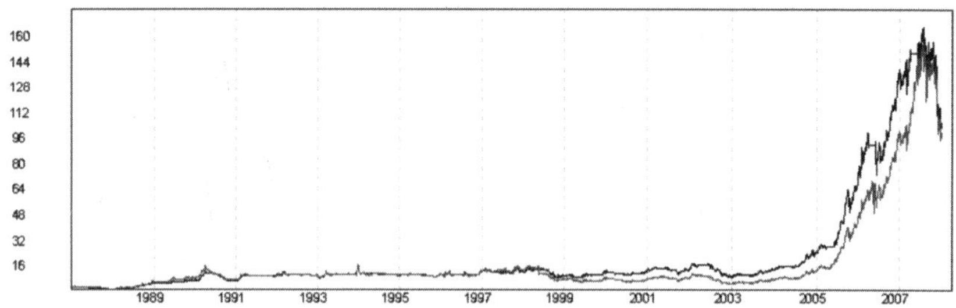

Vergleich: Buy & Hold vs. Anlage–Zyklus

	Buy & Hold	Anlage–Zyklus
Kurs 28.12.07:	101,18	107,65
Startkurs:	3,76	3,76
Gesamtperformance seit 02.01.1987:	2.590,96%	2.763,16%
All–Time–High:	157,25	167,31
Erreicht am:	19.07.2007	19.07.2007

Das wäre aus einer Anlage von 10.000 geworden:

Anlage vor 10 Jahren:	61.845,97	71.802,39
Anlage seit 1987:	269.095,74	286.315,52

Jahres-Hochs und -Tiefs

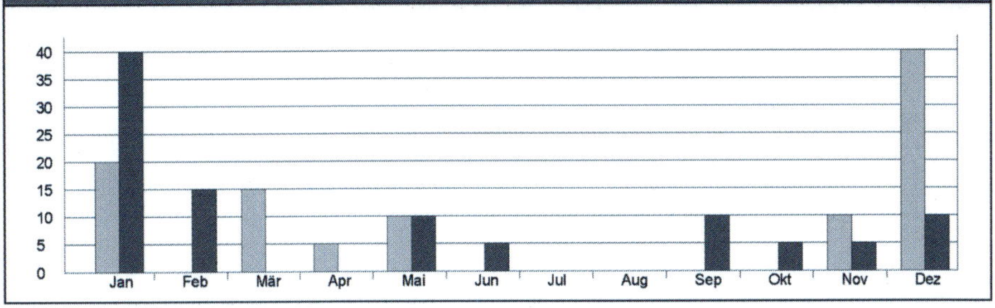

Rendite-Viereck

Jan		22,99	20,93	20,74	18,53	16,63	13,66	11,93	9,70	9,28	7,40	3,54
Feb	4,79		27,59	27,91	26,17	24,06	21,26	19,43	16,99	16,55	13,76	9,28
Mär	6,69	1,75		31,88	29,62	27,32	24,52	22,18	19,32	18,79	15,96	11,54
Apr	6,63	1,92	0,16		29,98	27,78	24,79	22,16	19,12	18,62	15,70	11,11
Mai	6,91	2,44	0,44	0,14		30,16	27,00	23,85	20,28	19,79	16,32	11,65
Jun	7,56	3,16	1,20	0,88	0,58		28,62	25,15	21,37	20,86	17,05	12,38
Jul	9,54	4,89	2,93	2,60	2,07	1,44		27,03	23,39	22,85	19,07	14,69
Aug	10,66	6,18	4,12	3,72	2,79	2,05	0,41		24,74	24,43	20,43	16,33
Sep	14,65	10,10	7,97	7,57	5,87	4,52	2,34	1,29		29,78	24,99	21,16
Okt	14,96	10,23	8,11	7,59	5,89	4,79	2,64	1,58	0,37		26,19	22,09
Nov	18,08	12,93	10,79	10,44	8,70	7,32	4,91	3,46	1,70	1,39		26,25
Dez	24,49	18,93	16,55	16,44	14,55	12,99	10,36	8,83	6,75	6,38	4,68	
	Jan	Feb	Mär	Apr	Mai	Jun	Jul	Aug	Sep	Okt	Nov	Dez

Monatsstatistiken

	Anzahl Monate	durchschn. Performance	positive Monate	durchschn. Performance	negative Monate	durchschn. Performance	Gewinn-Wahrscheinlichkeit	Monats-hoch am	Monats-tief am
Jan	21	3,54%	14	9,66%	7	-8,70%	0,67%	31.01	01.01
Feb	21	4,79%	16	7,93%	5	-5,26%	0,76%	26.02	01.02
Mar	21	1,75%	10	7,79%	11	-3,74%	0,48%	20.03	01.03
Apr	21	0,16%	11	4,21%	10	-4,31%	0,52%	26.04	18.04
May	21	0,14%	10	7,41%	11	-6,48%	0,48%	14.05	25.05
Jun	21	0,58%	11	4,95%	10	-4,21%	0,52%	30.06	14.06
Jul	21	1,44%	12	6,16%	9	-4,85%	0,57%	31.07	06.07
Aug	21	0,41%	10	7,58%	11	-6,11%	0,48%	24.08	10.08
Sep	21	1,29%	12	8,22%	9	-7,95%	0,57%	27.09	11.09
Oct	21	0,37%	12	5,21%	9	-6,08%	0,57%	17.10	23.10
Nov	21	1,39%	13	6,65%	8	-7,16%	0,62%	14.11	27.11
Dec	21	4,68%	15	9,05%	6	-6,24%	0,71%	30.12	04.12

Jahreszyklus:

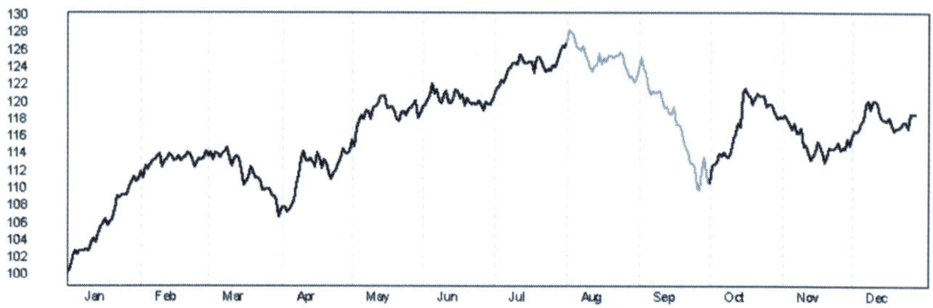

Erfolgreichster Anlage-Zeitraum: 10 Monate zwischen 30. September und 31. Juli

Buy & Hold vs. Anlage-Zyklus:

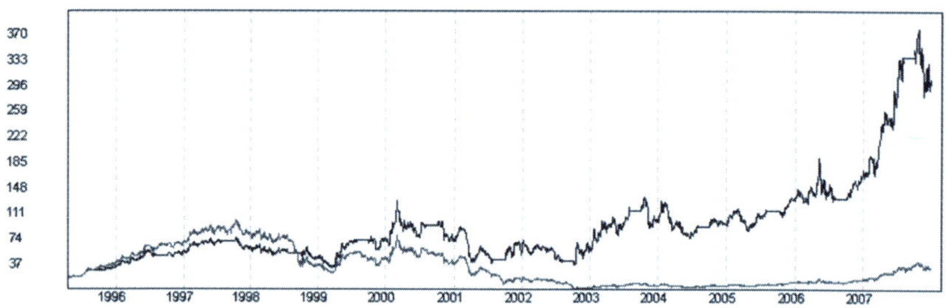

Vergleich: Buy & Hold vs. Anlage-Zyklus

	Buy & Hold	Anlage-Zyklus
Kurs 28.12.07:	36,81	308,44
Startkurs:	20,56	20,56
Gesamtperformance seit 10.04.1995:	79,03%	1.400,12%
All-Time-High:	104,29	381,59
Erreicht am:	13.10.1997	24.10.2007

Das wäre aus einer Anlage von 10.000 geworden:

Anlage vor 10 Jahren:	4.050,21	45.251,58
Anlage seit Börsengang:	17.903,09	150.012,29

Aktie **SGL Carbon** **WKN: 723530**

Jahres-Hochs und -Tiefs

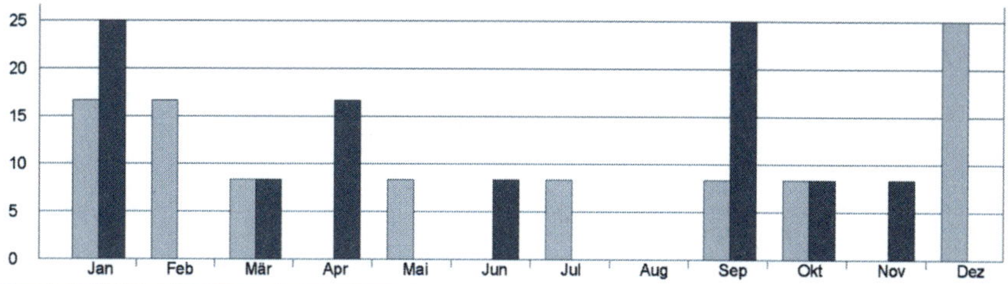

Rendite-Viereck

	Jan	Feb	Mär	Apr	Mai	Jun	Jul	Aug	Sep	Okt	Nov	Dez
Jan		4,49	9,62	13,33	9,49	7,18	−0,36	2,44	13,18	6,17	9,49	6,56
Feb	2,56		13,75	16,46	11,27	9,42	3,15	5,79	19,52	11,70	15,52	10,99
Mär	−3,54	−5,59		11,59	6,12	4,54	−0,73	1,37	14,73	6,53	8,03	4,28
Apr	3,40	1,27	7,07		11,80	10,26	5,21	7,41	23,09	13,73	15,79	11,66
Mai	5,22	3,94	10,56	3,40		13,13	7,39	10,07	23,69	14,99	17,34	13,41
Jun	6,94	5,41	11,63	4,19	0,59		9,55	12,18	26,24	16,91	19,73	15,41
Jul	12,75	10,26	16,07	10,35	7,25	5,98		17,08	33,52	22,80	26,35	21,34
Aug	9,62	6,93	11,98	6,83	4,37	2,96	−2,94		32,44	20,90	23,67	18,97
Sep	3,86	0,75	4,55	2,11	−0,23	−3,12	−10,31	−7,41		14,98	17,57	12,08
Okt	6,51	3,43	7,60	4,83	2,77	0,22	−6,82	−3,85	6,82		20,35	15,02
Nov	0,43	−1,85	2,55	2,42	−0,35	−2,64	−9,07	−6,38	3,74	−3,00		8,53
Dez	3,70	1,52	5,78	5,97	2,81	0,19	−6,65	−4,01	5,27	−1,04	2,68	

Monatsstatistiken

	Anzahl Monate	durchschn. Performance	positive Monate	durchschn. Performance	negative Monate	durchschn. Performance	Gewinn-Wahrscheinlichkeit	Monatshoch am	Monatstief am
Jan	13	6,56%	9	13,53%	4	−9,10%	0,69%	29.01	01.01
Feb	12	2,56%	5	14,41%	7	−5,91%	0,42%	29.02	02.02
Mar	12	−5,59%	4	11,50%	8	−14,14%	0,33%	09.03	31.03
Apr	12	7,07%	10	10,37%	2	−9,44%	0,83%	27.04	03.04
May	13	3,40%	7	13,26%	6	−8,10%	0,54%	15.05	03.05
Jun	13	0,59%	6	10,08%	7	−7,54%	0,46%	05.06	27.06
Jul	13	5,98%	8	15,13%	5	−8,65%	0,62%	30.07	01.07
Aug	13	−2,94%	4	8,57%	9	−8,06%	0,31%	02.08	30.08
Sep	13	−7,41%	6	12,12%	7	−24,15%	0,46%	02.09	27.09
Oct	13	6,82%	6	18,04%	7	−2,80%	0,46%	16.10	01.10
Nov	13	−3,00%	5	12,49%	8	−12,68%	0,38%	02.11	19.11
Dec	13	2,68%	9	6,79%	4	−6,56%	0,69%	08.12	01.12

Aktie | Stada Arzneimittel | WKN: 725180

Jahreszyklus:

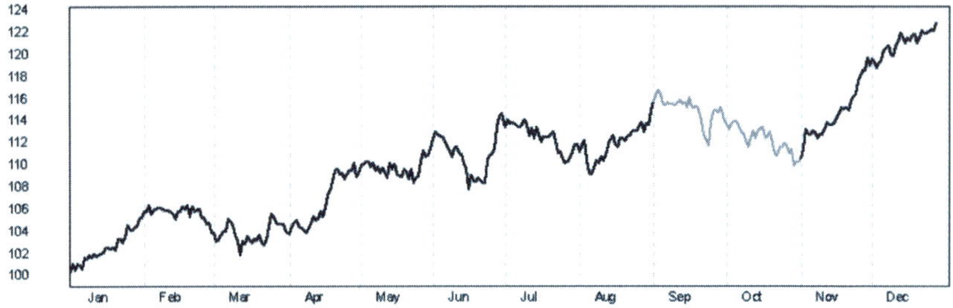

Erfolgreichster Anlage–Zeitraum: 10 Monate zwischen 31. Oktober und 31. August

Buy & Hold vs. Anlage–Zyklus:

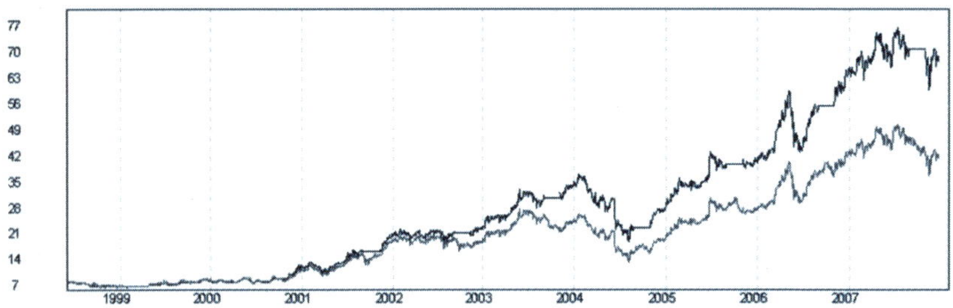

Vergleich: Buy & Hold vs. Anlage–Zyklus

	Buy & Hold	Anlage–Zyklus
Kurs 28.12.07:	42,17	68,45
Startkurs:	8,31	8,31
Gesamtperformance seit 02.06.1998:	407,77%	724,23%
All–Time–High:	50,92	76,87
Erreicht am:	19.07.2007	19.07.2007

Das wäre aus einer Anlage von 10.000 geworden:

Anlage vor 10 Jahren:	–	–
Anlage seit Börsengang:	50.776,64	82.423,19

Jahres-Hochs und -Tiefs

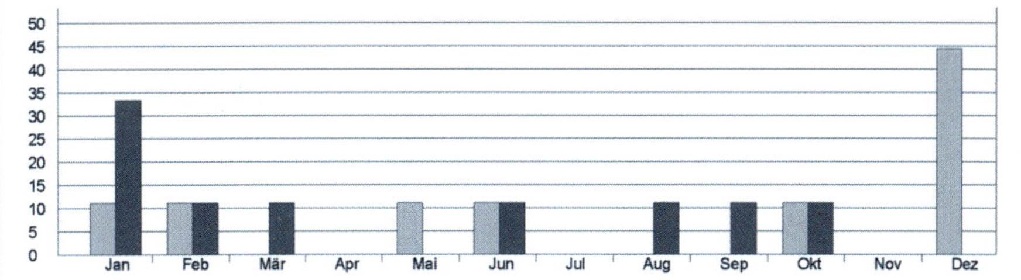

Rendite-Viereck

Jan		24,88	25,97	19,56	17,81	12,57	15,20	11,51	13,10	16,98	7,85	4,27
Feb	-0,41		28,69	22,54	20,64	14,64	17,88	13,69	14,84	18,79	8,28	4,48
Mär	-0,60	-0,42		22,22	20,63	14,13	17,16	13,16	13,99	18,04	7,88	4,16
Apr	4,57	4,80	5,21		26,60	19,70	22,93	18,68	19,58	23,89	13,40	9,53
Mai	6,08	6,36	7,32	2,01		22,04	25,39	20,89	22,25	26,27	15,34	11,35
Jun	8,96	8,90	9,85	4,53	2,25		29,96	25,14	26,01	30,36	18,76	14,55
Jul	6,88	6,82	7,43	2,13	0,30	-2,41		22,86	23,51	28,06	16,78	12,38
Aug	10,92	10,91	11,49	5,97	4,19	0,34	2,82		27,83	32,45	20,90	16,44
Sep	8,94	8,80	9,21	3,81	2,56	-0,71	1,72	-1,07		29,66	18,40	14,28
Okt	4,91	4,97	5,53	0,32	-1,14	-4,29	-1,97	-4,60	-3,33		14,32	10,06
Nov	13,64	13,97	14,83	9,05	7,42	3,65	6,21	3,14	4,49	8,09		19,15
Dez	19,16	19,61	20,50	14,31	12,71	7,80	10,23	6,81	8,25	11,96	3,38	
	Jan	Feb	Mär	Apr	Mai	Jun	Jul	Aug	Sep	Okt	Nov	Dez

Monatsstatistiken

	Anzahl Monate	durchschn. Performance	positive Monate	durchschn. Performance	negative Monate	durchschn. Performance	Gewinn-Wahr-scheinlichkeit	Monats-hoch am	Monats-tief am
Jan	10	4,27%	7	6,93%	3	−1,93%	0,70%	31.01	03.01
Feb	9	−0,41%	4	5,50%	5	−5,14%	0,44%	21.02	29.02
Mar	9	−0,42%	3	7,76%	6	−4,51%	0,33%	25.03	12.03
Apr	9	5,21%	7	7,15%	2	−1,57%	0,78%	28.04	08.04
May	9	2,01%	6	6,69%	3	−7,35%	0,67%	31.05	24.05
Jun	9	2,25%	4	11,46%	5	−5,11%	0,44%	30.06	16.06
Jul	10	−2,41%	3	7,97%	7	−6,86%	0,30%	14.07	26.07
Aug	10	2,82%	8	4,80%	2	−5,08%	0,80%	31.08	06.08
Sep	10	−1,07%	5	5,09%	5	−7,24%	0,50%	03.09	24.09
Oct	10	−3,33%	2	4,99%	8	−5,41%	0,20%	05.10	29.10
Nov	10	8,09%	8	10,59%	2	−1,92%	0,80%	29.11	01.11
Dec	10	3,38%	7	5,64%	3	−1,89%	0,70%	30.12	03.12

Jahreszyklus:

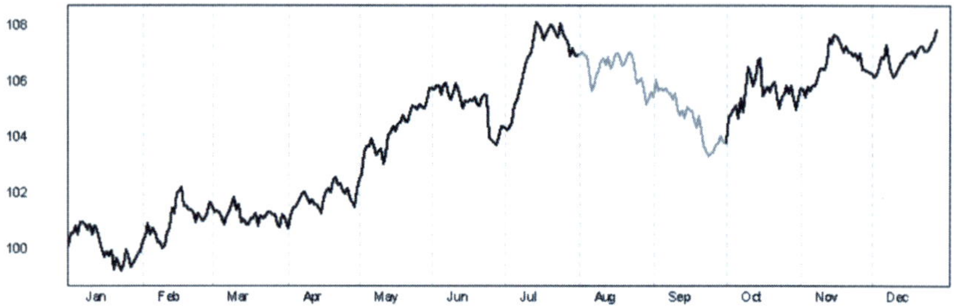

Erfolgreichster Anlage-Zeitraum: 10 Monate zwischen 30. September und 31. Juli

Buy & Hold vs. Anlage-Zyklus:

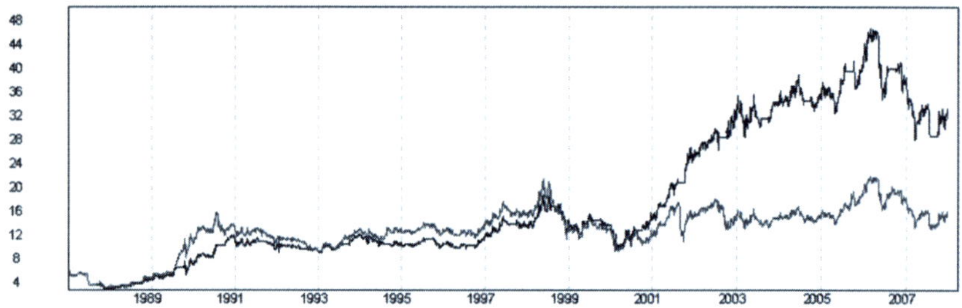

Vergleich: Buy & Hold vs. Anlage-Zyklus

	Buy & Hold	Anlage-Zyklus
Kurs 28.12.07:	16,17	33,25
Startkurs:	6,20	6,20
Gesamtperformance seit 02.01.1987:	160,81%	436,23%
All-Time-High:	22,15	46,97
Erreicht am:	28.02.2006	28.02.2006

Das wäre aus einer Anlage von 10.000 geworden:

Anlage vor 10 Jahren:	10.392,03	24.244,59
Anlage seit 1987:	26.080,65	53.623,04

Jahres-Hochs und -Tiefs

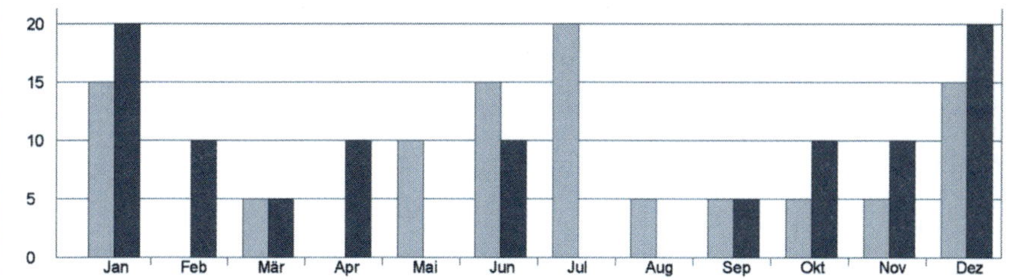

Rendite-Viereck

Jan		7,34	7,83	7,12	3,50	4,41	1,15	1,73	3,56	2,23	0,92	-0,47
Feb	1,50		10,13	9,66	5,95	7,18	2,79	3,55	5,47	4,68	2,94	1,80
Mär	0,96	-0,48		9,32	5,57	6,77	2,42	3,03	4,85	4,08	2,22	1,09
Apr	1,75	0,34	0,89		6,19	7,42	3,08	3,89	5,85	4,96	3,17	1,99
Mai	5,36	4,04	4,59	3,59		10,66	6,27	7,25	9,50	8,47	6,73	5,45
Jun	4,04	2,52	3,21	2,30	-1,20		6,99	7,86	9,99	9,00	7,20	5,99
Jul	6,67	5,18	5,70	4,85	1,27	2,59		11,07	13,05	12,04	10,02	8,84
Aug	5,18	3,92	4,46	3,72	0,37	1,76	-0,95		11,30	9,88	8,31	7,23
Sep	3,63	2,49	3,03	2,30	-1,01	0,38	-2,42	-1,75		8,15	6,77	5,65
Okt	4,86	3,46	4,06	3,32	0,00	1,09	-1,58	-0,60	1,38		8,42	7,28
Nov	6,70	5,48	6,01	5,31	1,83	2,83	-0,26	0,45	2,33	1,10		9,67
Dez	8,05	6,77	7,30	6,60	3,09	4,04	1,06	1,89	3,90	2,54	1,47	
	Jan	Feb	Mär	Apr	Mai	Jun	Jul	Aug	Sep	Okt	Nov	Dez

Monatsstatistiken

	Anzahl Monate	durchschn. Performance	positive Monate	durchschn. Performance	negative Monate	durchschn. Performance	Gewinn-Wahrscheinlichkeit	Monats-hoch am	Monats-tief am
Jan	21	−0,47%	11	4,58%	10	−6,02%	0,52%	07.01	23.01
Feb	21	1,50%	11	6,10%	10	−3,57%	0,52%	17.02	09.02
Mar	21	−0,48%	9	4,73%	12	−4,39%	0,43%	10.03	29.03
Apr	21	0,89%	14	3,41%	7	−4,15%	0,67%	21.04	01.04
May	21	3,59%	16	5,92%	5	−3,83%	0,76%	31.05	02.05
Jun	21	−1,20%	13	4,22%	8	−10,01%	0,62%	11.06	28.06
Jul	21	2,59%	13	6,67%	8	−4,05%	0,62%	14.07	02.07
Aug	21	−0,95%	9	6,02%	12	−6,18%	0,43%	17.08	29.08
Sep	21	−1,75%	7	5,03%	14	−5,14%	0,33%	02.09	24.09
Oct	21	1,38%	10	8,15%	11	−4,78%	0,48%	15.10	01.10
Nov	21	1,10%	10	6,92%	11	−4,19%	0,48%	15.11	03.11
Dec	21	1,47%	13	3,88%	8	−2,45%	0,62%	30.12	10.12

Jahreszyklus:

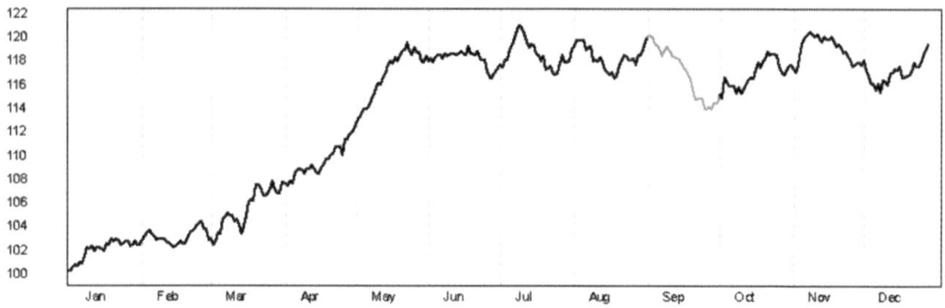

Erfolgreichster Anlage–Zeitraum: 11 Monate zwischen 30. September und 31. August

Buy & Hold vs. Anlage–Zyklus:

Vergleich: Buy & Hold vs. Anlage–Zyklus

	Buy & Hold	**Anlage–Zyklus**
Kurs 28.12.07:	81,99	212,33
Startkurs:	9,19	9,19
Gesamtperformance seit 18.06.1990:	792,17%	2.210,45%
All–Time–High:	92,38	228,02
Erreicht am:	18.06.2007	18.06.2007
Das wäre aus einer Anlage von 10.000 geworden:		
Anlage vor 10 Jahren:	30.858,11	67.738,78
Anlage seit Börsengang:	89.216,54	231.044,93

Jahres-Hochs und -Tiefs

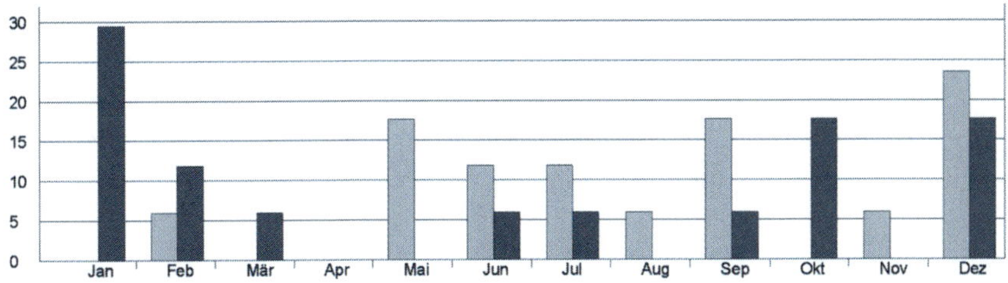

Rendite-Viereck

	Jan	Feb	Mär	Apr	Mai	Jun	Jul	Aug	Sep	Okt	Nov	Dez
Jan		17,68	11,76	7,18	1,94	2,11	0,99	0,49	5,29	3,56	3,52	2,17
Feb	1,33		14,43	9,64	4,59	4,59	3,28	2,06	6,77	5,20	4,44	3,77
Mär	6,28	4,83		14,84	9,30	9,54	8,18	6,90	11,80	10,25	9,58	9,01
Apr	10,62	9,38	4,20		12,59	13,31	12,00	10,74	15,93	14,35	13,85	13,30
Mai	17,30	16,15	10,34	5,64		19,45	18,23	17,06	22,17	20,62	20,43	19,84
Jun	14,62	13,33	7,72	3,31	-2,03		16,61	15,20	20,09	18,65	18,16	17,55
Jul	16,52	15,45	9,57	4,93	-0,61	1,52		16,90	22,21	20,59	20,29	19,52
Aug	16,91	16,03	10,14	5,44	-0,10	1,87	0,21		22,45	20,69	20,65	19,90
Sep	11,95	11,34	5,87	1,37	-3,74	-2,97	-4,50	-4,69		16,20	15,77	15,07
Okt	13,36	12,53	6,93	2,38	-2,76	-1,62	-3,08	-3,31	1,73		17,15	16,47
Nov	13,37	12,64	6,83	2,37	-2,78	-1,89	-3,16	-3,39	1,50	0,01		16,62
Dez	15,42	14,50	0,09	4,27	-0,72	-0,39	-1,55	-1,89	2,82	1,12	1,30	

Monatsstatistiken

	Anzahl Monate	durchschn. Performance	positive Monate	durchschn. Performance	negative Monate	durchschn. Performance	Gewinn-Wahrscheinlichkeit	Monats-hoch am	Monats-tief am
Jan	18	2,17%	11	6,02%	7	-3,88%	0,61%	19.01	02.01
Feb	17	1,33%	8	8,47%	9	-5,01%	0,47%	26.02	14.02
Mar	17	4,83%	12	8,87%	5	-4,88%	0,71%	27.03	02.03
Apr	17	4,20%	11	7,36%	6	-1,61%	0,65%	30.04	02.04
May	17	5,64%	12	9,13%	5	-2,73%	0,71%	23.05	02.05
Jun	17	-2,03%	6	4,40%	11	-5,53%	0,35%	18.06	28.06
Jul	18	1,52%	9	8,01%	9	-4,97%	0,50%	09.07	24.07
Aug	18	0,21%	11	4,00%	7	-5,73%	0,61%	04.08	18.08
Sep	18	-4,69%	4	9,41%	14	-8,72%	0,22%	02.09	26.09
Oct	18	1,73%	12	6,18%	6	-7,16%	0,67%	21.10	02.10
Nov	18	0,01%	12	5,66%	6	-11,31%	0,67%	08.11	02.11
Dec	18	1,30%	10	6,87%	8	-5,67%	0,56%	30.12	08.12

6. EuroStoxx-50-Aktien im Anlagezyklus

Aktie **Aegon** **WKN: A0JL2Y**

Jahreszyklus:

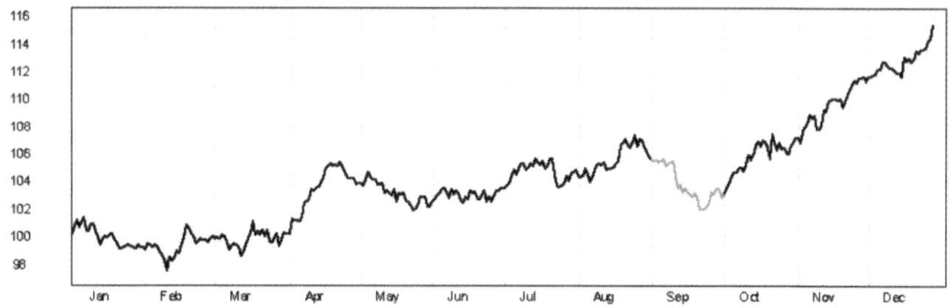

Erfolgreichster Anlage–Zeitraum: 11 Monate zwischen 30. September und 31. August

Buy & Hold vs. Anlage–Zyklus:

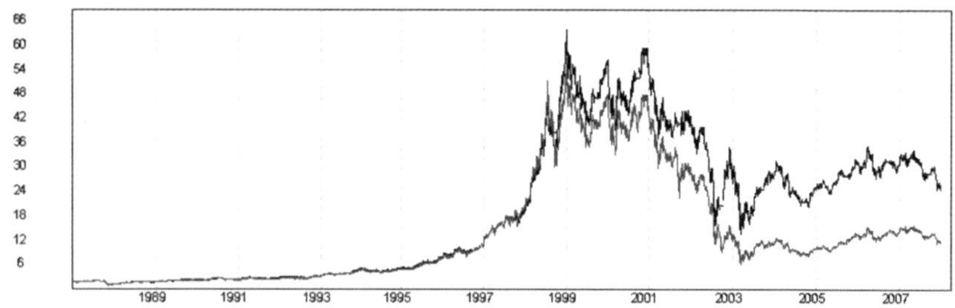

Vergleich: Buy & Hold vs. Anlage–Zyklus

	Buy & Hold	Anlage–Zyklus
Kurs 28.12.07:	12,16	26,05
Startkurs:	2,05	2,05
Gesamtperformance seit 05.01.1987:	493,09%	1.170,48%
All–Time–High:	55,75	64,11
Erreicht am:	05.01.1999	05.01.1999

Das wäre aus einer Anlage von 10.000 geworden:

Anlage vor 10 Jahren:	4.954,77	11.152,13
Anlage seit 1987:	59.308,97	127.047,59

Jahres-Hochs und -Tiefs

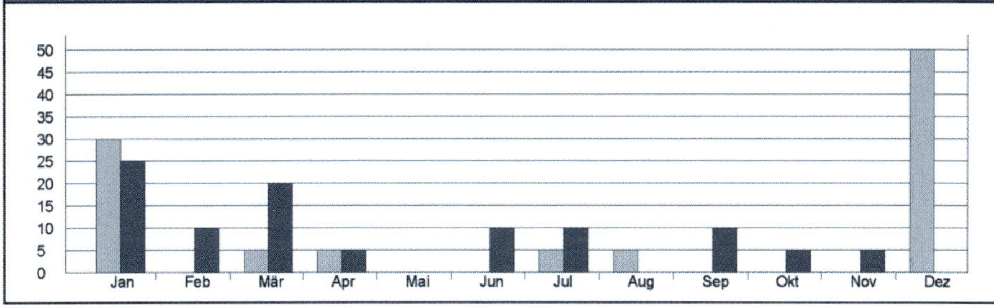

Rendite-Viereck

	Jan	Feb	Mär	Apr	Mai	Jun	Jul	Aug	Sep	Okt	Nov	Dez
Jan		13,76	13,95	9,86	10,85	9,61	7,11	6,63	10,17	6,28	2,55	-1,39
Feb	0,74		17,69	13,37	14,33	12,89	9,65	9,33	12,49	9,20	4,78	0,15
Mär	1,59	0,48		14,31	15,36	14,03	10,58	10,26	12,59	10,01	5,74	0,71
Apr	4,22	3,25	3,38		18,16	16,68	13,31	12,89	15,69	12,78	8,43	3,40
Mai	3,21	1,80	1,48	-1,60		16,43	12,94	12,65	14,89	12,42	8,14	2,90
Jun	4,80	3,16	2,92	-0,41	1,07		13,72	13,48	15,65	13,32	9,24	3,97
Jul	6,87	5,22	5,49	1,71	3,09	1,77		16,42	18,87	15,92	11,49	6,35
Aug	6,82	5,30	5,53	1,81	3,36	2,24	0,63		19,22	16,14	11,63	6,41
Sep	4,35	2,70	2,85	-0,70	0,75	-0,33	-2,43	-2,96		13,73	9,54	4,13
Okt	7,09	5,57	5,82	2,25	3,67	2,83	0,97	0,17	4,00		13,84	8,38
Nov	11,64	9,84	10,06	6,36	7,58	6,77	4,96	4,10	8,50	3,73		14,28
Dez	17,22	14,93	15,22	11,15	12,18	11,08	8,64	7,91	11,71	7,60	3,93	
	Jan	Feb	Mär	Apr	Mai	Jun	Jul	Aug	Sep	Okt	Nov	Dez

Monatsstatistiken

	Anzahl Monate	durchschn. Performance	positive Monate	durchschn. Performance	negative Monate	durchschn. Performance	Gewinn-Wahrscheinlichkeit	Monats-hoch am	Monats-tief am
Jan	21	-1,39%	11	4,84%	10	-8,24%	0,52%	06.01	21.01
Feb	21	0,74%	11	6,59%	10	-5,70%	0,52%	18.02	10.02
Mar	21	0,48%	14	6,29%	7	-11,16%	0,67%	17.03	12.03
Apr	21	3,38%	15	7,47%	6	-6,86%	0,71%	22.04	01.04
May	21	-1,60%	10	5,25%	11	-7,83%	0,48%	05.05	24.05
Jun	21	1,07%	11	6,27%	10	-4,65%	0,52%	30.06	14.06
Jul	21	1,77%	12	8,36%	9	-7,01%	0,57%	20.07	01.07
Aug	21	0,63%	10	5,58%	11	-3,86%	0,48%	25.08	06.08
Sep	21	-2,96%	9	5,09%	12	-9,00%	0,43%	06.09	23.09
Oct	21	4,00%	13	9,74%	8	-5,33%	0,62%	21.10	01.10
Nov	21	3,73%	15	8,53%	6	-8,27%	0,71%	29.11	02.11
Dec	21	3,93%	17	6,60%	4	-7,42%	0,81%	30.12	15.12

Jahreszyklus:

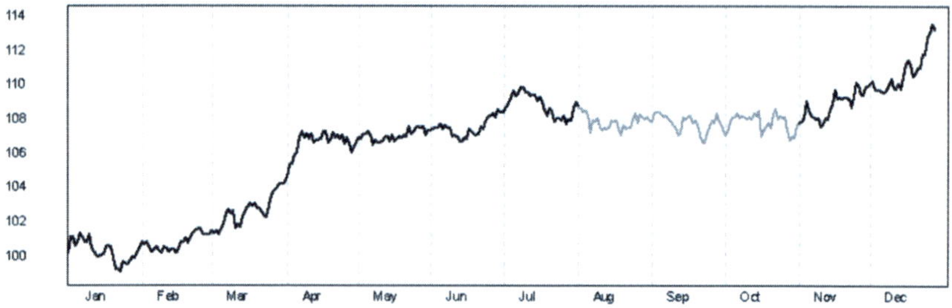

Erfolgreichster Anlage–Zeitraum: 9 Monate zwischen 31. Oktober und 31. Juli

Buy & Hold vs. Anlage–Zyklus:

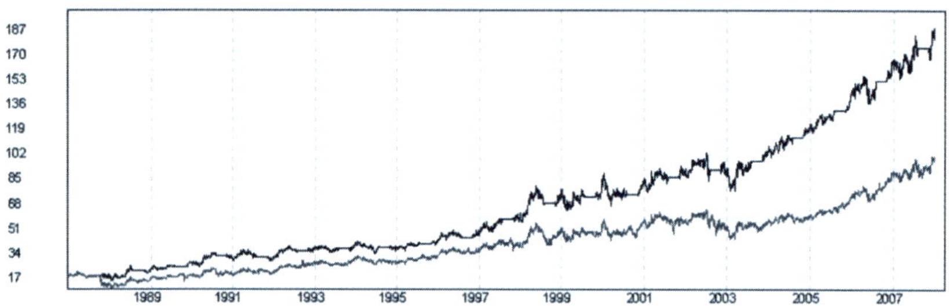

Vergleich: Buy & Hold vs. Anlage–Zyklus

	Buy & Hold	Anlage–Zyklus
Kurs 28.12.07:	101,40	188,36
Startkurs:	19,41	19,41
Gesamtperformance seit 05.01.1987:	422,31%	870,25%
All–Time–High:	101,90	189,29
Erreicht am:	27.12.2007	27.12.2007
Das wäre aus einer Anlage von 10.000 geworden:		
Anlage vor 10 Jahren:	23.861,63	30.452,00
Anlage seit 1987:	52.231,43	97.025,24

Jahres-Hochs und -Tiefs

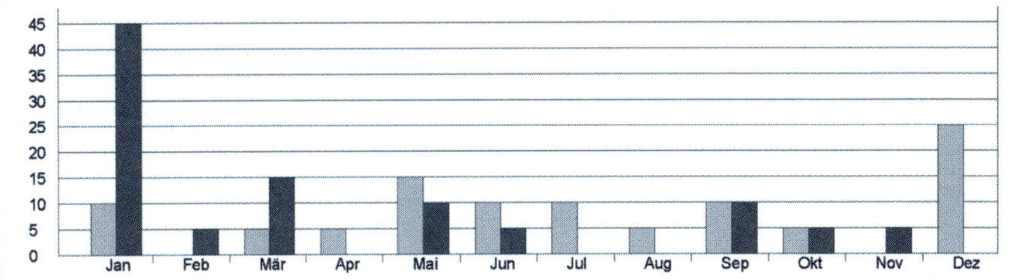

Rendite-Viereck

	Jan	Feb	Mär	Apr	Mai	Jun	Jul	Aug	Sep	Okt	Nov	Dez
Jan		8,30	5,92	3,87	3,35	2,35	2,09	3,51	4,14	4,35	2,45	−0,50
Feb	0,84		6,20	4,09	3,40	2,95	2,58	3,85	4,68	5,24	3,47	0,64
Mär	3,37	2,66		6,81	6,06	5,50	5,12	6,41	7,26	7,68	5,89	2,97
Apr	5,39	4,59	1,94		8,21	7,72	7,34	8,59	9,54	10,05	8,14	5,25
Mai	5,95	5,05	2,40	0,47		8,11	7,74	9,05	9,96	10,67	8,81	5,91
Jun	6,99	6,00	3,46	1,39	0,95		9,05	10,33	11,23	12,13	10,09	7,22
Jul	7,00	6,11	3,57	1,57	1,19	0,29		10,14	11,04	11,84	9,83	6,90
Aug	5,45	4,66	2,16	0,32	−0,02	−0,78	−1,15		9,58	10,16	8,35	5,34
Sep	4,69	3,80	1,33	−0,48	−0,91	−1,68	−2,01	−0,74		9,52	7,76	4,78
Okt	4,36	3,36	0,99	−0,95	−1,40	−2,31	−2,54	−1,20	−0,40		8,54	5,62
Nov	6,21	5,33	2,83	0,87	0,47	−0,44	−0,66	0,71	1,53	2,00		7,57
Dez	9,59	8,60	6,12	4,08	3,65	2,65	2,39	3,82	4,54	4,92	2,92	

Monatsstatistiken

	Anzahl Monate	durchschn. Performance	positive Monate	durchschn. Performance	negative Monate	durchschn. Performance	Gewinn-Wahrscheinlichkeit	Monatshoch am	Monatstief am
Jan	21	−0,50%	9	4,83%	12	−4,51%	0,43%	06.01	23.01
Feb	21	0,84%	11	5,52%	10	−4,30%	0,52%	25.02	09.02
Mar	21	2,66%	17	4,39%	4	−4,65%	0,81%	30.03	04.03
Apr	21	1,94%	14	4,27%	7	−2,73%	0,67%	26.04	01.04
May	21	0,47%	9	4,60%	12	−2,63%	0,43%	29.05	08.05
Jun	21	0,95%	13	4,41%	8	−4,67%	0,62%	29.06	13.06
Jul	21	0,29%	10	4,05%	11	−3,14%	0,48%	09.07	27.07
Aug	21	−1,15%	9	3,98%	12	−4,99%	0,43%	01.08	19.08
Sep	21	−0,74%	9	4,12%	12	−4,39%	0,43%	04.09	23.09
Oct	21	−0,40%	11	4,43%	10	−5,72%	0,52%	22.10	28.10
Nov	21	2,00%	16	4,04%	5	−4,52%	0,76%	25.11	10.11
Dec	21	2,92%	17	4,42%	4	−3,44%	0,81%	29.12	07.12

Jahreszyklus:

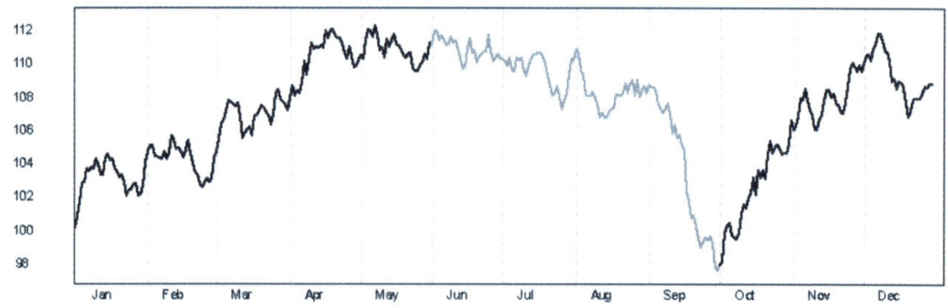

Erfolgreichster Anlage-Zeitraum: 8 Monate zwischen 30. September und 31. Mai

Buy & Hold vs. Anlage-Zyklus:

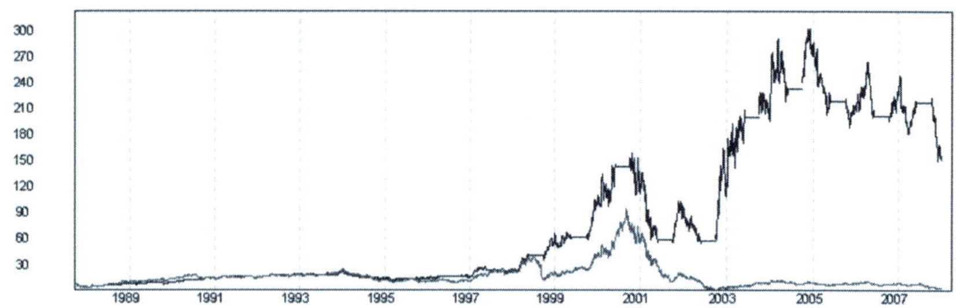

Vergleich: Buy & Hold vs. Anlage-Zyklus

	Buy & Hold	Anlage-Zyklus
Kurs 28.12.07:	5,01	153,69
Startkurs:	10,07	10,07
Gesamtperformance seit 29.09.1987:	-50,25%	1.426,20%
All-Time-High:	96,90	305,50
Erreicht am:	04.09.2000	02.12.2004

Das wäre aus einer Anlage von 10.000 geworden:

Anlage vor 10 Jahren:	2.167,89	61.137,01
Anlage seit 1987:	4.975,17	152.620,04

Jahres-Hochs und -Tiefs

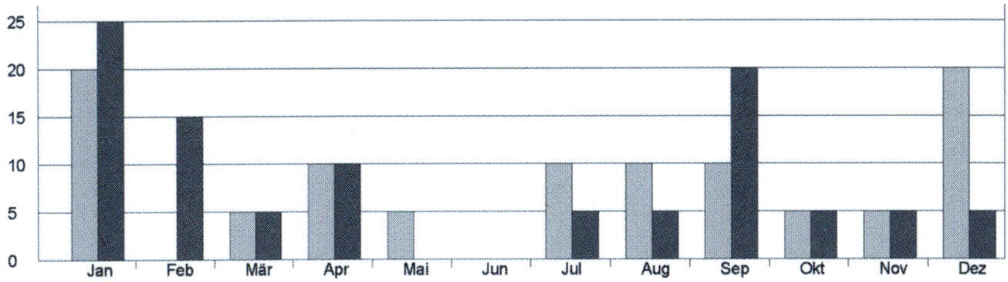

Rendite-Viereck

Jan		10,09	8,12	4,56	3,37	2,82	2,79	4,59	16,91	4,60	1,77	3,46
Feb	−0,59		9,19	5,78	4,99	4,43	4,08	5,90	18,80	6,31	2,07	3,60
Mär	2,22	2,76		10,56	9,77	8,79	8,08	10,46	21,86	9,86	5,27	6,88
Apr	4,19	4,52	2,18		10,75	10,02	9,39	11,50	24,97	11,95	7,29	9,07
Mai	5,91	5,53	2,91	0,51		11,38	10,81	13,05	27,42	14,06	8,90	10,67
Jun	7,25	6,01	3,33	0,56	−0,49		12,43	14,52	29,24	15,93	10,34	12,19
Jul	9,04	7,23	4,61	1,57	0,05	−0,43		16,17	32,75	18,10	11,97	14,12
Aug	7,99	5,83	3,61	0,42	−1,21	−1,92	−1,96		34,02	17,56	10,84	13,00
Sep	0,30	−2,15	−3,52	−6,56	−8,04	−9,60	−10,31	−8,99		8,24	2,71	5,68
Okt	6,26	3,50	2,21	−1,21	−2,71	−3,51	−3,43	−1,64	9,73		8,56	11,91
Nov	7,69	5,62	3,71	0,41	−0,63	−1,24	−0,83	1,40	13,87	2,74		13,60
Dez	9,42	7,18	5,10	1,71	0,67	−0,74	−0,91	0,89	11,46	1,88	−0,82	
	Jan	Feb	Mär	Apr	Mai	Jun	Jul	Aug	Sep	Okt	Nov	Dez

Monatsstatistiken

	Anzahl Monate	durchschn. Performance	positive Monate	durchschn. Performance	negative Monate	durchschn. Performance	Gewinn-Wahrscheinlichkeit	Monatshoch am	Monatstief am
Jan	21	3,46%	11	13,70%	10	−7,80%	0,52%	14.01	23.01
Feb	20	−0,59%	9	9,39%	11	−8,76%	0,45%	11.02	24.02
Mar	20	2,76%	12	9,94%	8	−8,01%	0,60%	27.03	01.03
Apr	20	2,18%	12	7,89%	8	−6,38%	0,60%	19.04	01.04
May	20	0,51%	9	9,02%	11	−6,45%	0,45%	08.05	26.05
Jun	20	−0,49%	10	7,52%	10	−8,50%	0,50%	03.06	14.06
Jul	20	−0,43%	11	8,73%	9	−11,62%	0,55%	16.07	26.07
Aug	20	−1,96%	8	7,99%	12	−8,58%	0,40%	01.08	11.08
Sep	20	−8,99%	8	6,83%	12	−19,54%	0,40%	01.09	30.09
Oct	21	9,73%	15	18,28%	6	−11,64%	0,71%	31.10	01.10
Nov	21	2,74%	12	10,68%	9	−7,84%	0,57%	26.11	01.11
Dec	21	−0,82%	10	6,64%	11	−7,60%	0,48%	07.12	20.12

Jahreszyklus:

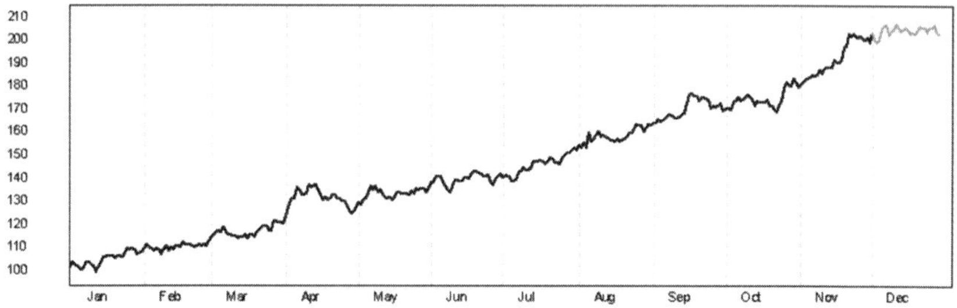

Erfolgreichster Anlage–Zeitraum: 11 Monate zwischen 31. Dezember und 30. November

Buy & Hold vs. Anlage–Zyklus:

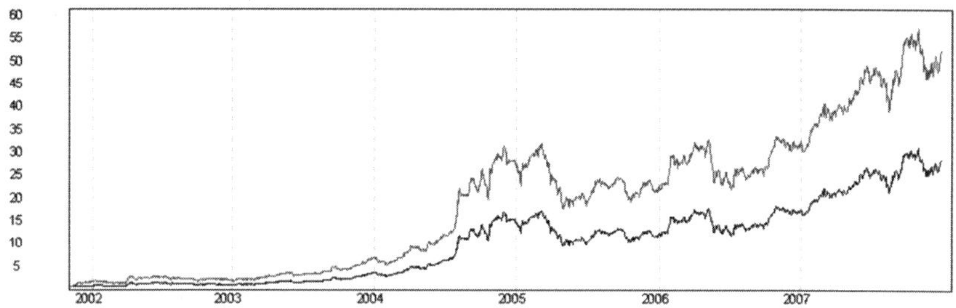

Vergleich: Buy & Hold vs. Anlage–Zyklus

	Buy & Hold	Anlage–Zyklus
Kurs 31.12.07:	53,02	28,97
Startkurs:	1,06	1,06
Gesamtperformance seit 30.10.2001:	4.901,89%	2.632,99%
All–Time–High:	57,79	31,58
Erreicht am:	29.10.2007	29.10.2007

Das wäre aus einer Anlage von 10.000 geworden:

Anlage vor 10 Jahren:	–	–
Anlage seit Börsengang:	500.188,68	273.298,97

Aktie Arcelor Mittal WKN: A0M6U2

Jahres-Hochs und -Tiefs

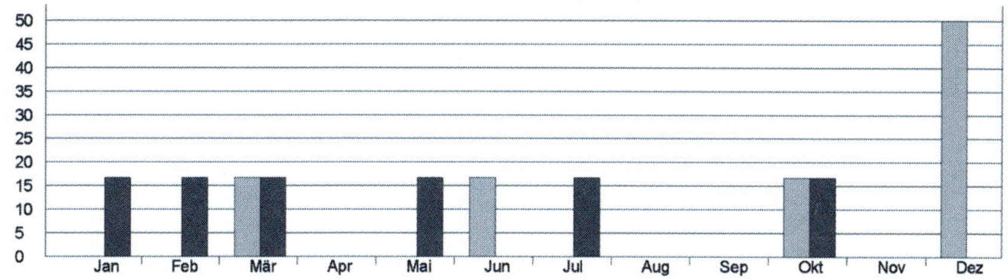

Rendite-Viereck

Jan		85,62	64,04	59,06	49,14	43,18	30,32	19,59	15,32	21,76	6,11	3,42
Feb	4,98		92,35	84,56	73,94	66,71	49,41	35,40	31,93	32,45	13,43	11,32
Mär	12,87	7,57		89,41	78,83	75,43	58,09	46,03	42,25	43,15	22,61	18,76
Apr	19,81	15,58	6,28		68,42	66,72	52,07	42,31	40,31	58,55	32,08	25,73
Mai	26,42	21,12	11,40	5,39		79,67	64,53	53,28	51,34	64,01	38,13	31,86
Jun	33,83	28,03	16,87	9,66	3,97		72,69	60,58	56,69	76,82	46,35	37,30
Jul	42,91	35,34	23,11	18,11	11,45	7,59		80,71	75,98	82,81	54,12	45,91
Aug	63,80	53,66	36,90	30,89	22,80	17,26	8,45		105,79	107,21	74,98	63,66
Sep	72,90	60,98	42,85	38,56	29,32	23,95	13,58	4,26		111,73	83,15	72,88
Okt	90,98	78,49	56,77	49,99	40,88	34,24	23,69	13,08	9,52		103,57	90,01
Nov	107,79	92,64	67,75	61,14	50,26	42,94	30,30	17,84	13,23	13,04		104,43
Dez	102,16	88,20	65,33	58,40	47,68	42,49	29,91	18,30	12,73	20,20	4,04	
	Jan	Feb	Mär	Apr	Mai	Jun	Jul	Aug	Sep	Okt	Nov	Dez

Monatsstatistiken

	Anzahl Monate	durchschn. Performance	positive Monate	durchschn. Performance	negative Monate	durchschn. Performance	Gewinn-Wahrscheinlichkeit	Monats-hoch am	Monats-tief am
Jan	7	3,42%	4	15,50%	3	−12,69%	0,57%	27.01	12.01
Feb	6	4,98%	4	10,79%	2	−6,65%	0,67%	28.02	08.02
Mar	6	7,57%	5	13,67%	1	−22,95%	0,83%	28.03	16.03
Apr	6	6,28%	3	23,92%	3	−11,36%	0,50%	10.04	28.04
May	6	5,39%	4	11,98%	2	−7,81%	0,67%	07.05	03.05
Jun	6	3,97%	3	13,95%	3	−6,01%	0,50%	19.06	09.06
Jul	6	7,59%	4	15,72%	2	−8,67%	0,67%	30.07	05.07
Aug	6	8,45%	4	14,60%	2	−3,86%	0,67%	30.08	02.08
Sep	6	4,26%	5	9,64%	1	−22,59%	0,83%	17.09	01.09
Oct	6	9,52%	4	17,25%	2	−5,93%	0,67%	29.10	22.10
Nov	7	13,04%	4	29,37%	3	−8,73%	0,57%	23.11	01.11
Dec	7	4,04%	4	14,95%	3	−10,51%	0,57%	11.12	03.12

Jahreszyklus:

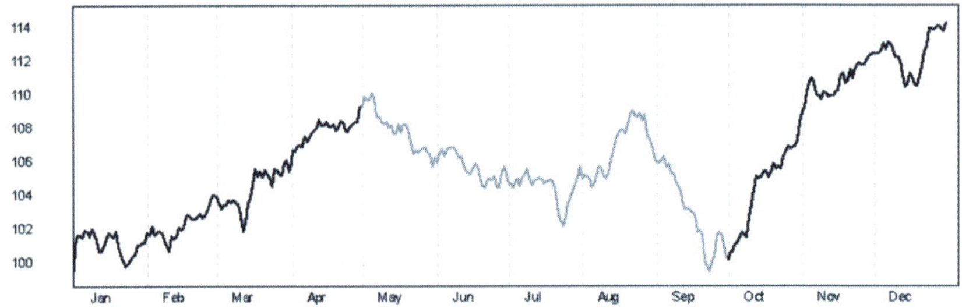

Erfolgreichster Anlage-Zeitraum: 7 Monate zwischen 30. September und 30. April

Buy & Hold vs. Anlage-Zyklus:

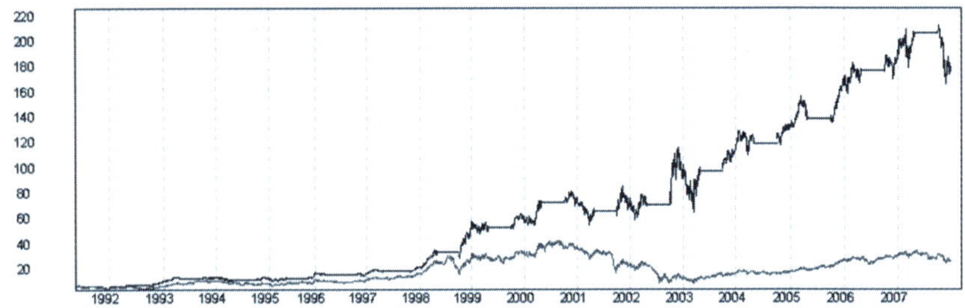

Vergleich: Buy & Hold vs. Anlage-Zyklus

	Buy & Hold	Anlage-Zyklus
Kurs 31.12.07:	27,39	180,50
Startkurs:	7,76	7,76
Gesamtperformance seit 23.05.1991:	252,82%	2.225,03%
All-Time-High:	43,13	212,72
Erreicht am:	29.08.2000	05.10.2007

Das wäre aus einer Anlage von 10.000 geworden:

Anlage vor 10 Jahren:	12.713,46	64.765,30
Anlage seit Börsengang:	35.281,71	232.503,17

Jahres-Hochs und -Tiefs

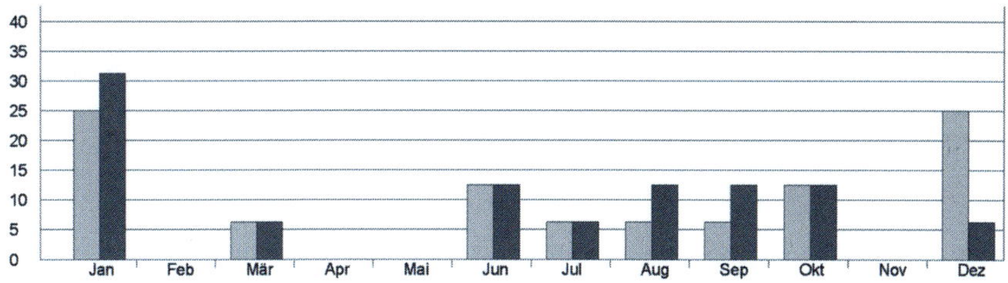

Rendite-Viereck

Jan		10,23	9,22	5,38	7,14	7,50	6,60	6,91	13,82	5,49	1,94	0,19
Feb	2,71		14,86	11,15	12,88	13,19	11,77	12,19	19,56	10,65	6,30	4,18
Mär	4,13	1,22		12,39	13,83	14,37	13,09	13,90	21,41	12,28	7,65	5,46
Apr	7,57	4,61	3,64		17,28	17,82	16,60	17,10	25,03	15,46	10,73	8,80
Mai	4,22	1,28	0,33	-3,19		14,18	13,11	13,56	20,93	11,86	7,34	5,54
Jun	4,14	1,20	0,12	-3,38	-0,85		13,64	14,18	21,56	12,11	7,35	5,45
Jul	5,87	2,58	1,73	-2,11	0,12	0,70		16,98	23,98	14,41	9,25	7,16
Aug	5,20	2,13	1,14	-2,52	-0,06	0,47	0,04		23,62	13,59	8,25	6,25
Sep	-1,24	-4,10	-4,82	-8,03	-5,43	-4,98	-5,47	-5,72		7,00	2,07	0,00
Okt	6,06	2,95	1,97	-1,55	0,72	1,24	1,14	0,95	7,95		9,35	7,33
Nov	10,52	7,10	5,95	2,31	3,90	4,53	4,42	4,49	12,30	3,58		11,84
Dez	14,12	10,37	9,23	5,45	6,41	6,76	6,04	6,26	13,60	5,10	1,47	
	Jan	Feb	Mär	Apr	Mai	Jun	Jul	Aug	Sep	Okt	Nov	Dez

Monatsstatistiken

	Anzahl Monate	durchschn. Performance	positive Monate	durchschn. Performance	negative Monate	durchschn. Performance	Gewinn-Wahr-scheinlichkeit	Monats-hoch am	Monats-tief am
Jan	17	0,19%	9	7,77%	8	-8,34%	0,53%	06.01	23.01
Feb	16	2,71%	11	5,46%	5	-3,36%	0,69%	29.02	10.02
Mar	16	1,22%	7	10,24%	9	-5,80%	0,44%	30.03	12.03
Apr	16	3,64%	10	8,69%	6	-4,77%	0,63%	30.04	01.04
May	16	-3,19%	5	2,08%	11	-5,59%	0,31%	05.05	30.05
Jun	17	-0,85%	8	5,40%	9	-6,40%	0,47%	08.06	27.06
Jul	17	0,70%	8	10,88%	9	-8,34%	0,47%	31.07	24.07
Aug	17	0,04%	9	5,57%	8	-6,19%	0,53%	22.08	05.08
Sep	17	-5,72%	8	3,60%	9	-14,01%	0,47%	04.09	23.09
Oct	17	7,95%	14	10,12%	3	-2,15%	0,82%	31.10	01.10
Nov	17	3,58%	10	9,14%	7	-4,38%	0,59%	30.11	01.11
Dec	17	1,47%	11	6,54%	6	-7,83%	0,65%	31.12	14.12

Aktie **Banco Santander** **WKN: 858872**

Jahreszyklus:

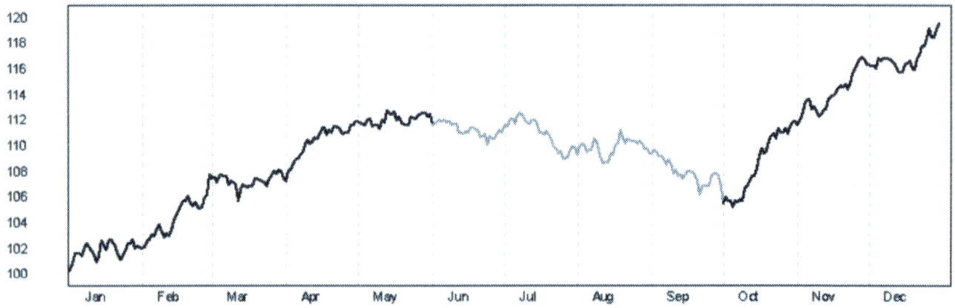

Erfolgreichster Anlage-Zeitraum: 8 Monate zwischen 30. September und 31. Mai

Buy & Hold vs. Anlage-Zyklus:

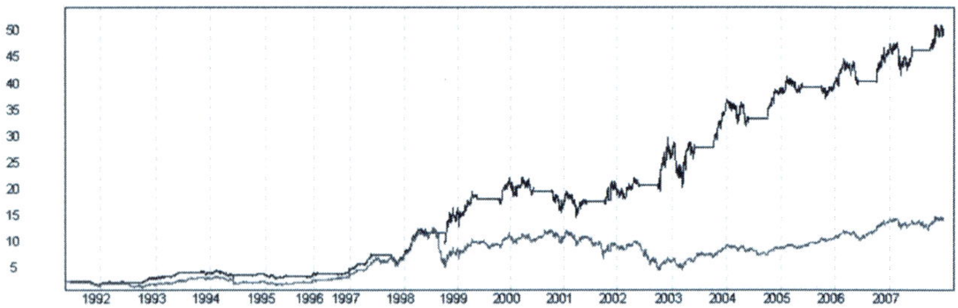

Vergleich: Buy & Hold vs. Anlage-Zyklus

	Buy & Hold	Anlage-Zyklus
Kurs 28.12.07:	14,79	50,69
Startkurs:	2,76	2,76
Gesamtperformance seit 22.05.1991:	435,87%	1.736,55%
All-Time-High:	15,00	51,41
Erreicht am:	31.10.2007	31.10.2007
Das wäre aus einer Anlage von 10.000 geworden:		
Anlage vor 10 Jahren:	14.180,25	46.699,07
Anlage seit Börsengang:	53.586,96	183.655,10

Jahres-Hochs und -Tiefs

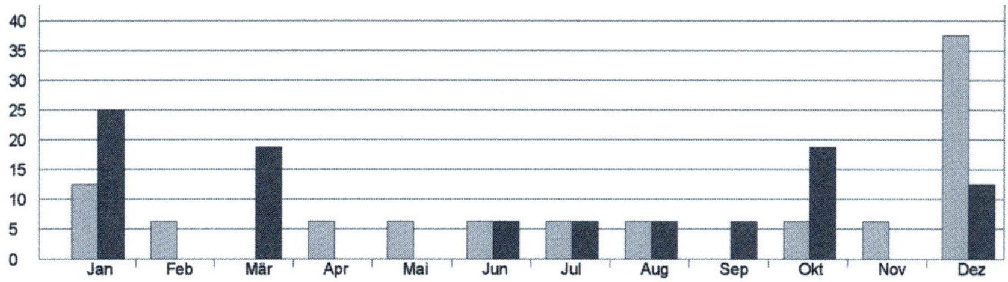

Rendite-Viereck

	Jan	Feb	Mär	Apr	Mai	Jun	Jul	Aug	Sep	Okt	Nov	Dez
Jan		11,64	12,66	8,09	6,02	6,46	7,73	8,14	11,12	6,68	2,88	0,25
Feb	3,93		19,40	13,96	11,90	11,94	13,72	14,15	17,24	13,26	8,56	5,59
Mär	3,34	−0,85		13,69	11,16	11,12	13,11	13,74	16,80	12,95	7,92	4,94
Apr	7,44	3,00	3,82		15,01	15,08	17,41	18,07	21,60	17,54	12,00	8,95
Mai	7,72	3,37	4,24	0,40		15,72	18,24	18,72	22,20	17,94	12,48	9,41
Jun	7,43	2,86	3,64	−0,46	−1,31		18,39	18,84	22,25	17,95	12,07	8,96
Jul	6,64	1,99	2,67	−1,28	−2,03	−1,01		18,62	21,60	17,29	11,15	8,03
Aug	4,88	0,93	1,81	−2,07	−2,86	−1,66	−0,41		19,63	14,47	8,62	5,98
Sep	3,28	−0,49	0,43	−3,36	−4,30	−3,53	−2,55	−2,47		12,87	7,05	4,41
Okt	6,87	2,94	3,92	0,04	−1,21	−0,18	1,04	1,38	4,63		10,36	8,03
Nov	11,38	7,27	8,32	4,15	2,02	3,15	4,91	5,48	9,31	4,19		12,72
Dez	15,69	11,41	12,47	7,95	5,30	6,01	7,51	7,93	11,20	6,49	2,40	

Monatsstatistiken

	Anzahl Monate	durchschn. Performance	positive Monate	durchschn. Performance	negative Monate	durchschn. Performance	Gewinn-Wahrscheinlichkeit	Monats-hoch am	Monats-tief am
Jan	17	0,25%	10	5,91%	7	−7,83%	0,59%	09.01	23.01
Feb	16	3,93%	12	6,70%	4	−4,36%	0,75%	29.02	01.02
Mar	16	−0,85%	7	3,47%	9	−4,22%	0,44%	29.03	12.03
Apr	16	3,82%	13	5,82%	3	−4,81%	0,81%	30.04	01.04
May	16	0,40%	8	5,62%	8	−4,82%	0,50%	13.05	10.05
Jun	17	−1,31%	10	4,07%	7	−8,99%	0,59%	04.06	24.06
Jul	17	−1,01%	11	4,90%	6	−11,85%	0,65%	08.07	27.07
Aug	17	−0,41%	9	4,62%	8	−6,07%	0,53%	19.08	12.08
Sep	17	−2,47%	8	5,03%	9	−9,13%	0,47%	02.09	21.09
Oct	17	4,63%	12	9,36%	5	−6,72%	0,71%	31.10	05.10
Nov	17	4,19%	13	8,61%	4	−10,20%	0,76%	28.11	01.11
Dec	17	2,40%	11	6,62%	6	−5,34%	0,65%	31.12	15.12

Jahreszyklus:

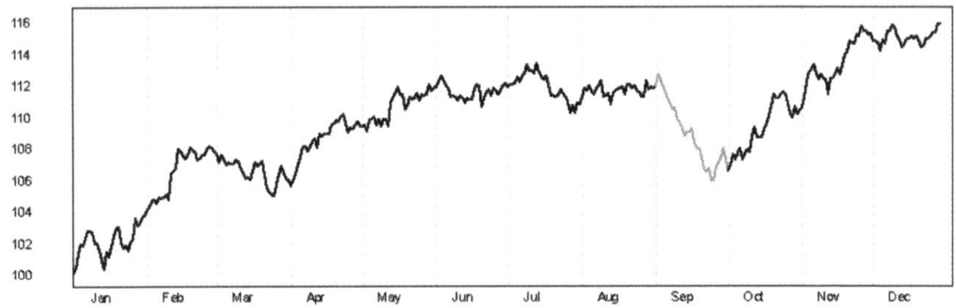

Erfolgreichster Anlage–Zeitraum: 11 Monate zwischen 30. September und 31. August

Buy & Hold vs. Anlage–Zyklus:

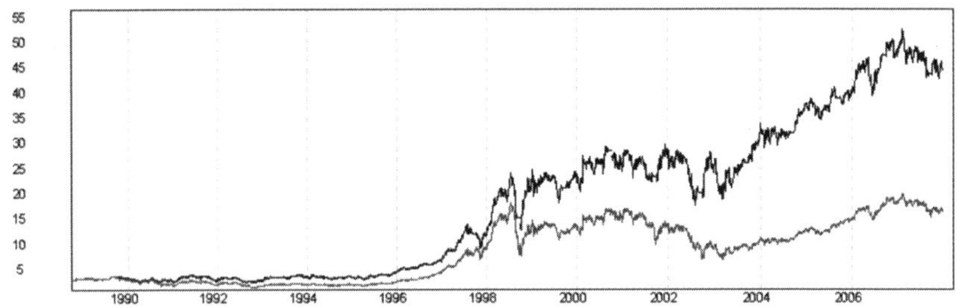

Vergleich: Buy & Hold vs. Anlage–Zyklus

	Buy & Hold	Anlage–Zyklus
Kurs 28.12.07:	16,68	44,75
Startkurs:	3,14	3,14
Gesamtperformance seit 03.10.1988:	431,21%	1.325,24%
All–Time–High:	20,15	52,65
Erreicht am:	07.02.2007	07.02.2007
Das wäre aus einer Anlage von 10.000 geworden:		
Anlage vor 10 Jahren:	12.237,71	25.017,87
Anlage seit Börsengang:	53.121,02	142.524,11

Aktie	BBVA	WKN: 875774

Jahres-Hochs und -Tiefs

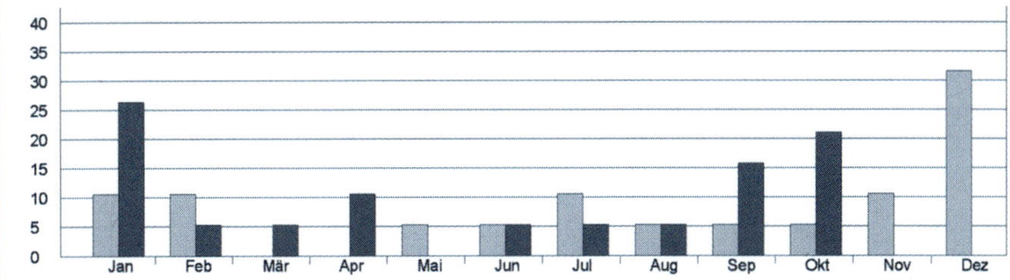

Rendite-Viereck

Jan		8,53	10,83	6,83	5,29	4,64	5,62	4,84	9,69	7,39	2,96	2,49
Feb	4,13		19,07	13,97	12,39	10,99	11,98	11,12	15,89	13,81	8,61	7,94
Mär	2,28	-1,96		12,33	10,71	9,30	10,34	9,88	14,80	12,11	6,78	6,16
Apr	5,05	0,90	3,09		14,06	12,64	13,66	13,01	17,97	15,10	9,58	8,96
Mai	6,89	2,45	4,68	1,71		14,73	15,77	15,01	19,80	17,15	11,67	10,96
Jun	7,12	2,75	5,07	1,73	0,13		16,56	15,89	20,51	17,72	11,98	11,21
Jul	6,14	1,70	4,07	0,58	-1,01	-1,38		15,52	19,28	17,02	11,23	10,28
Aug	6,16	2,18	4,48	1,15	-0,32	-0,55	1,24		18,39	16,16	10,57	10,05
Sep	2,76	-1,08	0,98	-2,27	-3,72	-4,22	-2,90	-4,40		12,90	7,49	6,73
Okt	3,63	-0,10	1,99	-1,27	-2,52	-2,86	-1,45	-2,65	2,50		8,24	7,50
Nov	7,55	3,56	5,81	2,25	0,92	0,58	2,01	1,32	6,98	4,30		11,68
Dez	8,96	4,97	7,21	3,40	2,09	1,55	2,67	1,97	7,17	4,56	0,29	
	Jan	Feb	Mär	Apr	Mai	Jun	Jul	Aug	Sep	Okt	Nov	Dez

Monatsstatistiken

	Anzahl Monate	durchschn. Performance	positive Monate	durchschn. Performance	negative Monate	durchschn. Performance	Gewinn-Wahrscheinlichkeit	Monats-hoch am	Monats-tief am
Jan	20	2,49%	12	7,76%	8	-5,41%	0,60%	27.01	14.01
Feb	19	4,13%	14	7,08%	5	-4,15%	0,74%	27.02	01.02
Mar	19	-1,96%	8	3,36%	11	-5,83%	0,42%	03.03	25.03
Apr	19	3,09%	12	7,06%	7	-3,70%	0,63%	23.04	01.04
May	19	1,71%	13	5,03%	6	-5,47%	0,68%	29.05	12.05
Jun	19	0,13%	9	5,53%	10	-4,73%	0,47%	03.06	20.06
Jul	19	-1,38%	9	6,12%	10	-8,13%	0,47%	09.07	29.07
Aug	19	1,24%	13	6,72%	6	-10,65%	0,68%	28.08	13.08
Sep	19	-4,40%	7	6,57%	12	-10,80%	0,37%	02.09	24.09
Oct	19	2,50%	12	7,90%	7	-6,76%	0,63%	24.10	01.10
Nov	20	4,30%	13	9,37%	7	-5,12%	0,65%	26.11	01.11
Dec	20	0,29%	10	4,59%	10	-4,01%	0,50%	30.12	04.12

Jahreszyklus:

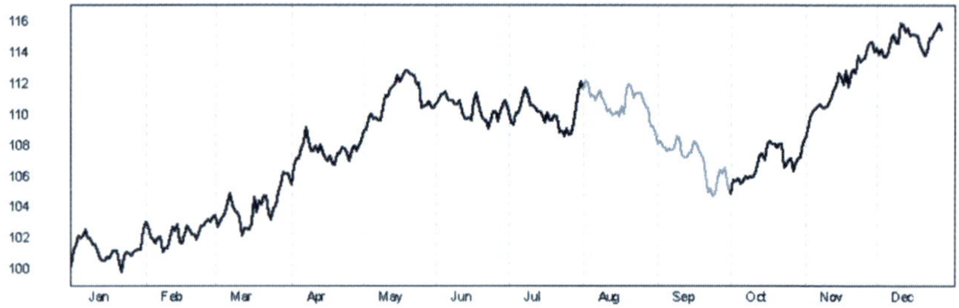

Erfolgreichster Anlage-Zeitraum: 10 Monate zwischen 30. September und 31. Juli

Buy & Hold vs. Anlage-Zyklus:

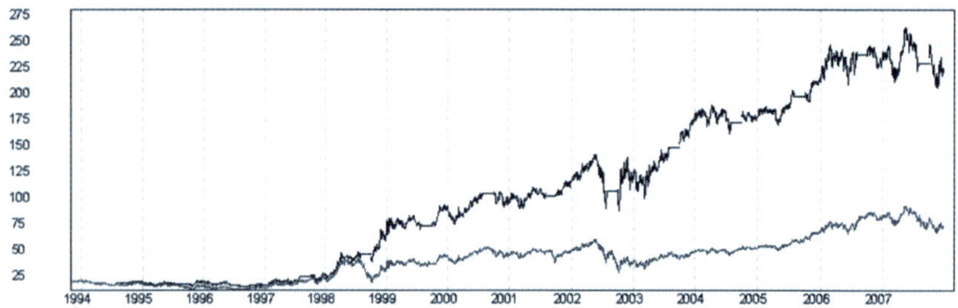

Vergleich: Buy & Hold vs. Anlage-Zyklus

	Buy & Hold	**Anlage-Zyklus**
Kurs 28.12.07:	74,70	224,91
Startkurs:	21,22	21,22
Gesamtperformance seit 03.11.1993:	252,05%	959,95%
All-Time-High:	94,00	264,63
Erreicht am:	18.05.2007	18.05.2007

Das wäre aus einer Anlage von 10.000 geworden:

Anlage vor 10 Jahren:	28.368,96	75.623,67
Anlage seit Börsengang:	35.204,96	105.995,32

Jahres-Hochs und -Tiefs

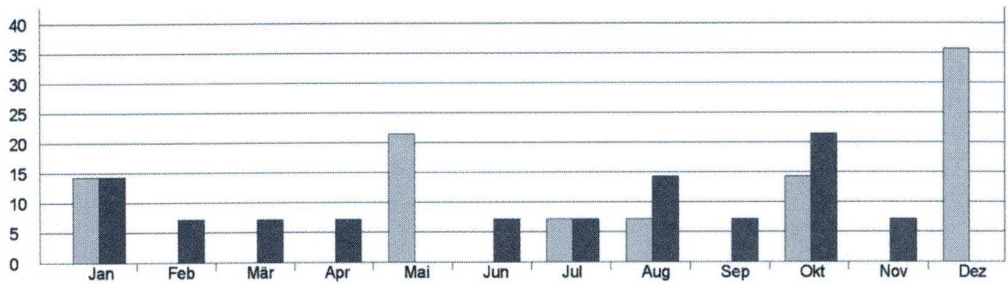

Rendite-Viereck

Jan		10,28	7,50	5,80	4,26	4,13	2,71	6,95	11,52	8,67	2,54	1,46
Feb	0,49		10,58	9,37	8,23	7,91	5,79	10,01	14,27	11,46	4,28	2,87
Mär	3,57	2,71		14,40	13,33	12,71	9,91	14,78	18,62	16,21	7,63	5,99
Apr	5,31	4,65	2,01		14,45	13,80	11,21	15,93	20,18	17,66	9,17	7,57
Mai	7,37	6,64	3,77	1,76		16,39	13,67	18,56	22,76	20,21	11,33	9,64
Jun	7,07	6,25	3,47	1,48	-0,30		13,91	18,70	22,92	20,20	10,94	9,37
Jul	8,74	7,43	4,64	2,73	1,02	1,12		20,16	23,80	21,24	12,52	10,93
Aug	3,52	2,87	0,74	-1,17	-2,74	-2,66	-3,35		18,20	15,16	7,05	5,72
Sep	0,04	-0,53	-2,13	-3,75	-5,06	-5,21	-6,33	-3,25		11,39	3,59	2,43
Okt	2,04	1,60	-0,16	-1,96	-3,36	-3,38	-4,29	-1,19	2,59		5,68	4,45
Nov	7,81	6,99	4,61	2,89	1,38	1,44	0,42	4,28	8,81	5,94		10,46
Dez	8,96	8,02	5,69	4,00	2,52	2,41	1,17	5,09	9,29	6,56	1,07	
	Jan	Feb	Mär	Apr	Mai	Jun	Jul	Aug	Sep	Okt	Nov	Dez

Monatsstatistiken

	Anzahl Monate	durchschn. Performance	positive Monate	durchschn. Performance	negative Monate	durchschn. Performance	Gewinn-Wahr-scheinlichkeit	Monats-hoch am	Monats-tief am
Jan	15	1,46%	8	7,35%	7	-5,27%	0,53%	07.01	21.01
Feb	14	0,49%	6	8,23%	8	-5,31%	0,43%	29.02	08.02
Mar	14	2,71%	8	6,85%	6	-2,82%	0,57%	29.03	12.03
Apr	14	2,01%	8	6,33%	6	-3,76%	0,57%	07.04	01.04
May	14	1,76%	9	4,55%	5	-3,27%	0,64%	20.05	02.05
Jun	14	-0,30%	8	3,38%	6	-5,19%	0,57%	05.06	23.06
Jul	14	1,12%	8	7,09%	6	-6,85%	0,57%	31.07	24.07
Aug	14	-3,35%	5	3,58%	9	-7,20%	0,36%	20.08	31.08
Sep	14	-3,25%	6	6,78%	8	-10,77%	0,43%	09.09	24.09
Oct	14	2,59%	10	5,13%	4	-3,75%	0,71%	17.10	01.10
Nov	14	5,94%	11	9,16%	3	-5,87%	0,79%	29.11	01.11
Dec	15	1,07%	10	3,49%	5	-3,77%	0,67%	11.12	21.12

Aktie **Carrefour** **WKN: 852362**

Jahreszyklus:

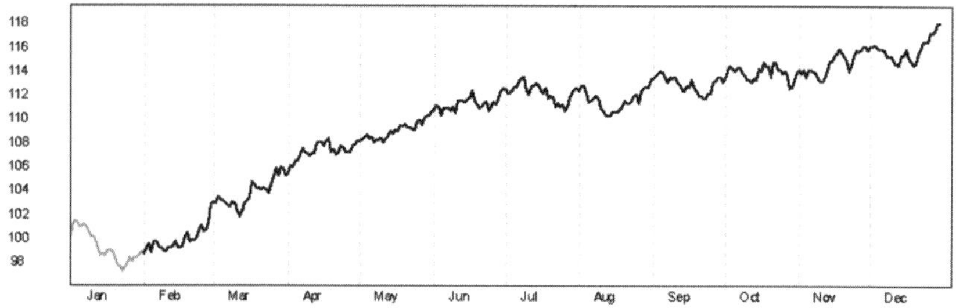

Erfolgreichster Anlage-Zeitraum: 11 Monate zwischen 31. Januar und 31. Dezember

Buy & Hold vs. Anlage-Zyklus:

Vergleich: Buy & Hold vs. Anlage-Zyklus

	Buy & Hold	Anlage-Zyklus
Kurs 28.12.07:	53,18	77,87
Startkurs:	5,83	5,83
Gesamtperformance seit 05.01.1987:	812,18%	1.235,73%
All-Time-High:	95,50	114,62
Erreicht am:	16.11.1999	16.11.1999

Das wäre aus einer Anlage von 10.000 geworden:

Anlage vor 10 Jahren:	12.138,78	16.019,46
Anlage seit 1987:	91.217,84	133.573,21

Jahres-Hochs und -Tiefs

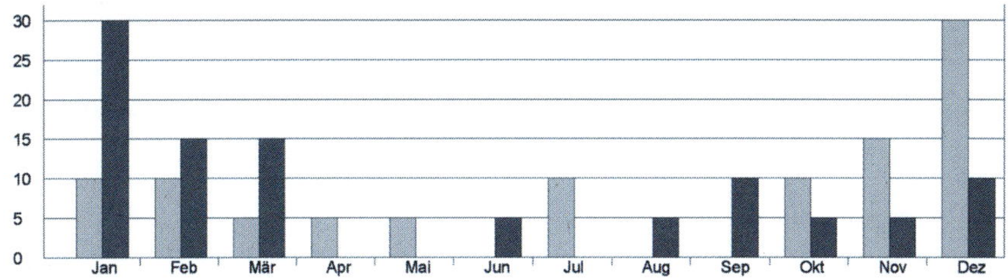

Rendite-Viereck

Jan		11,74	9,11	6,03	3,85	1,68	1,90	1,65	1,48	1,21	-0,19	-2,21
Feb	2,67		12,72	9,61	7,10	4,66	4,82	4,59	4,36	4,32	3,12	1,02
Mär	5,03	2,33		12,52	9,93	7,55	7,47	7,53	7,04	6,92	5,67	3,40
Apr	7,51	4,83	2,45		13,17	10,74	10,69	10,59	9,96	9,80	8,54	6,15
Mai	9,64	6,87	4,55	2,12		13,11	13,03	12,92	12,44	12,42	11,13	8,73
Jun	11,96	9,08	6,74	4,15	1,93		15,89	15,97	15,40	15,35	13,83	11,38
Jul	11,64	8,87	6,37	3,66	1,71	-0,08		15,88	14,97	14,88	13,42	10,84
Aug	12,20	9,57	6,94	4,11	2,27	0,44	0,50		15,39	14,88	13,41	10,87
Sep	12,19	9,28	6,82	3,86	1,92	-0,03	0,02	-0,38		15,54	14,07	11,45
Okt	12,69	9,70	7,15	4,18	2,17	0,13	0,41	-0,11	0,34		15,43	12,82
Nov	14,67	11,47	8,68	5,64	3,55	1,46	1,80	1,41	1,70	1,38		15,08
Dez	17,70	14,19	11,31	8,21	6,08	3,93	4,19	3,79	3,78	3,45	1,95	
	Jan	Feb	Mär	Apr	Mai	Jun	Jul	Aug	Sep	Okt	Nov	Dez

Monatsstatistiken

	Anzahl Monate	durchschn. Performance	positive Monate	durchschn. Performance	negative Monate	durchschn. Performance	Gewinn-Wahrscheinlichkeit	Monats-hoch am	Monats-tief am
Jan	21	-2,21%	7	5,74%	14	-6,18%	0,33%	03.01	23.01
Feb	21	2,67%	13	7,64%	8	-5,40%	0,62%	29.02	01.02
Mar	21	2,33%	14	6,43%	7	-5,88%	0,67%	27.03	12.03
Apr	21	2,45%	14	6,43%	7	-5,53%	0,67%	18.04	01.04
May	21	2,12%	14	5,12%	7	-3,87%	0,67%	31.05	07.05
Jun	21	1,93%	13	5,26%	8	-3,47%	0,62%	30.06	04.06
Jul	21	-0,08%	10	5,94%	11	-5,55%	0,48%	09.07	26.07
Aug	21	0,50%	10	7,16%	11	-5,54%	0,48%	31.08	13.08
Sep	21	-0,38%	7	8,67%	14	-4,91%	0,33%	04.09	22.09
Oct	21	0,34%	12	6,62%	9	-8,04%	0,57%	17.10	28.10
Nov	21	1,38%	12	4,83%	9	-3,23%	0,57%	28.11	11.11
Dec	21	1,95%	12	5,72%	9	-3,07%	0,57%	30.12	13.12

Aktie **Credit Agricole** **WKN: 982285**

Jahreszyklus:

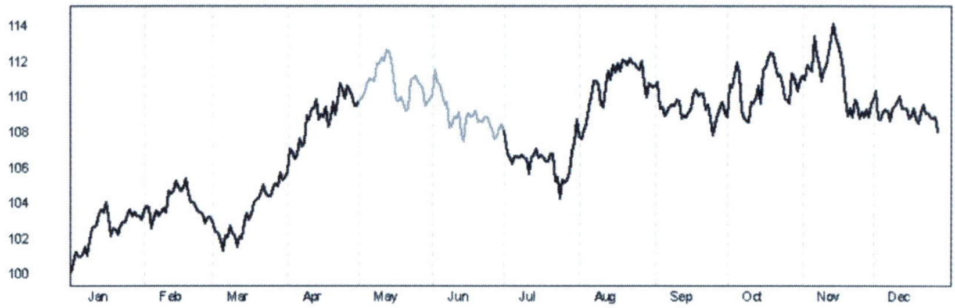

Erfolgreichster Anlage–Zeitraum: 10 Monate zwischen 30. Juni und 30. April

Buy & Hold vs. Anlage–Zyklus:

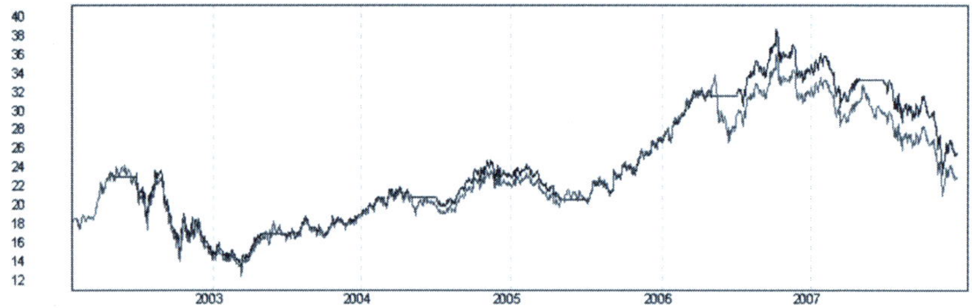

Vergleich: Buy & Hold vs. Anlage–Zyklus

	Buy & Hold	Anlage–Zyklus
Kurs 28.12.07:	23,04	25,60
Startkurs:	18,40	18,40
Gesamtperformance seit 21.01.2002:	25,22%	39,11%
All–Time–High:	36,11	38,83
Erreicht am:	05.10.2006	05.10.2006

Das wäre aus einer Anlage von 10.000 geworden:

Anlage vor 10 Jahren:	–	–
Anlage seit Börsengang:	12.521,74	13.911,43

Jahres-Hochs und -Tiefs

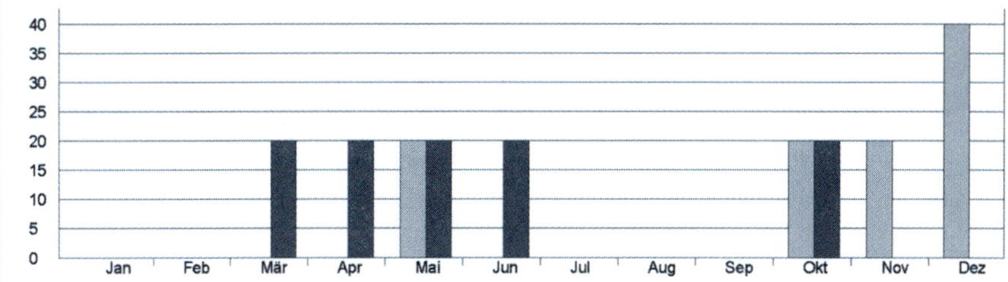

Rendite-Viereck

Jan		5,06	3,42	0,85	0,26	1,94	0,62	−0,21	−0,34	−1,94	−0,27	1,06
Feb	0,27		11,18	8,92	7,67	9,53	7,00	5,79	5,15	3,10	2,99	3,64
Mär	3,03	2,65		8,92	7,46	9,38	6,81	5,71	5,18	3,15	2,91	3,56
Apr	6,37	6,14	3,25		8,76	10,79	8,32	7,15	7,26	5,40	5,16	6,24
Mai	7,06	6,97	4,02	0,59		9,03	6,91	5,52	6,25	4,39	4,31	5,73
Jun	4,41	4,27	1,56	−1,65	−2,11		6,14	4,82	5,28	3,41	3,29	4,55
Jul	4,39	4,16	1,68	−1,36	−1,77	0,22		7,04	7,39	5,46	5,25	6,49
Aug	5,77	5,45	2,73	−0,38	−0,75	1,30	1,18		8,10	6,08	5,81	7,01
Sep	4,34	3,88	1,94	−0,69	−0,81	0,88	0,17	−0,77		10,66	10,33	11,30
Okt	6,08	5,67	3,69	0,82	0,58	2,35	1,66	0,67	1,47		12,33	13,58
Nov	4,22	3,78	1,85	−0,86	−1,29	0,47	−0,37	−1,30	−0,57	−2,03		11,13
Dez	3,43	3,01	1,38	−1,24	−1,73	−0,06	−1,15	−1,98	−1,87	−3,39	−1,50	
	Jan	Feb	Mär	Apr	Mai	Jun	Jul	Aug	Sep	Okt	Nov	Dez

Monatsstatistiken

	Anzahl Monate	durchschn. Performance	positive Monate	durchschn. Performance	negative Monate	durchschn. Performance	Gewinn-Wahrscheinlichkeit	Monats-hoch am	Monats-tief am
Jan	6	1,06%	4	4,24%	2	−5,30%	0,67%	14.01	21.01
Feb	6	0,27%	3	4,17%	3	−3,63%	0,50%	02.02	26.02
Mar	6	2,65%	4	6,42%	2	−4,90%	0,67%	29.03	05.03
Apr	6	3,25%	3	9,32%	3	−2,82%	0,50%	23.04	01.04
May	6	0,59%	3	5,73%	3	−4,55%	0,50%	13.05	29.05
Jun	6	−2,11%	2	0,84%	4	−3,58%	0,33%	02.06	27.06
Jul	6	0,22%	3	5,53%	3	−5,09%	0,50%	31.07	24.07
Aug	6	1,18%	4	3,35%	2	−3,15%	0,67%	27.08	02.08
Sep	6	−0,77%	3	8,52%	3	−10,06%	0,50%	02.09	25.09
Oct	6	1,47%	3	4,76%	3	−1,82%	0,50%	19.10	10.10
Nov	6	−2,03%	3	2,30%	3	−6,35%	0,50%	14.11	25.11
Dec	6	−1,50%	2	4,38%	4	−4,43%	0,33%	12.12	30.12

Aktie Danone WKN: 851194

Jahreszyklus:

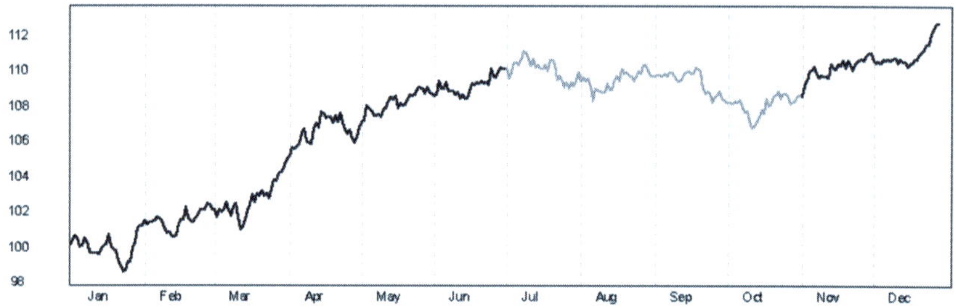

Erfolgreichster Anlage-Zeitraum: 8 Monate zwischen 31. Oktober und 30. Juni

Buy & Hold vs. Anlage-Zyklus:

Vergleich: Buy & Hold vs. Anlage-Zyklus

	Buy & Hold	Anlage-Zyklus
Kurs 28.12.07:	61,99	101,66
Startkurs:	11,97	11,97
Gesamtperformance seit 04.04.1989:	417,88%	749,29%
All-Time-High:	62,85	101,67
Erreicht am:	19.02.2007	19.02.2007

Das wäre aus einer Anlage von 10.000 geworden:

Anlage vor 10 Jahren:	27.832,53	29.791,84
Anlage seit Börsengang:	51.787,80	84.928,82

Aktie Danone WKN: 851194

Jahres-Hochs und -Tiefs

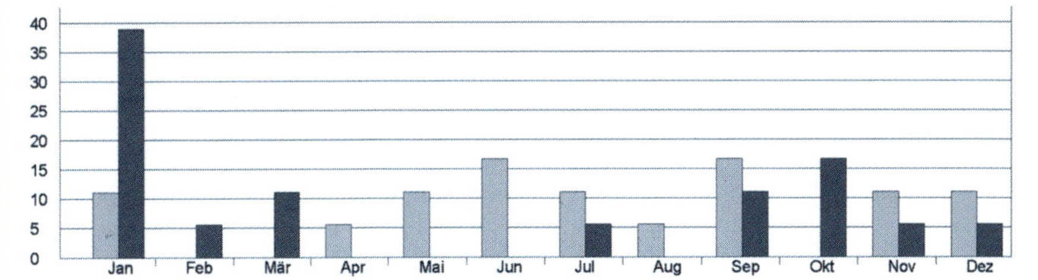

Rendite-Viereck

Jan		9,20	6,13	4,54	2,98	1,62	1,76	2,35	3,72	3,99	1,85	0,28
Feb	1,05		8,52	6,61	4,88	3,51	3,01	3,82	5,02	5,80	3,65	2,10
Mär	3,74	2,65		9,59	7,82	6,34	5,85	6,80	8,05	8,89	6,52	4,87
Apr	5,32	4,36	1,79		8,99	7,63	7,12	8,03	9,44	10,25	7,88	6,32
Mai	7,28	6,29	3,43	1,70		9,76	9,14	10,32	11,80	12,65	10,15	8,38
Jun	8,85	7,82	4,89	2,84	1,12		10,85	12,05	13,43	14,23	11,71	10,00
Jul	8,49	7,46	4,29	3,05	1,14	−0,01		11,75	13,24	13,98	11,46	9,65
Aug	7,30	6,25	3,29	2,09	0,44	−0,60	−0,46		11,70	12,38	9,98	8,35
Sep	6,13	5,03	2,12	0,71	−0,83	−1,92	−1,78	−1,39		11,07	8,73	7,28
Okt	6,47	5,46	2,44	0,64	−0,89	−1,97	−1,76	−1,40	0,04		9,06	7,64
Nov	8,16	7,07	3,97	2,61	0,97	−0,11	0,04	0,54	2,06	2,13		9,49
Dez	9,64	8,49	5,42	4,22	2,04	1,41	1,66	2,00	3,51	3,64	1,57	
	Jan	Feb	Mär	Apr	Mai	Jun	Jul	Aug	Sep	Okt	Nov	Dez

Monatsstatistiken

	Anzahl Monate	durchschn. Performance	positive Monate	durchschn. Performance	negative Monate	durchschn. Performance	Gewinn-Wahrscheinlichkeit	Monatshoch am	Monatstief am
Jan	19	0,28%	11	5,59%	8	−7,03%	0,58%	31.01	23.01
Feb	18	1,05%	14	2,93%	4	−5,51%	0,78%	27.02	14.02
Mar	18	2,65%	14	5,13%	4	−6,07%	0,78%	31.03	12.03
Apr	18	1,79%	12	5,07%	6	−4,78%	0,67%	14.04	01.04
May	19	1,70%	10	6,00%	9	−3,09%	0,53%	29.05	02.05
Jun	19	1,12%	11	4,40%	8	−3,39%	0,58%	29.06	15.06
Jul	19	−0,01%	9	7,37%	10	−6,64%	0,47%	08.07	27.07
Aug	19	−0,46%	11	3,23%	8	−5,52%	0,58%	27.08	06.08
Sep	19	−1,39%	8	4,16%	11	−5,43%	0,42%	18.09	30.09
Oct	19	0,04%	10	3,98%	9	−4,34%	0,53%	22.10	11.10
Nov	19	2,13%	13	4,76%	6	−3,58%	0,68%	29.11	01.11
Dec	19	1,57%	11	4,90%	8	−3,01%	0,58%	30.12	15.12

Jahreszyklus:

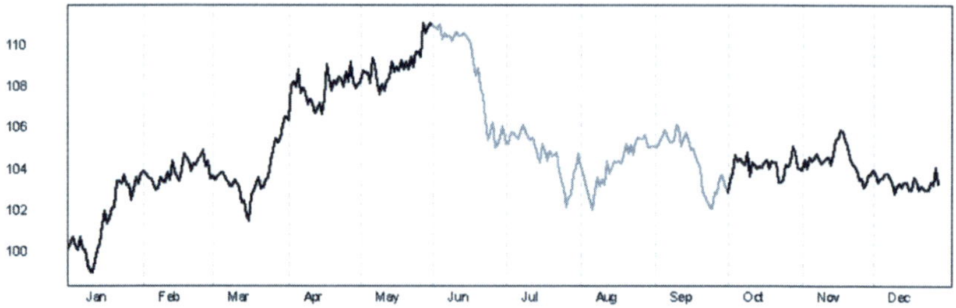

Erfolgreichster Anlage–Zeitraum: 8 Monate zwischen 30. September und 31. Mai

Buy & Hold vs. Anlage–Zyklus:

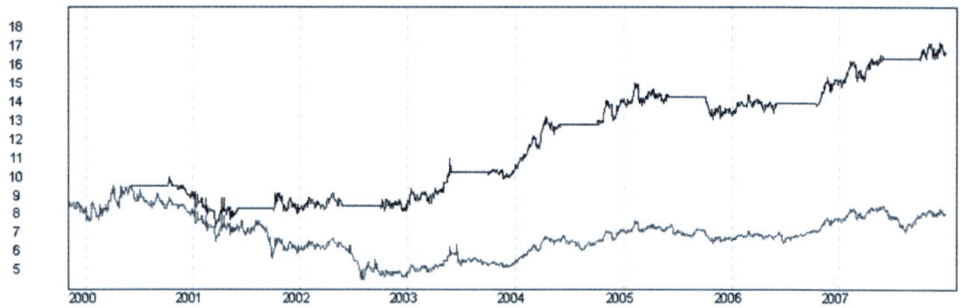

Vergleich: Buy & Hold vs. Anlage–Zyklus

	Buy & Hold	Anlage–Zyklus
Kurs 28.12.07:	8,12	16,78
Startkurs:	8,70	8,70
Gesamtperformance seit 04.11.1999:	–6,67%	92,93%
All–Time–High:	9,60	17,30
Erreicht am:	31.03.2000	06.12.2007
Das wäre aus einer Anlage von 10.000 geworden:		
Anlage vor 10 Jahren:	–	–
Anlage seit Börsengang:	9.333,33	19.292,78

Aktie Enel WKN: 928624

Jahres-Hochs und -Tiefs

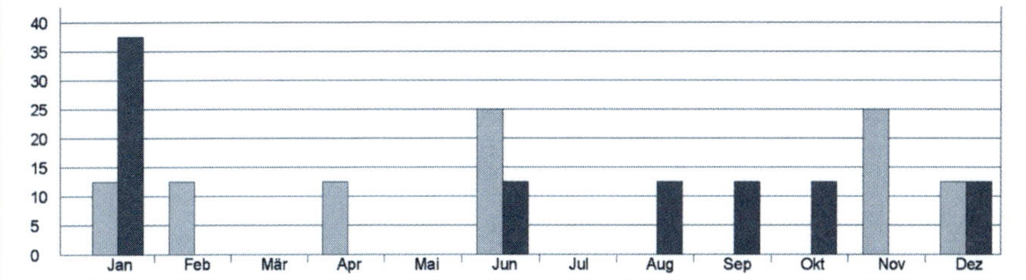

Rendite-Viereck

	Jan	Feb	Mär	Apr	Mai	Jun	Jul	Aug	Sep	Okt	Nov	Dez
Jan		-0,46	-2,13	-3,33	-5,41	-0,70	1,02	1,17	3,03	2,05	1,67	1,88
Feb	-0,10		-1,27	-2,22	-4,44	0,17	1,48	1,82	4,55	4,07	3,01	3,14
Mär	1,86	1,91		-1,82	-4,15	0,46	1,68	2,03	4,68	4,18	5,08	5,18
Apr	3,00	3,10	1,37		-2,05	2,69	3,96	4,31	7,08	6,56	6,22	6,35
Mai	5,32	5,31	3,49	2,13		4,19	5,66	6,00	8,77	8,27	8,55	8,75
Jun	0,19	0,13	-1,63	-2,88	-4,90		0,84	1,15	3,72	3,21	3,31	3,45
Jul	-1,50	-1,56	-3,20	-4,47	-6,51	-1,74		-0,27	2,19	1,74	1,48	1,63
Aug	-1,58	-1,67	-3,42	-4,60	-6,67	-1,92	-0,11		1,48	1,00	1,44	1,57
Sep	-3,18	-3,39	-5,18	-6,27	-8,31	-3,70	-1,84	-1,81		0,01	-0,03	0,03
Okt	-1,94	-2,21	-4,07	-5,17	-7,24	-2,59	-0,72	-0,67	1,02		1,30	1,39
Nov	-2,19	-2,37	-4,11	-5,26	-7,28	-2,59	-0,72	-0,64	1,14	0,17		1,11
Dez	-1,71	-2,02	-3,81	-4,94	-7,00	-2,36	-0,55	-0,47	1,22	0,17	-0,20	

Monatsstatistiken

	Anzahl Monate	durchschn. Performance	positive Monate	durchschn. Performance	negative Monate	durchschn. Performance	Gewinn-Wahrscheinlichkeit	Monats-hoch am	Monats-tief am
Jan	9	1,88%	7	4,12%	2	-5,93%	0,78%	21.01	11.01
Feb	8	-0,10%	3	4,60%	5	-2,91%	0,38%	26.02	07.02
Mar	8	1,91%	5	5,08%	3	-3,39%	0,63%	31.03	16.03
Apr	8	1,37%	5	4,00%	3	-3,01%	0,63%	05.04	15.04
May	8	2,13%	5	4,37%	3	-1,60%	0,63%	31.05	10.05
Jun	8	-4,90%	0	0,00%	8	-4,90%	0,00%	04.06	27.06
Jul	8	-1,74%	3	3,57%	5	-4,93%	0,38%	08.07	26.07
Aug	8	-0,11%	4	2,11%	4	-2,34%	0,50%	28.08	06.08
Sep	8	-1,81%	3	3,62%	5	-5,06%	0,38%	10.09	25.09
Oct	8	1,02%	4	4,16%	4	-2,12%	0,50%	28.10	01.10
Nov	8	0,17%	3	3,94%	5	-2,09%	0,38%	17.11	27.11
Dec	9	-0,20%	3	3,61%	6	-2,10%	0,33%	29.12	10.12

Aktie	ENI	WKN: 897791

Jahreszyklus:

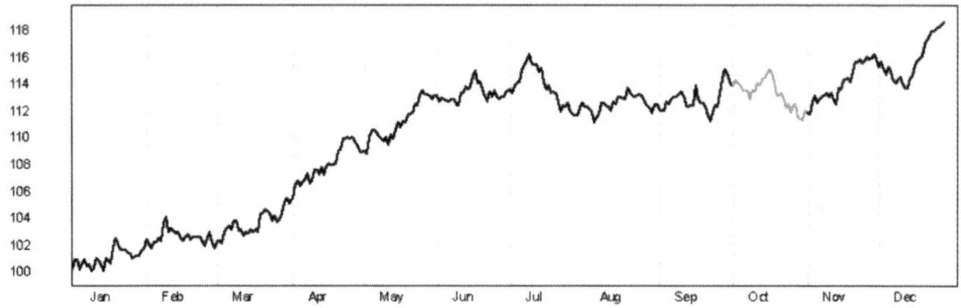

Erfolgreichster Anlage–Zeitraum: 11 Monate zwischen 31. Oktober und 30. September

Buy & Hold vs. Anlage–Zyklus:

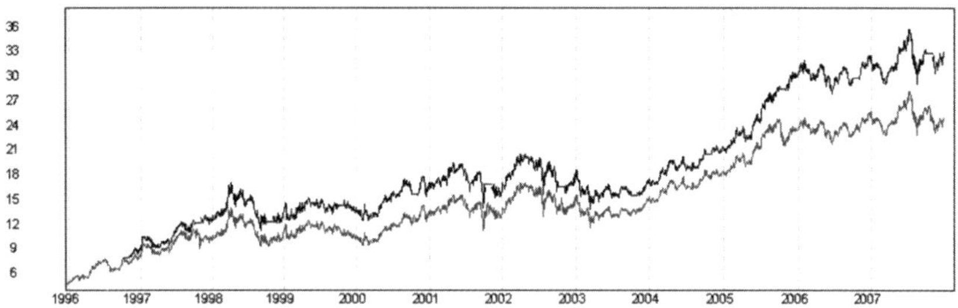

Vergleich: Buy & Hold vs. Anlage–Zyklus

	Buy & Hold	**Anlage–Zyklus**
Kurs 28.12.07:	25,13	33,04
Startkurs:	4,79	4,79
Gesamtperformance seit 13.12.1995:	425,12%	590,39%
All–Time–High:	28,28	35,92
Erreicht am:	09.07.2007	09.07.2007

Das wäre aus einer Anlage von 10.000 geworden:

Anlage vor 10 Jahren:	22.239,73	23.953,94
Anlage seit Börsengang:	52.511,70	69.039,08

Jahres-Hochs und -Tiefs

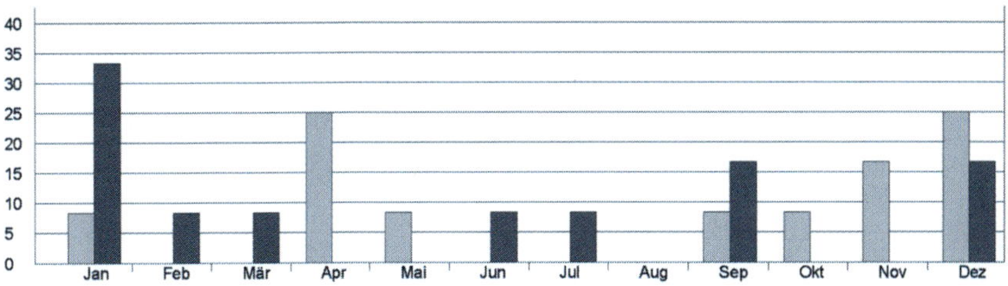

Rendite-Viereck

Jan		13,68	10,87	6,63	2,70	2,61	3,76	3,81	2,61	4,89	1,35	0,31
Feb	0,05		12,86	8,38	4,65	4,77	5,65	5,56	4,56	6,68	2,65	1,60
Mär	3,43	3,30		12,73	8,87	8,80	9,55	9,63	8,48	10,73	6,62	5,02
Apr	6,72	6,61	3,44		10,09	10,26	11,18	11,16	10,19	12,34	8,11	8,35
Mai	10,67	10,60	7,29	3,71		13,21	14,06	14,19	13,05	15,37	11,03	12,38
Jun	10,47	10,49	7,26	3,63	-0,09		14,17	14,22	12,70	15,16	10,71	12,30
Jul	9,36	9,36	6,16	2,90	-0,68	-0,69		15,51	13,67	16,27	11,70	11,10
Aug	9,23	9,19	6,16	2,61	-0,90	-0,89	-0,10		13,00	15,35	10,88	10,64
Sep	10,67	10,67	7,72	3,88	0,17	0,02	0,94	1,24		15,09	10,39	12,46
Okt	7,78	7,77	4,85	1,18	-2,39	-2,37	-1,45	-1,25	-2,11		8,20	9,30
Nov	11,88	11,84	8,83	4,91	1,07	1,06	2,11	2,31	1,30	3,49		13,53
Dez	13,85	13,83	10,80	6,88	2,99	3,04	4,10	4,34	3,40	5,57	2,08	
	Jan	Feb	Mär	Apr	Mai	Jun	Jul	Aug	Sep	Okt	Nov	Dez

Monatsstatistiken

	Anzahl Monate	durchschn. Performance	positive Monate	durchschn. Performance	negative Monate	durchschn. Performance	Gewinn-Wahr-scheinlichkeit	Monats-hoch am	Monats-tief am
Jan	13	0,31%	7	7,06%	6	-7,57%	0,54%	19.01	26.01
Feb	12	0,05%	7	2,62%	5	-3,56%	0,58%	09.02	03.02
Mar	12	3,30%	8	6,71%	4	-3,52%	0,67%	30.03	03.03
Apr	12	3,44%	10	5,56%	2	-7,16%	0,83%	26.04	01.04
May	12	3,71%	8	6,78%	4	-2,43%	0,67%	26.05	03.05
Jun	12	-0,09%	5	4,79%	7	-3,58%	0,42%	17.06	10.06
Jul	12	-0,69%	4	6,38%	8	-4,22%	0,33%	09.07	28.07
Aug	12	-0,10%	7	4,05%	5	-5,91%	0,58%	19.08	05.08
Sep	12	1,24%	7	6,89%	5	-6,67%	0,58%	28.09	22.09
Oct	12	-2,11%	6	2,44%	6	-6,66%	0,50%	16.10	30.10
Nov	12	3,49%	9	5,97%	3	-3,96%	0,75%	29.11	02.11
Dec	12	2,08%	9	3,27%	3	-1,47%	0,75%	30.12	12.12

Jahreszyklus:

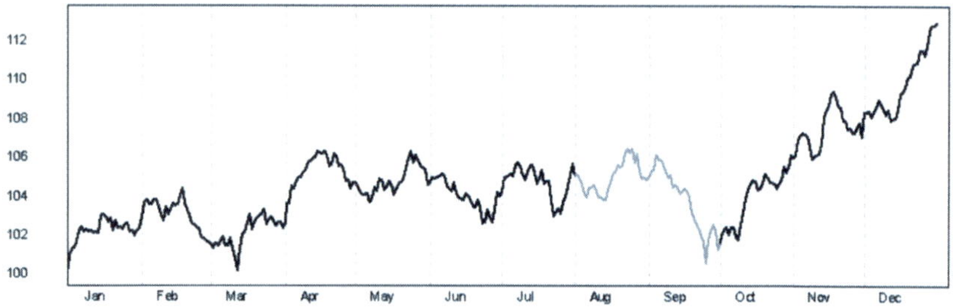

Erfolgreichster Anlage–Zeitraum: 10 Monate zwischen 30. September und 31. Juli

Buy & Hold vs. Anlage–Zyklus:

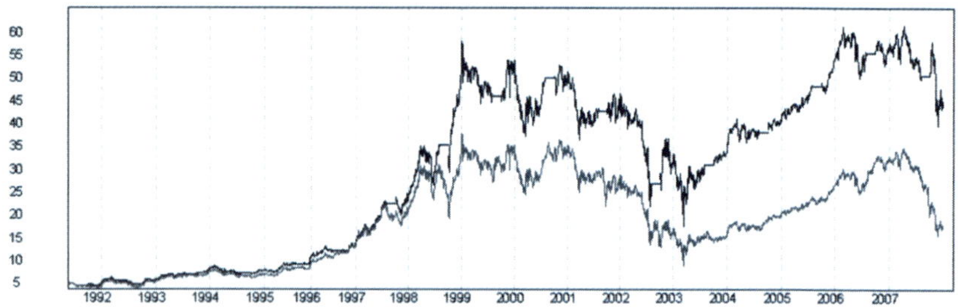

Vergleich: Buy & Hold vs. Anlage–Zyklus

	Buy & Hold	Anlage–Zyklus
Kurs 31.12.07:	18,01	44,61
Startkurs:	5,49	5,49
Gesamtperformance seit 24.05.1991:	228,05%	712,63%
All–Time–High:	38,25	61,85
Erreicht am:	05.01.1999	10.04.2007

Das wäre aus einer Anlage von 10.000 geworden:

Anlage vor 10 Jahren:	6.811,65	14.796,91
Anlage seit Börsengang:	32.805,10	81.262,90

Jahres-Hochs und -Tiefs

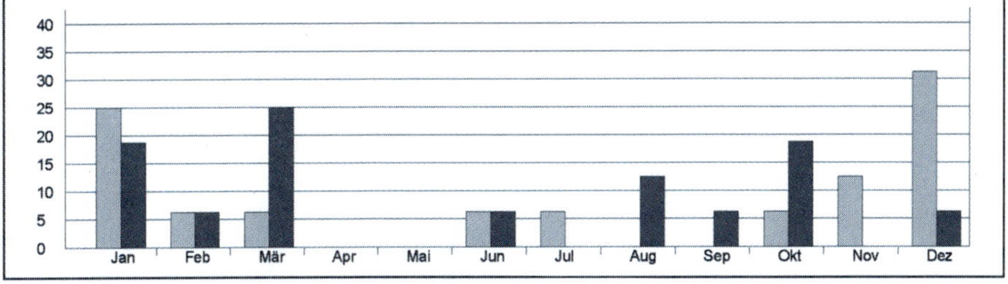

Rendite-Viereck

Jan		12,08	11,87	9,13	8,78	9,34	7,19	8,51	12,10	7,53	6,08	0,82
Feb	-0,40		17,07	13,84	12,89	13,43	10,83	12,13	14,48	10,21	7,62	2,06
Mär	0,00	0,21		14,67	13,46	14,05	11,34	12,74	14,94	10,77	8,06	2,45
Apr	1,62	2,05	2,01		14,50	15,15	12,72	13,93	16,45	12,12	9,39	3,84
Mai	1,56	1,83	1,68	-0,29		15,36	13,00	14,22	16,49	12,26	9,37	3,86
Jun	1,10	1,51	1,40	-0,70	-0,55		12,60	13,59	15,88	11,43	8,61	3,22
Jul	3,70	4,02	3,81	1,54	1,22	1,63		16,70	18,92	14,43	11,37	5,90
Aug	2,24	2,71	2,58	0,40	-0,01	0,43	-0,94		17,24	12,67	9,69	4,19
Sep	-0,76	-0,34	-0,35	-2,57	-3,20	-2,90	-4,46	-3,64		9,69	6,68	1,35
Okt	3,00	3,43	3,36	1,12	0,54	1,09	-0,22	0,63	4,79		10,81	5,18
Nov	4,78	5,04	4,95	2,57	1,57	2,20	0,64	1,62	5,57	0,89		7,22
Dez	10,66	10,82	10,59	8,24	7,11	7,76	5,86	6,94	11,04	6,25	5,24	
	Jan	Feb	Mär	Apr	Mai	Jun	Jul	Aug	Sep	Okt	Nov	Dez

Monatsstatistiken

	Anzahl Monate	durchschn. Performance	positive Monate	durchschn. Performance	negative Monate	durchschn. Performance	Gewinn-Wahr-scheinlichkeit	Monats-hoch am	Monats-tief am
Jan	17	0,82%	10	7,80%	7	-9,14%	0,59%	15.01	27.01
Feb	16	-0,40%	9	4,45%	7	-6,64%	0,56%	18.02	29.02
Mar	16	0,21%	9	4,16%	7	-4,87%	0,56%	23.03	12.03
Apr	16	2,01%	8	7,27%	8	-3,24%	0,50%	15.04	01.04
May	16	-0,29%	7	4,65%	9	-4,13%	0,44%	24.05	07.05
Jun	17	-0,55%	8	4,84%	9	-5,35%	0,47%	06.06	23.06
Jul	17	1,63%	10	6,98%	7	-6,02%	0,59%	08.07	23.07
Aug	17	-0,94%	9	4,38%	8	-6,93%	0,53%	25.08	13.08
Sep	17	-3,64%	8	3,73%	9	-10,19%	0,47%	04.09	25.09
Oct	17	4,79%	12	7,96%	5	-2,83%	0,71%	31.10	01.10
Nov	17	0,89%	10	5,69%	7	-5,97%	0,59%	18.11	09.11
Dec	17	5,24%	15	6,33%	2	-3,00%	0,88%	31.12	12.12

Aktie **France Telekom** **WKN: 906849**

Jahreszyklus:

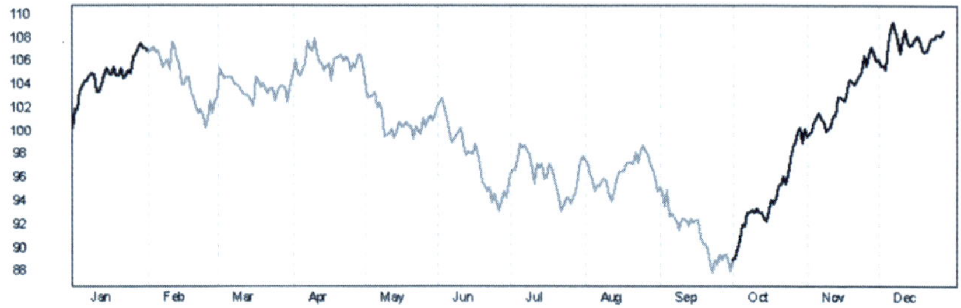

Erfolgreichster Anlage-Zeitraum: 4 Monate zwischen 30. September und 31. Januar

Buy & Hold vs. Anlage-Zyklus:

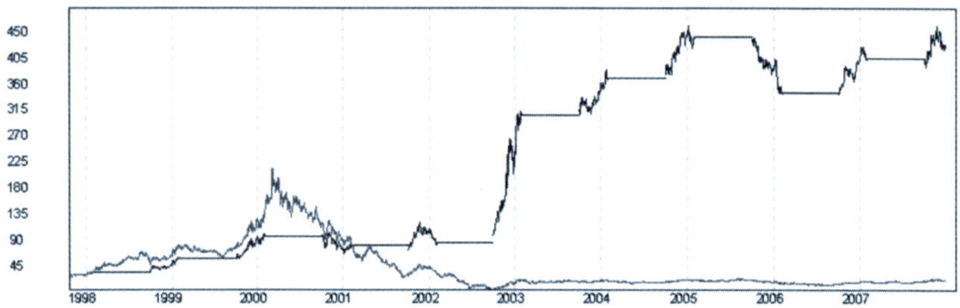

Vergleich: Buy & Hold vs. Anlage-Zyklus

	Buy & Hold	**Anlage-Zyklus**
Kurs 28.12.07:	24,62	426,81
Startkurs:	31,70	31,70
Gesamtperformance seit 21.10.1997:	-22,33%	1.246,40%
All-Time-High:	215,00	463,22
Erreicht am:	02.03.2000	20.11.2007

Das wäre aus einer Anlage von 10.000 geworden:

Anlage vor 10 Jahren:	5.732,45	112.806,82
Anlage seit Börsengang:	7.766,54	134.640,39

Jahres-Hochs und -Tiefs

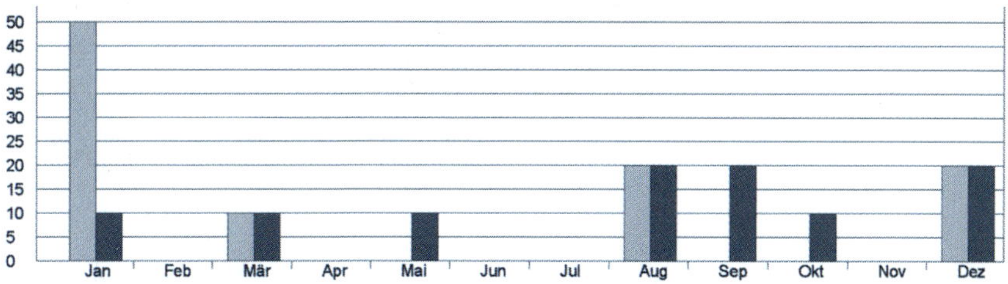

Rendite-Viereck

Jan		8,07	8,69	7,75	12,15	24,76	18,18	21,09	39,58	16,32	8,30	6,39
Feb	-4,35		5,81	5,66	10,55	20,45	14,71	17,41	35,10	15,04	6,06	2,82
Mär	-3,41	0,72		4,54	9,58	18,61	13,97	16,84	32,55	15,06	6,41	3,05
Apr	-3,18	1,79	1,58		10,11	20,43	14,74	17,25	34,71	15,83	7,28	4,19
Mai	-7,14	-3,42	-3,34	-5,00		16,18	9,91	11,98	29,61	12,27	3,51	0,57
Jun	-8,96	-6,75	-6,34	-8,54	-5,18		4,32	5,41	23,08	11,21	2,68	-0,21
Jul	-8,96	-6,28	-6,01	-7,82	-4,18	3,92		6,26	25,53	11,50	2,29	-0,29
Aug	-9,92	-8,43	-8,08	-9,54	-6,69	0,21	-3,22		22,45	10,63	1,60	-1,17
Sep	-15,00	-13,23	-12,23	-14,21	-11,76	-7,86	-8,83	-6,24		4,04	-4,06	-6,92
Okt	-6,92	-4,66	-3,79	-5,71	-2,45	4,27	1,85	5,14	14,79		4,85	1,76
Nov	-3,32	-0,15	0,84	-0,84	3,19	13,35	8,87	12,32	25,84	6,13		5,97
Dez	0,16	3,23	4,40	2,50	6,54	15,38	11,74	14,95	27,32	8,14	2,09	
	Jan	Feb	Mär	Apr	Mai	Jun	Jul	Aug	Sep	Okt	Nov	Dez

Monatsstatistiken

	Anzahl Monate	durchschn. Performance	positive Monate	durchschn. Performance	negative Monate	durchschn. Performance	Gewinn-Wahrscheinlichkeit	Monatshoch am	Monatstief am
Jan	11	6,39%	7	15,00%	4	-8,68%	0,64%	29.01	01.01
Feb	10	-4,35%	2	22,60%	8	-11,09%	0,20%	11.02	25.02
Mar	10	0,72%	6	6,06%	4	-7,29%	0,60%	02.03	16.03
Apr	10	1,58%	4	11,85%	6	-5,26%	0,40%	10.04	17.04
May	10	-5,00%	4	4,17%	6	-11,12%	0,40%	02.05	14.05
Jun	10	-5,18%	4	9,81%	6	-15,17%	0,40%	03.06	27.06
Jul	10	3,92%	3	23,84%	7	-4,62%	0,30%	05.07	22.07
Aug	10	-3,22%	4	7,77%	6	-10,55%	0,40%	25.08	12.08
Sep	10	-6,24%	4	7,56%	6	-15,44%	0,40%	01.09	30.09
Oct	10	14,79%	9	17,46%	1	-9,21%	0,90%	29.10	01.10
Nov	11	6,13%	7	13,61%	4	-6,96%	0,64%	28.11	01.11
Dec	11	2,09%	7	6,13%	4	-4,98%	0,64%	07.12	04.12

Jahreszyklus:

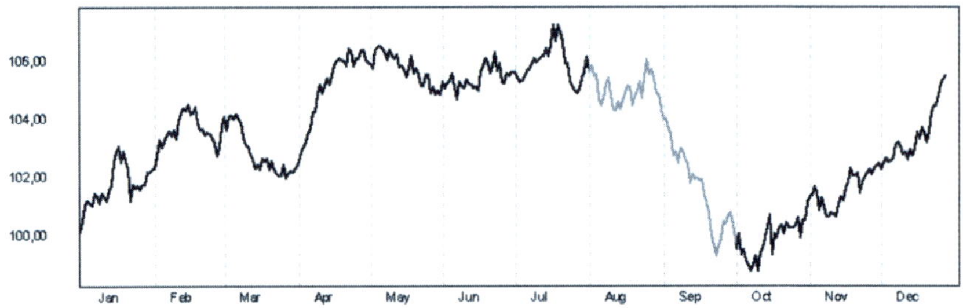

Erfolgreichster Anlage-Zeitraum: 10 Monate zwischen 30. September und 31. Juli

Buy & Hold vs. Anlage-Zyklus:

Vergleich: Buy & Hold vs. Anlage-Zyklus

	Buy & Hold	**Anlage-Zyklus**
Kurs 28.12.07:	30,81	110,65
Startkurs:	24,33	24,33
Gesamtperformance seit 18.10.1988:	26,63%	354,79%
All-Time-High:	43,00	133,53
Erreicht am:	30.11.2000	18.05.2007

Das wäre aus einer Anlage von 10.000 geworden:

Anlage vor 10 Jahren:	11.587,06	22.689,70
Anlage seit Börsengang:	12.663,38	45.479,25

Jahres-Hochs und -Tiefs

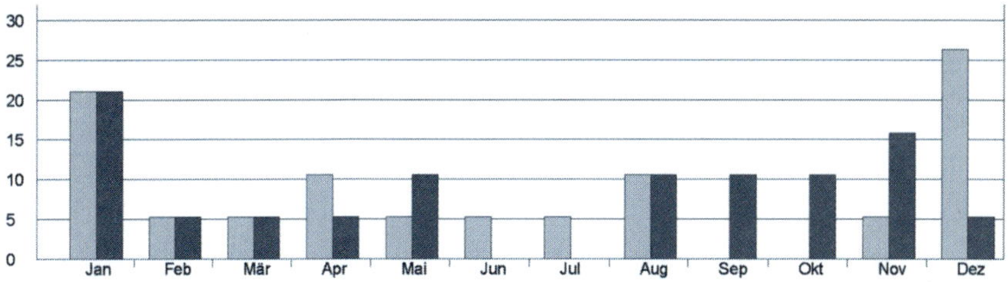

Rendite-Viereck

Jan		2,74	4,87	1,87	2,54	1,61	0,78	2,98	7,73	5,89	4,59	1,66
Feb	0,91		6,99	4,22	4,42	3,14	2,25	4,78	10,26	8,02	6,44	3,21
Mär	−0,83	−1,61		3,24	3,28	1,74	0,38	2,89	7,79	6,18	4,83	1,35
Apr	2,14	1,38	3,30		5,62	4,37	3,32	5,76	11,19	9,11	7,84	4,39
Mai	1,21	0,30	2,17	−1,03		3,64	2,53	4,87	10,23	8,12	7,00	3,52
Jun	1,63	0,78	2,66	−0,49	0,48		2,69	4,95	10,17	8,52	7,28	3,80
Jul	2,62	1,62	3,52	0,47	1,22	0,52		6,18	11,14	9,81	8,51	5,02
Aug	0,25	−0,47	1,44	−1,72	−0,77	−1,46	−1,81		8,19	7,18	5,87	2,53
Sep	−3,37	−4,19	−2,32	−5,44	−4,58	−5,41	−5,95	−4,28		3,30	2,11	−1,18
Okt	−2,48	−3,42	−1,52	−4,57	−3,67	−4,45	−4,90	−3,13	1,50		3,09	−0,32
Nov	−1,09	−2,23	−0,36	−3,28	−2,40	−3,27	−3,71	−1,81	2,85	1,30		0,92
Doz	2,25	1,06	2,99	0,08	0,92	−0,08	−0,70	1,25	5,86	4,21	2,98	
	Jan	Feb	Mär	Apr	Mai	Jun	Jul	Aug	Sep	Okt	Nov	Dez

Monatsstatistiken

	Anzahl Monate	durchschn. Performance	positive Monate	durchschn. Performance	negative Monate	durchschn. Performance	Gewinn-Wahrscheinlichkeit	Monats-hoch am	Monats-tief am
Jan	20	1,66%	11	6,74%	9	−4,55%	0,55%	17.01	02.01
Feb	19	0,91%	6	11,33%	13	−3,89%	0,32%	29.02	01.02
Mar	19	−1,61%	7	5,34%	12	−5,66%	0,37%	06.03	27.03
Apr	19	3,30%	13	6,95%	6	−4,61%	0,68%	22.04	01.04
May	19	−1,03%	7	5,27%	12	−4,70%	0,37%	06.05	31.05
Jun	19	0,48%	10	5,01%	9	−4,55%	0,53%	23.06	07.06
Jul	19	0,52%	8	7,65%	11	−4,66%	0,42%	19.07	27.07
Aug	19	−1,81%	7	3,64%	12	−4,99%	0,37%	25.08	12.08
Sep	19	−4,28%	7	3,29%	12	−8,69%	0,37%	02.09	23.09
Oct	19	1,50%	9	8,12%	10	−4,47%	0,47%	31.10	07.10
Nov	20	1,30%	11	6,63%	9	−5,22%	0,55%	30.11	12.11
Dec	20	2,98%	13	5,94%	7	−2,51%	0,65%	30.12	01.12

Jahreszyklus:

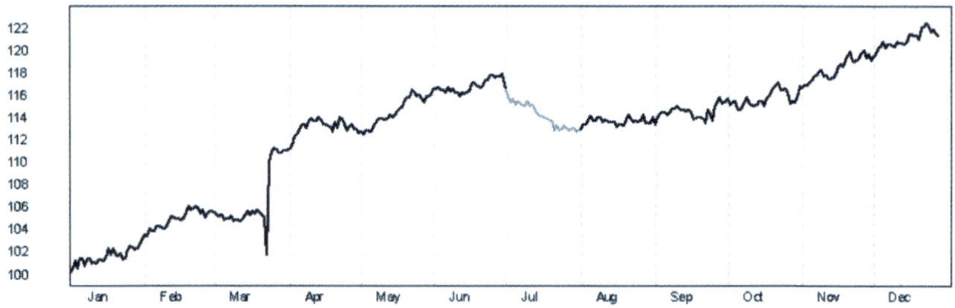

Erfolgreichster Anlage–Zeitraum: 11 Monate zwischen 31. Juli und 30. Juni

Buy & Hold vs. Anlage–Zyklus:

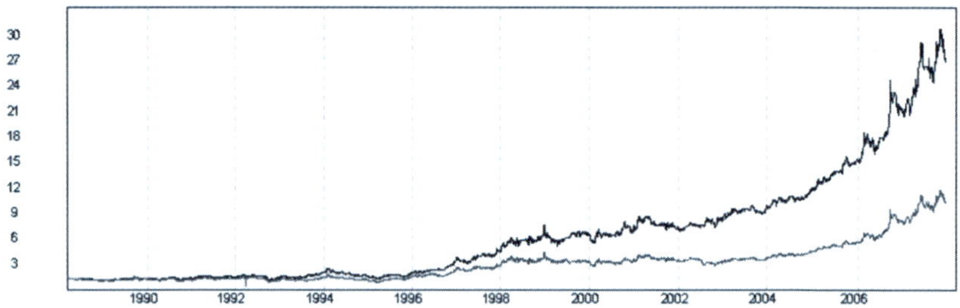

Vergleich: Buy & Hold vs. Anlage–Zyklus

	Buy & Hold	Anlage–Zyklus
Kurs 28.12.07:	10,38	27,04
Startkurs:	1,41	1,41
Gesamtperformance seit 15.03.1988:	638,24%	1.822,96%
All–Time–High:	11,89	30,97
Erreicht am:	08.11.2007	08.11.2007

Das wäre aus einer Anlage von 10.000 geworden:

Anlage vor 10 Jahren:	31.233,07	51.915,56
Anlage seit Börsengang:	73.823,83	192.295,95

Jahres-Hochs und -Tiefs

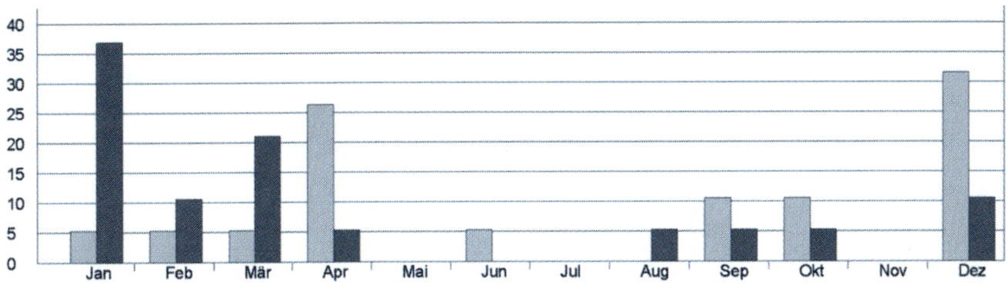

Rendite-Viereck

Jan		11,61	11,08	9,64	6,40	4,63	9,91	8,81	8,08	7,20	5,03	3,04
Feb	2,43		13,19	11,71	9,20	7,10	12,66	11,50	10,59	10,17	7,99	5,52
Mär	1,88	−0,65		11,06	8,56	6,41	11,98	10,83	9,91	9,52	7,40	4,99
Apr	3,27	0,73	1,14		10,12	7,96	13,45	12,25	11,19	10,85	8,68	6,23
Mai	6,67	4,25	4,33	3,05		11,79	17,41	16,16	14,81	14,51	12,22	9,67
Jun	7,96	5,52	5,70	4,42	1,34		18,59	17,43	16,15	15,95	13,47	10,89
Jul	3,20	0,82	1,00	−0,24	−3,20	−4,47		12,11	10,80	10,60	8,34	6,03
Aug	4,01	1,60	1,65	0,47	−2,43	−3,75	0,88		11,67	11,42	9,13	6,81
Sep	5,88	3,26	3,05	1,88	−1,00	−2,38	2,31	1,28		13,53	11,16	8,66
Okt	6,69	4,02	3,62	2,45	−0,44	−1,90	2,81	1,84	0,70		12,02	9,56
Nov	8,64	6,11	5,50	4,16	1,07	−0,38	4,52	3,54	2,54	1,91		11,58
Dez	11,08	8,50	7,85	6,40	3,29	1,71	6,79	5,73	4,64	3,96	1,89	
	Jan	Feb	Mär	Apr	Mai	Jun	Jul	Aug	Sep	Okt	Nov	Dez

Monatsstatistiken

	Anzahl Monate	durchschn. Performance	positive Monate	durchschn. Performance	negative Monate	durchschn. Performance	Gewinn-Wahrscheinlichkeit	Monats-hoch am	Monats-tief am
Jan	20	3,04%	11	9,59%	9	−4,96%	0,55%	31.01	23.01
Feb	19	2,43%	13	5,93%	6	−5,15%	0,68%	22.02	02.02
Mar	19	−0,65%	10	3,50%	9	−5,26%	0,53%	26.03	23.03
Apr	20	1,14%	12	4,33%	8	−3,65%	0,60%	22.04	01.04
May	20	3,05%	14	5,89%	6	−3,57%	0,70%	23.05	03.05
Jun	20	1,34%	10	5,46%	10	−2,78%	0,50%	30.06	12.06
Jul	20	−4,47%	4	3,59%	16	−6,49%	0,20%	01.07	30.07
Aug	20	0,88%	11	4,60%	9	−3,68%	0,55%	21.08	01.08
Sep	20	1,28%	11	7,71%	9	−6,57%	0,55%	28.09	01.09
Oct	20	0,70%	10	5,29%	10	−3,90%	0,50%	22.10	06.10
Nov	20	1,91%	13	5,41%	7	−4,59%	0,65%	27.11	01.11
Dec	20	1,89%	10	6,46%	10	−2,67%	0,50%	23.12	01.12

Jahreszyklus:

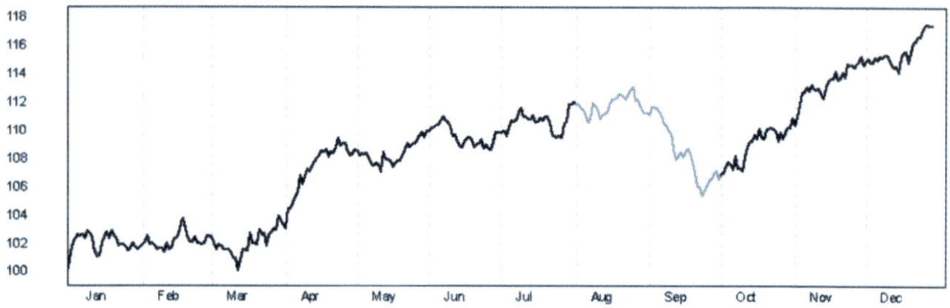

Erfolgreichster Anlage-Zeitraum: 10 Monate zwischen 30. September und 31. Juli

Buy & Hold vs. Anlage-Zyklus:

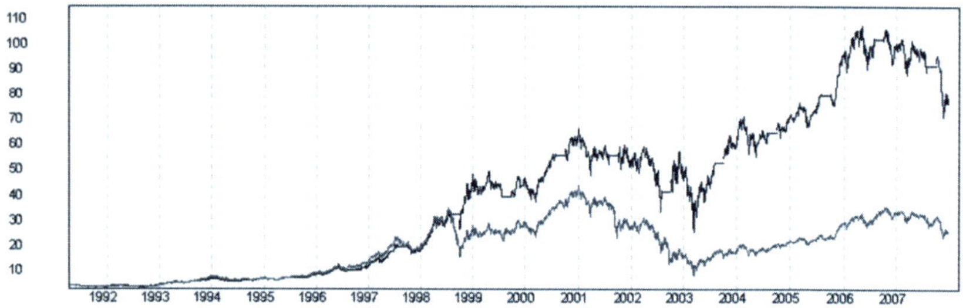

Vergleich: Buy & Hold vs. Anlage-Zyklus

	Buy & Hold	**Anlage-Zyklus**
Kurs 28.12.07:	26,78	79,31
Startkurs:	4,65	4,65
Gesamtperformance seit 08.04.1991:	475,91%	1.605,59%
All-Time-High:	44,25	107,72
Erreicht am:	03.01.2001	09.05.2006

Das wäre aus einer Anlage von 10.000 geworden:

Anlage vor 10 Jahren:	11.299,58	34.885,02
Anlage seit Börsengang:	57.591,40	170.559,03

Jahres-Hochs und -Tiefs

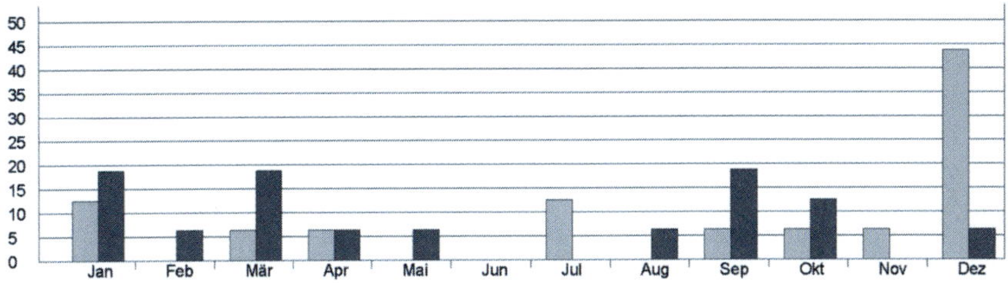

Rendite-Viereck

Jan		14,81	15,67	8,62	7,27	6,91	4,63	5,24	10,09	6,53	2,83	0,30
Feb	0,86		20,35	13,06	11,38	10,99	8,31	8,87	13,72	10,23	5,52	2,62
Mär	1,26	0,21		13,57	11,76	11,35	8,70	9,44	14,01	10,88	6,12	3,12
Apr	6,43	5,43	5,45		16,40	16,09	13,38	14,31	19,75	16,33	11,10	8,25
Mai	7,37	6,20	6,17	0,83		17,76	15,18	15,75	20,80	17,41	12,22	9,23
Jun	7,58	6,51	6,75	0,80	-0,06		15,39	15,72	21,02	17,33	12,15	9,19
Jul	10,34	9,00	9,56	3,07	2,07	1,92		18,73	24,10	20,31	15,03	12,06
Aug	8,73	7,69	8,30	1,89	1,00	0,81	-0,83		22,70	18,46	13,04	10,06
Sep	4,45	3,30	4,08	-1,64	-2,68	-3,02	-4,73	-4,25		13,97	8,74	5,63
Okt	7,85	6,79	7,58	1,27	0,41	0,06	-1,61	-1,25	3,63		11,96	8,95
Nov	11,72	10,47	11,07	4,33	3,25	3,00	1,23	1,79	7,38	3,52		12,98
Dez	15,93	14,45	15,15	7,78	6,63	6,28	4,29	4,76	9,76	5,98	2,46	
	Jan	Feb	Mär	Apr	Mai	Jun	Jul	Aug	Sep	Okt	Nov	Dez

Monatsstatistiken

	Anzahl Monate	durchschn. Performance	positive Monate	durchschn. Performance	negative Monate	durchschn. Performance	Gewinn-Wahrscheinlichkeit	Monatshoch am	Monatstief am
Jan	17	0,30%	7	7,66%	10	-4,86%	0,41%	09.01	26.01
Feb	16	0,86%	9	6,17%	7	-5,97%	0,56%	18.02	10.02
Mar	16	0,21%	9	5,02%	7	-5,97%	0,56%	29.03	12.03
Apr	16	5,45%	11	9,95%	5	-4,46%	0,69%	23.04	01.04
May	17	0,83%	9	5,24%	8	-4,14%	0,53%	31.05	12.05
Jun	17	-0,06%	9	4,07%	8	-4,71%	0,53%	07.06	27.06
Jul	17	1,92%	10	7,24%	7	-5,67%	0,59%	31.07	26.07
Aug	17	-0,83%	9	4,95%	8	-7,32%	0,53%	25.08	06.08
Sep	17	-4,25%	9	3,06%	8	-12,48%	0,53%	03.09	23.09
Oct	17	3,63%	10	8,43%	7	-3,22%	0,59%	31.10	01.10
Nov	17	3,52%	10	8,50%	7	-3,60%	0,59%	29.11	01.11
Dec	17	2,46%	14	4,80%	3	-8,47%	0,82%	29.12	15.12

Aktie | Intesa San Paolo | WKN: 850605

Jahreszyklus:

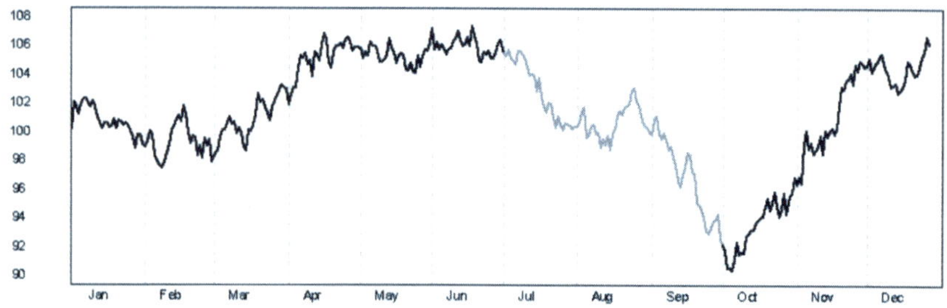

Erfolgreichster Anlage–Zeitraum: 9 Monate zwischen 30. September und 30. Juni

Buy & Hold vs. Anlage–Zyklus:

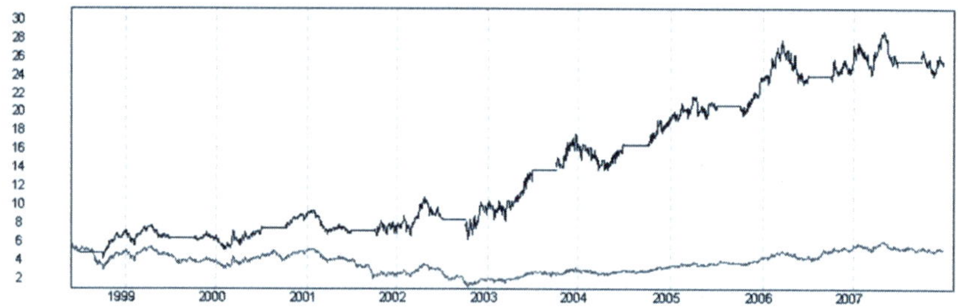

Vergleich: Buy & Hold vs. Anlage–Zyklus

	Buy & Hold	Anlage–Zyklus
Kurs 28.12.07:	5,41	25,79
Startkurs:	5,80	5,80
Gesamtperformance seit 28.05.1998:	–6,72%	344,64%
All–Time–High:	6,24	28,94
Erreicht am:	07.05.2007	07.05.2007

Das wäre aus einer Anlage von 10.000 geworden:

Anlage vor 10 Jahren:	–	–
Anlage seit Börsengang:	9.327,59	44.464,24

Jahres-Hochs und -Tiefs

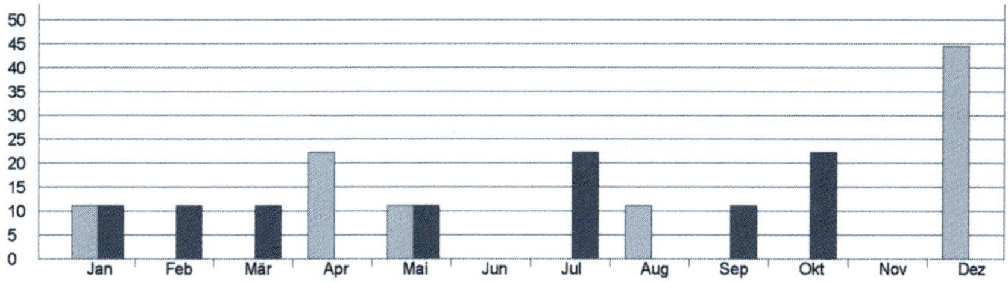

Rendite-Viereck

Jan		7,01	3,24	-0,09	-2,58	-3,36	1,27	1,51	10,75	5,83	-1,13	-2,35
Feb	-0,19		3,15	0,65	-2,11	-2,95	2,33	2,64	12,53	7,30	-0,63	-2,06
Mär	4,51	4,63		2,97	1,08	0,50	6,36	6,75	17,71	12,40	4,03	2,58
Apr	7,80	8,10	3,16		2,95	2,46	9,13	8,98	20,46	15,48	6,82	5,58
Mai	7,13	7,07	2,45	-0,76		1,06	8,15	7,89	19,27	14,61	5,58	4,65
Jun	9,16	8,98	4,49	1,02	-0,12		10,00	9,65	21,00	16,46	7,14	6,35
Jul	2,94	2,33	-1,57	-4,93	-5,42	-5,41		3,58	13,36	9,49	0,71	0,03
Aug	4,37	3,76	-0,24	-3,41	-5,52	-5,75	0,12		15,31	11,13	2,51	1,51
Sep	-1,81	-2,87	-6,53	-9,30	-12,12	-12,65	-7,75	-8,06		4,62	-3,67	-4,63
Okt	2,41	1,13	-2,56	-5,68	-7,87	-8,46	-3,78	-3,68	4,63		-0,04	-0,88
Nov	8,20	7,00	2,86	-0,55	-2,31	-2,81	2,48	2,73	12,10	7,25		4,87
Dez	9,69	8,35	4,33	1,01	-0,68	-1,22	3,78	4,16	13,39	8,28	1,16	
	Jan	Feb	Mär	Apr	Mai	Jun	Jul	Aug	Sep	Okt	Nov	Dez

Monatsstatistiken

	Anzahl Monate	durchschn. Performance	positive Monate	durchschn. Performance	negative Monate	durchschn. Performance	Gewinn-Wahr-scheinlichkeit	Monats-hoch am	Monats-tief am
Jan	10	-2,35%	4	5,23%	6	-7,40%	0,40%	07.01	28.01
Feb	9	-0,19%	5	6,51%	4	-8,56%	0,56%	17.02	29.02
Mar	9	4,63%	6	9,47%	3	-5,04%	0,67%	29.03	01.03
Apr	9	3,16%	6	7,81%	3	-6,16%	0,67%	08.04	01.04
May	9	-0,76%	5	4,44%	4	-7,26%	0,56%	06.05	27.05
Jun	10	-0,12%	4	7,35%	6	-5,11%	0,40%	18.06	22.06
Jul	10	-5,41%	5	2,54%	5	-13,35%	0,50%	03.07	30.07
Aug	10	0,12%	5	6,98%	5	-6,74%	0,50%	25.08	15.08
Sep	10	-8,06%	2	0,85%	8	-10,28%	0,20%	03.09	25.09
Oct	10	4,63%	8	6,88%	2	-4,36%	0,80%	31.10	05.10
Nov	10	7,25%	9	8,08%	1	-0,18%	0,90%	28.11	01.11
Dec	10	1,16%	7	3,19%	3	-3,58%	0,70%	29.12	14.12

Aktie **L'Oréal** **WKN: 853888**

Jahreszyklus:

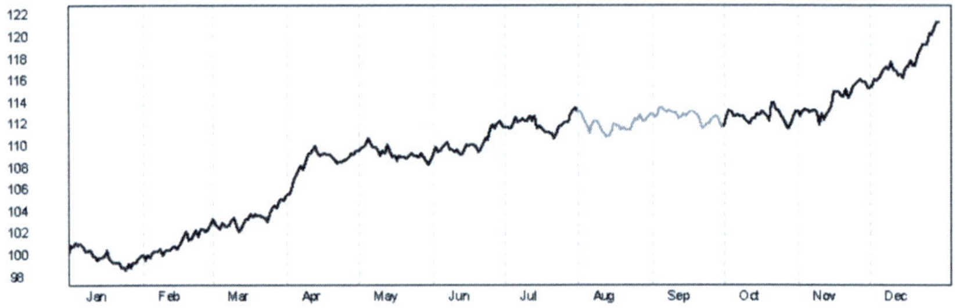

Erfolgreichster Anlage-Zeitraum: 10 Monate zwischen 30. September und 31. Juli

Buy & Hold vs. Anlage-Zyklus:

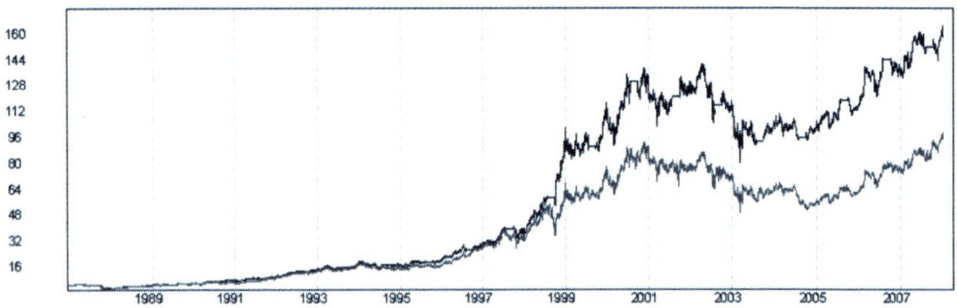

Vergleich: Buy & Hold vs. Anlage-Zyklus

	Buy & Hold	**Anlage-Zyklus**
Kurs 28.12.07:	98,22	163,32
Startkurs:	5,50	5,50
Gesamtperformance seit 05.01.1987:	1.685,82%	2.869,52%
All-Time-High:	99,30	165,12
Erreicht am:	27.12.2007	27.12.2007
Das wäre aus einer Anlage von 10.000 geworden:		
Anlage vor 10 Jahren:	25.340,56	37.856,94
Anlage seit 1987:	178.581,82	296.952,25

Jahres-Hochs und -Tiefs

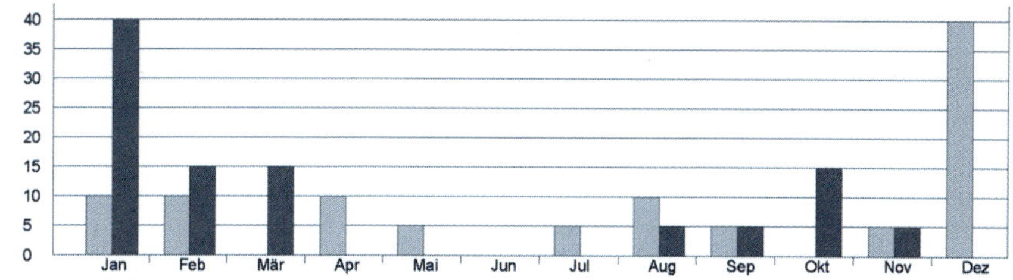

Rendite-Viereck

Jan		14,05	11,92	7,84	8,34	4,77	3,54	4,60	6,10	5,28	3,33	-1,56
Feb	2,52		14,49	10,42	10,98	7,33	5,73	6,94	8,81	8,25	6,68	1,68
Mär	4,60	2,08		12,76	13,29	9,63	7,82	9,17	11,00	10,47	8,74	3,67
Apr	8,60	6,03	4,05		17,29	13,56	11,65	12,86	14,85	14,32	12,59	7,36
Mai	7,80	5,04	3,06	-0,92		12,80	10,90	12,10	14,10	13,73	12,09	6,95
Jun	11,32	8,39	6,45	2,32	3,16		16,11	17,36	19,35	18,98	17,08	11,52
Jul	12,57	9,63	7,58	3,53	4,40	1,45		18,33	20,07	19,83	17,88	12,31
Aug	11,28	8,43	6,36	2,38	3,32	0,68	-0,80		18,49	18,08	16,26	10,80
Sep	10,42	7,37	5,46	1,32	2,18	-0,64	-1,93	-1,11		17,21	15,67	10,23
Okt	10,76	7,67	5,77	1,60	2,34	-0,70	-1,77	-0,90	0,42		17,12	11,65
Nov	13,13	9,97	7,99	3,80	4,49	1,13	0,04	1,02	2,38	1,75		14,79
Dez	19,31	15,79	13,69	9,33	9,95	6,35	5,29	6,29	7,68	6,87	4,99	
	Jan	Feb	Mär	Apr	Mai	Jun	Jul	Aug	Sep	Okt	Nov	Dez

Monatsstatistiken

	Anzahl Monate	durchschn. Performance	positive Monate	durchschn. Performance	negative Monate	durchschn. Performance	Gewinn-Wahrscheinlichkeit	Monats-hoch am	Monats-tief am
Jan	21	−1,56%	9	4,37%	12	−6,01%	0,43%	04.01	23.01
Feb	21	2,52%	14	6,59%	7	−5,60%	0,67%	29.02	02.02
Mar	21	2,08%	13	5,99%	8	−4,28%	0,62%	30.03	12.03
Apr	21	4,05%	18	5,99%	3	−7,61%	0,86%	13.04	01.04
May	21	−0,92%	8	3,94%	13	−3,91%	0,38%	05.05	30.05
Jun	21	3,16%	13	7,67%	8	−4,16%	0,62%	29.06	01.06
Jul	21	1,45%	11	6,71%	10	−4,34%	0,52%	31.07	22.07
Aug	21	−0,80%	13	3,23%	8	−7,36%	0,62%	27.08	13.08
Sep	21	−1,11%	7	8,06%	14	−5,70%	0,33%	04.09	22.09
Oct	21	0,42%	14	4,39%	7	−7,51%	0,67%	22.10	28.10
Nov	21	1,75%	14	4,51%	7	−3,76%	0,67%	27.11	10.11
Dec	21	4,99%	16	7,22%	5	−2,17%	0,76%	30.12	01.12

Jahreszyklus:

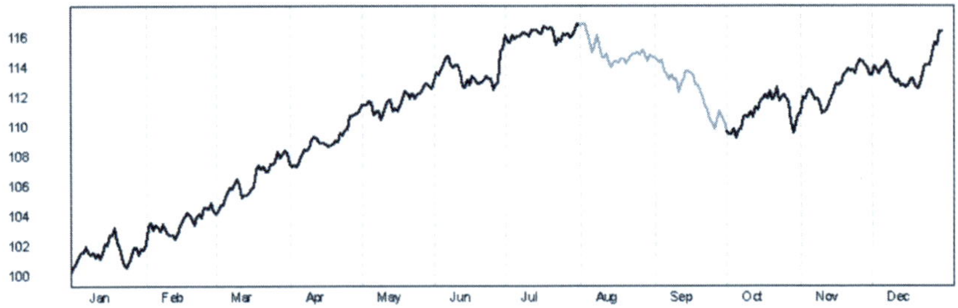

Erfolgreichster Anlage–Zeitraum: 10 Monate zwischen 30. September und 31. Juli

Buy & Hold vs. Anlage–Zyklus:

Vergleich: Buy & Hold vs. Anlage–Zyklus

	Buy & Hold	Anlage–Zyklus
Kurs 28.12.07:	82,79	335,77
Startkurs:	9,22	9,22
Gesamtperformance seit 05.01.1987:	797,94%	3.541,73%
All–Time–High:	98,00	367,93
Erreicht am:	03.08.2000	08.05.2006
Das wäre aus einer Anlage von 10.000 geworden:		
Anlage vor 10 Jahren:	26.663,45	76.239,34
Anlage seit 1987:	89.793,93	364.173,28

Jahres-Hochs und -Tiefs

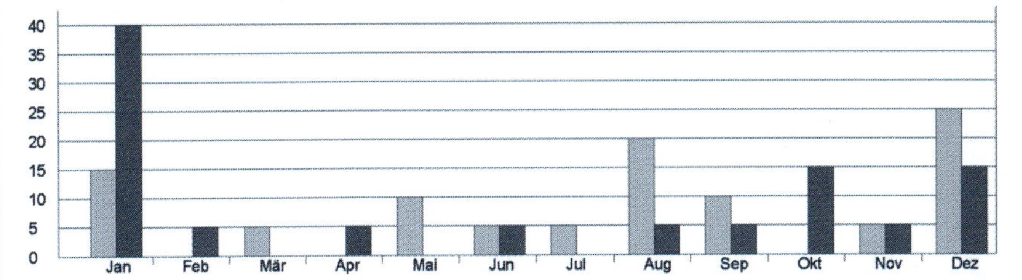

Rendite-Viereck

Jan		13,84	9,36	6,13	3,61	1,28	0,17	1,95	6,91	5,50	3,22	0,76
Feb	3,11		12,66	9,38	6,79	4,11	2,66	4,71	10,26	9,64	7,03	4,40
Mär	6,85	3,72		13,99	11,34	8,58	7,17	9,45	15,44	14,45	11,43	8,53
Apr	9,63	6,58	2,90		14,83	11,84	10,41	12,70	19,02	17,93	14,81	11,77
Mai	11,00	7,71	4,10	1,18		12,05	10,60	13,15	19,64	18,99	15,94	13,12
Jun	13,77	10,49	6,68	3,80	2,40		12,13	14,83	21,31	20,46	17,32	14,35
Jul	15,63	12,21	8,50	5,54	3,91	1,23		15,33	21,57	21,37	18,27	15,23
Aug	14,32	10,97	7,19	4,19	2,38	-0,48	-1,85		20,00	19,30	16,25	13,70
Sep	11,16	7,82	4,08	1,26	-0,69	-3,75	-5,17	-3,74		16,28	13,44	10,78
Okt	10,15	6,86	3,05	0,00	-2,03	-3,87	-5,01	-3,30	1,00		16,52	13,97
Nov	11,97	8,75	4,76	1,65	-0,35	-2,20	-3,15	-1,30	3,38	2,07		16,54
Dez	16,12	13,17	8,67	5,41	3,17	0,76	-0,10	1,38	5,82	4,93	2,63	
	Jan	Feb	Mär	Apr	Mai	Jun	Jul	Aug	Sep	Okt	Nov	Dez

Monatsstatistiken

	Anzahl Monate	durchschn. Performance	positive Monate	durchschn. Performance	negative Monate	durchschn. Performance	Gewinn-Wahrscheinlichkeit	Monatshoch am	Monatstief am
Jan	21	0,76%	11	7,29%	10	-6,43%	0,52%	19.01	23.01
Feb	21	3,11%	12	8,30%	9	-3,80%	0,57%	28.02	01.02
Mar	21	3,72%	15	7,19%	6	-4,97%	0,71%	30.03	01.03
Apr	21	2,90%	13	6,27%	8	-2,58%	0,62%	30.04	02.04
May	21	1,18%	10	6,89%	11	-4,02%	0,48%	29.05	10.05
Jun	21	2,40%	12	8,16%	9	-5,27%	0,57%	30.06	14.06
Jul	21	1,23%	12	5,94%	9	-5,06%	0,57%	31.07	22.07
Aug	21	-1,85%	11	4,83%	10	-9,20%	0,52%	02.08	14.08
Sep	21	-3,74%	8	4,21%	13	-8,63%	0,38%	01.09	26.09
Oct	21	1,00%	14	7,97%	7	-12,95%	0,67%	22.10	05.10
Nov	21	2,07%	10	8,19%	11	-3,50%	0,48%	26.11	01.11
Dec	21	2,63%	15	6,34%	6	-6,65%	0,71%	30.12	20.12

Jahreszyklus:

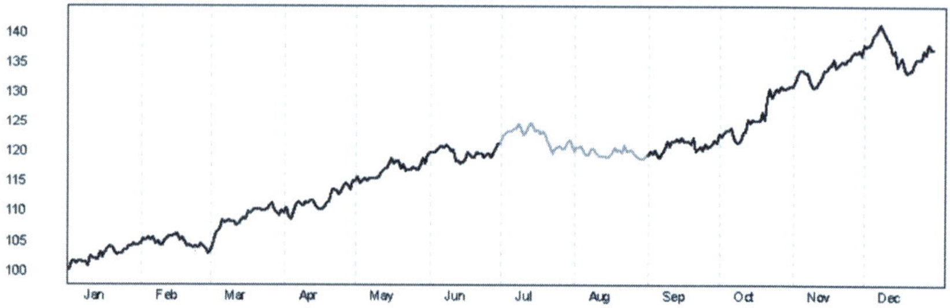

Erfolgreichster Anlage–Zeitraum: 10 Monate zwischen 31. August und 30. Juni

Buy & Hold vs. Anlage–Zyklus:

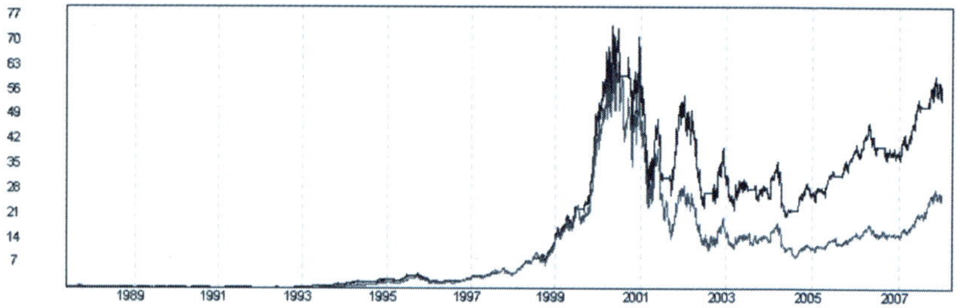

Vergleich: Buy & Hold vs. Anlage–Zyklus

	Buy & Hold	Anlage–Zyklus
Kurs 28.12.07:	26,80	57,31
Startkurs:	0,52	0,52
Gesamtperformance seit 15.06.1987:	5.053,85%	10.920,52%
All–Time–High:	65,20	74,81
Erreicht am:	02.05.2000	02.05.2000

Das wäre aus einer Anlage von 10.000 geworden:

Anlage vor 10 Jahren:	48.201,44	102.408,16
Anlage seit 1987:	515.384,62	1.102.052,27

Aktie **Nokia** **WKN: 870737**

Jahres-Hochs und -Tiefs

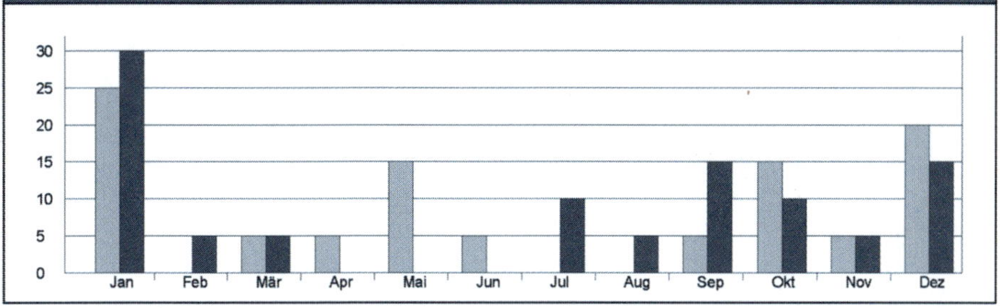

Rendite-Viereck

Jan		43,80	31,73	23,92	20,78	15,68	16,39	18,69	17,22	7,75	3,61	3,18
Feb	−0,65		32,25	25,02	21,97	15,72	16,54	19,85	18,76	8,81	4,18	3,57
Mär	6,21	6,79		34,48	30,53	24,11	24,72	28,82	27,90	16,81	11,69	10,78
Apr	11,60	12,64	5,08		39,84	31,69	32,24	35,68	34,69	22,34	16,85	15,91
Mai	15,44	15,96	8,64	3,42		32,93	34,13	37,15	36,92	25,31	20,00	19,66
Jun	17,04	16,87	9,49	4,44	1,04		39,13	42,09	41,30	28,65	23,02	22,12
Jul	19,68	18,96	10,83	4,73	1,22	−0,44		47,02	46,61	32,46	26,08	24,92
Aug	17,49	16,78	8,69	3,04	−0,31	−2,10	−1,42		45,19	30,07	23,81	22,76
Sep	20,17	19,40	10,74	4,95	1,64	0,11	0,15	1,49		33,98	27,08	25,98
Okt	30,73	29,93	19,55	12,92	10,21	6,36	6,68	8,07	6,80		39,11	37,61
Nov	33,92	33,59	23,42	16,93	14,14	9,73	11,07	12,61	11,65	3,37		41,40
Dez	37,55	36,87	25,74	18,55	16,07	11,42	12,70	14,87	13,84	4,45	0,41	
	Jan	Feb	Mär	Apr	Mai	Jun	Jul	Aug	Sep	Okt	Nov	Dez

Monatsstatistiken

	Anzahl Monate	durchschn. Performance	positive Monate	durchschn. Performance	negative Monate	durchschn. Performance	Gewinn-Wahrscheinlichkeit	Monats-hoch am	Monats-tief am
Jan	21	3,18%	13	10,31%	8	−8,41%	0,62%	31.01	02.01
Feb	20	−0,65%	9	10,29%	11	−9,59%	0,45%	16.02	29.02
Mar	20	6,79%	14	12,33%	6	−6,14%	0,70%	27.03	01.03
Apr	20	5,08%	14	12,43%	6	−12,06%	0,70%	30.04	04.04
May	20	3,42%	12	11,37%	8	−8,50%	0,60%	31.05	03.05
Jun	20	1,04%	10	10,62%	10	−8,55%	0,50%	30.06	14.06
Jul	21	−0,44%	9	11,40%	12	−9,33%	0,43%	14.07	23.07
Aug	21	−1,42%	13	6,49%	8	−14,26%	0,62%	22.08	29.08
Sep	21	1,49%	12	9,44%	9	−9,12%	0,57%	29.09	06.09
Oct	21	6,80%	13	17,76%	8	−11,00%	0,62%	31.10	09.10
Nov	21	3,37%	11	12,03%	10	−6,16%	0,52%	29.11	10.11
Dec	21	0,41%	13	8,01%	8	−11,93%	0,62%	08.12	19.12

Jahreszyklus:

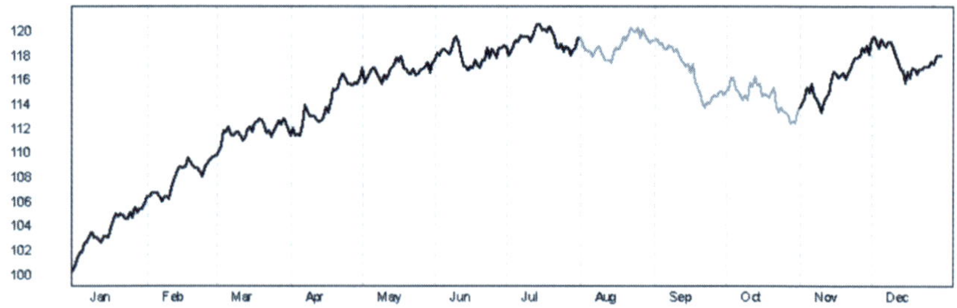

Erfolgreichster Anlage–Zeitraum: 9 Monate zwischen 31. Oktober und 31. Juli

Buy & Hold vs. Anlage–Zyklus:

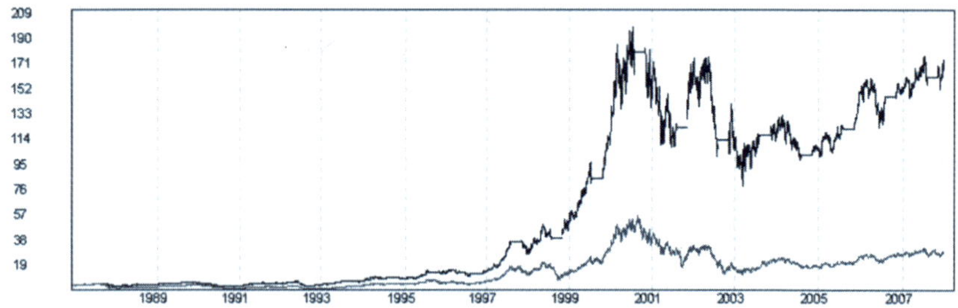

Vergleich: Buy & Hold vs. Anlage–Zyklus

	Buy & Hold	Anlage–Zyklus
Kurs 28.12.07:	29,49	168,22
Startkurs:	4,81	4,81
Gesamtperformance seit 02.01.1987:	513,10%	3.397,20%
All–Time–High:	57,50	199,48
Erreicht am:	04.09.2000	17.07.2000
Das wäre aus einer Anlage von 10.000 geworden:		
Anlage vor 10 Jahren:	17.016,73	42.890,29
Anlage seit 1987:	61.309,77	349.720,19

Jahres-Hochs und -Tiefs

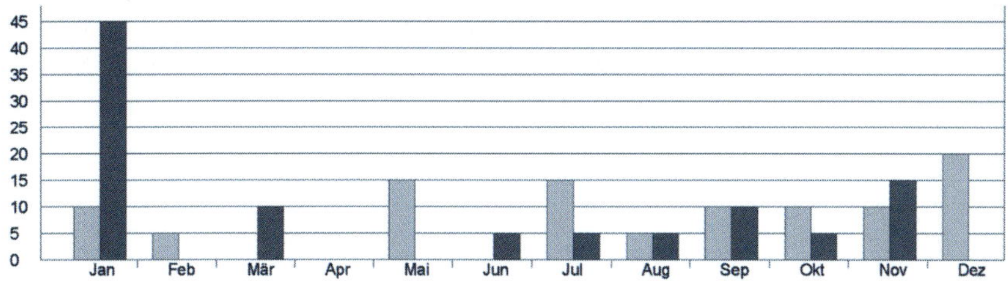

Rendite-Viereck

Jan		14,47	11,70	7,10	5,94	3,55	2,60	2,44	7,89	9,34	4,76	4,98
Feb	3,71		17,72	12,90	11,64	8,55	7,27	7,15	13,02	14,28	8,95	9,47
Mär	5,24	1,69		13,64	12,42	9,74	8,75	8,86	15,14	16,49	10,80	11,11
Apr	9,03	5,27	3,70		17,09	14,16	13,15	13,25	19,80	21,17	15,22	15,69
Mai	10,26	6,18	4,57	0,79		14,74	13,94	14,34	20,92	22,53	16,49	17,16
Jun	12,42	8,14	6,17	2,13	1,25		16,35	16,79	23,21	25,23	18,62	19,12
Jul	14,48	9,95	8,09	3,66	2,53	0,60		19,61	25,79	27,91	20,98	21,47
Aug	14,50	10,20	8,19	3,75	2,65	0,64	-0,24		26,36	28,61	21,25	21,84
Sep	11,70	7,36	5,19	1,02	-0,24	-2,76	-4,05	-4,02		25,61	18,37	18,87
Okt	8,44	4,80	2,56	-1,63	-2,71	-5,00	-6,25	-6,50	-1,78		16,54	17,10
Nov	10,74	7,60	5,30	1,07	0,02	-1,79	-2,67	-2,51	3,15	4,28		20,40
Dez	11,01	8,03	5,68	1,43	0,43	-1,60	-2,56	-2,58	2,79	3,97	-0,35	
	Jan	Feb	Mär	Apr	Mai	Jun	Jul	Aug	Sep	Okt	Nov	Dez

Monatsstatistiken

	Anzahl Monate	durchschn. Performance	positive Monate	durchschn. Performance	negative Monate	durchschn. Performance	Gewinn-Wahrscheinlichkeit	Monats-hoch am	Monats-tief am
Jan	21	4,98%	16	9,15%	5	-8,36%	0,76%	31.01	02.01
Feb	21	3,71%	11	11,61%	10	-4,98%	0,52%	29.02	07.02
Mar	21	1,69%	13	6,91%	8	-6,78%	0,62%	29.03	01.03
Apr	21	3,70%	13	8,78%	8	-4,57%	0,62%	23.04	03.04
May	21	0,79%	11	5,16%	10	-4,02%	0,52%	18.05	10.05
Jun	21	1,25%	10	9,49%	11	-6,24%	0,48%	10.06	15.06
Jul	21	0,60%	12	7,58%	9	-8,70%	0,57%	15.07	28.07
Aug	21	-0,24%	11	7,44%	10	-8,68%	0,52%	25.08	14.08
Sep	21	-4,02%	9	6,14%	12	-11,64%	0,43%	02.09	22.09
Oct	21	-1,78%	8	9,33%	13	-8,61%	0,38%	03.10	30.10
Nov	21	4,28%	14	11,04%	7	-9,23%	0,67%	29.11	10.11
Dec	21	-0,35%	11	5,59%	10	-6,89%	0,52%	02.12	15.12

Aktie Renault WKN: 893113

Jahreszyklus:

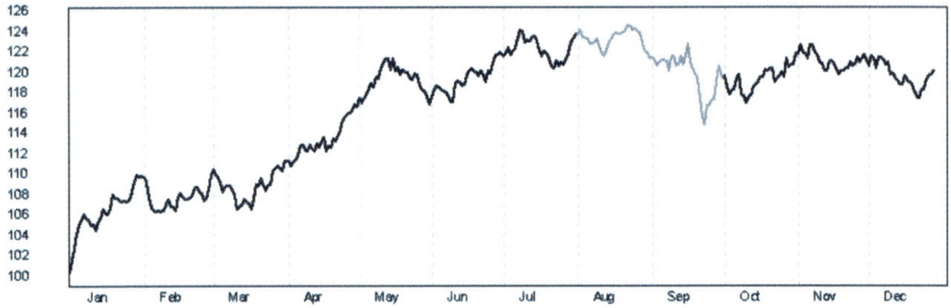

Erfolgreichster Anlage-Zeitraum: 10 Monate zwischen 30. September und 31. Juli

Buy & Hold vs. Anlage-Zyklus:

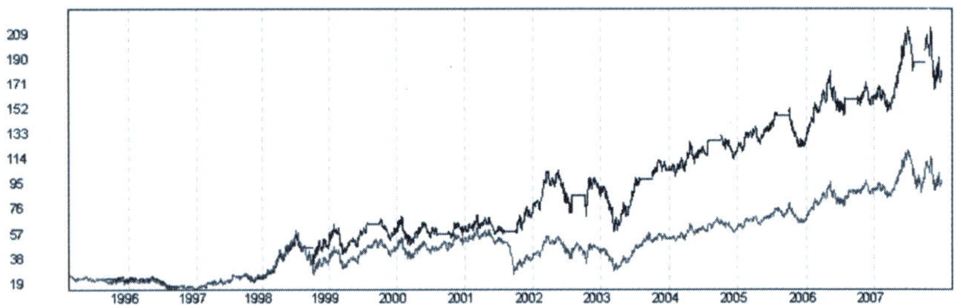

Vergleich: Buy & Hold vs. Anlage-Zyklus

	Buy & Hold	Anlage-Zyklus
Kurs 28.12.07:	97,92	181,11
Startkurs:	26,48	26,48
Gesamtperformance seit 10.02.1995:	269,72%	583,81%
All-Time-High:	121,60	214,91
Erreicht am:	04.07.2007	31.10.2007
Das wäre aus einer Anlage von 10.000 geworden:		
Anlage vor 10 Jahren:	32.849,91	64.001,64
Anlage seit Börsengang:	36.972,01	68.380,57

Jahres-Hochs und -Tiefs

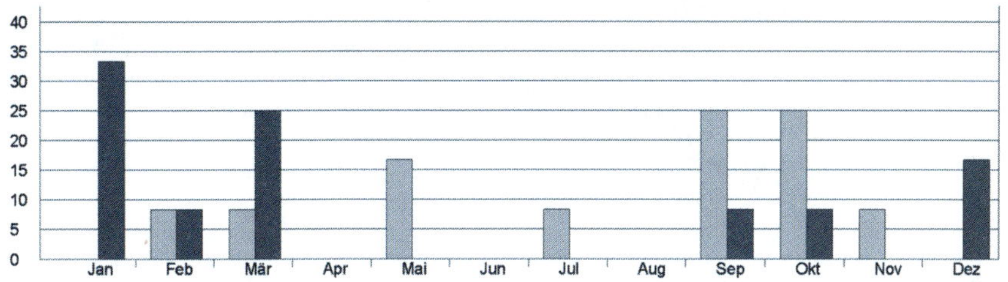

Rendite-Viereck

Jan		12,34	12,46	6,70	7,56	2,63	1,21	3,40	6,39	5,50	5,49	6,86
Feb	-0,07		13,72	8,25	9,97	5,46	3,66	5,56	8,96	8,76	7,44	9,02
Mär	2,49	1,51		11,98	14,43	9,06	6,72	8,81	11,61	11,92	10,72	11,90
Apr	6,20	5,70	4,82		18,99	13,24	10,58	12,63	15,42	15,59	14,67	15,92
Mai	6,76	5,88	4,56	-0,17		14,26	11,20	13,26	15,96	16,29	15,38	16,45
Jun	11,96	10,17	9,36	4,09	4,24		16,74	18,91	21,38	21,92	20,53	22,18
Jul	12,30	11,03	10,84	5,42	5,82	1,10		19,19	21,87	22,45	20,66	22,68
Aug	9,55	8,51	9,15	3,35	3,91	-0,62	-1,79		19,12	19,38	17,62	19,63
Sep	7,62	6,83	7,65	1,97	2,69	-2,05	-3,34	-1,75		17,27	15,67	17,73
Okt	8,94	8,87	9,89	3,71	4,19	-0,46	-1,63	-0,32	1,80		17,03	18,91
Nov	7,93	6,85	7,07	1,40	1,94	-2,44	-3,31	-1,66	1,24	-0,33		17,80
Dez	6,24	5,48	6,14	0,36	1,00	-3,56	-4,74	-3,15	-0,51	-1,96	-1,29	
	Jan	Feb	Mär	Apr	Mai	Jun	Jul	Aug	Sep	Okt	Nov	Dez

Monatsstatistiken

	Anzahl Monate	durchschn. Performance	positive Monate	durchschn. Performance	negative Monate	durchschn. Performance	Gewinn-Wahr-scheinlichkeit	Monats-hoch am	Monats-tief am
Jan	13	6,86%	10	11,36%	3	-8,11%	0,77%	29.01	02.01
Feb	12	-0,07%	7	7,77%	5	-11,04%	0,58%	01.02	08.02
Mar	13	1,51%	8	8,37%	5	-9,47%	0,62%	31.03	11.03
Apr	13	4,82%	9	9,27%	4	-5,20%	0,69%	29.04	02.04
May	13	-0,17%	5	7,37%	8	-4,88%	0,38%	13.05	31.05
Jun	13	4,24%	7	13,19%	6	-6,20%	0,54%	30.06	10.06
Jul	13	1,10%	7	7,83%	6	-6,75%	0,54%	08.07	22.07
Aug	13	-1,79%	7	5,35%	6	-10,12%	0,54%	22.08	31.08
Sep	13	-1,75%	7	5,80%	6	-10,56%	0,54%	16.09	23.09
Oct	13	1,80%	7	8,21%	6	-5,68%	0,54%	31.10	10.10
Nov	13	-0,33%	5	11,37%	8	-7,64%	0,38%	02.11	18.11
Dec	13	-1,29%	7	2,46%	6	-5,65%	0,54%	02.12	22.12

Aktie **Repsol** **WKN: 876845**

Jahreszyklus:

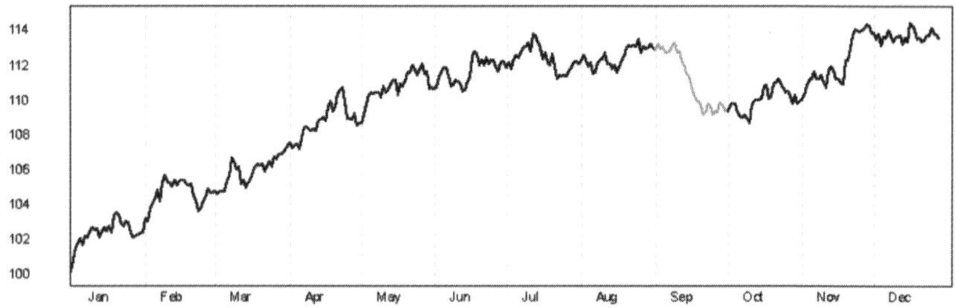

Erfolgreichster Anlage–Zeitraum: 11 Monate zwischen 30. September und 31. August

Buy & Hold vs. Anlage–Zyklus:

Vergleich: Buy & Hold vs. Anlage–Zyklus

	Buy & Hold	**Anlage–Zyklus**
Kurs 28.12.07:	24,35	50,17
Startkurs:	5,74	5,74
Gesamtperformance seit 12.05.1989:	324,22%	774,06%
All–Time–High:	30,29	58,79
Erreicht am:	04.07.2007	04.07.2007
Das wäre aus einer Anlage von 10.000 geworden:		
Anlage vor 10 Jahren:	18.322,05	27.587,86
Anlage seit Börsengang:	42.421,60	87.405,67

Jahres-Hochs und -Tiefs

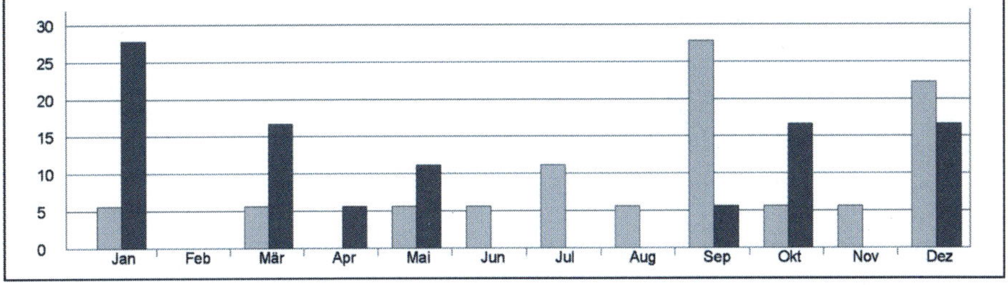

Rendite-Viereck

Jan		7,09	4,87	3,98	2,88	1,77	2,10	1,12	5,15	4,94	1,22	1,78
Feb	1,92		7,93	6,76	6,11	5,16	5,28	4,16	8,23	8,44	4,13	4,55
Mär	4,44	2,44		9,96	8,80	7,67	7,90	6,83	10,96	11,16	6,63	6,98
Apr	5,13	3,14	0,71		9,43	8,38	8,58	7,47	11,63	11,93	7,38	7,78
Mai	6,93	4,95	2,57	1,89		10,20	10,39	9,44	13,62	13,75	9,14	9,75
Jun	7,78	5,76	3,37	2,74	0,83		11,31	10,73	14,97	14,95	10,00	10,62
Jul	7,01	5,00	2,73	2,11	0,66	−0,10		9,77	13,87	13,99	9,18	9,66
Aug	7,33	5,32	3,12	2,46	1,73	0,92	0,94		14,53	14,45	9,32	9,76
Sep	3,02	1,00	−1,16	−1,77	−1,18	−2,14	−2,22	−3,36		10,21	5,17	5,39
Okt	3,94	1,91	−0,28	−0,87	−1,64	−2,75	−2,62	−3,50	0,21		6,02	6,36
Nov	7,57	5,43	3,13	2,54	1,51	0,39	0,69	−0,03	3,87	3,60		10,15
Dez	7,29	5,19	3,02	2,35	1,33	0,07	0,48	−0,38	3,47	3,22	−0,43	
	Jan	Feb	Mär	Apr	Mai	Jun	Jul	Aug	Sep	Okt	Nov	Dez

Monatsstatistiken

	Anzahl Monate	durchschn. Performance	positive Monate	durchschn. Performance	negative Monate	durchschn. Performance	Gewinn-Wahr-scheinlichkeit	Monats-hoch am	Monats-tief am
Jan	19	1,78%	12	8,06%	7	−8,98%	0,63%	20.01	27.01
Feb	18	1,92%	14	3,41%	4	−3,31%	0,78%	09.02	02.02
Mar	18	2,44%	11	6,05%	7	−3,23%	0,61%	31.03	02.03
Apr	18	0,71%	13	2,64%	5	−4,31%	0,72%	23.04	05.04
May	18	1,89%	11	5,74%	7	−4,16%	0,61%	27.05	02.05
Jun	19	0,83%	13	4,48%	6	−7,09%	0,68%	18.06	01.06
Jul	19	−0,10%	6	7,63%	13	−3,66%	0,32%	12.07	22.07
Aug	19	0,94%	11	6,28%	8	−6,40%	0,58%	25.08	16.08
Sep	19	−3,36%	7	6,13%	12	−8,90%	0,37%	09.09	21.09
Oct	19	0,21%	8	7,87%	11	−5,36%	0,42%	22.10	10.10
Nov	19	3,60%	11	8,66%	8	−3,35%	0,58%	28.11	01.11
Dec	19	−0,43%	10	4,14%	9	−5,50%	0,53%	16.12	13.12

Aktie **Saint Gobain** **WKN: 872087**

Jahreszyklus:

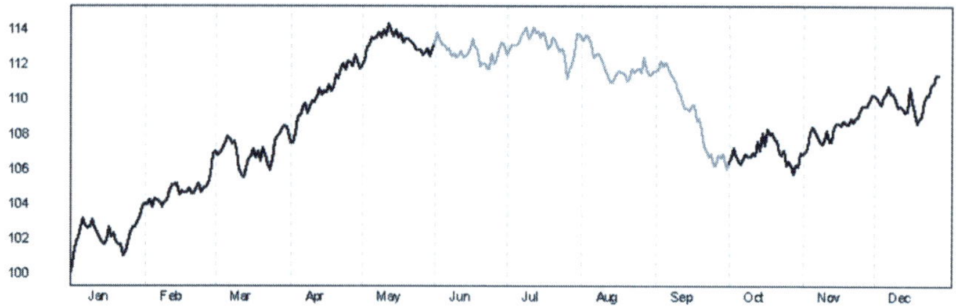

Erfolgreichster Anlage–Zeitraum: 8 Monate zwischen 30. September und 31. Mai

Buy & Hold vs. Anlage–Zyklus:

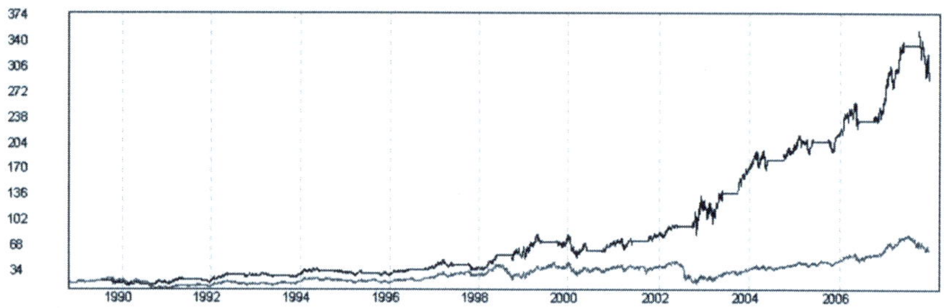

Vergleich: Buy & Hold vs. Anlage–Zyklus

	Buy & Hold	**Anlage–Zyklus**
Kurs 28.12.07:	64,14	296,54
Startkurs:	21,10	21,10
Gesamtperformance seit 21.10.1988:	204,00%	1.305,51%
All–Time–High:	84,47	357,01
Erreicht am:	12.07.2007	03.10.2007

Das wäre aus einer Anlage von 10.000 geworden:

Anlage vor 10 Jahren:	20.649,69	75.388,40
Anlage seit Börsengang:	30.400,41	140.550,97

Jahres-Hochs und -Tiefs

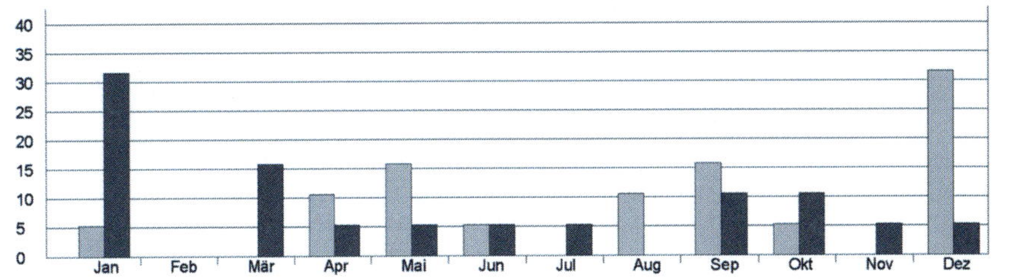

Rendite-Viereck

Jan		5,34	4,80	1,69	1,12	0,80	−0,33	1,58	7,56	7,23	4,17	3,05
Feb	1,82		8,72	5,67	5,05	4,85	3,73	5,90	12,19	11,07	7,46	6,17
Mär	3,21	1,33		6,92	6,25	5,99	4,77	7,04	13,12	12,42	9,01	7,65
Apr	6,50	4,55	3,36		9,17	8,92	7,81	10,11	16,94	16,04	12,28	10,98
Mai	7,34	5,44	4,07	0,83		9,80	8,73	11,01	17,68	16,95	13,19	11,83
Jun	7,44	5,55	4,22	1,00	0,18		8,82	11,13	17,83	17,31	13,32	12,05
Jul	7,71	5,90	4,83	1,53	0,87	0,62		11,11	17,85	17,47	13,50	12,27
Aug	5,72	3,88	3,02	−0,33	−0,78	−1,06	−1,94		15,66	15,50	11,44	10,31
Sep	0,59	−1,24	−2,03	−4,98	−5,38	−5,74	−7,03	−5,31		10,03	6,37	5,37
Okt	0,42	−1,42	−2,07	−5,25	−5,71	−6,06	−7,22	−5,32	0,29		5,83	4,90
Nov	3,12	1,21	0,50	−2,74	−3,30	−3,56	−4,24	−2,35	3,87	3,17		7,65
Dez	4,18	2,19	1,60	−1,64	−2,10	−2,46	−3,49	−1,71	4,23	4,06	1,08	
	Jan	Feb	Mär	Apr	Mai	Jun	Jul	Aug	Sep	Okt	Nov	Dez

Monatsstatistiken

	Anzahl Monate	durchschn. Performance	positive Monate	durchschn. Performance	negative Monate	durchschn. Performance	Gewinn-Wahrscheinlichkeit	Monats-hoch am	Monats-tief am
Jan	20	3,05%	13	8,89%	7	−7,81%	0,65%	31.01	23.01
Feb	19	1,82%	10	6,37%	9	−3,25%	0,53%	29.02	08.02
Mar	19	1,33%	12	4,64%	7	−4,36%	0,63%	30.03	13.03
Apr	19	3,36%	14	6,72%	5	−6,04%	0,74%	28.04	02.04
May	19	0,83%	11	4,52%	8	−4,24%	0,58%	13.05	02.05
Jun	19	0,18%	10	3,44%	9	−3,45%	0,53%	02.06	23.06
Jul	19	0,62%	12	6,61%	7	−9,64%	0,63%	09.07	26.07
Aug	19	−1,94%	9	3,13%	10	−6,49%	0,47%	03.08	14.08
Sep	19	−5,31%	5	5,07%	14	−9,02%	0,26%	03.09	30.09
Oct	19	0,29%	11	4,86%	8	−5,99%	0,58%	17.10	28.10
Nov	20	3,17%	13	7,32%	7	−4,54%	0,65%	30.11	01.11
Dec	20	1,08%	12	5,04%	8	−4,85%	0,60%	30.12	19.12

Aktie Sanofi-Synthelabo WKN: 920657

Jahreszyklus:

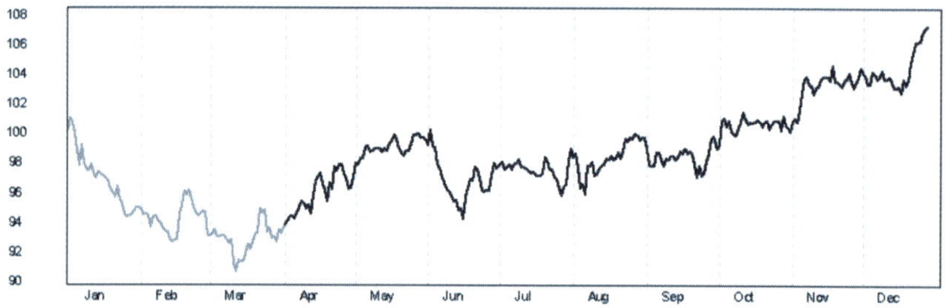

Erfolgreichster Anlage-Zeitraum: 9 Monate zwischen 31. März und 31. Dezember

Buy & Hold vs. Anlage-Zyklus:

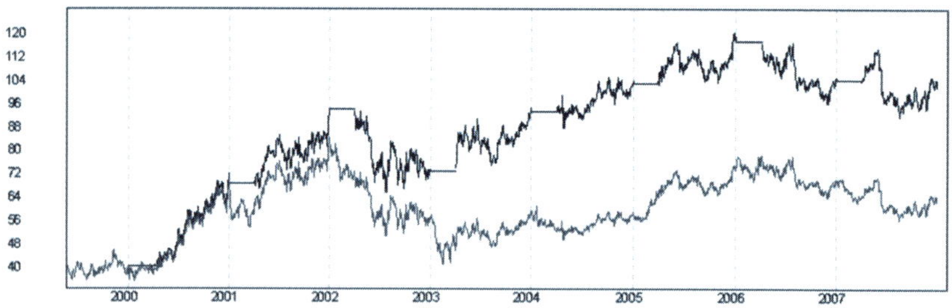

Vergleich: Buy & Hold vs. Anlage-Zyklus

	Buy & Hold	Anlage-Zyklus
Kurs 28.12.07:	63,38	102,49
Startkurs:	41,00	41,00
Gesamtperformance seit 26.05.1999:	54,59%	149,98%
All-Time-High:	85,00	121,00
Erreicht am:	28.12.2001	23.12.2005

Das wäre aus einer Anlage von 10.000 geworden:

Anlage vor 10 Jahren:	–	–
Anlage seit Börsengang:	15.458,54	24.997,57

Jahres-Hochs und -Tiefs

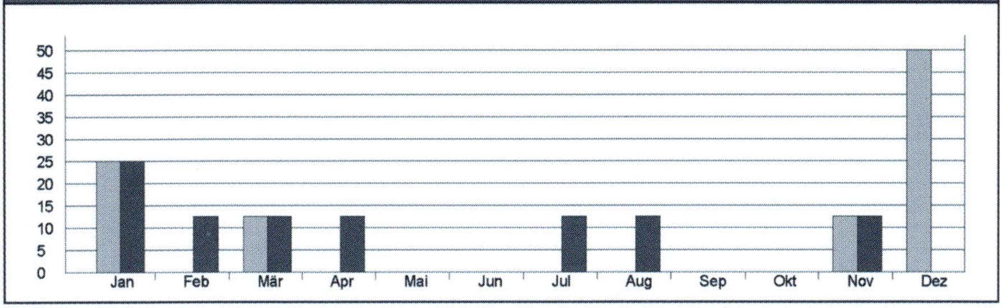

Rendite-Viereck

	Jan	Feb	Mär	Apr	Mai	Jun	Jul	Aug	Sep	Okt	Nov	Dez
Jan		9,24	7,51	4,50	-0,12	0,86	-0,19	-0,76	-0,27	-0,82	-4,44	-7,01
Feb	-0,99		8,97	6,09	1,68	1,00	0,14	-0,91	-0,50	-0,84	-4,13	-7,12
Mär	0,65	1,66		8,45	3,72	3,04	1,97	0,94	1,31	1,04	-2,29	-5,39
Apr	3,00	3,92	2,32		5,81	5,15	3,91	2,89	3,26	2,89	-0,43	-3,37
Mai	6,78	7,65	5,92	3,37		9,09	7,70	6,60	6,92	6,50	3,07	0,19
Jun	5,31	6,12	4,32	1,80	-1,42		6,48	5,29	5,55	4,93	1,36	-1,21
Jul	7,80	8,51	6,69	4,19	-0,31	1,09		7,63	7,97	7,31	3,76	1,19
Aug	7,38	8,11	6,44	3,83	0,13	1,49	0,54		7,51	6,76	3,15	0,68
Sep	7,17	7,87	6,20	3,58	-0,27	0,99	-0,05	-0,56		6,48	2,91	0,50
Okt	7,54	8,22	6,66	4,00	0,50	1,82	0,75	0,18	0,76		3,10	0,74
Nov	12,42	13,06	11,43	8,53	4,67	5,89	4,70	4,12	4,69	3,85		5,24
Dez	16,51	17,15	15,36	12,23	7,27	8,39	7,26	6,67	7,24	6,52	2,58	

Monatsstatistiken

	Anzahl Monate	durchschn. Performance	positive Monate	durchschn. Performance	negative Monate	durchschn. Performance	Gewinn-Wahr-scheinlichkeit	Monats-hoch am	Monats-tief am
Jan	9	-7,01%	1	1,83%	8	-8,11%	0,11%	02.01	26.01
Feb	8	-0,99%	3	3,46%	5	-3,66%	0,38%	21.02	15.02
Mar	8	1,66%	5	4,84%	3	-3,64%	0,63%	22.03	12.03
Apr	8	2,32%	5	6,11%	3	-3,98%	0,63%	25.04	01.04
May	8	3,37%	6	5,75%	2	-3,76%	0,75%	28.05	03.05
Jun	9	-1,42%	4	6,29%	5	-7,59%	0,44%	02.06	16.06
Jul	9	1,09%	5	5,85%	4	-4,87%	0,56%	31.07	27.07
Aug	9	0,54%	4	5,39%	5	-3,35%	0,44%	27.08	06.08
Sep	9	-0,56%	3	1,37%	6	-1,53%	0,33%	29.09	24.09
Oct	9	0,76%	5	3,43%	4	-2,57%	0,56%	11.10	01.10
Nov	9	3,85%	6	6,10%	3	-0,65%	0,67%	18.11	03.11
Dec	9	2,58%	5	6,99%	4	-2,93%	0,56%	30.12	17.12

Aktie Schneider Electric WKN: 860180

Jahreszyklus:

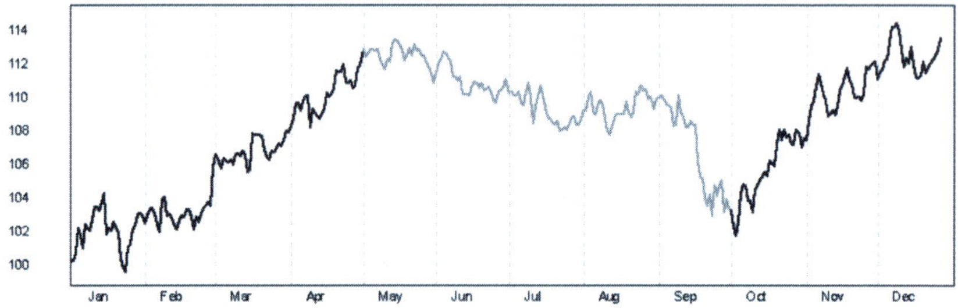

Erfolgreichster Anlage-Zeitraum: 7 Monate zwischen 30. September und 30. April

Buy & Hold vs. Anlage-Zyklus:

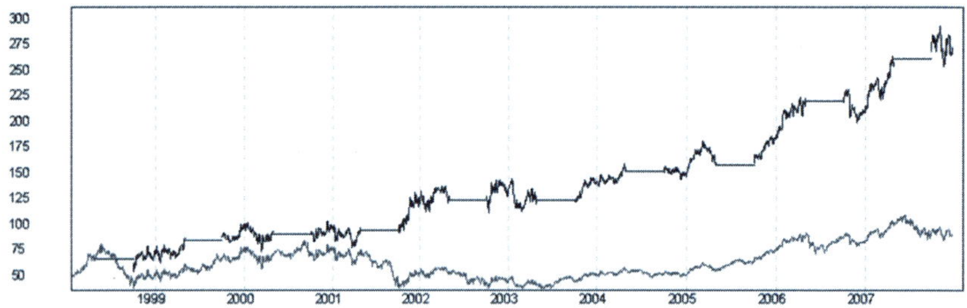

Vergleich: Buy & Hold vs. Anlage-Zyklus

	Buy & Hold	Anlage-Zyklus
Kurs 28.12.07:	92,11	273,07
Startkurs:	51,13	51,13
Gesamtperformance seit 19.01.1998:	80,15%	434,08%
All-Time-High:	109,43	294,27
Erreicht am:	15.06.2007	06.11.2007

Das wäre aus einer Anlage von 10.000 geworden:

Anlage vor 10 Jahren:	-	-
Anlage seit Börsengang:	18.015,15	53.407,73

Jahres-Hochs und -Tiefs

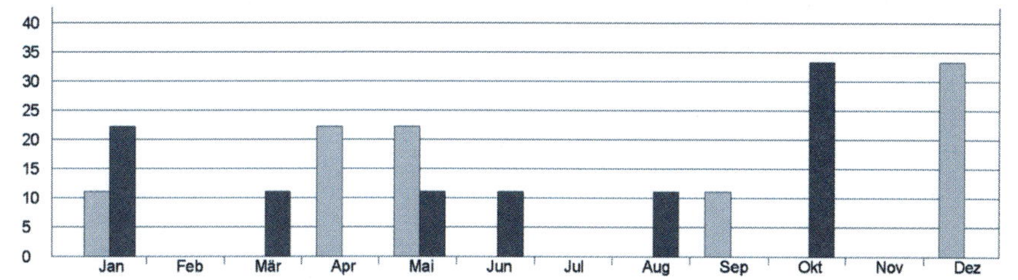

Rendite-Viereck

	Jan	Feb	Mär	Apr	Mai	Jun	Jul	Aug	Sep	Okt	Nov	Dez
Jan		5,87	4,46	0,96	2,79	2,58	3,40	2,12	9,83	6,10	1,85	0,48
Feb	0,78		6,44	3,53	5,63	5,04	5,71	4,42	12,51	8,99	4,05	2,41
Mär	3,09	2,10		3,47	5,73	5,12	5,78	4,47	12,50	9,04	4,08	2,41
Apr	6,34	5,62	3,87		10,37	9,73	10,48	9,04	17,16	13,54	8,49	6,78
Mai	5,21	4,35	2,28	-1,21		6,81	7,45	5,89	13,60	10,29	5,52	3,78
Jun	4,76	3,86	1,75	-1,47	-0,29		7,48	5,97	13,69	10,36	5,49	3,80
Jul	2,29	1,75	-0,01	-3,39	-1,88	-1,74		6,05	13,28	9,98	5,24	3,80
Aug	3,56	3,24	1,67	-2,08	-0,24	-0,12	1,28		16,17	12,74	7,73	6,27
Sep	-2,90	-3,39	-4,84	-8,27	-6,47	-6,58	-5,50	-6,86		6,75	1,68	0,71
Okt	0,51	0,05	-1,58	-5,01	-3,27	-3,41	-2,32	-3,66	3,79		4,89	3,85
Nov	4,14	3,49	1,77	-1,65	0,02	-0,06	1,20	0,04	8,17	4,15		6,65
Dez	5,74	5,26	3,85	0,03	1,90	1,86	2,77	1,30	9,41	5,44	1,33	

Monatsstatistiken

	Anzahl Monate	durchschn. Performance	positive Monate	durchschn. Performance	negative Monate	durchschn. Performance	Gewinn-Wahrscheinlichkeit	Monats-hoch am	Monats-tief am
Jan	10	0,48%	6	6,95%	4	-9,23%	0,60%	14.01	23.01
Feb	10	0,78%	6	4,48%	4	-4,77%	0,60%	29.02	07.02
Mar	10	2,10%	6	6,34%	4	-4,26%	0,60%	30.03	14.03
Apr	10	3,87%	7	8,60%	3	-7,15%	0,70%	23.04	01.04
May	10	-1,21%	4	6,25%	6	-6,18%	0,40%	15.05	31.05
Jun	10	-0,29%	6	2,91%	4	-5,09%	0,60%	04.06	26.06
Jul	10	-1,74%	4	7,29%	6	-7,77%	0,40%	09.07	22.07
Aug	10	1,28%	5	6,66%	5	-4,09%	0,50%	25.08	12.08
Sep	10	-6,86%	4	3,86%	6	-14,00%	0,40%	02.09	23.09
Oct	10	3,79%	7	6,71%	3	-3,02%	0,70%	21.10	03.10
Nov	10	4,15%	7	6,87%	3	-2,21%	0,70%	30.11	01.11
Dec	10	1,33%	5	6,63%	5	-3,97%	0,50%	09.12	01.12

Jahreszyklus:

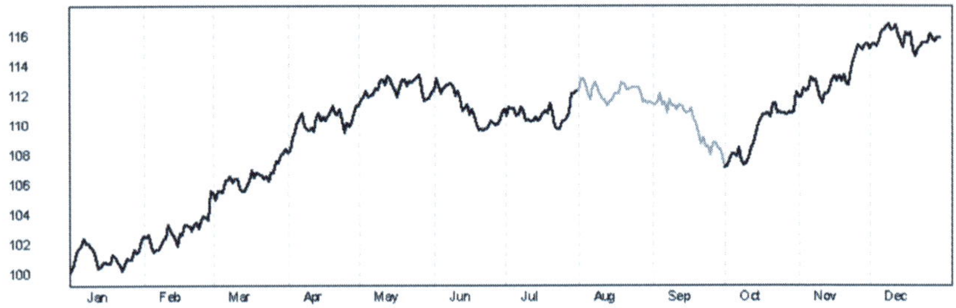

Erfolgreichster Anlage-Zeitraum: 10 Monate zwischen 30. September und 31. Juli

Buy & Hold vs. Anlage-Zyklus:

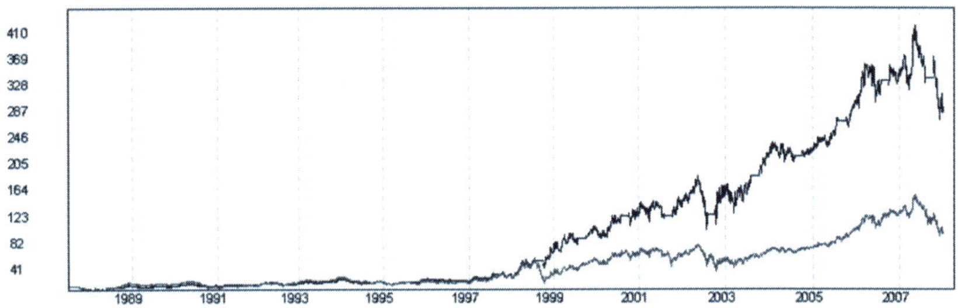

Vergleich: Buy & Hold vs. Anlage-Zyklus

	Buy & Hold	Anlage-Zyklus
Kurs 28.12.07:	98,70	288,04
Startkurs:	16,62	16,62
Gesamtperformance seit 28.07.1987:	493,86%	1.633,08%
All-Time-High:	158,25	422,80
Erreicht am:	07.05.2007	07.05.2007
Das wäre aus einer Anlage von 10.000 geworden:		
Anlage vor 10 Jahren:	29.586,33	82.657,88
Anlage seit 1987:	59.386,28	173.307,96

Jahres-Hochs und -Tiefs

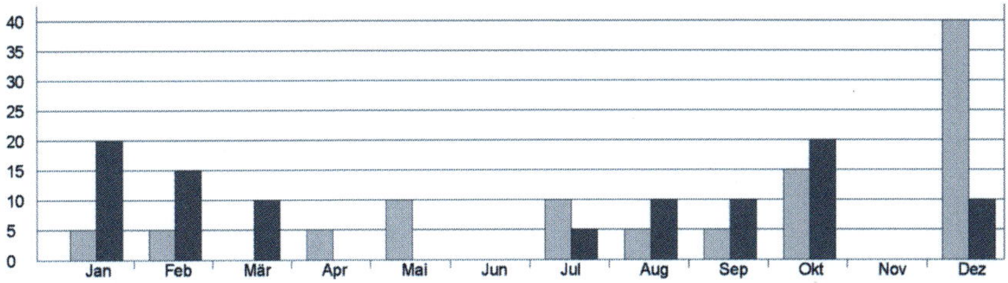

Rendite-Viereck

Jan		12,91	11,04	8,64	6,93	7,76	4,09	4,40	8,88	4,92	1,68	1,20
Feb	1,84		14,26	12,33	10,51	11,15	7,61	7,62	11,50	7,77	4,50	3,76
Mär	4,48	2,82		16,58	14,80	15,25	10,29	10,80	15,01	11,29	7,54	6,61
Apr	6,84	5,31	2,71		17,07	17,64	12,84	13,08	17,63	13,68	9,87	9,01
Mai	7,97	6,09	3,61	1,01		17,29	13,22	13,57	18,11	14,31	10,55	9,93
Jun	6,71	4,80	2,34	-0,21	-1,24		11,72	12,06	16,53	12,73	9,05	8,54
Jul	8,46	6,41	3,89	1,40	0,36	1,32		14,12	18,31	14,41	10,68	10,14
Aug	7,00	5,10	3,09	0,59	-0,63	0,43	-0,65		16,98	12,93	9,04	8,79
Sep	4,02	2,05	0,80	-1,59	-2,99	-2,09	-3,44	-3,16		9,56	5,79	5,86
Okt	8,58	6,32	5,19	2,67	0,95	1,93	0,01	0,08	3,57		10,13	10,38
Nov	12,33	9,90	8,38	5,92	4,03	4,91	2,42	2,61	6,96	3,00		14,08
Dez	13,58	11,36	9,63	7,22	5,50	6,41	3,03	3,22	7,27	3,30	0,35	
	Jan	Feb	Mär	Apr	Mai	Jun	Jul	Aug	Sep	Okt	Nov	Dez

Monatsstatistiken

	Anzahl Monate	durchschn. Performance	positive Monate	durchschn. Performance	negative Monate	durchschn. Performance	Gewinn-Wahrscheinlichkeit	Monatshoch am	Monatstief am
Jan	21	1,20%	12	6,44%	9	-5,78%	0,57%	07.01	23.01
Feb	20	1,84%	11	8,82%	9	-6,69%	0,55%	29.02	05.02
Mar	20	2,82%	12	8,83%	8	-6,20%	0,60%	31.03	02.03
Apr	20	2,71%	13	6,30%	7	-3,96%	0,65%	30.04	01.04
May	20	1,01%	8	7,26%	12	-3,16%	0,40%	26.05	28.05
Jun	20	-1,24%	8	3,91%	12	-4,68%	0,40%	02.06	22.06
Jul	20	1,32%	11	7,60%	9	-6,36%	0,55%	31.07	24.07
Aug	21	-0,65%	12	4,79%	9	-7,89%	0,57%	03.08	13.08
Sep	21	-3,16%	8	7,20%	13	-9,53%	0,38%	04.09	30.09
Oct	21	3,57%	15	7,05%	6	-5,14%	0,71%	31.10	01.10
Nov	21	3,00%	12	8,87%	9	-4,83%	0,57%	30.11	11.11
Dec	21	0,35%	13	4,75%	8	-6,79%	0,62%	09.12	20.12

Aktie	Suez	WKN: 852491

Jahreszyklus:

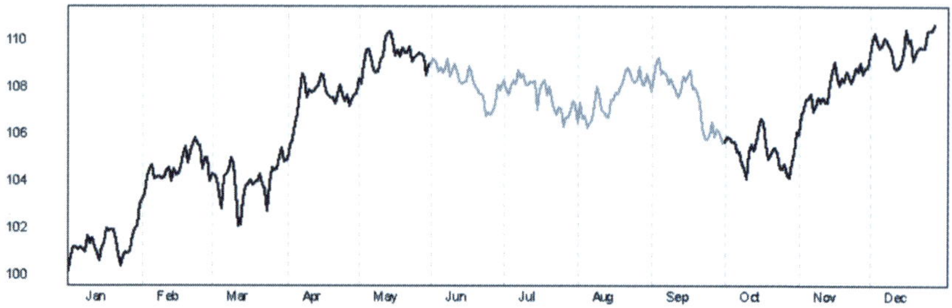

Erfolgreichster Anlage-Zeitraum: 8 Monate zwischen 30. September und 31. Mai

Buy & Hold vs. Anlage-Zyklus:

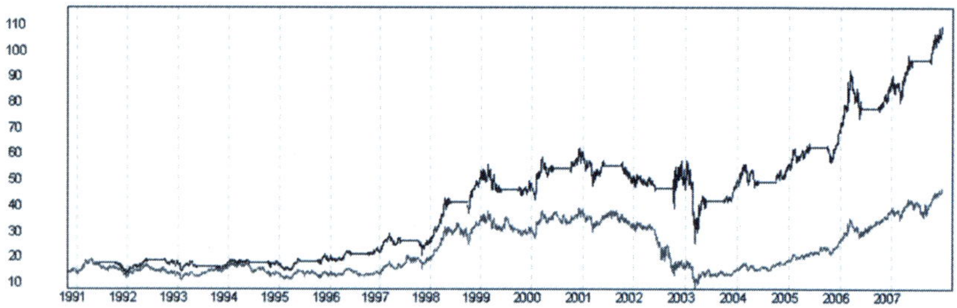

Vergleich: Buy & Hold vs. Anlage-Zyklus

	Buy & Hold	**Anlage-Zyklus**
Kurs 28.12.07:	46,84	109,51
Startkurs:	14,93	14,93
Gesamtperformance seit 24.10.1990:	213,73%	633,51%
All-Time-High:	47,15	110,24
Erreicht am:	27.12.2007	27.12.2007

Das wäre aus einer Anlage von 10.000 geworden:

Anlage vor 10 Jahren:	19.914,97	34.576,94
Anlage seit Börsengang:	31.373,07	73.350,67

Jahres-Hochs und -Tiefs

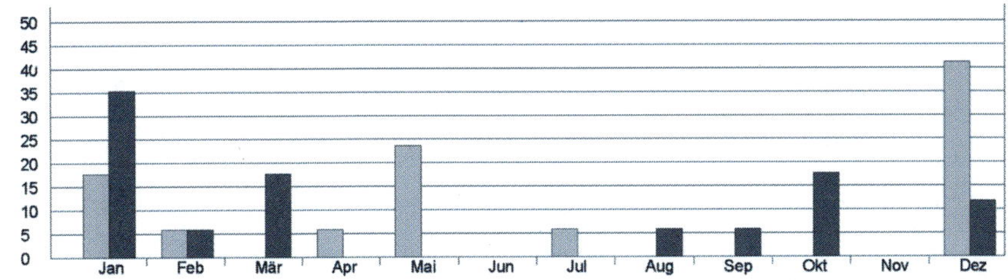

Rendite-Viereck

Jan		8,02	7,75	4,54	3,62	4,16	4,87	4,36	6,89	6,51	3,74	2,23
Feb	2,09		9,88	6,70	5,65	5,99	6,00	6,06	8,00	9,55	6,67	4,99
Mär	2,87	0,39		8,04	6,93	7,08	6,92	6,99	8,64	10,32	7,52	5,65
Apr	5,02	3,30	3,13		9,06	9,42	9,19	9,18	11,41	12,35	9,63	7,95
Mai	6,10	4,18	3,95	0,86		10,36	10,15	10,21	12,31	13,47	10,75	9,10
Jun	4,65	2,74	2,58	−0,27	−1,14		9,95	10,13	12,06	12,37	9,47	7,67
Jul	4,00	2,02	1,81	−0,95	−1,94	−0,92		9,88	11,65	11,86	8,87	7,08
Aug	4,35	2,47	2,28	−0,53	−1,43	−0,31	0,75		11,41	11,89	8,97	7,19
Sep	2,50	0,38	0,13	−2,40	−3,40	−2,69	−1,88	−2,49		10,32	7,35	5,51
Okt	2,55	0,47	0,15	−2,50	−3,42	−2,64	−1,68	−2,31	0,37		7,41	5,42
Nov	5,52	3,45	2,95	0,05	−0,92	−0,13	0,83	0,28	3,00	2,63		8,50
Dez	8,24	6,35	5,93	2,90	1,95	2,43	3,21	2,67	5,08	4,32	1,62	
	Jan	Feb	Mär	Apr	Mai	Jun	Jul	Aug	Sep	Okt	Nov	Dez

Monatsstatistiken

	Anzahl Monate	durchschn. Performance	positive Monate	durchschn. Performance	negative Monate	durchschn. Performance	Gewinn-Wahrscheinlichkeit	Monatshoch am	Monatstief am
Jan	18	2,23%	11	9,60%	7	−9,35%	0,61%	31.01	23.01
Feb	17	2,09%	10	8,09%	7	−6,47%	0,59%	23.02	29.02
Mar	17	0,39%	11	4,05%	6	−6,32%	0,65%	30.03	12.03
Apr	17	3,13%	9	9,76%	8	−4,32%	0,53%	07.04	01.04
May	17	0,86%	9	4,41%	8	−3,14%	0,53%	15.05	03.05
Jun	17	−1,14%	8	5,19%	9	−6,78%	0,47%	08.06	24.06
Jul	17	−0,92%	8	5,56%	9	−6,68%	0,47%	07.07	26.07
Aug	17	0,75%	10	4,16%	7	−4,12%	0,59%	27.08	05.08
Sep	17	−2,49%	7	4,18%	10	−7,15%	0,41%	04.09	30.09
Oct	17	0,37%	9	4,20%	8	−3,93%	0,53%	16.10	10.10
Nov	18	2,63%	13	4,98%	5	−3,47%	0,72%	27.11	01.11
Dec	18	1,62%	11	6,13%	7	−5,48%	0,61%	30.12	12.12

Jahreszyklus:

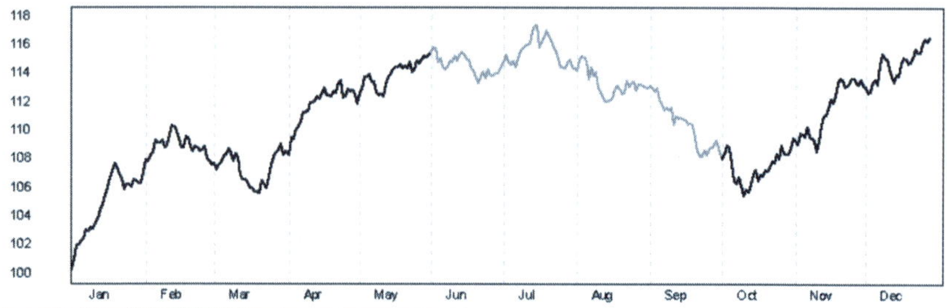

Erfolgreichster Anlage-Zeitraum: 8 Monate zwischen 30. September und 31. Mai

Buy & Hold vs. Anlage-Zyklus:

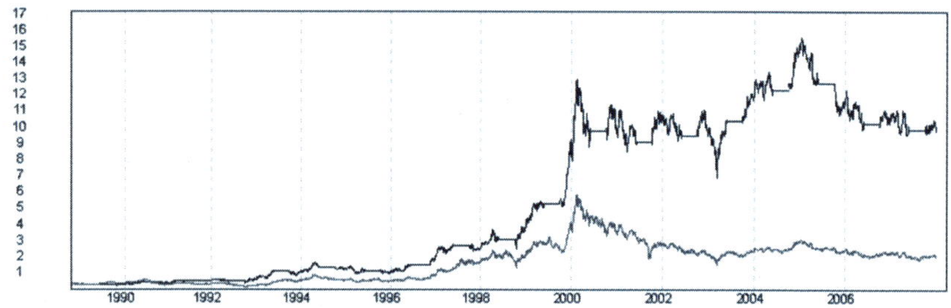

Vergleich: Buy & Hold vs. Anlage-Zyklus

	Buy & Hold	Anlage-Zyklus
Kurs 28.12.07:	2,12	9,96
Startkurs:	0,41	0,41
Gesamtperformance seit 18.10.1988:	413,60%	2.311,97%
All-Time-High:	5,91	15,64
Erreicht am:	14.02.2000	21.01.2005

Das wäre aus einer Anlage von 10.000 geworden:

Anlage vor 10 Jahren:	11.236,73	34.782,53
Anlage seit Börsengang:	51.360,07	241.197,04

Jahres-Hochs und -Tiefs

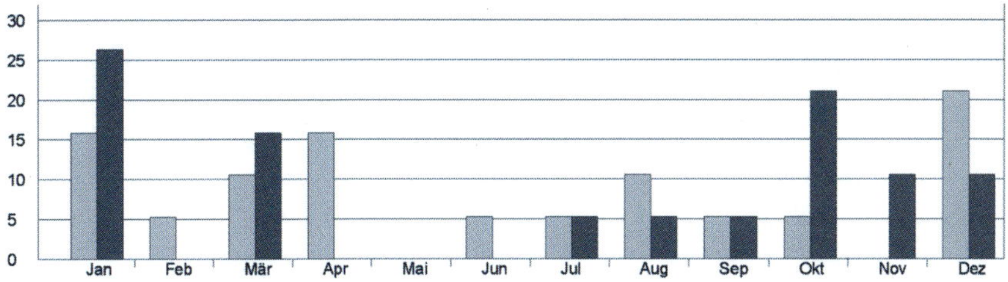

Rendite-Viereck

Jan		16,19	17,32	12,12	8,35	9,11	9,81	10,70	16,44	14,28	9,89	6,42
Feb	0,27		19,02	13,94	9,58	9,91	10,54	12,07	18,63	16,30	11,50	7,37
Mär	0,52	0,28		15,61	10,43	10,05	10,16	11,73	17,82	15,90	11,63	7,55
Apr	3,20	3,15	3,09		13,28	13,26	13,47	14,62	21,28	18,99	14,81	10,67
Mai	6,20	6,13	6,38	2,88		15,72	16,13	17,20	24,27	22,53	18,07	13,84
Jun	6,05	6,10	6,40	2,63	−0,80		16,91	17,64	24,70	23,16	18,21	13,82
Jul	6,13	6,45	6,71	3,02	−0,49	0,05		17,71	24,37	23,47	18,55	13,97
Aug	4,95	5,09	5,77	1,86	−1,79	−1,20	−1,19		22,38	21,89	17,21	12,55
Sep	0,72	1,04	1,79	−2,23	−5,71	−5,41	−5,58	−4,41		17,08	12,58	8,08
Okt	0,15	0,32	1,17	−2,75	−5,88	−5,19	−5,15	−4,01	0,62		11,89	7,46
Nov	3,50	3,53	4,26	0,28	−2,64	−1,73	−1,54	−0,41	4,49	3,25		11,12
Dez	7,83	7,61	8,44	3,96	0,71	1,45	1,94	2,89	8,12	6,68	2,91	
	Jan	Feb	Mär	Apr	Mai	Jun	Jul	Aug	Sep	Okt	Nov	Dez

Monatsstatistiken

	Anzahl Monate	durchschn. Performance	positive Monate	durchschn. Performance	negative Monate	durchschn. Performance	Gewinn-Wahr-scheinlichkeit	Monats-hoch am	Monats-tief am
Jan	20	6,42%	14	10,76%	6	−3,70%	0,70%	19.01	02.01
Feb	19	0,27%	10	6,38%	9	−6,52%	0,53%	13.02	29.02
Mar	19	0,28%	10	6,71%	9	−6,86%	0,53%	29.03	20.03
Apr	19	3,09%	11	9,65%	8	−5,93%	0,58%	23.04	01.04
May	19	2,88%	9	10,79%	10	−4,23%	0,47%	31.05	12.05
Jun	19	−0,80%	8	7,37%	11	−6,73%	0,42%	02.06	21.06
Jul	19	0,05%	9	8,47%	10	−7,53%	0,47%	15.07	31.07
Aug	19	−1,19%	10	4,85%	9	−7,90%	0,53%	03.08	13.08
Sep	19	−4,41%	7	5,92%	12	−10,43%	0,37%	01.09	23.09
Oct	19	0,62%	12	5,99%	7	−8,59%	0,63%	31.10	10.10
Nov	20	3,25%	12	8,46%	8	−4,56%	0,60%	25.11	10.11
Dec	20	2,91%	13	7,00%	7	−4,67%	0,65%	30.12	02.12

Aktie	Telefonica	WKN: 869961

Jahreszyklus:

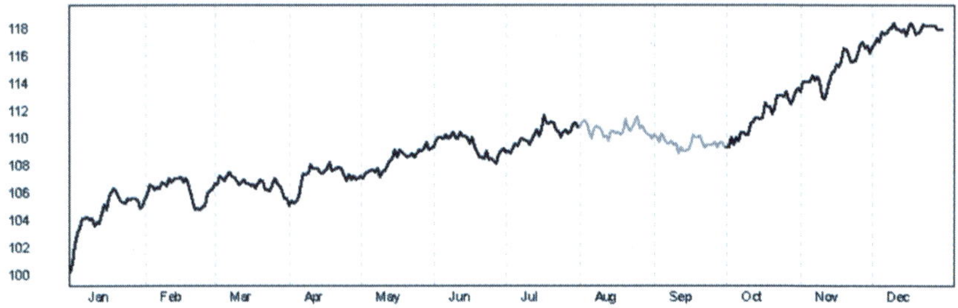

Erfolgreichster Anlage–Zeitraum: 10 Monate zwischen 30. September und 31. Juli

Buy & Hold vs. Anlage–Zyklus:

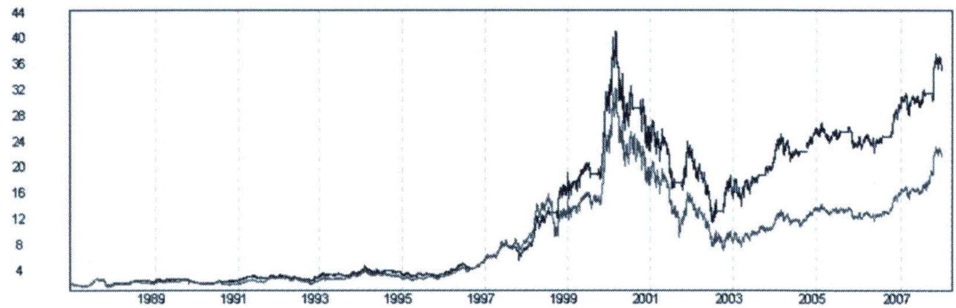

Vergleich: Buy & Hold vs. Anlage–Zyklus

	Buy & Hold	Anlage–Zyklus
Kurs 28.12.07:	22,23	35,83
Startkurs:	2,11	2,11
Gesamtperformance seit 02.01.1987:	953,55%	1.598,14%
All–Time–High:	32,50	41,35
Erreicht am:	06.03.2000	06.03.2000
Das wäre aus einer Anlage von 10.000 geworden:		
Anlage vor 10 Jahren:	23.350,84	43.489,80
Anlage seit 1987:	105.355,45	169.813,67

Jahres-Hochs und -Tiefs

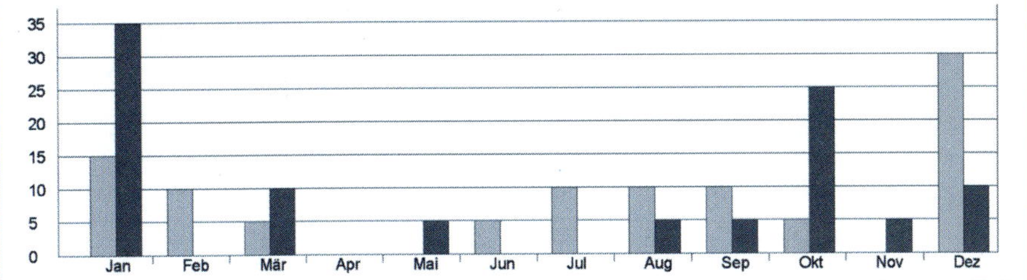

Rendite-Viereck

Jan		15,00	15,74	13,36	11,07	10,71	10,42	11,12	12,34	8,96	6,25	4,68
Feb	0,96		17,59	14,88	12,40	11,79	11,86	12,90	14,53	11,66	8,29	6,35
Mär	0,31	-0,63		14,68	11,93	11,28	11,38	12,63	13,77	11,48	8,16	6,25
Apr	1,53	0,60	1,38		13,19	12,61	12,58	13,78	15,28	12,72	9,44	7,69
Mai	3,64	2,68	3,22	1,84		15,05	15,07	16,23	17,49	15,05	11,82	10,06
Jun	4,34	3,24	3,76	2,20	0,26		14,61	15,70	17,09	15,03	11,69	9,94
Jul	5,74	4,60	5,22	3,84	1,92	1,41		15,38	16,65	14,54	11,26	9,49
Aug	4,44	3,35	4,31	2,80	0,95	0,52	-0,75		15,35	12,87	9,47	7,93
Sep	4,06	2,88	3,84	2,20	0,23	-0,40	-1,45	-0,79		13,26	9,70	7,96
Okt	6,44	5,24	5,73	4,17	2,32	2,33	1,59	2,28	3,41		14,46	12,67
Nov	8,86	7,67	8,19	6,25	4,21	4,49	3,99	4,78	6,13	2,44		15,59
Dez	11,29	10,00	10,61	8,35	6,21	6,10	5,84	6,49	7,59	4,08	1,39	
	Jan	Feb	Mär	Apr	Mai	Jun	Jul	Aug	Sep	Okt	Nov	Dez

Monatsstatistiken

	Anzahl Monate	durchschn. Performance	positive Monate	durchschn. Performance	negative Monate	durchschn. Performance	Gewinn-Wahrscheinlichkeit	Monats-hoch am	Monats-tief am
Jan	21	4,68%	15	8,60%	6	-5,13%	0,71%	19.01	02.01
Feb	21	0,96%	11	4,92%	10	-3,39%	0,52%	16.02	24.02
Mar	21	-0,63%	7	7,79%	14	-4,84%	0,33%	07.03	30.03
Apr	21	1,38%	12	5,62%	9	-4,28%	0,57%	18.04	01.04
May	21	1,84%	16	4,48%	5	-6,63%	0,76%	29.05	03.05
Jun	21	0,26%	13	5,68%	8	-8,56%	0,62%	12.06	27.06
Jul	21	1,41%	11	6,84%	10	-4,56%	0,52%	17.07	03.07
Aug	21	-0,75%	11	5,45%	10	-7,58%	0,52%	25.08	13.08
Sep	21	-0,79%	9	6,36%	12	-6,16%	0,43%	04.09	11.09
Oct	21	3,41%	11	12,74%	10	-6,86%	0,52%	31.10	02.10
Nov	21	2,44%	13	8,66%	8	-7,67%	0,62%	27.11	11.11
Dec	21	1,39%	14	4,88%	7	-5,60%	0,67%	10.12	01.12

Jahreszyklus:

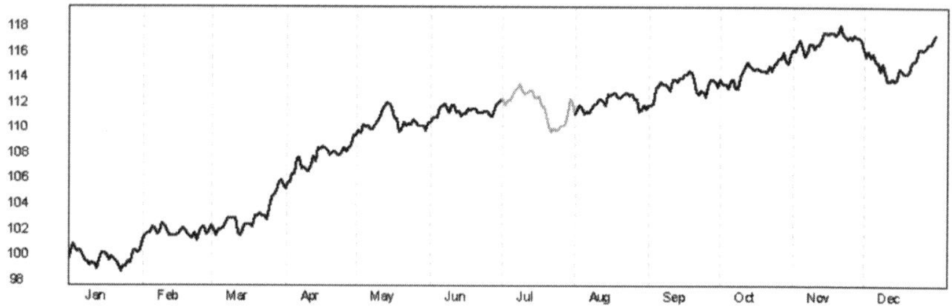

Erfolgreichster Anlage-Zeitraum: 11 Monate zwischen 31. Juli und 30. Juni

Buy & Hold vs. Anlage-Zyklus:

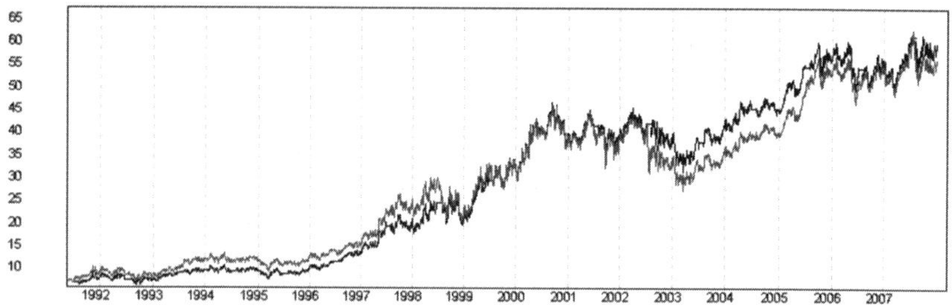

Vergleich: Buy & Hold vs. Anlage-Zyklus

	Buy & Hold	**Anlage-Zyklus**
Kurs 31.12.07:	56,83	60,24
Startkurs:	7,56	7,56
Gesamtperformance seit 23.05.1991:	652,14%	697,32%
All-Time-High:	63,05	62,00
Erreicht am:	13.07.2007	19.09.2007

Das wäre aus einer Anlage von 10.000 geworden:

Anlage vor 10 Jahren:	23.668,61	30.198,30
Anlage seit Börsengang:	75.214,14	79.731,92

Jahres-Hochs und -Tiefs

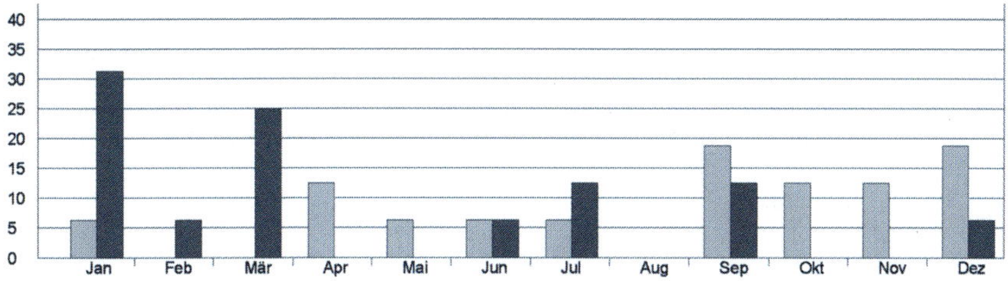

Rendite-Viereck

Jan		11,33	7,81	4,30	4,65	3,11	2,92	3,55	2,31	0,19	-0,39	-0,51
Feb	1,24		10,32	6,63	6,69	5,46	5,17	5,75	4,59	2,03	1,45	1,48
Mär	4,81	3,38		10,77	10,26	8,83	8,79	9,64	8,08	5,59	4,88	5,11
Apr	8,54	7,13	3,63		14,09	12,64	12,57	13,47	11,79	9,19	8,28	8,84
Mai	9,32	7,93	4,46	0,92		13,63	13,61	14,42	12,83	10,13	9,23	9,61
Jun	11,32	9,86	6,23	2,84	1,52		15,67	16,60	14,76	12,25	11,37	11,69
Jul	10,19	8,68	5,19	1,85	1,41	-0,12		15,45	13,77	11,12	10,18	10,57
Aug	9,62	8,01	4,62	1,24	0,87	-0,63	-0,65		13,11	10,33	9,44	9,89
Sep	11,35	9,75	6,14	2,91	2,31	0,56	0,58	1,55		12,50	11,52	11,82
Okt	12,72	11,14	7,56	4,00	4,15	2,63	2,55	3,42	2,21		12,57	13,16
Nov	12,50	10,96	7,34	3,84	4,97	3,44	3,39	4,35	2,97	0,79		12,96
Dez	13,32	11,89	8,36	4,78	4,97	3,40	3,26	3,98	2,91	0,68	0,17	
	Jan	Feb	Mär	Apr	Mai	Jun	Jul	Aug	Sep	Okt	Nov	Dez

Monatsstatistiken

	Anzahl Monate	durchschn. Performance	positive Monate	durchschn. Performance	negative Monate	durchschn. Performance	Gewinn-Wahrscheinlichkeit	Monats-hoch am	Monats-tief am
Jan	17	-0,51%	9	4,15%	8	-5,74%	0,53%	03.01	23.01
Feb	16	1,24%	8	6,50%	8	-4,02%	0,50%	27.02	01.02
Mar	16	3,38%	13	5,50%	3	-5,79%	0,81%	30.03	13.03
Apr	16	3,63%	11	6,58%	5	-2,85%	0,69%	30.04	01.04
May	16	0,92%	11	3,48%	5	-4,69%	0,69%	14.05	03.05
Jun	17	1,52%	11	5,19%	6	-5,21%	0,65%	30.06	01.06
Jul	17	-0,12%	6	7,10%	11	-4,06%	0,35%	09.07	22.07
Aug	17	-0,65%	9	3,39%	8	-5,19%	0,53%	18.08	01.08
Sep	17	1,55%	8	8,17%	9	-4,34%	0,47%	18.09	01.09
Oct	17	2,21%	10	6,54%	7	-3,98%	0,59%	28.10	05.10
Nov	17	0,79%	11	3,58%	6	-4,32%	0,65%	21.11	06.11
Dec	17	0,17%	10	4,86%	7	-6,53%	0,59%	31.12	12.12

Jahreszyklus:

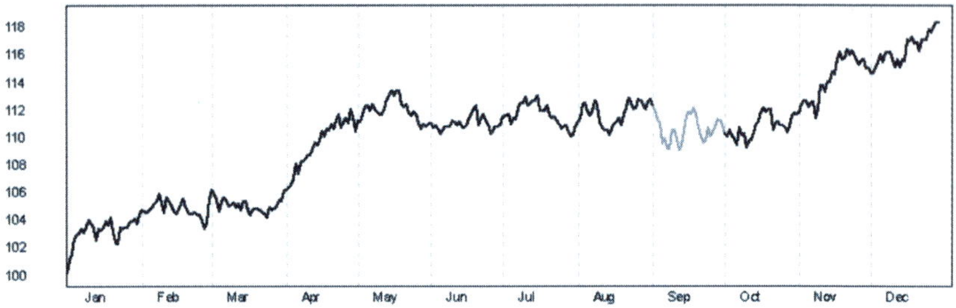

Erfolgreichster Anlage–Zeitraum: 11 Monate zwischen 30. September und 31. August

Buy & Hold vs. Anlage–Zyklus:

Vergleich: Buy & Hold vs. Anlage–Zyklus

	Buy & Hold	**Anlage–Zyklus**
Kurs 28.12.07:	5,63	9,58
Startkurs:	1,27	1,27
Gesamtperformance seit 10.05.1989:	343,31%	654,07%
All–Time–High:	7,64	12,42
Erreicht am:	09.05.2007	09.05.2007

Das wäre aus einer Anlage von 10.000 geworden:

Anlage vor 10 Jahren:	16.461,99	23.046,45
Anlage seit Börsengang:	44.330,71	75.407,30

Jahres-Hochs und -Tiefs

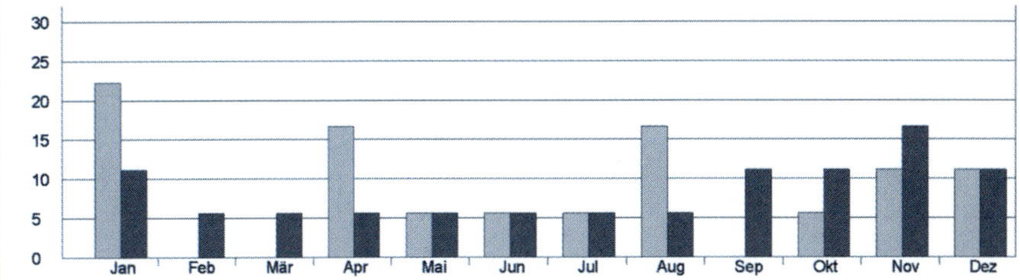

Rendite-Viereck

	Jan	Feb	Mär	Apr	Mai	Jun	Jul	Aug	Sep	Okt	Nov	Dez
Jan		13,71	13,92	10,27	10,17	8,87	9,27	7,93	9,23	8,99	6,22	3,52
Feb	-0,61		16,62	12,96	11,90	10,18	10,41	9,06	10,20	9,91	6,81	3,86
Mär	-0,02	0,46		16,58	14,88	12,13	11,82	10,39	11,30	11,10	7,71	4,48
Apr	3,33	3,89	3,85		18,12	15,63	15,61	14,06	14,84	14,66	11,24	7,88
Mai	3,76	4,31	4,03	0,27		17,56	17,30	15,69	16,01	15,75	12,16	8,58
Jun	3,04	3,41	3,23	-0,50	-0,16		16,17	14,34	14,86	14,96	11,37	7,87
Jul	2,38	2,57	2,33	-1,36	0,13	-0,19		14,49	14,41	14,79	11,06	7,52
Aug	3,52	3,94	3,93	0,07	1,87	1,30	1,58		15,22	15,42	11,74	8,27
Sep	1,89	2,09	2,17	-1,38	-0,23	-1,07	-0,53	-2,21		13,97	10,28	7,03
Okt	2,41	2,66	2,42	-0,86	-0,54	-1,18	-0,42	-1,78	0,12		11,04	7,76
Nov	5,19	5,38	5,03	1,81	2,54	1,90	2,74	1,48	3,07	2,58		11,17
Dez	8,45	8,60	8,39	5,17	5,86	5,01	5,76	4,42	5,87	5,30	2,55	

Monatsstatistiken

	Anzahl Monate	durchschn. Performance	positive Monate	durchschn. Performance	negative Monate	durchschn. Performance	Gewinn-Wahrscheinlichkeit	Monats-hoch am	Monats-tief am
Jan	19	3,52%	13	8,70%	6	-7,71%	0,68%	10.01	01.01
Feb	18	-0,61%	7	7,76%	11	-5,93%	0,39%	18.02	27.02
Mar	18	0,46%	7	11,18%	11	-6,36%	0,39%	01.03	24.03
Apr	18	3,85%	13	6,79%	5	-3,78%	0,72%	28.04	01.04
May	18	0,27%	7	7,22%	11	-4,15%	0,39%	16.05	28.05
Jun	19	-0,16%	8	9,19%	11	-6,96%	0,42%	20.06	26.06
Jul	19	-0,19%	9	7,03%	10	-6,70%	0,47%	10.07	29.07
Aug	19	1,58%	14	4,52%	5	-6,65%	0,74%	22.08	14.08
Sep	19	-2,21%	8	7,24%	11	-9,09%	0,42%	18.09	07.09
Oct	19	0,12%	8	8,54%	11	-6,01%	0,42%	17.10	06.10
Nov	19	2,58%	12	6,91%	7	-4,83%	0,63%	21.11	08.11
Dec	19	2,55%	14	4,94%	5	-4,13%	0,74%	30.12	01.12

Aktie	Unilever	WKN: A0JMZB

Jahreszyklus:

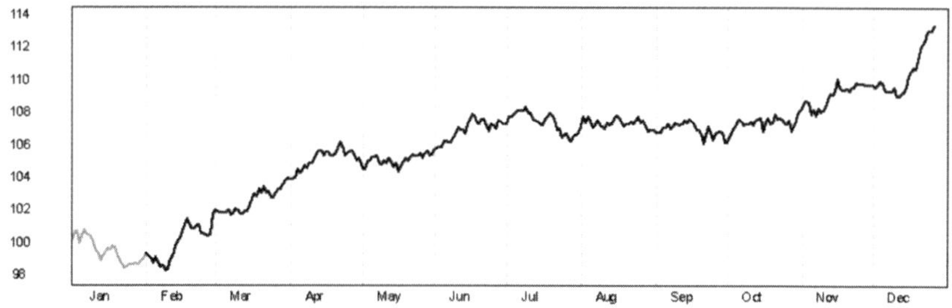

Erfolgreichster Anlage–Zeitraum: 11 Monate zwischen 31. Januar und 31. Dezember

Buy & Hold vs. Anlage–Zyklus:

Vergleich: Buy & Hold vs. Anlage–Zyklus

	Buy & Hold	**Anlage–Zyklus**
Kurs 28.12.07:	25,26	34,79
Startkurs:	3,97	3,97
Gesamtperformance seit 05.01.1987:	536,44%	776,56%
All–Time–High:	25,48	34,80
Erreicht am:	03.07.1998	27.12.2007

Das wäre aus einer Anlage von 10.000 geworden:

Anlage vor 10 Jahren:	13.353,85	20.514,16
Anlage seit 1987:	63.644,36	87.655,88

Jahres-Hochs und -Tiefs

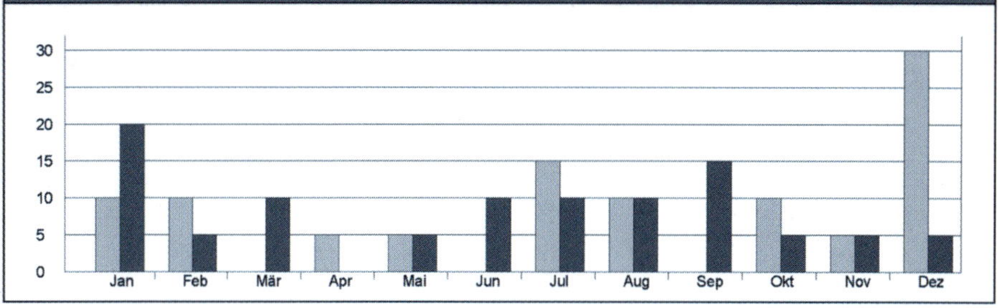

Rendite-Viereck

Jan		8,29	5,83	4,92	5,15	3,53	4,12	4,08	4,93	3,29	1,59	-1,70
Feb	1,79		8,19	7,33	7,47	5,81	6,34	6,35	6,97	5,51	3,94	0,64
Mär	4,06	2,24		9,02	9,19	7,47	7,94	8,05	8,64	7,17	5,61	2,24
Apr	5,02	3,17	0,98		10,57	8,82	9,30	9,37	9,89	8,38	6,69	3,28
Mai	5,24	3,40	1,00	0,13		8,40	8,77	8,96	9,57	8,07	6,25	2,80
Jun	7,22	5,25	2,81	1,91	1,75		10,94	11,07	11,51	10,05	7,97	4,45
Jul	6,42	4,50	2,07	1,20	1,14	-0,61		9,90	10,22	8,78	6,91	3,50
Aug	6,24	4,44	2,03	1,12	1,11	-0,47	0,13		9,94	8,36	6,68	3,29
Sep	5,32	3,57	1,20	0,34	0,40	-1,14	-0,64	-0,81		7,39	5,89	2,51
Okt	6,53	4,69	2,33	1,51	1,58	0,18	0,87	0,71	1,64		8,59	5,08
Nov	8,78	6,85	4,33	3,46	3,47	2,07	2,77	2,57	3,50	1,72		7,72
Dez	12,44	10,39	7,81	6,87	6,94	5,38	6,09	5,97	6,97	5,13	3,30	
	Jan	Feb	Mär	Apr	Mai	Jun	Jul	Aug	Sep	Okt	Nov	Dez

Monatsstatistiken

	Anzahl Monate	durchschn. Performance	positive Monate	durchschn. Performance	negative Monate	durchschn. Performance	Gewinn-Wahrscheinlichkeit	Monats-hoch am	Monats-tief am
Jan	21	-1,70%	8	5,11%	13	-5,90%	0,38%	06.01	23.01
Feb	21	1,79%	13	5,05%	8	-3,50%	0,62%	29.02	09.02
Mar	21	2,24%	13	5,61%	8	-3,23%	0,62%	31.03	07.03
Apr	21	0,98%	13	3,80%	8	-3,60%	0,62%	22.04	02.04
May	21	0,13%	10	5,65%	11	-4,89%	0,48%	29.05	17.05
Jun	21	1,75%	15	4,49%	6	-5,10%	0,71%	17.06	01.06
Jul	21	-0,61%	11	3,89%	10	-5,56%	0,52%	09.07	28.07
Aug	21	0,13%	11	3,87%	10	-3,99%	0,52%	16.08	29.08
Sep	21	-0,81%	9	4,10%	12	-4,50%	0,43%	15.09	21.09
Oct	21	1,64%	10	7,12%	11	-3,35%	0,48%	31.10	01.10
Nov	21	1,72%	12	6,81%	9	-5,06%	0,57%	16.11	07.11
Dec	21	3,30%	19	3,95%	2	-2,88%	0,90%	30.12	11.12

Aktie **Vinci** **WKN: 867475**

Jahreszyklus:

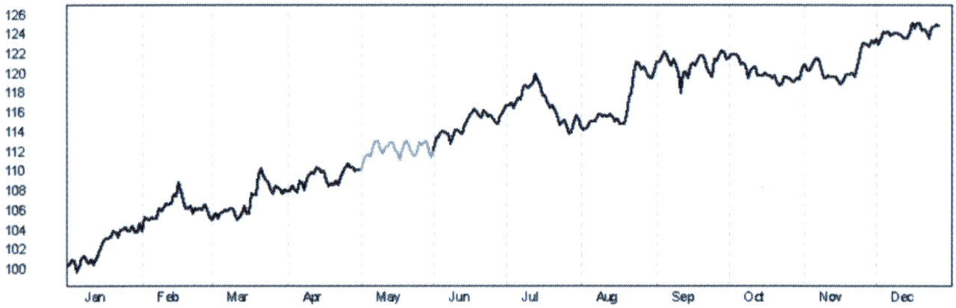

Erfolgreichster Anlage-Zeitraum: 11 Monate zwischen 31. Mai und 30. April

Buy & Hold vs. Anlage-Zyklus:

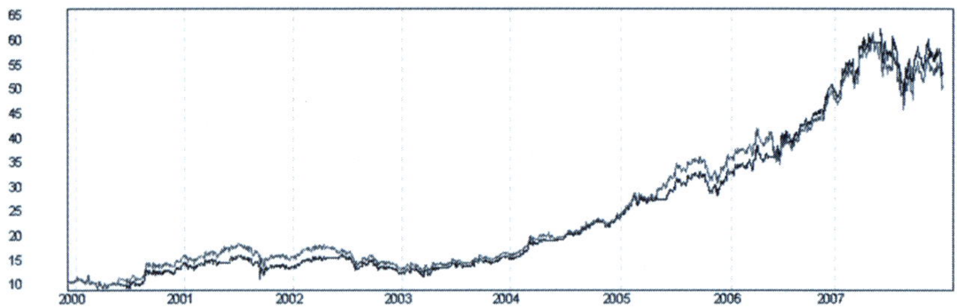

Vergleich: Buy & Hold vs. Anlage-Zyklus

	Buy & Hold	Anlage-Zyklus
Kurs 28.12.07:	50,80	53,52
Startkurs:	11,00	11,00
Gesamtperformance seit 07.12.1999:	361,82%	386,56%
All-Time-High:	61,90	62,75
Erreicht am:	08.05.2007	04.06.2007

Das wäre aus einer Anlage von 10.000 geworden:

Anlage vor 10 Jahren:	-	-
Anlage seit Börsengang:	46.181,82	48.656,40

Jahres-Hochs und -Tiefs

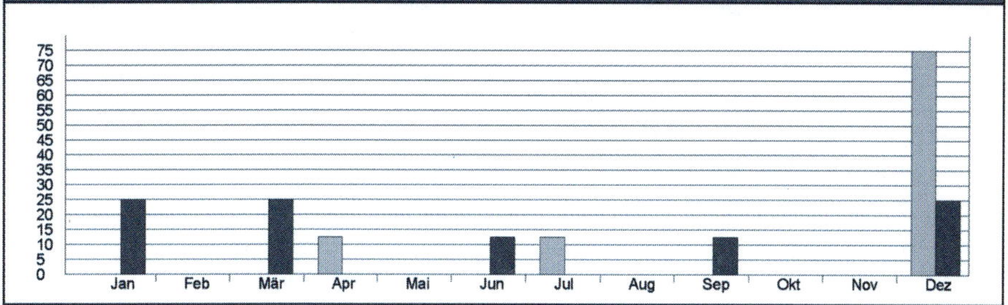

Rendite-Viereck

	Jan	Feb	Mär	Apr	Mai	Jun	Jul	Aug	Sep	Okt	Nov	Dez
Jan		11,27	8,84	6,64	15,56	11,39	12,10	6,94	5,65	6,10	4,43	2,39
Feb	1,62		16,30	13,77	23,72	18,57	18,71	12,17	11,45	12,24	9,64	5,70
Mär	4,73	2,93		19,31	29,61	24,13	24,19	17,31	16,55	17,30	14,49	8,95
Apr	6,32	4,60	1,74		30,74	25,19	25,41	18,59	17,73	18,55	15,71	10,70
Mai	-1,30	-2,81	-5,41	-7,12		12,68	13,09	6,57	6,14	6,99	4,03	2,19
Jun	1,66	-0,05	-2,83	-4,46	3,60		18,48	11,43	10,98	11,98	8,86	5,24
Jul	0,56	-1,13	-3,73	-5,45	2,41	-1,11		9,10	8,52	9,55	6,41	4,02
Aug	5,02	3,38	1,01	-0,92	7,16	3,72	4,64		10,14	11,26	8,18	8,59
Sep	6,31	4,70	2,24	0,21	8,45	4,96	5,89	1,24		13,57	10,37	10,17
Okt	6,81	5,19	2,73	0,65	8,17	4,83	5,66	1,03	-0,23		10,13	10,56
Nov	8,30	6,79	4,51	2,32	10,18	6,71	7,47	2,51	1,19	1,50		12,18
Dez	10,07	8,45	6,26	4,01	12,17	8,57	9,14	3,92	2,65	2,96	1,37	

Monatsstatistiken

	Anzahl Monate	durchschn. Performance	positive Monate	durchschn. Performance	negative Monate	durchschn. Performance	Gewinn-Wahr-scheinlichkeit	Monats-hoch am	Monats-tief am
Jan	9	2,39%	6	7,29%	3	-7,41%	0,67%	31.01	05.01
Feb	8	1,62%	5	4,52%	3	-3,22%	0,63%	16.02	01.02
Mar	8	2,93%	6	5,53%	2	-4,89%	0,75%	21.03	01.03
Apr	8	1,74%	5	4,29%	3	-2,50%	0,63%	26.04	05.04
May	8	-7,12%	2	7,03%	6	-11,84%	0,25%	29.05	02.05
Jun	8	3,60%	5	8,27%	3	-4,18%	0,63%	18.06	01.06
Jul	8	-1,11%	2	5,17%	6	-3,21%	0,25%	13.07	27.07
Aug	8	4,64%	6	7,50%	2	-3,93%	0,75%	24.08	02.08
Sep	8	1,24%	4	5,50%	4	-3,01%	0,50%	04.09	11.09
Oct	8	-0,23%	5	2,63%	3	-5,00%	0,63%	03.10	22.10
Nov	8	1,50%	4	6,20%	4	-3,21%	0,50%	29.11	16.11
Dec	8	1,37%	5	4,77%	3	-4,29%	0,63%	29.12	02.12

Jahreszyklus:

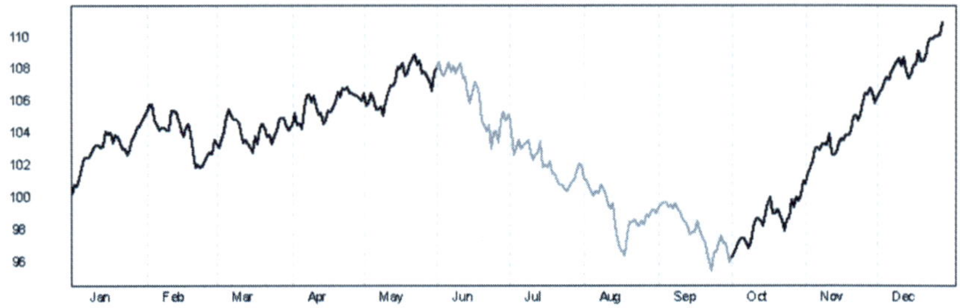

Erfolgreichster Anlage-Zeitraum: 8 Monate zwischen 30. September und 31. Mai

Buy & Hold vs. Anlage-Zyklus:

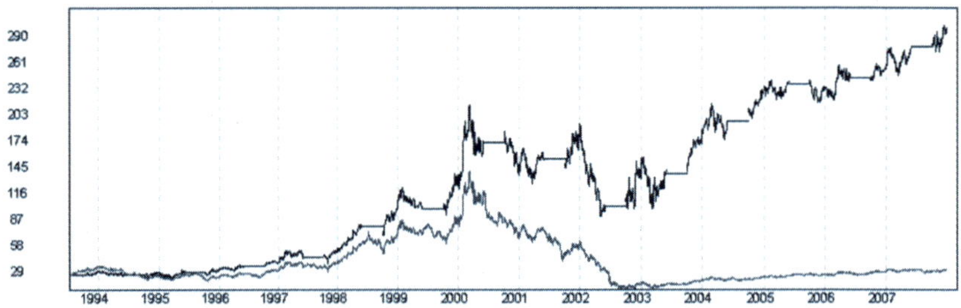

Vergleich: Buy & Hold vs. Anlage-Zyklus

	Buy & Hold	**Anlage-Zyklus**
Kurs 28.12.07:	31,32	295,58
Startkurs:	26,23	26,23
Gesamtperformance seit 19.07.1993:	19,40%	1.026,82%
All-Time-High:	141,50	303,23
Erreicht am:	10.03.2000	07.12.2007
Das wäre aus einer Anlage von 10.000 geworden:		
Anlage vor 10 Jahren:	6.865,08	48.771,42
Anlage seit Börsengang:	11.939,80	112.681,73

Jahres-Hochs und -Tiefs

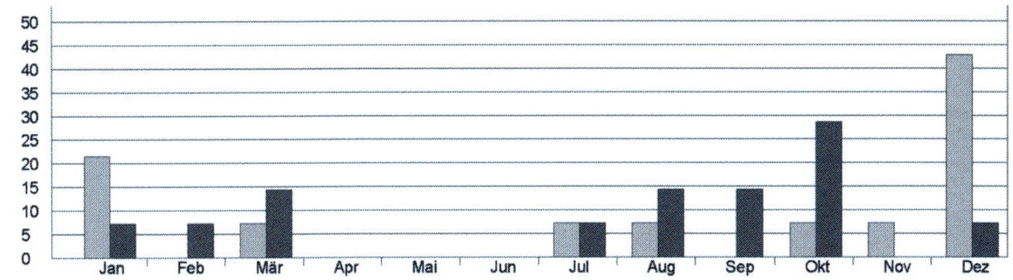

Rendite-Viereck

Jan		8,29	8,70	5,49	3,63	4,80	10,31	14,89	18,90	13,28	8,24	3,62
Feb	−2,11		11,18	7,32	5,99	6,31	11,00	15,59	19,25	13,48	8,05	2,94
Mär	−2,31	−0,29		7,04	5,83	6,04	10,37	14,93	18,45	12,98	7,71	2,54
Apr	−1,14	1,20	1,53		6,12	6,90	11,26	16,00	19,58	14,25	8,86	3,99
Mai	0,47	2,71	3,02	1,33		9,04	12,95	17,94	21,78	16,41	10,62	5,67
Jun	−1,59	0,45	0,80	−1,43	−2,90		11,18	16,43	19,68	14,35	8,54	3,86
Jul	−3,89	−2,02	−1,76	−4,26	−5,80	−3,51		13,71	16,66	11,57	5,88	1,35
Aug	−8,26	−6,48	−6,23	−8,58	−10,12	−8,03	−3,81		11,75	6,73	1,32	−3,16
Sep	−10,90	−9,32	−9,09	−11,49	−13,01	−11,40	−6,89	−3,32		3,75	−1,64	−5,87
Okt	−6,80	−4,95	−4,65	−7,35	−9,06	−7,47	−2,55	1,20	4,65		2,83	−1,49
Nov	−3,29	−1,11	−0,69	−3,58	−5,14	−3,38	1,48	5,94	9,83	4,85		2,15
Dez	1,13	3,32	3,75	0,70	−0,93	0,49	6,02	10,51	14,60	9,43	4,47	
	Jan	Feb	Mär	Apr	Mai	Jun	Jul	Aug	Sep	Okt	Nov	Dez

Monatsstatistiken

	Anzahl Monate	durchschn. Performance	positive Monate	durchschn. Performance	negative Monate	durchschn. Performance	Gewinn-Wahrscheinlichkeit	Monats-hoch am	Monats-tief am
Jan	15	3,62%	11	9,31%	4	−12,04%	0,73%	31.01	01.01
Feb	14	−2,11%	4	12,18%	10	−7,82%	0,29%	02.02	21.02
Mar	14	−0,29%	4	5,83%	10	−2,74%	0,29%	06.03	16.03
Apr	14	1,53%	7	8,72%	7	−5,66%	0,50%	24.04	05.04
May	14	1,33%	8	5,81%	6	−4,66%	0,57%	23.05	10.05
Jun	14	−2,90%	7	5,60%	7	−11,40%	0,50%	02.06	24.06
Jul	14	−3,51%	5	3,35%	9	−7,32%	0,36%	01.07	25.07
Aug	15	−3,81%	3	6,54%	12	−6,40%	0,20%	01.08	18.08
Sep	15	−3,32%	6	6,04%	9	−9,57%	0,40%	04.09	23.09
Oct	15	4,65%	11	7,33%	4	−2,75%	0,73%	31.10	01.10
Nov	15	4,85%	11	8,80%	4	−6,02%	0,73%	28.11	01.11
Dec	15	4,47%	11	7,28%	4	−3,27%	0,73%	30.12	01.12

7. Dow-Jones-Aktien im Anlagezyklus

Turbo/OS

Aktie **3M** **WKN: 851745**

Jahreszyklus:

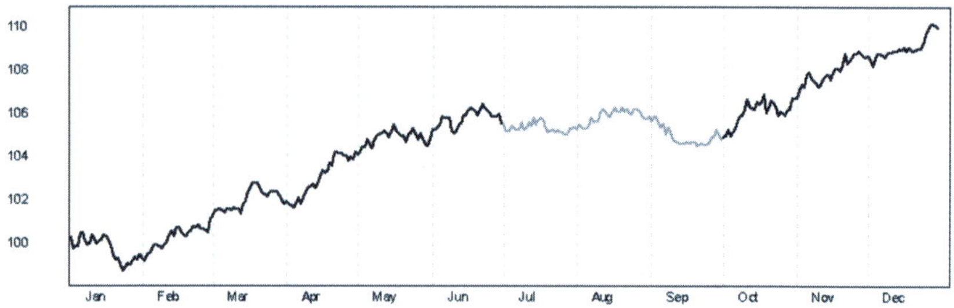

Erfolgreichster Anlage–Zeitraum: 9 Monate zwischen 30. September und 30. Juni

Buy & Hold vs. Anlage–Zyklus:

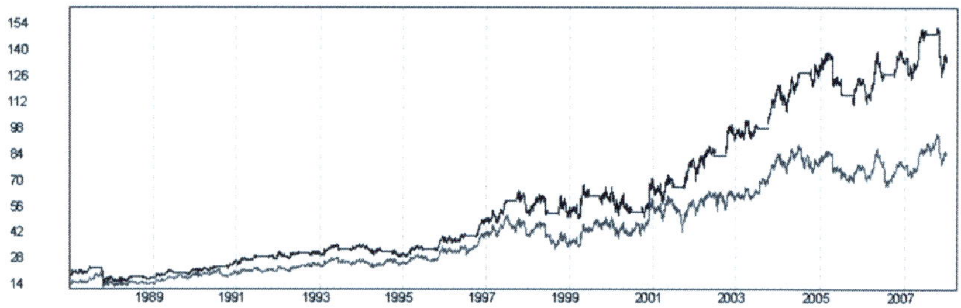

Vergleich: Buy & Hold vs. Anlage–Zyklus

	Buy & Hold	Anlage–Zyklus
Kurs 31.12.07:	84,32	134,98
Startkurs:	14,73	19,64
Gesamtperformance seit 02.01.1987:	472,44%	587,33%
All–Time–High:	95,85	153,43
Erreicht am:	05.10.2007	05.10.2007

Das wäre aus einer Anlage von 10.000 geworden:

Anlage vor 10 Jahren:	19.176,71	23.698,23
Anlage seit 1987:	57.243,72	68.733,38

Jahres-Hochs und -Tiefs

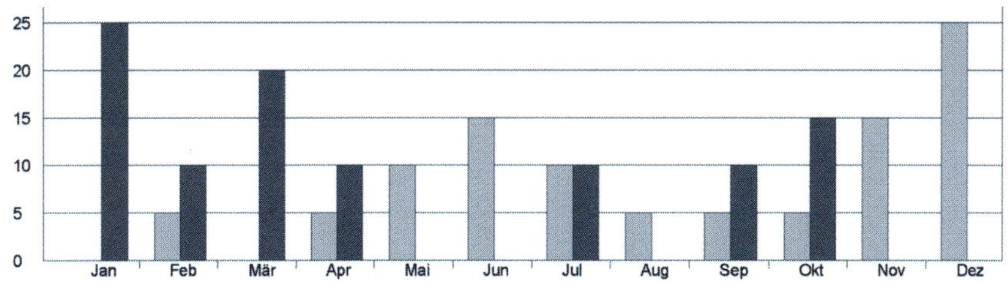

Rendite-Viereck

Jan		7,26	6,72	4,23	3,67	3,12	3,37	2,87	4,06	2,19	0,34	−0,81
Feb	1,11		7,53	5,31	4,93	4,34	4,63	4,19	5,52	3,29	1,31	0,18
Mär	1,71	0,63		6,21	5,81	5,20	5,46	5,03	6,38	4,13	2,10	0,97
Apr	4,07	2,94	2,40		8,35	7,84	8,19	7,83	9,16	6,69	4,69	3,63
Mai	4,83	3,61	3,12	0,62		8,82	9,19	8,80	10,16	7,69	5,71	4,59
Jun	5,55	4,34	3,86	1,35	0,68		10,33	9,89	11,32	8,81	6,81	5,60
Jul	4,95	3,90	3,40	1,02	0,38	−0,26		9,17	10,63	8,25	6,20	4,93
Aug	5,44	4,49	3,97	1,55	0,99	0,34	0,51		11,08	8,63	6,52	5,30
Sep	4,43	3,54	2,98	0,61	0,06	−0,55	−0,42	−0,94		7,65	5,52	4,33
Okt	5,92	4,87	4,37	1,94	1,39	0,88	1,18	0,74	1,92		6,81	5,70
Nov	7,93	6,77	6,27	3,70	3,14	2,65	2,97	2,56	3,71	1,78		7,71
Dez	9,35	8,30	7,72	5,24	4,72	4,23	4,30	3,75	4,88	3,11	1,29	
	Jan	Feb	Mär	Apr	Mai	Jun	Jul	Aug	Sep	Okt	Nov	Dez

Monatsstatistiken

	Anzahl Monate	durchschn. Performance	positive Monate	durchschn. Performance	negative Monate	durchschn. Performance	Gewinn-Wahrscheinlichkeit	Monats-hoch am	Monats-tief am
Jan	21	−1,75%	6	4,68%	15	−4,32%	0,29%	07.01	24.01
Feb	21	0,79%	12	3,30%	9	−2,57%	0,57%	29.02	02.02
Mar	21	0,30%	13	3,13%	8	−4,29%	0,62%	18.03	01.03
Apr	21	3,95%	15	6,95%	6	−3,53%	0,71%	22.04	04.04
May	21	1,43%	14	2,96%	7	−1,64%	0,67%	16.05	01.05
Jun	21	−0,01%	9	5,13%	12	−3,86%	0,43%	22.06	10.06
Jul	21	−0,28%	11	4,81%	10	−5,87%	0,52%	17.07	27.07
Aug	21	−0,38%	11	3,88%	10	−5,08%	0,52%	20.08	01.08
Sep	21	0,24%	13	3,36%	8	−4,83%	0,62%	03.09	20.09
Oct	21	1,16%	14	5,38%	7	−7,27%	0,67%	18.10	01.10
Nov	21	2,54%	15	4,80%	6	−3,10%	0,71%	27.11	01.11
Dec	21	1,73%	13	5,89%	8	−5,04%	0,62%	29.12	03.12

Aktie	Alcoa	WKN: 850206

Jahreszyklus:

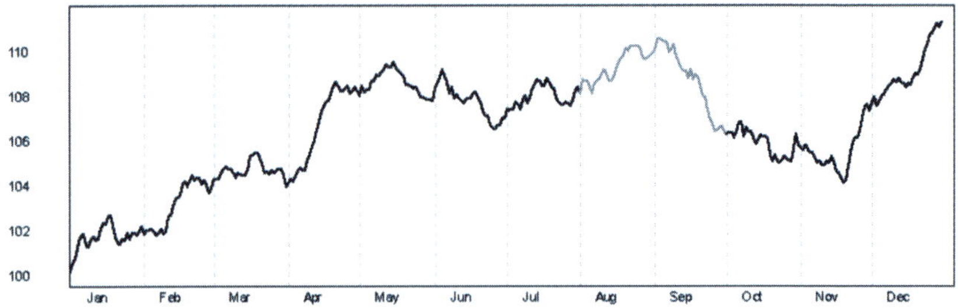

Erfolgreichster Anlage–Zeitraum: 10 Monate zwischen 30. September und 31. Juli

Buy & Hold vs. Anlage–Zyklus:

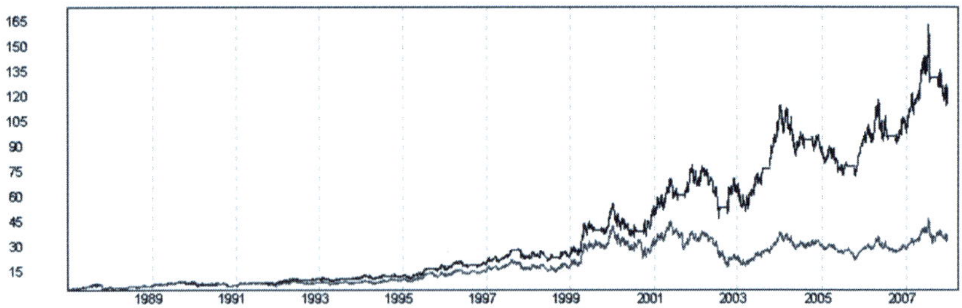

Vergleich: Buy & Hold vs. Anlage–Zyklus

	Buy & Hold	Anlage–Zyklus
Kurs 31.12.07:	36,55	123,38
Startkurs:	4,39	4,30
Gesamtperformance seit 02.01.1987:	732,57%	2.772,07%
All–Time–High:	47,35	163,69
Erreicht am:	13.07.2007	13.07.2007

Das wäre aus einer Anlage von 10.000 geworden:

Anlage vor 10 Jahren:	20.238,10	48.995,39
Anlage seit 1987:	83.257,40	287.206,90

Jahres-Hochs und -Tiefs

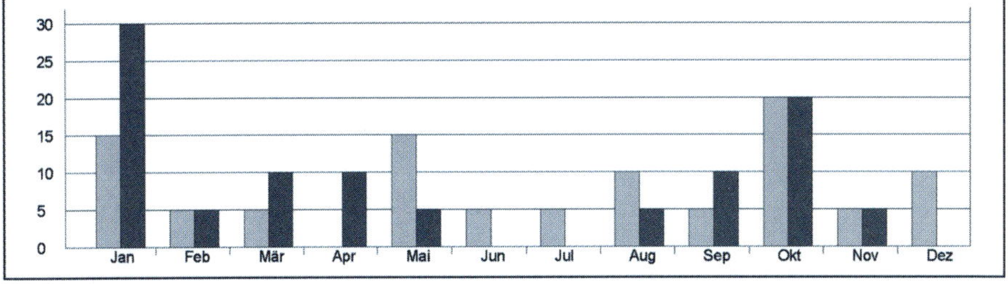

Rendite-Viereck

Jan		7,46	8,33	3,28	4,61	4,62	3,01	1,87	5,93	6,57	5,75	1,87
Feb	1,12		9,34	4,44	5,55	6,00	4,51	3,03	7,39	8,22	7,25	3,56
Mär	1,29	-0,22		4,15	5,36	5,51	4,05	2,49	7,09	7,91	7,06	3,28
Apr	5,42	4,26	4,55		9,67	10,05	8,20	7,41	11,78	12,59	11,83	8,10
Mai	4,70	3,51	3,63	-0,35		9,51	7,86	6,42	11,62	12,35	11,42	7,50
Jun	4,06	2,89	3,21	-1,25	-0,43		7,65	6,40	10,84	11,72	10,83	7,19
Jul	5,67	4,62	5,07	0,49	1,38	1,36		8,29	12,65	13,43	12,54	8,97
Aug	6,84	5,77	6,19	1,62	2,59	2,79	1,43		13,56	14,42	13,46	9,73
Sep	3,49	2,39	2,91	-1,61	-0,77	-0,74	-2,39	-3,24		11,04	10,22	6,65
Okt	2,04	1,01	1,42	-2,87	-2,21	-1,82	-3,18	-4,28	-0,66		8,17	4,71
Nov	2,97	1,85	2,36	-2,13	-1,11	-1,06	-2,53	-3,51	0,30	1,07		5,44
Dez	6,99	5,88	6,45	1,43	2,51	2,52	1,11	-0,23	3,77	4,49	3,38	
	Jan	Feb	Mär	Apr	Mai	Jun	Jul	Aug	Sep	Okt	Nov	Dez

Monatsstatistiken

	Anzahl Monate	durchschn. Performance	positive Monate	durchschn. Performance	negative Monate	durchschn. Performance	Gewinn-Wahrscheinlichkeit	Monats-hoch am	Monats-tief am
Jan	21	0,40%	13	7,97%	8	−11,89%	0,62%	18.01	01.01
Feb	21	1,43%	11	5,92%	10	−3,52%	0,52%	21.02	06.02
Mar	21	−0,78%	12	3,01%	9	−5,83%	0,57%	19.03	31.03
Apr	21	5,47%	14	11,34%	7	−6,26%	0,67%	21.04	01.04
May	21	1,00%	15	4,43%	6	−7,57%	0,71%	15.05	31.05
Jun	21	1,27%	10	6,85%	11	−3,80%	0,48%	04.06	26.06
Jul	21	3,02%	13	8,22%	8	−5,42%	0,62%	18.07	02.07
Aug	21	−1,46%	9	5,95%	12	−7,02%	0,43%	23.08	06.08
Sep	21	−3,49%	7	7,13%	14	−8,80%	0,33%	03.09	30.09
Oct	21	0,23%	11	7,36%	10	−7,61%	0,52%	07.10	23.10
Nov	21	3,18%	14	7,71%	7	−5,87%	0,67%	29.11	19.11
Dec	21	3,59%	16	7,19%	5	−7,93%	0,76%	31.12	03.12

Aktie Turbo/OS **Altria** **WKN: 200417**

Jahreszyklus:

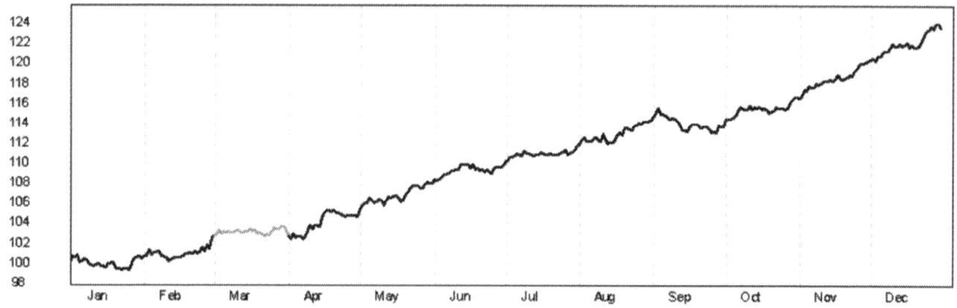

Erfolgreichster Anlage–Zeitraum: 11 Monate zwischen 31. März und 28. Februar

Buy & Hold vs. Anlage–Zyklus:

Vergleich: Buy & Hold vs. Anlage–Zyklus

	Buy & Hold	**Anlage–Zyklus**
Kurs 31.12.07:	75,58	62,94
Startkurs:	4,11	1,94
Gesamtperformance seit 02.01.1987:	1.739,36%	3.151,77%
All–Time–High:	78,20	65,12
Erreicht am:	10.12.2007	10.12.2007
Das wäre aus einer Anlage von 10.000 geworden:		
Anlage vor 10 Jahren:	24.065,31	35.929,88
Anlage seit 1987:	183.935,91	325.176,82

Jahres-Hochs und -Tiefs

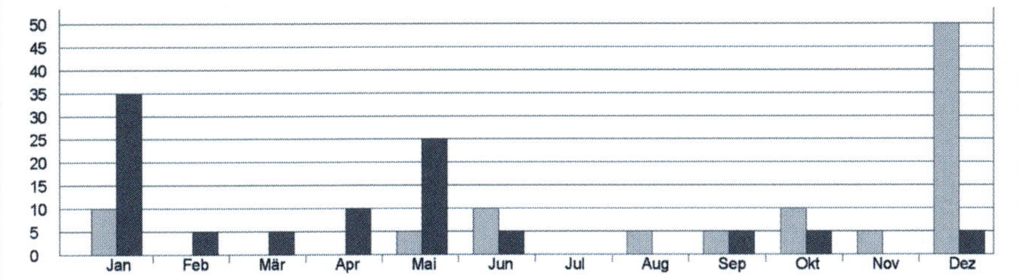

Rendite-Viereck

Jan		20,38	19,57	18,08	13,68	12,44	11,01	8,65	9,46	6,45	3,46	0,66
Feb	1,27		21,71	20,12	15,46	14,06	12,46	10,08	10,97	8,02	5,08	1,87
Mär	3,12	1,54		22,09	17,01	16,44	14,80	12,26	13,13	10,70	7,80	4,05
Apr	3,30	1,98	1,31		18,39	16,95	15,30	12,81	13,83	10,62	7,67	4,35
Mai	8,68	7,75	6,59	4,78		21,43	21,28	19,75	20,63	16,42	13,01	10,14
Jun	7,96	6,62	6,18	4,80	0,95		19,56	17,05	18,36	15,32	12,30	8,73
Jul	9,72	8,28	7,69	6,26	2,55	1,63		18,78	19,97	17,18	14,07	10,39
Aug	12,13	10,83	10,15	8,72	5,00	4,08	2,43		22,73	19,86	16,64	13,08
Sep	11,60	10,34	9,64	8,18	4,56	3,52	1,80	-0,62		19,13	15,95	12,48
Okt	14,27	12,92	12,11	10,76	6,86	5,78	4,19	1,84	2,59		17,96	14,48
Nov	17,46	16,01	15,36	13,97	9,89	8,66	7,14	4,87	5,55	2,83		17,32
Dez	20,94	19,30	18,62	17,15	12,83	11,68	10,12	7,73	8,52	5,66	2,77	
	Jan	Feb	Mär	Apr	Mai	Jun	Jul	Aug	Sep	Okt	Nov	Dez

Monatsstatistiken

	Anzahl Monate	durchschn. Performance	positive Monate	durchschn. Performance	negative Monate	durchschn. Performance	Gewinn-Wahr-scheinlichkeit	Monats-hoch am	Monats-tief am
Jan	21	−0,12%	12	4,52%	9	−6,31%	0,57%	04.01	23.01
Feb	21	1,27%	12	6,38%	9	−5,55%	0,57%	29.02	11.02
Mar	21	−2,39%	8	5,18%	13	−7,06%	0,38%	30.03	22.03
Apr	21	0,72%	14	4,11%	7	−6,05%	0,67%	17.04	02.04
May	21	4,72%	16	8,12%	5	−6,15%	0,76%	29.05	01.05
Jun	21	0,36%	14	4,07%	7	−7,05%	0,67%	14.06	02.06
Jul	21	1,98%	13	6,94%	8	−6,07%	0,62%	31.07	01.07
Aug	21	3,63%	17	6,17%	4	−7,17%	0,81%	31.08	13.08
Sep	21	−0,40%	13	3,74%	8	−7,13%	0,62%	03.09	25.09
Oct	21	1,06%	14	6,62%	7	−10,07%	0,67%	30.10	02.10
Nov	21	3,44%	15	6,51%	6	−4,22%	0,71%	30.11	01.11
Dec	21	2,73%	13	6,69%	8	−3,71%	0,62%	30.12	03.12

Turbo/OS

Aktie **American Express** **WKN: 850226**

Jahreszyklus:

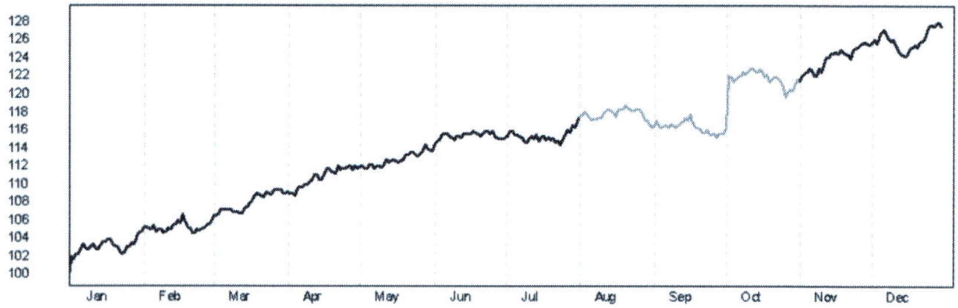

Erfolgreichster Anlage–Zeitraum: 9 Monate zwischen 31. Oktober und 31. Juli

Buy & Hold vs. Anlage–Zyklus:

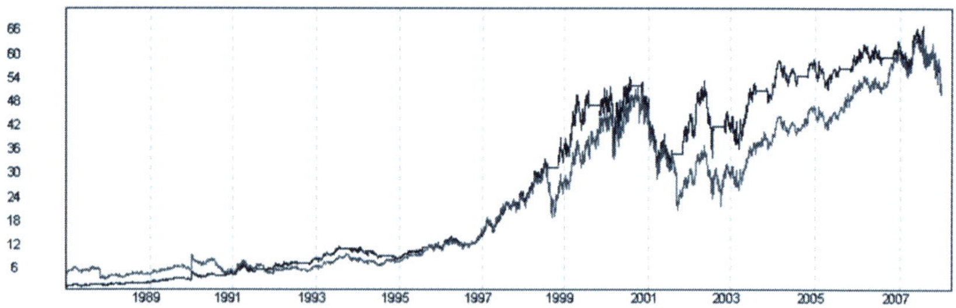

Vergleich: Buy & Hold vs. Anlage–Zyklus

	Buy & Hold	Anlage–Zyklus
Kurs 31.12.07:	52,02	51,47
Startkurs:	4,95	1,81
Gesamtperformance seit 02.01.1987:	950,91%	2.741,98%
All–Time–High:	65,55	67,53
Erreicht am:	19.07.2007	19.07.2007

Das wäre aus einer Anlage von 10.000 geworden:

Anlage vor 10 Jahren:	21.291,84	20.259,01
Anlage seit 1987:	105.090,91	284.197,95

Jahres-Hochs und -Tiefs

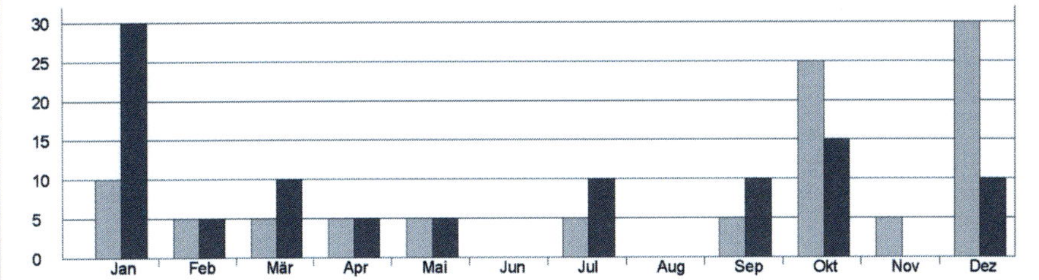

Rendite-Viereck

Jan		22,14	18,53	15,23	13,95	12,41	10,96	11,38	12,28	7,77	4,97	3,65
Feb	0,94		20,92	17,48	16,38	14,78	13,29	13,71	14,61	10,07	6,86	4,95
Mär	3,94	2,92		20,70	19,52	17,89	16,43	17,12	18,27	13,42	9,93	7,95
Apr	6,15	5,25	2,45		23,01	21,25	19,72	20,33	21,36	15,55	11,89	10,02
Mai	7,81	6,90	4,12	1,50		23,68	22,06	22,47	23,50	17,60	13,91	11,86
Jun	8,70	7,69	4,94	2,62	1,12		23,42	23,84	24,70	18,63	14,93	12,82
Jul	10,26	9,42	6,59	4,14	2,61	1,52		25,54	26,56	20,26	16,56	14,49
Aug	9,08	8,27	5,26	3,22	1,94	0,98	−0,53		24,94	18,80	15,05	13,25
Sep	8,75	8,07	5,03	2,70	1,51	0,46	−1,13	−0,74		18,28	14,63	12,82
Okt	13,90	13,51	10,07	7,47	6,03	4,74	3,39	3,64	4,48		19,28	17,81
Nov	16,85	16,33	12,85	10,32	8,90	7,62	6,38	6,78	7,73	2,76		20,85
Dez	18,43	17,92	14,41	11,40	10,04	8,63	7,27	7,83	8,68	4,01	1,23	
	Jan	Feb	Mär	Apr	Mai	Jun	Jul	Aug	Sep	Okt	Nov	Dez

Monatsstatistiken

	Anzahl Monate	durchschn. Performance	positive Monate	durchschn. Performance	negative Monate	durchschn. Performance	Gewinn-Wahrscheinlichkeit	Monatshoch am	Monatstief am
Jan	21	3,41%	14	8,05%	7	−5,86%	0,67%	31.01	01.01
Feb	21	0,21%	13	4,25%	8	−6,35%	0,62%	17.02	22.02
Mar	21	2,15%	11	8,59%	10	−4,93%	0,52%	27.03	01.03
Apr	21	2,26%	14	5,77%	7	−4,76%	0,67%	29.04	04.04
May	21	1,94%	15	4,17%	6	−3,63%	0,71%	28.05	04.05
Jun	21	0,20%	11	5,55%	10	−5,68%	0,52%	22.06	01.06
Jul	21	2,95%	13	6,53%	8	−2,88%	0,62%	31.07	24.07
Aug	21	−1,95%	13	2,50%	8	−9,17%	0,62%	20.08	31.08
Sep	21	0,11%	12	5,15%	9	−6,61%	0,57%	16.09	27.09
Oct	21	−1,41%	12	5,65%	9	−10,83%	0,57%	12.10	01.10
Nov	21	1,93%	12	6,14%	9	−3,67%	0,57%	28.11	01.11
Dec	21	2,03%	14	5,15%	7	−4,22%	0,67%	30.12	15.12

Jahreszyklus:

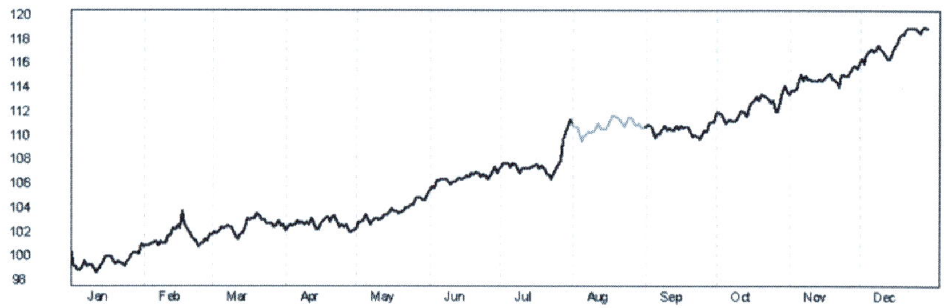

Erfolgreichster Anlage–Zeitraum: 11 Monate zwischen 31. August und 31. Juli

Buy & Hold vs. Anlage–Zyklus:

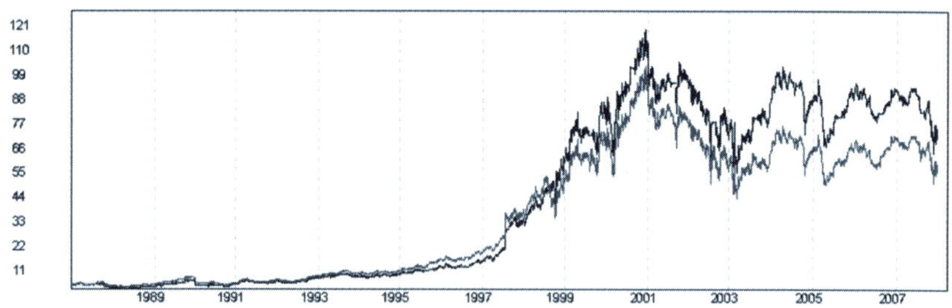

Vergleich: Buy & Hold vs. Anlage–Zyklus

	Buy & Hold	**Anlage–Zyklus**
Kurs 31.12.07:	58,30	73,52
Startkurs:	4,98	4,83
Gesamtperformance seit 02.01.1987:	1.070,68%	1.421,92%
All–Time–High:	103,69	120,11
Erreicht am:	08.12.2000	08.12.2000

Das wäre aus einer Anlage von 10.000 geworden:

Anlage vor 10 Jahren:	13.871,04	19.401,03
Anlage seit 1987:	117.068,27	152.192,43

Jahres-Hochs und -Tiefs

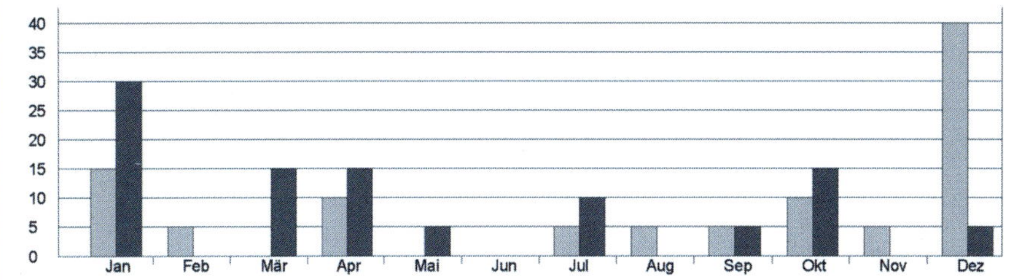

Rendite-Viereck

Jan		16,39	15,72	15,96	12,57	10,52	5,88	7,28	7,36	5,00	3,63	0,63
Feb	0,24		18,36	18,61	15,03	12,69	7,23	9,12	9,11	6,43	4,46	1,25
Mär	1,01	0,85		20,24	16,55	14,08	8,51	10,64	10,58	7,54	5,40	2,13
Apr	0,42	0,43	-0,46		15,72	13,22	7,62	9,71	9,80	6,65	4,63	1,51
Mai	2,96	3,06	2,26	2,77		15,54	9,96	11,88	12,36	9,22	7,23	4,03
Jun	4,76	4,81	3,99	4,51	1,79		12,00	13,99	14,42	11,22	9,27	5,97
Jul	9,78	10,06	9,10	9,32	6,40	4,42		20,02	20,18	16,61	14,58	11,35
Aug	8,38	8,68	7,68	8,16	5,26	3,45	-0,71		18,99	15,46	13,46	10,16
Sep	9,24	9,74	8,73	9,09	6,15	4,21	-0,22	0,47		16,33	14,49	11,12
Okt	11,05	11,60	10,53	10,86	7,91	5,93	1,45	2,41	2,13		16,27	12,88
Nov	12,84	13,40	12,34	12,65	9,58	7,57	3,09	4,34	3,80	1,44		14,48
Dez	15,95	16,46	15,40	15,62	12,42	10,42	5,65	6,97	6,55	4,17	2,81	
	Jan	Feb	Mär	Apr	Mai	Jun	Jul	Aug	Sep	Okt	Nov	Dez

Monatsstatistiken

	Anzahl Monate	durchschn. Performance	positive Monate	durchschn. Performance	negative Monate	durchschn. Performance	Gewinn-Wahrscheinlichkeit	Monats-hoch am	Monats-tief am
Jan	21	−0,70%	12	5,50%	9	−8,96%	0,57%	31.01	05.01
Feb	21	0,13%	9	6,20%	12	−4,42%	0,43%	17.02	24.02
Mar	21	0,37%	9	6,52%	12	−4,24%	0,43%	20.03	12.03
Apr	21	−0,11%	10	4,33%	11	−4,15%	0,48%	22.04	01.04
May	21	2,23%	13	5,37%	8	−2,87%	0,62%	31.05	01.05
Jun	21	1,81%	14	5,04%	7	−4,65%	0,67%	29.06	01.06
Jul	21	4,52%	11	11,31%	10	−2,94%	0,52%	31.07	23.07
Aug	21	−0,93%	12	3,58%	9	−6,94%	0,57%	19.08	05.08
Sep	21	1,11%	11	6,05%	10	−4,33%	0,52%	29.09	24.09
Oct	21	1,98%	15	5,58%	6	−7,02%	0,71%	30.10	05.10
Nov	21	1,38%	12	5,92%	9	−4,67%	0,57%	29.11	01.11
Dec	21	2,57%	16	5,04%	5	−5,32%	0,76%	30.12	03.12

Aktie	AT&T	WKN: A0HL9Z

Jahreszyklus:

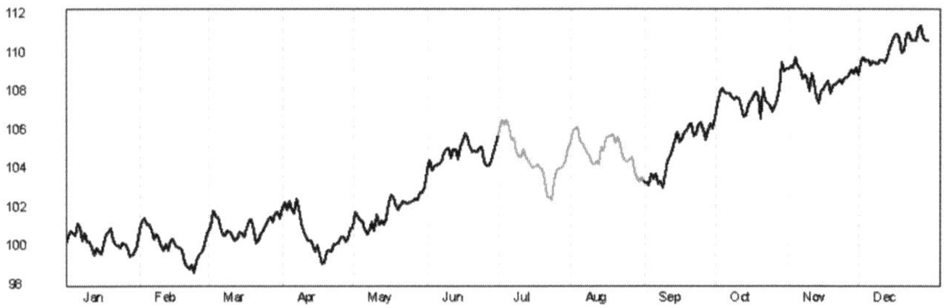

Erfolgreichster Anlage-Zeitraum: 10 Monate zwischen 31. August und 30. Juni

Buy & Hold vs. Anlage-Zyklus:

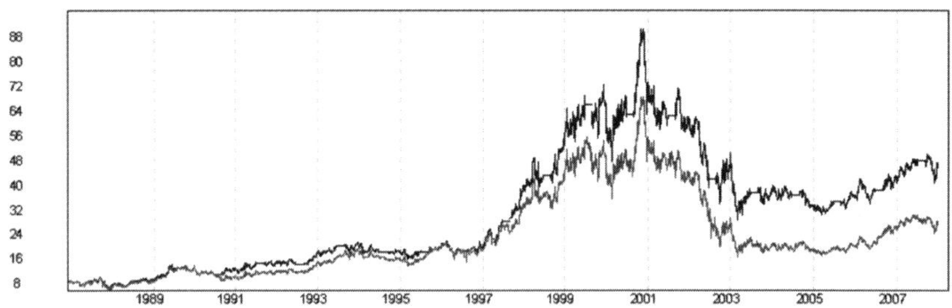

Vergleich: Buy & Hold vs. Anlage-Zyklus

	Buy & Hold	Anlage-Zyklus
Kurs 28.12.07:	28,40	47,22
Startkurs:	9,24	9,24
Gesamtperformance seit 05.01.1987:	207,20%	410,81%
All-Time-High:	69,00	91,15
Erreicht am:	31.10.2000	31.10.2000

Das wäre aus einer Anlage von 10.000 geworden:

Anlage vor 10 Jahren:	8.168,48	11.657,65
Anlage seit 1987:	30.719,61	51.080,76

Jahres-Hochs und -Tiefs

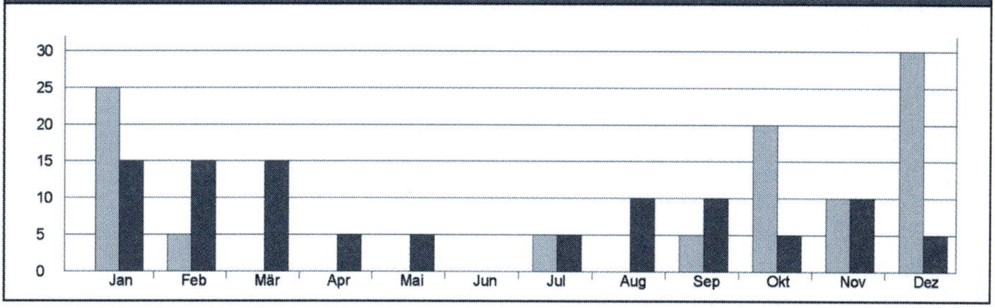

Rendite-Viereck

Jan		8,24	7,54	8,04	5,99	3,03	3,39	5,20	2,91	0,79	0,79	-0,51
Feb	-0,19		8,70	9,02	7,14	4,04	4,23	6,13	3,55	1,38	0,81	-0,05
Mär	0,68	0,92		10,10	8,07	4,84	4,98	7,12	4,54	2,32	1,71	0,66
Apr	-0,04	0,42	-0,38		7,90	4,57	4,86	6,94	4,70	2,12	1,52	0,48
Mai	1,87	2,26	1,53	2,13		6,26	6,63	8,54	6,08	3,69	3,14	2,27
Jun	4,40	4,78	4,03	4,44	2,38		9,16	11,22	8,73	6,29	5,55	4,73
Jul	4,15	4,45	3,71	4,05	2,07	-0,39		11,35	8,83	6,27	5,52	4,78
Aug	2,59	2,96	2,15	2,41	0,57	-2,05	-1,69		7,04	4,53	3,85	3,04
Sep	5,48	5,80	4,92	5,27	3,26	0,47	0,77	2,48		6,69	6,04	5,47
Okt	7,48	7,87	6,81	6,94	5,10	2,39	2,82	4,54	2,47		9,13	8,40
Nov	6,93	7,24	6,41	6,60	4,68	2,13	2,59	4,53	2,58	-0,07		8,53
Dez	8,36	8,62	7,82	8,10	6,09	3,12	3,72	5,70	3,77	1,35	1,44	
	Jan	Feb	Mär	Apr	Mai	Jun	Jul	Aug	Sep	Okt	Nov	Dez

Monatsstatistiken

	Anzahl Monate	durchschn. Performance	positive Monate	durchschn. Performance	negative Monate	durchschn. Performance	Gewinn-Wahr-scheinlichkeit	Monats-hoch am	Monats-tief am
Jan	21	-0,51%	10	7,84%	11	-8,09%	0,48%	06.01	13.01
Feb	21	-0,19%	10	4,64%	11	-4,58%	0,48%	03.02	24.02
Mar	21	0,92%	10	7,14%	11	-4,72%	0,48%	30.03	12.03
Apr	21	-0,38%	8	8,28%	13	-5,71%	0,38%	07.04	18.04
May	21	2,13%	12	7,30%	9	-4,76%	0,57%	31.05	07.05
Jun	21	2,38%	14	6,53%	7	-5,92%	0,67%	17.06	03.06
Jul	21	-0,39%	11	3,49%	10	-4,66%	0,52%	05.07	24.07
Aug	21	-1,69%	11	3,28%	10	-7,15%	0,52%	04.08	30.08
Sep	21	2,48%	14	6,63%	7	-5,83%	0,67%	21.09	09.09
Oct	21	2,47%	14	7,79%	7	-8,16%	0,67%	29.10	20.10
Nov	21	-0,07%	9	7,04%	12	-5,41%	0,43%	04.11	14.11
Dec	21	1,44%	15	5,26%	6	-8,13%	0,71%	28.12	01.12

Jahreszyklus:

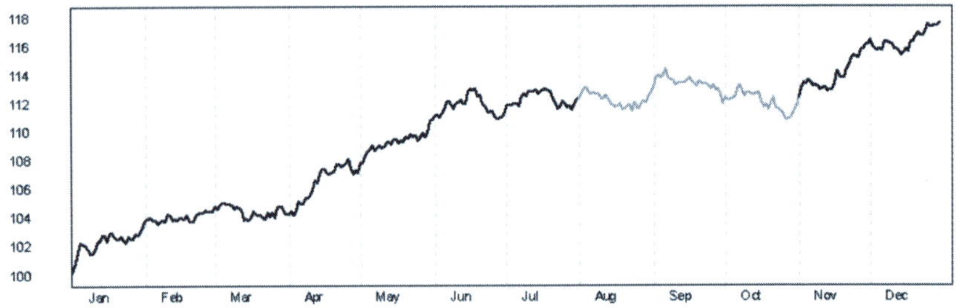

Erfolgreichster Anlage-Zeitraum: 9 Monate zwischen 31. Oktober und 31. Juli

Buy & Hold vs. Anlage-Zyklus:

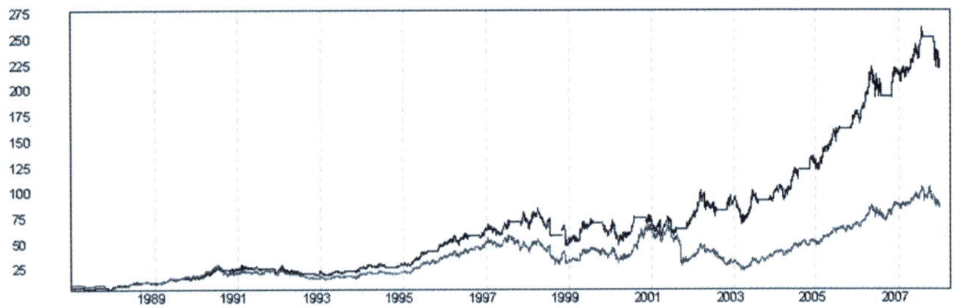

Vergleich: Buy & Hold vs. Anlage-Zyklus

	Buy & Hold	**Anlage-Zyklus**
Kurs 31.12.07:	87,46	224,48
Startkurs:	11,59	8,85
Gesamtperformance seit 02.01.1987:	654,62%	2.437,50%
All-Time-High:	107,23	262,34
Erreicht am:	25.07.2007	25.07.2007
Das wäre aus einer Anlage von 10.000 geworden:		
Anlage vor 10 Jahren:	17.425,78	29.241,70
Anlage seit 1987:	75.461,60	253.749,95

Jahres-Hochs und -Tiefs

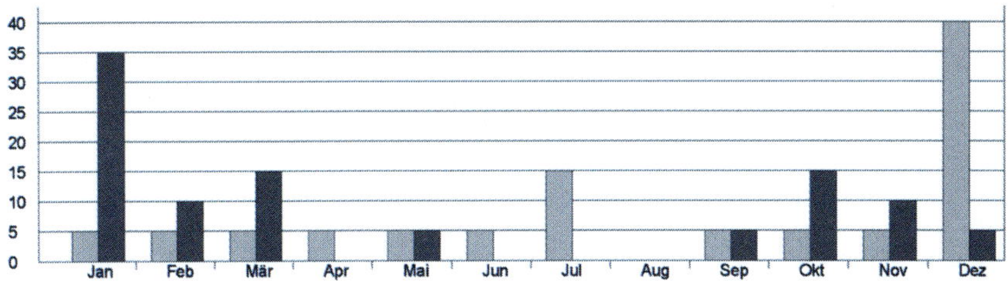

Rendite-Viereck

	Jan	Feb	Mär	Apr	Mai	Jun	Jul	Aug	Sep	Okt	Nov	Dez
Jan		16,78	18,64	12,94	7,46	9,69	8,44	6,55	7,81	8,16	4,36	1,83
Feb	−0,40		19,94	14,37	8,75	11,06	10,15	7,76	9,29	9,51	5,41	4,24
Mär	0,96	−1,53		15,47	10,31	11,63	10,19	8,10	9,91	9,90	5,71	4,40
Apr	3,54	2,40	2,16		12,60	14,13	13,65	11,07	12,63	12,76	8,35	7,37
Mai	7,75	6,24	6,13	3,22		18,29	16,87	15,25	17,20	16,97	13,04	11,91
Jun	8,72	7,17	7,51	2,84	−0,34		20,01	16,91	18,83	18,70	14,02	13,14
Jul	10,54	8,98	9,54	5,59	0,58	0,01		19,03	20,88	20,76	16,16	15,08
Aug	10,40	9,11	9,87	5,73	1,75	0,89	0,78		20,03	19,92	15,54	14,59
Sep	9,35	8,32	9,26	5,02	0,37	1,14	−0,17	−1,81		19,12	14,90	13,80
Okt	9,04	8,19	9,31	4,75	−0,26	1,02	−0,10	−1,18	−1,21		14,29	13,38
Nov	13,57	12,57	13,77	8,75	3,38	4,95	3,73	2,52	3,57	2,85		18,17
Dez	14,70	13,75	15,07	9,80	4,76	5,92	4,76	3,20	4,50	4,91	−0,09	

Monatsstatistiken

	Anzahl Monate	durchschn. Performance	positive Monate	durchschn. Performance	negative Monate	durchschn. Performance	Gewinn-Wahrscheinlichkeit	Monatshoch am	Monatstief am
Jan	21	0,70%	10	6,36%	11	−4,44%	0,48%	31.01	01.01
Feb	21	1,74%	13	6,96%	8	−6,74%	0,62%	26.02	06.02
Mar	21	0,82%	10	7,08%	11	−4,86%	0,48%	04.03	15.03
Apr	21	2,37%	14	6,17%	7	−5,23%	0,67%	26.04	01.04
May	21	4,90%	17	6,71%	4	−2,76%	0,81%	31.05	01.05
Jun	21	0,60%	12	5,82%	9	−6,37%	0,57%	18.06	28.06
Jul	21	2,41%	14	6,12%	7	−5,01%	0,67%	18.07	29.07
Aug	21	−2,35%	9	4,76%	12	−7,67%	0,43%	04.08	23.08
Sep	21	−0,68%	11	6,35%	10	−8,41%	0,52%	06.09	30.09
Oct	21	−1,37%	9	5,54%	12	−6,56%	0,43%	07.10	27.10
Nov	21	2,24%	13	7,24%	8	−5,88%	0,62%	30.11	01.11
Dec	21	2,03%	13	6,84%	8	−5,80%	0,62%	31.12	14.12

Aktie	Caterpillar	WKN: 850598

Jahreszyklus:

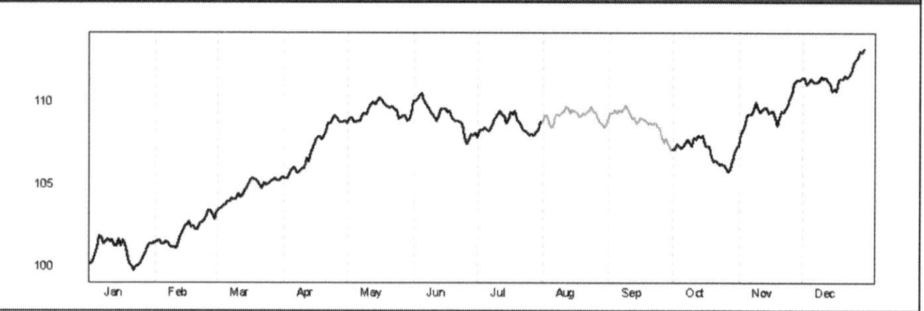

Erfolgreichster Anlage-Zeitraum: 10 Monate zwischen 30. September und 31. Juli

Buy & Hold vs. Anlage-Zyklus:

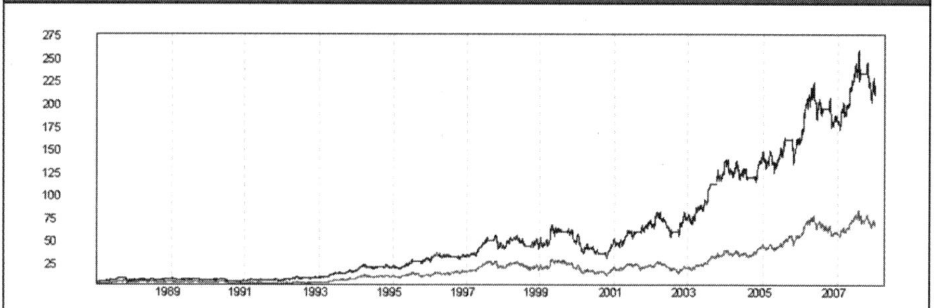

Vergleich: Buy & Hold vs. Anlage-Zyklus

	Buy & Hold	Anlage-Zyklus
Kurs 31.12.07:	72,56	219,54
Startkurs:	5,03	7,16
Gesamtperformance seit 02.01.1987:	1.342,54%	2.966,59%
All-Time-High:	86,98	261,93
Erreicht am:	19.07.2007	19.07.2007

Das wäre aus einer Anlage von 10.000 geworden:

Anlage vor 10 Jahren:	27.573,63	42.544,18
Anlage seit 1987:	144.254,47	306.659,45

Jahres-Hochs und -Tiefs

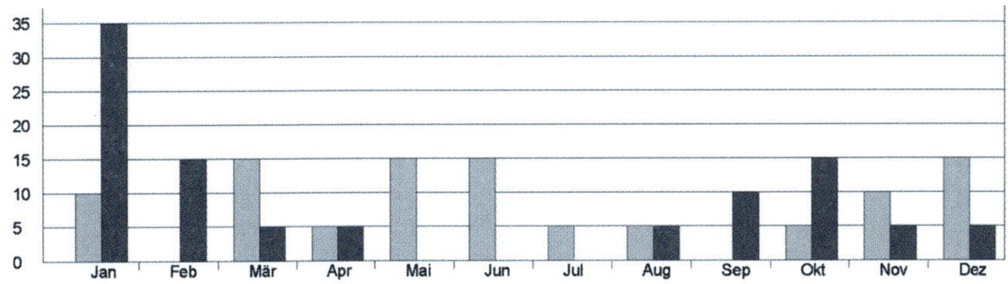

Rendite-Viereck

Jan		9,40	7,48	3,93	3,49	4,44	3,33	4,08	6,21	6,29	2,62	0,73
Feb	1,28		9,56	6,26	5,76	6,68	5,57	6,23	8,56	8,48	4,54	3,02
Mär	3,77	1,94		8,54	7,64	8,47	7,65	8,55	11,22	10,75	6,46	4,99
Apr	7,33	5,70	4,33		12,33	12,89	11,62	12,67	15,10	14,82	10,65	9,19
Mai	8,21	6,50	4,12	1,23		11,80	10,96	11,56	14,82	15,13	11,24	9,48
Jun	6,56	4,89	2,43	−0,31	−0,65		11,32	12,08	14,61	14,39	10,16	8,71
Jul	7,79	5,97	3,59	0,38	0,18	1,06		13,82	16,77	16,26	11,74	10,32
Aug	7,06	5,61	3,00	−0,16	−0,96	0,88	−0,44		15,42	14,99	10,56	9,15
Sep	5,54	4,05	1,56	−1,59	−2,21	−1,20	−2,45	−1,48		13,39	9,15	7,80
Okt	4,97	3,48	1,06	−2,09	−3,07	−1,60	−2,83	−1,87	0,02		8,33	7,02
Nov	8,35	6,81	4,41	1,35	0,43	1,81	0,66	1,64	3,54	3,26		10,19
Dez	9,90	8,42	5,97	2,77	1,89	3,31	2,34	2,98	4,93	5,15	1,26	
	Jan	Feb	Mär	Apr	Mai	Jun	Jul	Aug	Sep	Okt	Nov	Dez

Monatsstatistiken

	Anzahl Monate	durchschn. Performance	positive Monate	durchschn. Performance	negative Monate	durchschn. Performance	Gewinn-Wahrscheinlichkeit	Monats-hoch am	Monats-tief am
Jan	21	0,08%	8	8,66%	13	−5,20%	0,38%	06.01	22.01
Feb	21	3,46%	17	6,13%	4	−7,88%	0,81%	27.02	09.02
Mar	21	1,79%	16	3,89%	5	−4,94%	0,76%	18.03	01.03
Apr	21	5,30%	14	9,25%	7	−2,58%	0,67%	25.04	02.04
May	21	2,08%	12	6,72%	9	−4,12%	0,57%	16.05	05.05
Jun	21	−0,97%	11	5,62%	10	−8,22%	0,52%	05.06	26.06
Jul	21	2,21%	12	8,06%	9	−5,58%	0,57%	19.07	01.07
Aug	21	−1,92%	8	5,88%	13	−6,72%	0,38%	24.08	05.08
Sep	21	−1,03%	8	8,17%	13	−6,68%	0,38%	09.09	30.09
Oct	21	−0,80%	11	5,76%	10	−8,03%	0,52%	15.10	27.10
Nov	21	3,63%	15	8,85%	6	−9,42%	0,71%	29.11	01.11
Dec	21	2,60%	13	6,71%	8	−4,07%	0,62%	31.12	15.12

Jahreszyklus:

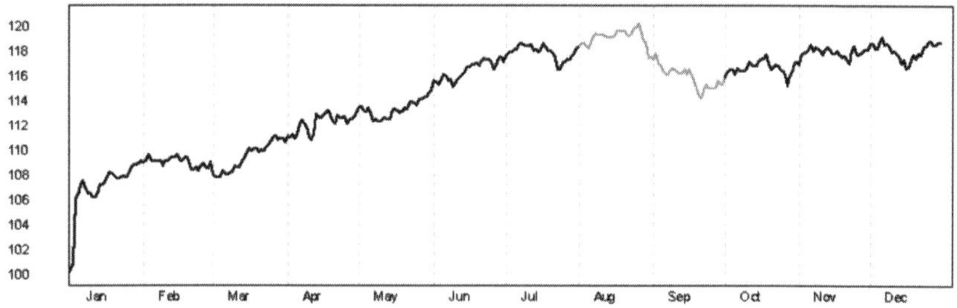

Erfolgreichster Anlage–Zeitraum: 10 Monate zwischen 30. September und 31. Juli

Buy & Hold vs. Anlage–Zyklus:

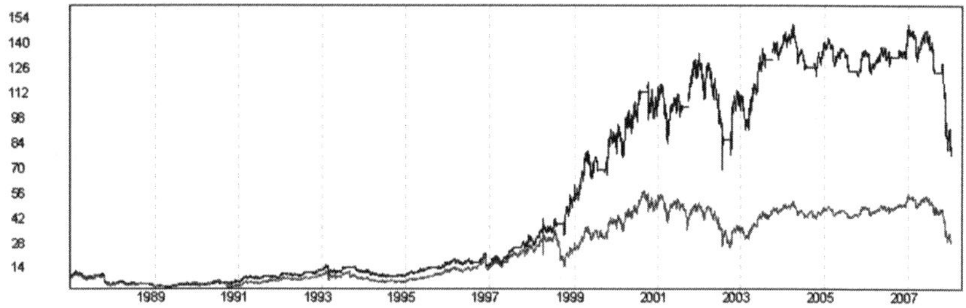

Vergleich: Buy & Hold vs. Anlage–Zyklus

	Buy & Hold	Anlage–Zyklus
Kurs 31.12.07:	29,44	78,92
Startkurs:	9,49	10,31
Gesamtperformance seit 02.01.1987:	210,32%	665,57%
All–Time–High:	58,38	151,54
Erreicht am:	31.08.2000	27.12.2006

Das wäre aus einer Anlage von 10.000 geworden:

Anlage vor 10 Jahren:	10.502,51	23.892,29
Anlage seit 1987:	31.032,00	76.557,40

Jahres-Hochs und -Tiefs

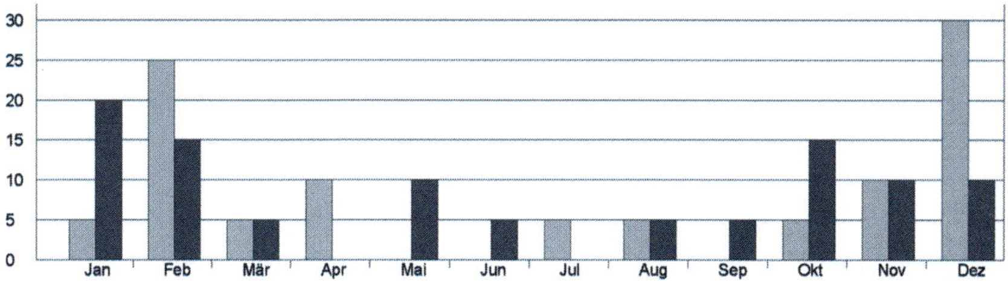

Rendite-Viereck

	Jan	Feb	Mär	Apr	Mai	Jun	Jul	Aug	Sep	Okt	Nov	Dez
Jan		10,56	9,48	7,66	6,12	4,09	3,07	4,02	6,21	4,72	3,87	3,61
Feb	−0,26		11,27	9,52	7,90	5,59	4,20	5,27	7,73	6,14	4,40	3,78
Mär	0,90	1,21		10,36	8,76	6,33	5,12	6,39	9,04	7,14	5,36	4,67
Apr	2,17	2,60	1,31		10,09	7,72	6,55	7,97	10,69	8,31	6,64	5,90
Mai	1,63	2,22	0,84	−0,51		8,06	5,82	6,93	9,69	7,36	5,69	5,06
Jun	5,70	6,10	4,98	3,50	2,07		10,60	11,68	14,21	11,89	10,24	9,66
Jul	6,65	6,90	5,90	4,36	2,90	0,85		12,88	15,45	12,89	11,28	10,83
Aug	5,37	5,79	4,75	3,57	2,18	0,19	−0,51		14,02	11,67	10,03	9,81
Sep	3,79	4,13	3,34	2,09	0,80	−1,27	−2,08	−1,73		10,40	8,75	8,49
Okt	5,00	5,35	4,28	2,88	1,57	−0,42	−1,03	−0,47	1,40		10,15	9,91
Nov	6,00	6,27	5,21	3,53	2,09	0,05	−0,62	0,22	2,32	0,77		10,78
Dez	6,89	7,13	6,08	4,14	2,69	0,74	−0,19	0,72	2,73	1,14	0,33	

Monatsstatistiken

	Anzahl Monate	durchschn. Performance	positive Monate	durchschn. Performance	negative Monate	durchschn. Performance	Gewinn-Wahrscheinlichkeit	Monatshoch am	Monatstief am
Jan	21	4,39%	14	8,99%	7	−4,81%	0,67%	31.01	01.01
Feb	21	0,56%	12	5,87%	9	−6,52%	0,57%	03.02	24.02
Mar	21	−0,46%	9	6,01%	12	−5,32%	0,43%	27.03	03.03
Apr	21	1,01%	11	7,75%	10	−6,41%	0,52%	18.04	11.04
May	21	0,57%	12	4,09%	9	−4,13%	0,57%	31.05	07.05
Jun	21	1,75%	12	6,36%	9	−4,39%	0,57%	29.06	09.06
Jul	21	2,53%	12	10,03%	9	−7,47%	0,57%	08.07	24.07
Aug	21	−1,89%	12	5,15%	9	−11,27%	0,57%	26.08	30.08
Sep	21	−1,18%	11	6,06%	10	−9,14%	0,52%	02.09	21.09
Oct	21	1,97%	14	8,32%	7	−10,74%	0,67%	18.10	27.10
Nov	21	0,24%	10	8,89%	11	−7,63%	0,48%	24.11	01.11
Dec	21	0,54%	12	5,80%	9	−6,46%	0,57%	06.12	16.12

Aktie Turbo/OS Coca-Cola WKN: 850663

Jahreszyklus:

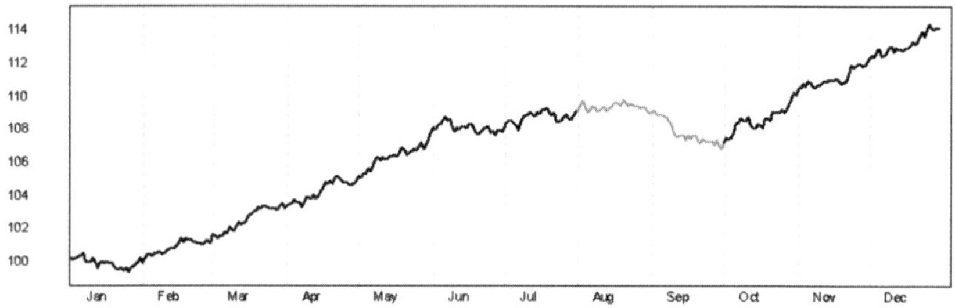

Erfolgreichster Anlage-Zeitraum: 10 Monate zwischen 30. September und 31. Juli

Buy & Hold vs. Anlage-Zyklus:

Vergleich: Buy & Hold vs. Anlage-Zyklus

	Buy & Hold	Anlage-Zyklus
Kurs 31.12.07:	61,37	200,65
Startkurs:	4,77	8,41
Gesamtperformance seit 02.01.1987:	1.186,58%	2.286,88%
All-Time-High:	87,94	209,54
Erreicht am:	14.07.1998	13.12.2007

Das wäre aus einer Anlage von 10.000 geworden:

Anlage vor 10 Jahren:	8.822,60	17.924,90
Anlage seit 1987:	128.658,28	238.688,23

Jahres-Hochs und -Tiefs

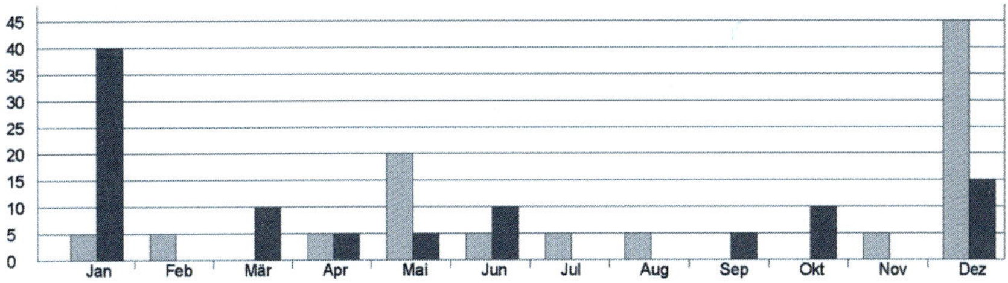

Rendite-Viereck

Jan		12,31	9,72	8,25	5,03	5,57	4,19	4,23	6,63	3,35	1,73	0,24
Feb	1,30		10,70	9,54	6,32	6,74	5,38	5,32	7,90	4,74	3,10	1,20
Mär	3,31	2,42		12,26	9,42	9,47	7,76	8,00	10,66	7,32	5,65	3,59
Apr	4,67	3,53	1,54		11,17	10,90	9,43	9,42	12,06	8,74	6,94	5,01
Mai	7,70	6,34	4,01	2,74		13,71	12,01	12,49	15,43	11,66	9,89	8,08
Jun	7,59	6,34	4,18	2,46	-0,02		13,02	12,96	15,77	12,25	10,33	8,45
Jul	8,58	7,41	5,43	3,95	1,19	1,12		13,93	16,82	13,22	11,49	9,40
Aug	8,47	7,29	5,05	3,59	1,02	1,16	-0,14		16,59	13,03	11,09	9,16
Sep	6,67	5,55	3,18	1,90	-0,84	-0,50	-2,01	-1,85		11,26	9,37	7,48
Okt	9,59	8,47	5,83	4,66	1,85	2,11	0,75	0,85	3,42		12,27	10,39
Nov	11,85	10,68	8,17	6,62	3,92	4,06	2,51	2,71	4,94	1,84		12,57
Dez	13,89	12,70	10,06	8,62	5,58	5,97	4,44	4,39	6,55	3,40	1,92	
	Jan	Feb	Mär	Apr	Mai	Jun	Jul	Aug	Sep	Okt	Nov	Dez

Monatsstatistiken

	Anzahl Monate	durchschn. Performance	positive Monate	durchschn. Performance	negative Monate	durchschn. Performance	Gewinn-Wahrscheinlichkeit	Monats-hoch am	Monats-tief am
Jan	21	-1,53%	7	3,86%	14	-4,22%	0,33%	07.01	26.01
Feb	21	1,63%	15	4,30%	6	-5,04%	0,71%	17.02	01.02
Mar	21	0,78%	14	3,87%	7	-5,42%	0,67%	30.03	03.03
Apr	21	1,97%	15	4,13%	6	-3,42%	0,71%	22.04	07.04
May	21	5,22%	19	5,99%	2	-2,13%	0,90%	31.05	02.05
Jun	21	-0,18%	10	4,01%	11	-3,99%	0,48%	06.06	27.06
Jul	21	1,57%	12	6,34%	9	-4,80%	0,57%	19.07	07.07
Aug	21	-0,74%	13	3,93%	8	-8,33%	0,62%	20.08	31.08
Sep	21	-1,60%	8	5,35%	13	-5,88%	0,38%	02.09	30.09
Oct	21	3,88%	15	7,31%	6	-4,71%	0,71%	30.10	01.10
Nov	21	1,54%	14	3,97%	7	-3,30%	0,67%	30.11	01.11
Dec	21	1,46%	15	4,19%	6	-5,39%	0,71%	27.12	01.12

Aktie **Du Pont** **WKN: 852046**

Jahreszyklus:

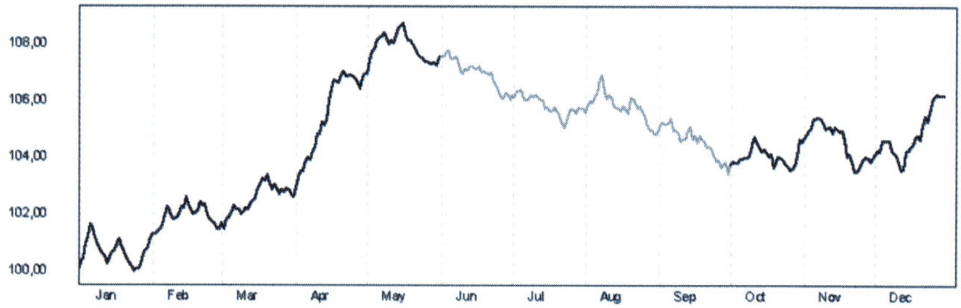

Erfolgreichster Anlage-Zeitraum: 8 Monate zwischen 30. September und 31. Mai

Buy & Hold vs. Anlage-Zyklus:

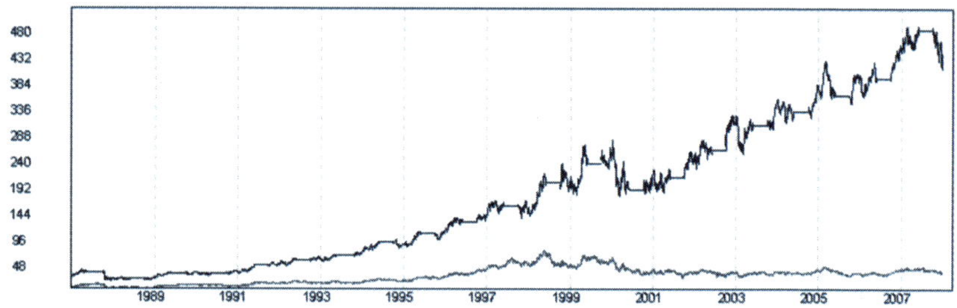

Vergleich: Buy & Hold vs. Anlage-Zyklus

	Buy & Hold	Anlage-Zyklus
Kurs 31.12.07:	44,09	434,81
Startkurs:	14,31	33,10
Gesamtperformance seit 02.01.1987:	208,11%	1.213,62%
All-Time-High:	82,75	496,42
Erreicht am:	20.05.1998	26.02.2007

Das wäre aus einer Anlage von 10.000 geworden:

	Buy & Hold	Anlage-Zyklus
Anlage vor 10 Jahren:	7.379,08	26.844,22
Anlage seit 1987:	30.810,62	131.361,94

Jahres-Hochs und -Tiefs

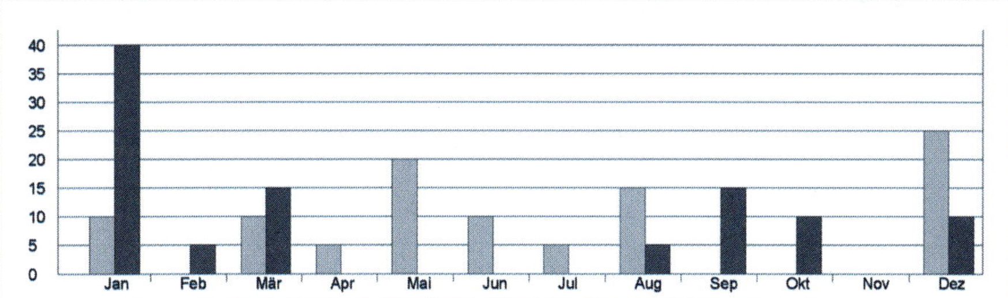

Rendite-Viereck

Jan		7,72	6,12	1,06	-0,17	0,80	1,48	2,34	4,64	3,53	3,52	1,31
Feb	0,51		7,07	1,92	0,69	1,60	2,08	3,06	5,44	4,36	4,15	1,76
Mär	2,19	1,67		3,83	2,49	3,38	3,91	4,93	7,28	6,15	5,89	3,57
Apr	6,96	6,45	4,67		6,38	7,36	8,00	9,23	11,80	10,58	10,47	8,15
Mai	8,24	7,68	5,93	1,23		8,81	9,39	10,56	13,18	11,93	11,70	9,32
Jun	7,41	6,81	5,12	0,38	-0,80		8,58	9,68	12,20	11,09	10,95	8,59
Jul	6,70	6,27	4,55	-0,22	-1,43	-0,59		8,87	11,39	10,20	9,99	7,70
Aug	5,43	5,11	3,39	-1,34	-2,58	-1,65	-1,09		10,17	8,91	8,56	6,35
Sep	3,17	2,87	1,20	-3,36	-4,55	-3,66	-3,11	-2,10		6,79	6,39	4,17
Okt	3,92	3,54	1,93	-2,71	-3,90	-2,87	-2,18	-1,12	1,11		7,12	4,84
Nov	4,16	3,71	2,14	-2,54	-3,77	-2,79	-2,07	-1,08	1,24	0,07		4,80
Dez	6,35	6,02	4,38	-0,42	-1,64	-0,61	-0,07	0,96	3,29	2,22	2,29	
	Jan	Feb	Mär	Apr	Mai	Jun	Jul	Aug	Sep	Okt	Nov	Dez

Monatsstatistiken

	Anzahl Monate	durchschn. Performance	positive Monate	durchschn. Performance	negative Monate	durchschn. Performance	Gewinn-Wahrscheinlichkeit	Monats-hoch am	Monats-tief am
Jan	21	−0,57%	7	9,34%	14	−5,53%	0,33%	06.01	24.01
Feb	21	1,08%	13	4,25%	8	−4,08%	0,62%	15.02	02.02
Mar	21	2,52%	12	6,99%	9	−3,45%	0,57%	20.03	02.03
Apr	21	4,19%	14	8,49%	7	−4,43%	0,67%	21.04	01.04
May	21	1,90%	14	4,26%	7	−2,81%	0,67%	16.05	01.05
Jun	21	−0,69%	7	6,57%	14	−4,33%	0,33%	04.06	30.06
Jul	21	−0,27%	11	4,95%	10	−6,00%	0,52%	05.07	23.07
Aug	21	−2,86%	7	2,47%	14	−5,53%	0,33%	08.08	30.08
Sep	21	−2,31%	7	3,84%	14	−5,39%	0,33%	06.09	30.09
Oct	21	1,11%	14	5,14%	7	−6,96%	0,67%	11.10	26.10
Nov	21	0,57%	14	4,53%	7	−7,36%	0,67%	07.11	23.11
Dec	21	2,92%	13	6,78%	8	−3,37%	0,62%	28.12	12.12

Aktie | **Exxon Mobil** | **WKN: 852549**

Jahreszyklus:

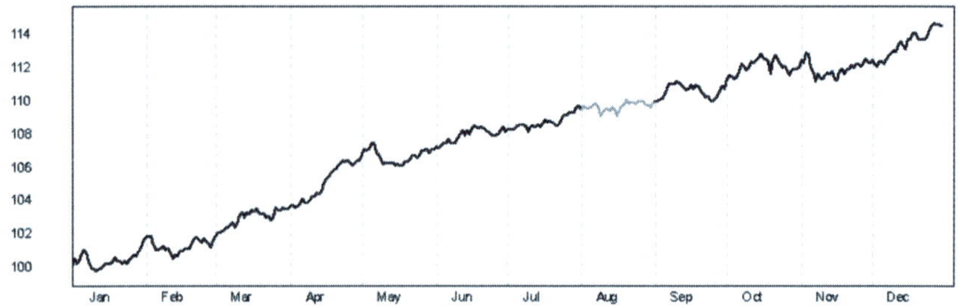

Erfolgreichster Anlage-Zeitraum: 11 Monate zwischen 31. August und 31. Juli

Buy & Hold vs. Anlage-Zyklus:

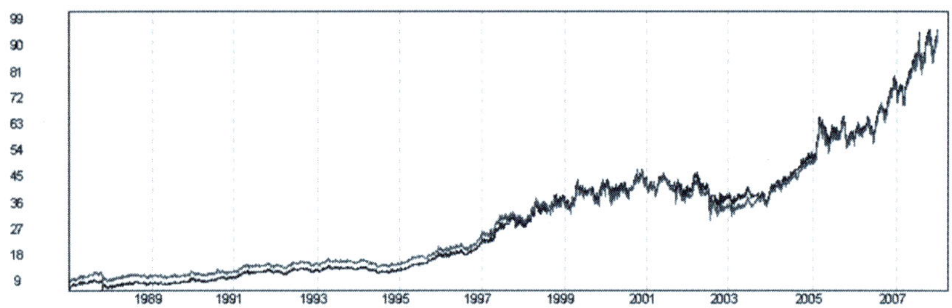

Vergleich: Buy & Hold vs. Anlage-Zyklus

	Buy & Hold	Anlage-Zyklus
Kurs 31.12.07:	93,69	94,63
Startkurs:	9,00	7,27
Gesamtperformance seit 02.01.1987:	941,00%	1.201,14%
All-Time-High:	95,05	96,01
Erreicht am:	18.10.2007	18.10.2007

Das wäre aus einer Anlage von 10.000 geworden:

Anlage vor 10 Jahren:	29.132,46	30.688,25
Anlage seit 1987:	104.100,00	130.114,35

Jahres-Hochs und -Tiefs

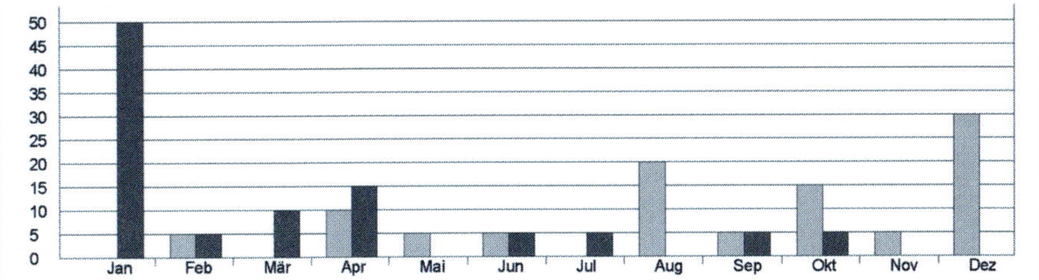

Rendite-Viereck

Jan		12,64	10,73	7,78	7,14	6,35	4,86	4,63	4,23	3,26	3,28	1,40
Feb	−0,60		10,04	7,25	6,73	5,93	4,39	4,21	3,99	2,97	2,97	1,17
Mär	1,11	1,80		9,12	8,51	7,76	6,23	5,95	5,73	4,68	4,65	2,80
Apr	3,86	4,61	2,76		11,74	10,98	9,42	9,11	8,88	7,75	7,75	5,88
Mai	4,35	5,09	3,25	0,51		11,32	9,80	9,55	9,38	8,18	8,21	6,28
Jun	5,30	6,02	4,16	1,39	0,88		11,09	10,77	10,61	9,38	9,40	7,45
Jul	6,66	7,43	5,55	2,76	2,24	1,40		11,88	11,66	10,48	10,49	8,51
Aug	6,82	7,62	5,73	2,91	2,34	1,52	0,12		11,66	10,48	10,50	8,52
Sep	7,58	8,37	6,42	3,56	2,94	2,10	0,69	0,55		11,34	11,28	9,30
Okt	8,26	9,06	7,17	4,32	3,69	2,91	1,47	1,38	0,93		11,87	9,87
Nov	8,56	9,30	7,50	4,63	3,98	3,19	1,69	1,60	1,12	0,14		10,01
Dez	10,43	11,24	9,34	6,42	5,75	4,96	3,49	3,40	2,92	1,93	1,90	
	Jan	Feb	Mär	Apr	Mai	Jun	Jul	Aug	Sep	Okt	Nov	Dez

Monatsstatistiken

	Anzahl Monate	durchschn. Performance	positive Monate	durchschn. Performance	negative Monate	durchschn. Performance	Gewinn-Wahrscheinlichkeit	Monats-hoch am	Monats-tief am
Jan	21	0,40%	10	4,58%	11	−3,41%	0,48%	31.01	11.01
Feb	21	0,33%	9	6,03%	12	−3,95%	0,43%	22.02	12.02
Mar	21	2,31%	14	4,74%	7	−2,56%	0,67%	29.03	01.03
Apr	21	2,97%	15	5,28%	6	−2,78%	0,71%	30.04	03.04
May	21	0,66%	12	2,73%	9	−2,09%	0,57%	05.05	17.05
Jun	21	0,43%	14	2,12%	7	−2,96%	0,67%	17.06	02.06
Jul	21	1,64%	15	3,85%	6	−3,87%	0,71%	31.07	10.07
Aug	21	−1,00%	7	2,51%	14	−2,76%	0,33%	20.08	09.08
Sep	21	0,98%	11	4,72%	10	−3,12%	0,52%	10.09	01.09
Oct	21	0,33%	14	3,03%	7	−5,08%	0,67%	15.10	01.10
Nov	21	0,08%	10	4,50%	11	−3,94%	0,48%	03.11	07.11
Dec	21	2,30%	17	3,26%	4	−1,81%	0,81%	28.12	03.12

Aktie **General Electric** **WKN: 851144**

Jahreszyklus:

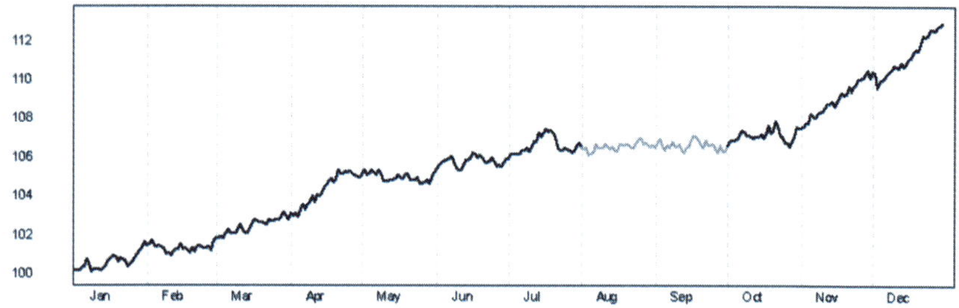

Erfolgreichster Anlage-Zeitraum: 10 Monate zwischen 30. September und 31. Juli

Buy & Hold vs. Anlage-Zyklus:

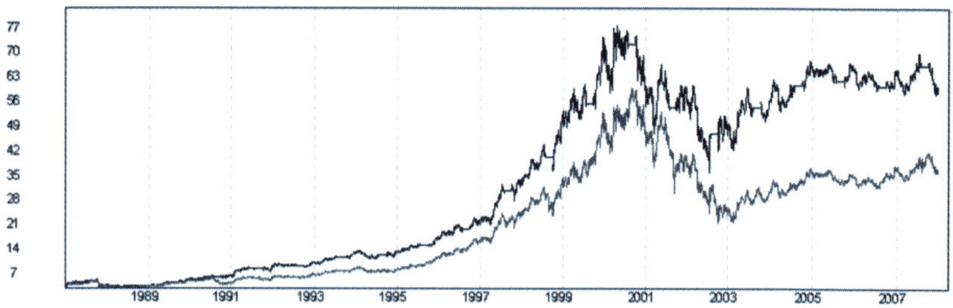

Vergleich: Buy & Hold vs. Anlage-Zyklus

	Buy & Hold	Anlage-Zyklus
Kurs 31.12.07:	37,07	59,82
Startkurs:	3,64	4,02
Gesamtperformance seit 02.01.1987:	918,41%	1.388,36%
All-Time-High:	60,00	78,08
Erreicht am:	28.08.2000	25.04.2000

Das wäre aus einer Anlage von 10.000 geworden:

Anlage vor 10 Jahren:	14.224,87	16.778,99
Anlage seit 1987:	101.840,66	148.836,30

Jahres-Hochs und -Tiefs

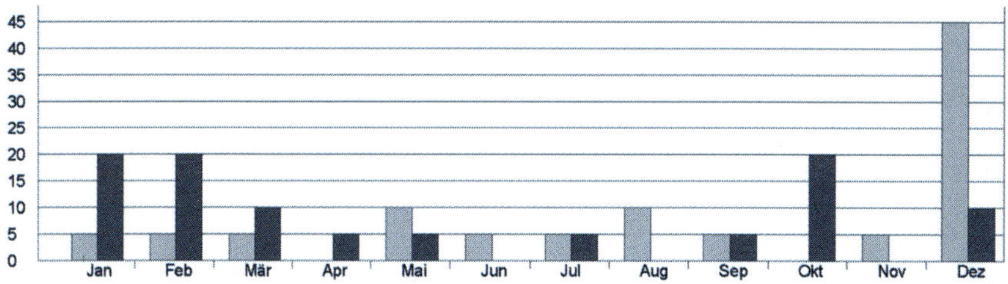

Rendite-Viereck

Jan		11,39	10,96	8,24	8,48	7,46	6,61	6,90	7,49	6,26	3,84	0,83
Feb	−0,97		10,69	8,05	8,47	7,29	6,59	6,77	7,65	6,31	3,66	1,09
Mär	0,61	0,56		9,50	9,74	8,44	7,58	7,98	8,90	7,64	4,87	2,09
Apr	2,54	2,99	2,12		12,06	10,84	9,83	10,30	11,13	9,60	6,77	4,27
Mai	2,80	3,03	2,19	0,21		10,82	9,91	10,40	11,48	10,26	7,43	4,66
Jun	3,26	3,68	2,79	0,53	1,04		11,35	11,66	12,55	10,96	8,12	5,52
Jul	3,99	4,49	3,74	1,74	1,70	0,89		12,74	13,68	12,03	9,05	6,29
Aug	3,75	4,24	3,42	1,14	1,38	0,56	−0,20		12,88	11,30	8,38	5,75
Sep	3,56	4,08	3,20	0,89	0,64	0,36	−0,58	−0,39		11,21	8,34	5,71
Okt	4,14	4,71	3,85	1,63	1,58	1,13	0,11	0,58	1,02		8,79	6,17
Nov	6,53	7,05	6,47	4,04	4,17	3,47	2,33	2,97	3,49	1,93		8,51
Dez	9,42	9,95	9,38	6,80	6,96	6,10	5,15	5,48	5,95	4,83	1,98	
	Jan	Feb	Mär	Apr	Mai	Jun	Jul	Aug	Sep	Okt	Nov	Dez

Monatsstatistiken

	Anzahl Monate	durchschn. Performance	positive Monate	durchschn. Performance	negative Monate	durchschn. Performance	Gewinn-Wahrscheinlichkeit	Monats-hoch am	Monats-tief am
Jan	21	0,12%	11	4,87%	10	−5,11%	0,52%	31.01	13.01
Feb	21	0,18%	10	3,04%	11	−2,42%	0,48%	29.02	11.02
Mar	21	1,21%	12	5,98%	9	−5,15%	0,57%	29.03	04.03
Apr	21	1,65%	12	5,47%	9	−3,44%	0,57%	21.04	04.04
May	21	2,71%	15	4,51%	6	−1,77%	0,71%	05.05	29.05
Jun	21	0,95%	13	4,14%	8	−4,24%	0,62%	16.06	11.06
Jul	21	1,50%	10	6,30%	11	−2,87%	0,48%	17.07	01.07
Aug	21	−1,35%	8	4,30%	13	−4,82%	0,38%	26.08	04.08
Sep	21	0,00%	11	5,36%	10	−5,89%	0,52%	17.09	13.09
Oct	21	−0,47%	9	4,33%	12	−4,07%	0,43%	21.10	01.10
Nov	21	1,92%	14	6,05%	7	−6,35%	0,67%	29.11	01.11
Dec	21	4,13%	14	7,89%	7	−3,40%	0,67%	31.12	03.12

Jahreszyklus:

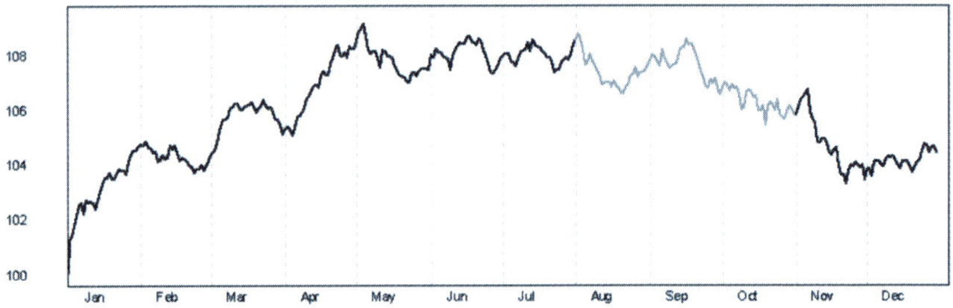

Erfolgreichster Anlage-Zeitraum: 9 Monate zwischen 31. Oktober und 31. Juli

Buy & Hold vs. Anlage-Zyklus:

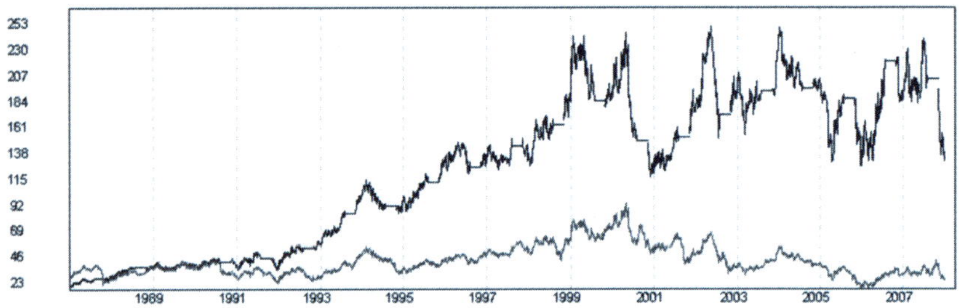

Vergleich: Buy & Hold vs. Anlage-Zyklus

	Buy & Hold	Anlage-Zyklus
Kurs 31.12.07:	24,89	129,92
Startkurs:	28,64	20,42
Gesamtperformance seit 02.01.1987:	-13,09%	536,38%
All-Time-High:	93,69	251,95
Erreicht am:	28.04.2000	14.05.2002
Das wäre aus einer Anlage von 10.000 geworden:		
Anlage vor 10 Jahren:	4.389,77	8.679,35
Anlage seit 1987:	8.690,64	63.637,68

Jahres-Hochs und -Tiefs

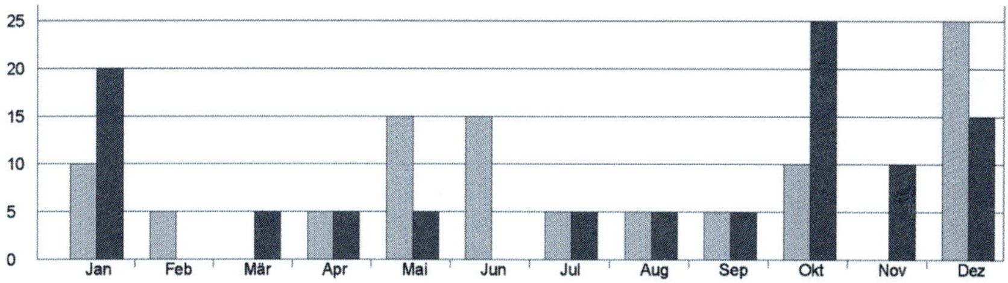

Rendite-Viereck

Jan		4,37	3,79	0,43	1,37	0,74	0,08	0,95	2,41	2,90	5,29	4,15
Feb	−0,86		3,00	−0,19	0,56	0,44	−0,51	0,23	2,06	2,83	4,80	3,78
Mär	0,31	0,76		0,67	1,36	1,31	0,29	1,14	3,30	4,28	6,04	4,95
Apr	3,25	3,90	3,02		4,77	4,50	3,57	4,39	6,55	7,35	9,23	8,27
Mai	2,11	2,60	1,74	−0,75		2,17	1,28	2,39	4,95	6,62	8,30	7,32
Jun	2,58	3,21	2,58	−0,33	0,57		2,25	3,02	5,10	6,31	8,74	7,83
Jul	3,13	3,76	3,35	0,41	0,98	0,36		3,48	5,73	6,84	9,30	8,52
Aug	1,82	2,75	2,16	−0,86	0,13	−0,34	−0,65		4,62	5,63	7,68	6,84
Sep	0,83	1,88	1,28	−1,71	−1,02	−1,15	−1,88	−1,19		4,43	6,64	5,77
Okt	0,60	1,68	0,92	−2,02	−1,68	−1,72	−2,55	−1,62	−0,91		6,53	5,55
Nov	−1,73	−0,96	−1,81	−4,71	−4,12	−4,33	−5,05	−4,16	−2,90	−2,65		2,96
Dez	−0,54	0,29	−0,55	−3,66	−2,96	−3,16	−3,93	−3,25	−2,00	−1,37	0,44	
	Jan	Feb	Mär	Apr	Mai	Jun	Jul	Aug	Sep	Okt	Nov	Dez

Monatsstatistiken

	Anzahl Monate	durchschn. Performance	positive Monate	durchschn. Performance	negative Monate	durchschn. Performance	Gewinn-Wahrscheinlichkeit	Monats-hoch am	Monats-tief am
Jan	21	6,03%	14	11,21%	7	−4,34%	0,67%	31.01	01.01
Feb	21	0,48%	7	10,61%	14	−4,58%	0,33%	03.02	23.02
Mar	21	−0,11%	10	4,87%	11	−4,63%	0,48%	23.03	01.03
Apr	21	3,88%	17	5,87%	4	−4,60%	0,81%	23.04	04.04
May	21	0,85%	9	9,46%	12	−5,60%	0,43%	04.05	23.05
Jun	21	1,08%	10	9,30%	11	−6,39%	0,48%	17.06	27.06
Jul	21	0,37%	11	6,37%	10	−6,22%	0,52%	14.07	23.07
Aug	21	−2,36%	8	8,01%	13	−8,75%	0,38%	02.08	21.08
Sep	21	−3,77%	5	9,17%	16	−7,82%	0,24%	16.09	30.09
Oct	21	−1,54%	9	9,08%	12	−9,51%	0,43%	02.10	19.10
Nov	21	−0,90%	11	8,01%	10	−10,69%	0,52%	06.11	22.11
Dec	21	0,81%	11	6,59%	10	−5,55%	0,52%	26.12	03.12

Jahreszyklus:

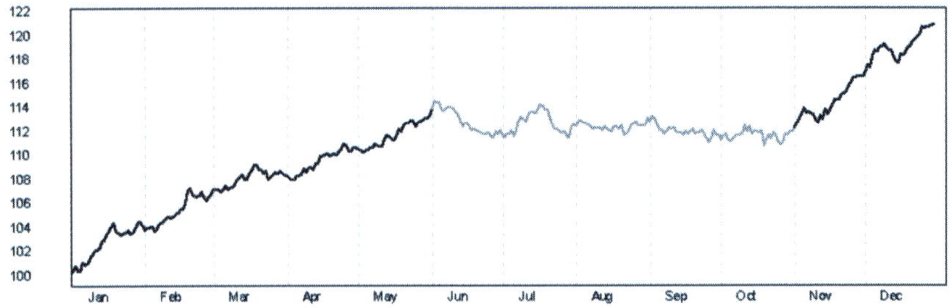

Erfolgreichster Anlage-Zeitraum: 7 Monate zwischen 31. Oktober und 31. Mai

Buy & Hold vs. Anlage-Zyklus:

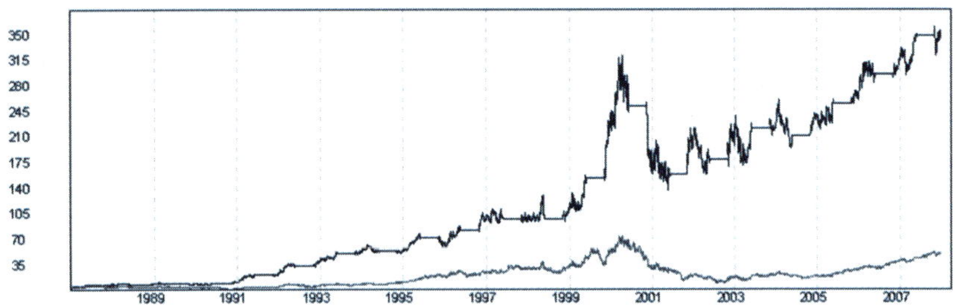

Vergleich: Buy & Hold vs. Anlage-Zyklus

	Buy & Hold	Anlage-Zyklus
Kurs 31.12.07:	50,48	342,22
Startkurs:	5,30	6,02
Gesamtperformance seit 02.01.1987:	852,45%	5.586,45%
All-Time-High:	76,53	362,09
Erreicht am:	07.04.2000	06.11.2007

Das wäre aus einer Anlage von 10.000 geworden:

Anlage vor 10 Jahren:	15.546,66	32.850,32
Anlage seit 1987:	95.245,28	568.644,94

Jahres-Hochs und -Tiefs

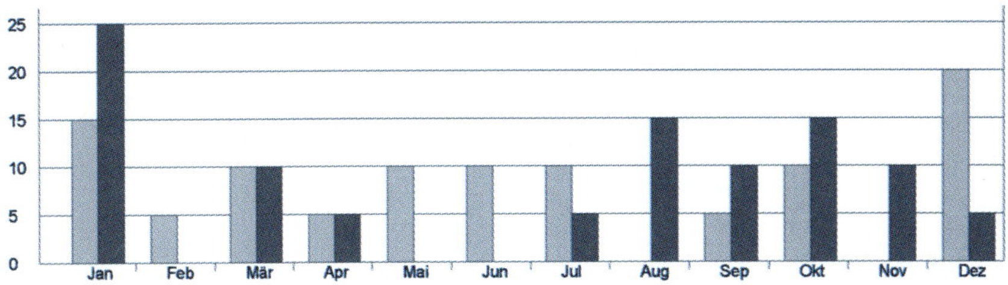

Rendite-Viereck

	Jan	Feb	Mär	Apr	Mai	Jun	Jul	Aug	Sep	Okt	Nov	Dez
Jan		13,57	12,24	9,92	6,34	9,51	9,45	8,76	10,63	11,01	7,02	3,66
Feb	2,66		15,96	13,47	9,35	12,77	12,80	11,98	13,93	14,74	10,39	6,26
Mär	3,54	1,30		14,71	11,04	14,08	13,64	13,20	15,18	16,35	12,10	7,72
Apr	5,78	3,24	2,32		13,69	16,98	16,54	16,10	18,04	18,98	14,48	10,27
Mai	7,95	5,36	3,83	2,00		20,00	19,40	19,24	21,71	22,73	17,49	13,26
Jun	7,00	4,63	3,35	1,09	−1,20		19,48	18,79	20,84	21,19	16,47	12,35
Jul	6,85	4,34	3,59	1,52	−0,74	0,56		19,95	21,82	22,36	17,21	12,68
Aug	7,18	4,96	3,66	1,56	−1,24	0,95	0,46		21,02	21,53	16,36	12,30
Sep	6,45	4,04	2,64	0,59	−2,64	−0,39	−0,90	−0,64		20,79	15,70	11,64
Okt	5,81	3,44	1,74	−0,01	−3,52	−0,59	−1,16	−1,36	0,90		14,64	10,77
Nov	9,10	6,93	5,54	3,58	0,30	3,00	2,25	2,20	3,94	4,38		14,15
Dez	12,73	10,45	9,05	6,94	3,39	6,23	5,69	5,34	6,96	7,47	3,70	

Monatsstatistiken

	Anzahl Monate	durchschn. Performance	positive Monate	durchschn. Performance	negative Monate	durchschn. Performance	Gewinn-Wahrscheinlichkeit	Monatshoch am	Monatstief am
Jan	21	3,33%	15	7,24%	6	−6,44%	0,71%	19.01	04.01
Feb	21	3,82%	13	12,04%	8	−9,53%	0,62%	20.02	05.02
Mar	21	0,24%	12	4,51%	9	−5,46%	0,57%	18.03	04.03
Apr	21	1,65%	10	8,27%	11	−4,36%	0,48%	25.04	03.04
May	21	3,53%	12	10,37%	9	−5,60%	0,57%	31.05	03.05
Jun	21	−1,30%	6	7,63%	15	−4,87%	0,29%	02.06	27.06
Jul	21	−1,21%	11	5,62%	10	−8,72%	0,52%	17.07	29.07
Aug	21	−1,44%	9	8,43%	12	−8,85%	0,43%	31.08	21.08
Sep	21	−2,11%	10	6,31%	11	−9,76%	0,48%	02.09	26.09
Oct	21	0,43%	12	9,53%	9	−11,69%	0,57%	11.10	19.10
Nov	21	4,08%	11	14,14%	10	−7,00%	0,52%	30.11	01.11
Dec	21	4,82%	16	8,08%	5	−5,62%	0,76%	31.12	01.12

Aktie Turbo/OS **Home Depot** **WKN: 866953**

Jahreszyklus:

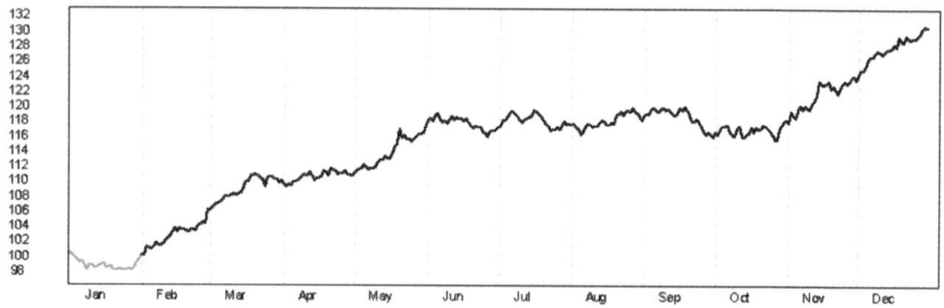

Erfolgreichster Anlage–Zeitraum: 11 Monate zwischen 31. Januar und 31. Dezember

Buy & Hold vs. Anlage–Zyklus:

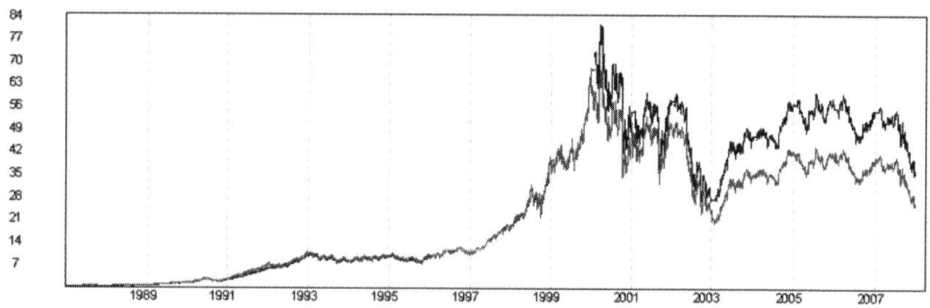

Vergleich: Buy & Hold vs. Anlage–Zyklus

	Buy & Hold	**Anlage–Zyklus**
Kurs 31.12.07:	26,94	35,80
Startkurs:	0,40	0,42
Gesamtperformance seit 02.01.1987:	6.635,00%	8.373,41%
All–Time–High:	68,56	79,86
Erreicht am:	31.12.1999	29.03.2000

Das wäre aus einer Anlage von 10.000 geworden:

Anlage vor 10 Jahren:	12.086,14	16.779,43
Anlage seit 1987:	673.500,00	847.340,93

Jahres-Hochs und -Tiefs

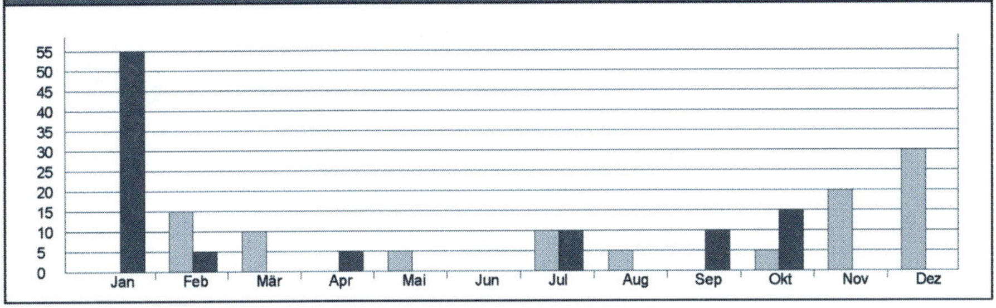

Rendite-Viereck

Jan		22,57	17,69	16,23	9,18	9,06	8,68	9,03	11,50	10,16	5,32	−0,28
Feb	5,12		24,42	22,73	14,96	14,93	14,40	15,39	17,76	16,33	10,53	4,14
Mär	8,96	3,52		28,38	20,12	20,00	19,64	19,74	22,35	20,84	14,77	8,18
Apr	9,92	4,15	0,59		19,90	19,86	19,66	20,05	22,81	21,69	15,72	9,22
Mai	17,28	10,90	6,75	5,89		28,56	28,40	27,52	30,69	29,44	23,26	16,78
Jun	17,42	10,92	6,58	5,61	−0,37		29,36	27,59	30,67	29,72	23,64	17,01
Jul	17,40	11,11	6,82	5,88	−0,04	0,38		28,33	31,00	29,82	23,75	17,23
Aug	18,44	11,92	7,41	6,35	0,10	0,61	0,41		32,75	31,15	24,77	18,39
Sep	15,99	9,56	5,14	4,17	−1,68	−1,55	−2,06	−2,38		28,41	22,06	15,70
Okt	17,86	11,20	7,09	5,86	−0,15	−0,12	−0,33	−0,77	1,56		23,62	17,12
Nov	23,07	16,10	11,71	10,32	3,83	3,86	3,44	3,54	6,00	4,37		22,45
Dez	30,59	23,24	18,40	17,02	10,29	10,09	9,36	10,20	12,37	10,84	5,90	
	Jan	Feb	Mär	Apr	Mai	Jun	Jul	Aug	Sep	Okt	Nov	Dez

Monatsstatistiken

	Anzahl Monate	durchschn. Performance	positive Monate	durchschn. Performance	negative Monate	durchschn. Performance	Gewinn-Wahrscheinlichkeit	Monatshoch am	Monatstief am
Jan	21	−1,05%	8	4,99%	13	−4,77%	0,38%	01.01	09.01
Feb	21	3,93%	13	8,73%	8	−3,88%	0,62%	29.02	01.02
Mar	21	3,86%	14	7,25%	7	−2,92%	0,67%	20.03	01.03
Apr	21	0,25%	10	6,84%	11	−5,75%	0,48%	21.04	02.04
May	21	5,79%	15	10,62%	6	−6,27%	0,71%	31.05	01.05
Jun	21	0,20%	10	5,83%	11	−4,92%	0,48%	05.06	26.06
Jul	21	1,51%	11	8,30%	10	−5,97%	0,52%	16.07	23.07
Aug	21	0,04%	10	7,17%	11	−6,44%	0,48%	27.08	05.08
Sep	21	−1,30%	11	6,63%	10	−10,01%	0,52%	18.09	30.09
Oct	21	1,40%	13	7,54%	8	−8,58%	0,62%	31.10	27.10
Nov	21	4,23%	16	7,59%	5	−6,50%	0,76%	29.11	01.11
Dec	21	5,68%	14	10,76%	7	−4,47%	0,67%	30.12	01.12

Aktie Honeywell WKN: 870153

Jahreszyklus:

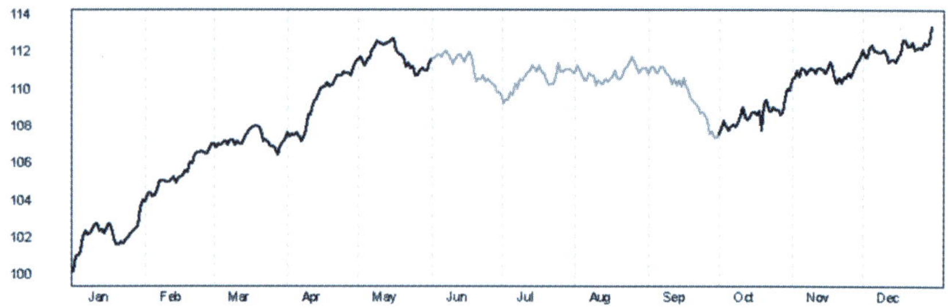

Erfolgreichster Anlage-Zeitraum: 8 Monate zwischen 30. September und 31. Mai

Buy & Hold vs. Anlage-Zyklus:

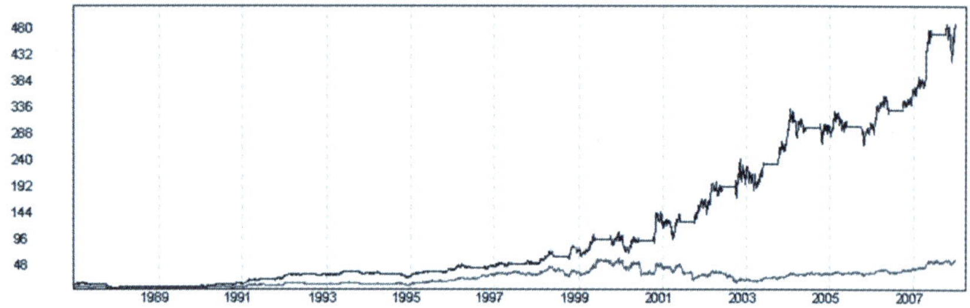

Vergleich: Buy & Hold vs. Anlage-Zyklus

	Buy & Hold	Anlage-Zyklus
Kurs 31.12.07:	61,57	491,63
Startkurs:	10,16	15,50
Gesamtperformance seit 02.01.1987:	506,00%	3.072,39%
All-Time-High:	63,75	493,22
Erreicht am:	17.12.1999	26.12.2007
Das wäre aus einer Anlage von 10.000 geworden:		
Anlage vor 10 Jahren:	16.284,05	81.777,40
Anlage seit 1987:	60.600,39	317.239,13

Jahres-Hochs und -Tiefs

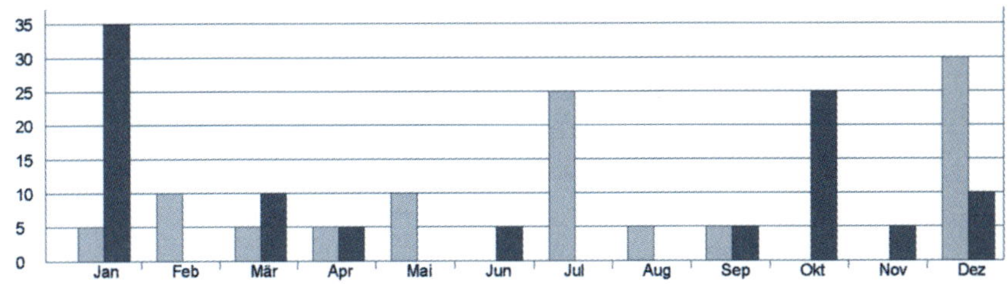

Rendite-Viereck

Jan		7,87	7,40	3,99	4,37	5,98	5,14	4,71	8,85	6,91	5,40	3,97
Feb	2,58		9,51	6,45	7,05	8,85	7,88	7,41	12,17	10,15	8,29	6,95
Mär	2,84	0,12		6,09	6,64	8,42	7,40	7,04	11,89	10,13	8,21	7,08
Apr	6,59	3,84	3,84		10,95	12,97	11,99	11,69	16,54	14,42	12,51	11,23
Mai	6,30	3,52	3,56	−0,27		12,81	11,71	11,36	16,43	14,25	12,31	11,08
Jun	5,25	2,34	2,21	−1,53	−1,28		10,88	10,68	15,67	13,72	11,84	10,63
Jul	5,87	3,04	3,00	−0,78	−0,59	0,76		11,10	16,07	13,99	12,15	11,12
Aug	5,59	2,97	2,86	−0,79	−0,56	1,06	0,30		15,07	13,25	11,33	10,23
Sep	2,56	−0,02	−0,38	−3,85	−3,48	−2,46	−3,17	−3,48		10,53	8,63	7,50
Okt	3,79	1,14	0,77	−2,78	−2,49	−0,76	−1,57	−1,62	2,21		9,63	8,74
Nov	5,29	2,58	2,22	−1,41	−1,15	0,49	−0,29	−0,26	3,78	1,57		10,39
Dez	7,16	4,33	3,86	0,30	0,53	2,09	1,20	1,04	4,91	2,87	1,40	
	Jan	Feb	Mär	Apr	Mai	Jun	Jul	Aug	Sep	Okt	Nov	Dez

Monatsstatistiken

	Anzahl Monate	durchschn. Performance	positive Monate	durchschn. Performance	negative Monate	durchschn. Performance	Gewinn-Wahr-scheinlichkeit	Monats-hoch am	Monats-tief am
Jan	21	2,66%	14	6,92%	7	−5,87%	0,67%	31.01	02.01
Feb	21	3,51%	15	6,07%	6	−2,88%	0,71%	29.02	01.02
Mar	21	0,35%	11	3,81%	10	−3,44%	0,52%	19.03	28.03
Apr	21	4,06%	12	9,19%	9	−2,78%	0,57%	30.04	07.04
May	21	1,72%	11	6,47%	10	−3,51%	0,52%	16.05	25.05
Jun	21	−1,62%	9	7,50%	12	−8,47%	0,43%	17.06	30.06
Jul	21	0,89%	12	3,93%	9	−3,16%	0,57%	25.07	02.07
Aug	21	−0,38%	10	6,71%	11	−6,83%	0,48%	25.08	10.08
Sep	21	−4,66%	6	4,35%	15	−8,27%	0,29%	06.09	30.09
Oct	21	3,14%	11	11,95%	10	−6,55%	0,52%	30.10	01.10
Nov	21	1,52%	14	6,11%	7	−7,66%	0,67%	30.11	22.11
Dec	21	1,27%	12	5,09%	9	−3,81%	0,57%	31.12	15.12

Aktie Turbo/os **Intel** **WKN: 855681**

Jahreszyklus:

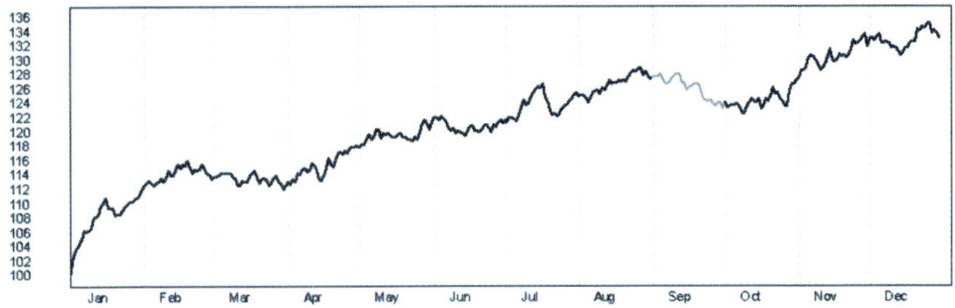

Erfolgreichster Anlage–Zeitraum: 11 Monate zwischen 30. September und 31. August

Buy & Hold vs. Anlage–Zyklus:

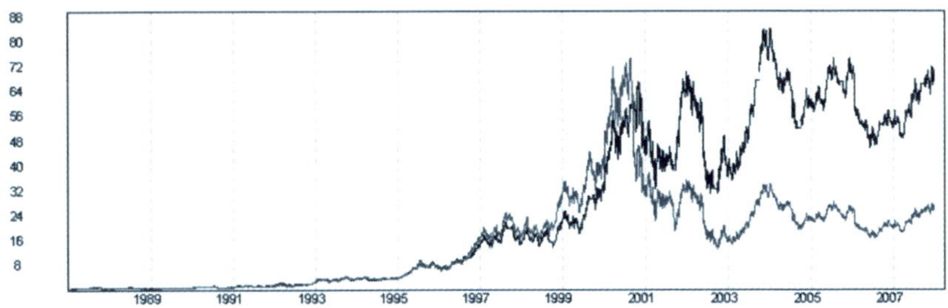

Vergleich: Buy & Hold vs. Anlage–Zyklus

	Buy & Hold	Anlage–Zyklus
Kurs 31.12.07:	26,66	68,83
Startkurs:	0,44	0,52
Gesamtperformance seit 02.01.1987:	5.959,09%	13.261,50%
All–Time–High:	74,88	84,43
Erreicht am:	31.08.2000	08.01.2004
Das wäre aus einer Anlage von 10.000 geworden:		
Anlage vor 10 Jahren:	11.616,56	34.311,50
Anlage seit 1987:	605.909,09	1.336.149,54

Jahres-Hochs und -Tiefs

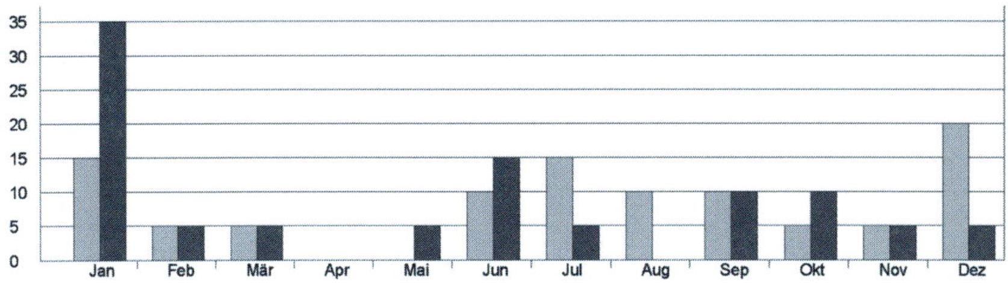

Rendite-Viereck

Jan		24,34	27,63	21,45	19,05	18,77	16,46	15,17	18,24	14,92	10,99	9,77
Feb	1,88		28,62	23,22	20,73	20,98	20,11	18,49	21,73	18,93	14,95	13,49
Mär	0,82	−1,20		22,14	20,11	19,98	19,55	17,66	20,92	18,09	14,12	12,47
Apr	5,32	3,14	4,41		22,14	22,32	23,87	21,74	25,61	22,60	18,67	17,62
Mai	8,79	6,19	7,35	2,98		26,90	27,56	25,94	29,53	26,08	22,29	21,02
Jun	9,07	6,05	7,27	2,64	0,02		27,76	25,38	28,68	25,94	22,73	21,24
Jul	13,04	10,03	11,42	6,27	3,82	3,84		31,10	34,33	31,09	27,23	26,05
Aug	14,33	11,18	12,53	7,35	4,94	4,88	1,92		37,55	33,62	28,96	27,94
Sep	11,97	8,50	10,36	5,08	2,54	2,34	−1,36	−2,97		30,61	26,20	25,14
Okt	13,72	10,61	12,65	7,10	4,32	4,24	0,62	−0,78	2,82		26,07	25,57
Nov	15,78	13,31	15,87	10,17	7,46	7,84	4,55	3,47	7,18	3,47		27,45
Dez	17,77	14,86	17,79	11,97	9,43	9,21	5,36	4,38	7,09	4,14	1,03	
	Jan	Feb	Mär	Apr	Mai	Jun	Jul	Aug	Sep	Okt	Nov	Dez

Monatsstatistiken

	Anzahl Monate	durchschn. Performance	positive Monate	durchschn. Performance	negative Monate	durchschn. Performance	Gewinn-Wahrscheinlichkeit	Monatshoch am	Monatstief am
Jan	21	7,96%	15	14,56%	6	−8,54%	0,71%	31.01	01.01
Feb	21	1,88%	13	9,40%	8	−10,34%	0,62%	19.02	29.02
Mar	21	−1,20%	7	6,36%	14	−4,97%	0,33%	18.03	30.03
Apr	21	4,41%	14	10,22%	7	−7,20%	0,67%	30.04	02.04
May	21	2,98%	11	11,79%	10	−6,72%	0,52%	28.05	01.05
Jun	21	0,02%	10	8,78%	11	−7,95%	0,48%	04.06	14.06
Jul	21	3,84%	14	8,01%	7	−4,50%	0,67%	17.07	02.07
Aug	21	0,76%	11	11,02%	10	−10,53%	0,52%	27.08	05.08
Sep	21	−2,41%	10	8,65%	11	−12,47%	0,48%	04.09	30.09
Oct	21	2,84%	15	9,23%	6	−13,14%	0,71%	31.10	09.10
Nov	21	2,95%	14	9,47%	7	−10,08%	0,67%	29.11	01.11
Dec	21	1,47%	12	9,51%	9	−9,24%	0,57%	27.12	14.12

Aktie Turbo/05 **IBM** **WKN: 851399**

Jahreszyklus:

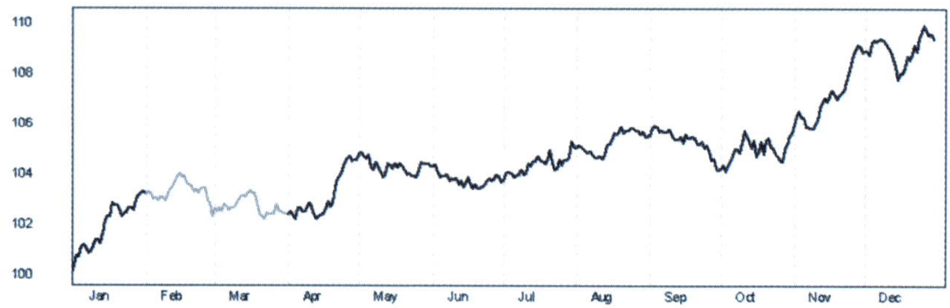

Erfolgreichster Anlage–Zeitraum: 10 Monate zwischen 31. März und 31. Januar

Buy & Hold vs. Anlage–Zyklus:

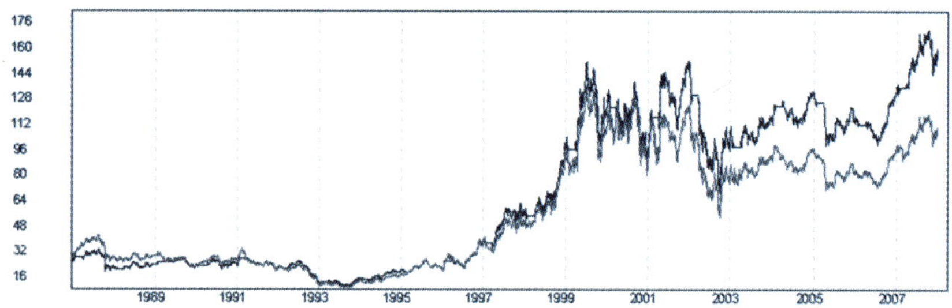

Vergleich: Buy & Hold vs. Anlage–Zyklus

	Buy & Hold	**Anlage–Zyklus**
Kurs 31.12.07:	108,10	155,89
Startkurs:	30,31	27,76
Gesamtperformance seit 02.01.1987:	256,65%	461,56%
All–Time–High:	138,25	172,48
Erreicht am:	13.07.1999	16.10.2007
Das wäre aus einer Anlage von 10.000 geworden:		
Anlage vor 10 Jahren:	21.068,02	28.112,96
Anlage seit 1987:	35.664,80	56.156,16

Jahres-Hochs und -Tiefs

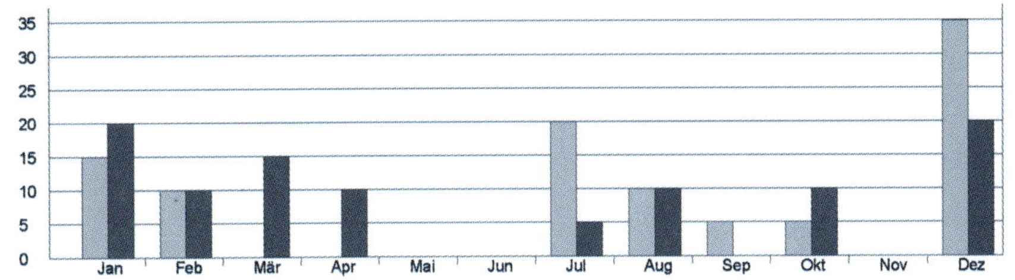

Rendite-Viereck

Jan		9,37	9,48	6,81	7,77	8,62	7,49	6,81	8,13	6,44	3,54	3,30
Feb	−0,22		8,54	6,01	6,87	7,93	6,91	6,33	7,77	6,01	2,95	2,85
Mär	−0,65	0,25		6,56	7,61	8,67	7,09	6,87	8,29	6,24	3,21	2,86
Apr	1,69	2,30	2,25		10,61	11,69	10,23	9,65	11,00	9,10	5,77	5,56
Mai	0,91	1,71	1,87	−0,46		11,97	9,86	9,54	11,01	8,82	5,25	5,05
Jun	0,89	1,54	1,31	−1,08	−0,90		10,06	9,65	10,79	8,86	5,47	5,22
Jul	1,84	2,51	2,60	0,19	0,58	1,25		10,47	11,79	10,05	6,48	6,22
Aug	2,21	3,03	2,72	0,39	0,82	1,63	0,41		12,29	10,36	6,71	6,32
Sep	1,21	1,88	1,64	−0,81	−0,62	0,39	−1,02	−1,22		9,63	5,85	5,48
Okt	2,14	2,74	2,50	0,25	0,49	1,73	0,51	0,05	1,58		6,68	6,54
Nov	5,01	5,53	5,51	3,18	3,72	4,83	3,39	3,10	4,48	3,13		9,41
Dez	5,97	6,48	6,44	3,97	4,64	5,61	4,27	3,84	5,01	3,25	0,58	
	Jan	Feb	Mär	Apr	Mai	Jun	Jul	Aug	Sep	Okt	Nov	Dez

Monatsstatistiken

	Anzahl Monate	durchschn. Performance	positive Monate	durchschn. Performance	negative Monate	durchschn. Performance	Gewinn-Wahrscheinlichkeit	Monats-hoch am	Monats-tief am
Jan	21	3,12%	13	7,41%	8	−3,86%	0,62%	31.01	01.01
Feb	21	−1,15%	8	6,08%	13	−5,60%	0,38%	15.02	29.02
Mar	21	−0,55%	10	5,31%	11	−5,88%	0,48%	16.03	22.03
Apr	21	3,23%	13	10,06%	8	−7,88%	0,62%	27.04	13.04
May	21	1,81%	11	5,44%	10	−2,19%	0,52%	02.05	11.05
Jun	21	−0,51%	9	5,17%	12	−4,77%	0,43%	02.06	21.06
Jul	21	2,55%	11	8,08%	10	−3,53%	0,52%	30.07	01.07
Aug	21	−0,39%	10	6,11%	11	−6,30%	0,48%	20.08	12.08
Sep	21	−1,62%	11	5,00%	10	−8,90%	0,52%	03.09	30.09
Oct	21	1,34%	12	9,88%	9	−10,04%	0,57%	11.10	03.10
Nov	21	3,23%	12	9,16%	9	−4,67%	0,57%	28.11	08.11
Dec	21	−1,04%	11	4,95%	10	−7,63%	0,52%	27.12	15.12

Aktie Turbo/OS **Johnson & Johnson** **WKN: 853260**

Jahreszyklus:

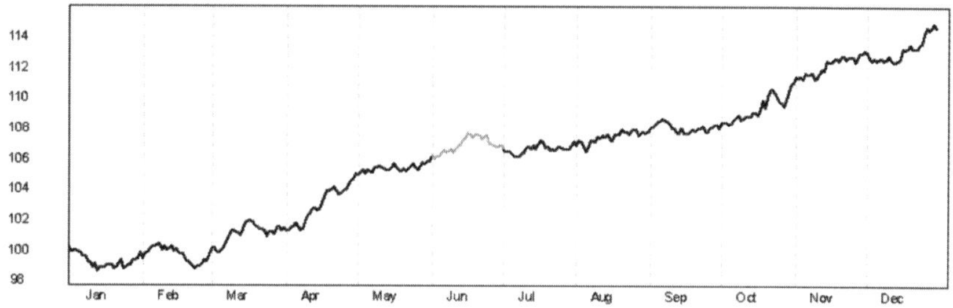

Erfolgreichster Anlage-Zeitraum: 11 Monate zwischen 30. Juni und 31. Mai

Buy & Hold vs. Anlage-Zyklus:

Vergleich: Buy & Hold vs. Anlage-Zyklus

	Buy & Hold	**Anlage-Zyklus**
Kurs 31.12.07:	66,70	48,85
Startkurs:	4,21	3,00
Gesamtperformance seit 02.01.1987:	1.484,32%	1.529,51%
All-Time-High:	69,40	50,09
Erreicht am:	15.04.2005	29.11.2007
Das wäre aus einer Anlage von 10.000 geworden:		
Anlage vor 10 Jahren:	19.040,82	18.889,38
Anlage seit 1987:	158.432,30	162.951,41

Jahres-Hochs und -Tiefs

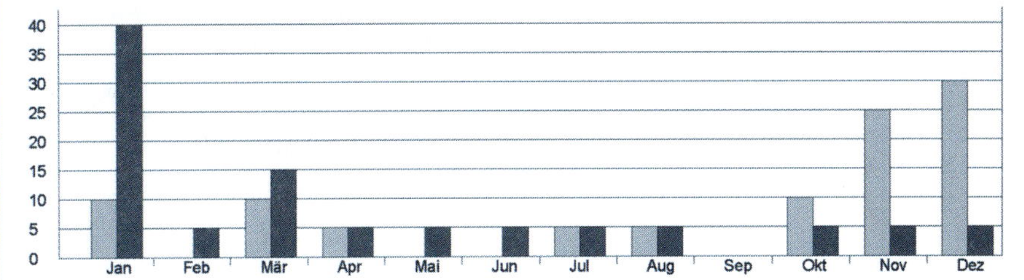

Rendite-Viereck

	Jan	Feb	Mär	Apr	Mai	Jun	Jul	Aug	Sep	Okt	Nov	Dez
Jan		13,87	12,13	8,13	7,40	6,45	6,17	5,66	5,64	2,90	0,89	−0,24
Feb	−0,30		12,19	8,15	7,33	6,18	5,85	5,57	5,73	2,88	0,91	−0,29
Mär	1,44	1,75		10,51	9,68	8,51	8,04	7,78	7,92	4,95	2,91	1,69
Apr	4,80	5,27	3,49		13,86	12,59	12,19	11,83	11,91	8,80	6,60	5,36
Mai	5,58	6,06	4,26	0,70		13,76	13,29	12,83	12,99	9,83	7,59	6,31
Jun	6,74	7,23	5,46	1,73	1,00		14,39	13,89	14,04	10,86	8,61	7,42
Jul	6,73	7,19	5,45	1,78	1,07	0,14		13,86	13,98	10,88	8,59	7,31
Aug	7,24	7,84	6,05	2,35	1,73	0,84	0,70		14,52	11,36	9,14	7,88
Sep	7,04	7,62	6,00	2,34	1,75	0,84	0,60	0,05		10,99	8,74	7,46
Okt	9,73	10,25	8,53	4,80	4,15	3,34	3,14	2,65	2,66		11,33	9,90
Nov	11,83	12,42	10,74	6,82	6,13	5,25	5,07	4,57	4,58	1,86		11,93
Dez	13,42	14,04	12,30	8,29	7,56	6,69	6,40	5,88	5,87	3,17	1,23	

Monatsstatistiken

	Anzahl Monate	durchschn. Performance	positive Monate	durchschn. Performance	negative Monate	durchschn. Performance	Gewinn-Wahrscheinlichkeit	Monats-hoch am	Monats-tief am
Jan	21	−0,29%	11	5,68%	10	−6,85%	0,52%	01.01	25.01
Feb	21	0,25%	12	4,65%	9	−5,60%	0,57%	08.02	23.02
Mar	21	0,84%	11	6,08%	10	−4,93%	0,52%	17.03	04.03
Apr	21	3,49%	13	7,05%	8	−2,30%	0,62%	30.04	01.04
May	21	1,14%	12	4,24%	9	−2,98%	0,57%	31.05	01.05
Jun	21	0,08%	10	5,58%	11	−4,93%	0,48%	16.06	02.06
Jul	21	1,74%	13	5,71%	8	−4,71%	0,62%	17.07	08.07
Aug	21	0,57%	12	4,44%	9	−4,60%	0,57%	25.08	05.08
Sep	21	0,97%	11	4,97%	10	−3,43%	0,52%	06.09	17.09
Oct	21	2,67%	15	5,37%	6	−4,06%	0,71%	31.10	04.10
Nov	21	1,66%	12	4,72%	9	−2,42%	0,57%	30.11	09.11
Dec	21	1,49%	14	4,23%	7	−3,98%	0,67%	30.12	05.12

Aktie Turbo/os **JP Morgan** **WKN: 850628**

Jahreszyklus:

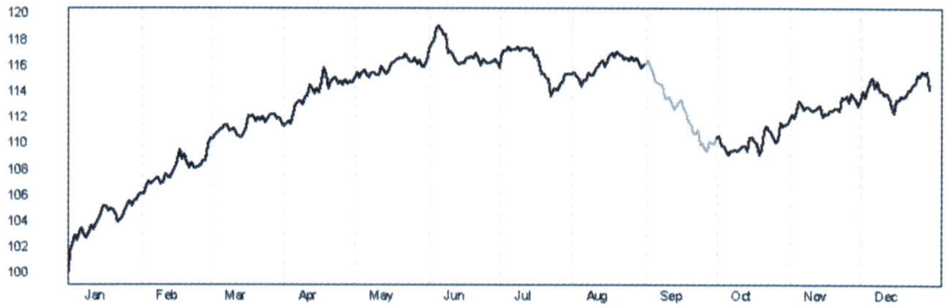

Erfolgreichster Anlage-Zeitraum: 11 Monate zwischen 30. September und 31. August

Buy & Hold vs. Anlage-Zyklus:

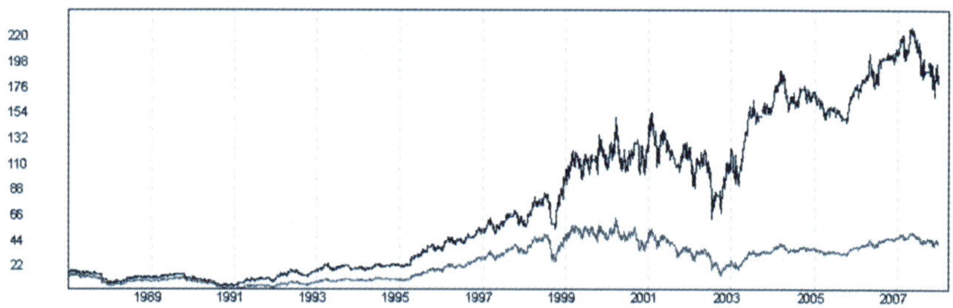

Vergleich: Buy & Hold vs. Anlage-Zyklus

	Buy & Hold	Anlage-Zyklus
Kurs 31.12.07:	43,65	182,90
Startkurs:	14,29	17,28
Gesamtperformance seit 02.01.1987:	205,46%	958,44%
All-Time-High:	65,67	229,42
Erreicht am:	23.03.2000	09.05.2007
Das wäre aus einer Anlage von 10.000 geworden:		
Anlage vor 10 Jahren:	10.917,96	27.016,90
Anlage seit 1987:	30.545,84	105.844,42

Aktie JP Morgan WKN: 850628

Jahres-Hochs und -Tiefs

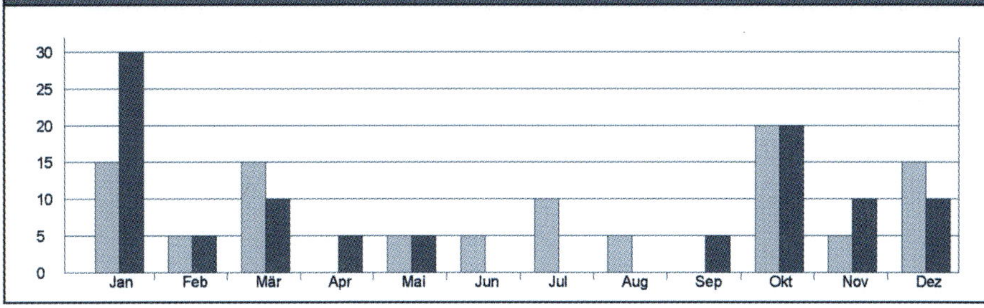

Rendite-Viereck

Jan		9,22	8,16	4,03	2,92	2,99	3,05	2,91	9,10	7,30	6,51	5,66
Feb	2,71		12,11	7,62	6,34	6,22	5,65	5,69	12,48	10,79	9,73	8,38
Mär	4,17	1,52		9,44	7,87	7,70	7,33	7,65	15,00	12,86	11,53	9,75
Apr	7,17	4,27	2,87		9,44	9,59	9,38	9,65	17,80	15,98	14,51	12,89
Mai	9,11	6,02	4,68	1,54		12,08	11,98	11,85	20,21	18,90	17,49	14,81
Jun	8,77	5,57	4,33	1,20	-0,23		12,00	12,21	20,32	18,53	16,96	14,33
Jul	8,54	4,97	3,89	0,39	-1,00	-0,74		11,17	19,24	17,82	16,01	14,12
Aug	8,88	5,42	4,27	0,89	-0,45	-0,11	0,62		20,12	18,39	16,15	14,52
Sep	4,71	1,20	0,33	-3,18	-4,27	-4,19	-4,21	-5,03		13,34	10,96	10,16
Okt	5,43	1,75	0,88	-2,85	-3,97	-4,01	-3,87	-4,36	1,05		12,18	10,93
Nov	6,05	2,40	1,69	-2,13	-3,32	-3,47	-2,88	-3,06	2,61	1,27		11,46
Dez	7,37	3,55	2,69	-1,12	-2,23	-2,28	-2,02	-2,15	3,66	1,91	0,91	
	Jan	Feb	Mär	Apr	Mai	Jun	Jul	Aug	Sep	Okt	Nov	Dez

Monatsstatistiken

	Anzahl Monate	durchschn. Performance	positive Monate	durchschn. Performance	negative Monate	durchschn. Performance	Gewinn-Wahrscheinlichkeit	Monats-hoch am	Monats-tief am
Jan	21	5,22%	16	8,07%	5	-3,90%	0,76%	31.01	01.01
Feb	21	2,66%	11	10,04%	10	-5,45%	0,52%	29.02	02.02
Mar	21	1,59%	10	8,71%	11	-4,88%	0,48%	28.03	01.03
Apr	21	3,14%	12	10,29%	9	-6,38%	0,57%	18.04	01.04
May	21	2,44%	14	5,50%	7	-3,69%	0,67%	22.05	01.05
Jun	21	-0,03%	12	4,81%	9	-6,48%	0,57%	05.06	23.06
Jul	21	-0,62%	9	9,14%	12	-7,94%	0,43%	05.07	23.07
Aug	21	0,10%	13	5,17%	8	-8,14%	0,62%	20.08	05.08
Sep	21	-4,97%	11	3,86%	10	-14,67%	0,52%	02.09	27.09
Oct	21	0,46%	12	8,06%	9	-9,66%	0,57%	28.10	19.10
Nov	21	0,73%	10	9,23%	11	-6,99%	0,48%	27.11	01.11
Dec	21	0,48%	11	6,13%	10	-5,73%	0,52%	30.12	15.12

Aktie Turbo/OS **McDonalds** **WKN: 856958**

Jahreszyklus:

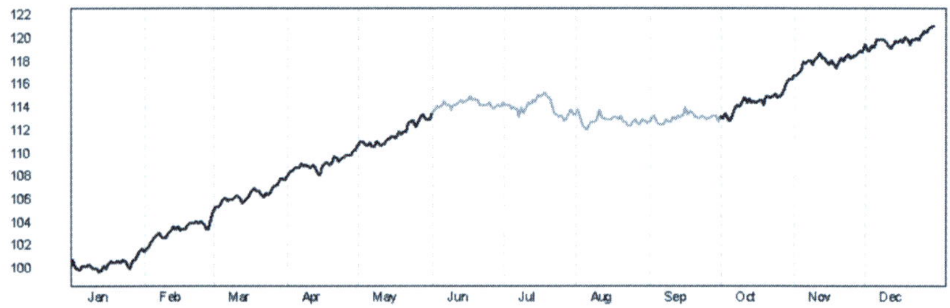

Erfolgreichster Anlage-Zeitraum: 8 Monate zwischen 30. September und 31. Mai

Buy & Hold vs. Anlage-Zyklus:

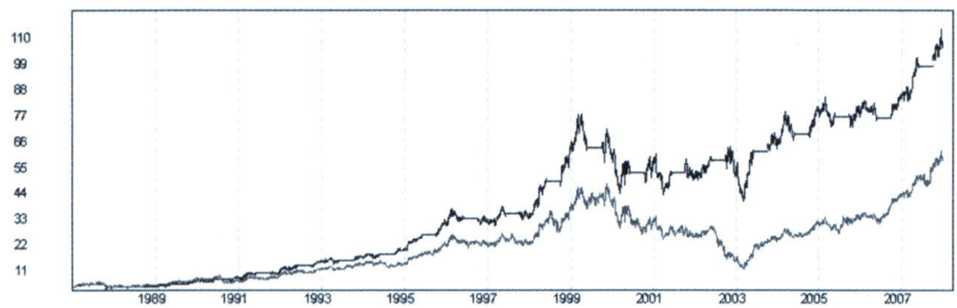

Vergleich: Buy & Hold vs. Anlage-Zyklus

	Buy & Hold	Anlage-Zyklus
Kurs 31.12.07:	58,91	106,91
Startkurs:	4,63	4,62
Gesamtperformance seit 02.01.1987:	1.172,35%	2.213,91%
All-Time-High:	63,13	114,56
Erreicht am:	11.12.2007	11.12.2007

Das wäre aus einer Anlage von 10.000 geworden:

Anlage vor 10 Jahren:	22.255,38	26.780,02
Anlage seit 1987:	127.235,42	231.390,54

Aktie	McDonalds	WKN: 856958

Jahres-Hochs und -Tiefs

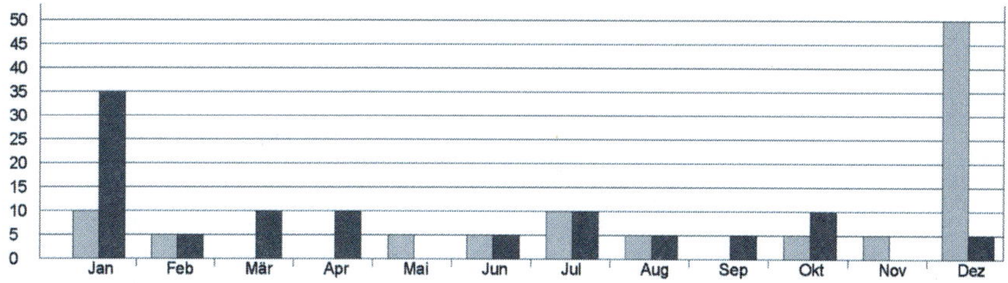

Rendite-Viereck

Jan		17,61	13,66	10,87	8,53	7,12	7,85	8,98	8,69	5,17	3,27	1,34
Feb	1,88		15,68	12,89	10,58	8,96	9,68	11,03	11,16	7,52	5,38	3,43
Mär	5,15	3,22		17,04	14,73	12,99	13,77	15,27	15,31	11,49	9,20	7,23
Apr	7,71	5,70	2,28		17,39	15,69	16,60	18,05	18,43	14,36	12,11	10,27
Mai	10,18	8,19	4,73	2,29		18,81	19,66	21,06	21,46	17,49	15,20	13,18
Jun	11,54	9,37	5,75	3,16	0,92		20,92	22,43	22,89	18,76	16,40	14,51
Jul	10,18	8,21	4,77	2,35	0,20	-0,67		20,53	20,85	16,96	14,47	12,64
Aug	9,26	7,40	3,99	1,65	-0,46	-1,39	-0,85		19,93	15,99	13,54	11,71
Sep	9,89	7,85	4,46	2,17	0,20	-0,90	-0,65	0,21		16,32	13,76	11,91
Okt	13,22	10,95	7,32	4,86	2,81	1,67	2,27	3,28	3,30		17,42	15,47
Nov	15,66	13,21	9,52	6,83	4,73	3,40	4,15	5,28	5,28	1,95		18,19
Dez	18,49	15,85	11,97	9,22	6,98	5,60	6,27	7,39	7,03	3,77	1,87	
	Jan	Feb	Mär	Apr	Mai	Jun	Jul	Aug	Sep	Okt	Nov	Dez

Monatsstatistiken

	Anzahl Monate	durchschn. Performance	positive Monate	durchschn. Performance	negative Monate	durchschn. Performance	Gewinn-Wahrscheinlichkeit	Monatshoch am	Monatstief am
Jan	21	1,20%	14	5,14%	7	-6,68%	0,67%	31.01	13.01
Feb	21	1,12%	10	6,77%	11	-4,03%	0,48%	29.02	01.02
Mar	21	2,29%	14	6,09%	7	-5,31%	0,67%	30.03	01.03
Apr	21	1,95%	13	5,95%	8	-4,54%	0,62%	30.04	01.04
May	21	3,03%	15	6,21%	6	-4,93%	0,71%	28.05	08.05
Jun	21	-0,80%	9	4,79%	12	-4,99%	0,43%	17.06	01.06
Jul	21	0,49%	10	6,39%	11	-4,87%	0,48%	19.07	27.07
Aug	21	-2,22%	8	3,26%	13	-5,60%	0,38%	11.08	06.08
Sep	21	0,67%	15	4,97%	6	-10,08%	0,71%	16.09	07.09
Oct	21	1,67%	13	6,12%	8	-5,57%	0,62%	30.10	05.10
Nov	21	3,21%	16	5,35%	5	-3,64%	0,76%	29.11	01.11
Dec	21	1,27%	12	5,23%	9	-4,02%	0,57%	31.12	03.12

Jahreszyklus:

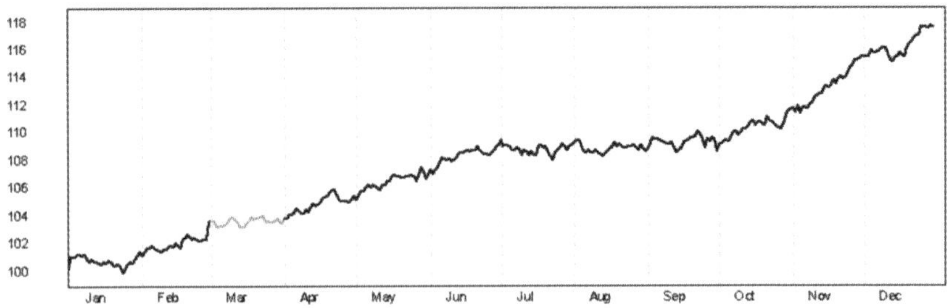

Erfolgreichster Anlage–Zeitraum: 11 Monate zwischen 31. März und 28. Februar

Buy & Hold vs. Anlage–Zyklus:

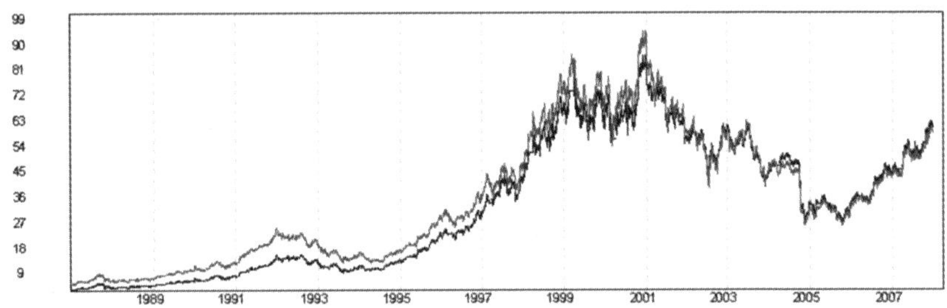

Vergleich: Buy & Hold vs. Anlage–Zyklus

	Buy & Hold	Anlage–Zyklus
Kurs 31.12.07:	58,11	59,96
Startkurs:	5,22	3,40
Gesamtperformance seit 02.01.1987:	1.013,22%	1.662,54%
All–Time–High:	94,88	86,16
Erreicht am:	29.11.2000	29.11.2000

Das wäre aus einer Anlage von 10.000 geworden:

Anlage vor 10 Jahren:	10.421,45	11.863,43
Anlage seit 1987:	111.321,84	176.253,50

Jahres-Hochs und -Tiefs

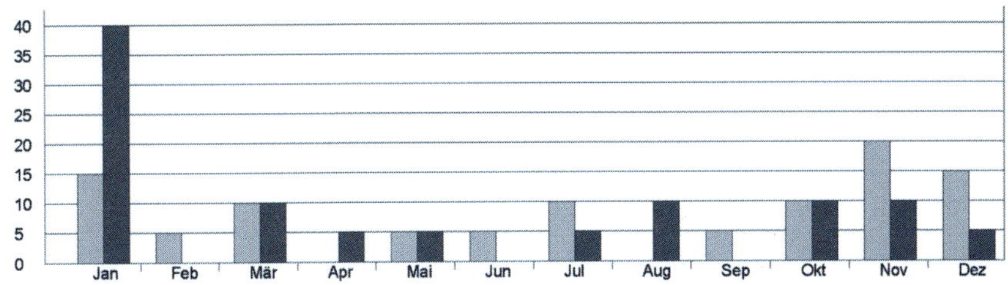

Rendite-Viereck

Jan		13,91	13,96	12,01	10,20	7,97	7,97	8,52	8,73	5,84	2,41	0,59
Feb	1,09		15,34	13,66	11,79	9,23	9,20	9,81	10,30	7,63	4,09	2,00
Mär	0,94	-0,21		13,77	11,97	9,35	9,35	9,96	10,56	7,76	4,19	2,06
Apr	2,60	1,57	1,80		14,10	11,48	11,42	11,97	12,62	9,80	6,20	4,04
Mai	4,18	3,14	3,32	1,45		13,82	13,70	14,21	14,91	11,97	8,24	6,05
Jun	6,40	5,22	5,30	3,46	2,06		16,52	16,97	17,68	14,62	10,74	8,45
Jul	6,51	5,33	5,37	3,50	1,97	-0,01		17,61	18,27	15,31	11,37	8,85
Aug	5,88	4,76	4,81	3,02	1,52	-0,45	-0,45		17,53	14,63	10,70	8,16
Sep	5,78	4,77	4,85	3,04	1,61	-0,44	-0,57	-0,12		14,48	10,45	8,00
Okt	8,38	7,32	7,32	5,51	3,99	1,98	2,05	2,54	2,87		13,09	10,80
Nov	12,10	11,00	11,08	9,15	7,49	5,47	5,56	6,09	6,37	3,29		14,62
Dez	14,23	13,13	13,13	11,04	9,28	7,18	7,18	7,71	7,99	5,12	1,84	
	Jan	Feb	Mär	Apr	Mai	Jun	Jul	Aug	Sep	Okt	Nov	Dez

Monatsstatistiken

	Anzahl Monate	durchschn. Performance	positive Monate	durchschn. Performance	negative Monate	durchschn. Performance	Gewinn-Wahrscheinlichkeit	Monats-hoch am	Monats-tief am
Jan	21	1,38%	13	7,35%	8	-8,32%	0,62%	08.01	24.01
Feb	21	0,99%	12	6,68%	9	-6,61%	0,57%	29.02	01.02
Mar	21	-2,24%	11	1,56%	10	-6,41%	0,52%	23.03	04.03
Apr	21	2,21%	14	5,41%	7	-4,20%	0,67%	21.04	01.04
May	21	2,53%	14	5,47%	7	-3,35%	0,67%	28.05	01.05
Jun	21	1,48%	12	7,00%	9	-5,89%	0,57%	30.06	02.06
Jul	21	0,68%	10	6,81%	11	-4,89%	0,48%	01.07	23.07
Aug	21	-1,63%	7	4,82%	14	-4,85%	0,33%	02.08	13.08
Sep	21	0,50%	14	5,19%	7	-8,90%	0,67%	22.09	13.09
Oct	21	3,15%	14	8,07%	7	-6,68%	0,67%	31.10	01.10
Nov	21	3,32%	15	6,59%	6	-4,85%	0,71%	30.11	04.11
Dec	21	1,11%	11	7,21%	10	-5,59%	0,52%	30.12	13.12

Aktie Turbo/OS **Microsoft** **WKN: 870747**

Jahreszyklus:

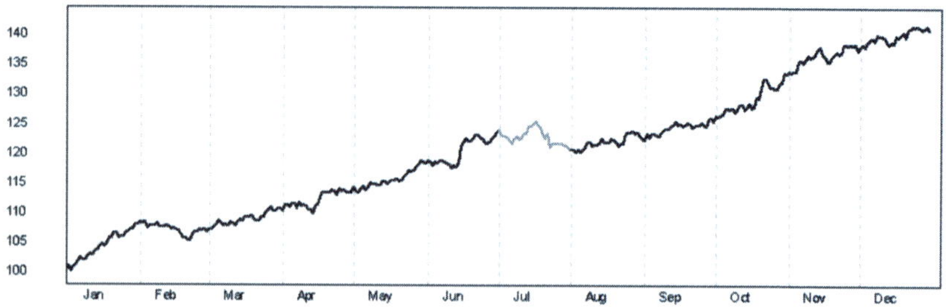

Erfolgreichster Anlage-Zeitraum: 11 Monate zwischen 31. Juli und 30. Juni

Buy & Hold vs. Anlage-Zyklus:

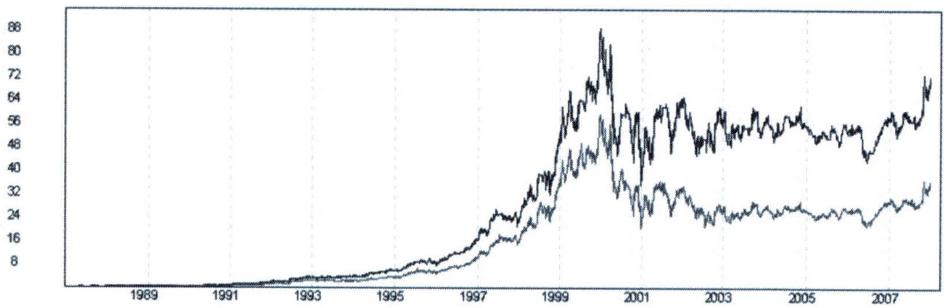

Vergleich: Buy & Hold vs. Anlage-Zyklus

	Buy & Hold	**Anlage-Zyklus**
Kurs 31.12.07:	35,60	70,59
Startkurs:	0,17	0,19
Gesamtperformance seit 02.01.1987:	20.841,18%	37.646,25%
All-Time-High:	59,56	88,72
Erreicht am:	27.12.1999	27.12.1999
Das wäre aus einer Anlage von 10.000 geworden:		
Anlage vor 10 Jahren:	18.359,41	25.318,77
Anlage seit 1987:	2.094.117,65	3.774.625,19

Jahres-Hochs und -Tiefs

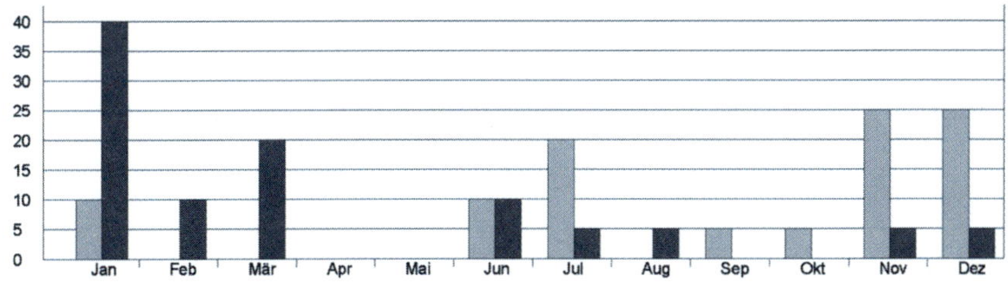

Rendite-Viereck

Jan		32,63	34,06	30,47	24,93	20,45	23,88	22,72	20,18	13,69	9,63	7,17
Feb	−0,64		34,72	30,84	24,75	20,47	23,97	22,51	20,07	14,13	9,49	7,39
Mär	2,97	3,60		37,42	30,93	26,50	30,20	28,75	26,12	19,12	13,54	11,31
Apr	4,70	5,05	2,31		32,83	28,70	32,65	31,07	28,39	20,90	15,40	13,95
Mai	9,55	9,72	7,03	4,25		35,37	39,69	37,88	34,71	26,58	20,69	19,11
Jun	14,20	14,33	10,83	8,63	4,60		44,37	42,01	38,70	31,08	25,47	23,50
Jul	11,38	11,46	8,01	5,48	1,60	−2,78		39,08	35,88	28,56	22,85	20,90
Aug	12,96	13,10	9,19	6,88	2,79	−1,09	1,56		40,43	32,17	25,50	23,27
Sep	16,22	16,02	11,92	9,38	5,06	1,27	3,82	2,09		36,77	29,52	27,19
Okt	20,17	20,35	17,84	15,21	10,68	6,69	9,42	7,76	5,90		33,19	30,62
Nov	22,60	22,60	22,11	18,95	14,07	10,12	12,93	11,47	9,42	3,00		33,20
Dez	26,83	26,63	25,41	22,03	16,94	13,13	15,98	14,35	11,86	5,84	2,76	
	Jan	Feb	Mär	Apr	Mai	Jun	Jul	Aug	Sep	Okt	Nov	Dez

Monatsstatistiken

	Anzahl Monate	durchschn. Performance	positive Monate	durchschn. Performance	negative Monate	durchschn. Performance	Gewinn-Wahrscheinlichkeit	Monatshoch am	Monatstief am
Jan	21	5,28%	14	12,97%	7	−10,11%	0,67%	31.01	03.01
Feb	21	−0,64%	9	6,00%	12	−5,61%	0,43%	03.02	22.02
Mar	21	3,60%	13	9,48%	8	−5,97%	0,62%	27.03	02.03
Apr	21	1,94%	13	10,22%	8	−11,50%	0,62%	25.04	14.04
May	21	4,02%	15	7,59%	6	−4,91%	0,71%	29.05	03.05
Jun	21	5,22%	14	11,26%	7	−6,88%	0,67%	30.06	11.06
Jul	21	−2,48%	10	3,73%	11	−8,13%	0,48%	17.07	31.07
Aug	21	1,64%	14	6,80%	7	−8,69%	0,67%	27.08	03.08
Sep	21	2,19%	14	6,76%	7	−6,94%	0,67%	29.09	01.09
Oct	21	4,76%	14	10,28%	7	−6,28%	0,67%	30.10	02.10
Nov	21	1,68%	12	7,96%	9	−6,69%	0,57%	24.11	02.11
Dec	21	2,89%	14	8,64%	7	−8,61%	0,67%	23.12	01.12

Aktie Turbo/OS **Pfizer** **WKN: 852009**

Jahreszyklus:

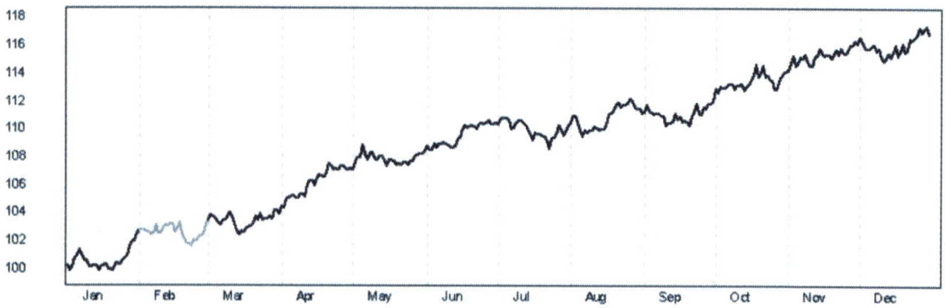

Erfolgreichster Anlage-Zeitraum: 11 Monate zwischen 28. Februar und 31. Januar

Buy & Hold vs. Anlage-Zyklus:

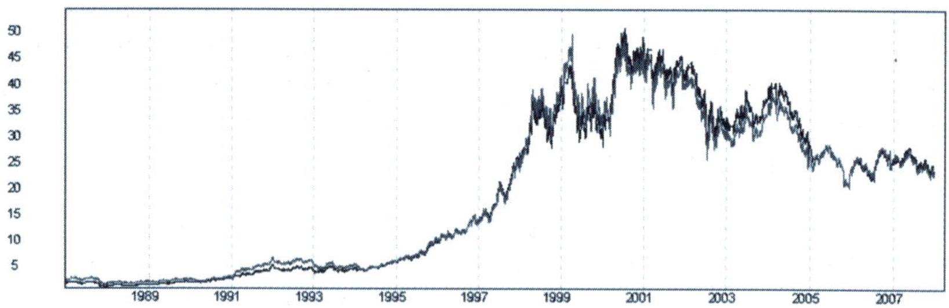

Vergleich: Buy & Hold vs. Anlage-Zyklus

	Buy & Hold	**Anlage-Zyklus**
Kurs 31.12.07:	22,73	23,36
Startkurs:	2,58	2,07
Gesamtperformance seit 02.01.1987:	781,01%	1.027,47%
All-Time-High:	50,00	51,11
Erreicht am:	12.04.1999	11.07.2000

Das wäre aus einer Anlage von 10.000 geworden:

Anlage vor 10 Jahren:	7.811,00	8.353,47
Anlage seit 1987:	88.100,78	112.746,62

Aktie Pfizer WKN: 852009

Jahres-Hochs und -Tiefs

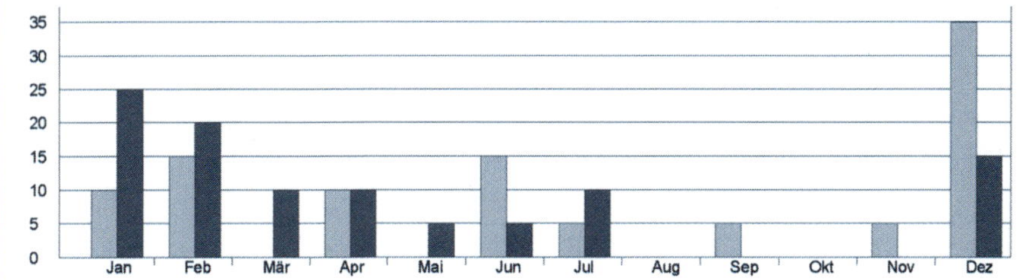

Rendite-Viereck

Jan		15,75	14,85	11,27	9,80	7,95	7,86	7,38	6,26	4,37	2,67	2,21
Feb	0,30		16,69	13,07	11,39	9,05	8,62	8,52	7,28	5,34	3,34	2,61
Mär	1,18	0,88		14,76	13,10	10,66	10,14	9,99	8,73	6,59	4,53	3,91
Apr	4,08	3,88	2,94		16,42	13,83	13,38	12,98	11,66	9,27	7,22	6,72
Mai	5,10	5,06	4,07	1,03		15,43	14,80	14,16	12,94	10,46	8,23	7,80
Jun	7,14	6,98	5,89	2,76	1,79		17,25	16,46	15,20	12,55	10,22	9,97
Jul	6,69	6,47	5,54	2,49	1,43	-0,21		16,21	15,01	12,37	10,01	9,54
Aug	7,10	6,92	6,11	3,12	2,09	0,58	0,86		14,69	12,27	9,90	9,35
Sep	8,04	7,95	7,15	3,90	2,93	1,36	1,51	0,78		12,97	10,73	10,14
Okt	10,00	9,97	9,29	5,97	4,84	3,25	3,40	2,58	1,72		12,72	12,20
Nov	12,26	12,47	11,73	8,23	6,89	5,33	5,37	4,60	3,65	1,78		14,26
Dez	13,51	13,44	12,56	8,95	7,52	5,92	5,85	5,22	4,21	2,26	0,57	
	Jan	Feb	Mär	Apr	Mai	Jun	Jul	Aug	Sep	Okt	Nov	Dez

Monatsstatistiken

	Anzahl Monate	durchschn. Performance	positive Monate	durchschn. Performance	negative Monate	durchschn. Performance	Gewinn-Wahr-scheinlichkeit	Monats-hoch am	Monats-tief am
Jan	21	2,78%	13	7,86%	8	-5,47%	0,62%	31.01	03.01
Feb	21	-0,79%	9	5,49%	12	-5,49%	0,43%	14.02	23.02
Mar	21	0,77%	12	4,99%	9	-4,86%	0,57%	30.03	14.03
Apr	21	2,83%	15	6,39%	6	-6,08%	0,71%	21.04	02.04
May	21	1,14%	12	5,59%	9	-4,79%	0,57%	05.05	01.05
Jun	21	0,64%	9	6,39%	12	-3,66%	0,43%	27.06	03.06
Jul	21	0,78%	9	8,67%	12	-5,13%	0,43%	03.07	23.07
Aug	21	-0,11%	11	5,23%	10	-5,98%	0,52%	26.08	06.08
Sep	21	1,13%	10	6,37%	11	-3,63%	0,48%	30.09	20.09
Oct	21	1,76%	15	6,06%	6	-8,98%	0,71%	18.10	02.10
Nov	21	1,29%	13	5,13%	8	-4,94%	0,62%	29.11	01.11
Dec	21	1,00%	11	6,93%	10	-5,52%	0,52%	30.12	11.12

Aktie *Turbo/OS* **Procter & Gamble** **WKN: 852062**

Jahreszyklus:

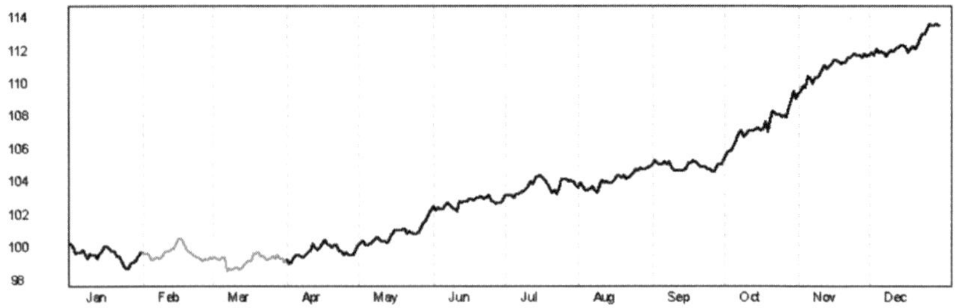

Erfolgreichster Anlage–Zeitraum: 10 Monate zwischen 31. März und 31. Januar

Buy & Hold vs. Anlage–Zyklus:

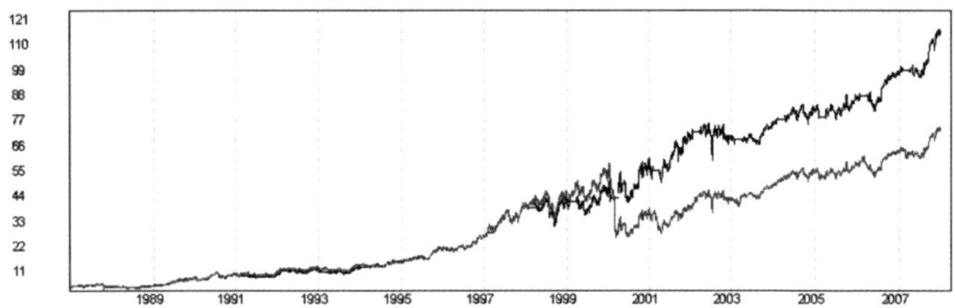

Vergleich: Buy & Hold vs. Anlage–Zyklus

	Buy & Hold	Anlage–Zyklus
Kurs 31.12.07:	73,42	115,71
Startkurs:	4,85	4,86
Gesamtperformance seit 02.01.1987:	1.413,81%	2.279,40%
All–Time–High:	74,67	117,68
Erreicht am:	12.12.2007	12.12.2007

Das wäre aus einer Anlage von 10.000 geworden:

Anlage vor 10 Jahren:	17.610,94	29.389,65
Anlage seit 1987:	151.381,44	237.939,53

Jahres-Hochs und -Tiefs

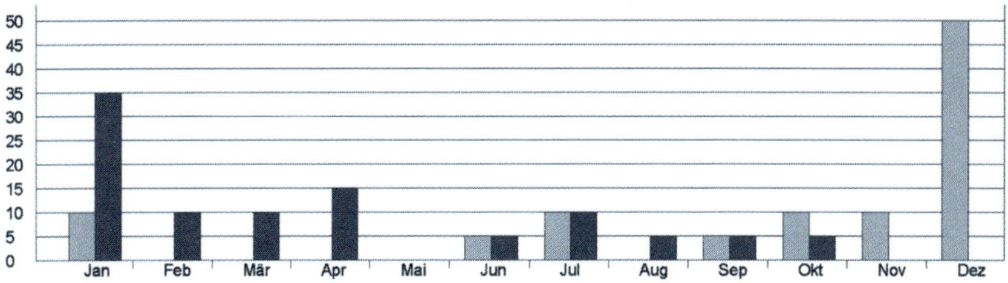

Rendite-Viereck

Jan		11,75	12,34	11,62	9,40	8,97	8,12	6,96	6,98	3,09	0,79	−0,85
Feb	−0,47		12,31	11,60	9,21	8,64	7,70	6,73	6,94	2,97	0,72	−0,97
Mär	−0,64	−0,29		11,57	9,19	8,49	7,55	6,70	6,96	2,93	0,67	−1,02
Apr	−0,09	0,27	0,66		10,12	9,38	8,42	7,52	7,73	3,72	1,47	−0,25
Mai	1,97	2,34	2,82	2,08		11,77	10,80	9,83	10,09	5,97	3,69	1,89
Jun	2,75	3,08	3,37	2,70	0,64		11,66	10,77	10,99	6,85	4,48	2,78
Jul	3,48	3,89	4,25	3,54	1,42	0,88		11,43	11,55	7,44	5,06	3,28
Aug	4,36	4,85	5,24	4,62	2,56	2,07	1,20		12,63	8,39	5,97	4,20
Sep	4,22	4,75	5,26	4,61	2,62	2,22	1,32	0,11		8,26	5,84	4,09
Okt	7,81	8,28	8,84	8,17	6,10	5,66	4,83	3,70	3,71		9,48	7,62
Nov	10,51	10,98	11,62	10,88	8,73	8,32	7,44	6,27	6,20	2,39		10,15
Dez	12,38	12,85	13,50	12,75	10,51	10,10	9,18	7,93	7,87	4,03	1,64	
	Jan	Feb	Mär	Apr	Mai	Jun	Jul	Aug	Sep	Okt	Nov	Dez

Monatsstatistiken

	Anzahl Monate	durchschn. Performance	positive Monate	durchschn. Performance	negative Monate	durchschn. Performance	Gewinn-Wahrscheinlichkeit	Monats-hoch am	Monats-tief am
Jan	21	−0,82%	10	4,21%	11	−5,41%	0,48%	01.01	25.01
Feb	21	−0,42%	8	3,49%	13	−2,83%	0,38%	16.02	26.02
Mar	21	−1,08%	10	5,29%	11	−6,87%	0,48%	20.03	07.03
Apr	21	0,93%	13	3,28%	8	−2,89%	0,62%	17.04	02.04
May	21	3,09%	14	5,46%	7	−1,66%	0,67%	31.05	05.05
Jun	21	−0,58%	11	3,90%	10	−5,51%	0,52%	24.06	11.06
Jul	21	0,82%	10	5,68%	11	−3,60%	0,48%	16.07	05.07
Aug	21	1,86%	11	7,00%	10	−3,79%	0,52%	31.08	09.08
Sep	21	1,61%	12	5,79%	9	−3,96%	0,57%	02.09	27.09
Oct	21	3,64%	14	7,54%	7	−4,16%	0,67%	30.10	01.10
Nov	21	2,19%	13	5,18%	8	−2,67%	0,62%	25.11	01.11
Dec	21	3,00%	17	4,12%	4	−1,76%	0,81%	30.12	08.12

Aktie Turbo/OS United Technologies WKN: 852759

Jahreszyklus:

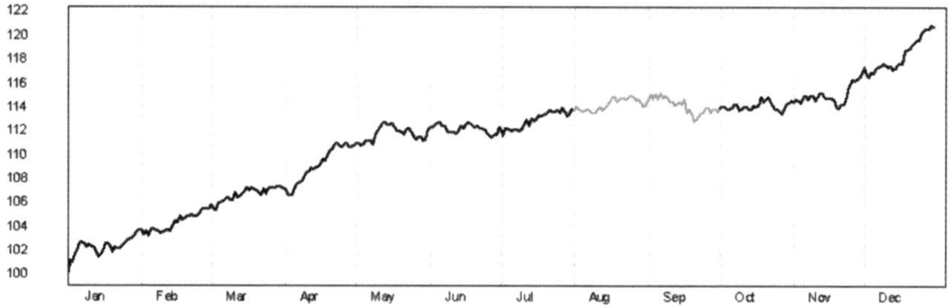

Erfolgreichster Anlage−Zeitraum: 10 Monate zwischen 30. September und 31. Juli

Buy & Hold vs. Anlage−Zyklus:

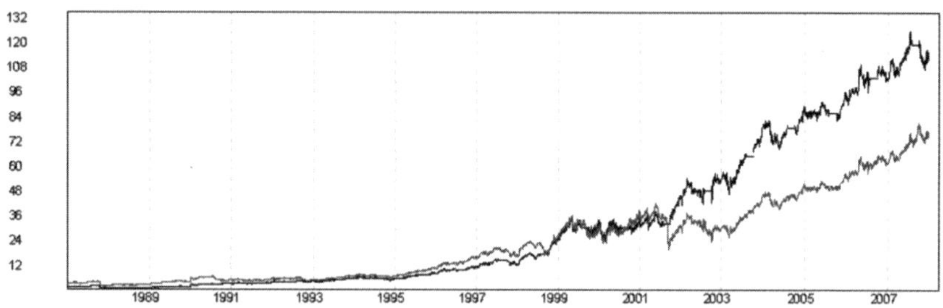

Vergleich: Buy & Hold vs. Anlage−Zyklus

	Buy & Hold	Anlage−Zyklus
Kurs 31.12.07:	76,54	114,19
Startkurs:	4,04	2,34
Gesamtperformance seit 02.01.1987:	1.794,55%	4.781,01%
All−Time−High:	82,09	126,99
Erreicht am:	01.10.2007	19.07.2007
Das wäre aus einer Anlage von 10.000 geworden:		
Anlage vor 10 Jahren:	35.525,64	69.561,01
Anlage seit 1987:	189.455,45	488.100,74

Jahres-Hochs und -Tiefs

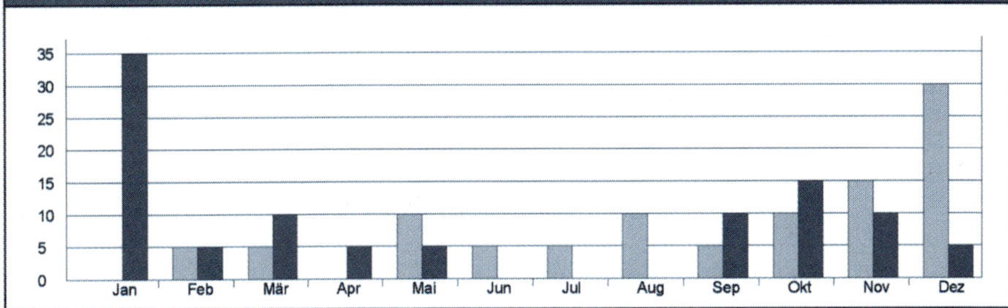

Rendite-Viereck

Jan		17,18	15,24	11,56	10,33	10,36	9,00	8,54	9,78	8,64	7,01	3,73
Feb	1,47		16,69	13,14	11,90	11,95	10,63	10,20	11,69	10,31	8,53	5,22
Mär	3,00	1,51		14,73	13,60	13,67	12,33	12,03	13,53	12,07	10,30	6,90
Apr	6,36	4,95	3,26		18,10	18,12	16,82	16,47	17,75	16,29	14,43	10,93
Mai	7,27	5,93	4,32	1,07		18,98	17,80	17,30	18,65	17,22	15,46	11,95
Jun	7,80	6,33	4,56	1,15	0,22		19,08	18,58	20,01	18,39	16,46	12,96
Jul	8,64	7,36	5,73	2,42	1,33	1,32		18,77	20,34	18,84	16,93	13,40
Aug	9,03	7,89	6,23	2,90	1,81	1,69	0,37		20,05	18,51	16,77	13,25
Sep	8,31	7,19	5,53	2,25	1,19	1,14	-0,29	-0,62		17,47	15,84	12,39
Okt	8,67	7,75	6,01	2,60	1,49	1,64	0,34	0,13	0,92		16,55	13,05
Nov	10,79	9,79	8,10	4,58	3,39	3,43	2,11	1,89	2,83	1,68		15,51
Dez	14,07	13,02	11,24	7,71	6,54	6,57	5,24	4,91	6,09	4,89	3,24	
	Jan	Feb	Mär	Apr	Mai	Jun	Jul	Aug	Sep	Okt	Nov	Dez

Monatsstatistiken

	Anzahl Monate	durchschn. Performance	positive Monate	durchschn. Performance	negative Monate	durchschn. Performance	Gewinn-Wahrscheinlichkeit	Monats-hoch am	Monats-tief am
Jan	21	3,35%	14	7,89%	7	−5,73%	0,67%	31.01	01.01
Feb	21	1,99%	14	4,75%	7	−3,54%	0,67%	29.02	09.02
Mar	21	1,67%	12	6,02%	9	−4,13%	0,57%	29.03	03.03
Apr	21	2,01%	13	5,35%	8	−3,41%	0,62%	27.04	03.04
May	21	1,17%	10	5,80%	11	−3,03%	0,48%	13.05	03.05
Jun	21	1,19%	11	5,45%	10	−3,50%	0,52%	17.06	27.06
Jul	21	2,01%	14	4,58%	7	−3,13%	0,67%	27.07	02.07
Aug	21	−2,11%	11	3,06%	10	−7,80%	0,52%	25.08	10.08
Sep	21	−1,50%	10	5,43%	11	−7,79%	0,48%	06.09	20.09
Oct	21	1,61%	14	7,40%	7	−9,97%	0,67%	18.10	27.10
Nov	21	1,09%	11	5,44%	10	−3,70%	0,52%	30.11	20.11
Dec	21	4,61%	17	6,44%	4	−3,17%	0,81%	30.12	03.12

Aktie	Verizon Communications	WKN: 868402

Jahreszyklus:

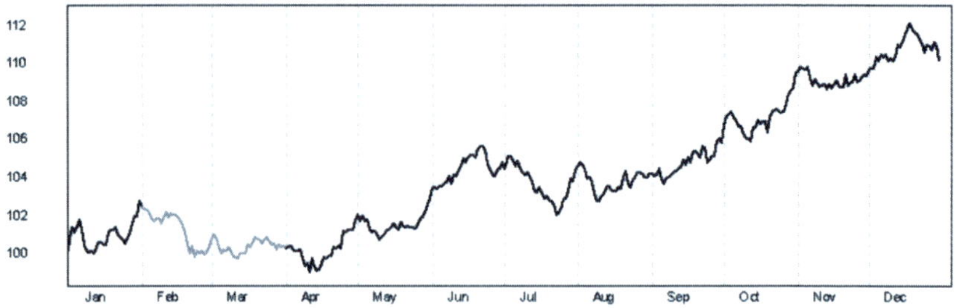

Erfolgreichster Anlage-Zeitraum: 10 Monate zwischen 31. März und 31. Januar

Buy & Hold vs. Anlage-Zyklus:

Vergleich: Buy & Hold vs. Anlage-Zyklus

	Buy & Hold	**Anlage-Zyklus**
Kurs 31.12.07:	43,69	81,30
Startkurs:	17,44	16,04
Gesamtperformance seit 02.01.1987:	150,52%	406,80%
All-Time-High:	69,50	110,92
Erreicht am:	04.10.1999	04.10.1999

Das wäre aus einer Anlage von 10.000 geworden:

Anlage vor 10 Jahren:	9.817,98	11.537,50
Anlage seit 1987:	25.051,61	50.679,83

Jahres-Hochs und -Tiefs

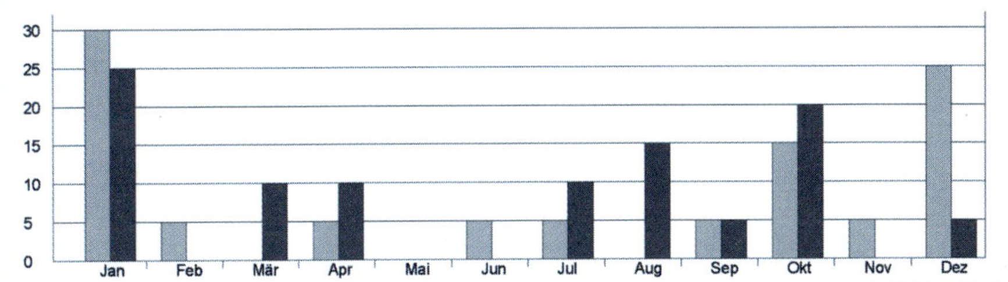

Rendite-Viereck

	Jan	Feb	Mär	Apr	Mai	Jun	Jul	Aug	Sep	Okt	Nov	Dez
Jan		9,90	10,08	8,44	7,64	5,56	6,32	7,09	5,66	2,16	2,44	1,73
Feb	-2,27		8,02	6,35	6,02	3,78	4,62	5,29	4,11	0,87	0,76	0,03
Mär	-2,29	0,19		6,51	6,14	3,73	4,62	5,38	4,08	0,83	0,59	-0,13
Apr	-1,14	1,43	1,43		7,61	5,26	6,28	7,06	5,77	2,23	1,84	1,17
Mai	-0,23	2,27	2,34	0,93		6,48	7,39	8,06	6,79	3,27	2,86	2,07
Jun	1,67	4,09	4,36	2,79	1,94		9,78	10,46	9,21	5,53	4,91	4,13
Jul	1,40	3,72	3,98	2,32	1,48	-0,48		9,80	8,62	5,04	4,78	3,93
Aug	1,16	3,29	3,61	1,99	1,19	-0,87	-0,51		8,37	4,80	4,67	3,79
Sep	2,54	4,88	5,27	3,51	2,77	0,65	0,98	1,64		6,20	6,19	5,36
Okt	5,20	7,71	7,80	6,28	5,44	3,47	4,10	4,96	3,41		8,87	7,94
Nov	5,39	7,83	7,95	6,40	5,54	3,59	4,34	5,29	3,81	0,16		8,06
Dez	6,54	8,92	9,17	7,44	6,54	4,52	5,14	5,94	4,49	1,03	0,81	

Monatsstatistiken

	Anzahl Monate	durchschn. Performance	positive Monate	durchschn. Performance	negative Monate	durchschn. Performance	Gewinn-Wahrscheinlichkeit	Monatshoch am	Monatstief am
Jan	21	0,66%	13	5,60%	8	-7,36%	0,62%	31.01	12.01
Feb	21	-2,64%	7	3,44%	14	-5,68%	0,33%	01.02	23.02
Mar	21	-0,16%	9	6,62%	12	-5,24%	0,43%	02.03	12.03
Apr	21	1,39%	13	5,47%	8	-5,26%	0,62%	30.04	11.04
May	21	0,64%	11	5,41%	10	-4,62%	0,52%	31.05	10.05
Jun	21	1,99%	14	4,84%	7	-3,71%	0,67%	22.06	03.06
Jul	21	-0,95%	11	3,06%	10	-5,35%	0,52%	03.07	23.07
Aug	21	-1,02%	9	4,19%	12	-4,92%	0,43%	02.08	09.08
Sep	21	2,75%	15	6,01%	6	-5,41%	0,71%	29.09	06.09
Oct	21	3,38%	11	8,83%	10	-2,62%	0,52%	31.10	12.10
Nov	21	-0,48%	8	5,46%	13	-4,13%	0,38%	02.11	13.11
Dec	21	0,70%	11	4,76%	10	-3,77%	0,52%	18.12	01.12

Aktie Turbo /OS **Wal-Mart** **WKN: 860853**

Jahreszyklus:

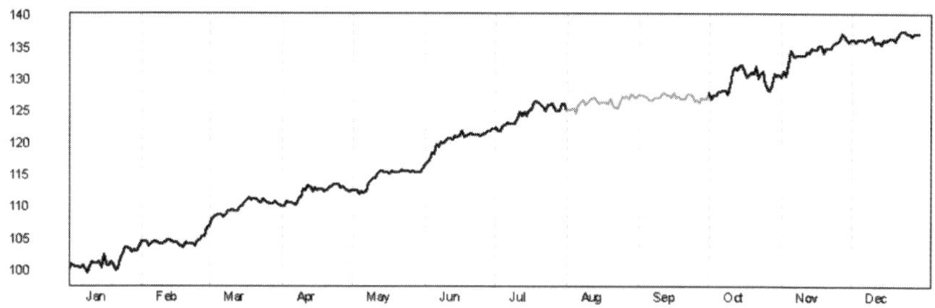

Erfolgreichster Anlage-Zeitraum: 10 Monate zwischen 30. September und 31. Juli

Buy & Hold vs. Anlage-Zyklus:

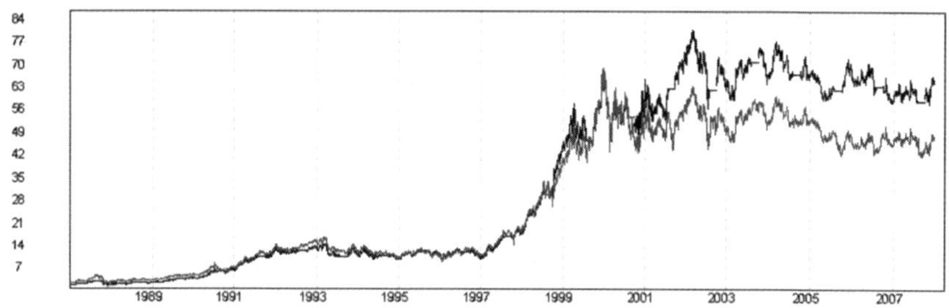

Vergleich: Buy & Hold vs. Anlage-Zyklus

	Buy & Hold	**Anlage-Zyklus**
Kurs 31.12.07:	47,53	64,72
Startkurs:	2,92	2,23
Gesamtperformance seit 02.01.1987:	1.527,74%	2.805,82%
All-Time-High:	69,75	81,46
Erreicht am:	28.12.1999	15.03.2002

Das wäre aus einer Anlage von 10.000 geworden:

Anlage vor 10 Jahren:	20.947,55	29.542,61
Anlage seit 1987:	162.773,97	290.582,25

Aktie **Wal-Mart** **WKN: 860853**

Jahres-Hochs und -Tiefs

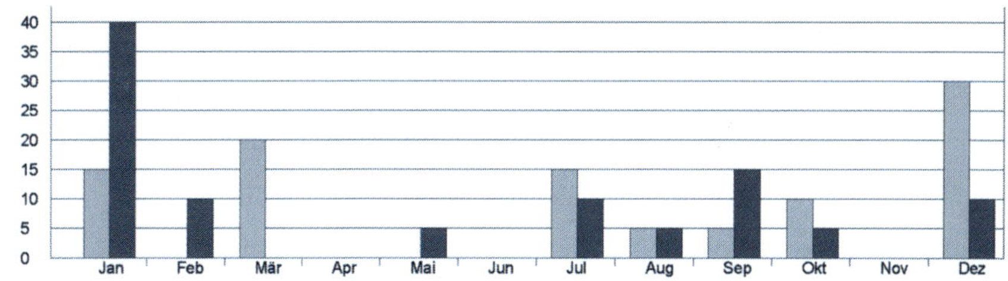

Rendite-Viereck

Jan		23,97	20,23	17,96	14,46	9,14	6,26	5,99	6,54	4,96	2,46	2,00
Feb	1,93		23,49	21,34	17,34	11,26	8,39	7,68	8,35	6,83	3,99	3,64
Mär	4,96	2,93		26,52	22,42	15,75	12,85	11,30	11,90	10,64	7,47	7,17
Apr	6,27	4,21	1,53		24,59	17,82	14,93	12,87	13,44	11,62	8,27	7,89
Mai	9,74	7,64	4,46	3,11		21,75	18,79	16,72	17,24	15,97	12,37	11,84
Jun	15,85	13,81	9,97	8,67	5,16		25,84	23,14	23,79	22,65	19,13	18,71
Jul	18,52	16,39	13,14	11,57	8,05	3,27		25,73	26,36	25,40	21,79	21,28
Aug	19,13	16,64	13,28	11,37	8,06	3,19	0,33		27,04	26,14	21,99	21,75
Sep	18,39	16,01	12,69	10,74	7,54	2,66	−0,24	−0,48		25,33	21,21	20,94
Okt	20,53	18,03	14,52	12,93	9,54	4,92	1,89	1,52	2,02		23,66	23,30
Nov	25,10	22,58	18,30	16,40	12,86	7,53	5,16	4,37	4,86	2,88		28,10
Dez	25,81	23,26	19,21	16,89	13,64	8,17	5,70	5,36	5,76	3,69	0,77	
	Jan	Feb	Mär	Apr	Mai	Jun	Jul	Aug	Sep	Okt	Nov	Dez

Monatsstatistiken

	Anzahl Monate	durchschn. Performance	positive Monate	durchschn. Performance	negative Monate	durchschn. Performance	Gewinn-Wahrscheinlichkeit	Monats-hoch am	Monats-tief am
Jan	21	0,89%	14	5,01%	7	−7,34%	0,67%	31.01	21.01
Feb	21	2,77%	15	6,01%	6	−5,31%	0,71%	29.02	19.02
Mar	21	3,22%	14	6,51%	7	−3,34%	0,67%	18.03	01.03
Apr	21	−0,90%	8	4,58%	13	−4,27%	0,38%	24.04	01.04
May	21	2,32%	15	5,05%	6	−4,49%	0,71%	31.05	04.05
Jun	21	3,38%	15	6,07%	6	−3,34%	0,71%	30.06	01.06
Jul	21	1,80%	13	6,66%	8	−6,08%	0,62%	19.07	03.07
Aug	21	−1,71%	9	5,39%	12	−7,03%	0,43%	29.08	05.08
Sep	21	−0,63%	10	3,83%	11	−4,70%	0,48%	12.09	27.09
Oct	21	1,51%	13	6,88%	8	−7,21%	0,62%	15.10	02.10
Nov	21	3,17%	14	7,42%	7	−5,34%	0,67%	27.11	01.11
Dec	21	0,81%	12	6,00%	9	−6,10%	0,57%	23.12	14.12

Aktie Turbolos **Walt Disney** **WKN: 855686**

Jahreszyklus:

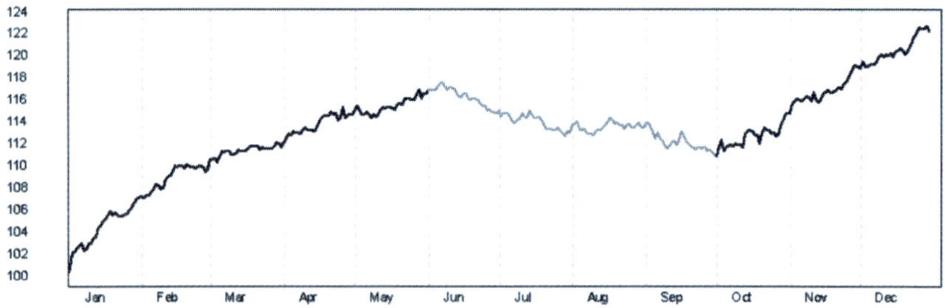

Erfolgreichster Anlage-Zeitraum: 8 Monate zwischen 30. September und 31. Mai

Buy & Hold vs. Anlage-Zyklus:

Vergleich: Buy & Hold vs. Anlage-Zyklus

	Buy & Hold	Anlage-Zyklus
Kurs 31.12.07:	32,28	834,46
Startkurs:	3,74	16,31
Gesamtperformance seit 02.01.1987:	763,10%	5.017,19%
All-Time-High:	43,31	916,93
Erreicht am:	28.04.2000	05.10.2007

Das wäre aus einer Anlage von 10.000 geworden:

Anlage vor 10 Jahren:	8.463,56	47.157,43
Anlage seit 1987:	86.310,16	511.718,87

Jahres-Hochs und -Tiefs

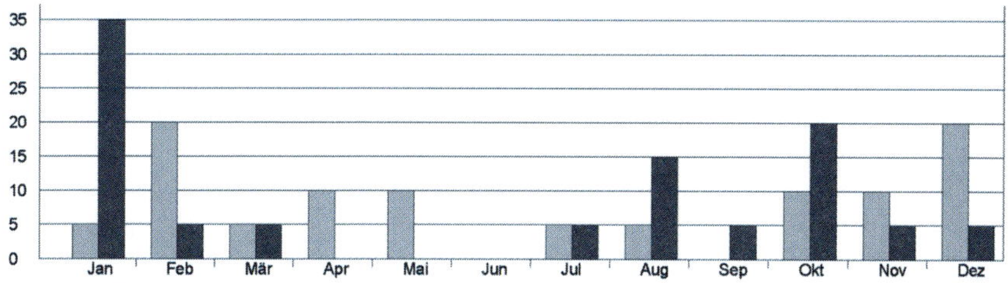

Rendite-Viereck

	Jan	Feb	Mär	Apr	Mai	Jun	Jul	Aug	Sep	Okt	Nov	Dez
Jan		16,00	12,69	10,71	7,84	11,57	13,48	14,09	16,62	12,86	9,28	7,86
Feb	3,77		15,28	13,55	10,69	14,40	16,75	17,10	20,36	16,38	12,44	9,68
Mär	4,20	3,73		14,76	12,50	16,02	18,60	19,25	22,91	18,85	15,00	12,25
Apr	6,50	4,27	4,52		16,55	19,14	21,89	22,35	25,88	21,67	17,40	14,61
Mai	8,21	5,57	4,07	1,47		20,64	24,19	25,11	29,22	24,97	20,20	17,24
Jun	6,36	3,85	2,50	0,36	−0,56		22,91	23,03	26,73	22,51	17,95	15,18
Jul	3,83	1,06	−0,66	−2,78	−3,00	−1,35		19,26	23,22	19,58	15,42	12,41
Aug	4,35	2,36	0,64	−2,05	−3,34	−0,76	−0,01		23,80	19,88	15,40	12,72
Sep	2,22	0,47	−1,65	−4,01	−5,87	−3,42	−2,30	−1,39		18,16	13,57	10,94
Okt	5,05	3,09	0,54	−1,46	−4,08	−0,87	0,57	0,82	4,00		16,79	14,03
Nov	8,61	6,64	3,96	1,98	−0,26	2,52	4,25	4,61	6,73	4,69		17,67
Dez	11,13	9,25	6,36	4,48	1,74	5,00	6,48	7,08	9,18	5,88	4,01	

Monatsstatistiken

	Anzahl Monate	durchschn. Performance	positive Monate	durchschn. Performance	negative Monate	durchschn. Performance	Gewinn-Wahrscheinlichkeit	Monats-hoch am	Monats-tief am
Jan	21	6,41%	18	8,42%	3	−5,64%	0,86%	31.01	01.01
Feb	21	3,67%	15	6,40%	6	−3,18%	0,71%	20.02	02.02
Mar	21	−0,75%	9	4,40%	12	−4,61%	0,43%	29.03	04.03
Apr	21	1,51%	13	5,35%	8	−4,72%	0,62%	26.04	01.04
May	21	2,14%	14	4,89%	7	−3,36%	0,67%	28.05	08.05
Jun	21	−1,72%	8	5,21%	13	−5,99%	0,38%	07.06	30.06
Jul	21	−1,23%	8	5,43%	13	−5,34%	0,38%	01.07	29.07
Aug	21	−2,28%	7	4,32%	14	−5,59%	0,33%	17.08	10.08
Sep	21	−2,10%	9	4,10%	12	−6,75%	0,43%	02.09	30.09
Oct	21	2,46%	18	4,83%	3	−11,78%	0,86%	31.10	01.10
Nov	21	3,83%	15	8,82%	6	−8,63%	0,71%	29.11	01.11
Dec	21	0,47%	14	4,36%	7	−7,32%	0,67%	30.12	03.12

8. S&P100-Aktien im Anlagezyklus

Jahreszyklus:

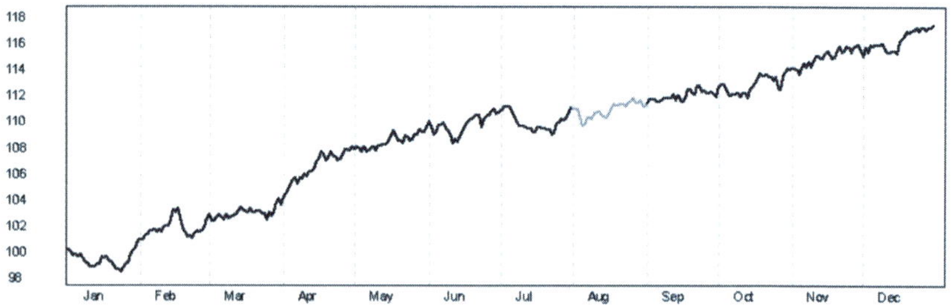

Erfolgreichster Anlage–Zeitraum: 11 Monate zwischen 31. August und 31. Juli

Buy & Hold vs. Anlage–Zyklus:

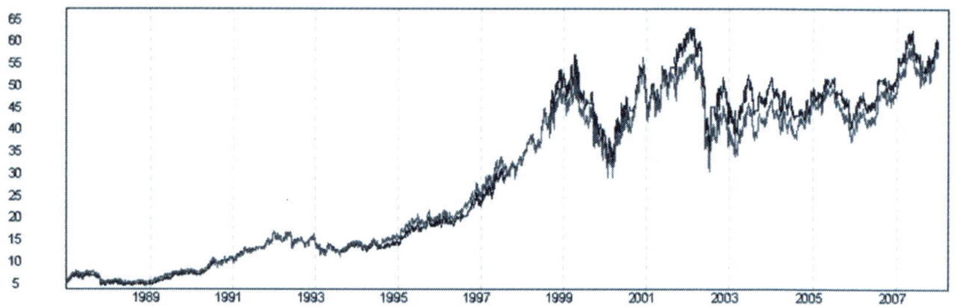

Vergleich: Buy & Hold vs. Anlage–Zyklus

	Buy & Hold	Anlage–Zyklus
Kurs 31.12.07:	56,15	58,11
Startkurs:	5,94	5,50
Gesamtperformance seit 02.01.1987:	845,29%	956,90%
All–Time–High:	59,43	63,45
Erreicht am:	18.05.2007	31.01.2002

Das wäre aus einer Anlage von 10.000 geworden:

Anlage vor 10 Jahren:	15.126,62	15.604,33
Anlage seit 1987:	94.528,62	105.689,74

Jahres-Hochs und -Tiefs

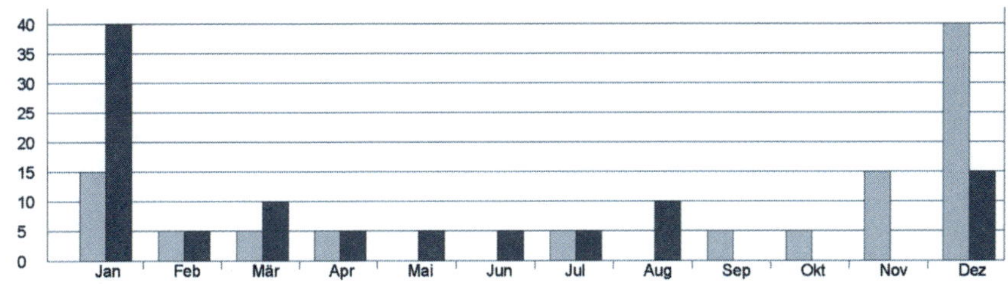

Rendite-Viereck

Jan		14,49	13,07	8,76	6,93	5,76	5,57	5,62	5,06	3,51	2,37	0,56
Feb	1,33		15,62	10,93	8,86	7,16	6,79	6,95	6,59	5,07	4,07	2,14
Mär	2,26	0,91		12,14	10,11	8,32	7,97	8,03	7,80	6,20	5,05	3,11
Apr	5,77	4,48	3,57		13,74	12,07	11,68	11,73	11,43	9,67	8,47	6,49
Mai	7,72	6,36	5,25	1,35		14,14	13,75	13,68	13,44	11,65	10,34	8,44
Jun	9,00	7,59	6,16	2,64	1,17		15,08	14,98	14,88	13,09	11,70	9,83
Jul	8,98	7,45	6,17	2,79	1,30	0,28		15,00	14,83	13,04	11,73	9,87
Aug	8,77	7,35	6,09	2,52	1,13	0,13	-0,03		14,45	12,68	11,53	9,59
Sep	9,18	7,76	6,66	3,13	1,60	0,68	0,49	0,57		12,93	11,75	10,03
Okt	10,96	9,56	8,35	4,90	3,33	2,37	2,19	2,27	1,68		13,34	11,55
Nov	13,38	12,03	10,66	6,57	4,79	3,87	3,66	3,75	3,04	1,26		13,92
Dez	15,22	13,75	12,40	8,24	6,44	5,45	5,23	5,31	4,63	2,93	1,82	
	Jan	Feb	Mär	Apr	Mai	Jun	Jul	Aug	Sep	Okt	Nov	Dez

Monatsstatistiken

	Anzahl Monate	durchschn. Performance	positive Monate	durchschn. Performance	negative Monate	durchschn. Performance	Gewinn-Wahrscheinlichkeit	Monats-hoch am	Monats-tief am
Jan	21	−0,74%	9	5,52%	12	−5,44%	0,43%	31.01	24.01
Feb	21	1,49%	13	4,22%	8	−2,95%	0,62%	17.02	23.02
Mar	21	−0,40%	11	2,89%	10	−4,03%	0,52%	30.03	02.03
Apr	21	3,88%	16	5,62%	5	−1,70%	0,76%	30.04	01.04
May	21	1,82%	14	4,92%	7	−4,38%	0,67%	31.05	06.05
Jun	21	−0,70%	11	4,21%	10	−6,10%	0,52%	28.06	11.06
Jul	21	0,77%	11	5,55%	10	−4,49%	0,52%	05.07	23.07
Aug	21	−0,42%	12	3,01%	9	−5,00%	0,57%	26.08	05.08
Sep	21	1,95%	14	5,57%	7	−5,31%	0,67%	22.09	01.09
Oct	21	1,59%	15	4,28%	6	−5,13%	0,71%	30.10	13.10
Nov	21	1,23%	14	4,79%	7	−5,90%	0,67%	29.11	04.11
Dec	21	1,77%	14	5,34%	7	−5,37%	0,67%	31.12	01.12

Jahreszyklus:

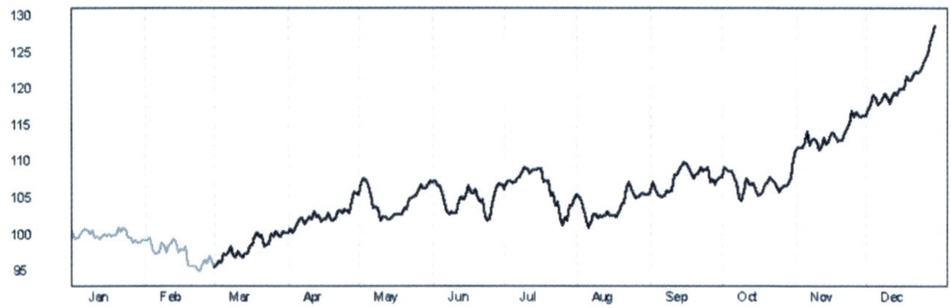

Erfolgreichster Anlage–Zeitraum: 10 Monate zwischen 28. Februar und 31. Dezember

Buy & Hold vs. Anlage–Zyklus:

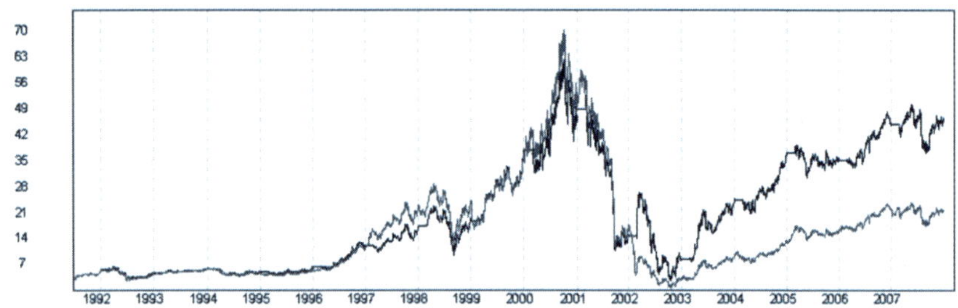

Vergleich: Buy & Hold vs. Anlage–Zyklus

	Buy & Hold	**Anlage–Zyklus**
Kurs 31.12.07:	21,39	45,15
Startkurs:	3,42	3,42
Gesamtperformance seit 27.06.1991:	526,02%	1.221,28%
All–Time–High:	70,62	62,61
Erreicht am:	02.10.2000	02.10.2000

Das wäre aus einer Anlage von 10.000 geworden:

Anlage vor 10 Jahren:	10.529,17	25.685,25
Anlage seit Börsengang:	62.602,44	132.127,65

Jahres-Hochs und -Tiefs

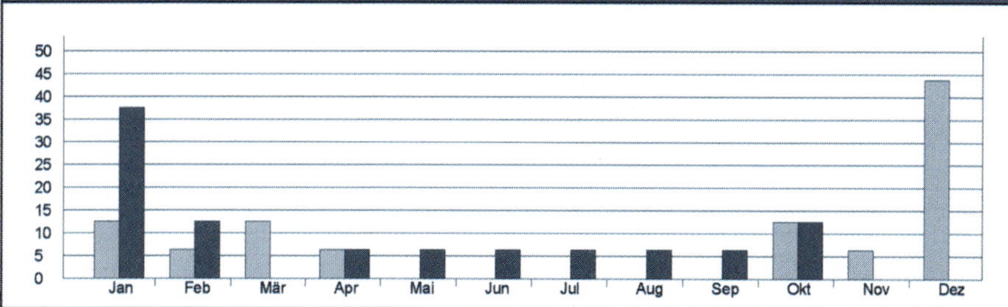

Rendite-Viereck

Jan		28,62	26,57	16,87	12,24	16,56	18,30	16,65	14,28	14,99	9,41	-1,27
Feb	-0,66		32,76	23,02	18,18	21,43	22,22	20,16	15,41	16,43	10,84	-0,71
Mär	1,15	4,73		20,05	15,79	21,08	22,53	20,55	17,11	18,55	12,73	0,36
Apr	7,64	10,36	5,73		21,90	26,50	32,37	29,19	25,54	29,21	21,67	7,22
Mai	10,55	12,23	8,44	1,36		28,59	38,40	33,20	29,92	35,32	26,47	11,02
Jun	9,06	9,43	6,74	0,14	-1,30		34,95	32,26	27,25	30,85	22,71	8,77
Jul	9,16	6,73	5,95	-1,16	-3,44	-1,21		34,44	28,34	31,84	23,61	9,39
Aug	8,50	6,75	5,88	-1,30	-4,01	-1,20	1,00		28,40	31,79	23,13	8,82
Sep	13,96	11,41	10,51	2,48	-0,76	1,93	2,82	2,67		40,23	30,57	14,82
Okt	16,08	13,27	12,16	3,70	-0,09	2,86	2,75	3,75	0,80		33,73	16,97
Nov	20,49	17,88	16,31	8,07	4,11	6,73	7,30	8,43	6,03	5,06		20,87
Dez	29,51	27,19	25,37	15,70	11,85	16,54	18,09	18,54	16,01	16,02	10,61	
	Jan	Feb	Mär	Apr	Mai	Jun	Jul	Aug	Sep	Okt	Nov	Dez

Monatsstatistiken

	Anzahl Monate	durchschn. Performance	positive Monate	durchschn. Performance	negative Monate	durchschn. Performance	Gewinn-Wahr-scheinlichkeit	Monats-hoch am	Monats-tief am
Jan	17	−1,27%	8	9,24%	9	−10,62%	0,47%	07.01	27.01
Feb	16	−0,66%	10	7,41%	6	−14,10%	0,63%	03.02	24.02
Mar	16	4,73%	8	16,21%	8	−6,74%	0,50%	30.03	01.03
Apr	16	5,73%	8	17,14%	8	−5,68%	0,50%	29.04	03.04
May	16	1,36%	8	11,49%	8	−8,76%	0,50%	03.05	14.05
Jun	16	−1,30%	10	6,29%	6	−13,95%	0,63%	02.06	24.06
Jul	17	−1,21%	8	11,09%	9	−12,14%	0,47%	10.07	26.07
Aug	17	1,00%	8	12,46%	9	−9,19%	0,47%	23.08	06.08
Sep	17	2,67%	12	10,94%	5	−17,19%	0,71%	15.09	06.09
Oct	17	0,80%	12	6,47%	5	−12,82%	0,71%	31.10	09.10
Nov	17	5,06%	11	10,08%	6	−4,15%	0,65%	27.11	11.11
Dec	17	10,61%	13	15,07%	4	−3,89%	0,76%	31.12	01.12

Jahreszyklus:

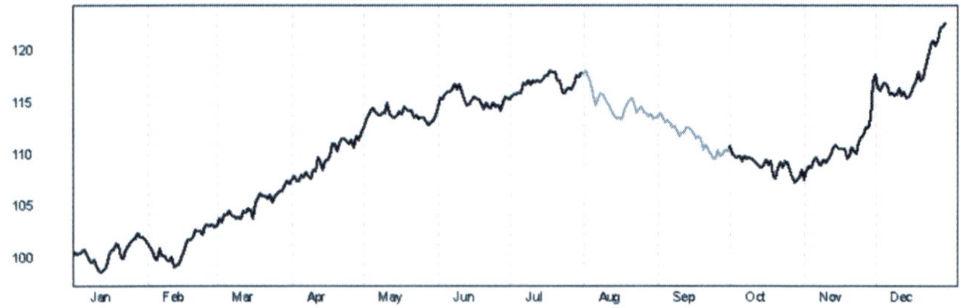

Erfolgreichster Anlage-Zeitraum: 10 Monate zwischen 30. September und 31. Juli

Buy & Hold vs. Anlage-Zyklus:

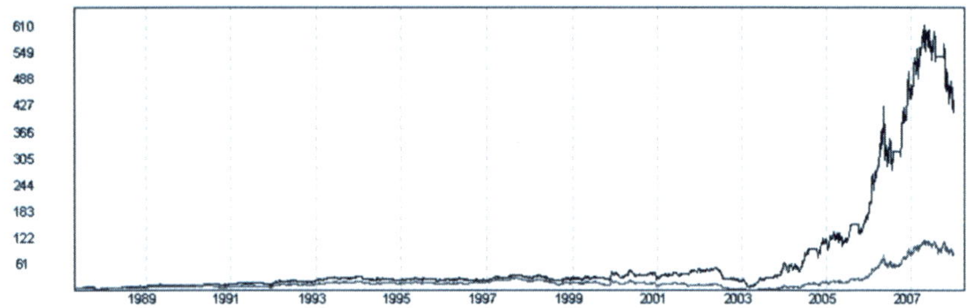

Vergleich: Buy & Hold vs. Anlage-Zyklus

	Buy & Hold	**Anlage-Zyklus**
Kurs 31.12.07:	86,40	429,46
Startkurs:	9,08	9,08
Gesamtperformance seit 08.05.1987:	851,54%	4.629,71%
All-Time-High:	118,78	618,65
Erreicht am:	23.04.2007	23.04.2007
Das wäre aus einer Anlage von 10.000 geworden:		
Anlage vor 10 Jahren:	32.752,08	122.840,21
Anlage seit 1987:	95.154,19	472.971,33

Jahres-Hochs und -Tiefs

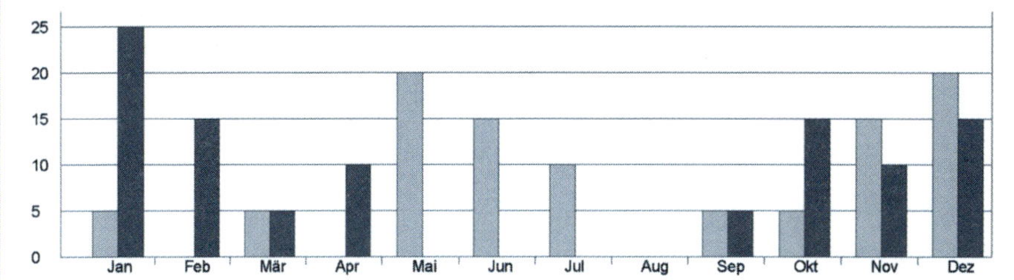

Rendite-Viereck

Jan		23,64	20,39	14,82	9,86	6,16	2,04	6,57	8,80	11,43	6,81	1,47
Feb	2,23		30,09	22,61	16,30	12,08	6,90	11,45	14,20	16,72	11,84	4,63
Mär	5,88	3,66		27,88	21,57	17,08	11,46	16,19	18,85	21,59	16,53	9,15
Apr	9,74	8,46	4,60		24,49	20,02	14,52	19,76	22,27	25,50	20,40	13,38
Mai	11,52	11,51	7,85	2,41		19,75	14,88	20,08	23,40	26,01	20,89	13,91
Jun	14,07	13,06	9,88	4,87	2,19		18,65	23,72	27,00	29,86	24,22	15,29
Jul	16,19	15,37	12,33	7,09	4,91	2,52		25,85	29,04	31,95	25,83	17,01
Aug	12,09	11,66	8,60	3,30	1,10	-0,85	-3,73		24,27	27,28	21,48	13,12
Sep	8,60	7,93	4,95	0,38	-1,39	-3,56	-6,50	-2,72		24,98	18,75	10,19
Okt	8,17	8,32	5,02	-0,39	-4,42	-6,33	-8,71	-4,79	-2,08		18,31	10,15
Nov	14,08	13,87	10,48	5,04	0,56	-2,17	-4,80	-0,75	2,00	4,15		15,76
Dez	21,09	23,75	20,61	12,91	6,69	3,80	0,36	4,62	7,72	10,06	5,73	
	Jan	Feb	Mär	Apr	Mai	Jun	Jul	Aug	Sep	Okt	Nov	Dez

Monatsstatistiken

	Anzahl Monate	durchschn. Performance	positive Monate	durchschn. Performance	negative Monate	durchschn. Performance	Gewinn-Wahr-scheinlichkeit	Monats-hoch am	Monats-tief am
Jan	21	1,47%	12	11,75%	9	−12,23%	0,57%	28.01	13.01
Feb	20	2,23%	13	8,75%	7	−9,87%	0,65%	28.02	12.02
Mar	20	3,66%	12	8,72%	8	−3,93%	0,60%	30.03	01.03
Apr	20	4,60%	13	10,86%	7	−7,01%	0,65%	30.04	04.04
May	20	2,41%	9	13,79%	11	−6,90%	0,45%	11.05	01.05
Jun	21	2,19%	13	9,81%	8	−10,20%	0,62%	08.06	27.06
Jul	21	2,52%	12	11,78%	9	−9,84%	0,57%	18.07	01.07
Aug	21	−3,73%	6	5,92%	15	−7,58%	0,29%	02.08	15.08
Sep	21	−2,72%	8	7,97%	13	−9,31%	0,38%	02.09	25.09
Oct	21	−2,08%	7	12,52%	14	−9,39%	0,33%	01.10	28.10
Nov	21	4,15%	13	9,31%	8	−4,24%	0,62%	30.11	01.11
Dec	21	5,73%	12	14,17%	9	−5,53%	0,57%	31.12	14.12

Jahreszyklus:

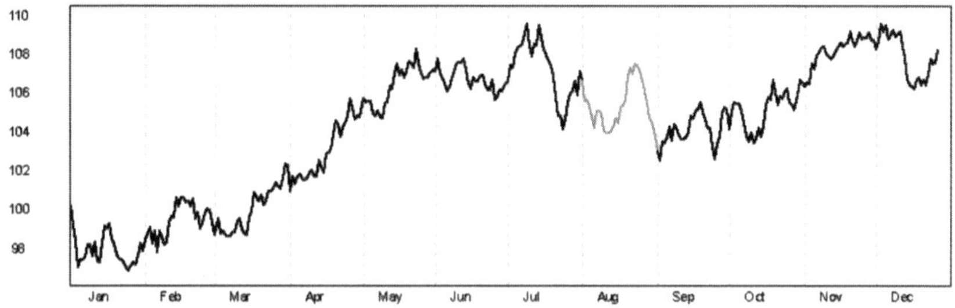

Erfolgreichster Anlage–Zeitraum: 11 Monate zwischen 31. August und 31. Juli

Buy & Hold vs. Anlage–Zyklus:

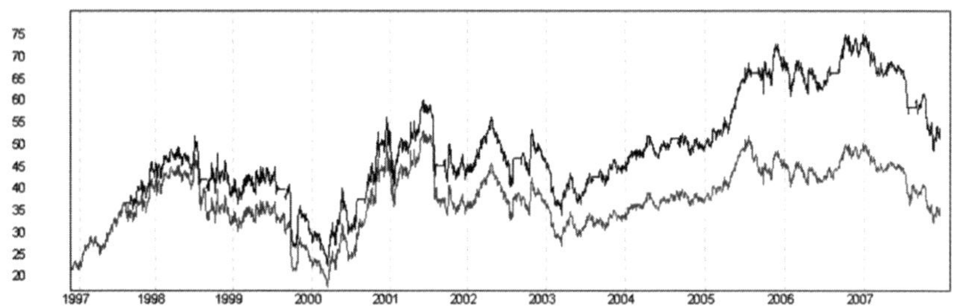

Vergleich: Buy & Hold vs. Anlage–Zyklus

	Buy & Hold	Anlage–Zyklus
Kurs 28.12.07:	35,20	52,80
Startkurs:	22,24	22,24
Gesamtperformance seit 14.11.1996:	58,26%	137,40%
All–Time–High:	53,50	75,51
Erreicht am:	31.05.2001	29.12.2006

Das wäre aus einer Anlage von 10.000 geworden:

Anlage vor 10 Jahren:	8.099,44	11.147,34
Anlage seit Börsengang:	15.826,48	23.740,13

Jahres-Hochs und -Tiefs

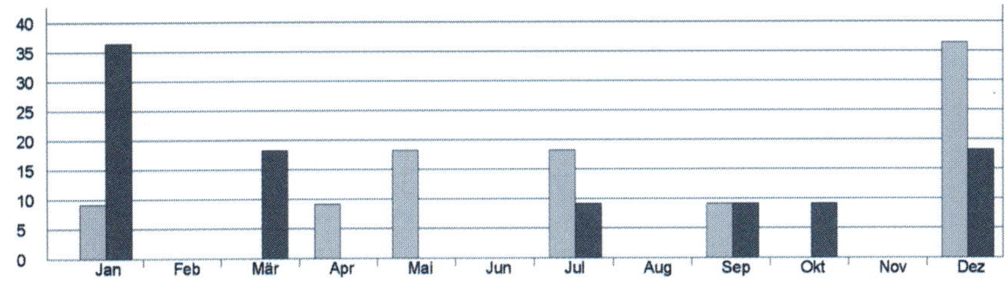

Rendite-Viereck

	Jan	Feb	Mär	Apr	Mai	Jun	Jul	Aug	Sep	Okt	Nov	Dez
Jan		4,93	1,28	-1,00	-3,54	-2,48	-4,58	-1,40	-2,81	-3,69	-3,26	-2,79
Feb	2,30		7,35	4,96	1,73	2,92	-0,50	3,09	0,91	-0,42	-0,59	-0,01
Mär	5,04	2,91		8,11	4,72	6,12	2,57	6,11	4,22	2,57	1,90	2,60
Apr	7,14	5,02	2,14		6,33	7,80	4,22	7,82	5,93	4,18	3,90	4,65
Mai	9,58	7,53	4,22	2,23		10,33	6,36	9,65	7,96	5,91	6,33	7,12
Jun	8,45	6,29	3,34	1,24	-0,78		4,57	7,81	5,97	3,97	5,51	6,18
Jul	9,18	7,44	4,28	2,07	-0,01	0,80		5,59	5,01	3,13	6,32	7,40
Aug	5,38	4,01	0,76	-1,36	-3,42	-2,40	-3,44		1,96	-0,03	2,35	3,59
Sep	7,59	6,53	2,91	0,81	-1,77	-0,53	-1,85	1,48		1,65	4,57	5,82
Okt	9,80	9,20	5,05	2,93	0,18	1,90	-0,38	2,63	1,45		6,30	8,08
Nov	11,04	10,17	6,14	3,98	1,15	2,63	0,55	3,85	2,55	1,46		9,40
Dez	11,09	10,50	6,44	4,20	1,24	2,66	0,26	3,41	1,71	0,65	-0,54	

Monatsstatistiken

	Anzahl Monate	durchschn. Performance	positive Monate	durchschn. Performance	negative Monate	durchschn. Performance	Gewinn-Wahrscheinlichkeit	Monatshoch am	Monatstief am
Jan	12	-2,79%	4	5,22%	8	-6,80%	0,33%	02.01	25.01
Feb	11	2,30%	8	6,13%	3	-7,90%	0,73%	16.02	06.02
Mar	11	2,91%	7	6,18%	4	-2,81%	0,64%	30.03	07.03
Apr	11	2,14%	7	4,01%	4	-1,14%	0,64%	26.04	01.04
May	11	2,23%	5	10,28%	6	-4,47%	0,45%	24.05	10.05
Jun	11	-0,78%	5	5,10%	6	-5,67%	0,45%	13.06	26.06
Jul	11	0,80%	7	7,40%	4	-10,77%	0,64%	09.07	24.07
Aug	11	-3,44%	3	3,94%	8	-6,20%	0,27%	23.08	31.08
Sep	11	1,48%	7	7,58%	4	-9,20%	0,64%	19.09	25.09
Oct	11	1,45%	5	11,66%	6	-7,05%	0,45%	19.10	11.10
Nov	11	1,46%	6	5,38%	5	-3,25%	0,55%	20.11	01.11
Dec	12	-0,54%	6	4,23%	6	-5,31%	0,50%	03.12	17.12

Aktie	American Electric Power	WKN: 850222

Jahreszyklus:

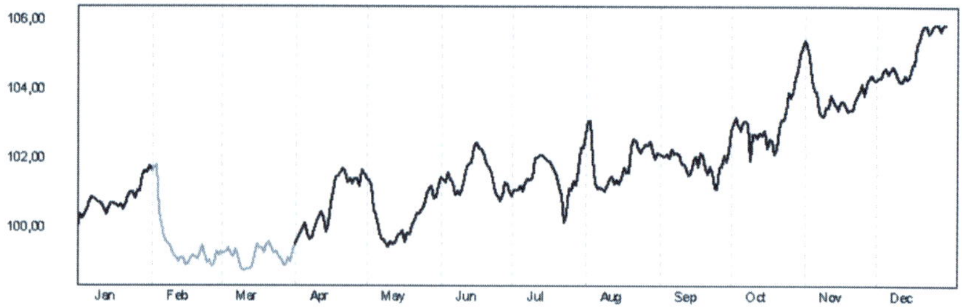

Erfolgreichster Anlage–Zeitraum: 10 Monate zwischen 31. März und 31. Januar

Buy & Hold vs. Anlage–Zyklus:

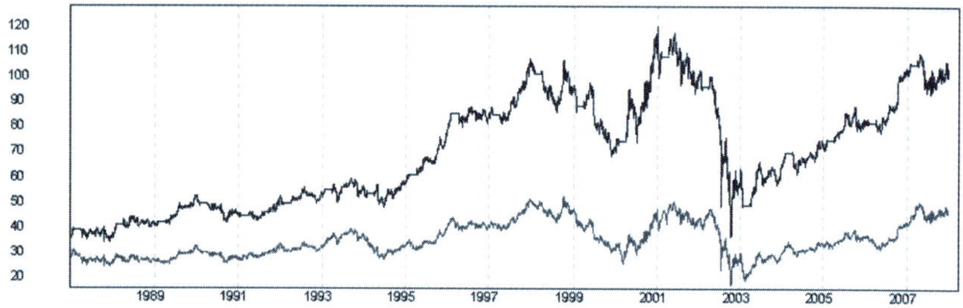

Vergleich: Buy & Hold vs. Anlage–Zyklus

	Buy & Hold	Anlage–Zyklus
Kurs 31.12.07:	46,56	100,75
Startkurs:	28,25	35,92
Gesamtperformance seit 02.01.1987:	64,81%	180,49%
All–Time–High:	52,94	120,60
Erreicht am:	08.10.1998	26.12.2000

Das wäre aus einer Anlage von 10.000 geworden:

Anlage vor 10 Jahren:	9.442,30	9.898,63
Anlage seit 1987:	16.481,42	28.048,93

Jahres-Hochs und -Tiefs

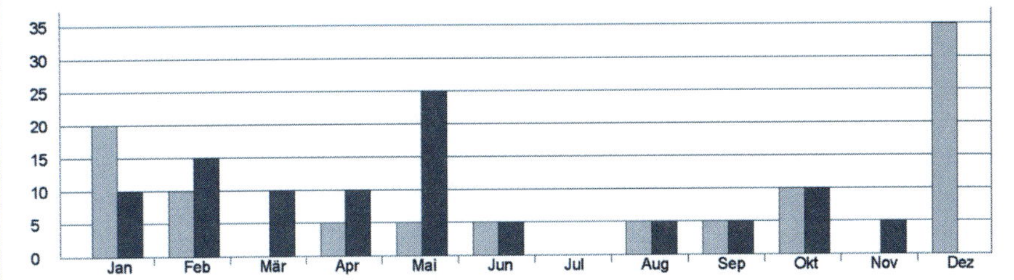

Rendite-Viereck

	Jan	Feb	Mär	Apr	Mai	Jun	Jul	Aug	Sep	Okt	Nov	Dez
Jan		7,89	7,94	5,50	6,01	6,17	4,56	4,78	4,61	1,64	2,90	1,32
Feb	–2,57		6,67	4,16	4,44	4,47	2,62	2,95	2,78	–0,36	0,77	–0,97
Mär	–2,44	0,09		4,34	4,56	4,63	2,81	3,17	3,09	–0,25	0,85	–0,91
Apr	–0,38	2,43	2,29		5,75	6,00	4,25	4,49	4,52	1,65	2,76	1,09
Mai	–0,94	1,87	1,77	–0,53		5,25	3,62	3,81	3,82	1,11	2,14	0,48
Jun	–1,25	1,51	1,44	–0,68	–0,17		3,16	3,49	3,51	0,91	1,91	0,25
Jul	–0,14	2,76	2,72	0,54	1,09	1,22		4,77	4,79	2,05	3,15	1,49
Aug	–0,48	2,37	2,29	0,13	0,75	0,98	–0,20		4,76	1,70	2,80	1,16
Sep	–0,29	2,74	2,65	0,34	0,95	1,20	–0,12	0,10		1,82	2,92	1,35
Okt	2,46	5,59	5,53	3,21	3,84	4,08	2,58	2,80	2,69		5,87	4,27
Nov	1,34	4,48	4,39	2,07	2,70	3,02	1,51	1,67	1,56	–1,05		3,11
Dez	3,33	6,54	6,49	4,05	4,62	4,90	3,37	3,55	3,34	0,47	1,57	

Monatsstatistiken

	Anzahl Monate	durchschn. Performance	positive Monate	durchschn. Performance	negative Monate	durchschn. Performance	Gewinn-Wahrscheinlichkeit	Monats-hoch am	Monats-tief am
Jan	21	–0,48%	11	4,60%	10	–6,06%	0,52%	31.01	01.01
Feb	21	–1,96%	7	4,73%	14	–5,30%	0,33%	03.02	26.02
Mar	21	–0,28%	10	3,79%	11	–3,98%	0,48%	21.03	11.03
Apr	21	2,05%	12	5,78%	9	–2,92%	0,57%	21.04	01.04
May	21	–0,42%	10	3,94%	11	–4,39%	0,48%	31.05	10.05
Jun	21	–0,79%	13	2,83%	8	–6,68%	0,62%	16.06	07.06
Jul	21	0,65%	10	6,28%	11	–4,46%	0,48%	30.07	23.07
Aug	21	0,09%	14	2,53%	7	–4,79%	0,67%	03.08	09.08
Sep	21	0,84%	14	3,64%	7	–4,77%	0,67%	30.09	25.09
Oct	21	1,36%	15	3,61%	6	–4,28%	0,71%	31.10	09.10
Nov	21	–0,50%	10	3,54%	11	–4,17%	0,48%	01.11	09.11
Dec	21	2,82%	17	3,91%	4	–1,82%	0,81%	31.12	12.12

Aktie Turbo/os **Amgen** **WKN: 867900**

Jahreszyklus:

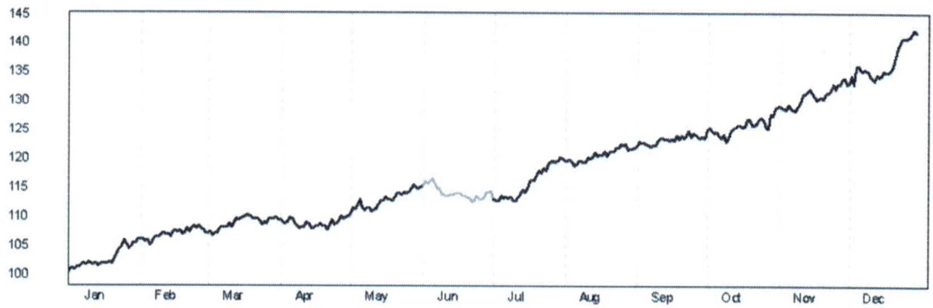

Erfolgreichster Anlage-Zeitraum: 11 Monate zwischen 30. Juni und 31. Mai

Buy & Hold vs. Anlage-Zyklus:

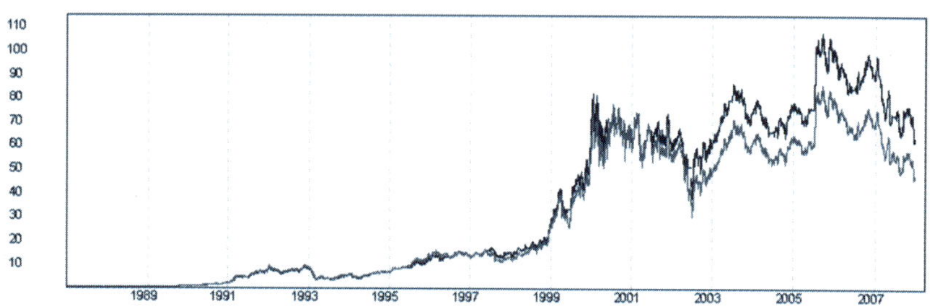

Vergleich: Buy & Hold vs. Anlage-Zyklus

	Buy & Hold	**Anlage-Zyklus**
Kurs 31.12.07:	46,44	61,76
Startkurs:	0,49	0,48
Gesamtperformance seit 02.01.1987:	9.377,55%	12.796,37%
All-Time-High:	86,17	108,33
Erreicht am:	19.09.2005	19.09.2005

Das wäre aus einer Anlage von 10.000 geworden:

Anlage vor 10 Jahren:	34.247,79	39.482,31
Anlage seit 1987:	947.755,10	1.289.637,23

Aktie **Amgen** **WKN: 867900**

Jahres-Hochs und -Tiefs

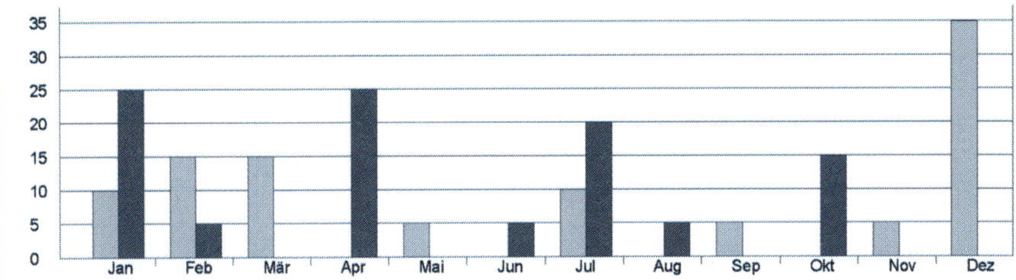

Rendite-Viereck

Jan		38,92	33,72	33,24	27,59	27,91	21,42	19,88	19,71	15,73	13,37	5,18
Feb	1,91		42,08	41,52	34,16	34,36	27,55	25,69	24,59	19,43	16,40	7,55
Mär	4,64	2,08		49,13	40,72	40,26	33,37	31,89	30,13	23,92	20,22	10,82
Apr	4,54	2,23	0,30		38,82	38,47	32,21	30,47	29,95	23,31	19,58	10,87
Mai	9,36	6,92	4,86	4,31		45,02	38,85	36,79	37,01	29,60	25,75	16,23
Jun	8,45	6,13	3,99	3,35	-0,98		37,19	35,34	36,02	28,60	24,79	15,30
Jul	13,51	10,96	8,37	8,19	3,85	4,98		43,12	41,85	34,52	30,42	20,24
Aug	15,08	12,48	9,92	9,85	5,44	6,51	1,50		44,88	37,51	33,19	22,33
Sep	15,96	13,54	10,97	10,81	6,67	7,60	2,43	1,09		38,16	33,91	23,25
Okt	21,09	19,62	16,29	15,71	11,24	12,08	6,80	5,83	4,07		40,18	29,11
Nov	24,48	23,19	20,01	19,54	14,53	15,29	9,58	8,43	6,86	2,59		32,51
Dez	35,66	33,49	28,72	28,31	23,07	23,61	17,21	15,69	13,71	9,63	7,39	
	Jan	Feb	Mär	Apr	Mai	Jun	Jul	Aug	Sep	Okt	Nov	Dez

Monatsstatistiken

	Anzahl Monate	durchschn. Performance	positive Monate	durchschn. Performance	negative Monate	durchschn. Performance	Gewinn-Wahrscheinlichkeit	Monats-hoch am	Monats-tief am
Jan	21	2,55%	12	8,33%	9	-5,17%	0,57%	25.01	01.01
Feb	21	3,04%	13	10,87%	8	-9,69%	0,62%	26.02	05.02
Mar	21	1,05%	9	12,04%	12	-7,19%	0,43%	18.03	03.03
Apr	21	-1,03%	10	5,47%	11	-6,93%	0,48%	30.04	09.04
May	21	2,41%	13	7,24%	8	-5,44%	0,62%	28.05	01.05
Jun	21	-1,20%	8	6,50%	13	-5,94%	0,38%	05.06	22.06
Jul	21	6,47%	17	10,10%	4	-8,96%	0,81%	30.07	03.07
Aug	21	1,53%	13	7,30%	8	-7,84%	0,62%	27.08	05.08
Sep	21	1,85%	11	6,93%	10	-3,75%	0,52%	23.09	07.09
Oct	21	2,27%	11	9,83%	10	-6,04%	0,52%	31.10	09.10
Nov	21	2,44%	12	8,68%	9	-5,87%	0,57%	29.11	08.11
Dec	21	7,26%	14	15,73%	7	-9,67%	0,67%	30.12	03.12

Aktie Turbo/os **Anheuser-Busch** **WKN: 865178**

Jahreszyklus:

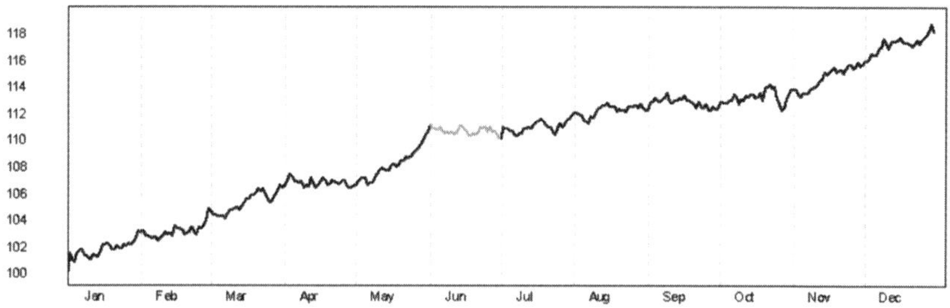

Erfolgreichster Anlage-Zeitraum: 11 Monate zwischen 30. Juni und 31. Mai

Buy & Hold vs. Anlage-Zyklus:

Vergleich: Buy & Hold vs. Anlage-Zyklus

	Buy & Hold	Anlage-Zyklus
Kurs 31.12.07:	52,34	59,26
Startkurs:	4,79	3,76
Gesamtperformance seit 02.01.1987:	992,69%	1.475,47%
All-Time-High:	54,97	60,67
Erreicht am:	21.10.2002	24.12.2007
Das wäre aus einer Anlage von 10.000 geworden:		
Anlage vor 10 Jahren:	22.329,35	27.311,84
Anlage seit 1987:	109.269,31	157.546,76

Aktie **Anheuser-Busch** **WKN: 865178**

Jahres-Hochs und -Tiefs

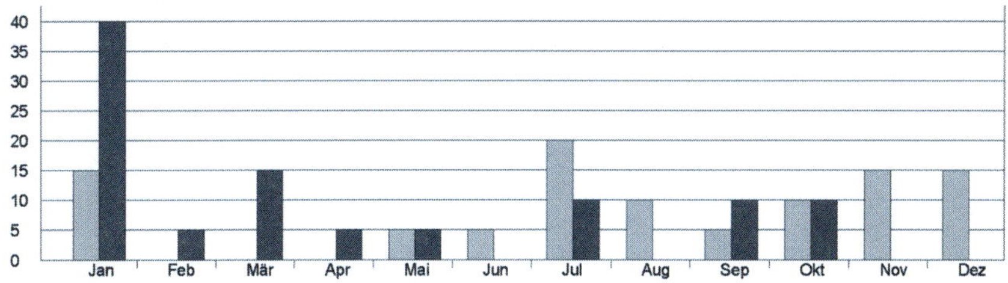

Rendite-Viereck

Jan		15,69	13,81	12,60	8,34	8,63	6,95	6,96	7,03	5,99	4,55	2,26
Feb	0,87		16,42	14,73	10,46	10,64	8,60	8,71	8,78	7,70	6,23	3,71
Mär	2,45	1,53		16,74	12,25	12,45	10,42	10,56	10,63	9,52	8,04	5,40
Apr	2,51	1,63	0,12		12,07	12,24	10,30	10,38	10,59	9,48	8,02	5,52
Mai	6,92	6,10	4,46	3,77		17,16	15,09	15,19	15,29	14,15	12,70	10,09
Jun	6,42	5,57	3,96	3,37	-0,40		14,76	14,77	14,81	13,63	12,27	9,56
Jul	8,59	7,65	6,00	4,96	1,15	1,61		17,38	17,33	16,05	14,56	11,88
Aug	8,42	7,49	5,81	5,03	1,31	1,80	0,27		17,18	15,79	14,29	11,66
Sep	7,98	7,08	5,52	4,74	1,08	1,54	0,02	-0,16		15,21	13,69	11,15
Okt	9,19	8,26	6,65	6,01	2,26	2,64	1,18	0,98	1,09		14,79	12,12
Nov	10,77	9,92	8,35	7,61	3,72	4,10	2,66	2,51	2,61	1,51		13,73
Dez	13,90	12,95	11,20	10,08	6,04	6,45	4,87	4,74	4,81	3,72	2,27	
	Jan	Feb	Mär	Apr	Mai	Jun	Jul	Aug	Sep	Okt	Nov	Dez

Monatsstatistiken

	Anzahl Monate	durchschn. Performance	positive Monate	durchschn. Performance	negative Monate	durchschn. Performance	Gewinn-Wahr-scheinlichkeit	Monats-hoch am	Monats-tief am
Jan	21	1,44%	11	6,76%	10	−4,40%	0,52%	31.01	01.01
Feb	21	0,70%	13	3,53%	8	−3,89%	0,62%	29.02	08.02
Mar	21	1,24%	11	4,51%	10	−2,36%	0,52%	30.03	07.03
Apr	21	−0,08%	9	4,94%	12	−3,84%	0,43%	03.04	09.04
May	21	3,90%	17	5,18%	4	−1,52%	0,81%	31.05	06.05
Jun	21	−1,66%	7	2,52%	14	−3,76%	0,33%	14.06	30.06
Jul	21	2,30%	12	6,36%	9	−3,11%	0,57%	31.07	01.07
Aug	21	−0,28%	10	2,65%	11	−2,94%	0,48%	15.08	07.08
Sep	21	0,13%	8	7,10%	13	−4,16%	0,38%	09.09	27.09
Oct	21	−0,29%	11	3,90%	10	−4,91%	0,52%	22.10	27.10
Nov	21	2,03%	15	4,24%	6	−3,49%	0,71%	28.11	04.11
Dec	21	2,19%	13	5,24%	8	−2,76%	0,62%	30.12	01.12

Aktie Turbo/OS Apple Computer WKN: 865985

Jahreszyklus:

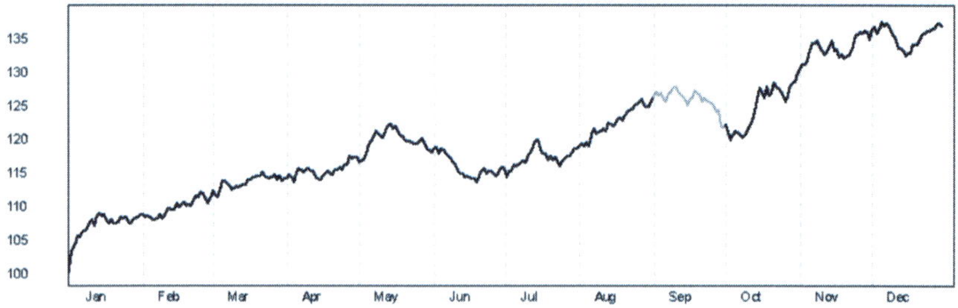

Erfolgreichster Anlage–Zeitraum: 11 Monate zwischen 30. September und 31. August

Buy & Hold vs. Anlage–Zyklus:

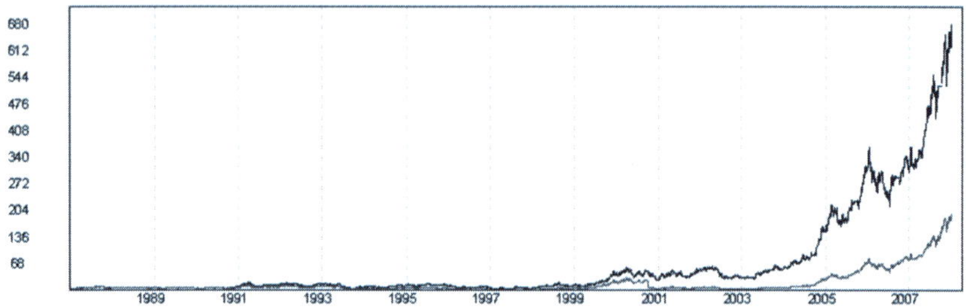

Vergleich: Buy & Hold vs. Anlage–Zyklus

	Buy & Hold	Anlage–Zyklus
Kurs 31.12.07:	198,08	679,07
Startkurs:	5,11	5,68
Gesamtperformance seit 02.01.1987:	3.776,32%	11.854,56%
All–Time–High:	199,83	685,06
Erreicht am:	28.12.2007	28.12.2007

Das wäre aus einer Anlage von 10.000 geworden:

Anlage vor 10 Jahren:	396.160,00	649.680,50
Anlage seit 1987:	387.632,09	1.195.456,33

Jahres-Hochs und -Tiefs

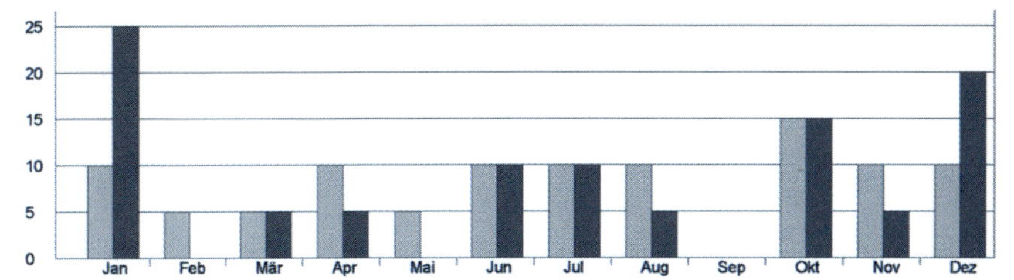

Rendite-Viereck

Jan		31,86	27,72	24,84	23,07	24,74	21,62	16,11	19,75	12,06	7,91	6,45
Feb	1,50		32,32	29,48	27,99	29,95	27,22	20,85	24,06	16,23	11,09	10,49
Mär	4,08	2,51		32,56	31,47	33,09	29,92	23,52	26,87	19,20	13,78	13,68
Apr	5,79	4,55	2,18		33,18	35,01	31,60	24,98	27,83	20,91	16,07	15,78
Mai	7,05	5,49	3,48	1,10		35,82	33,21	27,25	28,25	20,98	16,38	16,29
Jun	5,77	3,94	1,45	−1,15	−1,64		31,02	24,38	25,61	19,05	15,36	15,51
Jul	8,32	5,84	3,53	1,08	0,46	2,11		28,83	28,70	21,80	17,65	18,26
Aug	15,27	12,43	9,96	7,19	6,56	8,46	5,70		39,06	30,80	25,68	25,69
Sep	12,73	9,55	7,55	4,64	2,89	5,35	1,87	−3,31		28,26	23,25	23,76
Okt	19,32	17,04	14,70	11,80	9,45	12,17	8,76	3,82	6,42		30,09	30,20
Nov	24,81	23,28	20,47	17,24	14,88	17,32	14,11	8,95	11,23	3,64		35,54
Dez	27,92	25,53	22,42	19,05	16,86	18,73	15,26	10,30	12,89	5,18	1,71	
	Jan	Feb	Mär	Apr	Mai	Jun	Jul	Aug	Sep	Okt	Nov	Dez

Monatsstatistiken

	Anzahl Monate	durchschn. Performance	positive Monate	durchschn. Performance	negative Monate	durchschn. Performance	Gewinn-Wahrscheinlichkeit	Monats-hoch am	Monats-tief am
Jan	21	5,37%	14	13,58%	7	−11,03%	0,67%	14.01	01.01
Feb	21	1,96%	11	10,47%	10	−7,40%	0,52%	25.02	06.02
Mar	21	2,64%	10	14,04%	11	−7,73%	0,48%	22.03	03.03
Apr	21	2,24%	11	10,29%	10	−6,61%	0,52%	27.04	04.04
May	21	1,01%	10	12,14%	11	−9,11%	0,48%	14.05	01.05
Jun	21	−1,82%	11	10,53%	10	−15,41%	0,52%	02.06	19.06
Jul	21	3,48%	11	14,74%	10	−8,91%	0,52%	15.07	02.07
Aug	21	5,63%	12	13,79%	9	−5,26%	0,57%	27.08	05.08
Sep	21	−3,40%	8	10,79%	13	−12,13%	0,38%	10.09	30.09
Oct	21	6,36%	15	15,09%	6	−15,49%	0,71%	31.10	03.10
Nov	21	3,07%	11	13,44%	10	−8,33%	0,52%	28.11	01.11
Dec	21	0,61%	12	10,42%	9	−12,47%	0,57%	05.12	15.12

Aktie Turbo/os Avon Products WKN: 853836

Jahreszyklus:

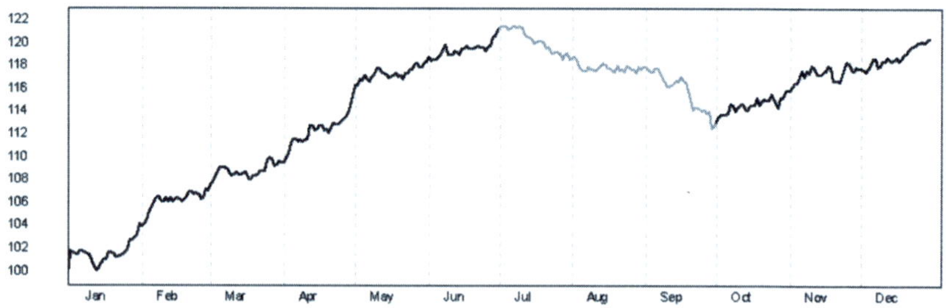

Erfolgreichster Anlage–Zeitraum: 9 Monate zwischen 30. September und 30. Juni

Buy & Hold vs. Anlage–Zyklus:

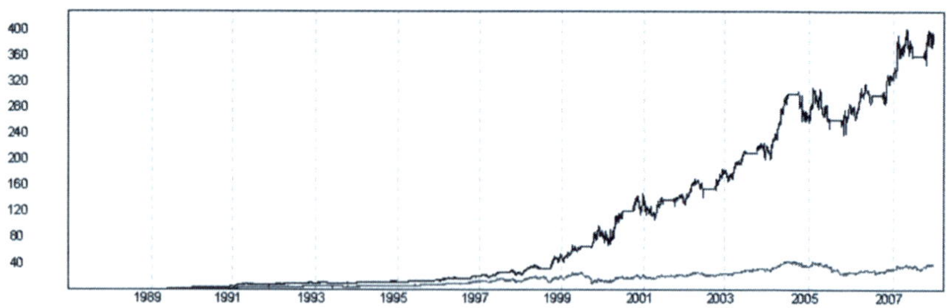

Vergleich: Buy & Hold vs. Anlage–Zyklus

	Buy & Hold	**Anlage–Zyklus**
Kurs 31.12.07:	39,53	381,63
Startkurs:	1,57	1,84
Gesamtperformance seit 02.01.1987:	2.417,83%	20.686,07%
All–Time–High:	46,14	404,42
Erreicht am:	30.06.2004	02.05.2007

Das wäre aus einer Anlage von 10.000 geworden:

Anlage vor 10 Jahren:	21.845,81	117.664,03
Anlage seit 1987:	251.783,44	2.078.606,78

Jahres-Hochs und -Tiefs

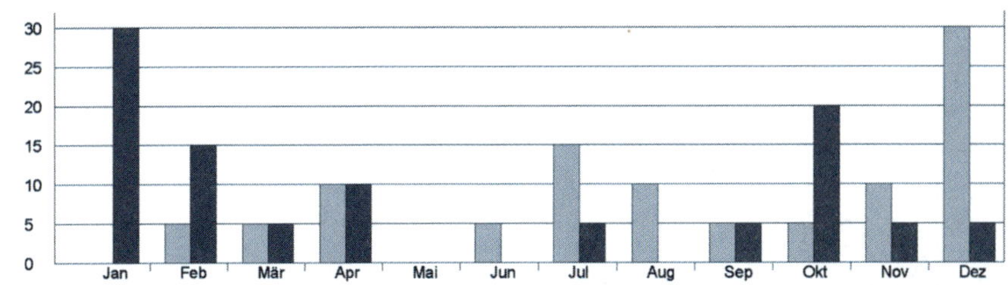

Rendite-Viereck

Jan		15,32	13,64	6,83	2,99	0,91	3,26	3,66	9,24	6,83	5,02	2,81
Feb	2,90		18,66	11,60	7,43	4,97	7,14	7,85	13,93	11,51	9,64	6,40
Mär	5,45	2,19		14,54	10,22	7,67	9,82	10,84	17,27	14,44	12,36	8,83
Apr	11,17	8,00	5,68		15,45	12,88	15,17	16,46	23,98	20,43	18,27	14,60
Mai	15,03	11,57	9,39	3,14		17,01	19,23	20,40	27,60	24,38	22,74	18,91
Jun	17,65	14,24	12,07	5,56	2,41		22,24	23,44	30,96	27,30	25,54	21,52
Jul	15,06	11,61	9,64	3,41	0,28	−2,12		20,74	27,87	24,96	23,47	19,01
Aug	13,89	10,67	8,81	2,75	−0,52	−2,89	−0,49		25,47	22,48	21,19	17,73
Sep	8,67	5,95	4,34	−1,43	−4,40	−6,59	−4,71	−4,37		17,02	15,85	12,35
Okt	10,70	8,04	6,23	0,03	−2,57	−4,64	−2,51	−1,76	3,04		17,54	13,98
Nov	12,63	9,68	7,94	1,53	−1,60	−3,60	−1,24	−0,60	4,81	1,62		16,23
Dez	15,01	12,05	10,20	3,47	0,33	−1,73	0,51	1,37	6,72	3,71	2,23	
	Jan	Feb	Mär	Apr	Mai	Jun	Jul	Aug	Sep	Okt	Nov	Dez

Monatsstatistiken

	Anzahl Monate	durchschn. Performance	positive Monate	durchschn. Performance	negative Monate	durchschn. Performance	Gewinn-Wahr-scheinlichkeit	Monats-hoch am	Monats-tief am
Jan	21	1,80%	11	9,42%	10	−6,59%	0,52%	31.01	13.01
Feb	21	3,87%	16	6,86%	5	−5,70%	0,76%	28.02	01.02
Mar	21	3,42%	16	6,20%	5	−5,46%	0,76%	26.03	01.03
Apr	21	7,10%	17	9,98%	4	−5,12%	0,81%	30.04	01.04
May	21	3,40%	10	10,17%	11	−2,76%	0,48%	31.05	02.05
Jun	21	1,80%	11	5,90%	10	−2,71%	0,52%	30.06	02.06
Jul	21	−1,66%	9	4,82%	12	−6,52%	0,43%	07.07	31.07
Aug	21	−1,99%	10	3,85%	11	−7,29%	0,48%	02.08	28.08
Sep	21	−4,66%	10	3,77%	11	−12,32%	0,48%	01.09	29.09
Oct	21	3,39%	12	12,07%	9	−8,19%	0,57%	31.10	01.10
Nov	21	1,16%	13	6,31%	8	−7,19%	0,62%	25.11	01.11
Dec	21	3,03%	14	6,62%	7	−4,16%	0,67%	31.12	03.12

Aktie | Baker Hughes | WKN: 872933

Jahreszyklus:

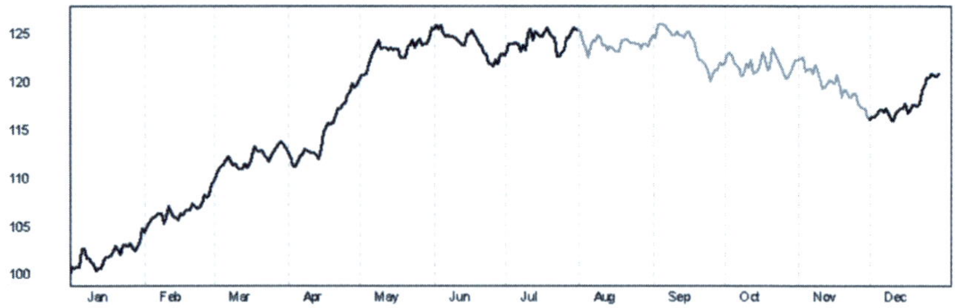

Erfolgreichster Anlage-Zeitraum: 8 Monate zwischen 30. November und 31. Juli

Buy & Hold vs. Anlage-Zyklus:

Vergleich: Buy & Hold vs. Anlage-Zyklus

	Buy & Hold	Anlage-Zyklus
Kurs 31.12.07:	81,10	807,72
Startkurs:	13,36	13,36
Gesamtperformance seit 07.04.1987:	507,04%	5.945,83%
All-Time-High:	98,67	903,72
Erreicht am:	16.10.2007	18.06.2007
Das wäre aus einer Anlage von 10.000 geworden:		
Anlage vor 10 Jahren:	21.375,86	38.024,61
Anlage seit 1987:	60.703,59	604.583,08

Jahres-Hochs und -Tiefs

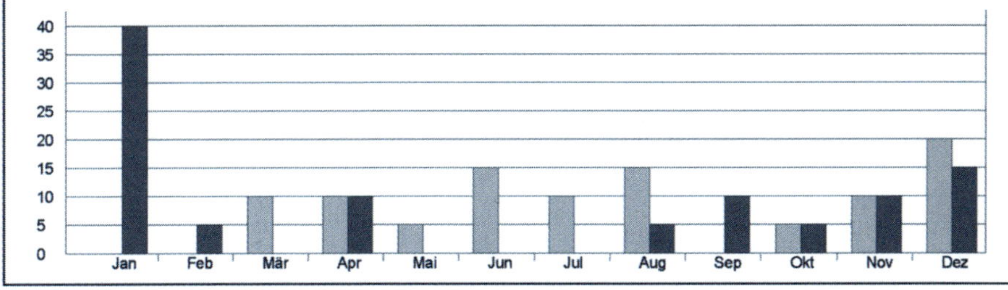

Rendite-Viereck

Jan		11,63	7,82	1,75	-2,53	-0,91	-2,89	-2,10	0,73	1,62	6,37	2,56
Feb	3,00		10,80	5,45	0,85	2,69	0,17	1,35	4,66	5,65	10,53	6,69
Mär	6,31	3,18		7,90	3,45	5,16	3,04	4,77	8,10	8,88	14,08	10,26
Apr	12,75	9,51	6,04		8,49	10,62	8,32	10,56	13,95	14,89	20,79	16,79
Mai	16,79	13,56	9,99	4,57		14,53	12,37	14,49	17,97	18,92	24,95	21,21
Jun	13,86	10,77	6,94	2,18	-2,23		9,96	12,32	15,50	16,30	21,79	18,07
Jul	15,93	12,69	8,83	4,88	-0,08	2,19		14,36	17,54	18,46	24,04	20,63
Aug	15,75	12,37	8,49	4,20	-0,84	1,36	-1,12		17,41	18,15	23,54	20,35
Sep	11,69	8,63	5,06	1,11	-3,62	-1,68	-3,80	-2,51		14,39	19,36	16,24
Okt	11,50	8,63	5,16	-0,81	-4,99	-2,94	-4,64	-3,16	-0,65		19,62	16,01
Nov	8,47	5,79	2,14	-4,72	-8,50	-6,87	-8,27	-7,16	-4,82	-4,43		13,16
Dez	11,58	8,84	5,26	-1,23	-5,35	-3,42	-5,12	-4,11	-1,59	-0,99	3,69	
	Jan	Feb	Mär	Apr	Mai	Jun	Jul	Aug	Sep	Okt	Nov	Dez

Monatsstatistiken

	Anzahl Monate	durchschn. Performance	positive Monate	durchschn. Performance	negative Monate	durchschn. Performance	Gewinn-Wahrscheinlichkeit	Monatshoch am	Monatstief am
Jan	21	2,56%	12	9,57%	9	-6,79%	0,57%	31.01	12.01
Feb	20	3,00%	14	7,20%	6	-6,81%	0,70%	29.02	01.02
Mar	20	3,18%	11	10,36%	9	-5,60%	0,55%	29.03	01.03
Apr	20	6,04%	14	10,64%	6	-4,68%	0,70%	28.04	04.04
May	21	4,57%	16	7,57%	5	-5,03%	0,76%	31.05	01.05
Jun	21	-2,23%	10	6,03%	11	-9,73%	0,48%	04.06	26.06
Jul	21	2,19%	15	8,04%	6	-12,44%	0,71%	30.07	01.07
Aug	21	-1,12%	11	5,15%	10	-8,03%	0,52%	01.08	05.08
Sep	21	-2,51%	8	5,74%	13	-7,59%	0,38%	04.09	25.09
Oct	21	-0,65%	10	7,13%	11	-7,72%	0,48%	21.10	27.10
Nov	21	-4,43%	9	6,01%	12	-12,26%	0,43%	03.11	30.11
Dec	21	3,69%	14	8,30%	7	-5,52%	0,67%	31.12	11.12

Aktie Turbo/os **Bank of America** **WKN: 858388**

Jahreszyklus:

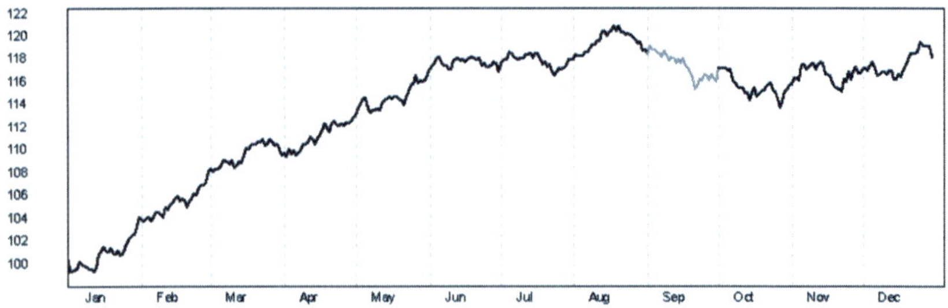

Erfolgreichster Anlage–Zeitraum: 11 Monate zwischen 30. September und 31. August

Buy & Hold vs. Anlage–Zyklus:

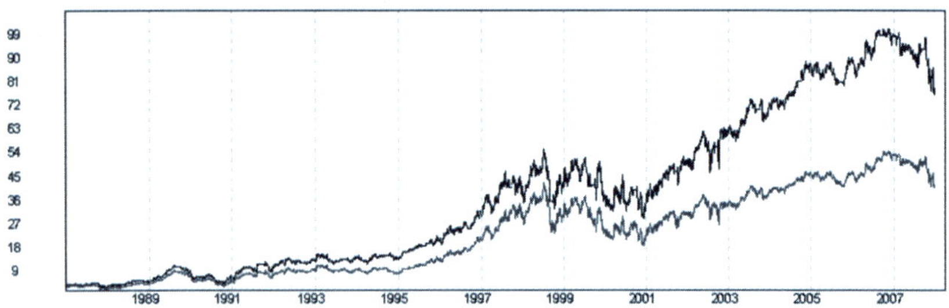

Vergleich: Buy & Hold vs. Anlage–Zyklus

	Buy & Hold	**Anlage–Zyklus**
Kurs 31.12.07:	41,26	76,80
Startkurs:	3,58	4,03
Gesamtperformance seit 02.01.1987:	1.052,51%	1.807,55%
All–Time–High:	54,90	101,37
Erreicht am:	16.11.2006	16.11.2006
Das wäre aus einer Anlage von 10.000 geworden:		
Anlage vor 10 Jahren:	12.995,28	18.567,28
Anlage seit 1987:	115.251,40	190.755,08

Jahres-Hochs und -Tiefs

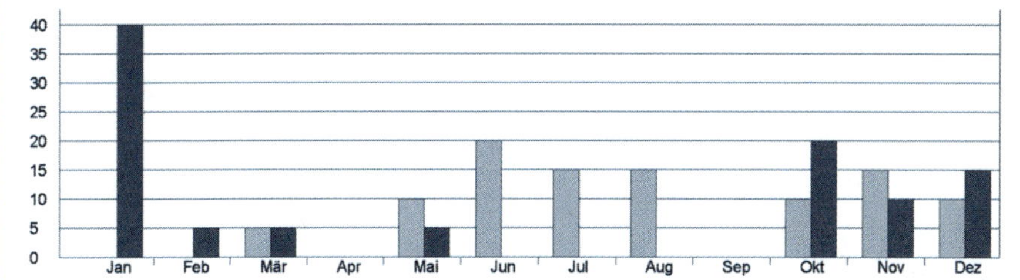

Rendite-Viereck

Jan		10,92	10,05	7,20	3,06	3,26	2,70	2,34	5,05	6,13	5,39	4,26
Feb	3,05		15,00	11,76	7,04	6,99	6,31	6,07	8,91	10,06	9,13	7,24
Mär	4,43	1,32		13,11	8,32	8,27	7,67	7,64	10,54	11,59	10,67	8,67
Apr	6,97	3,77	2,57		11,26	11,25	10,64	10,61	13,57	14,59	13,51	11,36
Mai	11,04	7,63	6,34	3,69		15,45	14,93	14,36	17,39	18,57	17,75	15,50
Jun	10,81	7,36	6,35	3,59	0,10		14,97	14,47	17,46	18,72	17,80	15,62
Jul	12,76	9,26	8,23	5,26	0,91	0,87		17,18	19,96	20,97	20,21	18,01
Aug	13,07	9,62	8,52	5,71	1,46	1,74	1,02		20,61	22,09	21,09	18,73
Sep	11,04	7,52	6,58	3,69	−0,87	−0,69	−1,67	−2,60		19,89	18,97	16,76
Okt	9,88	6,45	5,46	2,47	−1,86	−1,75	−2,63	−3,29	−0,75		17,79	15,53
Nov	10,39	6,77	5,96	3,02	−1,35	−1,50	−2,37	−2,34	0,11	0,82		15,73
Dez	11,33	7,63	6,78	3,86	−0,75	−0,66	−1,50	−1,72	0,76	1,70	0,96	
	Jan	Feb	Mär	Apr	Mai	Jun	Jul	Aug	Sep	Okt	Nov	Dez

Monatsstatistiken

	Anzahl Monate	durchschn. Performance	positive Monate	durchschn. Performance	negative Monate	durchschn. Performance	Gewinn-Wahr-scheinlichkeit	Monats-hoch am	Monats-tief am
Jan	21	3,91%	15	8,48%	6	−7,50%	0,71%	31.01	12.01
Feb	21	3,05%	14	6,37%	7	−3,60%	0,67%	29.02	05.02
Mar	21	1,32%	12	6,27%	9	−5,28%	0,57%	26.03	02.03
Apr	21	2,57%	14	5,65%	7	−3,61%	0,67%	30.04	02.04
May	21	3,69%	14	7,03%	7	−3,00%	0,67%	31.05	01.05
Jun	21	0,21%	11	5,78%	10	−5,92%	0,52%	19.06	30.06
Jul	21	1,47%	12	6,86%	9	−5,73%	0,57%	17.07	24.07
Aug	21	0,70%	10	9,47%	11	−7,27%	0,48%	20.08	01.08
Sep	21	−2,19%	7	4,81%	14	−5,69%	0,33%	02.09	21.09
Oct	21	−0,68%	10	5,90%	11	−6,67%	0,48%	04.10	27.10
Nov	21	0,94%	11	8,12%	10	−6,95%	0,52%	13.11	22.11
Dec	21	1,02%	11	6,12%	10	−4,59%	0,52%	26.12	15.12

Jahreszyklus:

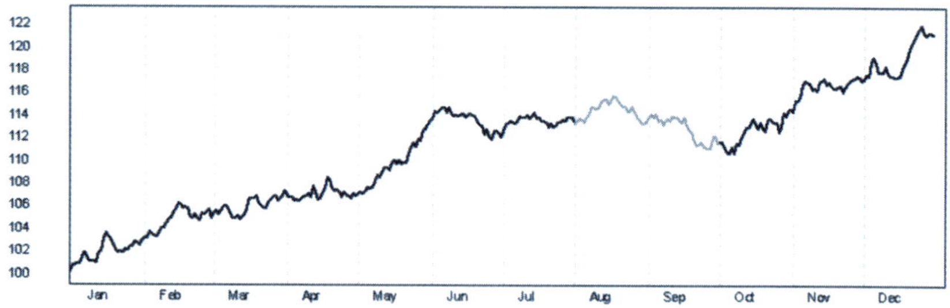

Erfolgreichster Anlage–Zeitraum: 10 Monate zwischen 30. September und 31. Juli

Buy & Hold vs. Anlage–Zyklus:

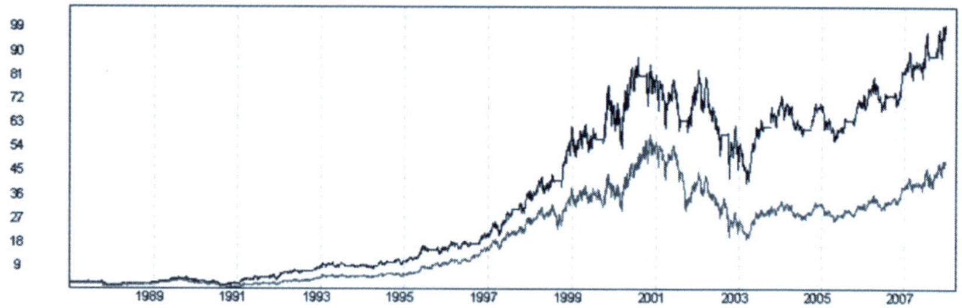

Vergleich: Buy & Hold vs. Anlage–Zyklus

	Buy & Hold	Anlage–Zyklus
Kurs 31.12.07:	48,76	98,59
Startkurs:	3,03	3,41
Gesamtperformance seit 02.01.1987:	1.509,91%	2.792,40%
All–Time–High:	59,25	100,73
Erreicht am:	07.11.2000	24.12.2007

Das wäre aus einer Anlage von 10.000 geworden:

Anlage vor 10 Jahren:	17.802,12	26.644,15
Anlage seit 1987:	160.990,51	289.240,08

Jahres-Hochs und -Tiefs

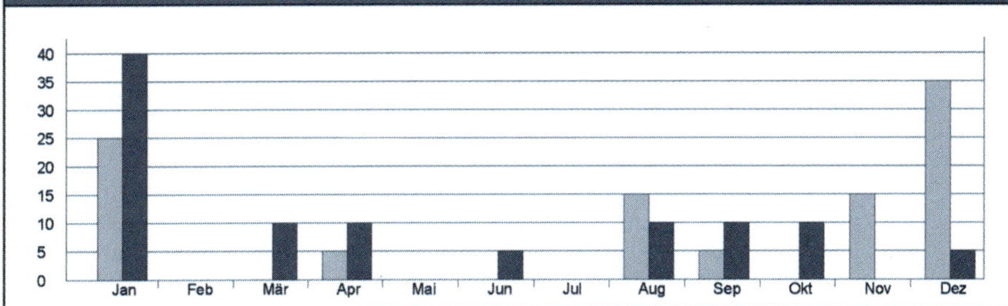

Rendite-Viereck

Jan		16,06	13,79	13,74	7,16	8,49	6,59	7,62	10,02	7,73	5,43	2,26
Feb	2,89		17,21	17,15	9,74	11,38	9,47	10,36	13,78	12,06	9,30	5,76
Mär	5,12	2,23		19,73	12,33	14,00	12,12	13,28	16,75	14,87	11,98	8,23
Apr	4,32	1,68	−0,25		11,35	12,86	11,00	12,10	15,71	13,68	10,88	7,36
Mai	10,77	7,82	5,85	6,16		19,37	17,50	18,37	22,54	20,68	17,77	14,22
Jun	9,09	6,36	4,33	4,50	−1,36		15,81	16,62	20,74	18,69	16,04	12,52
Jul	11,27	8,26	6,17	6,15	0,19	1,51		19,55	23,54	21,61	18,51	15,03
Aug	10,81	7,95	5,64	5,72	−0,28	1,02	−0,48		23,12	21,08	18,21	14,70
Sep	9,01	6,28	3,89	3,91	−2,02	−0,99	−2,72	−2,19		19,14	16,41	13,05
Okt	12,26	9,42	7,04	6,85	0,97	2,01	−0,01	0,68	2,44		20,00	16,37
Nov	13,78	10,92	8,74	8,66	2,59	3,78	2,01	2,92	4,62	2,35		17,79
Dez	17,78	14,58	12,44	12,13	5,81	6,98	4,99	6,29	8,11	5,51	3,23	
	Jan	Feb	Mär	Apr	Mai	Jun	Jul	Aug	Sep	Okt	Nov	Dez

Monatsstatistiken

	Anzahl Monate	durchschn. Performance	positive Monate	durchschn. Performance	negative Monate	durchschn. Performance	Gewinn-Wahrscheinlichkeit	Monatshoch am	Monatstief am
Jan	21	2,20%	12	7,94%	9	−5,45%	0,57%	16.01	02.01
Feb	21	2,17%	13	7,53%	8	−6,53%	0,62%	15.02	06.02
Mar	21	2,09%	11	8,18%	10	−4,62%	0,52%	31.03	12.03
Apr	21	−0,60%	7	9,06%	14	−5,42%	0,33%	18.04	04.04
May	21	6,45%	17	8,98%	4	−4,31%	0,81%	31.05	01.05
Jun	21	−1,43%	6	5,38%	15	−4,16%	0,29%	05.06	26.06
Jul	21	1,76%	15	5,37%	6	−7,28%	0,71%	15.07	01.07
Aug	21	−0,62%	11	4,85%	10	−6,64%	0,52%	17.08	29.08
Sep	21	−1,36%	10	6,53%	11	−8,53%	0,48%	04.09	27.09
Oct	21	2,18%	12	9,92%	9	−8,14%	0,57%	31.10	07.10
Nov	21	2,72%	12	10,68%	9	−7,89%	0,57%	28.11	01.11
Dec	21	2,33%	16	5,06%	5	−6,40%	0,76%	26.12	01.12

Jahreszyklus:

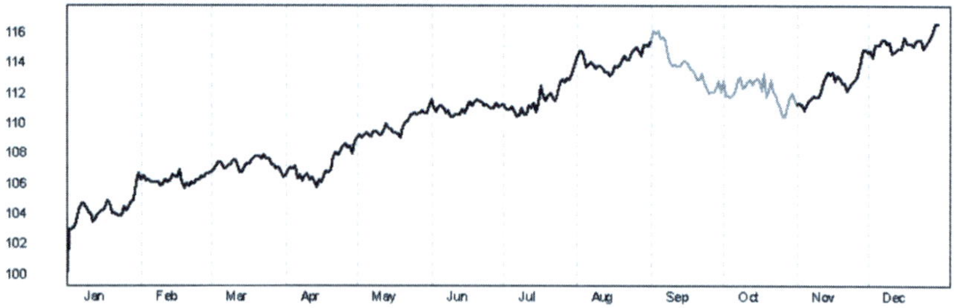

Erfolgreichster Anlage–Zeitraum: 10 Monate zwischen 31. Oktober und 31. August

Buy & Hold vs. Anlage–Zyklus:

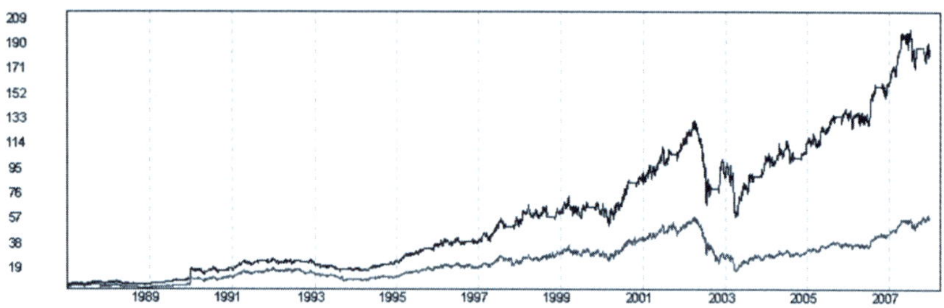

Vergleich: Buy & Hold vs. Anlage–Zyklus

	Buy & Hold	Anlage–Zyklus
Kurs 31.12.07:	58,05	182,64
Startkurs:	5,68	6,70
Gesamtperformance seit 02.01.1987:	922,01%	2.625,95%
All–Time–High:	61,09	202,66
Erreicht am:	10.12.2007	16.07.2007

Das wäre aus einer Anlage von 10.000 geworden:

Anlage vor 10 Jahren:	20.873,79	29.308,13
Anlage seit 1987:	102.200,70	272.594,56

Jahres-Hochs und -Tiefs

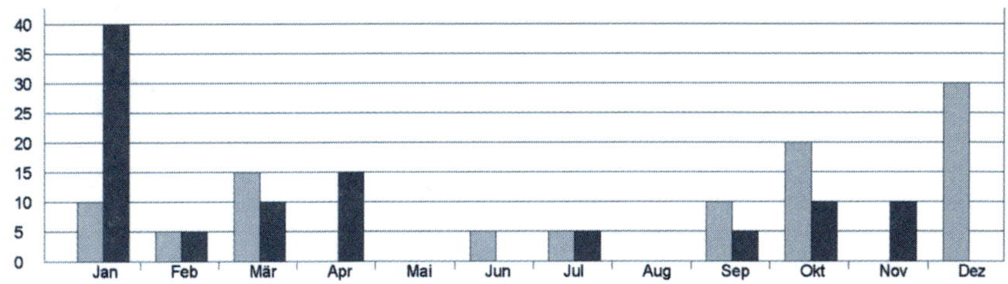

Rendite-Viereck

Jan		14,10	14,79	12,27	9,55	9,54	6,99	5,71	8,75	9,88	6,90	5,31
Feb	0,03		15,66	13,37	10,41	10,32	7,42	6,25	9,50	10,94	7,59	5,62
Mär	−0,17	−0,14		14,42	11,37	11,17	8,05	6,65	9,85	10,93	7,85	5,36
Apr	1,58	1,64	2,07		12,30	12,06	9,21	7,76	11,09	12,17	8,98	6,92
Mai	3,60	3,62	4,16	2,09		14,62	11,71	10,23	13,86	14,99	11,51	9,17
Jun	3,58	3,63	4,20	2,00	−0,05		11,61	9,96	13,62	14,62	11,20	9,18
Jul	5,81	5,86	6,59	4,28	2,08	2,19		12,77	16,63	17,45	13,93	11,74
Aug	7,01	7,18	7,91	5,45	3,36	3,29	1,17		16,91	17,67	14,29	12,77
Sep	4,86	4,85	5,68	3,09	0,98	0,69	−1,53	−2,70		15,35	11,87	10,65
Okt	3,72	3,72	4,40	1,97	−0,17	−0,36	−2,54	−3,78	−0,96		10,08	9,52
Nov	6,31	6,36	7,06	4,64	2,27	2,21	0,02	−1,13	1,81	2,93		12,53
Dez	8,13	8,17	8,97	6,44	3,98	3,84	1,59	0,34	3,24	4,32	1,56	
	Jan	Feb	Mär	Apr	Mai	Jun	Jul	Aug	Sep	Okt	Nov	Dez

Monatsstatistiken

	Anzahl Monate	durchschn. Performance	positive Monate	durchschn. Performance	negative Monate	durchschn. Performance	Gewinn-Wahrscheinlichkeit	Monatshoch am	Monatstief am
Jan	21	5,31%	14	9,72%	7	−3,51%	0,67%	31.01	01.01
Feb	21	0,47%	12	3,66%	9	−3,79%	0,57%	17.02	09.02
Mar	21	−0,42%	11	5,29%	10	−6,70%	0,52%	23.03	31.03
Apr	21	1,55%	13	5,99%	8	−5,67%	0,62%	30.04	14.04
May	21	2,96%	16	5,21%	5	−4,24%	0,76%	31.05	03.05
Jun	21	−0,66%	9	4,55%	12	−4,57%	0,43%	01.06	10.06
Jul	21	3,23%	15	7,88%	6	−8,39%	0,71%	31.07	07.07
Aug	21	0,49%	15	3,61%	6	−7,33%	0,71%	29.08	15.08
Sep	21	−1,86%	9	4,99%	12	−6,99%	0,43%	02.09	25.09
Oct	21	−2,13%	10	4,86%	11	−8,49%	0,48%	18.10	27.10
Nov	21	3,78%	14	7,34%	7	−3,34%	0,67%	30.11	04.11
Dec	21	1,33%	12	5,27%	9	−3,92%	0,57%	30.12	03.12

Aktie Turbo/OS Bristol-Myers Squibb WKN: 850501

Jahreszyklus:

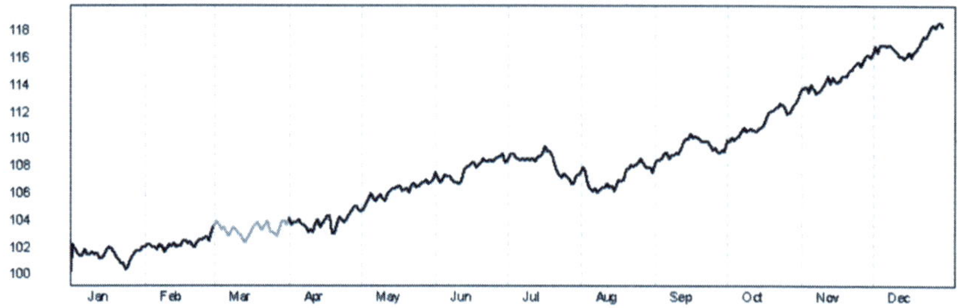

Erfolgreichster Anlage-Zeitraum: 11 Monate zwischen 31. März und 28. Februar

Buy & Hold vs. Anlage-Zyklus:

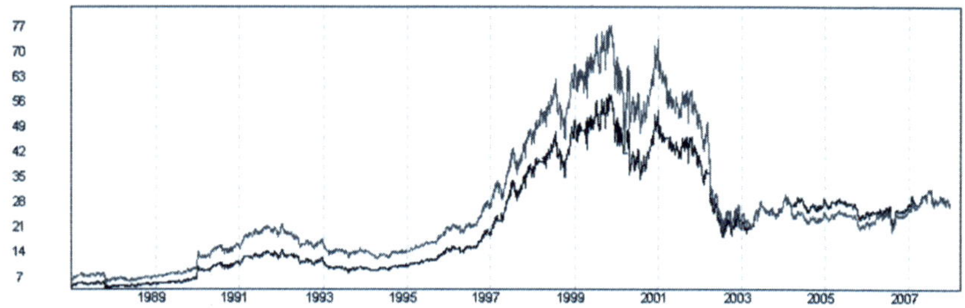

Vergleich: Buy & Hold vs. Anlage-Zyklus

	Buy & Hold	Anlage-Zyklus
Kurs 31.12.07:	26,52	26,58
Startkurs:	6,77	4,91
Gesamtperformance seit 02.01.1987:	291,73%	440,94%
All-Time-High:	77,81	58,50
Erreicht am:	28.10.1999	28.10.1999

Das wäre aus einer Anlage von 10.000 geworden:

Anlage vor 10 Jahren:	5.384,77	6.786,39
Anlage seit 1987:	39.172,82	54.093,79

Jahres-Hochs und -Tiefs

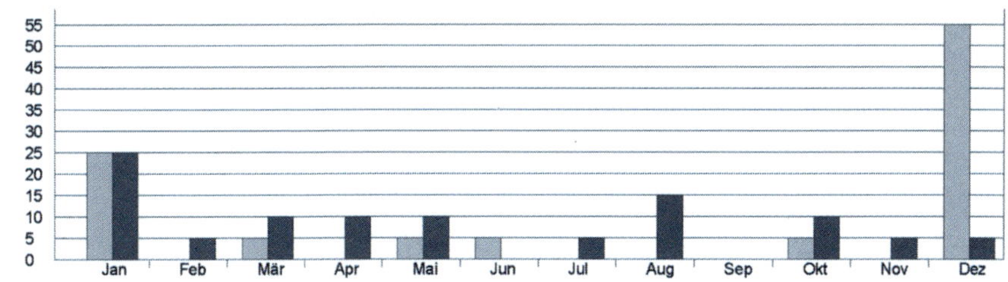

Rendite-Viereck

	Jan	Feb	Mär	Apr	Mai	Jun	Jul	Aug	Sep	Okt	Nov	Dez
Jan		23,83	14,38	12,66	10,42	8,81	10,11	10,30	8,72	4,92	2,55	0,66
Feb	-2,96		11,50	9,74	7,57	6,24	7,07	7,06	5,88	2,52	0,27	-2,04
Mär	0,61	6,85		15,18	12,92	11,20	12,12	12,47	10,91	6,91	4,27	1,85
Apr	1,62	8,22	0,98		14,07	12,45	13,53	13,75	12,14	8,20	5,47	3,12
Mai	3,52	10,83	2,92	2,00		14,57	15,65	15,97	14,24	10,48	7,60	5,18
Jun	5,19	13,06	4,51	3,23	1,22		17,90	18,16	16,35	12,50	9,45	7,13
Jul	4,28	11,68	3,53	2,20	0,22	-0,93		16,30	14,52	11,61	8,53	6,14
Aug	3,87	11,45	3,25	2,03	0,07	-1,00	0,03		14,15	11,01	7,98	5,68
Sep	5,05	12,93	4,55	3,20	1,24	0,04	1,12	1,19		12,17	9,19	6,92
Okt	8,89	17,63	8,35	6,98	4,91	3,62	4,84	4,83	3,61		13,11	10,85
Nov	11,11	20,05	10,69	9,34	7,12	5,77	7,17	7,24	5,92	2,40		13,25
Dez	13,48	21,91	12,95	11,39	9,15	7,61	8,92	9,11	7,72	4,34	1,94	

Monatsstatistiken

	Anzahl Monate	durchschn. Performance	positive Monate	durchschn. Performance	negative Monate	durchschn. Performance	Gewinn-Wahrscheinlichkeit	Monatshoch am	Monatstief am
Jan	21	0,34%	11	7,82%	10	-7,89%	0,52%	02.01	24.01
Feb	21	-4,97%	11	3,17%	10	-13,93%	0,52%	29.02	09.02
Mar	21	7,69%	14	15,93%	7	-8,80%	0,67%	29.03	14.03
Apr	21	0,34%	12	5,46%	9	-6,48%	0,57%	29.04	19.04
May	21	2,68%	15	4,68%	6	-2,31%	0,71%	28.05	01.05
Jun	21	0,30%	11	5,05%	10	-4,93%	0,52%	29.06	11.06
Jul	21	-1,47%	9	4,46%	12	-5,93%	0,43%	17.07	28.07
Aug	21	-0,21%	11	4,12%	10	-4,97%	0,52%	26.08	08.08
Sep	21	1,85%	10	6,74%	11	-2,59%	0,48%	16.09	01.09
Oct	21	2,07%	15	5,07%	6	-5,42%	0,71%	31.10	02.10
Nov	21	2,23%	15	5,16%	6	-5,10%	0,71%	29.11	07.11
Dec	21	1,80%	15	5,56%	6	-7,59%	0,71%	30.12	14.12

Jahreszyklus:

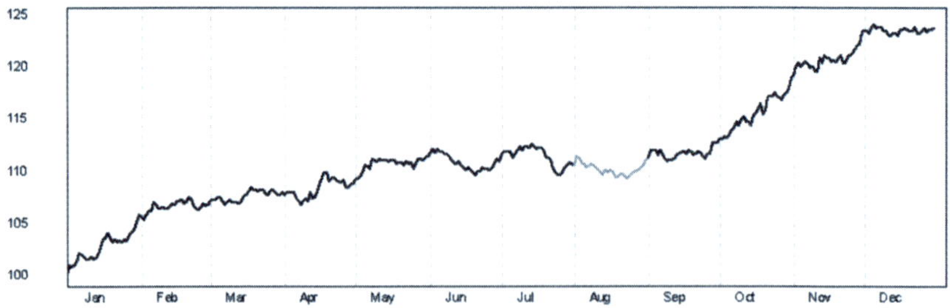

Erfolgreichster Anlage-Zeitraum: 11 Monate zwischen 31. August und 31. Juli

Buy & Hold vs. Anlage-Zyklus:

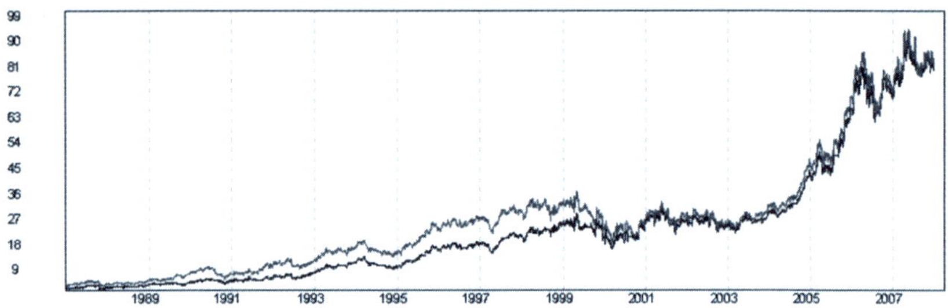

Vergleich: Buy & Hold vs. Anlage-Zyklus

	Buy & Hold	Anlage-Zyklus
Kurs 31.12.07:	83,23	81,63
Startkurs:	3,73	2,62
Gesamtperformance seit 02.01.1987:	2.131,61%	3.013,35%
All-Time-High:	94,76	91,82
Erreicht am:	17.05.2007	17.05.2007
Das wäre aus einer Anlage von 10.000 geworden:		
Anlage vor 10 Jahren:	26.055,38	35.972,66
Anlage seit 1987:	223.160,66	311.334,89

Jahres-Hochs und -Tiefs

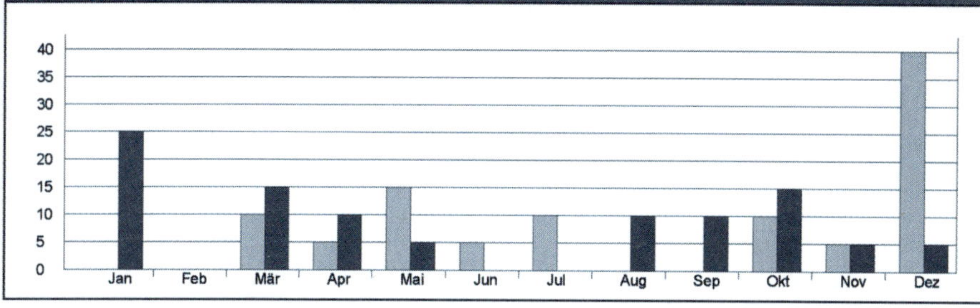

Rendite-Viereck

Jan		20,49	20,86	19,97	16,33	17,53	17,84	16,51	15,30	9,36	5,47	5,48
Feb	0,74		22,07	21,50	17,84	18,66	19,06	17,33	16,00	10,34	6,18	6,02
Mär	1,50	0,82		23,98	20,25	21,13	21,61	19,74	18,35	12,39	8,09	8,07
Apr	2,14	1,63	0,83		20,10	21,23	21,86	20,14	18,84	12,77	8,64	8,66
Mai	4,35	3,66	3,13	2,33		22,96	24,08	22,00	20,77	14,74	10,52	10,46
Jun	3,71	2,91	2,37	1,69	−0,60		23,40	21,12	19,75	13,99	9,86	9,97
Jul	3,72	2,79	2,42	1,70	−0,87	−0,22		20,09	18,64	13,07	8,93	9,15
Aug	3,66	2,87	2,78	2,03	−0,71	0,01	0,50		17,91	12,43	8,37	8,48
Sep	5,16	4,25	4,05	3,24	0,50	1,20	1,69	1,15		14,21	10,25	10,31
Okt	10,88	10,10	10,21	9,23	6,19	7,30	7,70	6,94	5,90		14,54	14,74
Nov	15,31	14,27	15,11	14,18	10,55	11,68	11,88	10,93	9,87	3,67		17,17
Dez	14,84	13,96	14,31	13,39	9,84	10,99	11,06	10,25	9,14	3,48	0,00	
	Jan	Feb	Mär	Apr	Mai	Jun	Jul	Aug	Sep	Okt	Nov	Dez

Monatsstatistiken

	Anzahl Monate	durchschn. Performance	positive Monate	durchschn. Performance	negative Monate	durchschn. Performance	Gewinn-Wahr-scheinlichkeit	Monats-hoch am	Monats-tief am
Jan	21	4,53%	14	7,64%	7	−1,70%	0,67%	31.01	01.01
Feb	21	1,22%	11	6,51%	10	−4,60%	0,52%	21.02	02.02
Mar	21	1,72%	13	5,07%	8	−3,71%	0,62%	18.03	07.03
Apr	21	1,76%	13	6,16%	8	−5,39%	0,62%	18.04	08.04
May	21	1,74%	13	5,13%	8	−3,76%	0,62%	31.05	01.05
Jun	21	−0,63%	9	6,18%	12	−5,73%	0,43%	04.06	20.06
Jul	21	0,44%	11	5,53%	10	−5,17%	0,52%	14.07	26.07
Aug	21	−1,30%	8	6,12%	13	−5,86%	0,38%	02.08	23.08
Sep	21	1,21%	12	5,78%	9	−4,88%	0,57%	30.09	09.09
Oct	21	2,79%	13	8,65%	8	−6,72%	0,62%	31.10	02.10
Nov	21	1,96%	11	7,96%	10	−4,64%	0,52%	30.11	01.11
Dec	21	2,46%	13	6,31%	8	−3,78%	0,62%	05.12	15.12

Aktie Turbo/os **Campbell Soup** **WKN: 850561**

Jahreszyklus:

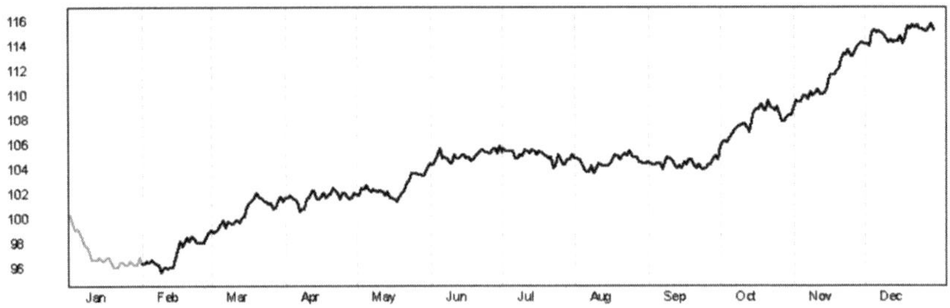

Erfolgreichster Anlage–Zeitraum: 11 Monate zwischen 31. Januar und 31. Dezember

Buy & Hold vs. Anlage–Zyklus:

Vergleich: Buy & Hold vs. Anlage–Zyklus

	Buy & Hold	Anlage–Zyklus
Kurs 31.12.07:	35,73	81,84
Startkurs:	5,22	5,37
Gesamtperformance seit 02.01.1987:	583,98%	1.423,99%
All–Time–High:	57,83	97,09
Erreicht am:	23.03.1998	20.02.2007

Das wäre aus einer Anlage von 10.000 geworden:

Anlage vor 10 Jahren:	6.847,45	11.025,95
Anlage seit 1987:	68.398,48	152.398,98

Jahres-Hochs und -Tiefs

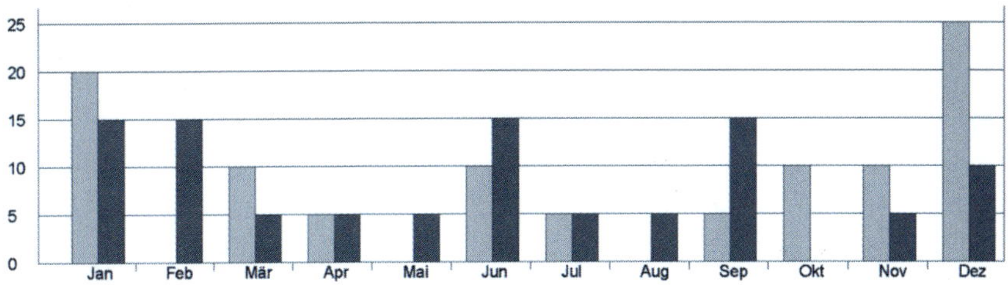

Rendite-Viereck

Jan		10,89	8,50	7,64	5,47	4,18	5,91	7,15	6,57	3,58	-1,95	-3,02
Feb	1,46		11,48	10,51	8,31	6,63	8,68	10,08	9,34	6,17	0,26	-0,98
Mär	3,70	2,19		12,86	10,58	8,74	11,15	12,66	12,02	8,65	2,45	1,27
Apr	4,14	2,61	0,40		11,73	10,06	12,32	13,76	12,85	9,41	3,22	1,95
Mai	6,06	4,81	2,49	2,24		11,44	14,02	15,58	14,74	11,31	4,89	3,68
Jun	7,84	6,50	4,09	3,60	1,33		16,27	17,86	16,75	13,29	6,78	5,55
Jul	7,56	6,04	3,67	2,84	0,71	-0,64		17,84	16,64	13,02	6,62	5,39
Aug	6,03	4,45	2,14	1,60	-0,47	-1,62	-0,84		15,01	11,48	4,99	3,84
Sep	5,76	4,32	2,22	1,68	-0,30	-1,41	-0,51	0,43		11,01	4,92	3,63
Okt	8,61	7,12	4,99	4,72	2,56	1,47	2,67	3,55	3,21		7,53	6,22
Nov	13,23	11,77	9,50	9,12	6,83	5,68	8,32	9,42	9,01	5,59		10,69
Dez	15,31	13,69	11,27	10,58	8,34	7,16	9,01	10,24	9,78	6,58	0,95	
	Jan	Feb	Mär	Apr	Mai	Jun	Jul	Aug	Sep	Okt	Nov	Dez

Monatsstatistiken

	Anzahl Monate	durchschn. Performance	positive Monate	durchschn. Performance	negative Monate	durchschn. Performance	Gewinn-Wahr-scheinlichkeit	Monats-hoch am	Monats-tief am
Jan	21	-3,29%	7	3,08%	14	-6,48%	0,33%	01.01	22.01
Feb	21	1,02%	12	6,91%	9	-6,85%	0,57%	29.02	09.02
Mar	21	1,94%	13	5,20%	8	-3,37%	0,62%	20.03	02.03
Apr	21	0,51%	12	5,32%	9	-5,90%	0,57%	21.04	07.04
May	21	2,05%	13	6,32%	8	-4,88%	0,62%	31.05	18.05
Jun	21	0,83%	9	7,23%	12	-3,97%	0,43%	30.06	02.06
Jul	21	-0,58%	9	5,95%	12	-5,48%	0,43%	02.07	23.07
Aug	21	-1,15%	10	3,22%	11	-5,12%	0,48%	24.08	09.08
Sep	21	1,11%	10	7,33%	11	-4,55%	0,48%	29.09	24.09
Oct	21	2,50%	15	5,78%	6	-5,70%	0,71%	21.10	01.10
Nov	21	4,78%	16	6,93%	5	-2,13%	0,76%	30.11	01.11
Dec	21	1,72%	13	5,33%	8	-4,14%	0,62%	21.12	03.12

Jahreszyklus:

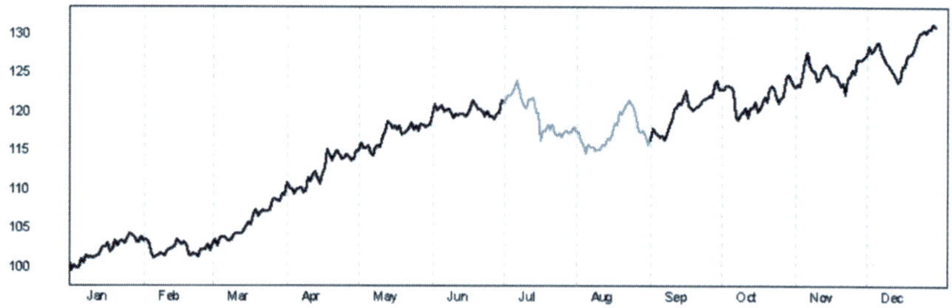

Erfolgreichster Anlage–Zeitraum: 10 Monate zwischen 31. August und 30. Juni

Buy & Hold vs. Anlage–Zyklus:

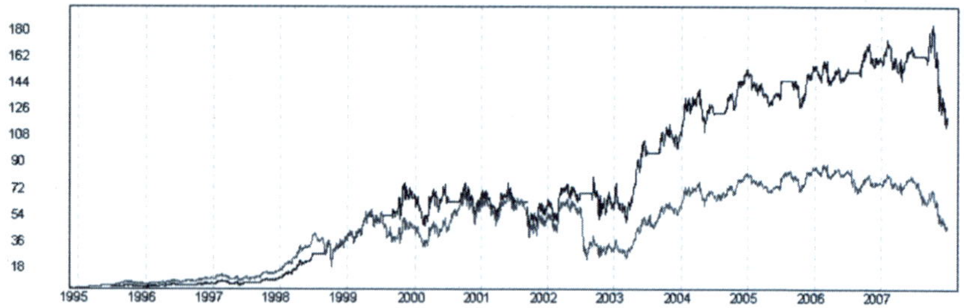

Vergleich: Buy & Hold vs. Anlage–Zyklus

	Buy & Hold	Anlage–Zyklus
Kurs 31.12.07:	47,26	119,94
Startkurs:	5,14	5,14
Gesamtperformance seit 16.11.1994:	819,46%	2.233,37%
All–Time–High:	89,92	185,11
Erreicht am:	10.03.2006	05.10.2007

Das wäre aus einer Anlage von 10.000 geworden:

Anlage vor 10 Jahren:	20.529,97	75.359,66
Anlage seit Börsengang:	91.945,53	233.337,06

Jahres-Hochs und -Tiefs

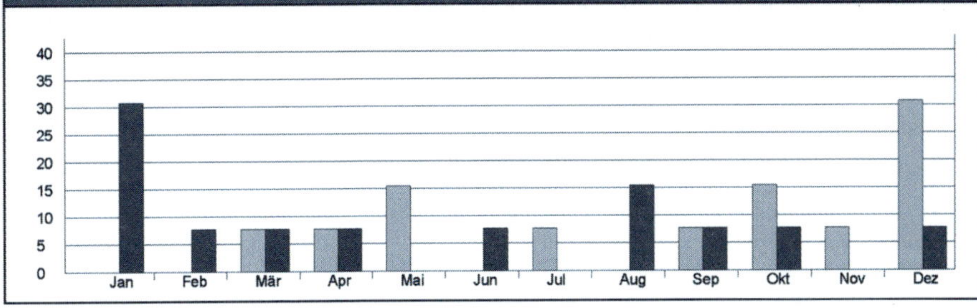

Rendite-Viereck

Jan		30,41	23,79	16,21	13,45	10,41	12,37	14,78	8,47	9,95	7,53	4,72
Feb	-1,10		25,63	17,45	14,97	11,52	13,19	14,88	8,45	10,10	6,88	2,81
Mär	5,44	6,79		24,98	22,88	18,56	20,46	23,26	16,39	17,70	14,16	9,44
Apr	11,08	12,36	5,54		29,83	24,65	27,61	30,23	22,37	24,62	20,77	15,83
Mai	14,14	15,48	8,49	2,68		26,79	30,47	32,50	24,69	27,06	23,66	18,75
Jun	17,19	18,39	11,18	4,87	2,45		37,47	39,48	30,76	33,10	28,12	22,62
Jul	13,67	14,91	8,28	2,28	-0,41	-2,36		32,63	23,48	24,39	23,72	18,56
Aug	10,74	11,81	5,66	0,06	-2,82	-4,27	-2,04		17,12	18,12	18,80	14,80
Sep	18,24	19,11	12,27	6,44	3,47	1,61	3,42	5,49		25,55	27,09	22,81
Okt	16,57	17,55	10,95	4,57	2,04	-0,24	2,11	4,80	-0,68		25,73	21,82
Nov	18,05	18,88	12,43	5,87	3,19	0,98	3,56	6,10	0,98	2,19		23,61
Dez	22,26	23,42	16,60	10,05	7,47	4,90	6,68	9,40	3,86	4,98	2,87	
	Jan	Feb	Mär	Apr	Mai	Jun	Jul	Aug	Sep	Okt	Nov	Dez

Monatsstatistiken

	Anzahl Monate	durchschn. Performance	positive Monate	durchschn. Performance	negative Monate	durchschn. Performance	Gewinn-Wahr-scheinlichkeit	Monats-hoch am	Monats-tief am
Jan	14	4,72%	9	11,43%	5	-7,36%	0,64%	31.01	02.01
Feb	13	-1,10%	3	7,11%	10	-3,56%	0,23%	02.02	24.02
Mar	13	6,79%	8	13,79%	5	-4,40%	0,62%	30.03	03.03
Apr	13	5,54%	7	15,70%	6	-6,31%	0,54%	18.04	04.04
May	13	2,68%	10	6,33%	3	-9,50%	0,77%	13.05	07.05
Jun	13	2,45%	6	10,69%	7	-4,61%	0,46%	30.06	27.06
Jul	13	-2,36%	6	10,82%	7	-13,67%	0,46%	07.07	17.07
Aug	13	-2,04%	6	7,79%	7	-10,47%	0,46%	23.08	05.08
Sep	13	5,49%	9	10,53%	4	-5,86%	0,69%	29.09	07.09
Oct	13	-0,68%	4	11,88%	9	-6,26%	0,31%	29.10	08.10
Nov	13	2,19%	7	10,75%	6	-7,79%	0,54%	06.11	22.11
Dec	14	2,87%	9	8,01%	5	-6,38%	0,64%	30.12	14.12

Jahreszyklus:

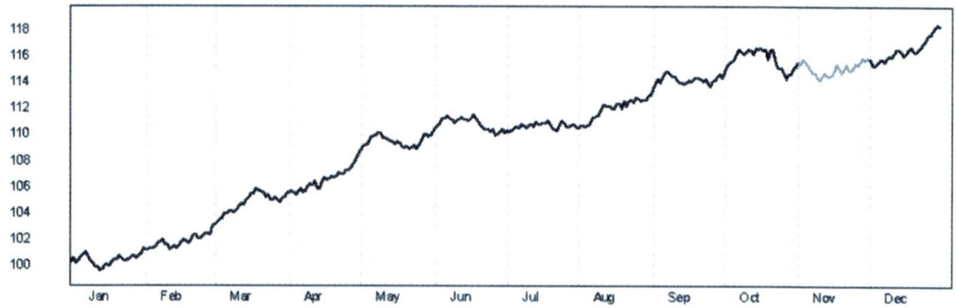

Erfolgreichster Anlage–Zeitraum: 11 Monate zwischen 30. November und 31. Oktober

Buy & Hold vs. Anlage–Zyklus:

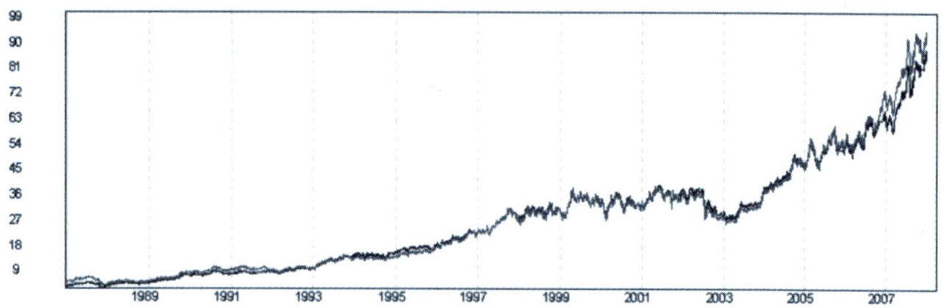

Vergleich: Buy & Hold vs. Anlage–Zyklus

	Buy & Hold	Anlage–Zyklus
Kurs 31.12.07:	93,33	86,98
Startkurs:	5,21	3,85
Gesamtperformance seit 02.01.1987:	1.691,36%	2.157,37%
All–Time–High:	94,86	88,41
Erreicht am:	28.12.2007	28.12.2007

Das wäre aus einer Anlage von 10.000 geworden:

Anlage vor 10 Jahren:	32.149,50	29.156,52
Anlage seit 1987:	179.136,28	225.737,42

Aktie ChevronTexaco **WKN: 852552**

Jahres-Hochs und -Tiefs

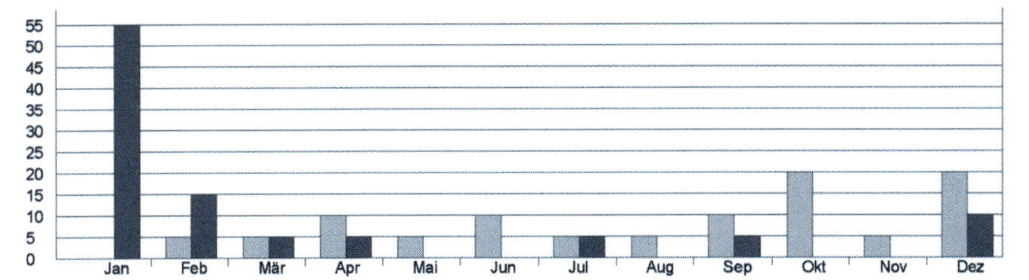

Rendite-Viereck

Jan		14,10	11,78	8,92	7,16	7,51	7,26	4,57	3,79	3,21	3,07	1,04
Feb	1,02		12,71	9,95	8,32	8,76	8,46	5,80	5,06	4,53	4,23	2,32
Mär	3,32	2,54		12,61	10,76	11,34	11,14	8,36	7,63	7,08	6,85	4,87
Apr	6,26	5,41	2,77		14,19	14,82	14,60	11,71	10,93	10,46	10,20	8,14
Mai	7,47	6,63	4,04	1,38		15,67	15,45	12,66	12,05	11,47	11,41	9,34
Jun	7,33	6,42	3,83	1,15	-0,17		15,97	13,05	12,35	11,74	11,61	9,54
Jul	7,64	6,69	4,19	1,50	0,19	0,37		13,25	12,42	11,87	11,67	9,64
Aug	9,95	8,95	6,43	3,72	2,29	2,56	2,32		14,49	13,94	13,71	11,68
Sep	11,03	9,97	7,43	4,67	3,22	3,46	3,18	0,86		15,29	14,99	12,94
Okt	11,44	10,35	7,96	5,15	3,69	3,98	3,70	1,38	0,58		15,32	13,21
Nov	12,54	11,07	9,08	6,22	4,62	4,91	4,56	2,11	1,23	0,52		14,15
Dez	14,16	12,93	10,70	7,86	6,20	6,53	6,18	3,76	2,91	2,26	2,02	
	Jan	Feb	Mär	Apr	Mai	Jun	Jul	Aug	Sep	Okt	Nov	Dez

Monatsstatistiken

	Anzahl Monate	durchschn. Performance	positive Monate	durchschn. Performance	negative Monate	durchschn. Performance	Gewinn-Wahrscheinlichkeit	Monats-hoch am	Monats-tief am
Jan	21	-0,26%	8	5,70%	13	-3,92%	0,38%	31.01	13.01
Feb	21	1,47%	13	5,25%	8	-4,69%	0,62%	29.02	11.02
Mar	21	4,80%	17	6,55%	4	-2,61%	0,81%	18.03	01.03
Apr	21	2,03%	14	5,24%	7	-4,41%	0,67%	30.04	04.04
May	21	2,50%	15	4,62%	6	-2,79%	0,71%	09.05	01.05
Jun	21	-0,36%	11	3,50%	10	-4,59%	0,52%	17.06	26.06
Jul	21	1,54%	14	4,59%	7	-4,55%	0,67%	25.07	02.07
Aug	21	0,76%	13	3,57%	8	-3,82%	0,62%	31.08	01.08
Sep	21	1,53%	13	5,26%	8	-4,52%	0,62%	07.09	01.09
Oct	21	-0,43%	9	5,57%	12	-4,92%	0,43%	21.10	27.10
Nov	21	-0,93%	11	3,01%	10	-5,27%	0,52%	30.11	10.11
Dec	21	1,93%	13	4,40%	8	-2,09%	0,62%	30.12	03.12

Jahreszyklus:

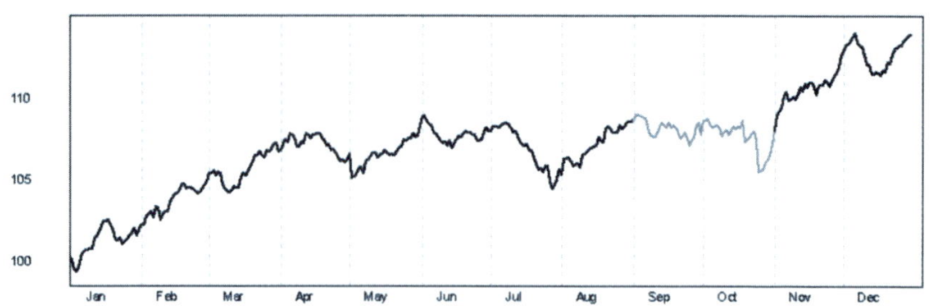

Erfolgreichster Anlage-Zeitraum: 10 Monate zwischen 31. Oktober und 31. August

Buy & Hold vs. Anlage-Zyklus:

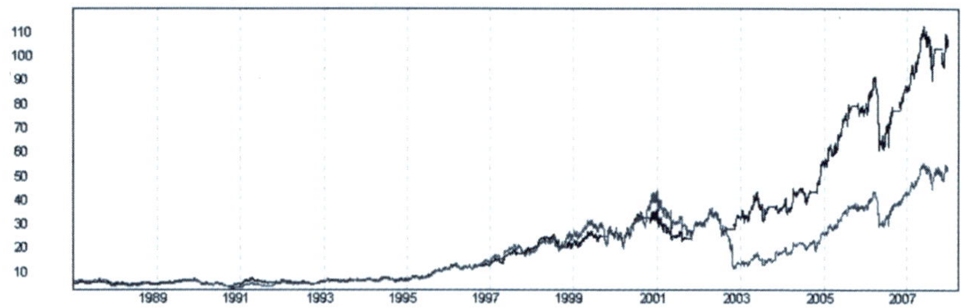

Vergleich: Buy & Hold vs. Anlage-Zyklus

	Buy & Hold	Anlage-Zyklus
Kurs 31.12.07:	53,73	106,11
Startkurs:	6,24	5,62
Gesamtperformance seit 02.01.1987:	761,06%	1.789,07%
All-Time-High:	56,33	112,99
Erreicht am:	29.05.2007	29.05.2007

Das wäre aus einer Anlage von 10.000 geworden:

Anlage vor 10 Jahren:	27.293,65	50.365,49
Anlage seit 1987:	86.105,77	188.907,22

Jahres-Hochs und -Tiefs

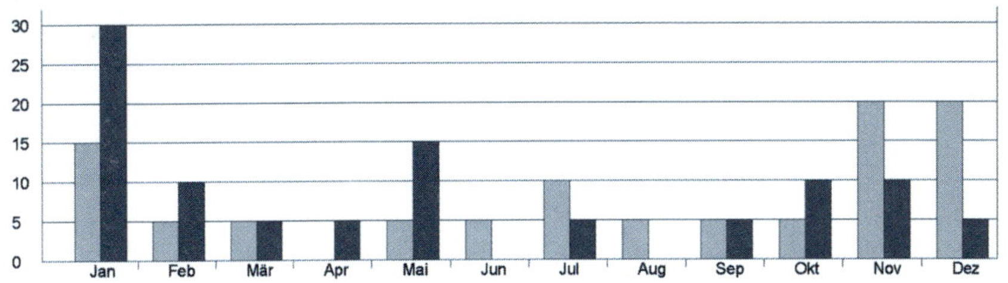

Rendite-Viereck

	Jan	Feb	Mär	Apr	Mai	Jun	Jul	Aug	Sep	Okt	Nov	Dez
Jan		10,63	7,91	8,60	6,80	6,98	9,93	6,38	6,85	7,84	2,53	1,56
Feb	2,65		10,77	12,05	10,37	10,28	13,46	9,56	10,27	11,39	5,68	4,58
Mär	4,46	1,75		13,52	11,90	11,89	15,07	11,30	12,14	13,49	7,43	6,35
Apr	4,17	1,53	−0,54		11,41	11,66	14,81	10,98	11,85	13,46	7,17	6,02
Mai	7,21	4,52	1,68	1,99		14,95	18,32	14,19	15,17	16,93	10,43	9,26
Jun	7,15	4,39	1,47	1,82	−0,26		19,07	14,72	15,58	16,75	10,56	9,20
Jul	4,59	1,86	−0,85	−0,55	−2,68	−2,46		11,91	12,72	13,94	7,92	6,62
Aug	6,77	3,99	1,52	2,04	0,24	0,45	3,06		15,15	16,33	10,48	9,18
Sep	6,56	3,62	1,12	1,62	−0,15	−0,09	2,48	−0,71		16,03	10,36	9,05
Okt	6,36	3,30	1,13	1,61	−0,18	0,04	2,63	−0,70	−0,39		10,09	8,81
Nov	10,83	7,70	5,58	6,13	4,43	4,65	7,33	3,94	4,38	5,26		13,09
Dez	12,35	9,30	6,82	7,37	5,60	5,95	8,75	5,38	5,78	6,42	1,07	

Monatsstatistiken

	Anzahl Monate	durchschn. Performance	positive Monate	durchschn. Performance	negative Monate	durchschn. Performance	Gewinn-Wahr-scheinlichkeit	Monats-hoch am	Monats-tief am
Jan	21	2,12%	13	8,77%	8	−8,69%	0,62%	16.01	04.01
Feb	21	2,12%	12	6,52%	9	−3,74%	0,57%	29.02	09.02
Mar	21	0,99%	11	5,40%	10	−3,86%	0,52%	30.03	10.03
Apr	21	0,41%	11	5,37%	10	−5,05%	0,52%	17.04	29.04
May	21	3,52%	14	7,64%	7	−4,72%	0,67%	31.05	02.05
Jun	21	0,54%	15	4,06%	6	−8,25%	0,71%	02.06	14.06
Jul	21	−1,54%	5	6,71%	16	−4,11%	0,24%	08.07	28.07
Aug	21	1,75%	12	8,32%	9	−7,00%	0,57%	31.08	01.08
Sep	21	−0,22%	13	4,73%	8	−8,26%	0,62%	03.09	25.09
Oct	21	−1,76%	10	9,49%	11	−11,99%	0,48%	03.10	25.10
Nov	21	5,35%	15	9,71%	6	−5,54%	0,71%	30.11	01.11
Dec	21	1,05%	11	5,40%	10	−3,73%	0,52%	31.12	17.12

Aktie Turbo/os **Cisco** **WKN: 878841**

Jahreszyklus:

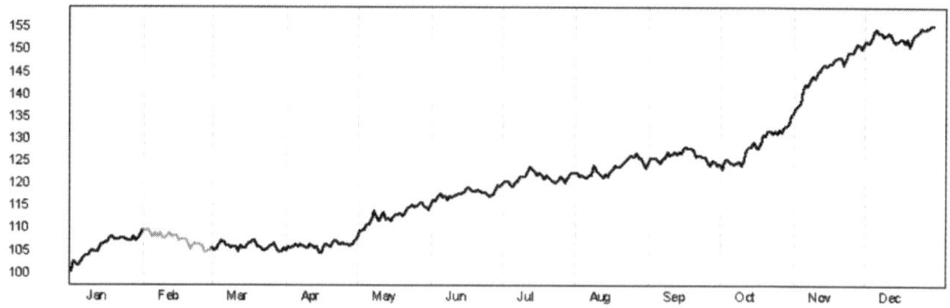

Erfolgreichster Anlage–Zeitraum: 11 Monate zwischen 28. Februar und 31. Januar

Buy & Hold vs. Anlage–Zyklus:

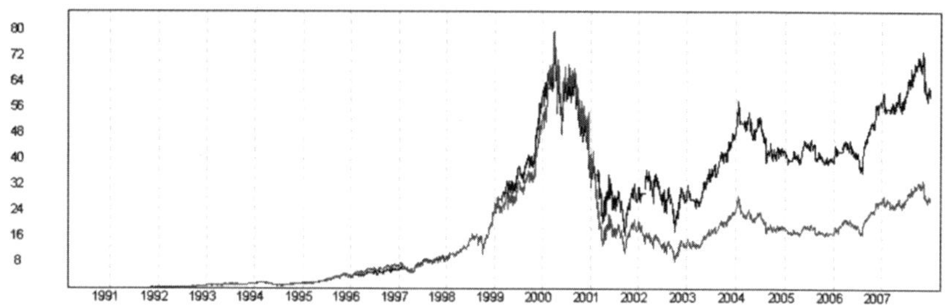

Vergleich: Buy & Hold vs. Anlage–Zyklus

	Buy & Hold	Anlage–Zyklus
Kurs 31.12.07:	27,07	58,61
Startkurs:	0,08	0,08
Gesamtperformance seit 22.02.1990:	33.737,50%	73.166,63%
All–Time–High:	80,06	76,37
Erreicht am:	27.03.2000	27.03.2000

Das wäre aus einer Anlage von 10.000 geworden:

Anlage vor 10 Jahren:	24.676,39	53.541,08
Anlage seit Börsengang:	3.383.750,00	7.326.662,79

Aktie **Cisco** **WKN: 878841**

Jahres-Hochs und -Tiefs

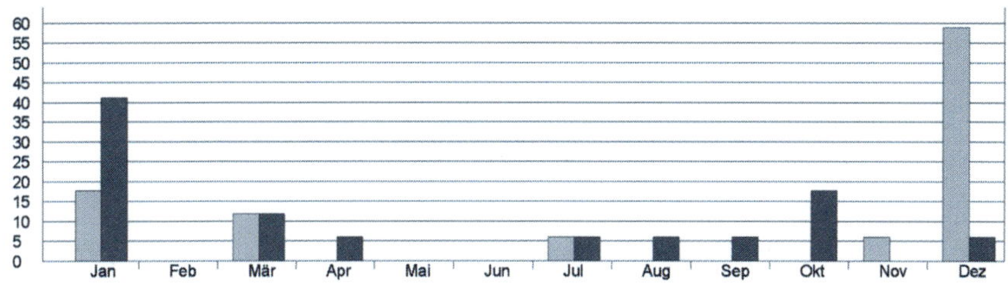

Rendite-Viereck

Jan		59,40	61,00	56,67	46,91	39,69	35,59	36,27	36,49	24,21	10,79	6,69
Feb	-3,24		63,03	58,74	48,33	40,92	36,50	36,77	36,73	24,24	9,43	4,32
Mär	-2,47	0,06		60,89	50,52	42,83	38,44	38,71	38,57	25,79	10,72	5,09
Apr	-2,13	0,39	0,88		51,27	43,38	39,33	39,52	39,25	26,33	10,79	5,59
Mai	3,39	6,38	7,41	6,30		52,17	47,04	47,23	47,01	33,00	16,71	11,58
Jun	8,13	11,30	12,05	10,72	4,37		54,53	54,49	53,72	39,36	22,37	16,71
Jul	11,69	14,77	15,95	13,88	6,88	2,36		60,96	60,57	45,09	26,80	20,64
Aug	13,38	15,39	15,98	13,76	7,56	3,10	0,81		63,50	47,86	28,86	22,39
Sep	14,66	15,72	16,02	13,74	7,39	2,69	0,54	-0,37		48,93	30,42	23,84
Okt	22,52	25,25	26,21	23,49	16,38	11,31	8,72	7,95	8,83		39,74	32,49
Nov	33,61	39,16	40,20	37,36	29,17	23,43	20,66	20,37	21,49	10,97		45,03
Dez	39,64	46,29	47,54	43,96	35,53	29,20	25,94	25,83	26,18	15,19	3,41	
	Jan	Feb	Mär	Apr	Mai	Jun	Jul	Aug	Sep	Okt	Nov	Dez

Monatsstatistiken

	Anzahl Monate	durchschn. Performance	positive Monate	durchschn. Performance	negative Monate	durchschn. Performance	Gewinn-Wahrscheinlichkeit	Monatshoch am	Monatstief am
Jan	18	6,69%	13	11,34%	5	-5,41%	0,72%	31.01	02.01
Feb	17	-3,24%	8	7,99%	9	-13,22%	0,47%	03.02	27.02
Mar	18	0,06%	10	7,82%	8	-9,63%	0,56%	05.03	29.03
Apr	18	0,88%	10	8,56%	8	-8,73%	0,56%	22.04	16.04
May	18	6,30%	14	11,44%	4	-11,68%	0,78%	28.05	01.05
Jun	18	4,37%	13	7,59%	5	-4,00%	0,72%	29.06	01.06
Jul	18	2,36%	10	9,72%	8	-6,85%	0,56%	13.07	06.07
Aug	18	0,81%	9	11,14%	9	-9,53%	0,50%	27.08	13.08
Sep	18	-0,37%	12	6,57%	6	-14,23%	0,67%	17.09	30.09
Oct	18	8,83%	14	11,76%	4	-1,40%	0,78%	31.10	02.10
Nov	18	10,97%	15	15,09%	3	-9,59%	0,83%	28.11	01.11
Dec	18	3,41%	10	12,94%	8	-8,52%	0,56%	30.12	20.12

Aktie **Clear Channel** **WKN: 873046**

Jahreszyklus:

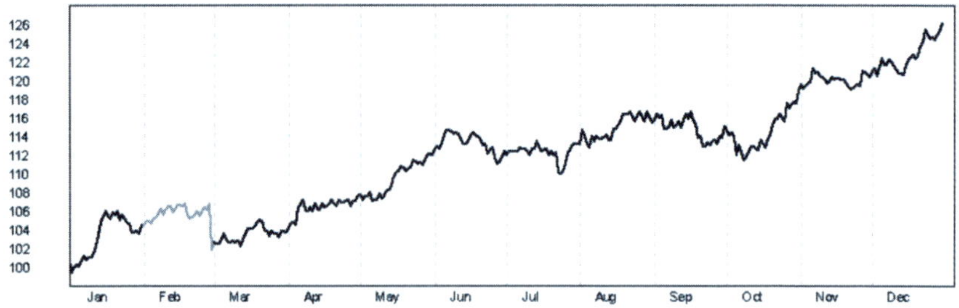

Erfolgreichster Anlage-Zeitraum: 11 Monate zwischen 28. Februar und 31. Januar

Buy & Hold vs. Anlage-Zyklus:

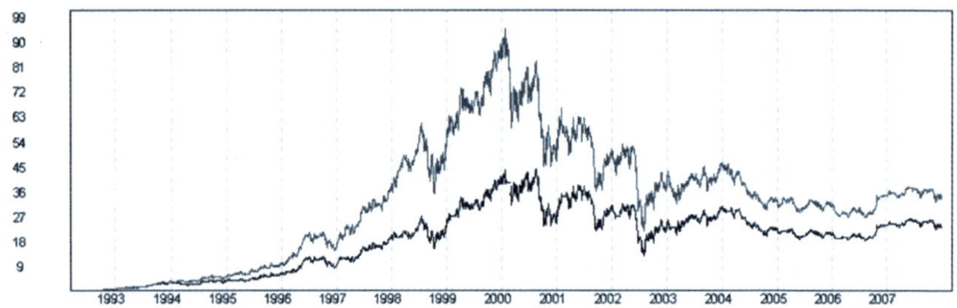

Vergleich: Buy & Hold vs. Anlage-Zyklus

	Buy & Hold	Anlage-Zyklus
Kurs 31.12.07:	34,52	24,21
Startkurs:	1,07	1,07
Gesamtperformance seit 17.03.1992:	3.126,17%	2.162,50%
All-Time-High:	95,37	44,96
Erreicht am:	21.01.2000	18.08.2000
Das wäre aus einer Anlage von 10.000 geworden:		
Anlage vor 10 Jahren:	7.731,24	11.813,86
Anlage seit Börsengang:	322.616,82	226.250,46

Jahres-Hochs und -Tiefs

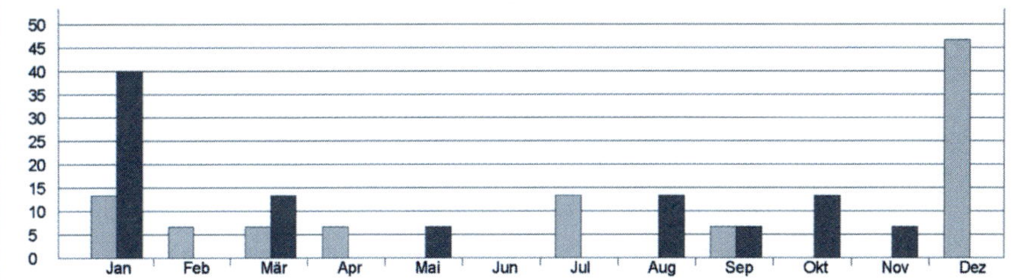

Rendite-Viereck

Jan		22,62	25,72	20,39	16,43	15,38	14,24	12,01	12,35	9,16	8,52	3,55
Feb	2,15		33,66	27,47	23,19	21,39	19,37	16,79	16,71	13,35	12,51	6,39
Mär	3,36	1,28		29,05	24,99	22,60	20,43	18,28	18,47	15,07	14,00	7,55
Apr	5,67	3,59	3,60		28,49	26,23	24,24	21,53	21,35	17,84	16,89	10,41
Mai	10,95	8,69	7,84	3,97		32,77	30,70	27,59	27,51	23,80	22,80	16,07
Jun	12,66	9,97	8,92	4,74	0,94		33,87	30,21	29,12	25,47	25,31	18,45
Jul	13,86	10,63	10,36	6,06	2,44	0,92		32,55	30,64	26,73	26,79	19,65
Aug	15,74	12,34	11,81	7,39	3,58	2,60	1,94		32,81	29,00	28,69	21,71
Sep	17,18	12,73	12,34	7,92	4,15	3,17	2,09	-0,13		31,30	30,84	23,30
Okt	18,58	14,42	15,17	10,77	7,06	6,28	5,23	2,76	2,95		32,08	24,80
Nov	17,82	13,85	15,12	10,79	7,11	6,83	6,27	3,62	4,02	1,05		24,22
Dez	26,50	21,77	22,52	17,74	13,80	12,45	11,31	8,89	9,11	6,12	5,16	
	Jan	Feb	Mär	Apr	Mai	Jun	Jul	Aug	Sep	Okt	Nov	Dez

Monatsstatistiken

	Anzahl Monate	durchschn. Performance	positive Monate	durchschn. Performance	negative Monate	durchschn. Performance	Gewinn-Wahrscheinlichkeit	Monatshoch am	Monatstief am
Jan	16	3,55%	8	13,84%	8	-6,74%	0,50%	16.01	02.01
Feb	15	2,15%	8	10,92%	7	-7,87%	0,53%	18.02	29.02
Mar	15	1,28%	9	6,50%	6	-6,55%	0,60%	20.03	12.03
Apr	16	3,60%	10	8,66%	6	-4,84%	0,63%	30.04	01.04
May	16	3,97%	12	7,26%	4	-5,91%	0,75%	30.05	06.05
Jun	16	0,94%	12	5,74%	4	-13,44%	0,75%	06.06	27.06
Jul	16	0,92%	9	6,55%	7	-6,31%	0,56%	14.07	24.07
Aug	16	1,94%	11	7,19%	5	-9,61%	0,69%	22.08	05.08
Sep	16	-0,13%	9	7,65%	7	-10,13%	0,56%	16.09	22.09
Oct	16	2,95%	11	7,39%	5	-6,83%	0,69%	31.10	08.10
Nov	16	1,05%	10	6,13%	6	-7,40%	0,63%	06.11	22.11
Dec	16	5,16%	10	11,09%	6	-4,72%	0,63%	31.12	03.12

Aktie Turbo/OS **Colgate Palmolive** **WKN: 850667**

Jahreszyklus:

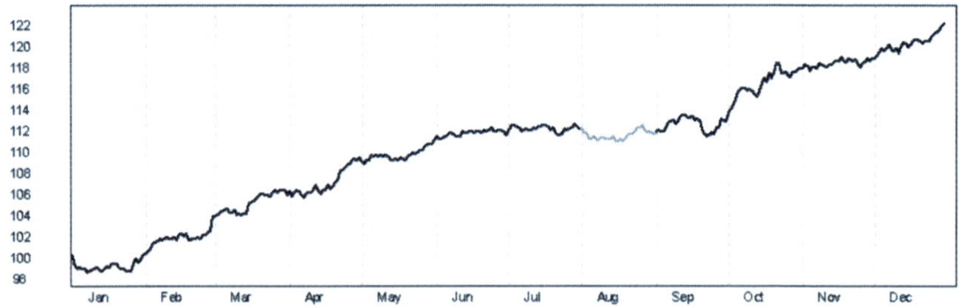

Erfolgreichster Anlage-Zeitraum: 11 Monate zwischen 31. August und 31. Juli

Buy & Hold vs. Anlage-Zyklus:

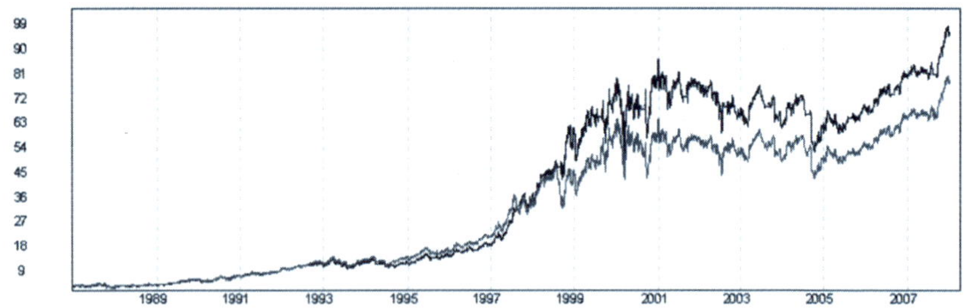

Vergleich: Buy & Hold vs. Anlage-Zyklus

	Buy & Hold	Anlage-Zyklus
Kurs 31.12.07:	77,96	95,57
Startkurs:	3,82	3,54
Gesamtperformance seit 02.01.1987:	1.938,84%	2.599,36%
All-Time-High:	80,64	98,85
Erreicht am:	14.12.2007	14.12.2007

Das wäre aus einer Anlage von 10.000 geworden:

Anlage vor 10 Jahren:	19.946,27	23.466,60
Anlage seit 1987:	203.883,62	269.935,70

Jahres-Hochs und -Tiefs

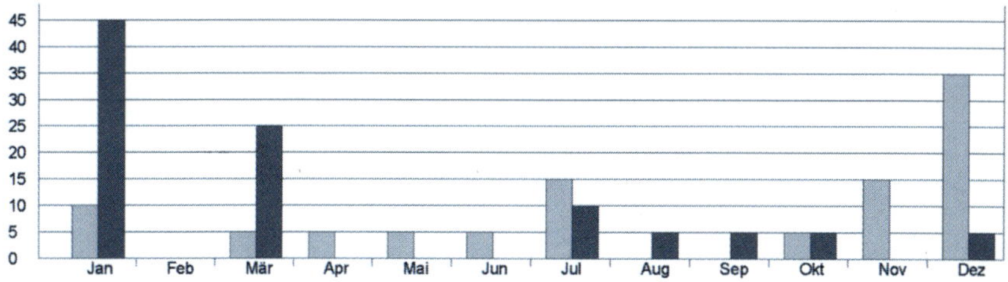

Rendite-Viereck

Jan		15,68	13,72	10,16	8,66	8,40	8,13	8,84	8,44	3,32	2,60	-0,19
Feb	2,56		16,89	13,18	11,37	10,95	10,69	11,62	11,32	6,06	5,44	2,51
Mär	4,46	1,89		15,99	14,12	13,78	13,28	14,24	13,92	7,99	7,41	4,35
Apr	7,84	5,14	3,21		17,52	17,22	16,65	17,69	17,25	11,36	10,84	7,68
Mai	9,04	6,28	4,39	1,20		18,32	17,71	19,04	18,30	12,99	12,34	8,96
Jun	9,55	6,89	4,96	1,75	0,39		18,33	19,28	18,89	13,15	12,59	9,36
Jul	10,08	7,47	5,61	2,36	0,79	0,47		19,77	19,32	13,92	13,24	9,95
Aug	9,05	6,50	4,71	1,52	0,07	-0,09	-0,45		18,02	12,71	12,01	8,85
Sep	9,80	7,27	5,59	2,33	0,85	0,75	0,29	0,77		13,70	12,91	9,82
Okt	14,73	12,05	10,02	6,64	5,29	5,10	4,77	5,41	4,96		17,96	14,40
Nov	15,46	12,71	10,64	7,23	5,85	5,61	5,37	6,03	5,58	0,76		15,14
Dez	19,08	16,20	14,12	10,54	9,13	8,88	8,49	9,33	9,01	3,60	2,96	
	Jan	Feb	Mär	Apr	Mai	Jun	Jul	Aug	Sep	Okt	Nov	Dez

Monatsstatistiken

	Anzahl Monate	durchschn. Performance	positive Monate	durchschn. Performance	negative Monate	durchschn. Performance	Gewinn-Wahr-scheinlichkeit	Monats-hoch am	Monats-tief am
Jan	21	−1,25%	10	3,40%	11	−5,48%	0,48%	31.01	26.01
Feb	21	2,35%	14	5,22%	7	−3,39%	0,67%	29.02	01.02
Mar	21	1,90%	13	5,21%	8	−3,48%	0,62%	29.03	12.03
Apr	21	1,73%	15	4,56%	6	−5,33%	0,71%	30.04	07.04
May	21	2,04%	13	4,88%	8	−2,59%	0,62%	31.05	02.05
Jun	21	0,19%	10	4,72%	11	−3,93%	0,48%	24.06	03.06
Jul	21	1,03%	13	5,70%	8	−6,56%	0,62%	29.07	23.07
Aug	21	−1,04%	12	3,39%	9	−6,94%	0,57%	26.08	16.08
Sep	21	0,21%	14	4,25%	7	−7,88%	0,67%	12.09	22.09
Oct	21	5,53%	15	10,08%	6	−5,85%	0,71%	21.10	01.10
Nov	21	−0,16%	12	2,63%	9	−3,87%	0,57%	17.11	04.11
Dec	21	4,13%	15	6,96%	6	−2,93%	0,71%	31.12	01.12

Jahreszyklus:

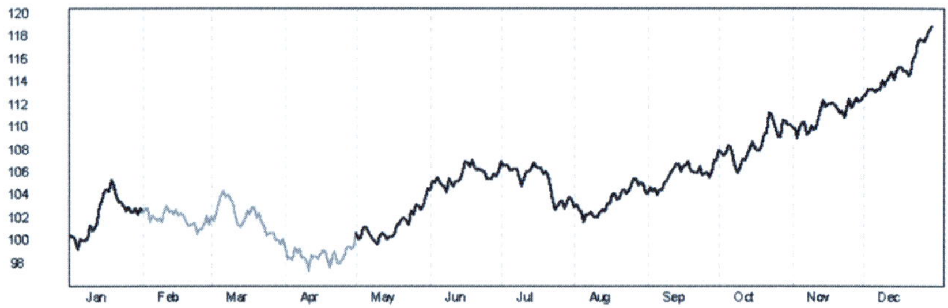

Erfolgreichster Anlage-Zeitraum: 9 Monate zwischen 30. April und 31. Januar

Buy & Hold vs. Anlage-Zyklus:

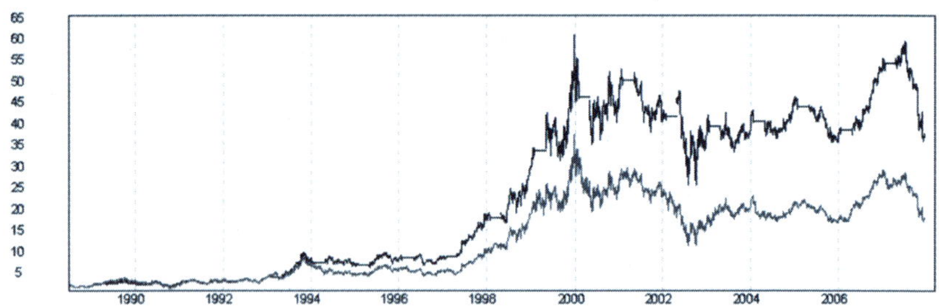

Vergleich: Buy & Hold vs. Anlage-Zyklus

	Buy & Hold	Anlage-Zyklus
Kurs 31.12.07:	18,12	37,55
Startkurs:	2,41	2,41
Gesamtperformance seit 08.07.1988:	652,91%	1.460,30%
All-Time-High:	37,67	61,10
Erreicht am:	24.12.1999	24.12.1999
Das wäre aus einer Anlage von 10.000 geworden:		
Anlage vor 10 Jahren:	16.705,54	20.588,39
Anlage seit Börsengang:	75.290,75	156.029,92

Jahres-Hochs und -Tiefs

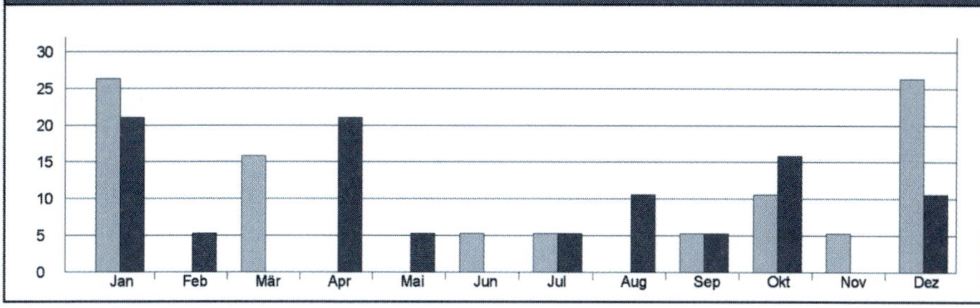

Rendite-Viereck

Jan		15,86	18,10	19,30	13,41	11,14	13,65	14,64	11,44	9,45	7,62	2,06
Feb	-0,73		20,30	22,02	15,85	13,40	15,42	16,31	12,67	10,10	7,92	1,51
Mär	-2,30	-1,53		19,00	12,81	10,53	13,66	14,93	11,46	9,03	6,65	0,09
Apr	-2,91	-2,07	-0,59		11,24	9,26	12,94	14,36	10,98	8,34	6,50	-0,11
Mai	1,46	2,31	3,97	4,99		13,86	17,81	19,35	15,63	13,04	11,09	4,21
Jun	2,87	3,53	5,41	6,30	1,28		19,93	21,06	17,05	14,56	12,51	5,55
Jul	1,75	2,07	3,66	4,54	-0,62	-2,11		20,25	16,27	13,95	11,71	4,53
Aug	2,68	3,05	4,45	5,77	0,45	-0,90	0,50		17,25	15,54	12,64	5,64
Sep	5,18	5,38	6,83	7,84	2,63	0,89	2,51	2,53		19,31	16,10	8,41
Okt	8,82	8,75	10,16	11,90	6,21	4,43	5,44	5,14	2,45		20,44	12,38
Nov	9,30	9,31	11,14	12,53	6,71	4,84	5,96	5,96	3,35	1,36		12,70
Dez	15,18	15,18	17,26	18,64	12,54	10,33	11,85	12,39	9,11	6,88	5,27	
	Jan	Feb	Mär	Apr	Mai	Jun	Jul	Aug	Sep	Okt	Nov	Dez

Monatsstatistiken

	Anzahl Monate	durchschn. Performance	positive Monate	durchschn. Performance	negative Monate	durchschn. Performance	Gewinn-Wahrscheinlichkeit	Monats-hoch am	Monats-tief am
Jan	20	2,06%	11	8,69%	9	-6,05%	0,55%	19.01	05.01
Feb	19	-0,73%	8	6,15%	11	-5,73%	0,42%	15.02	24.02
Mar	19	-1,53%	6	6,32%	13	-5,15%	0,32%	06.03	30.03
Apr	19	-0,59%	12	5,47%	7	-10,99%	0,63%	01.04	11.04
May	19	4,99%	11	10,91%	8	-3,15%	0,58%	31.05	10.05
Jun	19	1,28%	12	5,98%	7	-6,78%	0,63%	19.06	08.06
Jul	19	-2,11%	7	8,46%	12	-8,27%	0,37%	01.07	28.07
Aug	20	0,50%	10	8,75%	10	-7,75%	0,50%	27.08	05.08
Sep	20	2,53%	10	11,09%	10	-6,03%	0,50%	30.09	01.09
Oct	20	2,45%	12	8,54%	8	-6,68%	0,60%	22.10	09.10
Nov	20	1,36%	9	9,64%	11	-5,42%	0,45%	28.11	03.11
Dec	20	5,27%	13	10,27%	7	-4,01%	0,65%	31.12	01.12

Jahreszyklus:

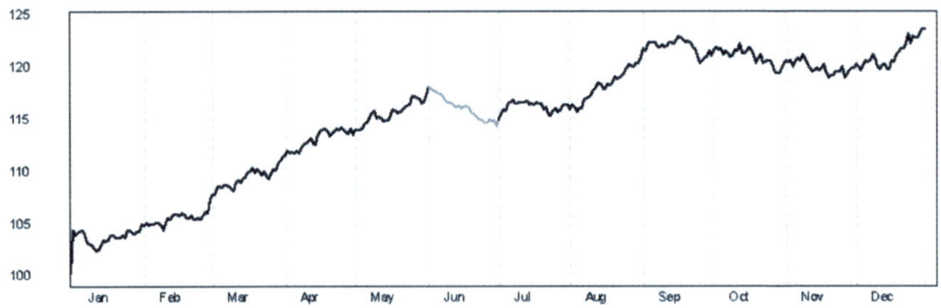

Erfolgreichster Anlage–Zeitraum: 11 Monate zwischen 30. Juni und 31. Mai

Buy & Hold vs. Anlage–Zyklus:

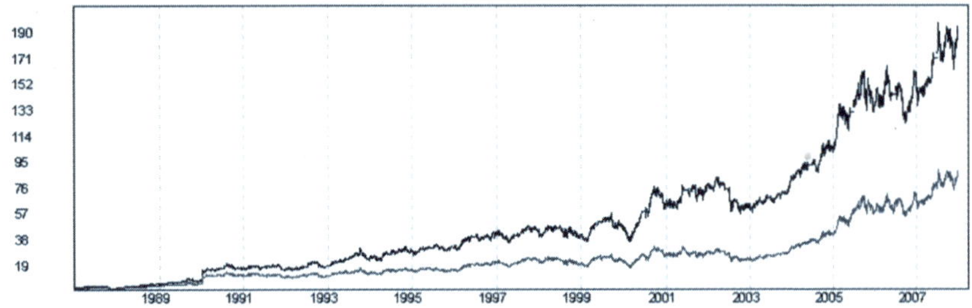

Vergleich: Buy & Hold vs. Anlage–Zyklus

	Buy & Hold	Anlage–Zyklus
Kurs 31.12.07:	88,30	193,49
Startkurs:	3,05	3,65
Gesamtperformance seit 02.01.1987:	2.795,08%	5.196,00%
All–Time–High:	90,17	197,59
Erreicht am:	13.07.2007	13.07.2007

Das wäre aus einer Anlage von 10.000 geworden:

Anlage vor 10 Jahren:	37.425,09	42.976,80
Anlage seit 1987:	289.508,20	529.600,25

Jahres-Hochs und -Tiefs

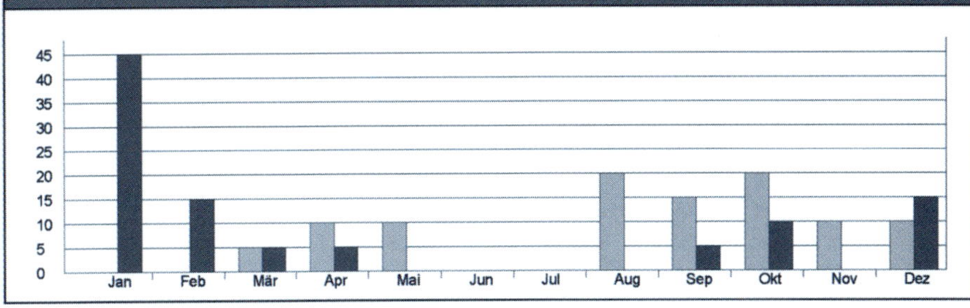

Rendite-Viereck

Jan		16,46	12,07	10,16	6,78	10,26	8,74	3,90	4,31	5,67	6,41	2,98
Feb	1,10		14,09	12,19	9,13	12,74	11,22	6,27	6,99	8,29	8,74	5,46
Mär	5,07	3,94		16,39	12,95	16,74	15,26	10,31	11,07	12,59	13,14	9,55
Apr	6,64	5,69	1,74		14,29	18,11	16,49	11,59	12,24	13,91	14,67	11,01
Mai	10,24	9,33	5,10	3,40		22,23	20,59	15,48	16,20	17,86	18,54	14,84
Jun	7,04	6,08	1,97	0,43	-2,81		17,60	12,60	13,21	14,64	15,08	11,51
Jul	9,27	8,18	3,89	2,30	-1,09	1,81		15,78	16,39	18,09	18,71	14,84
Aug	13,21	12,20	7,75	6,08	2,49	5,63	3,95		20,30	21,85	22,31	18,57
Sep	13,12	12,01	7,68	5,95	2,34	5,48	3,79	-0,07		21,36	21,83	17,91
Okt	11,32	10,38	6,42	4,51	1,12	4,34	2,90	-0,99	-0,99		19,64	15,70
Nov	10,40	9,52	5,70	3,80	0,59	3,75	2,50	-1,32	-1,30	-0,49		14,77
Dez	13,53	12,64	8,49	6,70	3,26	6,46	5,18	1,19	1,37	2,52	3,21	
	Jan	Feb	Mär	Apr	Mai	Jun	Jul	Aug	Sep	Okt	Nov	Dez

Monatsstatistiken

	Anzahl Monate	durchschn. Performance	positive Monate	durchschn. Performance	negative Monate	durchschn. Performance	Gewinn-Wahrscheinlichkeit	Monats-hoch am	Monats-tief am
Jan	21	2,58%	9	13,11%	12	-5,32%	0,43%	31.01	12.01
Feb	21	1,82%	14	5,57%	7	-5,69%	0,67%	29.02	09.02
Mar	21	6,35%	18	7,74%	3	-1,93%	0,86%	31.03	01.03
Apr	21	1,33%	12	5,68%	9	-4,47%	0,57%	25.04	01.04
May	21	4,41%	18	5,86%	3	-4,24%	0,86%	26.05	03.05
Jun	21	-2,67%	9	3,30%	12	-7,14%	0,43%	01.06	30.06
Jul	21	3,72%	17	6,40%	4	-7,64%	0,81%	08.07	01.07
Aug	21	1,93%	14	5,20%	7	-4,60%	0,67%	31.08	04.08
Sep	21	0,23%	10	6,73%	11	-5,67%	0,48%	16.09	25.09
Oct	21	-2,45%	8	3,61%	13	-6,18%	0,38%	12.10	28.10
Nov	21	-1,54%	9	5,15%	12	-6,56%	0,43%	08.11	19.11
Dec	21	3,86%	14	7,23%	7	-2,89%	0,67%	31.12	03.12

Jahreszyklus:

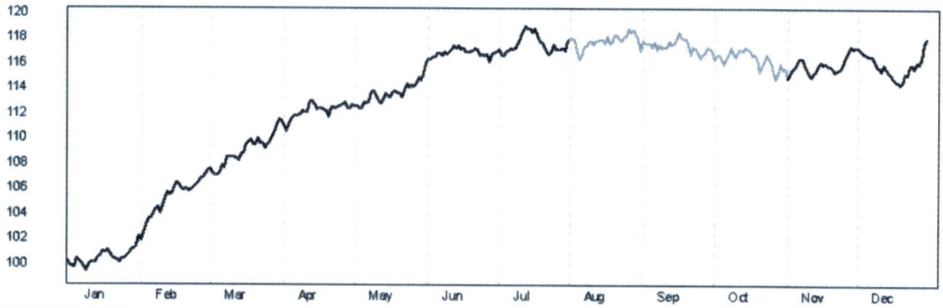

Erfolgreichster Anlage–Zeitraum: 9 Monate zwischen 31. Oktober und 31. Juli

Buy & Hold vs. Anlage–Zyklus:

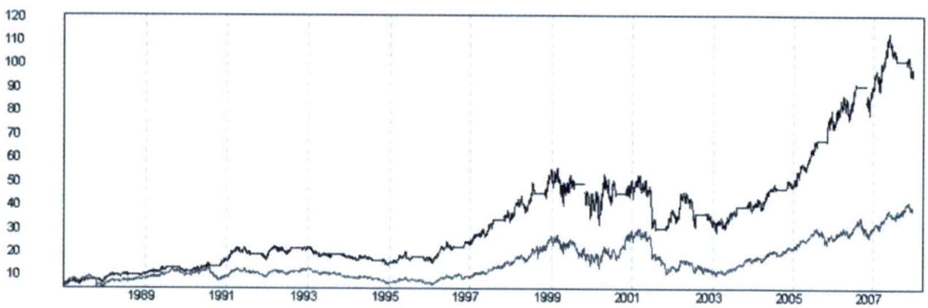

Vergleich: Buy & Hold vs. Anlage–Zyklus

	Buy & Hold	Anlage–Zyklus
Kurs 31.12.07:	39,75	97,97
Startkurs:	6,88	6,04
Gesamtperformance seit 02.01.1987:	477,76%	1.520,78%
All–Time–High:	42,25	114,03
Erreicht am:	13.11.2007	25.05.2007

Das wäre aus einer Anlage von 10.000 geworden:

Anlage vor 10 Jahren:	21.325,11	23.376,78
Anlage seit 1987:	57.776,16	162.077,54

Jahres-Hochs und -Tiefs

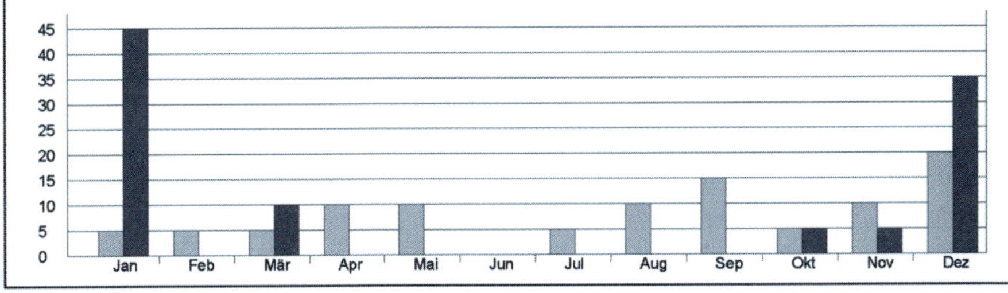

Rendite-Viereck

Jan		9,77	7,83	6,21	2,27	2,25	1,56	2,51	1,94	3,59	3,09	2,47
Feb	5,62		12,93	11,39	7,04	6,93	6,12	7,42	7,18	9,17	7,80	7,74
Mär	9,41	4,37		14,51	9,26	10,15	9,41	10,71	10,54	12,92	11,41	10,87
Apr	9,56	5,11	1,80		10,03	11,10	10,27	11,56	11,46	13,87	12,45	11,67
Mai	11,75	6,76	4,64	3,86		13,70	12,86	13,95	14,01	15,87	14,64	13,89
Jun	12,47	7,11	4,52	4,69	2,34		13,18	14,19	14,10	16,36	14,90	14,75
Jul	12,45	7,03	5,37	4,29	2,74	1,29		13,82	14,34	16,66	15,31	14,81
Aug	11,88	6,48	4,47	3,40	0,46	0,56	−0,11		13,50	16,00	14,69	14,24
Sep	11,92	6,36	4,29	2,83	−0,81	−0,64	−0,62	0,20		16,40	14,85	14,40
Okt	11,26	5,89	3,85	2,13	−1,96	−1,51	−2,01	−0,52	−1,21		14,03	13,57
Nov	13,09	7,50	5,23	3,36	−1,17	−0,25	−0,74	0,48	−0,11	1,12		15,27
Dez	13,70	8,13	5,71	4,05	−0,15	0,51	−0,11	0,87	0,47	1,90	1,08	
	Jan	Feb	Mär	Apr	Mai	Jun	Jul	Aug	Sep	Okt	Nov	Dez

Monatsstatistiken

	Anzahl Monate	durchschn. Performance	positive Monate	durchschn. Performance	negative Monate	durchschn. Performance	Gewinn-Wahr-scheinlichkeit	Monats-hoch am	Monats-tief am
Jan	21	0,79%	10	6,48%	11	−4,39%	0,48%	31.01	09.01
Feb	21	4,12%	16	6,61%	5	−3,84%	0,76%	29.02	01.02
Mar	21	3,17%	12	8,38%	9	−3,77%	0,57%	30.03	04.03
Apr	21	0,97%	11	5,30%	10	−3,79%	0,52%	13.04	02.04
May	21	1,93%	13	6,40%	8	−5,34%	0,62%	31.05	04.05
Jun	21	−0,30%	10	7,52%	11	−7,41%	0,48%	14.06	27.06
Jul	21	1,62%	10	6,65%	11	−2,94%	0,48%	13.07	03.07
Aug	21	−1,35%	10	4,73%	11	−6,88%	0,48%	26.08	05.08
Sep	21	0,01%	9	7,47%	12	−5,58%	0,43%	16.09	25.09
Oct	21	−2,06%	11	7,20%	10	−12,24%	0,52%	14.10	27.10
Nov	21	0,82%	10	8,34%	11	−6,02%	0,48%	28.11	01.11
Dec	21	1,91%	10	6,97%	11	−2,68%	0,48%	31.12	19.12

Jahreszyklus:

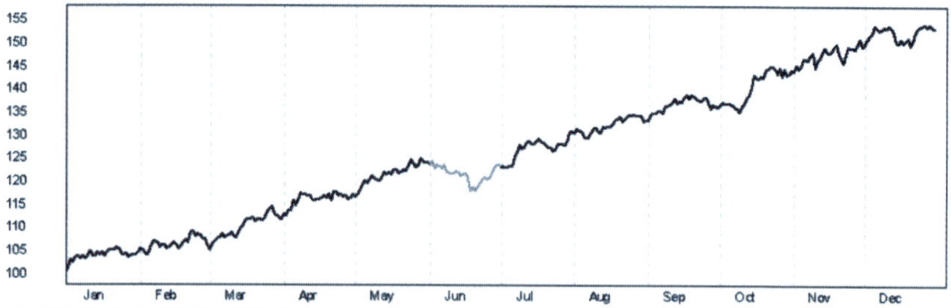

Erfolgreichster Anlage-Zeitraum: 11 Monate zwischen 30. Juni und 31. Mai

Buy & Hold vs. Anlage-Zyklus:

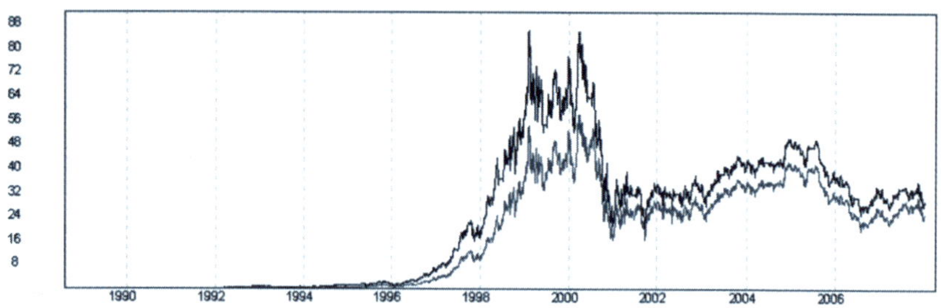

Vergleich: Buy & Hold vs. Anlage-Zyklus

	Buy & Hold	Anlage-Zyklus
Kurs 31.12.07:	24,51	28,83
Startkurs:	0,10	0,10
Gesamtperformance seit 17.08.1988:	24.410,00%	28.730,63%
All-Time-High:	58,13	86,00
Erreicht am:	22.03.2000	02.02.1999

Das wäre aus einer Anlage von 10.000 geworden:

Anlage vor 10 Jahren:	15.523,37	10.238,91
Anlage seit Börsengang:	2.451.000,00	2.883.063,39

Jahres-Hochs und -Tiefs

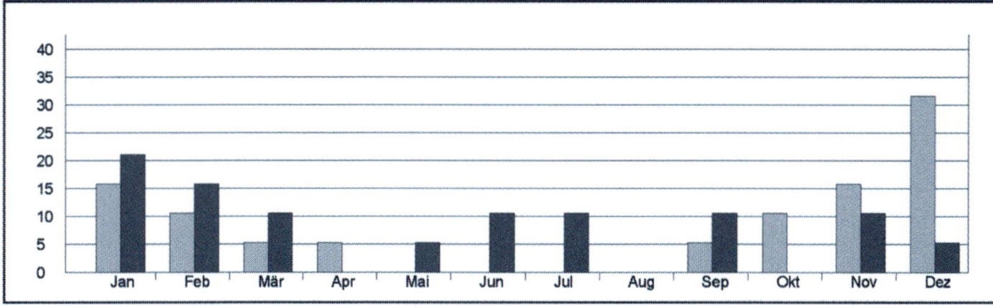

Rendite-Viereck

Jan		55,10	49,56	37,52	26,56	29,04	19,91	17,13	15,69	9,64	6,58	3,46
Feb	2,81		60,15	46,26	33,14	34,79	24,99	20,19	19,56	14,44	9,38	6,53
Mär	7,97	4,87		52,21	39,03	40,66	30,87	24,91	25,40	20,07	14,98	11,46
Apr	13,39	9,09	4,51		45,92	47,09	36,35	29,67	28,23	23,64	19,13	16,84
Mai	21,79	15,50	11,14	5,63		56,64	46,04	38,68	37,08	32,13	26,08	24,55
Jun	23,39	16,36	11,52	5,60	0,02		48,25	40,07	38,32	33,30	27,22	25,79
Jul	31,30	23,40	18,83	11,84	5,38	5,68		54,18	51,33	45,94	38,11	35,98
Aug	35,19	26,85	22,25	14,86	8,24	8,72	2,73		56,50	50,05	41,57	39,27
Sep	38,78	29,25	25,79	17,14	9,53	10,44	3,20	1,99		55,85	46,08	44,50
Okt	43,52	33,75	29,61	20,86	13,41	14,90	7,85	6,99	5,23		48,33	48,35
Nov	49,50	38,98	34,64	25,05	17,09	19,51	12,03	10,31	8,83	2,69		53,77
Dez	59,04	45,49	40,55	30,12	21,10	24,06	15,80	13,05	11,92	5,66	2,37	
	Jan	Feb	Mär	Apr	Mai	Jun	Jul	Aug	Sep	Okt	Nov	Dez

Monatsstatistiken

	Anzahl Monate	durchschn. Performance	positive Monate	durchschn. Performance	negative Monate	durchschn. Performance	Gewinn-Wahrscheinlichkeit	Monats-hoch am	Monats-tief am
Jan	20	3,46%	9	20,01%	11	−10,09%	0,45%	22.01	01.01
Feb	19	2,81%	9	18,45%	10	−11,26%	0,47%	23.02	04.02
Mar	19	4,87%	14	8,55%	5	−5,45%	0,74%	27.03	01.03
Apr	19	4,51%	13	12,47%	6	−12,74%	0,68%	23.04	02.04
May	19	5,63%	13	13,26%	6	−10,91%	0,68%	28.05	01.05
Jun	19	0,02%	10	9,03%	9	−10,00%	0,53%	02.06	18.06
Jul	19	5,68%	12	13,14%	7	−7,11%	0,63%	31.07	03.07
Aug	19	2,73%	11	10,01%	8	−7,29%	0,58%	24.08	06.08
Sep	20	1,99%	12	12,52%	8	−13,80%	0,60%	17.09	01.09
Oct	20	5,23%	12	14,88%	8	−9,23%	0,60%	22.10	09.10
Nov	20	2,69%	10	14,78%	10	−9,39%	0,50%	29.11	01.11
Dec	20	2,37%	8	16,04%	12	−6,75%	0,40%	29.12	20.12

Jahreszyklus:

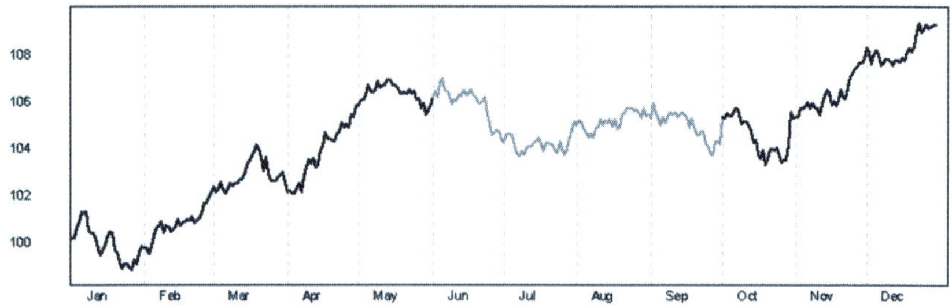

Erfolgreichster Anlage–Zeitraum: 8 Monate zwischen 30. September und 31. Mai

Buy & Hold vs. Anlage–Zyklus:

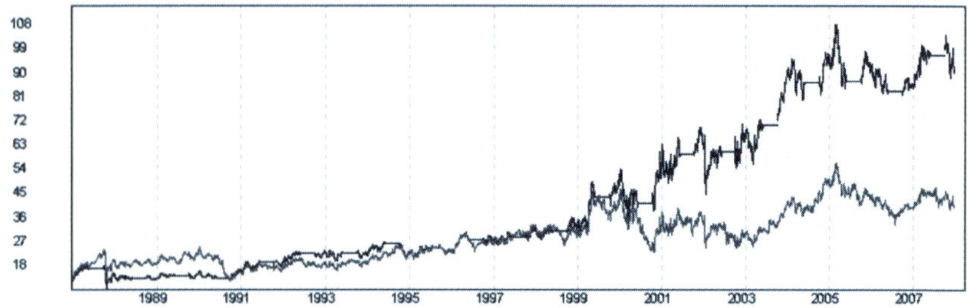

Vergleich: Buy & Hold vs. Anlage–Zyklus

	Buy & Hold	Anlage–Zyklus
Kurs 31.12.07:	39,42	88,80
Startkurs:	13,33	12,57
Gesamtperformance seit 02.01.1987:	195,72%	606,57%
All–Time–High:	56,42	108,48
Erreicht am:	04.03.2005	04.03.2005

Das wäre aus einer Anlage von 10.000 geworden:

Anlage vor 10 Jahren:	13.179,54	30.848,26
Anlage seit 1987:	29.572,39	70.656,58

Jahres-Hochs und -Tiefs

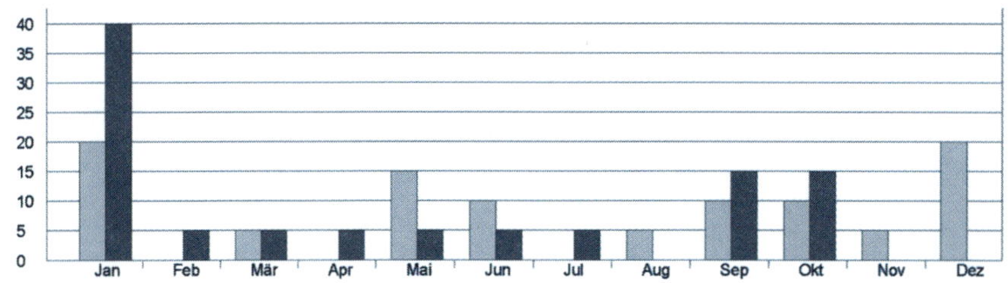

Rendite-Viereck

	Jan	Feb	Mär	Apr	Mai	Jun	Jul	Aug	Sep	Okt	Nov	Dez
Jan		5,16	5,10	1,78	1,67	3,27	2,69	2,47	4,15	3,24	1,15	-0,10
Feb	1,98		8,67	5,23	4,95	6,55	5,78	5,39	7,10	6,29	3,73	2,32
Mär	2,21	0,36		5,11	4,70	6,27	5,48	5,11	6,84	6,15	3,74	2,34
Apr	5,32	3,38	3,20		7,89	9,49	9,00	8,74	10,48	9,56	7,00	5,67
Mai	5,26	3,20	3,18	0,05		9,87	9,34	9,05	10,88	9,88	7,28	5,88
Jun	3,85	1,66	1,71	-1,44	-1,53		7,92	7,53	9,32	8,46	5,81	4,55
Jul	4,57	2,49	2,64	-0,70	-0,85	0,71		8,79	10,59	9,74	7,04	5,78
Aug	4,94	3,02	3,09	-0,28	-0,38	1,20	0,44		11,23	10,26	7,70	6,49
Sep	3,83	1,87	1,97	-1,39	-1,51	-0,02	-0,83	-1,29		9,11	6,62	5,41
Okt	3,58	1,76	1,85	-1,47	-1,53	0,10	-0,57	-0,73	0,78		6,14	4,87
Nov	5,69	3,80	3,80	0,53	0,44	2,05	1,44	1,29	2,90	2,18		7,06
Dez	7,25	5,30	5,35	1,81	1,75	3,42	2,72	2,65	4,27	3,48	1,45	
	Jan	Feb	Mär	Apr	Mai	Jun	Jul	Aug	Sep	Okt	Nov	Dez

Monatsstatistiken

	Anzahl Monate	durchschn. Performance	positive Monate	durchschn. Performance	negative Monate	durchschn. Performance	Gewinn-Wahr-scheinlichkeit	Monats-hoch am	Monats-tief am
Jan	21	−2,29%	8	5,71%	13	−7,21%	0,38%	06.01	27.01
Feb	21	3,13%	17	5,12%	4	−5,35%	0,81%	29.02	03.02
Mar	21	−0,46%	10	5,03%	11	−5,46%	0,48%	19.03	06.03
Apr	21	3,38%	13	7,60%	8	−3,48%	0,62%	30.04	04.04
May	21	0,72%	12	3,76%	9	−3,34%	0,57%	14.05	29.05
Jun	21	−2,14%	7	4,10%	14	−5,26%	0,33%	05.06	30.06
Jul	21	0,69%	11	6,83%	10	−6,06%	0,52%	31.07	08.07
Aug	21	−1,29%	7	8,69%	14	−6,28%	0,33%	23.08	06.08
Sep	21	−0,43%	11	3,39%	10	−4,62%	0,52%	02.09	27.09
Oct	21	1,31%	12	7,25%	9	−6,61%	0,57%	30.10	19.10
Nov	21	2,42%	11	8,50%	10	−4,27%	0,52%	30.11	02.11
Dec	21	2,67%	11	8,98%	10	−4,27%	0,52%	23.12	07.12

Jahreszyklus:

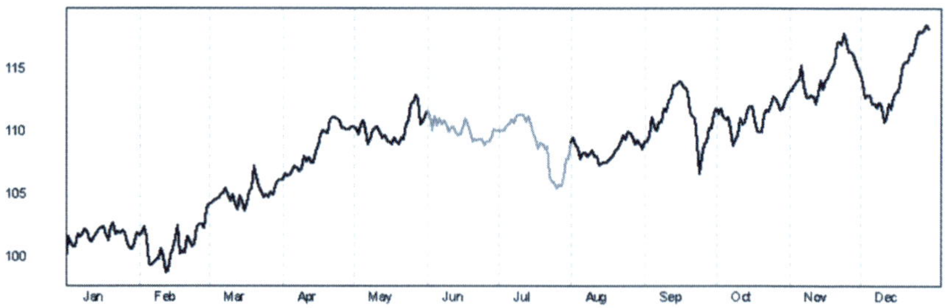

Erfolgreichster Anlage–Zeitraum: 10 Monate zwischen 31. Juli und 31. Mai

Buy & Hold vs. Anlage–Zyklus:

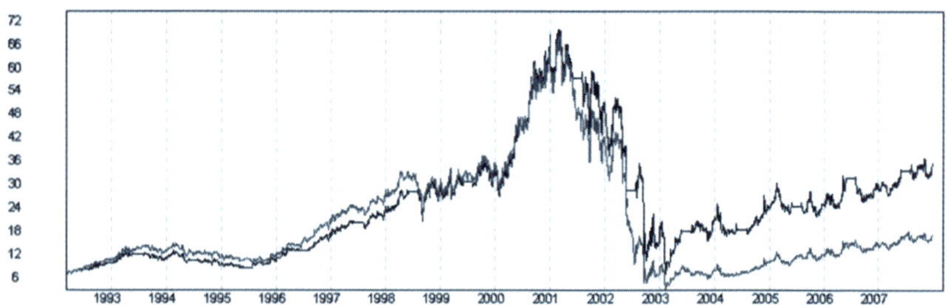

Vergleich: Buy & Hold vs. Anlage–Zyklus

	Buy & Hold	Anlage–Zyklus
Kurs 31.12.07:	17,24	35,22
Startkurs:	7,32	7,32
Gesamtperformance seit 16.03.1992:	135,52%	381,10%
All–Time–High:	68,69	70,24
Erreicht am:	21.02.2001	21.02.2001

Das wäre aus einer Anlage von 10.000 geworden:

Anlage vor 10 Jahren:	6.064,02	14.525,90
Anlage seit Börsengang:	23.551,91	48.109,98

Jahres-Hochs und -Tiefs

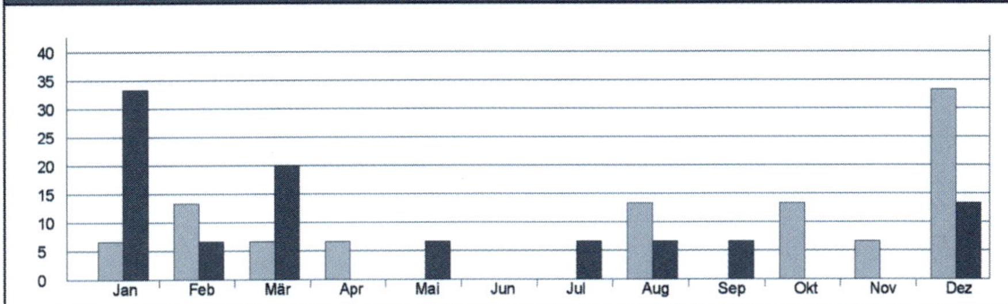

Rendite-Viereck

Jan		13,40	13,22	9,06	5,44	5,16	7,19	6,85	4,49	4,35	2,81	0,51
Feb	0,68		16,70	12,49	9,15	8,58	9,99	9,51	5,42	5,23	3,13	0,66
Mär	1,78	1,82		12,07	9,16	8,92	10,41	9,61	6,50	6,10	3,94	1,81
Apr	4,92	5,69	3,53		11,90	11,70	13,40	12,71	9,72	9,46	7,22	5,17
Mai	6,27	7,82	5,61	1,49		13,29	14,93	14,28	11,14	11,45	9,04	7,01
Jun	5,30	6,59	4,76	0,81	-1,10		14,49	13,89	10,48	10,94	8,22	6,26
Jul	2,81	3,57	2,97	-0,84	-3,18	-2,48		12,34	8,27	8,83	6,14	4,01
Aug	3,16	3,88	3,38	-0,43	-2,64	-1,91	0,89		8,05	8,44	5,79	4,05
Sep	7,55	8,11	7,88	3,90	0,66	0,59	2,35	2,34		13,73	10,56	8,71
Okt	8,02	8,60	8,36	4,20	0,91	1,04	2,86	3,04	0,61		11,03	9,05
Nov	8,37	9,14	9,40	5,36	2,23	2,24	4,10	4,02	1,89	1,45		9,65
Dez	13,22	14,28	13,85	9,44	5,55	5,52	7,35	7,22	4,27	3,74	2,64	
	Jan	Feb	Mär	Apr	Mai	Jun	Jul	Aug	Sep	Okt	Nov	Dez

Monatsstatistiken

	Anzahl Monate	durchschn. Performance	positive Monate	durchschn. Performance	negative Monate	durchschn. Performance	Gewinn-Wahrscheinlichkeit	Monats-hoch am	Monats-tief am
Jan	16	0,51%	9	7,56%	7	-8,54%	0,56%	09.01	29.01
Feb	15	0,68%	10	7,58%	5	-13,13%	0,67%	29.02	12.02
Mar	15	1,82%	8	10,18%	7	-7,73%	0,53%	20.03	13.03
Apr	16	3,53%	12	6,16%	4	-4,37%	0,75%	23.04	01.04
May	16	1,49%	9	9,86%	7	-9,26%	0,56%	27.05	07.05
Jun	16	-1,10%	7	5,47%	9	-6,22%	0,44%	01.06	25.06
Jul	16	-2,48%	9	3,91%	7	-10,69%	0,56%	10.07	26.07
Aug	16	0,89%	9	7,83%	7	-8,02%	0,56%	25.08	13.08
Sep	16	2,34%	10	11,02%	6	-12,13%	0,63%	16.09	24.09
Oct	16	0,61%	9	5,47%	7	-5,63%	0,56%	31.10	08.10
Nov	16	1,45%	8	8,42%	8	-5,53%	0,50%	24.11	12.11
Dec	16	2,64%	12	6,04%	4	-7,57%	0,75%	30.12	11.12

Jahreszyklus:

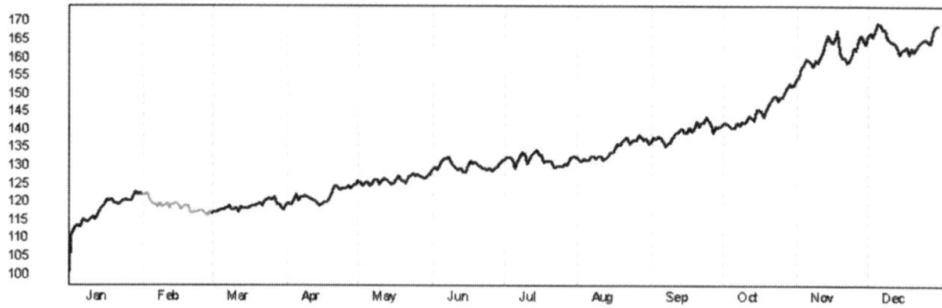

Erfolgreichster Anlage-Zeitraum: 11 Monate zwischen 28. Februar und 31. Januar

Buy & Hold vs. Anlage-Zyklus:

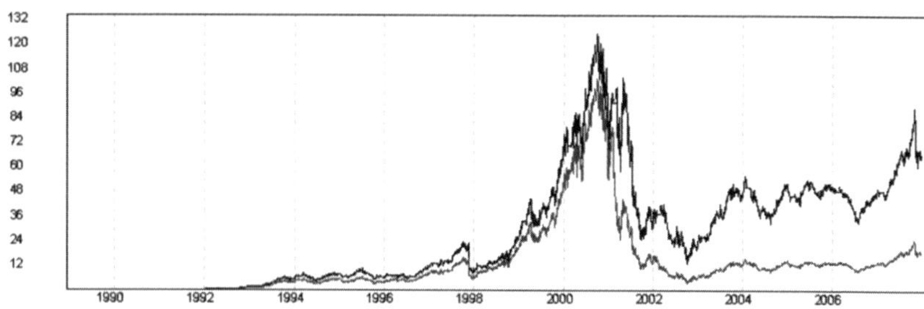

Vergleich: Buy & Hold vs. Anlage-Zyklus

	Buy & Hold	Anlage-Zyklus
Kurs 31.12.07:	18,53	65,20
Startkurs:	0,09	0,09
Gesamtperformance seit 16.12.1988:	20.488,89%	72.342,91%
All-Time-High:	103,94	125,84
Erreicht am:	20.09.2000	20.09.2000

Das wäre aus einer Anlage von 10.000 geworden:

Anlage vor 10 Jahren:	20.075,84	54.485,66
Anlage seit Börsengang:	2.058.888,89	7.244.291,48

Jahres-Hochs und -Tiefs

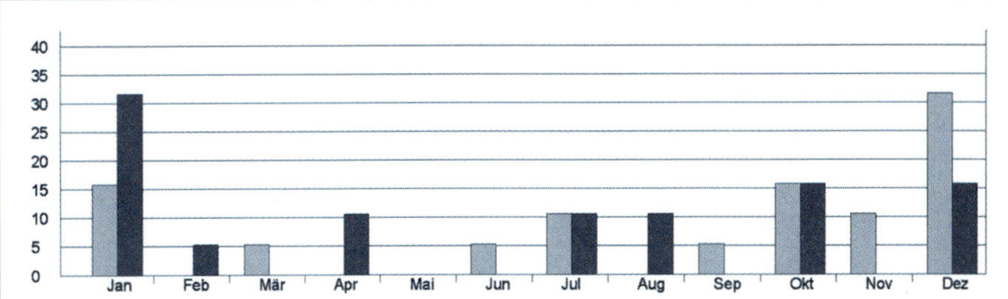

Rendite-Viereck

Jan		58,82	58,48	50,72	45,00	39,55	40,21	39,67	36,41	27,60	19,33	17,46
Feb	-4,59		56,24	49,47	42,59	37,27	37,19	37,04	33,82	27,42	18,05	15,84
Mär	-4,07	0,14		54,73	47,69	42,00	41,52	42,22	37,78	31,30	21,08	17,41
Apr	-0,01	4,66	5,04		53,60	47,95	46,81	47,89	42,77	35,65	25,30	21,16
Mai	3,10	7,45	8,09	2,70		51,16	50,95	51,87	47,89	39,93	28,36	25,17
Jun	6,82	11,32	12,08	6,10	3,05		58,35	59,69	54,10	44,52	32,26	28,26
Jul	8,75	12,21	12,84	7,33	3,95	0,29		64,12	58,03	47,87	35,15	30,50
Aug	13,26	16,81	16,74	10,21	6,78	2,72	1,95		67,27	56,11	40,83	34,46
Sep	20,26	22,71	22,39	15,80	11,88	7,64	5,48	3,19		67,91	52,79	44,73
Okt	26,75	29,36	28,36	21,56	17,65	14,18	12,95	10,47	7,21		63,34	54,35
Nov	28,33	31,34	30,71	24,75	21,05	17,89	17,58	16,49	13,77	6,13		58,19
Dez	33,95	36,88	35,12	29,34	25,64	22,27	22,30	20,97	16,77	7,55	1,42	
	Jan	Feb	Mär	Apr	Mai	Jun	Jul	Aug	Sep	Okt	Nov	Dez

Monatsstatistiken

	Anzahl Monate	durchschn. Performance	positive Monate	durchschn. Performance	negative Monate	durchschn. Performance	Gewinn-Wahrscheinlichkeit	Monatshoch am	Monatstief am
Jan	20	17,46%	14	28,84%	6	-9,08%	0,70%	29.01	01.01
Feb	19	-4,59%	6	13,11%	13	-12,75%	0,32%	03.02	28.02
Mar	19	0,14%	7	10,78%	12	-6,07%	0,37%	27.03	01.03
Apr	19	5,04%	12	14,44%	7	-11,07%	0,63%	30.04	15.04
May	19	2,70%	12	11,49%	7	-12,37%	0,63%	24.05	06.05
Jun	19	3,05%	10	13,83%	9	-8,93%	0,53%	08.06	01.06
Jul	19	0,29%	12	7,55%	7	-12,15%	0,63%	15.07	06.07
Aug	19	1,95%	8	16,03%	11	-8,28%	0,42%	27.08	03.08
Sep	19	3,19%	13	12,22%	6	-16,37%	0,68%	24.09	07.09
Oct	19	7,21%	14	13,64%	5	-10,78%	0,74%	29.10	05.10
Nov	19	6,13%	12	18,04%	7	-14,28%	0,63%	18.11	01.11
Dec	19	1,42%	9	13,85%	10	-9,78%	0,47%	05.12	18.12

Jahreszyklus:

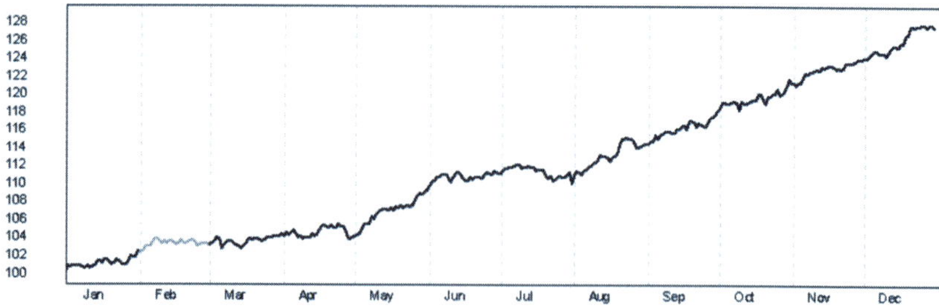

Erfolgreichster Anlage-Zeitraum: 11 Monate zwischen 28. Februar und 31. Januar

Buy & Hold vs. Anlage-Zyklus:

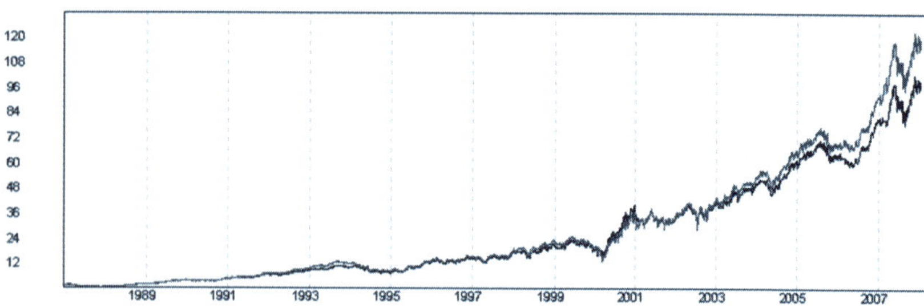

Vergleich: Buy & Hold vs. Anlage-Zyklus

	Buy & Hold	Anlage-Zyklus
Kurs 31.12.07:	119,52	99,57
Startkurs:	2,49	2,19
Gesamtperformance seit 02.01.1987:	4.700,00%	4.439,90%
All-Time-High:	124,15	103,42
Erreicht am:	05.11.2007	05.11.2007

Das wäre aus einer Anlage von 10.000 geworden:

Anlage vor 10 Jahren:	58.847,86	53.312,89
Anlage seit 1987:	480.000,00	453.990,27

Jahres-Hochs und -Tiefs

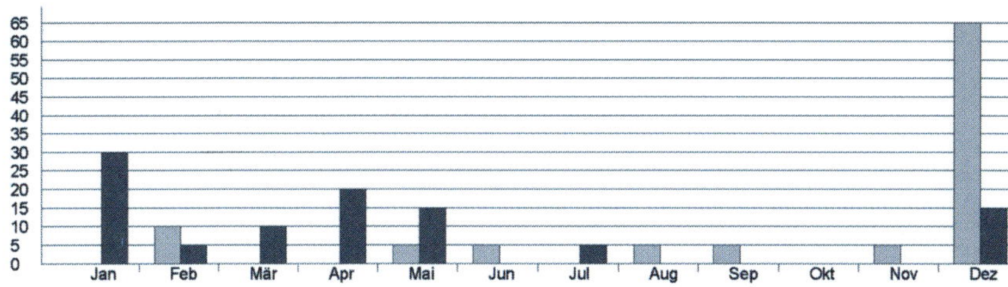

Rendite-Viereck

Jan		24,58	23,43	23,98	12,69	15,89	17,14	12,43	9,17	6,67	4,61	1,70
Feb	0,86		25,81	26,59	14,65	17,75	18,71	13,92	10,47	8,19	5,86	2,88
Mär	1,84	0,88		27,69	15,47	18,69	19,72	14,99	11,51	9,14	6,74	3,90
Apr	1,49	0,63	-0,26		14,44	18,04	19,02	14,25	10,78	8,32	5,98	3,38
Mai	34,99	32,51	29,68	29,38		23,57	24,73	19,72	15,98	13,51	11,07	38,00
Jun	8,19	7,30	6,36	6,88	-1,71		26,75	21,65	17,80	15,50	13,25	10,42
Jul	6,84	5,96	5,09	5,49	-2,87	-1,14		20,01	16,27	14,06	11,84	9,03
Aug	11,31	10,42	9,43	9,73	0,70	2,99	4,05		20,39	18,13	15,88	13,65
Sep	15,22	14,52	13,49	13,64	3,91	6,38	7,48	3,10		21,68	19,53	17,71
Okt	18,19	17,43	16,36	16,33	6,41	9,04	10,15	5,59	2,43		22,62	20,70
Nov	21,11	20,37	19,27	19,23	8,84	11,48	12,57	7,91	4,55	2,03		23,65
Dez	24,98	24,14	23,01	23,09	11,94	14,95	16,16	11,32	7,77	5,23	3,02	
	Jan	Feb	Mär	Apr	Mai	Jun	Jul	Aug	Sep	Okt	Nov	Dez

Monatsstatistiken

	Anzahl Monate	durchschn. Performance	positive Monate	durchschn. Performance	negative Monate	durchschn. Performance	Gewinn-Wahr-scheinlichkeit	Monats-hoch am	Monats-tief am
Jan	21	0,14%	12	4,96%	9	-6,28%	0,57%	31.01	01.01
Feb	21	0,34%	13	4,10%	8	-5,77%	0,62%	08.02	01.02
Mar	21	-0,27%	10	3,20%	11	-3,42%	0,48%	31.03	06.03
Apr	21	0,03%	11	6,80%	10	-7,41%	0,52%	24.04	09.04
May	21	4,88%	15	8,07%	6	-3,07%	0,71%	31.05	01.05
Jun	21	1,76%	12	7,31%	9	-5,63%	0,57%	28.06	01.06
Jul	21	-0,37%	8	4,95%	13	-3,65%	0,38%	09.07	31.07
Aug	21	3,58%	18	4,84%	3	-3,92%	0,86%	23.08	01.08
Sep	21	3,15%	15	5,84%	6	-3,58%	0,71%	30.09	01.09
Oct	21	2,20%	15	5,47%	6	-5,97%	0,71%	30.10	09.10
Nov	21	1,74%	12	5,47%	9	-3,22%	0,57%	29.11	02.11
Dec	21	2,89%	17	4,37%	4	-3,39%	0,81%	27.12	01.12

Aktie | Exelon | WKN: 852011

Jahreszyklus:

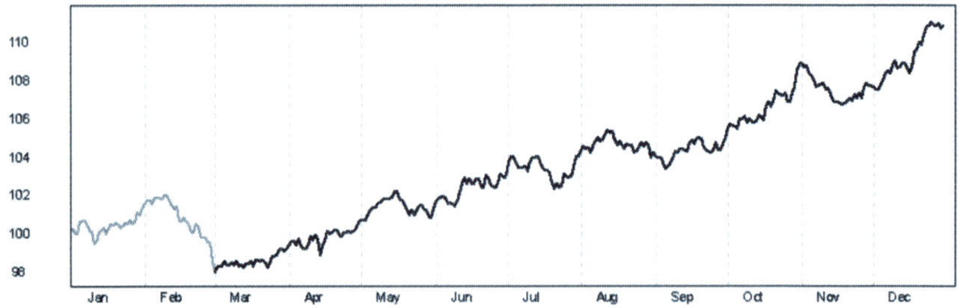

Erfolgreichster Anlage-Zeitraum: 10 Monate zwischen 28. Februar und 31. Dezember

Buy & Hold vs. Anlage-Zyklus:

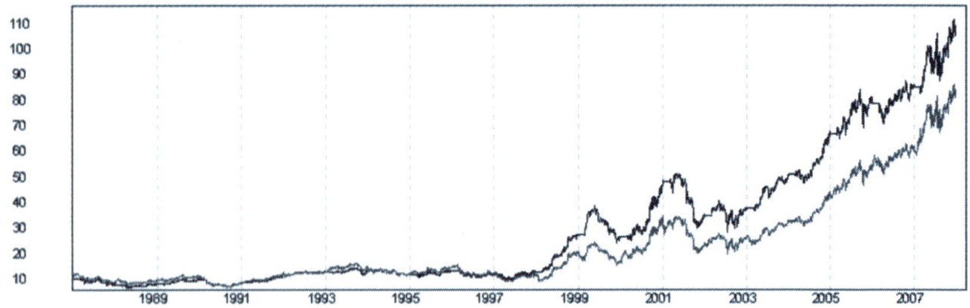

Vergleich: Buy & Hold vs. Anlage-Zyklus

	Buy & Hold	**Anlage-Zyklus**
Kurs 31.12.07:	81,64	104,16
Startkurs:	11,50	10,52
Gesamtperformance seit 02.01.1987:	609,91%	889,72%
All-Time-High:	86,18	109,96
Erreicht am:	10.12.2007	10.12.2007

Das wäre aus einer Anlage von 10.000 geworden:

Anlage vor 10 Jahren:	81.885,66	80.655,76
Anlage seit 1987:	70.991,30	98.971,62

Jahres-Hochs und -Tiefs

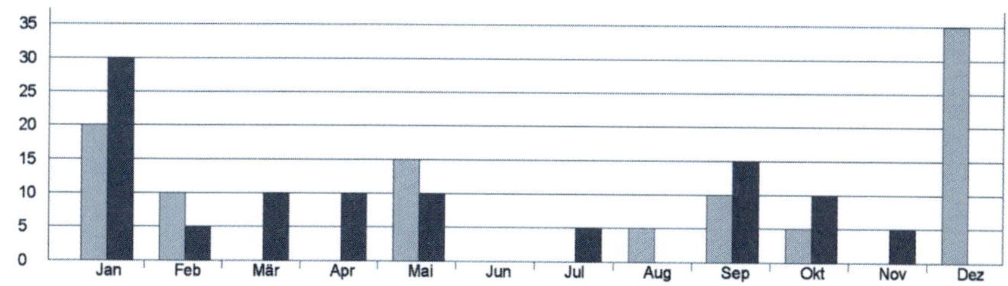

Rendite-Viereck

Jan		13,53	12,52	11,12	10,28	8,48	7,37	7,12	6,35	2,44	3,92	0,99
Feb	-1,95		10,83	9,71	9,01	6,91	5,65	5,33	4,72	1,05	2,31	-0,63
Mär	-1,15	0,76		11,26	10,30	8,22	6,96	6,44	5,78	2,07	3,23	0,20
Apr	0,43	2,30	1,42		11,52	9,56	8,27	7,59	6,92	3,22	4,34	1,25
Mai	1,24	3,09	2,14	0,65		10,04	8,67	8,01	7,43	3,82	4,93	1,82
Jun	2,46	4,33	3,57	2,23	1,66		9,92	9,50	8,96	5,21	6,30	3,17
Jul	3,57	5,48	4,73	3,41	2,82	1,02		10,79	10,41	6,48	7,63	4,46
Aug	4,08	5,90	5,07	3,65	2,98	1,21	0,13		11,12	7,20	8,37	5,18
Sep	5,37	7,30	6,48	4,88	4,04	2,35	1,21	0,92		8,56	10,03	6,82
Okt	9,22	11,21	10,33	8,83	7,95	6,16	5,01	4,71	3,73		14,19	10,87
Nov	8,19	10,16	9,41	7,92	6,99	5,15	3,97	3,57	2,50	-1,20		10,01
Dez	11,51	13,52	12,68	11,08	10,07	8,27	7,09	6,65	5,54	1,73	2,93	
	Jan	Feb	Mär	Apr	Mai	Jun	Jul	Aug	Sep	Okt	Nov	Dez

Monatsstatistiken

	Anzahl Monate	durchschn. Performance	positive Monate	durchschn. Performance	negative Monate	durchschn. Performance	Gewinn-Wahr-scheinlichkeit	Monats-hoch am	Monats-tief am
Jan	21	-0,73%	11	6,28%	10	-8,45%	0,52%	31.01	11.01
Feb	21	-1,53%	10	3,40%	11	-6,01%	0,48%	09.02	29.02
Mar	21	1,05%	13	5,43%	8	-6,07%	0,62%	29.03	01.03
Apr	21	1,79%	14	5,44%	7	-5,51%	0,67%	30.04	14.04
May	21	1,65%	11	5,54%	10	-2,64%	0,52%	16.05	03.05
Jun	21	0,88%	12	5,16%	9	-4,82%	0,57%	22.06	09.06
Jul	21	0,74%	12	4,52%	9	-4,31%	0,57%	03.07	21.07
Aug	21	0,35%	12	4,37%	9	-5,01%	0,57%	12.08	30.08
Sep	21	1,44%	12	6,19%	9	-4,89%	0,57%	19.09	05.09
Oct	21	2,35%	14	4,96%	7	-2,86%	0,67%	31.10	05.10
Nov	21	-0,47%	9	4,02%	12	-3,84%	0,43%	01.11	18.11
Dec	21	3,66%	18	4,52%	3	-1,49%	0,86%	26.12	03.12

Aktie	Federal Express	WKN: 912029

Jahreszyklus:

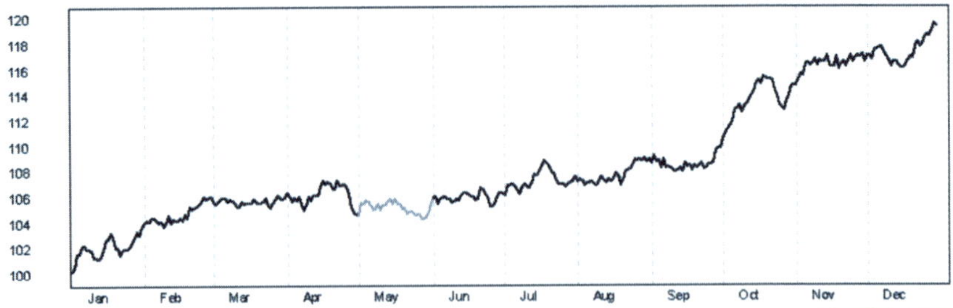

Erfolgreichster Anlage–Zeitraum: 11 Monate zwischen 31. Mai und 30. April

Buy & Hold vs. Anlage–Zyklus:

Vergleich: Buy & Hold vs. Anlage–Zyklus

	Buy & Hold	Anlage–Zyklus
Kurs 31.12.07:	89,17	82,43
Startkurs:	16,10	10,98
Gesamtperformance seit 02.01.1987:	454,02%	650,79%
All–Time–High:	120,97	118,37
Erreicht am:	23.02.2007	23.02.2007

Das wäre aus einer Anlage von 10.000 geworden:

Anlage vor 10 Jahren:	27.175,62	27.338,55
Anlage seit 1987:	55.402,30	75.079,23

Jahres-Hochs und -Tiefs

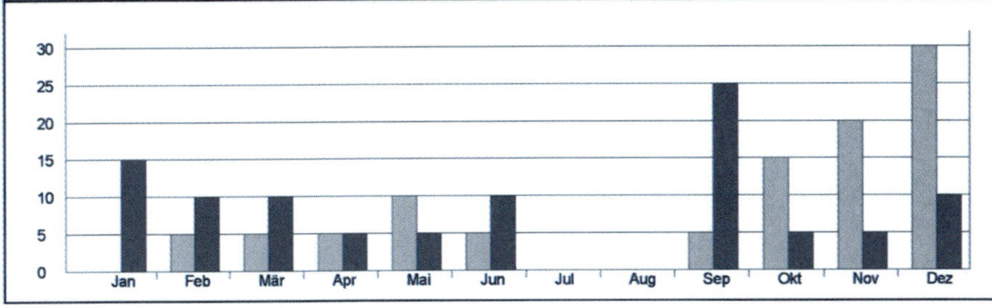

Rendite-Viereck

Jan		13,49	14,08	16,77	16,36	15,40	13,64	12,80	13,00	7,05	4,96	2,53
Feb	2,00		17,76	20,72	20,19	19,21	17,06	16,27	16,67	10,33	7,81	4,61
Mär	1,88	−0,13		21,93	21,04	20,04	17,60	16,76	16,87	10,48	7,88	4,98
Apr	0,92	−1,18	−1,23		20,84	19,92	17,34	16,53	16,44	10,06	7,30	4,31
Mai	0,08	−1,43	−1,33	0,25		20,56	16,40	15,56	15,53	8,76	6,15	3,03
Jun	1,67	−0,39	−0,22	1,14	0,67		17,65	16,85	16,55	10,27	7,68	4,72
Jul	2,04	0,27	0,74	2,48	1,73	1,09		16,23	15,91	9,85	7,62	4,80
Aug	2,95	1,38	1,99	3,96	3,13	2,51	1,15		16,96	10,62	8,27	5,45
Sep	4,10	2,40	3,09	5,27	4,59	3,82	2,21	0,91		11,39	8,91	6,10
Okt	8,31	6,61	7,09	9,45	8,73	8,02	6,44	5,20	4,71		13,12	9,96
Nov	10,35	9,49	10,03	12,98	12,88	11,92	10,04	8,22	8,25	2,12		11,33
Dez	12,67	10,91	11,55	14,28	13,68	12,93	11,20	10,44	10,52	4,57	2,40	
	Jan	Feb	Mär	Apr	Mai	Jun	Jul	Aug	Sep	Okt	Nov	Dez

Monatsstatistiken

	Anzahl Monate	durchschn. Performance	positive Monate	durchschn. Performance	negative Monate	durchschn. Performance	Gewinn-Wahrscheinlichkeit	Monats-hoch am	Monats-tief am
Jan	21	3,85%	13	8,08%	8	−3,01%	0,62%	31.01	02.01
Feb	21	2,26%	11	8,22%	10	−4,30%	0,52%	26.02	09.02
Mar	21	0,32%	13	5,16%	8	−7,55%	0,62%	28.03	25.03
Apr	21	0,11%	9	7,53%	12	−5,45%	0,43%	22.04	30.04
May	21	−1,18%	10	5,14%	11	−6,92%	0,48%	16.05	28.05
Jun	21	1,40%	10	6,91%	11	−3,61%	0,48%	21.06	26.06
Jul	21	0,16%	10	7,87%	11	−6,85%	0,48%	18.07	02.07
Aug	21	−0,65%	10	4,85%	11	−5,65%	0,48%	29.08	04.08
Sep	21	0,80%	11	8,90%	10	−8,11%	0,52%	30.09	11.09
Oct	21	3,36%	13	10,11%	8	−7,62%	0,62%	18.10	01.10
Nov	21	0,28%	11	6,85%	10	−6,96%	0,52%	29.11	01.11
Dec	21	2,21%	11	10,05%	10	−6,42%	0,52%	30.12	15.12

Aktie **Ford Motor** **WKN: 502391**

Jahreszyklus:

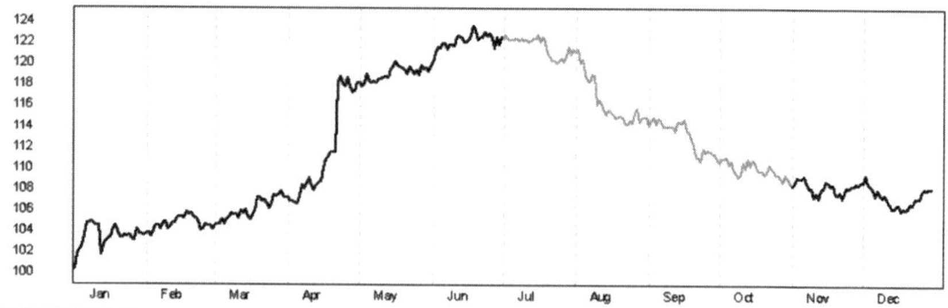

Erfolgreichster Anlage-Zeitraum: 8 Monate zwischen 31. Oktober und 30. Juni

Buy & Hold vs. Anlage-Zyklus:

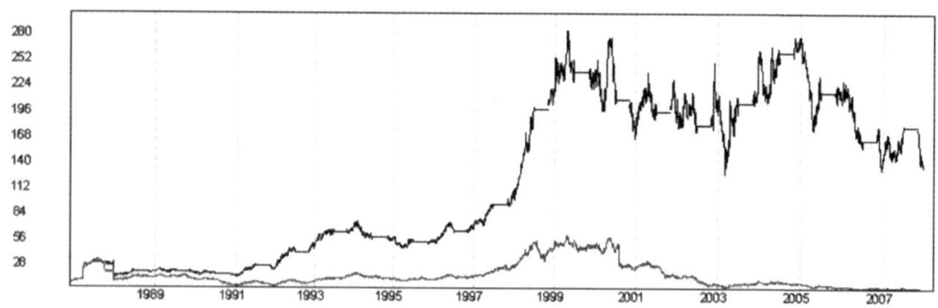

Vergleich: Buy & Hold vs. Anlage-Zyklus

	Buy & Hold	Anlage-Zyklus
Kurs 28.12.07:	4,64	137,81
Startkurs:	9,37	9,37
Gesamtperformance seit 02.01.1987:	-50,48%	1.370,74%
All-Time-High:	62,50	286,66
Erreicht am:	04.05.1999	04.05.1999

Das wäre aus einer Anlage von 10.000 geworden:

Anlage vor 10 Jahren:	1.391,72	11.025,43
Anlage seit 1987:	4.951,97	147.073,68

Jahres-Hochs und -Tiefs

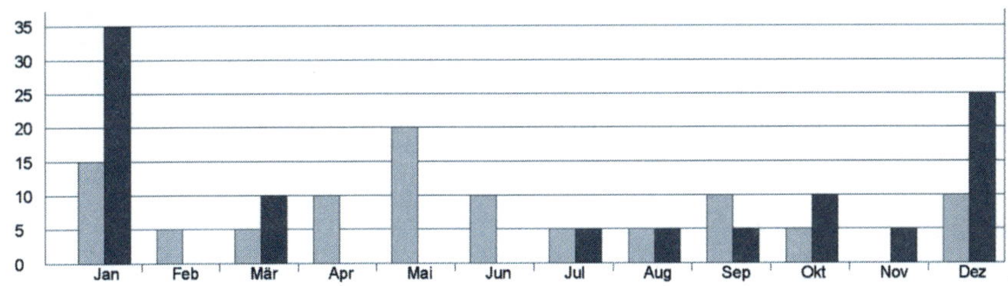

Rendite-Viereck

	Jan	Feb	Mär	Apr	Mai	Jun	Jul	Aug	Sep	Okt	Nov	Dez
Jan		1,49	-0,64	-7,73	-8,92	-11,13	-10,28	-4,49	-0,64	1,01	1,02	1,63
Feb	0,60		0,85	-6,61	-7,88	-9,71	-9,27	-3,54	0,76	2,83	2,46	2,45
Mär	3,58	2,58		-4,05	-5,34	-7,20	-6,81	-0,80	3,56	5,87	5,69	5,49
Apr	14,04	12,89	9,85		-1,04	-2,87	-2,15	4,02	8,84	10,99	10,63	10,33
Mai	15,30	13,94	10,74	1,18		-1,96	-1,37	4,28	9,11	11,66	11,19	10,92
Jun	18,46	16,93	13,73	3,43	2,05		0,28	5,78	10,70	13,46	12,98	12,54
Jul	17,25	15,84	12,78	2,15	0,83	-1,29		4,72	9,38	11,95	11,39	10,79
Aug	10,83	9,55	7,15	-3,12	-4,64	-6,89	-5,46		1,57	4,32	3,33	3,04
Sep	6,11	4,91	2,65	-6,80	-8,33	-10,65	-9,50	-4,18		0,62	-0,36	-0,79
Okt	2,09	1,07	-0,96	-9,32	-10,47	-12,68	-11,62	-6,29	-2,37		-0,81	-1,20
Nov	1,61	0,42	-1,66	-9,80	-10,87	-12,89	-11,69	-6,34	-1,95	0,41		-0,60
Dez	2,55	1,31	-0,62	-9,50	-10,56	-12,85	-11,93	-6,79	-2,63	-0,60	-0,59	

Monatsstatistiken

	Anzahl Monate	durchschn. Performance	positive Monate	durchschn. Performance	negative Monate	durchschn. Performance	Gewinn-Wahrscheinlichkeit	Monatshoch am	Monatstief am
Jan	21	1,63%	13	9,13%	8	−10,57%	0,62%	07.01	02.01
Feb	21	0,60%	11	6,27%	10	−5,64%	0,52%	18.02	03.02
Mar	21	2,58%	10	9,75%	11	−3,93%	0,48%	29.03	01.03
Apr	21	9,85%	12	21,91%	9	−6,22%	0,57%	23.04	05.04
May	21	1,18%	14	5,69%	7	−7,83%	0,67%	16.05	02.05
Jun	21	2,05%	12	8,48%	9	−6,53%	0,57%	18.06	01.06
Jul	21	−1,29%	9	5,75%	12	−6,58%	0,43%	02.07	24.07
Aug	21	−5,46%	8	8,15%	13	−13,84%	0,38%	02.08	23.08
Sep	21	−4,18%	7	4,05%	14	−8,30%	0,33%	03.09	30.09
Oct	21	−2,37%	9	7,11%	12	−9,48%	0,43%	04.10	31.10
Nov	21	0,41%	11	8,34%	10	−8,32%	0,52%	06.11	12.11
Dec	21	−0,59%	11	5,19%	10	−6,95%	0,52%	02.12	17.12

Jahreszyklus:

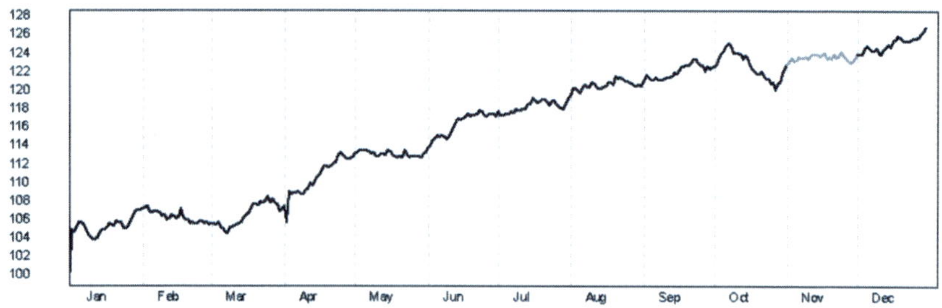

Erfolgreichster Anlage–Zeitraum: 11 Monate zwischen 30. November und 31. Oktober

Buy & Hold vs. Anlage–Zyklus:

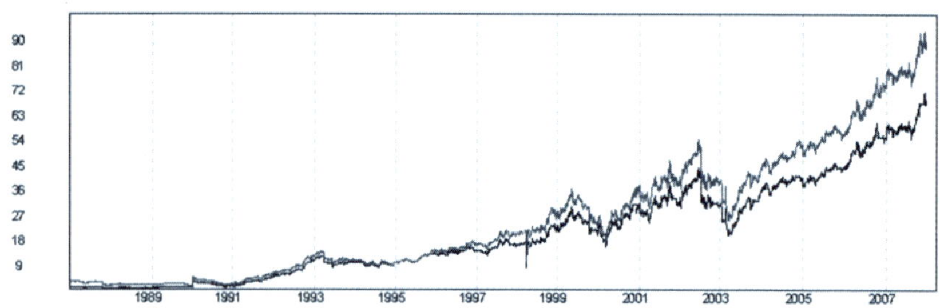

Vergleich: Buy & Hold vs. Anlage–Zyklus

	Buy & Hold	Anlage–Zyklus
Kurs 31.12.07:	88,99	68,31
Startkurs:	3,85	2,04
Gesamtperformance seit 02.01.1987:	2.211,43%	3.249,79%
All–Time–High:	94,00	72,15
Erreicht am:	10.12.2007	10.12.2007

Das wäre aus einer Anlage von 10.000 geworden:

Anlage vor 10 Jahren:	41.094,44	38.936,56
Anlage seit 1987:	231.142,86	334.979,29

Jahres-Hochs und -Tiefs

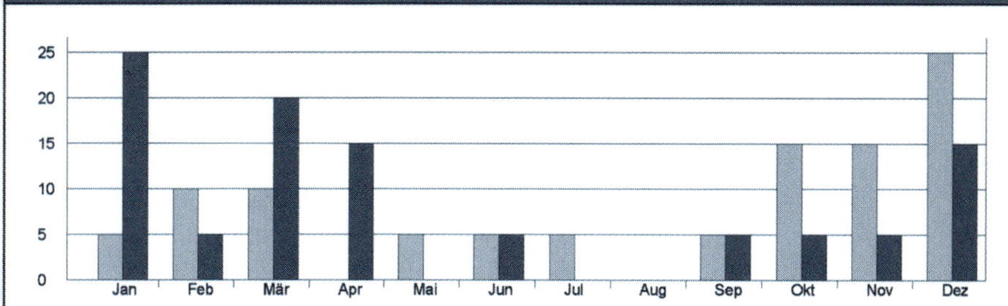

Rendite-Viereck

Jan		27,85	24,46	19,45	19,45	14,71	12,35	10,02	8,29	8,45	7,78	5,07
Feb	-1,20		23,43	18,43	18,55	13,67	11,07	8,55	7,09	7,41	6,72	4,00
Mär	0,16	1,52		18,98	18,92	14,10	11,68	9,55	8,23	8,85	8,26	5,46
Apr	3,93	5,56	3,74		22,89	18,10	15,72	13,72	12,34	12,77	12,23	9,30
Mai	4,43	6,01	4,15	0,38		18,17	15,83	13,81	12,48	13,08	12,59	9,76
Jun	8,47	10,22	8,12	4,08	3,61		19,51	17,59	16,19	16,84	16,09	13,23
Jul	10,58	12,52	10,31	5,98	5,47	1,66		19,92	18,47	18,93	18,03	15,07
Aug	11,98	14,14	11,98	7,61	7,24	3,24	1,42		19,72	20,36	19,39	16,44
Sep	13,86	15,99	13,58	9,05	8,71	4,69	2,76	1,46		22,61	21,64	18,56
Okt	13,84	16,15	13,48	8,83	8,70	4,88	2,94	1,67	0,06		22,54	19,11
Nov	15,77	18,19	15,48	10,75	10,63	6,58	4,46	2,87	1,19	1,26		21,11
Dez	18,64	21,36	18,48	13,60	13,49	9,21	6,95	5,20	3,57	3,59	2,41	
	Jan	Feb	Mär	Apr	Mai	Jun	Jul	Aug	Sep	Okt	Nov	Dez

Monatsstatistiken

	Anzahl Monate	durchschn. Performance	positive Monate	durchschn. Performance	negative Monate	durchschn. Performance	Gewinn-Wahrscheinlichkeit	Monats-hoch am	Monats-tief am
Jan	21	5,32%	11	14,34%	10	-4,60%	0,52%	30.01	01.01
Feb	21	-0,61%	13	3,05%	8	-6,56%	0,62%	03.02	23.02
Mar	21	1,36%	12	6,92%	9	-6,06%	0,57%	25.03	08.03
Apr	21	3,78%	14	7,83%	7	-4,31%	0,67%	25.04	02.04
May	21	0,98%	14	3,04%	7	-3,14%	0,67%	22.05	19.05
Jun	21	1,11%	15	3,93%	6	-5,93%	0,71%	23.06	01.06
Jul	21	1,93%	16	5,32%	5	-8,91%	0,76%	16.07	02.07
Aug	21	0,25%	10	5,13%	11	-4,19%	0,48%	20.08	01.08
Sep	21	3,04%	14	6,24%	7	-3,35%	0,67%	23.09	01.09
Oct	21	0,92%	11	8,35%	10	-7,25%	0,52%	07.10	27.10
Nov	21	-1,52%	8	5,58%	13	-5,89%	0,38%	24.11	28.11
Dec	21	2,46%	13	5,24%	8	-2,07%	0,62%	31.12	02.12

Aktie Turbo/OS **Goldman Sachs** **WKN: 920332**

Jahreszyklus:

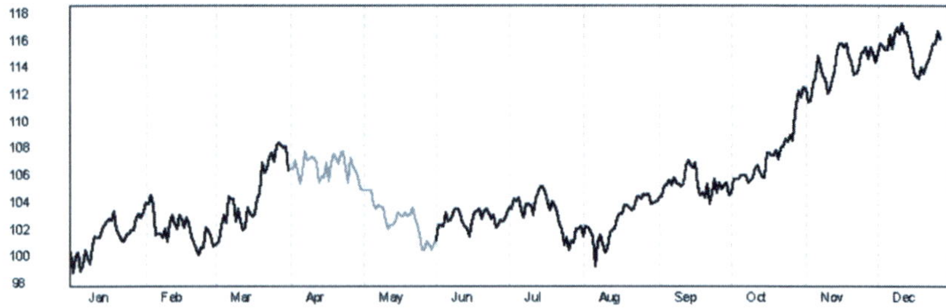

Erfolgreichster Anlage-Zeitraum: 10 Monate zwischen 31. Mai und 31. März

Buy & Hold vs. Anlage-Zyklus:

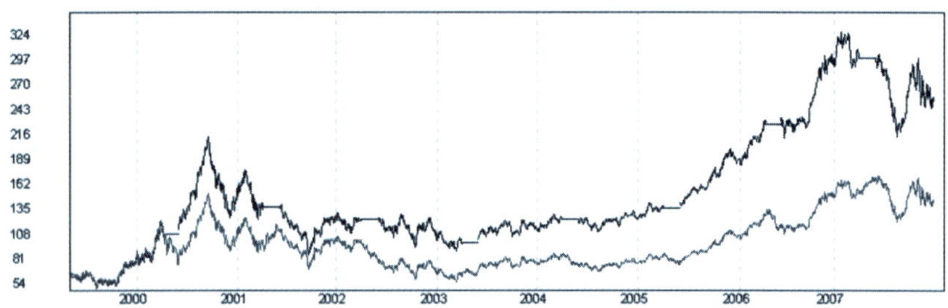

Vergleich: Buy & Hold vs. Anlage-Zyklus

	Buy & Hold	Anlage-Zyklus
Kurs 28.12.07:	143,69	252,97
Startkurs:	62,50	62,50
Gesamtperformance seit 06.05.1999:	129,90%	304,75%
All-Time-High:	172,57	328,73
Erreicht am:	13.06.2007	25.01.2007
Das wäre aus einer Anlage von 10.000 geworden:		
Anlage vor 10 Jahren:	–	–
Anlage seit Börsengang:	22.990,40	40.475,48

Jahres-Hochs und -Tiefs

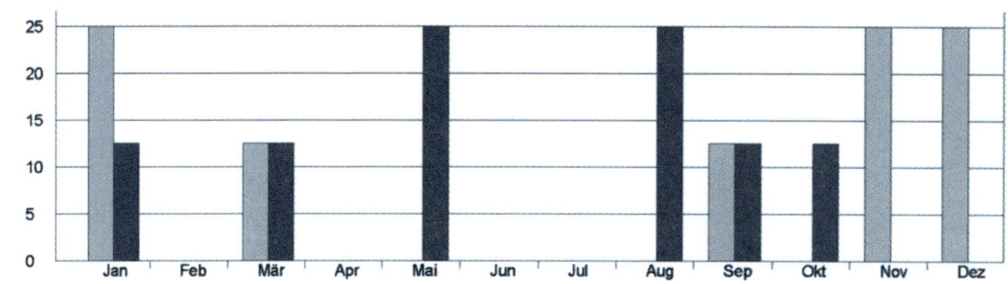

Rendite-Viereck

	Jan	Feb	Mär	Apr	Mai	Jun	Jul	Aug	Sep	Okt	Nov	Dez
Jan		11,12	5,32	6,92	17,41	13,91	14,71	13,93	12,86	5,02	4,98	2,28
Feb	−2,48		5,01	7,30	18,51	14,47	14,08	12,81	13,33	5,35	3,81	0,76
Mär	3,08	5,55		10,57	25,61	21,60	21,57	20,85	21,16	12,19	10,01	6,52
Apr	0,94	3,46	−1,65		23,33	19,12	18,80	17,63	17,81	9,29	7,64	4,39
Mai	−4,56	−1,82	−5,98	−4,85		12,21	11,43	9,55	9,84	2,43	1,64	−1,26
Jun	−2,65	−0,29	−4,95	−3,70	1,89		14,05	12,70	12,88	4,87	3,46	0,70
Jul	−2,33	−0,14	−5,09	−3,67	1,58	−0,76		13,18	13,61	5,38	3,51	0,94
Aug	1,98	4,03	−2,04	−0,17	5,52	2,01	2,15		20,84	11,33	8,60	5,37
Sep	1,88	3,60	−2,11	−0,46	5,04	1,72	2,22	0,81		10,86	8,26	5,53
Okt	7,16	9,09	3,47	5,02	11,35	8,39	9,20	8,39	7,35		13,36	10,92
Nov	5,56	7,77	2,88	4,37	10,77	8,65	9,73	9,77	8,95	1,01		9,19
Dez	6,17	8,32	2,94	4,33	13,61	10,68	11,68	11,26	10,34	2,50	2,14	

Monatsstatistiken

	Anzahl Monate	durchschn. Performance	positive Monate	durchschn. Performance	negative Monate	durchschn. Performance	Gewinn-Wahrscheinlichkeit	Monatshoch am	Monatstief am
Jan	9	2,28%	6	6,09%	3	−5,34%	0,67%	31.01	09.01
Feb	8	−2,48%	4	2,64%	4	−7,61%	0,50%	03.02	23.02
Mar	8	5,55%	7	6,83%	1	−3,41%	0,88%	27.03	01.03
Apr	8	−1,65%	3	6,45%	5	−6,51%	0,38%	23.04	30.04
May	8	−4,85%	2	6,61%	6	−8,68%	0,25%	03.05	30.05
Jun	9	1,89%	6	6,90%	3	−8,12%	0,67%	22.06	01.06
Jul	9	−0,76%	5	4,72%	4	−7,61%	0,56%	14.07	26.07
Aug	9	2,15%	4	11,48%	5	−5,32%	0,44%	28.08	06.08
Sep	9	0,81%	5	10,69%	4	−11,54%	0,56%	13.09	22.09
Oct	9	7,35%	8	9,34%	1	−8,59%	0,89%	31.10	01.10
Nov	9	1,01%	6	6,77%	3	−10,53%	0,67%	15.11	02.11
Dec	9	2,14%	4	12,68%	5	−6,29%	0,44%	11.12	18.12

Aktie Halliburton WKN: 853986

Jahreszyklus:

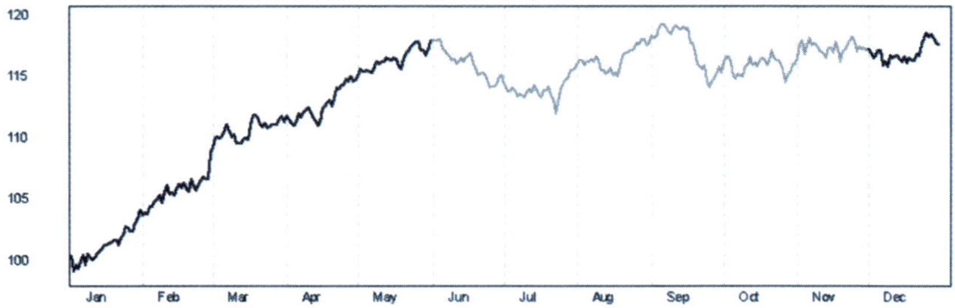

Erfolgreichster Anlage-Zeitraum: 6 Monate zwischen 30. November und 31. Mai

Buy & Hold vs. Anlage-Zyklus:

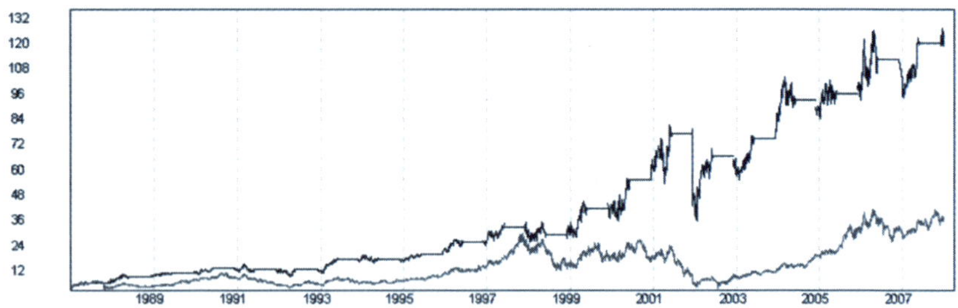

Vergleich: Buy & Hold vs. Anlage-Zyklus

	Buy & Hold	Anlage-Zyklus
Kurs 31.12.07:	37,91	124,98
Startkurs:	4,55	4,81
Gesamtperformance seit 02.01.1987:	734,10%	2.498,75%
All-Time-High:	41,67	127,62
Erreicht am:	21.04.2006	13.12.2007

Das wäre aus einer Anlage von 10.000 geworden:

Anlage vor 10 Jahren:	17.425,88	44.720,63
Anlage seit 1987:	83.410,34	259.875,11

Jahres-Hochs und -Tiefs

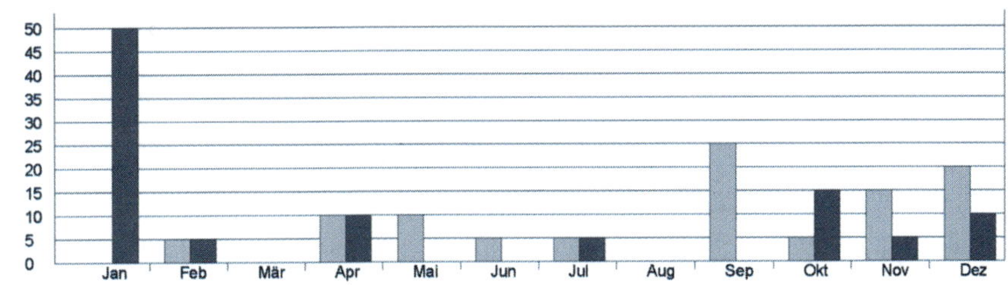

Rendite-Viereck

	Jan	Feb	Mär	Apr	Mai	Jun	Jul	Aug	Sep	Okt	Nov	Dez
Jan		10,37	8,31	6,21	3,95	5,10	5,38	2,98	5,25	5,24	4,12	3,84
Feb	2,39		11,40	9,08	6,88	8,10	8,35	5,63	8,62	8,88	7,50	6,80
Mär	4,62	2,23		12,02	10,11	11,10	11,78	9,21	12,06	11,88	10,51	9,21
Apr	7,34	5,03	2,68		12,40	13,56	14,18	11,67	14,56	14,34	13,24	11,96
Mai	10,01	7,43	5,22	2,51		16,41	17,34	14,63	18,01	17,69	16,30	14,91
Jun	7,34	5,20	2,59	0,07	-2,23		16,30	13,87	16,91	15,81	14,14	12,19
Jul	8,29	6,07	3,64	1,13	-1,61	0,49		16,33	19,21	17,90	16,08	13,66
Aug	10,67	8,35	5,77	3,33	0,38	2,24	1,72		22,19	20,31	18,07	15,80
Sep	8,03	5,84	3,47	1,23	-1,64	-0,21	-0,94	-2,56		17,91	15,41	13,00
Okt	6,00	4,11	2,15	-0,14	-2,63	-0,94	-1,03	-2,00	0,45		12,51	10,89
Nov	7,40	5,30	3,37	1,19	-1,24	0,35	0,53	-1,09	1,56	0,83		12,48
Dez	7,76	5,78	3,70	1,53	-0,75	0,65	0,75	-1,11	1,24	0,88	-0,01	

Monatsstatistiken

	Anzahl Monate	durchschn. Performance	positive Monate	durchschn. Performance	negative Monate	durchschn. Performance	Gewinn-Wahr-scheinlichkeit	Monats-hoch am	Monats-tief am
Jan	21	4,61%	15	9,71%	6	-8,16%	0,71%	31.01	03.01
Feb	21	3,98%	14	8,87%	7	-5,81%	0,67%	29.02	01.02
Mar	21	2,73%	14	7,90%	7	-7,61%	0,67%	19.03	01.03
Apr	21	3,22%	14	6,66%	7	-3,67%	0,67%	28.04	04.04
May	21	4,05%	14	8,44%	7	-4,72%	0,67%	26.05	01.05
Jun	21	-2,72%	8	6,97%	13	-8,68%	0,38%	04.06	25.06
Jul	21	2,64%	13	8,94%	8	-7,60%	0,62%	31.07	23.07
Aug	21	-0,00%	12	7,06%	9	-9,42%	0,57%	28.08	18.08
Sep	21	-2,37%	7	8,33%	14	-7,72%	0,33%	05.09	25.09
Oct	21	0,56%	10	13,08%	11	-10,83%	0,48%	21.10	27.10
Nov	21	-0,15%	10	8,97%	11	-8,45%	0,48%	24.11	19.11
Dec	21	-1,22%	11	5,93%	10	-9,08%	0,52%	26.12	09.12

Jahreszyklus:

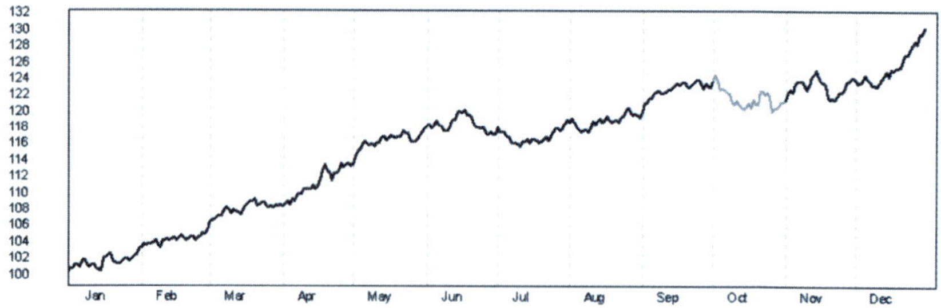

Erfolgreichster Anlage-Zeitraum: 11 Monate zwischen 31. Oktober und 30. September

Buy & Hold vs. Anlage-Zyklus:

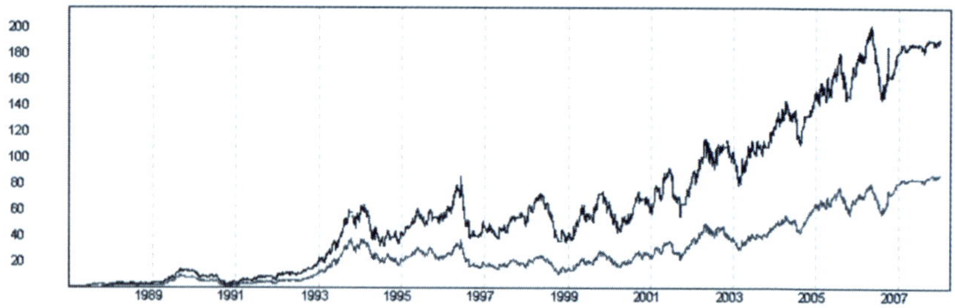

Vergleich: Buy & Hold vs. Anlage-Zyklus

	Buy & Hold	Anlage-Zyklus
Kurs 31.12.07:	88,75	193,10
Startkurs:	2,24	2,12
Gesamtperformance seit 02.01.1987:	3.864,89%	8.989,86%
All-Time-High:	88,85	203,48
Erreicht am:	24.12.2007	10.05.2006
Das wäre aus einer Anlage von 10.000 geworden:		
Anlage vor 10 Jahren:	41.279,07	31.718,04
Anlage seit 1987:	396.488,56	908.985,97

Jahres-Hochs und -Tiefs

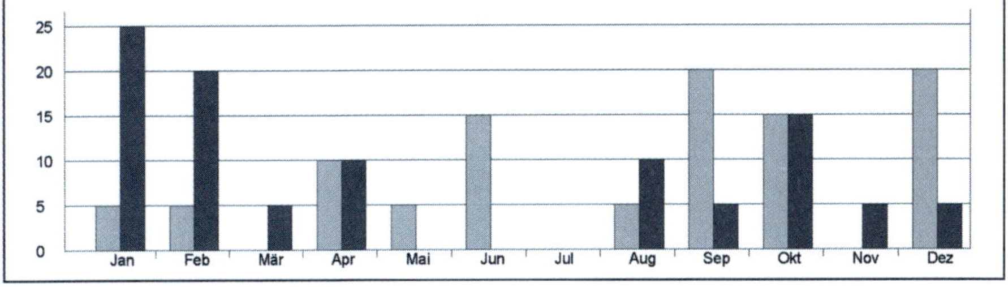

Rendite-Viereck

Jan		26,22	21,96	16,76	12,39	13,32	11,35	10,00	7,60	10,21	8,00	2,55
Feb	1,83		22,59	17,82	13,43	14,50	12,79	11,99	9,99	12,54	10,13	4,52
Mär	4,87	2,99		21,46	17,36	18,52	16,86	16,21	14,32	16,81	13,79	7,72
Apr	9,54	7,61	4,28		22,89	23,97	22,52	21,67	19,48	21,86	18,68	12,68
Mai	14,00	12,09	8,57	4,19		30,90	29,52	28,23	25,70	27,81	24,35	17,26
Jun	12,88	10,88	7,30	2,81	-1,28		27,88	26,90	24,17	26,03	22,53	15,88
Jul	17,32	15,10	11,42	6,60	1,45	2,46		33,24	29,98	31,45	27,81	20,20
Aug	19,49	17,18	13,48	8,03	2,93	3,96	1,01		33,10	34,14	30,32	22,64
Sep	24,20	21,41	17,26	11,64	6,51	7,20	4,08	2,55		39,85	35,57	27,55
Okt	19,91	17,40	13,26	7,58	3,40	4,04	1,81	0,18	-2,39		30,13	23,04
Nov	20,40	18,10	14,19	8,44	4,63	5,25	3,57	2,35	0,06	2,10		23,70
Dez	25,13	22,72	18,66	13,02	8,93	9,72	8,09	7,06	4,71	6,98	4,76	
	Jan	Feb	Mär	Apr	Mai	Jun	Jul	Aug	Sep	Okt	Nov	Dez

Monatsstatistiken

	Anzahl Monate	durchschn. Performance	positive Monate	durchschn. Performance	negative Monate	durchschn. Performance	Gewinn-Wahrscheinlichkeit	Monats-hoch am	Monats-tief am
Jan	20	2,72%	13	9,30%	7	-9,51%	0,65%	31.01	01.01
Feb	21	1,40%	10	7,72%	11	-4,34%	0,48%	29.02	09.02
Mar	21	3,61%	13	8,97%	8	-5,11%	0,62%	20.03	01.03
Apr	21	4,37%	13	10,77%	8	-6,04%	0,62%	29.04	01.04
May	21	5,39%	12	12,48%	9	-4,07%	0,57%	31.05	01.05
Jun	21	-2,76%	10	3,01%	11	-8,00%	0,48%	17.06	29.06
Jul	21	4,35%	11	16,71%	10	-9,26%	0,52%	31.07	11.07
Aug	21	0,44%	12	11,02%	9	-13,66%	0,57%	26.08	09.08
Sep	21	1,73%	12	8,70%	9	-7,57%	0,57%	25.09	01.09
Oct	21	-3,24%	10	5,93%	11	-11,57%	0,48%	02.10	26.10
Nov	21	1,73%	11	8,89%	10	-6,15%	0,52%	14.11	22.11
Dec	21	5,60%	15	9,22%	6	-3,46%	0,71%	31.12	10.12

Jahreszyklus:

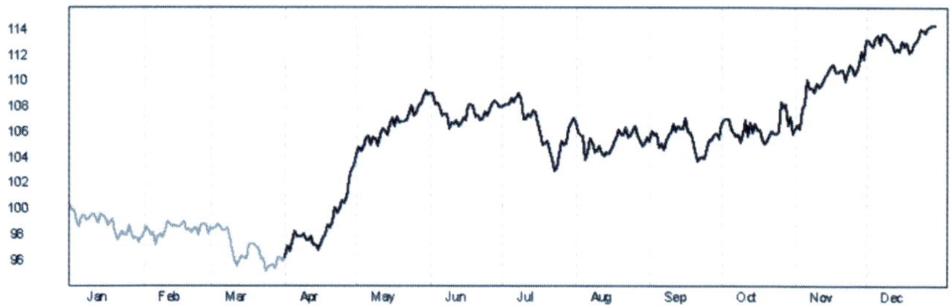

Erfolgreichster Anlage–Zeitraum: 9 Monate zwischen 31. März und 31. Dezember

Buy & Hold vs. Anlage–Zyklus:

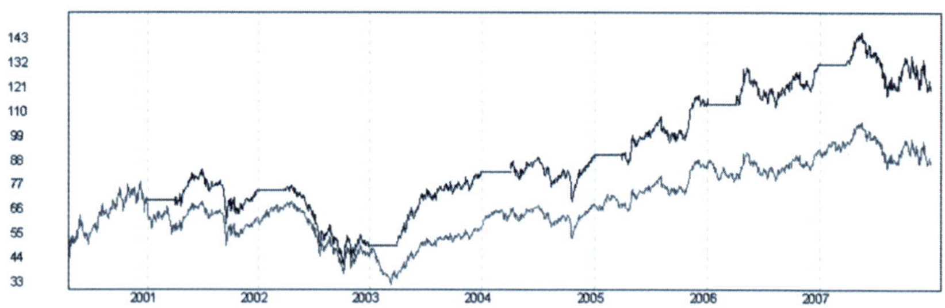

Vergleich: Buy & Hold vs. Anlage–Zyklus

	Buy & Hold	**Anlage–Zyklus**
Kurs 31.12.07:	87,19	120,48
Startkurs:	44,94	44,94
Gesamtperformance seit 19.04.2000:	94,03%	168,10%
All–Time–High:	106,02	146,50
Erreicht am:	22.05.2007	22.05.2007

Das wäre aus einer Anlage von 10.000 geworden:

Anlage vor 10 Jahren:	–	–
Anlage seit Börsengang:	19.402,50	26.809,75

Jahres-Hochs und -Tiefs

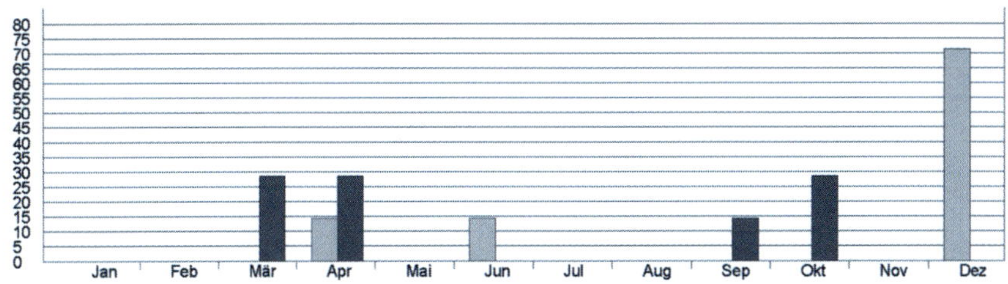

Rendite-Viereck

	Jan	Feb	Mär	Apr	Mai	Jun	Jul	Aug	Sep	Okt	Nov	Dez
Jan		8,76	11,82	6,16	0,07	0,79	0,78	2,79	4,07	4,74	−0,62	−2,49
Feb	0,04		17,02	11,12	4,09	4,22	3,10	5,01	6,60	7,92	1,88	−1,63
Mär	−2,38	−2,36		8,27	1,53	1,64	0,67	2,55	4,22	5,56	−0,40	−3,87
Apr	3,48	3,71	6,23		6,79	7,14	6,21	8,35	10,19	11,62	5,04	1,62
Mai	7,32	7,77	10,48	5,18		10,80	9,94	11,97	14,04	15,46	8,61	5,21
Jun	6,65	7,29	10,08	4,02	−1,33		9,07	11,01	13,21	14,53	7,62	4,40
Jul	4,32	5,03	7,87	4,01	−1,66	−0,45		8,43	10,56	11,84	4,85	1,85
Aug	1,48	2,37	5,11	2,17	−3,46	−2,25	−1,88		7,40	8,63	1,69	−1,03
Sep	−0,33	0,55	3,25	2,09	−3,73	−2,58	−2,76	−0,89		6,83	−0,01	−2,75
Okt	−0,45	0,58	3,21	2,28	−3,57	−2,41	−2,77	−0,92	−0,27		−0,17	−2,89
Nov	5,20	6,03	8,83	6,24	0,36	1,60	1,68	3,79	5,06	5,58		2,78
Dez	7,58	8,60	11,58	8,37	2,24	3,27	3,20	5,29	6,47	7,11	1,59	

Monatsstatistiken

	Anzahl Monate	durchschn. Performance	positive Monate	durchschn. Performance	negative Monate	durchschn. Performance	Gewinn-Wahrscheinlichkeit	Monatshoch am	Monatstief am
Jan	8	−2,49%	3	5,35%	5	−7,20%	0,38%	01.01	21.01
Feb	7	0,04%	5	2,79%	2	−6,84%	0,71%	02.02	06.02
Mar	7	−2,36%	2	1,38%	5	−3,86%	0,29%	04.03	24.03
Apr	7	6,23%	6	7,95%	1	−4,11%	0,86%	30.04	01.04
May	8	5,18%	6	8,43%	2	−4,55%	0,75%	30.05	01.05
Jun	8	−1,33%	3	4,32%	5	−4,72%	0,38%	02.06	09.06
Jul	8	−0,45%	4	6,63%	4	−7,54%	0,50%	08.07	23.07
Aug	8	−1,88%	3	2,29%	5	−4,38%	0,38%	01.08	05.08
Sep	8	−0,89%	5	4,28%	3	−9,50%	0,63%	16.09	21.09
Oct	8	−0,27%	5	3,03%	3	−5,77%	0,63%	26.10	19.10
Nov	8	5,58%	5	10,60%	3	−2,78%	0,63%	29.11	01.11
Dec	8	1,59%	4	7,64%	4	−4,46%	0,50%	31.12	19.12

Aktie | Heinz | WKN: 851291

Jahreszyklus:

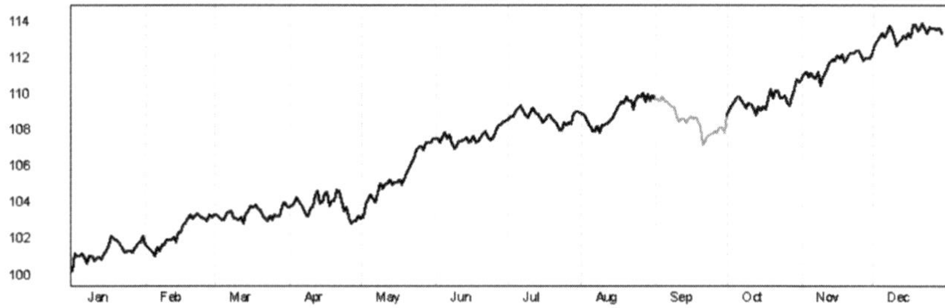

Erfolgreichster Anlage−Zeitraum: 11 Monate zwischen 30. September und 31. August

Buy & Hold vs. Anlage−Zyklus:

Vergleich: Buy & Hold vs. Anlage−Zyklus

	Buy & Hold	Anlage−Zyklus
Kurs 31.12.07:	46,68	74,85
Startkurs:	9,28	10,52
Gesamtperformance seit 02.01.1987:	403,02%	611,49%
All−Time−High:	61,25	79,11
Erreicht am:	16.11.1998	20.04.2007

Das wäre aus einer Anlage von 10.000 geworden:

Anlage vor 10 Jahren:	7.878,48	10.586,89
Anlage seit 1987:	50.301,72	71.148,53

Jahres-Hochs und -Tiefs

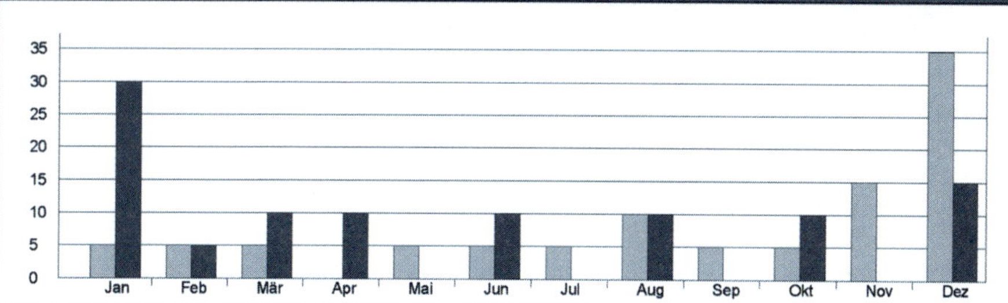

Rendite-Viereck

Jan		12,03	11,00	11,48	6,76	6,16	5,22	4,83	6,58	3,94	2,70	1,33
Feb	0,89		12,84	13,34	8,31	7,67	6,29	6,04	7,85	5,25	3,88	2,71
Mär	1,50	0,56		14,04	8,83	8,20	6,78	6,56	8,27	5,74	4,36	3,34
Apr	0,93	−0,05	−0,58		8,35	7,89	6,44	6,16	7,73	5,25	3,83	2,77
Mai	5,18	4,24	3,62	4,22		11,73	10,25	9,90	11,60	8,96	7,44	7,05
Jun	6,20	5,26	4,57	5,20	0,92		11,35	11,03	12,78	10,03	8,56	8,18
Jul	6,63	5,70	4,97	5,62	1,33	0,55		12,00	13,71	10,99	9,48	8,68
Aug	7,35	6,30	5,49	6,25	1,95	1,26	0,71		13,97	11,23	9,70	9,20
Sep	5,16	4,20	3,55	4,20	−0,04	−0,67	−1,25	−1,79		8,48	7,12	7,13
Okt	7,70	6,81	6,10	6,75	2,32	1,68	1,14	0,67	2,59		9,82	9,63
Nov	9,41	8,57	7,74	8,30	3,70	3,07	2,55	2,20	3,97	1,29		11,48
Dez	10,90	10,05	9,15	9,73	5,02	4,32	3,72	3,31	5,09	2,48	1,27	
	Jan	Feb	Mär	Apr	Mai	Jun	Jul	Aug	Sep	Okt	Nov	Dez

Monatsstatistiken

	Anzahl Monate	durchschn. Performance	positive Monate	durchschn. Performance	negative Monate	durchschn. Performance	Gewinn-Wahr-scheinlichkeit	Monats-hoch am	Monats-tief am
Jan	21	1,11%	10	6,60%	11	−3,89%	0,48%	18.01	02.01
Feb	21	−0,09%	8	5,56%	13	−3,57%	0,38%	23.02	05.02
Mar	21	−0,19%	10	4,93%	11	−4,85%	0,48%	30.03	13.03
Apr	21	−0,66%	9	3,51%	12	−3,79%	0,43%	13.04	27.04
May	21	3,48%	16	5,27%	5	−2,25%	0,76%	31.05	01.05
Jun	21	0,73%	9	5,74%	12	−3,04%	0,43%	30.06	09.06
Jul	21	0,94%	13	4,74%	8	−5,23%	0,62%	07.07	24.07
Aug	21	0,32%	9	5,79%	12	−3,77%	0,43%	27.08	09.08
Sep	21	−1,44%	9	4,66%	12	−6,02%	0,43%	04.09	21.09
Oct	21	2,34%	17	4,29%	4	−5,91%	0,81%	30.10	13.10
Nov	21	0,99%	14	4,80%	7	−6,65%	0,67%	25.11	09.11
Dec	21	1,41%	14	4,05%	7	−3,88%	0,67%	22.12	01.12

Jahreszyklus:

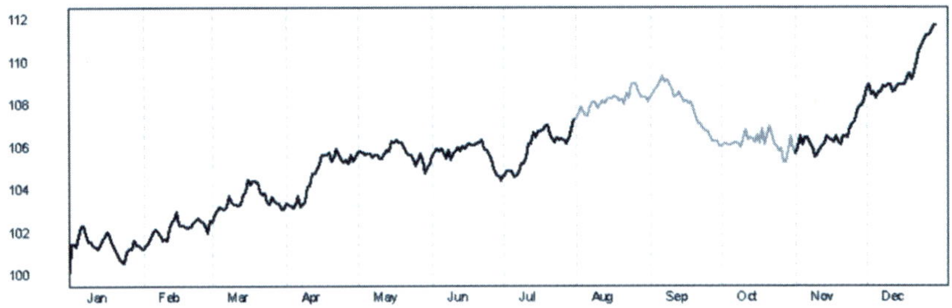

Erfolgreichster Anlage–Zeitraum: 9 Monate zwischen 31. Oktober und 31. Juli

Buy & Hold vs. Anlage–Zyklus:

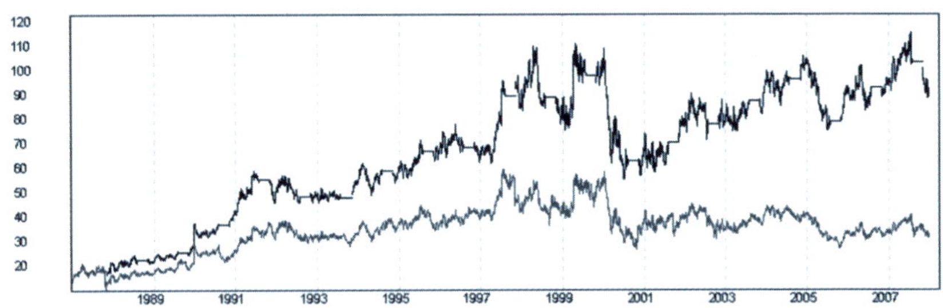

Vergleich: Buy & Hold vs. Anlage–Zyklus

	Buy & Hold	Anlage–Zyklus
Kurs 31.12.07:	32,38	90,89
Startkurs:	13,86	13,99
Gesamtperformance seit 02.01.1987:	133,62%	549,50%
All–Time–High:	59,94	116,03
Erreicht am:	16.07.1997	19.07.2007

Das wäre aus einer Anlage von 10.000 geworden:

Anlage vor 10 Jahren:	6.727,61	9.442,39
Anlage seit 1987:	23.362,19	64.950,25

Jahres-Hochs und -Tiefs

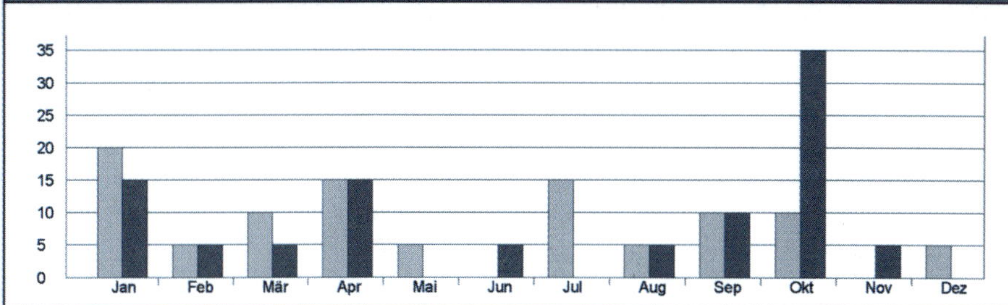

Rendite-Viereck

Jan		8,25	8,21	5,68	5,93	7,08	4,07	2,96	5,95	6,24	4,25	1,12
Feb	0,88		9,55	7,08	7,41	8,56	5,24	3,84	7,04	7,45	5,22	1,85
Mär	1,20	0,52		7,78	7,99	9,20	5,77	4,47	7,58	7,95	5,64	2,33
Apr	3,51	2,69	2,31		9,99	11,23	7,86	6,76	9,85	10,22	8,06	4,74
Mai	3,07	2,11	1,89	−0,38		11,13	7,77	6,61	9,88	10,17	7,94	4,59
Jun	2,34	1,22	1,06	−1,21	−0,82		6,94	5,76	8,97	9,43	7,30	3,96
Jul	4,81	3,79	3,71	1,39	1,70	2,72		8,13	11,38	11,76	9,49	6,17
Aug	5,76	4,85	4,70	2,30	2,66	3,66	0,92		12,50	12,72	10,24	7,04
Sep	3,33	2,38	2,29	−0,07	0,25	1,24	−1,45	−2,23		10,15	7,66	4,66
Okt	2,52	1,68	1,62	−0,72	−0,39	0,68	−1,94	−2,67	−0,24		6,83	3,66
Nov	4,38	3,35	3,45	0,98	1,25	2,34	−0,31	−1,00	1,63	2,09		5,66
Dez	7,48	6,61	6,62	4,14	4,55	5,81	2,96	2,09	4,81	5,16	3,25	
	Jan	Feb	Mär	Apr	Mai	Jun	Jul	Aug	Sep	Okt	Nov	Dez

Monatsstatistiken

	Anzahl Monate	durchschn. Performance	positive Monate	durchschn. Performance	negative Monate	durchschn. Performance	Gewinn-Wahrscheinlichkeit	Monats-hoch am	Monats-tief am
Jan	21	0,09%	10	6,56%	11	−5,79%	0,48%	07.01	01.01
Feb	21	−0,04%	12	4,70%	9	−6,35%	0,57%	15.02	01.02
Mar	21	0,29%	8	6,49%	13	−3,53%	0,38%	16.03	01.03
Apr	21	2,64%	14	6,96%	7	−5,99%	0,67%	22.04	04.04
May	21	0,21%	12	4,70%	9	−5,78%	0,57%	17.05	29.05
Jun	21	−1,34%	7	5,63%	14	−4,83%	0,33%	22.06	30.06
Jul	21	3,54%	13	8,10%	8	−3,88%	0,62%	31.07	06.07
Aug	21	−2,05%	8	5,19%	13	−6,51%	0,38%	25.08	01.08
Sep	21	−0,84%	10	4,90%	11	−6,05%	0,48%	06.09	30.09
Oct	21	−0,74%	11	6,45%	10	−8,64%	0,52%	21.10	28.10
Nov	21	1,03%	10	7,11%	11	−4,49%	0,48%	30.11	09.11
Dec	21	4,00%	16	7,07%	5	−5,84%	0,76%	31.12	05.12

Jahreszyklus:

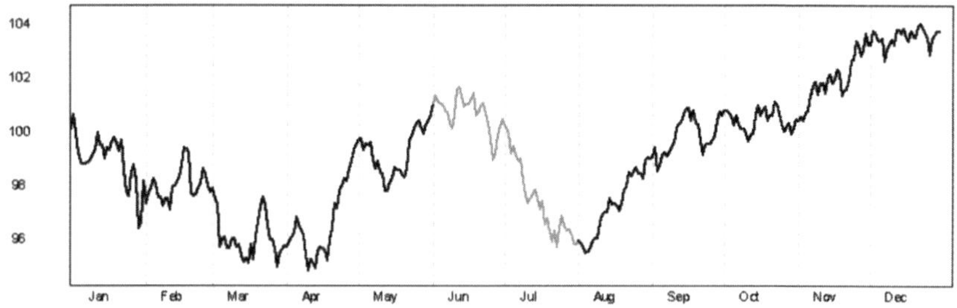

Erfolgreichster Anlage–Zeitraum: 10 Monate zwischen 31. Juli und 31. Mai

Buy & Hold vs. Anlage–Zyklus:

Vergleich: Buy & Hold vs. Anlage–Zyklus

	Buy & Hold	Anlage–Zyklus
Kurs 31.12.07:	32,63	48,88
Startkurs:	31,25	31,25
Gesamtperformance seit 13.06.2001:	4,42%	56,43%
All–Time–High:	43,84	52,73
Erreicht am:	18.06.2002	06.12.2007

Das wäre aus einer Anlage von 10.000 geworden:

Anlage vor 10 Jahren:	–	–
Anlage seit Börsengang:	10.441,60	15.642,94

Jahres-Hochs und -Tiefs

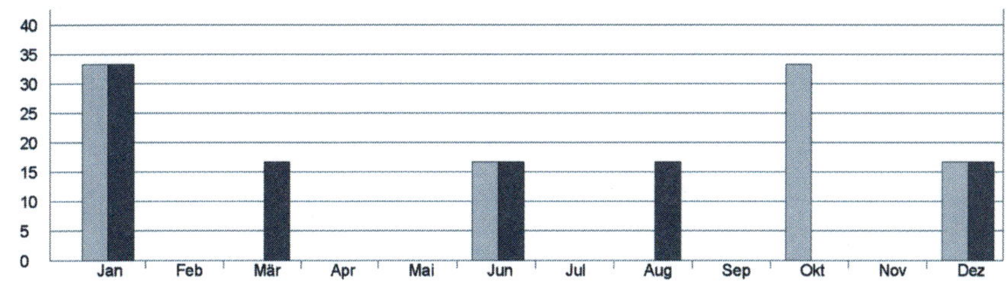

Rendite-Viereck

Jan		−2,24	−0,08	−4,14	−5,00	−1,12	3,77	0,19	−1,36	−0,53	−2,87	−3,25
Feb	−0,76		−0,54	−4,36	−5,12	0,96	5,73	1,27	0,48	1,08	−1,26	−2,33
Mär	−2,82	−2,08		−6,48	−7,17	−1,01	3,55	−0,78	−1,61	−0,96	−3,25	−4,26
Apr	1,21	2,04	4,24		−4,12	2,96	7,68	3,14	2,31	2,98	0,68	−0,37
Mai	2,55	3,46	5,62	1,26		4,26	8,81	4,27	3,43	4,13	1,96	0,95
Jun	1,76	2,77	4,98	0,63	−0,44		8,04	3,47	2,66	3,29	1,09	0,01
Jul	−4,04	−3,24	−1,24	−5,20	−6,17	−4,88		−2,29	−3,07	−2,26	−4,57	−5,41
Aug	−0,68	0,06	2,15	−1,99	−3,06	−1,53	3,56		0,28	1,10	−1,22	−2,09
Sep	−0,09	0,80	2,87	−1,28	−2,32	0,02	5,01	1,49		1,65	−0,81	−1,58
Okt	−0,47	0,24	2,35	−1,85	−2,82	−0,72	4,33	0,77	−0,57		−0,96	−1,77
Nov	2,26	3,16	5,37	1,04	0,07	1,42	6,66	3,05	1,63	2,35		0,60
Dez	2,55	3,30	5,55	1,16	0,21	1,97	7,23	3,52	2,14	2,71	0,43	
	Jan	Feb	Mär	Apr	Mai	Jun	Jul	Aug	Sep	Okt	Nov	Dez

Monatsstatistiken

	Anzahl Monate	durchschn. Performance	positive Monate	durchschn. Performance	negative Monate	durchschn. Performance	Gewinn-Wahrscheinlichkeit	Monats-hoch am	Monats-tief am
Jan	7	−3,25%	2	6,71%	5	−7,23%	0,29%	02.01	30.01
Feb	6	−0,76%	3	4,21%	3	−5,72%	0,50%	17.02	08.02
Mar	6	−2,08%	1	0,73%	5	−2,64%	0,17%	01.03	28.03
Apr	6	4,24%	5	5,47%	1	−1,94%	0,83%	30.04	10.04
May	6	1,26%	5	3,36%	1	−9,27%	0,83%	31.05	13.05
Jun	6	−0,44%	3	3,57%	3	−4,46%	0,50%	12.06	26.06
Jul	7	−4,88%	1	4,85%	6	−6,50%	0,14%	01.07	23.07
Aug	7	3,56%	6	4,50%	1	−2,11%	0,86%	30.08	04.08
Sep	7	1,49%	4	5,20%	3	−3,44%	0,57%	18.09	03.09
Oct	7	−0,57%	2	6,68%	5	−3,47%	0,29%	22.10	11.10
Nov	7	2,35%	5	4,64%	2	−3,39%	0,71%	29.11	03.11
Dec	7	0,43%	5	2,82%	2	−5,54%	0,71%	22.12	07.12

Jahreszyklus:

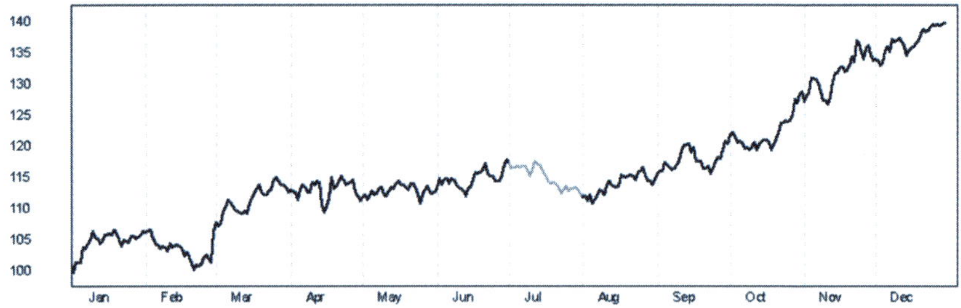

Erfolgreichster Anlage–Zeitraum: 11 Monate zwischen 31. Juli und 30. Juni

Buy & Hold vs. Anlage–Zyklus:

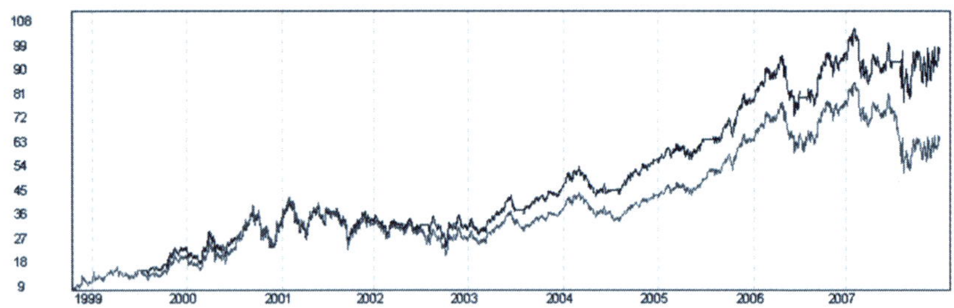

Vergleich: Buy & Hold vs. Anlage–Zyklus

	Buy & Hold	Anlage–Zyklus
Kurs 31.12.07:	65,44	98,53
Startkurs:	8,88	8,88
Gesamtperformance seit 19.10.1998:	637,35%	1.010,15%
All–Time–High:	85,80	105,66
Erreicht am:	02.02.2007	02.02.2007

Das wäre aus einer Anlage von 10.000 geworden:

Anlage vor 10 Jahren:	–	–
Anlage seit Börsengang:	73.735,21	111.015,20

Jahres-Hochs und -Tiefs

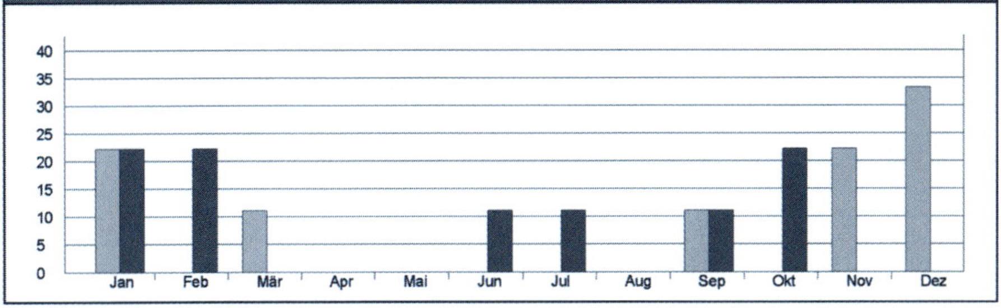

Rendite-Viereck

Jan		28,92	20,34	23,59	24,69	17,43	21,00	18,64	14,23	12,40	10,38	5,40
Feb	-3,42		19,35	23,42	23,78	16,81	19,00	15,14	11,75	9,61	6,60	2,24
Mär	2,17	5,60		28,08	28,43	20,97	24,34	20,90	17,51	15,46	11,36	7,31
Apr	0,06	3,74	-0,94		28,13	20,36	22,71	18,77	15,55	13,32	10,06	5,70
Mai	-0,25	3,43	-1,19	-0,32		19,02	21,61	17,74	15,19	12,75	9,33	5,33
Jun	4,87	8,83	3,43	4,74	5,32		27,33	23,16	20,02	18,74	15,12	10,57
Jul	1,68	5,07	-0,87	0,85	1,61	-3,91		21,85	18,47	14,32	10,96	6,27
Aug	5,87	8,89	1,52	4,20	5,10	-1,15	1,91		24,39	18,14	14,15	9,47
Sep	9,98	12,59	5,10	7,92	9,01	2,66	5,82	3,84		22,87	18,01	13,84
Okt	13,83	16,81	9,66	12,20	13,18	6,88	11,04	9,57	5,57		22,94	19,17
Nov	11,91	15,27	9,04	11,12	11,71	5,99	10,93	10,12	6,51	3,44		18,14
Dez	20,67	23,79	16,16	18,91	19,86	13,06	17,55	15,95	11,66	6,62	4,57	
	Jan	Feb	Mär	Apr	Mai	Jun	Jul	Aug	Sep	Okt	Nov	Dez

Monatsstatistiken

	Anzahl Monate	durchschn. Performance	positive Monate	durchschn. Performance	negative Monate	durchschn. Performance	Gewinn-Wahrscheinlichkeit	Monatshoch am	Monatstief am
Jan	10	5,40%	7	10,50%	3	-6,51%	0,70%	31.01	02.01
Feb	9	-3,42%	4	3,12%	5	-8,66%	0,44%	03.02	21.02
Mar	9	5,60%	5	13,77%	4	-4,62%	0,56%	26.03	02.03
Apr	9	-0,94%	4	9,18%	5	-9,03%	0,44%	22.04	15.04
May	9	-0,32%	4	5,18%	5	-4,72%	0,44%	16.05	25.05
Jun	9	5,32%	6	9,63%	3	-3,30%	0,67%	30.06	13.06
Jul	9	-3,91%	2	12,36%	7	-8,56%	0,22%	12.07	23.07
Aug	9	1,91%	6	6,56%	3	-7,38%	0,67%	26.08	05.08
Sep	9	3,84%	7	8,85%	2	-13,68%	0,78%	29.09	01.09
Oct	9	5,57%	8	7,86%	1	-12,69%	0,89%	31.10	12.10
Nov	10	3,44%	7	9,14%	3	-9,88%	0,70%	23.11	11.11
Dec	10	4,57%	8	8,83%	2	-12,49%	0,80%	31.12	03.12

Aktie **Medtronic** **WKN: 858486**

Jahreszyklus:

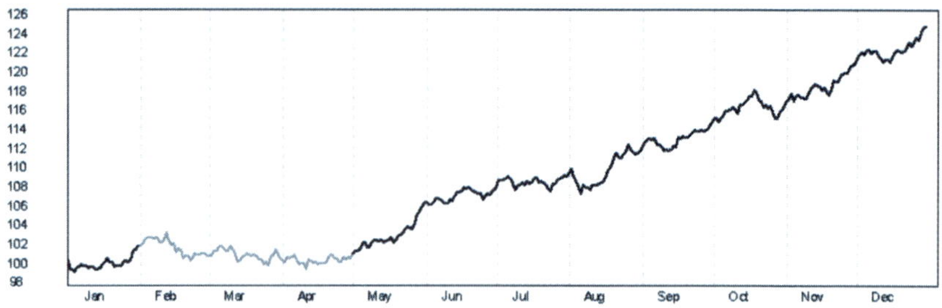

Erfolgreichster Anlage–Zeitraum: 9 Monate zwischen 30. April und 31. Januar

Buy & Hold vs. Anlage–Zyklus:

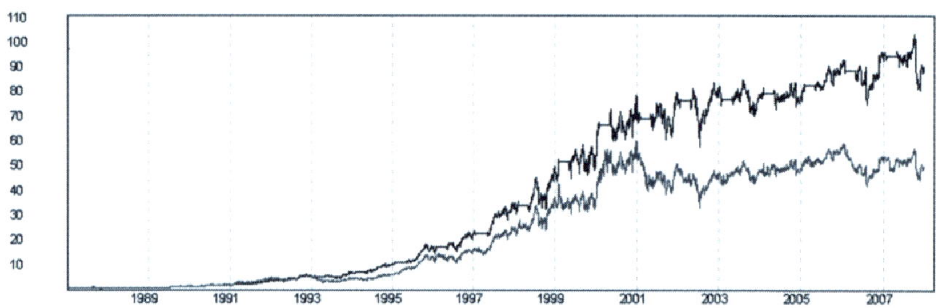

Vergleich: Buy & Hold vs. Anlage–Zyklus

	Buy & Hold	Anlage–Zyklus
Kurs 31.12.07:	50,27	90,23
Startkurs:	1,08	1,18
Gesamtperformance seit 02.01.1987:	4.554,63%	7.552,04%
All–Time–High:	60,95	103,85
Erreicht am:	27.12.2000	01.10.2007
Das wäre aus einer Anlage von 10.000 geworden:		
Anlage vor 10 Jahren:	19.150,48	25.940,73
Anlage seit 1987:	465.462,96	765.204,36

Jahres-Hochs und -Tiefs

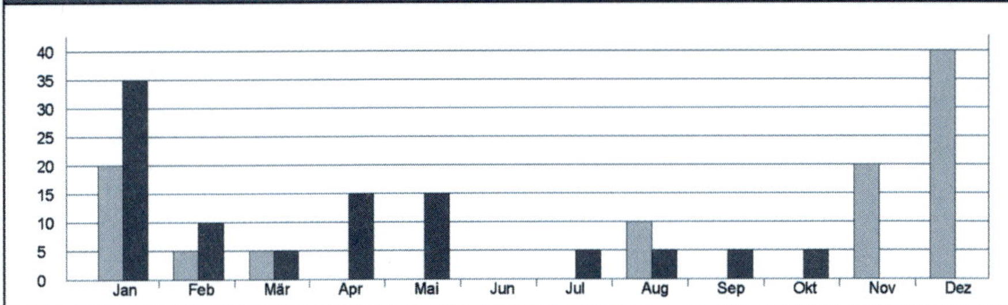

Rendite-Viereck

Jan		23,86	23,75	24,05	17,77	16,33	14,84	12,29	9,71	8,10	4,46	1,21
Feb	-0,79		24,45	24,85	18,32	16,59	14,76	12,02	9,90	7,64	4,06	0,95
Mär	-0,98	-0,43		25,80	19,16	17,30	15,30	12,49	10,38	8,11	4,40	1,06
Apr	-0,93	-0,43	-0,06		18,26	16,37	14,33	11,60	9,51	7,25	3,59	1,19
Mai	4,28	4,70	5,07	5,32		22,91	20,81	17,67	15,48	12,86	8,96	6,41
Jun	5,92	6,22	6,59	6,78	1,28		22,80	19,54	17,14	14,60	10,51	8,00
Jul	7,68	7,81	8,01	8,13	2,64	1,47		22,43	20,03	17,40	13,36	10,05
Aug	10,63	10,70	10,66	10,65	5,05	3,90	2,36		23,11	20,29	16,32	13,26
Sep	12,92	13,08	13,04	13,30	7,55	6,44	4,98	2,52		23,21	19,27	15,53
Okt	15,00	15,05	14,71	15,13	9,17	7,97	6,67	4,20	1,68		21,14	17,74
Nov	18,44	18,66	18,51	18,78	12,60	11,29	9,96	7,43	5,00	3,47		21,14
Dez	22,48	22,52	22,42	22,60	16,35	15,08	13,54	10,96	8,35	6,82	3,24	
	Jan	Feb	Mär	Apr	Mai	Jun	Jul	Aug	Sep	Okt	Nov	Dez

Monatsstatistiken

	Anzahl Monate	durchschn. Performance	positive Monate	durchschn. Performance	negative Monate	durchschn. Performance	Gewinn-Wahr-scheinlichkeit	Monats-hoch am	Monats-tief am
Jan	21	0,89%	10	6,52%	11	-4,23%	0,48%	31.01	04.01
Feb	21	-1,33%	7	6,87%	14	-5,43%	0,33%	12.02	22.02
Mar	21	-0,16%	11	4,80%	10	-5,63%	0,52%	10.03	26.03
Apr	21	-0,08%	12	5,54%	9	-7,57%	0,57%	22.04	11.04
May	21	4,20%	16	6,35%	5	-2,67%	0,76%	31.05	01.05
Jun	21	1,15%	9	7,47%	12	-3,58%	0,43%	19.06	02.06
Jul	21	1,98%	13	7,03%	8	-6,23%	0,62%	30.07	09.07
Aug	21	2,56%	15	5,99%	6	-6,03%	0,71%	26.08	06.08
Sep	21	3,80%	14	7,99%	7	-4,59%	0,67%	30.09	12.09
Oct	21	0,26%	11	6,84%	10	-6,97%	0,52%	18.10	03.10
Nov	21	3,36%	13	7,52%	8	-3,38%	0,62%	30.11	01.11
Dec	21	4,63%	15	7,43%	6	-2,38%	0,71%	31.12	15.12

Jahreszyklus:

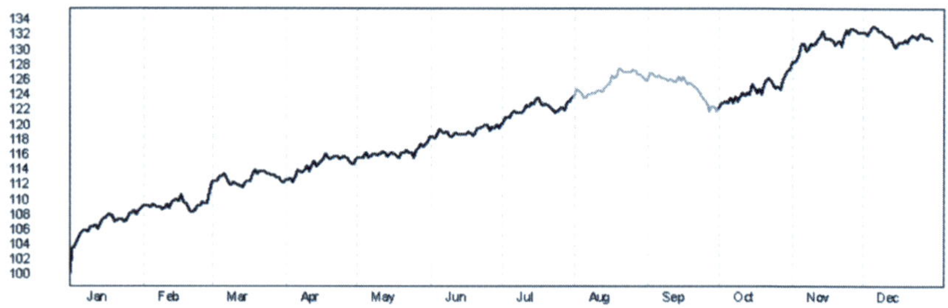

Erfolgreichster Anlage-Zeitraum: 10 Monate zwischen 30. September und 31. Juli

Buy & Hold vs. Anlage-Zyklus:

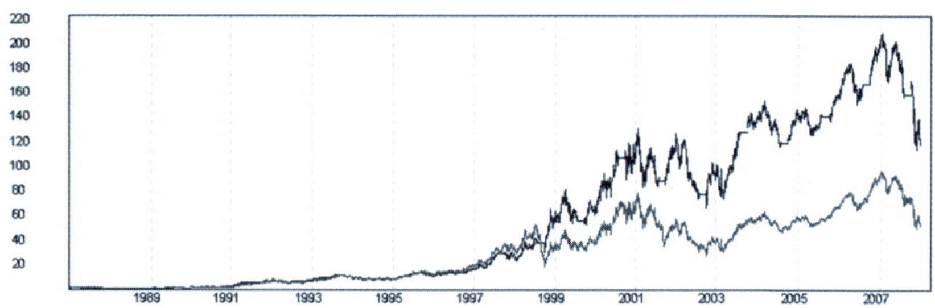

Vergleich: Buy & Hold vs. Anlage-Zyklus

	Buy & Hold	Anlage-Zyklus
Kurs 31.12.07:	53,68	120,28
Startkurs:	2,09	1,81
Gesamtperformance seit 02.01.1987:	2.468,42%	6.548,47%
All-Time-High:	97,53	209,94
Erreicht am:	24.01.2007	24.01.2007

Das wäre aus einer Anlage von 10.000 geworden:

Anlage vor 10 Jahren:	15.297,81	42.565,49
Anlage seit 1987:	256.842,11	664.847,15

Jahres-Hochs und -Tiefs

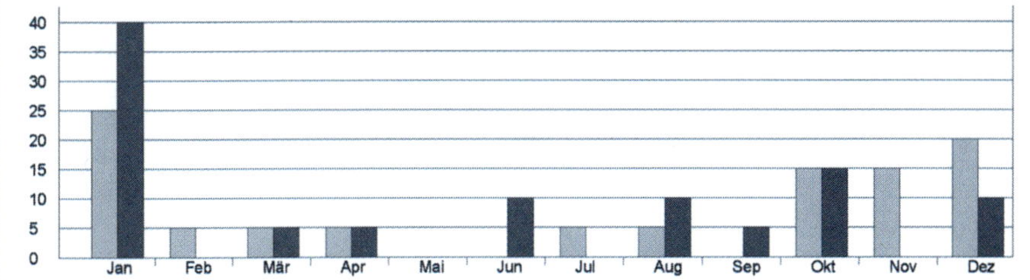

Rendite-Viereck

Jan		23,74	23,96	21,22	19,03	17,44	13,94	10,52	15,09	9,96	6,77	7,98
Feb	1,00		28,59	25,85	23,65	21,97	18,22	14,17	18,69	12,68	8,64	9,56
Mär	2,32	1,00		27,60	25,20	23,60	19,64	15,87	20,71	14,52	9,80	10,81
Apr	4,59	3,00	2,04		29,05	27,23	23,15	18,68	23,23	16,75	11,64	12,98
Mai	6,75	5,11	4,22	2,09		29,81	25,40	21,19	25,77	19,55	14,53	15,79
Jun	8,43	6,43	5,62	3,44	1,41		28,28	23,19	27,73	21,11	15,82	17,18
Jul	12,54	10,34	9,85	7,34	5,00	3,35		27,37	31,73	25,70	20,45	21,87
Aug	13,97	12,09	11,86	9,33	7,30	5,63	2,40		33,78	27,49	21,98	23,75
Sep	11,11	9,08	8,99	6,46	4,33	2,58	-0,90	-3,50		24,88	19,45	20,97
Okt	14,71	12,88	13,06	10,57	8,52	6,92	3,81	0,62	4,48		23,61	24,93
Nov	18,58	16,88	17,61	14,73	12,77	11,17	8,14	4,75	9,06	3,72		28,92
Dez	17,62	15,62	16,00	13,25	11,14	9,57	6,36	3,23	7,20	2,26	-1,04	
	Jan	Feb	Mär	Apr	Mai	Jun	Jul	Aug	Sep	Okt	Nov	Dez

Monatsstatistiken

	Anzahl Monate	durchschn. Performance	positive Monate	durchschn. Performance	negative Monate	durchschn. Performance	Gewinn-Wahr-scheinlichkeit	Monats-hoch am	Monats-tief am
Jan	21	7,41%	17	10,72%	4	-6,62%	0,81%	31.01	01.01
Feb	21	1,86%	12	7,88%	9	-6,17%	0,57%	29.02	21.02
Mar	21	1,90%	10	9,11%	11	-4,65%	0,48%	19.03	14.03
Apr	21	-0,40%	9	8,20%	12	-6,84%	0,43%	18.04	04.04
May	21	3,49%	16	5,57%	5	-3,16%	0,76%	31.05	01.05
Jun	21	0,81%	11	7,02%	10	-6,03%	0,52%	29.06	03.06
Jul	21	3,36%	15	8,82%	6	-10,29%	0,71%	17.07	02.07
Aug	21	-0,91%	11	5,50%	10	-7,96%	0,52%	20.08	06.08
Sep	21	-2,34%	9	8,03%	12	-10,12%	0,43%	02.09	30.09
Oct	21	3,78%	14	10,84%	7	-10,35%	0,67%	31.10	01.10
Nov	21	1,33%	12	8,64%	9	-8,42%	0,57%	27.11	01.11
Dec	21	1,00%	13	6,86%	8	-8,52%	0,62%	06.12	15.12

Jahreszyklus:

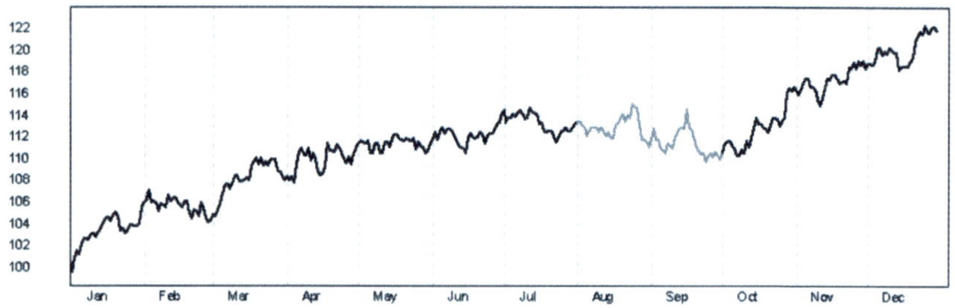

Erfolgreichster Anlage-Zeitraum: 10 Monate zwischen 30. September und 31. Juli

Buy & Hold vs. Anlage-Zyklus:

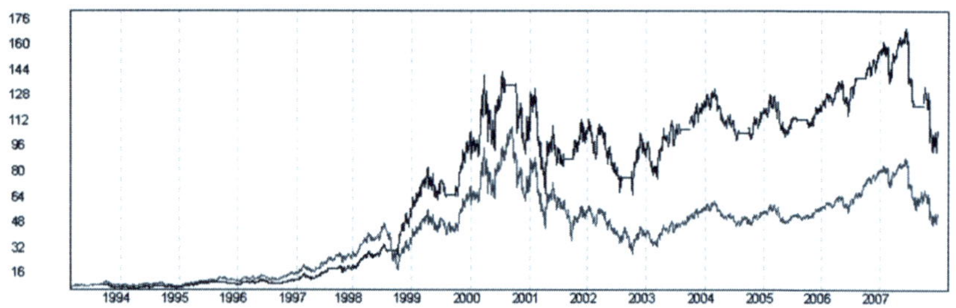

Vergleich: Buy & Hold vs. Anlage-Zyklus

	Buy & Hold	Anlage-Zyklus
Kurs 31.12.07:	53,11	103,30
Startkurs:	8,00	8,00
Gesamtperformance seit 01.03.1993:	563,88%	1.191,29%
All-Time-High:	109,38	171,33
Erreicht am:	11.09.2000	14.06.2007
Das wäre aus einer Anlage von 10.000 geworden:		
Anlage vor 10 Jahren:	15.464,22	41.460,40
Anlage seit Börsengang:	66.387,50	129.128,89

Jahres-Hochs und -Tiefs

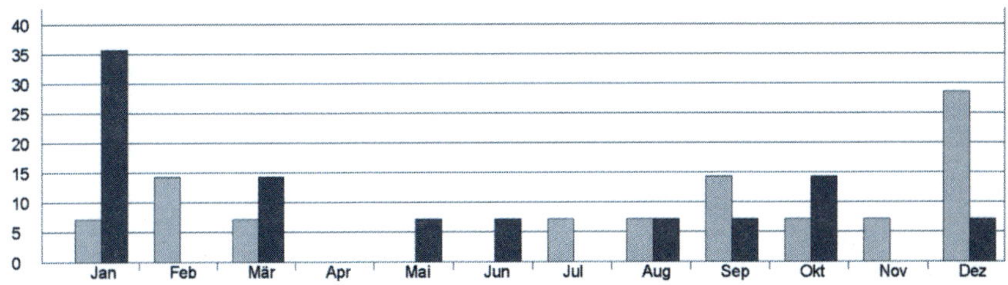

Rendite-Viereck

	Jan	Feb	Mär	Apr	Mai	Jun	Jul	Aug	Sep	Okt	Nov	Dez
Jan		17,94	14,88	12,19	12,04	9,03	9,65	13,11	15,88	8,54	7,48	4,67
Feb	-1,08		18,58	15,63	15,11	12,07	11,27	15,29	18,06	10,20	7,06	4,33
Mär	1,50	2,26		18,53	17,94	14,79	14,18	18,98	22,22	13,38	9,59	6,84
Apr	3,21	4,12	2,28		20,12	16,72	15,91	20,42	23,57	15,01	11,42	8,77
Mai	4,16	5,10	2,70	0,19		17,80	16,80	21,01	24,05	15,82	12,39	9,98
Jun	6,94	7,43	5,20	2,71	2,75		20,63	25,37	28,20	19,47	15,69	12,80
Jul	6,77	7,02	4,99	2,23	2,22	-0,62		25,35	27,84	19,21	15,12	12,54
Aug	3,98	4,61	2,78	0,45	0,58	-2,03	-1,65		25,00	15,67	11,81	9,45
Sep	2,21	2,82	2,13	-0,28	-0,28	-2,77	-2,60	-1,23		13,66	9,89	8,18
Okt	6,67	7,16	5,40	2,89	2,98	0,44	1,31	3,66	5,96		14,72	12,92
Nov	8,45	8,99	6,72	4,26	4,10	1,73	2,59	5,50	7,94	1,28		15,30
Dez	12,97	13,30	9,96	7,40	7,32	4,60	5,37	8,36	10,75	3,91	2,91	

Monatsstatistiken

	Anzahl Monate	durchschn. Performance	positive Monate	durchschn. Performance	negative Monate	durchschn. Performance	Gewinn-Wahrscheinlichkeit	Monats-hoch am	Monats-tief am
Jan	15	4,67%	10	9,24%	5	-4,47%	0,67%	31.01	02.01
Feb	14	-1,08%	7	5,88%	7	-8,04%	0,50%	03.02	28.02
Mar	14	2,26%	10	7,21%	4	-10,12%	0,71%	21.03	02.03
Apr	15	2,28%	9	8,98%	6	-7,76%	0,60%	18.04	04.04
May	15	0,19%	8	5,34%	7	-5,71%	0,53%	17.05	11.05
Jun	15	2,75%	7	9,33%	8	-3,00%	0,47%	30.06	15.06
Jul	15	-0,62%	7	8,97%	8	-9,02%	0,47%	12.07	23.07
Aug	15	-1,65%	7	5,91%	8	-8,27%	0,47%	24.08	31.08
Sep	15	-1,23%	9	7,85%	6	-14,86%	0,60%	16.09	24.09
Oct	15	5,96%	11	11,73%	4	-9,91%	0,73%	31.10	08.10
Nov	15	1,28%	9	8,89%	6	-10,12%	0,60%	27.11	11.11
Dec	15	2,91%	10	7,81%	5	-6,89%	0,67%	26.12	14.12

Jahreszyklus:

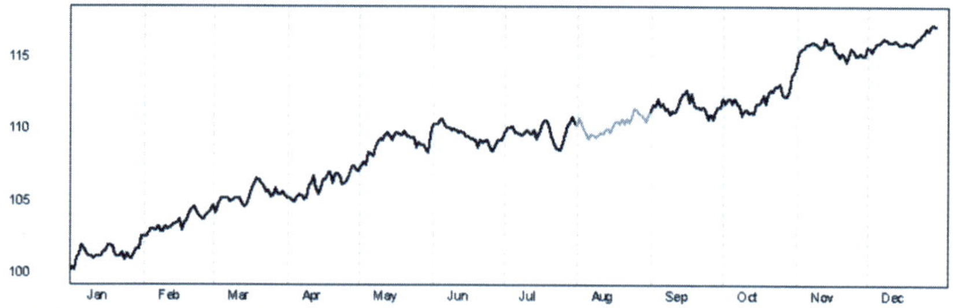

Erfolgreichster Anlage–Zeitraum: 11 Monate zwischen 31. August und 31. Juli

Buy & Hold vs. Anlage–Zyklus:

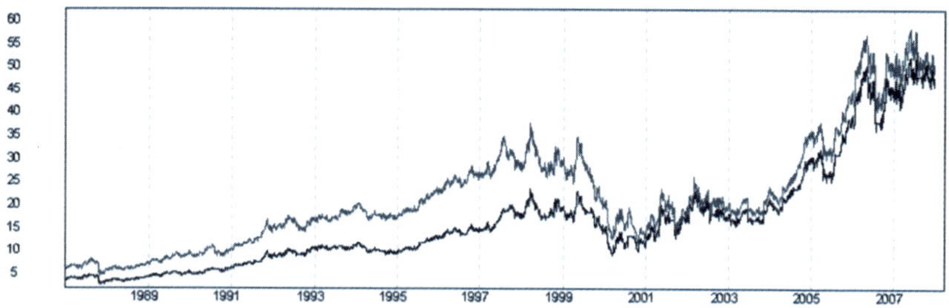

Vergleich: Buy & Hold vs. Anlage–Zyklus

	Buy & Hold	Anlage–Zyklus
Kurs 31.12.07:	50,44	47,52
Startkurs:	6,11	3,81
Gesamtperformance seit 02.01.1987:	726,15%	1.148,87%
All–Time–High:	58,64	52,61
Erreicht am:	01.06.2007	01.06.2007
Das wäre aus einer Anlage von 10.000 geworden:		
Anlage vor 10 Jahren:	14.822,22	22.235,10
Anlage seit 1987:	82.615,39	124.886,66

Jahres-Hochs und -Tiefs

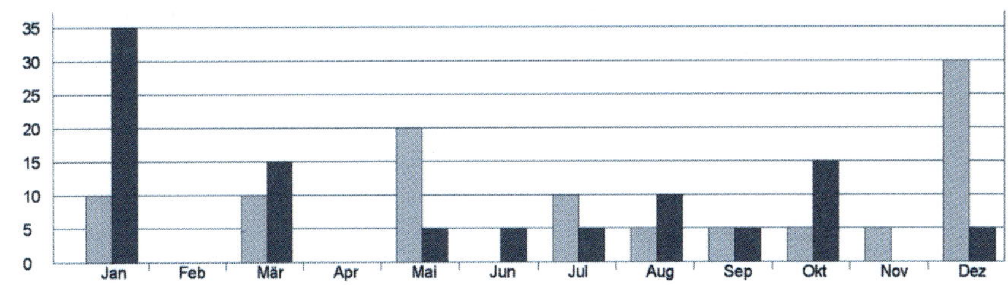

Rendite-Viereck

	Jan	Feb	Mär	Apr	Mai	Jun	Jul	Aug	Sep	Okt	Nov	Dez
Jan		13,09	12,52	11,32	8,88	10,03	9,00	8,43	8,31	6,76	5,49	3,61
Feb	1,32		14,73	13,64	11,35	12,28	11,05	10,30	10,22	8,62	7,16	5,14
Mär	1,99	0,71		14,53	12,12	13,27	12,00	11,24	11,09	9,31	7,80	5,78
Apr	3,24	2,21	1,71		12,47	13,73	12,46	11,92	11,80	9,98	8,75	6,75
Mai	5,65	4,56	4,11	2,21		16,50	15,23	14,63	14,57	12,63	11,42	9,39
Jun	4,73	3,39	3,00	1,52	-0,63		14,83	14,09	14,10	12,30	10,84	8,73
Jul	5,55	4,51	4,12	2,47	0,21	1,02		14,44	14,49	12,61	11,38	9,27
Aug	4,82	3,75	3,32	1,97	-0,17	1,26	0,43		14,06	12,17	10,69	8,60
Sep	5,01	3,88	3,38	2,27	0,18	1,65	0,78	0,24		12,32	10,79	8,61
Okt	6,69	5,54	4,97	3,72	1,68	3,37	2,78	2,25	1,86		12,74	10,34
Nov	7,53	6,28	5,72	4,51	2,31	4,24	3,53	2,99	2,68	0,90		11,32
Dez	9,99	8,72	8,14	7,02	4,78	6,17	5,42	4,83	4,50	2,74	1,85	

Monatsstatistiken

	Anzahl Monate	durchschn. Performance	positive Monate	durchschn. Performance	negative Monate	durchschn. Performance	Gewinn-Wahrscheinlichkeit	Monats-hoch am	Monats-tief am
Jan	21	3,57%	13	9,41%	8	-5,92%	0,62%	31.01	03.01
Feb	21	1,42%	14	4,91%	7	-5,58%	0,67%	22.02	01.02
Mar	21	-0,11%	10	4,31%	11	-4,13%	0,48%	19.03	02.03
Apr	21	3,02%	12	9,61%	9	-5,77%	0,57%	29.04	04.04
May	21	2,45%	16	3,94%	5	-2,31%	0,76%	20.05	01.05
Jun	21	-0,99%	8	6,78%	13	-5,77%	0,38%	05.06	26.06
Jul	21	1,76%	13	6,93%	8	-6,64%	0,62%	30.07	25.07
Aug	21	-1,88%	8	4,92%	13	-6,07%	0,38%	25.08	06.08
Sep	21	0,10%	11	5,74%	10	-6,10%	0,52%	16.09	25.09
Oct	21	1,83%	11	8,27%	10	-5,27%	0,52%	31.10	09.10
Nov	21	0,42%	12	4,62%	9	-5,19%	0,57%	13.11	01.11
Dec	21	2,06%	14	4,75%	7	-3,31%	0,67%	30.12	03.12

Aktie Turbo/OS **Oracle** **WKN: 871460**

Jahreszyklus:

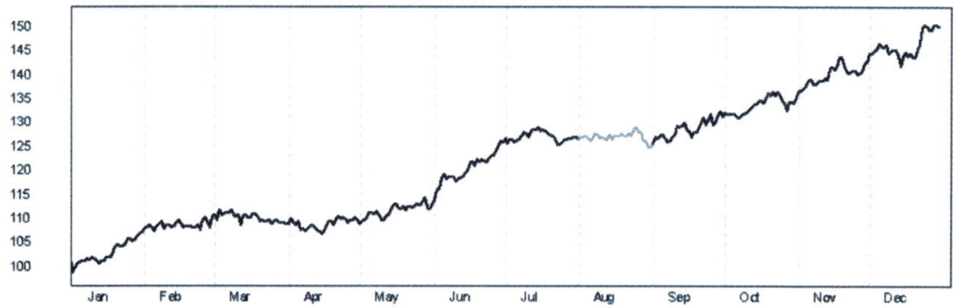

Erfolgreichster Anlage-Zeitraum: 11 Monate zwischen 31. August und 31. Juli

Buy & Hold vs. Anlage-Zyklus:

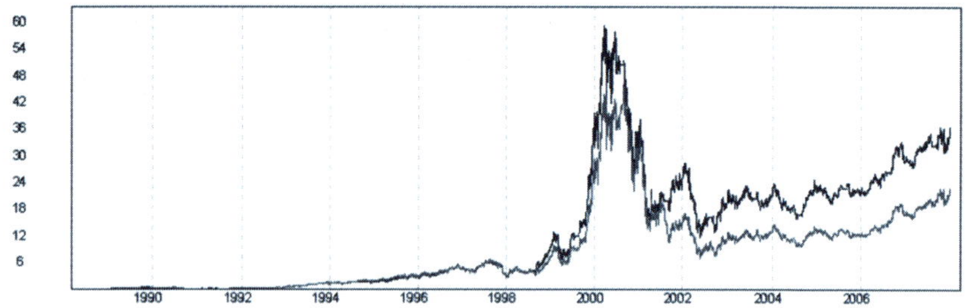

Vergleich: Buy & Hold vs. Anlage-Zyklus

	Buy & Hold	**Anlage-Zyklus**
Kurs 31.12.07:	22,58	36,15
Startkurs:	0,19	0,19
Gesamtperformance seit 02.03.1988:	11.784,21%	18.924,14%
All-Time-High:	46,31	59,68
Erreicht am:	01.09.2000	27.03.2000

Das wäre aus einer Anlage von 10.000 geworden:

Anlage vor 10 Jahren:	53.890,21	88.835,73
Anlage seit Börsengang:	1.188.421,05	1.902.413,81

Aktie Oracle WKN: 871460

Jahres-Hochs und -Tiefs

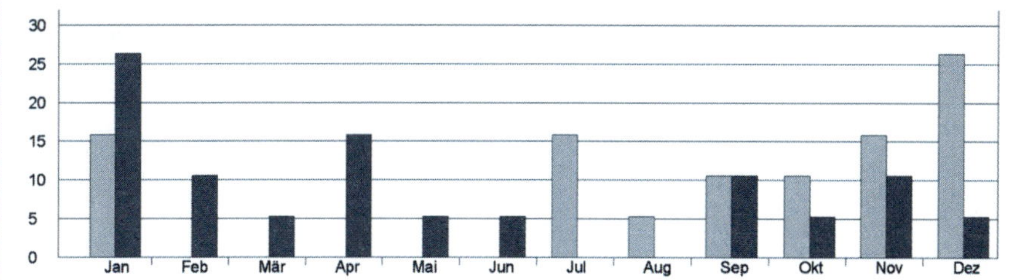

Rendite-Viereck

Jan		34,27	42,13	43,15	43,95	27,14	24,58	28,84	20,49	17,60	10,35	5,33
Feb	1,56		53,64	54,76	56,44	35,41	32,02	37,04	26,87	23,27	13,32	7,47
Mär	0,31	-1,74		51,55	51,83	31,17	27,72	31,77	22,57	19,67	9,55	4,46
Apr	-0,96	-2,90	-0,53		51,71	30,71	27,32	31,40	22,47	20,00	9,38	3,68
Mai	2,02	0,18	1,87	2,42		34,60	30,77	33,85	24,24	21,26	11,52	6,05
Jun	12,46	10,38	13,14	13,92	11,62		46,12	50,61	38,33	34,99	23,95	16,87
Jul	12,09	10,05	13,32	13,89	11,84	0,35		50,12	38,23	34,83	24,35	17,86
Aug	12,33	9,45	12,53	12,39	10,56	-0,33	-1,04		42,49	39,84	26,91	19,03
Sep	19,14	16,60	20,16	19,41	18,00	6,31	4,86	5,61		49,12	36,09	28,29
Okt	22,96	20,89	23,60	23,12	22,16	10,09	8,16	8,89	2,79		40,15	33,11
Nov	26,69	24,92	28,93	28,75	28,09	14,35	12,41	14,51	8,27	5,61		37,70
Dez	33,57	31,49	38,53	38,39	38,79	22,31	20,07	22,80	14,46	11,71	4,83	
	Jan	Feb	Mär	Apr	Mai	Jun	Jul	Aug	Sep	Okt	Nov	Dez

Monatsstatistiken

	Anzahl Monate	durchschn. Performance	positive Monate	durchschn. Performance	negative Monate	durchschn. Performance	Gewinn-Wahrscheinlichkeit	Monats-hoch am	Monats-tief am
Jan	20	5,33%	15	11,87%	5	-14,32%	0,75%	31.01	02.01
Feb	19	1,56%	11	8,25%	8	-7,63%	0,58%	26.02	05.02
Mar	19	-1,74%	8	13,01%	11	-12,47%	0,42%	03.03	12.03
Apr	20	-0,53%	12	6,00%	8	-10,33%	0,60%	22.04	15.04
May	20	2,42%	12	10,32%	8	-9,44%	0,60%	28.05	01.05
Jun	20	11,62%	18	13,49%	2	-5,16%	0,90%	29.06	01.06
Jul	20	0,35%	12	5,93%	8	-8,02%	0,60%	15.07	23.07
Aug	20	-1,04%	10	10,58%	10	-12,67%	0,50%	25.08	30.08
Sep	20	5,61%	13	16,47%	7	-14,56%	0,65%	29.09	01.09
Oct	20	2,79%	13	9,40%	7	-9,49%	0,65%	21.10	07.10
Nov	20	5,61%	14	12,24%	6	-9,86%	0,70%	18.11	01.11
Dec	20	4,83%	11	17,02%	9	-10,08%	0,55%	30.12	14.12

Aktie Turbo/os **PepsiCo** **WKN: 851995**

Jahreszyklus:

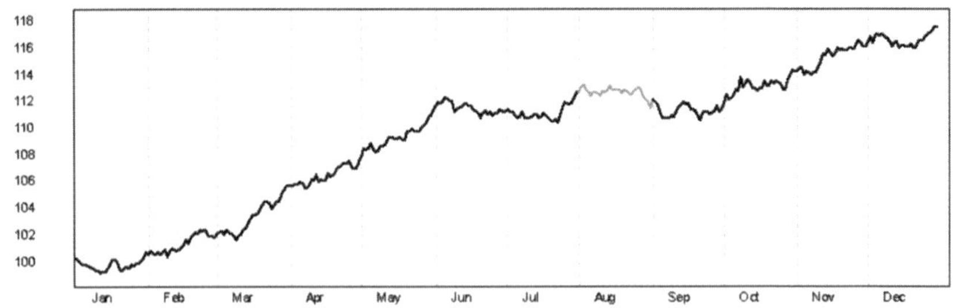

Erfolgreichster Anlage–Zeitraum: 11 Monate zwischen 31. August und 31. Juli

Buy & Hold vs. Anlage–Zyklus:

Vergleich: Buy & Hold vs. Anlage–Zyklus

	Buy & Hold	Anlage–Zyklus
Kurs 31.12.07:	75,90	119,55
Startkurs:	4,37	3,39
Gesamtperformance seit 02.01.1987:	1.636,84%	3.428,67%
All–Time–High:	78,69	123,94
Erreicht am:	13.12.2007	13.12.2007

Das wäre aus einer Anlage von 10.000 geworden:

Anlage vor 10 Jahren:	21.416,48	38.372,78
Anlage seit 1987:	173.684,21	352.867,06

Jahres-Hochs und -Tiefs

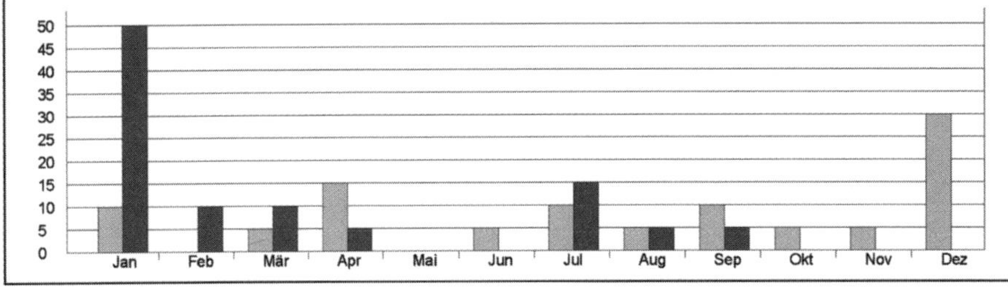

Rendite-Viereck

Jan		13,93	9,67	8,04	4,21	4,65	3,38	5,13	5,43	2,89	1,48	0,34
Feb	1,02		11,35	9,64	5,52	5,84	4,52	6,39	6,91	4,29	2,99	1,78
Mär	4,85	3,82		14,06	9,81	10,09	8,70	10,67	11,21	8,49	7,07	5,85
Apr	6,27	5,33	1,47		11,40	11,72	10,33	12,24	12,80	9,96	8,55	7,30
Mai	10,29	9,28	5,18	3,56		16,38	14,96	16,82	17,41	14,43	12,97	11,64
Jun	10,14	9,14	4,97	3,39	-0,17		14,59	16,71	17,30	14,23	12,78	11,47
Jul	11,46	10,61	6,38	4,74	1,10	1,34		17,76	18,54	15,38	13,90	12,61
Aug	10,02	9,17	5,11	3,45	-0,06	0,25	-1,17		16,76	13,63	12,20	10,92
Sep	9,88	9,17	5,21	3,48	-0,06	0,23	-1,24	-0,02		13,37	12,16	10,94
Okt	11,98	11,14	7,07	5,32	1,69	2,05	0,75	2,30	2,41		14,40	13,01
Nov	13,53	12,60	8,41	6,69	3,02	3,40	2,13	3,80	3,91	1,39		14,41
Dez	14,91	13,89	9,62	7,97	4,25	4,68	3,28	5,06	5,20	2,64	1,21	
	Jan	Feb	Mär	Apr	Mai	Jun	Jul	Aug	Sep	Okt	Nov	Dez

Monatsstatistiken

	Anzahl Monate	durchschn. Performance	positive Monate	durchschn. Performance	negative Monate	durchschn. Performance	Gewinn-Wahrscheinlichkeit	Monatshoch am	Monatstief am
Jan	21	−0,06%	11	4,54%	10	−5,12%	0,52%	31.01	21.01
Feb	21	1,34%	12	5,50%	9	−4,21%	0,57%	23.02	09.02
Mar	21	2,97%	15	5,29%	6	−2,85%	0,71%	31.03	09.03
Apr	21	0,85%	13	4,44%	8	−4,98%	0,62%	26.04	07.04
May	21	3,90%	16	5,84%	5	−2,34%	0,76%	31.05	01.05
Jun	21	−0,59%	11	3,81%	10	−5,42%	0,52%	05.06	20.06
Jul	21	1,46%	14	5,00%	7	−5,63%	0,67%	31.07	23.07
Aug	21	−2,99%	10	2,35%	11	−7,85%	0,48%	03.08	31.08
Sep	21	1,23%	12	5,78%	9	−4,84%	0,57%	01.09	05.09
Oct	21	3,53%	18	5,60%	3	−8,95%	0,86%	30.10	01.10
Nov	21	1,02%	14	3,15%	7	−3,25%	0,67%	27.11	07.11
Dec	21	2,10%	14	3,93%	7	−1,54%	0,67%	30.12	20.12

Jahreszyklus:

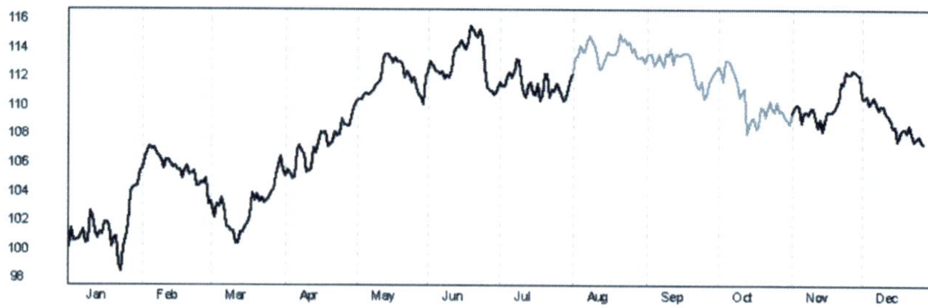

Erfolgreichster Anlage–Zeitraum: 9 Monate zwischen 31. Oktober und 31. Juli

Buy & Hold vs. Anlage–Zyklus:

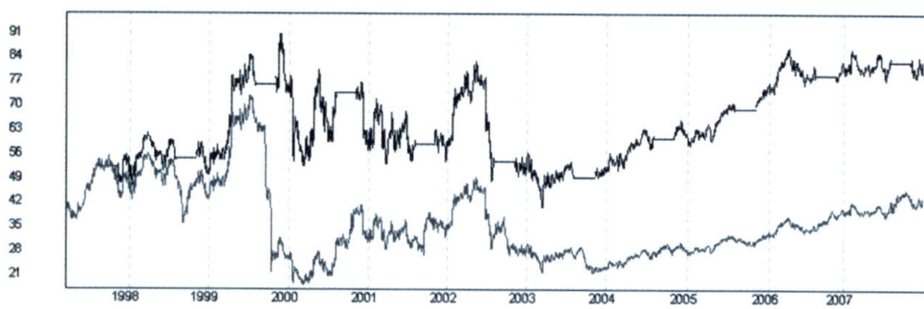

Vergleich: Buy & Hold vs. Anlage–Zyklus

	Buy & Hold	Anlage–Zyklus
Kurs 28.12.07:	41,86	80,08
Startkurs:	41,93	41,93
Gesamtperformance seit 12.03.1997:	–0,16%	91,00%
All–Time–High:	73,00	91,16
Erreicht am:	08.07.1999	22.11.1999

Das wäre aus einer Anlage von 10.000 geworden:

Anlage vor 10 Jahren:	8.269,80	14.345,90
Anlage seit Börsengang:	9.984,28	19.100,28

Jahres-Hochs und -Tiefs

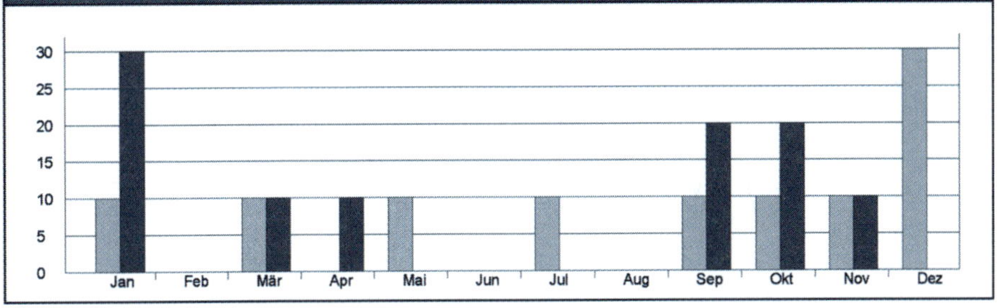

Rendite-Viereck

Jan		5,79	6,12	2,89	0,95	3,21	0,77	−0,04	−1,66	2,15	−0,24	4,58
Feb	−0,72		6,40	3,18	1,32	3,45	0,81	1,02	−1,38	2,10	−0,78	4,22
Mär	1,70	2,44		5,16	3,16	4,96	2,65	3,35	0,85	4,74	1,69	6,69
Apr	6,03	7,48	3,81		5,47	7,36	5,38	6,53	4,23	8,76	5,45	10,99
Mai	6,92	8,23	5,25	1,65		8,97	6,86	7,84	5,40	9,72	6,41	11,97
Jun	4,77	5,92	4,01	0,71	−1,00		4,24	5,19	3,34	7,47	4,23	9,46
Jul	3,88	5,53	5,40	1,80	0,01	0,99		2,29	1,40	5,91	2,49	8,01
Aug	5,61	7,73	7,12	2,97	1,28	2,53	1,28		2,00	7,48	3,95	9,14
Sep	3,51	5,38	5,89	2,48	0,56	2,25	0,60	−0,08		5,23	1,83	7,27
Okt	1,43	3,91	3,64	0,00	−1,69	0,59	−1,80	−3,08	−3,94		−1,02	4,26
Nov	3,57	6,06	5,80	2,09	0,34	2,47	0,09	−1,05	−1,76	2,66		6,51
Dez	−1,47	0,29	−0,16	−2,97	−4,82	−2,99	−4,67	−5,57	−6,38	−2,00	−4,41	
	Jan	Feb	Mär	Apr	Mai	Jun	Jul	Aug	Sep	Okt	Nov	Dez

Monatsstatistiken

	Anzahl Monate	durchschn. Performance	positive Monate	durchschn. Performance	negative Monate	durchschn. Performance	Gewinn-Wahr-scheinlichkeit	Monats-hoch am	Monats-tief am
Jan	11	4,58%	7	9,80%	4	−4,55%	0,64%	31.01	23.01
Feb	10	−0,72%	5	4,45%	5	−5,88%	0,50%	04.02	29.02
Mar	10	2,44%	8	4,60%	2	−6,18%	0,80%	30.03	11.03
Apr	11	3,81%	7	9,50%	4	−6,15%	0,64%	30.04	04.04
May	11	1,65%	7	4,08%	4	−2,59%	0,64%	15.05	30.05
Jun	11	−1,00%	6	5,86%	5	−9,23%	0,55%	19.06	29.06
Jul	11	0,99%	5	9,25%	6	−5,89%	0,45%	08.07	18.07
Aug	11	1,28%	6	8,54%	5	−7,43%	0,55%	21.08	01.08
Sep	11	−0,08%	6	9,24%	5	−11,26%	0,55%	11.09	25.09
Oct	11	−3,94%	3	11,97%	8	−9,90%	0,27%	05.10	13.10
Nov	11	2,66%	7	5,08%	4	−1,59%	0,64%	27.11	14.11
Dec	11	−4,41%	4	3,13%	7	−8,71%	0,36%	03.12	30.12

Jahreszyklus:

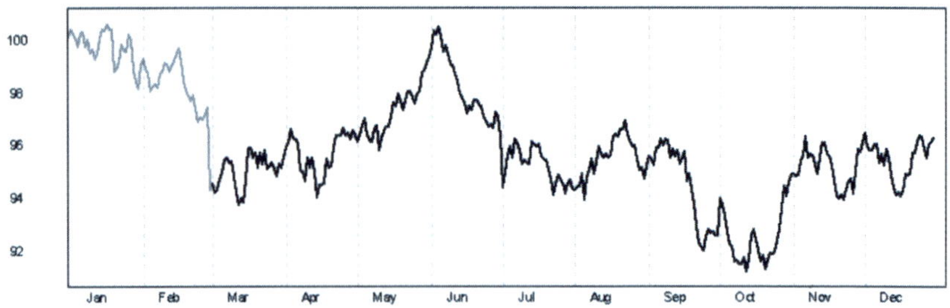

Erfolgreichster Anlage–Zeitraum: 10 Monate zwischen 28. Februar und 31. Dezember

Buy & Hold vs. Anlage–Zyklus:

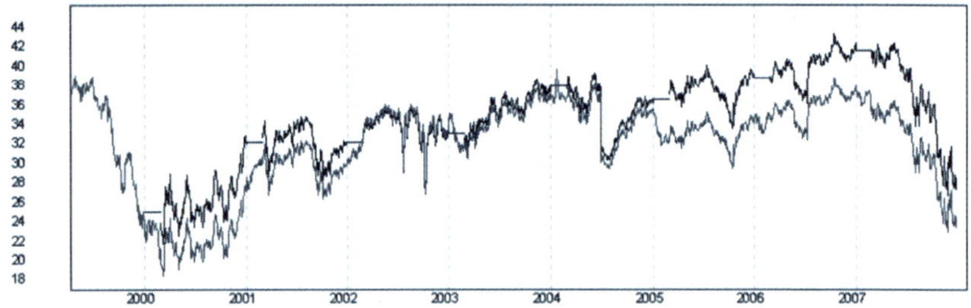

Vergleich: Buy & Hold vs. Anlage–Zyklus

	Buy & Hold	Anlage–Zyklus
Kurs 31.12.07:	23,65	27,56
Startkurs:	37,25	37,25
Gesamtperformance seit 23.04.1999:	–36,51%	–26,01%
All–Time–High:	39,75	43,38
Erreicht am:	23.01.2004	13.10.2006

Das wäre aus einer Anlage von 10.000 geworden:

Anlage vor 10 Jahren:	–	–
Anlage seit Börsengang:	6.348,99	7.398,97

Jahres-Hochs und -Tiefs

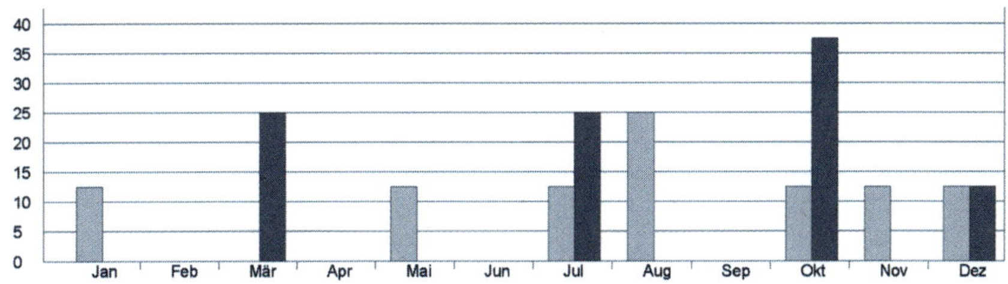

Rendite-Viereck

Jan		3,99	1,98	-2,28	-5,05	-1,42	0,23	-0,94	1,94	0,38	-0,30	-0,08
Feb	-1,27		7,35	0,48	-2,52	0,90	1,73	0,86	3,24	0,59	-0,72	-2,07
Mär	0,07	1,56		1,04	-1,90	1,37	2,30	1,57	4,17	1,61	0,36	-0,81
Apr	0,71	1,91	0,53		-0,72	2,71	3,71	2,85	5,30	2,70	1,28	-0,11
Mai	3,35	4,83	3,32	2,69		5,17	6,13	5,27	7,87	5,23	3,89	2,55
Jun	-0,28	0,92	-0,39	-0,61	-3,10		3,08	2,13	4,48	1,90	0,47	-1,00
Jul	-1,35	-0,24	-1,59	-2,73	-4,96	-1,95		0,92	3,36	0,88	-0,65	-2,08
Aug	-0,82	0,50	-1,03	-2,06	-4,45	-1,25	0,96		3,47	1,02	-0,40	-1,63
Sep	-2,86	-1,41	-2,96	-5,23	-7,61	-4,38	-2,31	-3,34		-1,26	-2,58	-3,68
Okt	-0,94	0,57	-1,12	-3,52	-5,99	-2,68	-0,62	-1,75	1,57		-0,96	-1,88
Nov	0,63	2,21	0,50	-2,88	-5,44	-2,10	-0,11	-1,19	2,03	0,45		-0,29
Dez	1,63	3,51	1,63	-2,41	-5,11	-1,62	0,23	-0,94	1,99	0,29	-0,31	
	Jan	Feb	Mär	Apr	Mai	Jun	Jul	Aug	Sep	Okt	Nov	Dez

Monatsstatistiken

	Anzahl Monate	durchschn. Performance	positive Monate	durchschn. Performance	negative Monate	durchschn. Performance	Gewinn-Wahrscheinlichkeit	Monatshoch am	Monatstief am
Jan	9	−0,08%	4	5,14%	5	−4,25%	0,44%	02.01	20.01
Feb	8	−1,27%	4	2,60%	4	−5,13%	0,50%	01.02	29.02
Mar	8	1,56%	5	3,99%	3	−2,50%	0,63%	17.03	12.03
Apr	8	0,53%	5	4,08%	3	−5,38%	0,63%	25.04	14.04
May	9	2,69%	8	3,93%	1	−7,29%	0,89%	31.05	10.05
Jun	9	−3,10%	3	1,20%	6	−5,25%	0,33%	04.06	30.06
Jul	9	−1,95%	5	3,71%	4	−9,03%	0,56%	07.07	23.07
Aug	9	0,96%	4	5,83%	5	−2,94%	0,44%	22.08	05.08
Sep	9	−3,34%	3	2,98%	6	−6,50%	0,33%	08.09	24.09
Oct	9	1,57%	7	4,12%	2	−7,38%	0,78%	31.10	12.10
Nov	9	0,45%	5	3,80%	4	−3,74%	0,56%	06.11	22.11
Dec	9	−0,31%	5	4,14%	4	−5,88%	0,56%	01.12	16.12

Jahreszyklus:

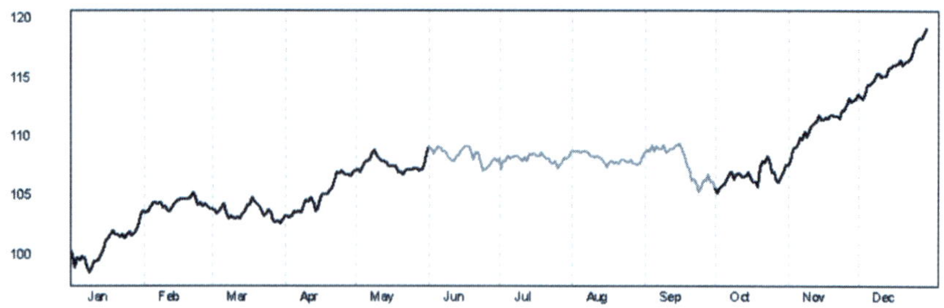

Erfolgreichster Anlage–Zeitraum: 8 Monate zwischen 30. September und 31. Mai

Buy & Hold vs. Anlage–Zyklus:

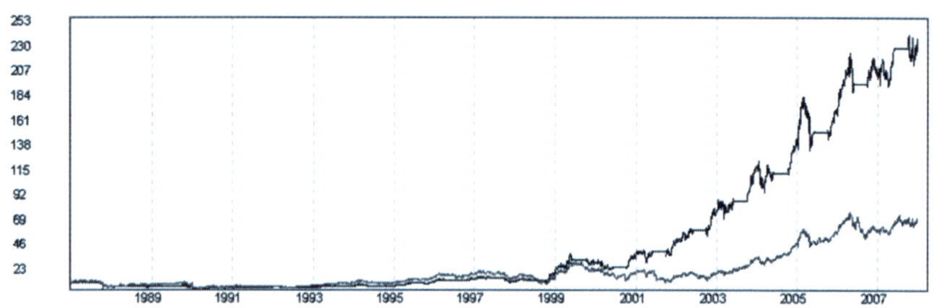

Vergleich: Buy & Hold vs. Anlage–Zyklus

	Buy & Hold	Anlage–Zyklus
Kurs 31.12.07:	68,96	227,99
Startkurs:	11,66	10,76
Gesamtperformance seit 02.01.1987:	491,42%	2.018,92%
All–Time–High:	78,55	242,24
Erreicht am:	24.04.2006	10.10.2007

Das wäre aus einer Anlage von 10.000 geworden:

Anlage vor 10 Jahren:	34.480,00	142.122,02
Anlage seit 1987:	59.142,37	211.892,45

Jahres-Hochs und -Tiefs

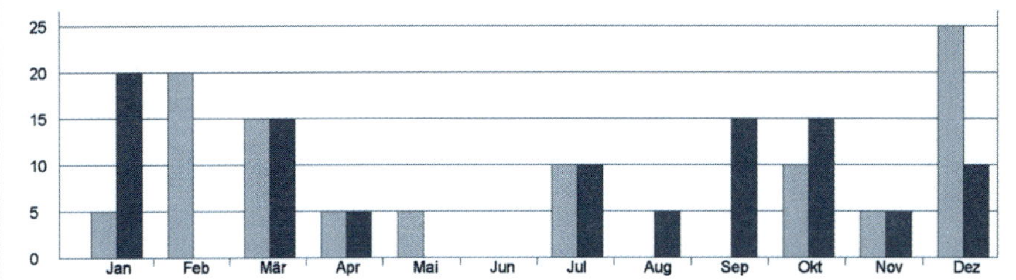

Rendite-Viereck

Jan		12,94	15,64	11,70	10,36	11,23	11,54	11,69	14,78	13,08	7,41	2,54
Feb	0,23		16,77	12,85	11,96	12,92	13,20	13,26	16,42	14,75	8,82	3,86
Mär	−0,66	−0,98		11,85	10,92	11,65	11,84	11,93	14,83	13,41	7,68	2,83
Apr	2,70	2,54	3,87		14,50	15,74	16,07	16,19	19,36	17,49	11,35	6,25
Mai	3,80	3,59	5,06	1,27		16,65	17,07	17,30	20,55	18,59	12,32	7,25
Jun	3,53	3,31	4,51	0,64	−0,49		17,11	17,38	20,39	18,29	12,19	7,14
Jul	2,83	2,74	4,42	0,67	−0,50	−0,04		16,45	19,35	17,31	11,24	6,36
Aug	2,60	2,63	4,47	0,73	−0,38	0,11	−0,06		19,35	17,13	11,05	6,21
Sep	−0,21	−0,17	2,12	−1,52	−2,59	−2,47	−2,63	−2,36		13,57	7,90	3,07
Okt	0,73	0,81	2,93	−0,58	−1,76	−1,44	−1,58	−1,49	1,15		8,56	3,72
Nov	4,66	4,70	8,22	4,39	3,01	3,51	3,59	3,81	6,45	5,07		7,79
Dez	9,35	9,47	13,43	9,46	8,04	8,74	8,59	8,67	11,59	10,12	5,02	
	Jan	Feb	Mär	Apr	Mai	Jun	Jul	Aug	Sep	Okt	Nov	Dez

Monatsstatistiken

	Anzahl Monate	durchschn. Performance	positive Monate	durchschn. Performance	negative Monate	durchschn. Performance	Gewinn-Wahrscheinlichkeit	Monats-hoch am	Monats-tief am
Jan	21	2,63%	15	8,38%	6	−11,75%	0,71%	31.01	09.01
Feb	21	0,16%	10	4,12%	11	−3,43%	0,48%	22.02	11.02
Mar	21	−1,31%	12	4,17%	9	−8,62%	0,57%	18.03	30.03
Apr	21	2,85%	11	9,54%	10	−4,52%	0,52%	25.04	03.04
May	21	1,55%	13	5,86%	8	−5,45%	0,62%	09.05	21.05
Jun	21	−1,32%	12	4,62%	9	−9,23%	0,57%	01.06	24.06
Jul	21	−1,05%	9	5,90%	12	−6,27%	0,43%	19.07	02.07
Aug	21	−0,19%	12	3,92%	9	−5,66%	0,57%	04.08	16.08
Sep	21	−2,20%	9	3,88%	12	−6,76%	0,43%	16.09	24.09
Oct	21	0,81%	13	6,85%	8	−8,99%	0,62%	23.10	02.10
Nov	21	4,51%	13	10,72%	8	−5,58%	0,62%	27.11	01.11
Dec	21	5,28%	16	8,01%	5	−3,46%	0,76%	31.12	03.12

Aktie | Sara Lee | WKN: 850788

Jahreszyklus:

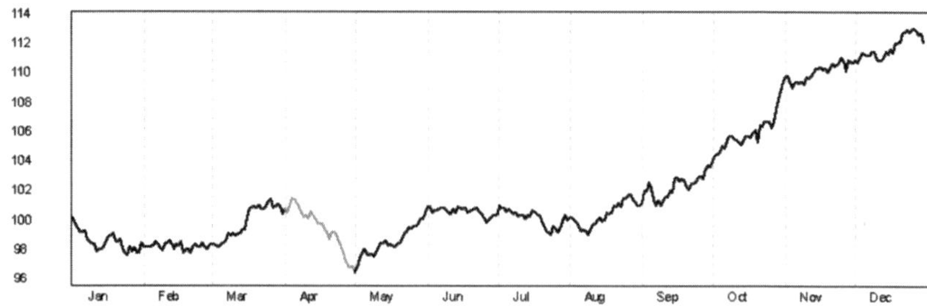

Erfolgreichster Anlage–Zeitraum: 11 Monate zwischen 30. April und 31. März

Buy & Hold vs. Anlage–Zyklus:

Vergleich: Buy & Hold vs. Anlage–Zyklus

	Buy & Hold	Anlage–Zyklus
Kurs 31.12.07:	16,06	37,42
Startkurs:	3,12	3,12
Gesamtperformance seit 02.01.1987:	415,16%	1.100,44%
All–Time–High:	31,47	54,40
Erreicht am:	10.04.1998	24.01.2005

Das wäre aus einer Anlage von 10.000 geworden:

Anlage vor 10 Jahren:	5.912,02	9.945,46
Anlage seit 1987:	51.515,64	120.043,62

Jahres-Hochs und -Tiefs

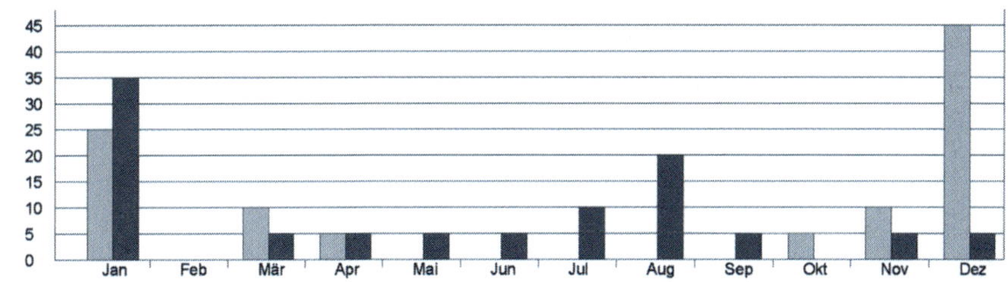

Rendite-Viereck

	Jan	Feb	Mär	Apr	Mai	Jun	Jul	Aug	Sep	Okt	Nov	Dez
Jan		10,14	7,46	11,51	9,27	9,42	9,56	9,28	6,62	1,30	0,31	-1,10
Feb	-0,74		8,03	12,22	10,02	9,98	9,79	9,73	6,93	1,49	0,55	-1,20
Mär	1,17	2,17		13,87	12,45	12,39	12,13	12,19	9,35	3,62	2,69	0,99
Apr	-2,54	-1,69	-3,69		8,61	8,61	8,28	8,23	5,45	0,07	-0,87	-2,56
Mai	0,21	1,27	-0,91	3,08		11,63	11,22	11,21	8,39	2,70	1,80	0,13
Jun	-0,53	0,64	-1,66	2,39	-0,26		10,50	10,42	7,78	1,93	1,04	-0,54
Jul	-0,65	0,50	-1,84	2,10	-0,62	-0,37		10,47	7,84	2,02	1,11	-0,43
Aug	-0,12	0,97	-1,29	2,79	0,02	0,26	0,65		8,26	2,32	1,43	-0,12
Sep	3,20	4,36	1,93	6,05	2,47	2,76	3,14	2,77		5,88	4,85	3,28
Okt	7,69	8,78	6,50	10,83	7,75	8,14	8,74	8,31	5,55		9,03	7,31
Nov	9,21	10,53	8,04	12,36	8,88	9,24	9,83	9,44	6,52	0,96		8,73
Dez	11,28	12,73	9,92	14,26	10,43	10,71	11,11	10,74	7,84	2,46	1,38	

Monatsstatistiken

	Anzahl Monate	durchschn. Performance	positive Monate	durchschn. Performance	negative Monate	durchschn. Performance	Gewinn-Wahrscheinlichkeit	Monatshoch am	Monatstief am
Jan	21	-2,40%	8	6,80%	13	-8,06%	0,38%	01.01	25.01
Feb	21	-0,74%	9	3,68%	12	-4,05%	0,43%	12.02	21.02
Mar	21	2,17%	11	7,27%	10	-3,45%	0,52%	26.03	04.03
Apr	21	-3,69%	5	4,77%	16	-6,33%	0,24%	04.04	29.04
May	21	3,08%	13	6,65%	8	-2,71%	0,62%	31.05	01.05
Jun	21	-0,74%	9	2,78%	12	-3,37%	0,43%	01.06	26.06
Jul	21	-0,24%	10	5,12%	11	-5,11%	0,48%	02.07	24.07
Aug	21	0,66%	12	4,64%	9	-4,63%	0,57%	27.08	09.08
Sep	21	3,45%	11	9,01%	10	-2,67%	0,52%	29.09	09.09
Oct	21	4,81%	14	9,03%	7	-3,64%	0,67%	31.10	01.10
Nov	21	1,14%	13	4,83%	8	-4,85%	0,62%	25.11	04.11
Dec	21	1,63%	12	5,99%	9	-4,18%	0,57%	27.12	02.12

Jahreszyklus:

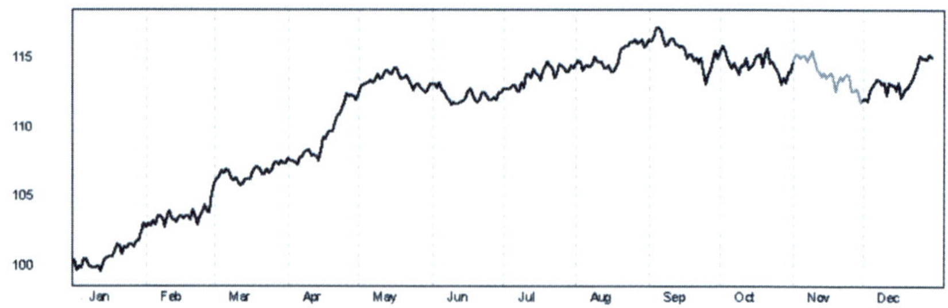

Erfolgreichster Anlage–Zeitraum: 11 Monate zwischen 30. November und 31. Oktober

Buy & Hold vs. Anlage–Zyklus:

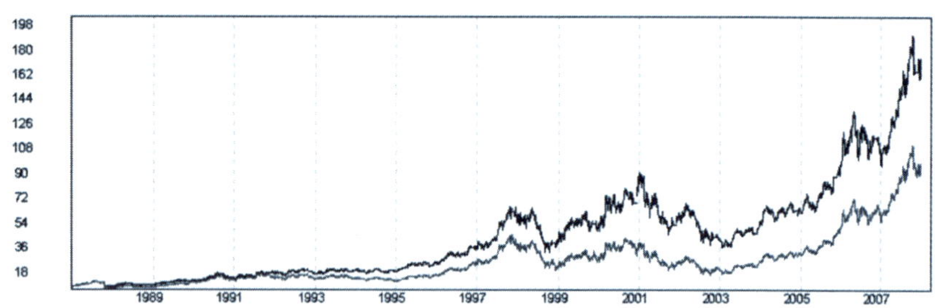

Vergleich: Buy & Hold vs. Anlage–Zyklus

	Buy & Hold	**Anlage–Zyklus**
Kurs 31.12.07:	98,37	174,62
Startkurs:	8,10	8,08
Gesamtperformance seit 02.01.1987:	1.114,44%	2.062,01%
All–Time–High:	112,09	192,55
Erreicht am:	16.10.2007	16.10.2007

Das wäre aus einer Anlage von 10.000 geworden:

Anlage vor 10 Jahren:	26.408,05	30.426,30
Anlage seit 1987:	121.444,44	216.201,15

Aktie **Schlumberger** **WKN: 853390**

Jahres-Hochs und -Tiefs

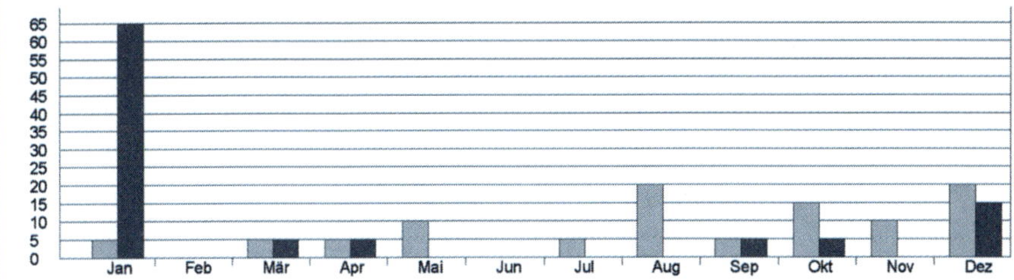

Rendite-Viereck

Jan		9,43	7,53	3,54	2,25	2,63	1,39	0,03	1,35	2,52	4,53	1,66
Feb	0,84		8,38	4,54	3,25	3,92	3,01	1,69	3,34	4,54	6,54	3,51
Mär	2,77	1,96		7,11	5,87	6,53	5,71	4,73	6,25	7,23	9,15	5,67
Apr	6,86	6,13	4,15		9,86	10,53	9,48	8,52	10,05	11,08	13,27	9,84
Mai	7,77	7,06	5,12	0,97		11,65	10,66	9,61	11,31	12,24	14,14	10,63
Jun	7,38	6,68	4,45	0,53	−0,60		11,30	10,27	11,88	12,68	14,23	10,39
Jul	9,63	8,87	6,61	2,61	1,21	1,67		13,26	14,88	15,60	17,00	13,01
Aug	11,62	10,73	8,26	4,28	2,82	3,08	1,56		16,76	17,51	18,82	14,82
Sep	10,39	9,56	7,04	3,09	1,61	1,75	0,16	−1,14		16,40	17,57	13,69
Okt	8,07	7,36	5,10	1,10	−0,23	0,09	−1,44	−2,56	−1,43		15,05	11,23
Nov	5,89	5,33	3,10	−0,74	−1,98	−1,68	−3,10	−4,24	−3,03	−1,84		9,09
Dez	8,55	7,79	5,74	1,74	0,44	0,90	−0,54	−1,77	−0,50	0,75	2,78	
	Jan	Feb	Mär	Apr	Mai	Jun	Jul	Aug	Sep	Okt	Nov	Dez

Monatsstatistiken

	Anzahl Monate	durchschn. Performance	positive Monate	durchschn. Performance	negative Monate	durchschn. Performance	Gewinn-Wahrscheinlichkeit	Monats-hoch am	Monats-tief am
Jan	21	2,24%	14	7,31%	7	−7,89%	0,67%	31.01	13.01
Feb	21	2,32%	15	6,13%	6	−7,19%	0,71%	29.02	09.02
Mar	21	2,14%	12	7,81%	9	−5,42%	0,57%	29.03	12.03
Apr	21	4,55%	17	6,95%	4	−5,68%	0,81%	26.04	05.04
May	21	1,43%	11	6,31%	10	−3,95%	0,52%	17.05	29.05
Jun	21	−0,80%	10	5,63%	11	−6,65%	0,48%	04.06	09.06
Jul	21	3,75%	14	8,16%	7	−5,05%	0,67%	20.07	08.07
Aug	21	−0,13%	11	5,89%	10	−6,74%	0,52%	29.08	17.08
Sep	21	−0,41%	8	6,03%	13	−4,38%	0,38%	05.09	25.09
Oct	21	−1,01%	10	5,67%	11	−7,07%	0,48%	02.10	27.10
Nov	21	−2,35%	8	5,84%	13	−7,40%	0,38%	09.11	30.11
Dec	21	2,49%	12	7,82%	9	−4,61%	0,57%	26.12	03.12

Jahreszyklus:

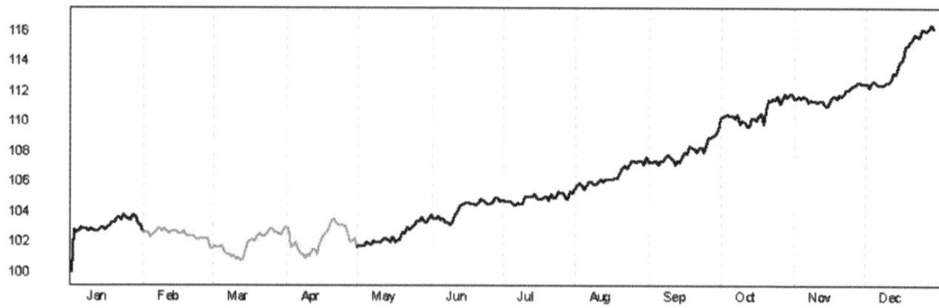

Erfolgreichster Anlage-Zeitraum: 9 Monate zwischen 30. April und 31. Januar

Buy & Hold vs. Anlage-Zyklus:

Vergleich: Buy & Hold vs. Anlage-Zyklus

	Buy & Hold	Anlage-Zyklus
Kurs 31.12.07:	38,75	49,47
Startkurs:	5,40	4,14
Gesamtperformance seit 02.01.1987:	617,59%	1.094,24%
All-Time-High:	39,20	50,04
Erreicht am:	21.12.2007	21.12.2007

Das wäre aus einer Anlage von 10.000 geworden:

Anlage vor 10 Jahren:	15.574,76	17.418,25
Anlage seit 1987:	71.759,26	119.424,47

Aktie Southern WKN: 852523

Jahres-Hochs und -Tiefs

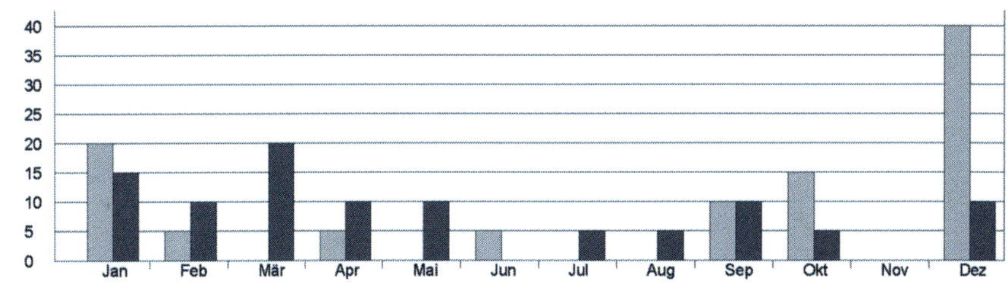

Rendite-Viereck

Jan		16,55	15,23	15,80	14,42	13,08	12,15	9,94	8,30	6,13	5,75	2,52
Feb	-0,99		14,68	15,46	13,83	12,25	11,15	9,10	7,48	5,29	4,92	1,72
Mär	0,49	1,36		17,03	15,34	13,83	12,64	10,55	8,80	6,60	6,15	3,10
Apr	-0,59	0,49	-0,63		13,65	12,02	10,94	9,09	7,44	5,14	4,89	2,02
Mai	0,47	1,62	0,52	1,11		13,40	12,34	10,50	8,83	6,50	6,27	3,17
Jun	1,68	2,74	1,56	2,30	1,18		13,86	12,06	10,33	7,93	7,62	4,39
Jul	2,18	3,28	2,13	2,79	1,72	0,56		12,32	10,62	8,24	7,89	4,96
Aug	4,52	5,70	4,44	4,96	3,95	2,85	2,24		12,31	9,86	9,62	7,14
Sep	6,27	7,52	6,24	6,74	5,69	4,64	4,06	1,77		11,65	11,45	8,92
Okt	8,25	9,44	8,15	8,71	7,68	6,55	5,92	3,68	1,98		13,52	11,11
Nov	8,78	10,00	8,68	9,28	8,23	7,08	6,45	4,14	2,40	0,42		11,81
Dez	12,29	13,55	12,14	12,85	11,74	10,58	9,90	7,57	5,69	3,69	3,30	
	Jan	Feb	Mär	Apr	Mai	Jun	Jul	Aug	Sep	Okt	Nov	Dez

Monatsstatistiken

	Anzahl Monate	durchschn. Performance	positive Monate	durchschn. Performance	negative Monate	durchschn. Performance	Gewinn-Wahrscheinlichkeit	Monats-hoch am	Monats-tief am
Jan	21	2,39%	9	11,79%	12	-4,66%	0,43%	24.01	02.01
Feb	21	-1,44%	8	3,17%	13	-4,28%	0,38%	08.02	29.02
Mar	21	0,64%	11	4,06%	10	-3,13%	0,52%	31.03	13.03
Apr	21	-0,85%	10	5,65%	11	-6,75%	0,48%	21.04	09.04
May	21	1,56%	14	4,16%	7	-3,63%	0,67%	28.05	01.05
Jun	21	0,71%	15	2,61%	6	-4,03%	0,71%	29.06	09.06
Jul	21	0,23%	13	3,08%	8	-4,40%	0,62%	30.07	07.07
Aug	21	1,20%	10	5,53%	11	-2,75%	0,48%	31.08	05.08
Sep	21	2,20%	14	4,28%	7	-1,97%	0,67%	30.09	12.09
Oct	21	1,04%	13	3,48%	8	-2,93%	0,62%	28.10	12.10
Nov	21	-0,12%	11	3,73%	10	-4,36%	0,52%	28.11	15.11
Dec	21	3,90%	18	4,87%	3	-1,87%	0,86%	30.12	03.12

Aktie	Sprint Nextel	WKN: 857165

Jahreszyklus:

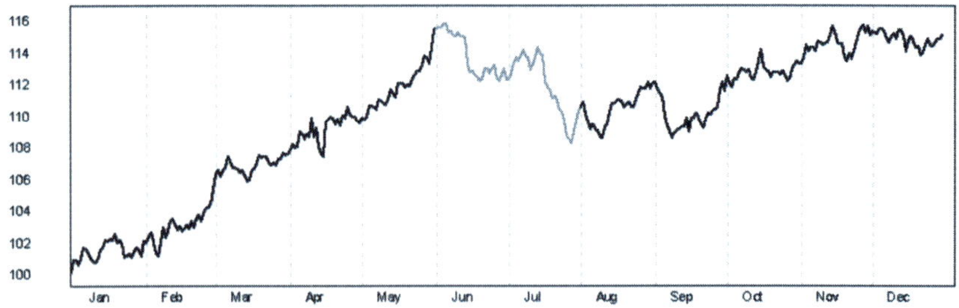

Erfolgreichster Anlage–Zeitraum: 10 Monate zwischen 31. Juli und 31. Mai

Buy & Hold vs. Anlage–Zyklus:

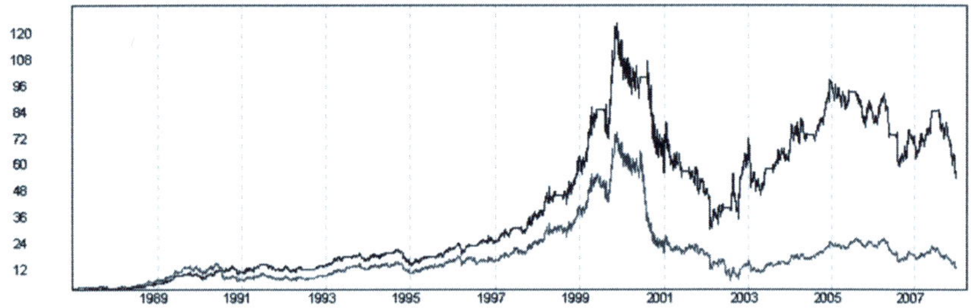

Vergleich: Buy & Hold vs. Anlage–Zyklus

	Buy & Hold	Anlage–Zyklus
Kurs 31.12.07:	13,13	54,60
Startkurs:	3,76	3,83
Gesamtperformance seit 02.01.1987:	249,20%	1.327,33%
All–Time–High:	75,22	125,47
Erreicht am:	18.11.1999	18.11.1999
Das wäre aus einer Anlage von 10.000 geworden:		
Anlage vor 10 Jahren:	4.986,71	13.839,02
Anlage seit 1987:	34.920,21	142.733,04

Jahres-Hochs und -Tiefs

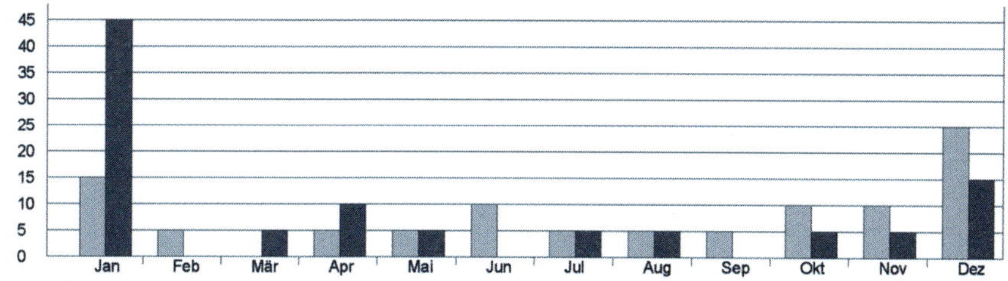

Rendite-Viereck

Jan		9,45	6,85	6,06	1,90	2,96	4,89	3,51	3,27	1,39	0,65	0,65
Feb	2,36		12,44	11,71	7,51	8,45	10,39	8,53	8,43	5,92	4,60	3,95
Mär	5,50	3,41		16,03	11,43	12,24	13,97	12,20	11,73	9,48	7,43	6,83
Apr	5,75	3,46	0,44		11,80	12,53	14,38	12,64	12,01	9,68	8,01	7,27
Mai	10,60	8,02	4,94	4,41		17,96	20,11	17,99	17,16	14,65	12,87	11,88
Jun	8,55	5,60	3,14	2,34	−1,76		18,61	16,17	15,70	13,06	11,28	10,28
Jul	6,86	3,96	1,64	0,73	−3,05	−1,91		14,58	14,28	11,95	10,18	9,06
Aug	8,16	5,35	2,93	2,10	−1,79	−0,43	1,51		15,44	13,25	11,56	10,44
Sep	8,82	5,78	3,51	2,52	−1,53	−0,60	1,19	0,04		14,65	12,55	11,32
Okt	10,30	7,38	4,54	3,69	−0,47	0,96	2,89	1,77	1,60		14,11	12,52
Nov	11,99	9,19	6,22	5,52	1,28	2,96	4,73	3,34	3,39	1,40		14,43
Dez	12,48	9,55	6,64	5,97	1,67	3,14	4,91	3,45	3,28	1,07	−0,14	
	Jan	Feb	Mär	Apr	Mai	Jun	Jul	Aug	Sep	Okt	Nov	Dez

Monatsstatistiken

	Anzahl Monate	durchschn. Performance	positive Monate	durchschn. Performance	negative Monate	durchschn. Performance	Gewinn-Wahrscheinlichkeit	Monats-hoch am	Monats-tief am
Jan	21	0,09%	12	6,65%	9	−8,65%	0,57%	15.01	23.01
Feb	21	1,73%	14	6,14%	7	−7,08%	0,67%	29.02	06.02
Mar	21	3,91%	13	9,52%	8	−5,21%	0,62%	29.03	14.03
Apr	21	0,51%	10	5,77%	11	−4,27%	0,48%	25.04	15.04
May	21	4,49%	14	9,82%	7	−6,16%	0,67%	31.05	02.05
Jun	21	−1,80%	9	7,45%	12	−8,74%	0,43%	04.06	19.06
Jul	21	−2,15%	10	6,69%	11	−10,18%	0,48%	14.07	28.07
Aug	21	1,19%	13	6,50%	8	−7,43%	0,62%	29.08	10.08
Sep	21	1,02%	11	7,34%	10	−5,93%	0,52%	29.09	08.09
Oct	21	1,31%	10	11,94%	11	−8,35%	0,48%	15.10	03.10
Nov	21	1,20%	13	7,10%	8	−8,38%	0,62%	14.11	01.11
Dec	21	−0,45%	9	6,28%	12	−5,49%	0,43%	05.12	21.12

Jahreszyklus:

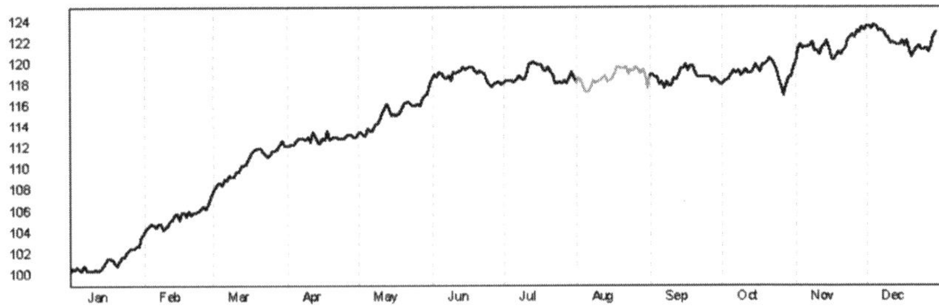

Erfolgreichster Anlage–Zeitraum: 11 Monate zwischen 31. August und 31. Juli

Buy & Hold vs. Anlage–Zyklus:

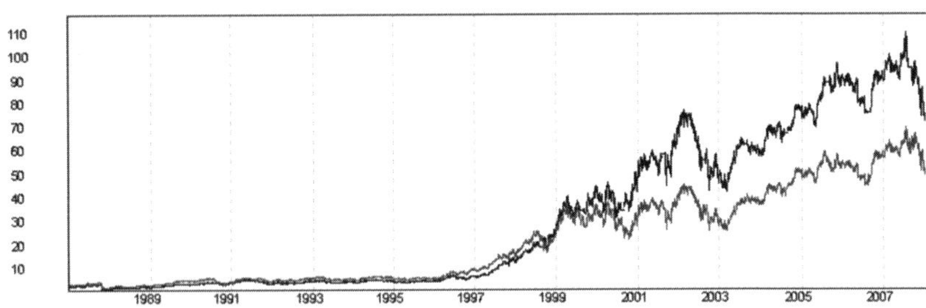

Vergleich: Buy & Hold vs. Anlage–Zyklus

	Buy & Hold	Anlage–Zyklus
Kurs 31.12.07:	50,00	72,53
Startkurs:	3,59	3,06
Gesamtperformance seit 02.01.1987:	1.292,76%	2.273,45%
All–Time–High:	70,14	110,74
Erreicht am:	13.07.2007	13.07.2007

Das wäre aus einer Anlage von 10.000 geworden:

Anlage vor 10 Jahren:	26.315,79	46.702,08
Anlage seit 1987:	139.275,77	237.344,54

Jahres-Hochs und -Tiefs

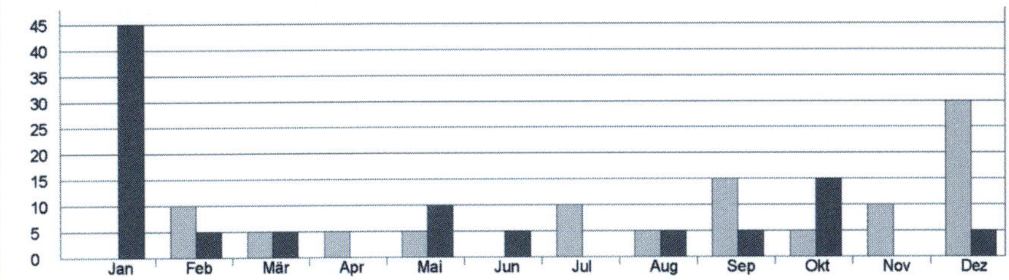

Rendite-Viereck

	Jan	Feb	Mär	Apr	Mai	Jun	Jul	Aug	Sep	Okt	Nov	Dez
Jan		15,99	11,77	15,55	4,10	6,20	5,69	7,83	7,65	6,30	3,41	3,45
Feb	2,90		16,04	19,52	7,36	9,91	9,22	11,52	11,20	9,83	6,81	6,29
Mär	7,40	4,70		23,50	12,57	13,11	11,85	15,53	15,69	14,93	11,79	10,80
Apr	6,25	3,39	2,25		9,53	13,15	12,81	14,98	14,80	13,40	9,98	9,43
Mai	12,69	9,63	4,93	11,70		20,71	20,05	22,11	21,87	20,44	16,39	16,41
Jun	12,66	9,37	4,34	8,07	-0,51		19,86	21,74	21,48	19,73	16,19	15,88
Jul	12,87	9,42	5,17	8,71	0,32	0,55		22,00	21,63	19,69	16,24	16,08
Aug	11,65	8,25	4,70	6,74	-1,42	-0,45	-0,77		19,61	18,20	15,02	14,94
Sep	11,88	8,41	4,77	6,99	-1,50	-0,21	-0,65	0,12		18,08	15,28	15,12
Okt	13,75	10,14	5,46	8,26	-1,46	0,77	0,50	1,47	1,37		17,57	17,09
Nov	16,84	13,17	8,62	11,22	0,86	3,55	3,31	4,51	4,54	2,82		20,29
Dez	16,43	12,77	8,38	11,49	0,77	3,10	2,67	4,40	4,37	2,67	-0,21	

Monatsstatistiken

	Anzahl Monate	durchschn. Performance	positive Monate	durchschn. Performance	negative Monate	durchschn. Performance	Gewinn-Wahrscheinlichkeit	Monatshoch am	Monatstief am
Jan	21	4,20%	11	11,52%	10	−3,84%	0,52%	31.01	08.01
Feb	21	2,96%	15	5,24%	6	−2,72%	0,71%	29.02	09.02
Mar	21	3,52%	14	7,31%	7	−4,07%	0,67%	30.03	01.03
Apr	21	−2,02%	11	5,94%	10	−10,77%	0,52%	18.04	02.04
May	21	9,21%	14	15,72%	7	−3,80%	0,67%	31.05	04.05
Jun	21	−1,15%	11	3,66%	10	−6,44%	0,52%	18.06	26.06
Jul	21	1,35%	12	6,23%	9	−5,16%	0,57%	14.07	23.07
Aug	21	−1,90%	12	5,95%	9	−12,38%	0,57%	18.08	05.08
Sep	21	0,32%	11	6,49%	10	−6,46%	0,52%	18.09	07.09
Oct	21	0,46%	15	6,27%	6	−14,06%	0,71%	21.10	27.10
Nov	21	3,48%	13	8,56%	8	−4,78%	0,62%	29.11	01.11
Dec	21	0,29%	13	5,21%	8	−7,71%	0,62%	04.12	20.12

Aktie **Texas Instruments** **WKN: 852654**

Jahreszyklus:

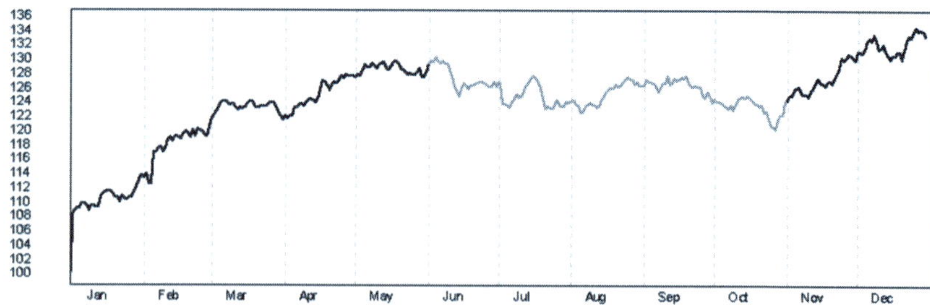

Erfolgreichster Anlage–Zeitraum: 7 Monate zwischen 31. Oktober und 31. Mai

Buy & Hold vs. Anlage–Zyklus:

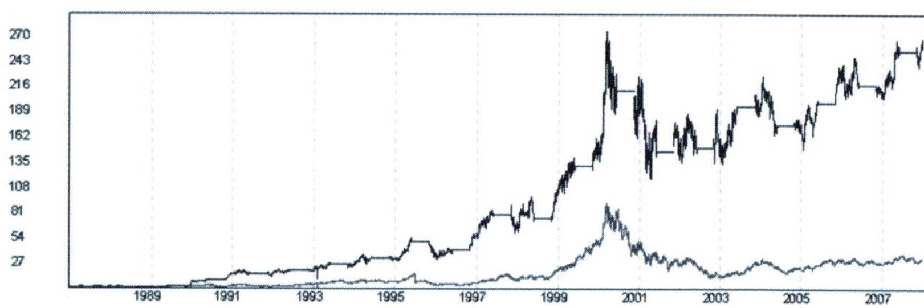

Vergleich: Buy & Hold vs. Anlage–Zyklus

	Buy & Hold	Anlage–Zyklus
Kurs 31.12.07:	33,40	262,72
Startkurs:	2,07	2,23
Gesamtperformance seit 02.01.1987:	1.513,53%	11.699,70%
All–Time–High:	93,94	276,81
Erreicht am:	03.03.2000	03.03.2000

Das wäre aus einer Anlage von 10.000 geworden:

Anlage vor 10 Jahren:	22.674,81	29.626,58
Anlage seit 1987:	161.352,66	1.179.969,86

Jahres-Hochs und -Tiefs

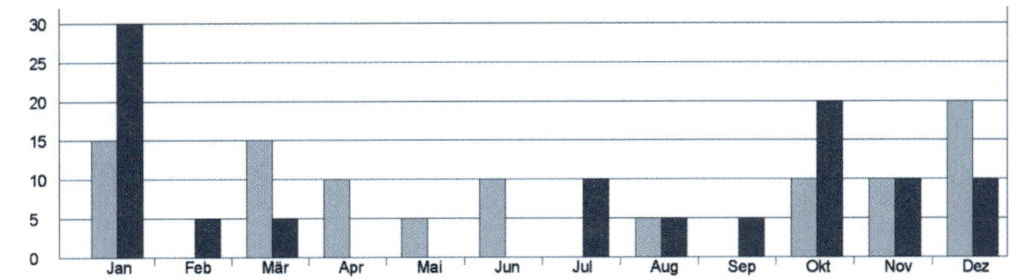

Rendite-Viereck

Jan		18,91	19,19	13,28	12,92	15,12	16,43	14,97	16,98	17,48	12,09	9,58
Feb	3,81		26,15	20,79	19,58	21,24	22,31	20,46	22,55	23,08	16,74	14,46
Mär	4,17	0,60		21,32	20,29	22,06	23,18	21,49	23,77	23,90	17,23	14,96
Apr	9,06	5,32	4,73		23,56	25,41	26,69	25,25	27,55	28,19	21,47	19,60
Mai	9,22	5,46	4,89	0,46		26,90	28,35	27,39	29,67	30,10	23,00	20,80
Jun	7,75	4,01	3,25	−1,29	−1,67		26,40	25,86	27,50	27,66	21,06	18,89
Jul	4,36	1,42	1,08	−3,40	−3,60	−1,78		22,62	23,61	23,84	17,15	15,20
Aug	7,49	4,14	3,52	−1,20	−1,53	0,35	2,14		27,75	27,06	19,66	18,00
Sep	6,02	2,78	2,35	−2,50	−3,09	−1,52	−0,04	−1,89		25,35	17,95	16,61
Okt	3,90	1,13	1,09	−3,77	−4,13	−2,39	−1,00	−2,63	−0,26		13,67	13,87
Nov	7,88	5,65	5,62	0,60	0,19	2,11	3,44	2,20	4,46	4,40		18,89
Dez	10,10	7,23	7,25	2,36	2,05	3,72	5,41	4,10	6,14	6,53	2,53	
	Jan	Feb	Mär	Apr	Mai	Jun	Jul	Aug	Sep	Okt	Nov	Dez

Monatsstatistiken

	Anzahl Monate	durchschn. Performance	positive Monate	durchschn. Performance	negative Monate	durchschn. Performance	Gewinn-Wahrscheinlichkeit	Monats-hoch am	Monats-tief am
Jan	21	9,53%	13	20,34%	8	−8,03%	0,62%	31.01	01.01
Feb	21	5,15%	14	12,13%	7	−8,82%	0,67%	29.02	04.02
Mar	21	0,62%	9	7,89%	12	−4,84%	0,43%	17.03	31.03
Apr	21	5,32%	15	9,60%	6	−5,36%	0,71%	27.04	02.04
May	21	1,47%	12	8,95%	9	−8,51%	0,57%	18.05	30.05
Jun	21	−0,98%	8	11,37%	13	−8,58%	0,38%	04.06	14.06
Jul	21	−1,61%	9	10,13%	12	−10,41%	0,43%	16.07	21.07
Aug	21	1,05%	9	12,04%	12	−7,20%	0,43%	25.08	06.08
Sep	21	−1,09%	13	7,20%	8	−14,55%	0,62%	11.09	30.09
Oct	21	−1,95%	10	13,06%	11	−15,60%	0,48%	15.10	27.10
Nov	21	3,51%	11	14,76%	10	−8,86%	0,52%	27.11	01.11
Dec	21	2,77%	10	12,75%	11	−6,29%	0,48%	27.12	15.12

Aktie Time Warner WKN: 592629

Jahreszyklus:

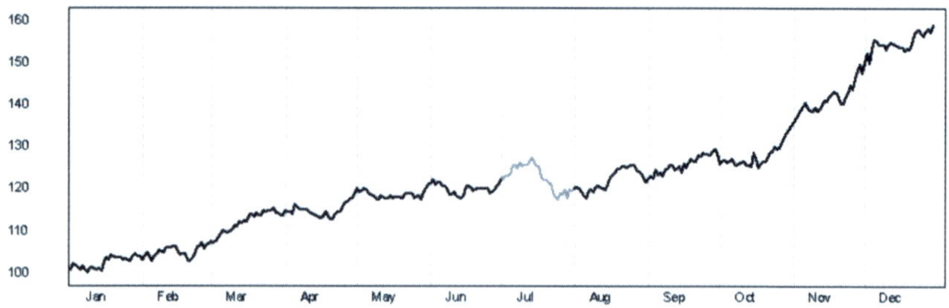

Erfolgreichster Anlage-Zeitraum: 11 Monate zwischen 31. Juli und 30. Juni

Buy & Hold vs. Anlage-Zyklus:

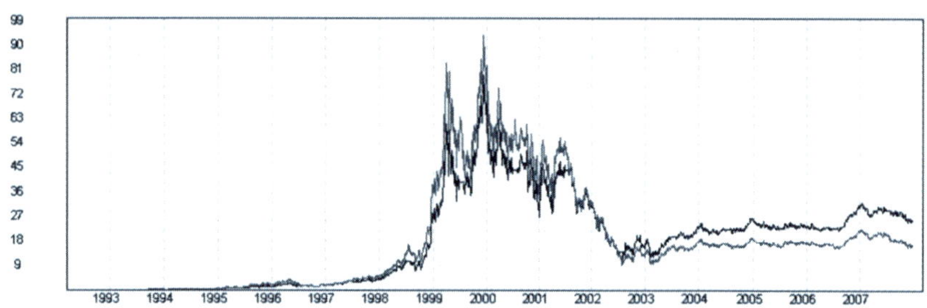

Vergleich: Buy & Hold vs. Anlage-Zyklus

	Buy & Hold	Anlage-Zyklus
Kurs 31.12.07:	16,51	25,58
Startkurs:	0,12	0,12
Gesamtperformance seit 19.03.1992:	13.658,33%	21.220,39%
All-Time-High:	94,00	79,43
Erreicht am:	13.12.1999	13.12.1999

Das wäre aus einer Anlage von 10.000 geworden:

Anlage vor 10 Jahren:	22.131,37	42.128,43
Anlage seit Börsengang:	1.375.833,33	2.132.038,63

Jahres-Hochs und -Tiefs

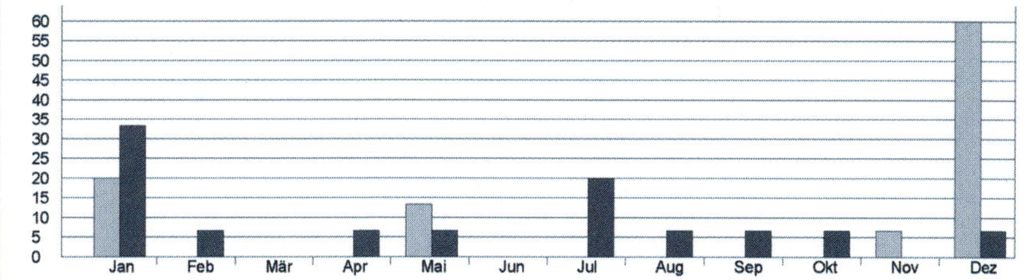

Rendite-Viereck

Jan		62,98	54,29	47,63	44,31	37,87	36,42	38,21	27,98	21,92	11,20	2,06
Feb	3,35		69,32	61,33	56,89	50,03	46,74	47,58	35,70	28,92	16,44	5,83
Mär	10,07	6,45		84,21	79,79	69,01	64,26	69,85	53,25	44,60	28,23	12,94
Apr	16,28	11,98	3,61		88,97	79,02	73,92	77,30	61,08	52,17	35,82	20,33
Mai	15,21	11,89	4,64	1,19		71,70	68,05	70,98	55,71	48,16	32,97	19,26
Jun	16,76	12,90	6,00	1,89	0,41		71,02	72,67	58,02	50,74	35,70	20,51
Jul	18,60	13,95	6,72	2,29	0,36	-1,57		74,75	60,57	54,34	38,42	21,63
Aug	18,85	13,95	7,22	3,21	1,87	0,53	2,01		61,07	54,32	37,37	20,77
Sep	27,34	21,84	13,77	9,48	7,51	5,41	6,30	5,00		68,63	49,72	29,76
Okt	35,10	28,63	19,84	15,45	13,77	11,09	11,55	10,16	4,75		60,82	37,42
Nov	47,29	39,25	29,99	24,98	22,96	19,95	20,95	20,26	13,60	8,36		50,78
Dez	69,01	56,32	48,80	43,15	39,64	34,58	34,56	36,08	26,64	20,17	9,18	
	Jan	Feb	Mär	Apr	Mai	Jun	Jul	Aug	Sep	Okt	Nov	Dez

Monatsstatistiken

	Anzahl Monate	durchschn. Performance	positive Monate	durchschn. Performance	negative Monate	durchschn. Performance	Gewinn-Wahr-scheinlichkeit	Monats-hoch am	Monats-tief am
Jan	16	2,06%	8	13,79%	8	-9,66%	0,50%	29.01	15.01
Feb	15	3,35%	7	14,74%	8	-6,61%	0,47%	26.02	05.02
Mar	15	6,45%	8	17,06%	7	-5,67%	0,53%	27.03	02.03
Apr	16	3,61%	9	13,59%	7	-9,21%	0,56%	30.04	20.04
May	16	1,19%	10	8,45%	6	-10,91%	0,63%	31.05	10.05
Jun	16	0,41%	9	9,22%	7	-10,91%	0,56%	02.06	14.06
Jul	16	-1,57%	7	11,64%	9	-11,84%	0,44%	14.07	29.07
Aug	16	2,01%	9	10,03%	7	-8,29%	0,56%	26.08	06.08
Sep	16	5,00%	9	14,30%	7	-6,95%	0,56%	29.09	01.09
Oct	16	4,75%	11	10,32%	5	-7,49%	0,69%	31.10	17.10
Nov	16	8,36%	13	12,41%	3	-9,19%	0,81%	29.11	01.11
Dec	16	9,18%	8	27,39%	8	-9,04%	0,50%	31.12	03.12

Jahreszyklus:

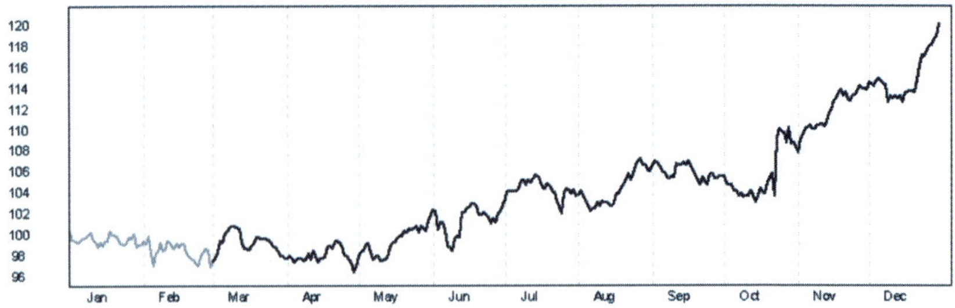

Erfolgreichster Anlage-Zeitraum: 10 Monate zwischen 28. Februar und 31. Dezember

Buy & Hold vs. Anlage-Zyklus:

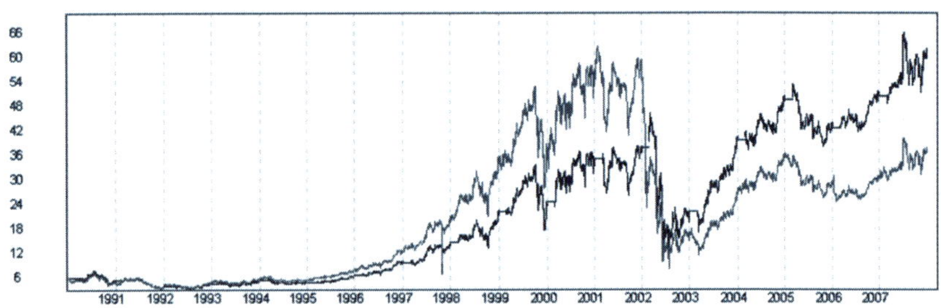

Vergleich: Buy & Hold vs. Anlage-Zyklus

	Buy & Hold	**Anlage-Zyklus**
Kurs 31.12.07:	37,13	60,81
Startkurs:	6,00	6,00
Gesamtperformance seit 02.01.1990:	518,83%	913,50%
All-Time-High:	62,80	66,00
Erreicht am:	30.01.2001	09.07.2007

Das wäre aus einer Anlage von 10.000 geworden:

Anlage vor 10 Jahren:	16.546,35	40.620,00
Anlage seit Börsengang:	61.883,33	101.350,28

Jahres-Hochs und -Tiefs

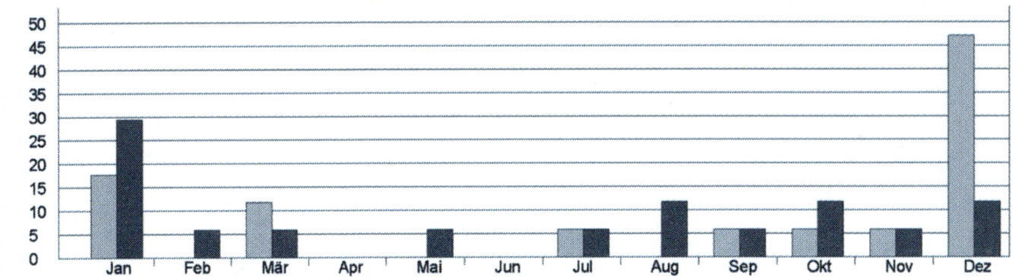

Rendite-Viereck

Jan		18,07	17,67	16,72	11,76	11,28	11,42	8,72	9,54	9,16	4,77	-0,63
Feb	-0,91		17,61	16,53	11,41	10,69	11,05	8,21	8,92	8,82	4,56	-1,37
Mär	0,06	1,01		17,20	12,01	10,83	11,17	8,62	9,04	9,67	5,42	-0,50
Apr	-0,67	-0,05	-0,13		12,84	11,98	12,16	9,41	9,76	10,10	5,91	-0,06
Mai	4,08	4,70	4,75	5,03		16,39	16,52	13,59	14,08	14,38	9,84	3,66
Jun	5,66	5,87	6,08	5,12	0,30		19,12	16,08	16,33	16,53	11,80	5,40
Jul	6,05	6,39	6,48	5,35	0,60	0,05		16,73	16,75	16,74	11,98	5,82
Aug	7,17	7,84	7,85	6,98	2,09	2,07	2,16		18,84	18,71	13,85	7,70
Sep	6,74	7,26	7,38	6,28	1,53	1,18	1,20	-0,83		18,81	13,86	7,65
Okt	6,36	7,06	6,97	6,02	1,57	1,41	1,53	-0,72	0,24		15,12	8,85
Nov	10,88	11,71	12,06	11,04	6,22	6,42	6,61	4,15	5,32	4,87		13,30
Dez	17,44	18,07	18,49	17,16	12,04	11,87	12,02	9,51	10,70	10,30	5,31	
	Jan	Feb	Mär	Apr	Mai	Jun	Jul	Aug	Sep	Okt	Nov	Dez

Monatsstatistiken

	Anzahl Monate	durchschn. Performance	positive Monate	durchschn. Performance	negative Monate	durchschn. Performance	Gewinn-Wahrscheinlichkeit	Monatshoch am	Monatstief am
Jan	18	-0,63%	11	5,65%	7	-10,49%	0,61%	10.01	29.01
Feb	18	-0,91%	7	7,69%	11	-6,39%	0,39%	03.02	05.02
Mar	18	1,01%	11	6,30%	7	-7,31%	0,61%	09.03	01.03
Apr	18	-0,13%	7	11,64%	11	-7,62%	0,39%	22.04	29.04
May	18	5,03%	15	6,99%	3	-4,79%	0,83%	31.05	11.05
Jun	18	0,30%	11	5,56%	7	-7,97%	0,61%	30.06	09.06
Jul	18	0,05%	8	6,12%	10	-4,80%	0,44%	14.07	25.07
Aug	18	2,16%	11	6,97%	7	-5,40%	0,61%	27.08	06.08
Sep	18	-0,83%	9	4,30%	9	-5,96%	0,50%	02.09	24.09
Oct	18	0,24%	12	6,69%	6	-12,67%	0,67%	28.10	14.10
Nov	18	4,87%	15	7,06%	3	-6,05%	0,83%	27.11	01.11
Dec	18	5,31%	14	7,61%	4	-2,71%	0,78%	31.12	15.12

Jahreszyklus:

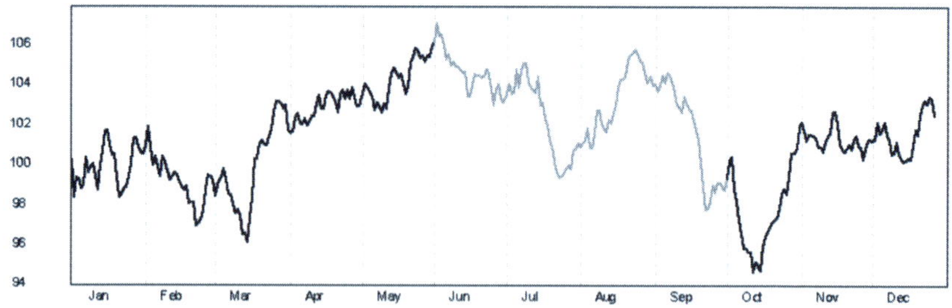

Erfolgreichster Anlage–Zeitraum: 8 Monate zwischen 30. September und 31. Mai

Buy & Hold vs. Anlage–Zyklus:

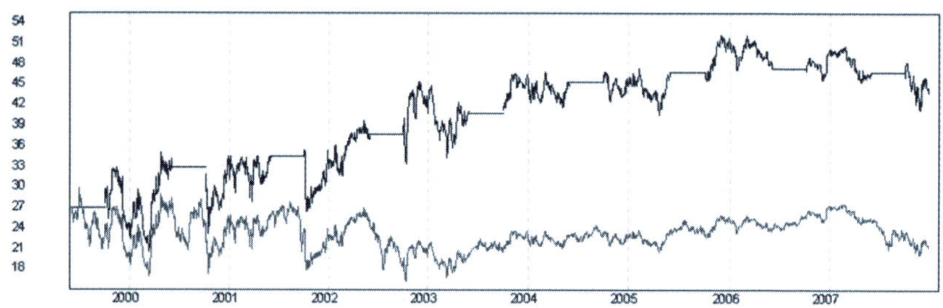

Vergleich: Buy & Hold vs. Anlage–Zyklus

	Buy & Hold	Anlage–Zyklus
Kurs 28.12.07:	21,42	43,90
Startkurs:	27,00	27,00
Gesamtperformance seit 02.06.1999:	–20,67%	62,59%
All–Time–High:	30,00	52,35
Erreicht am:	05.07.1999	28.11.2005

Das wäre aus einer Anlage von 10.000 geworden:

Anlage vor 10 Jahren:	–	–
Anlage seit Börsengang:	7.933,33	16.259,40

Jahres-Hochs und -Tiefs

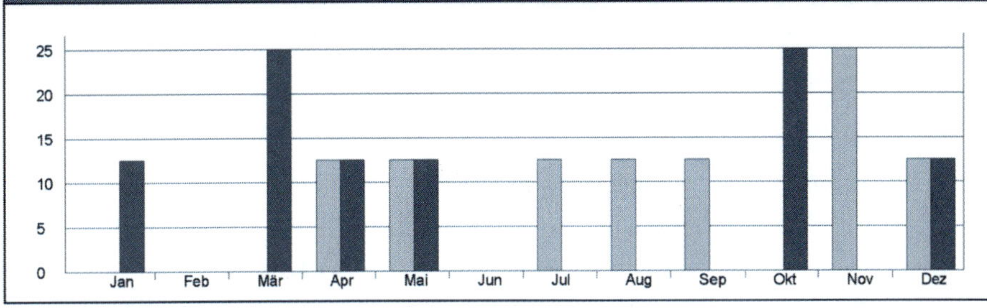

Rendite-Viereck

Jan		2,91	1,51	0,15	−3,10	−2,00	0,17	−3,02	2,36	0,97	1,47	0,09
Feb	−1,24		4,89	2,83	−0,76	−2,02	−0,99	−3,91	1,70	0,27	0,33	−1,93
Mär	−0,08	1,72		1,30	−2,32	−1,28	−0,12	−3,02	2,75	1,28	1,56	−0,49
Apr	1,32	3,62	1,45		−3,75	−0,70	0,77	−2,06	4,15	2,12	2,53	1,10
Mai	4,47	6,81	4,66	3,38		2,68	4,16	1,01	7,35	5,32	5,82	4,23
Jun	1,03	2,78	1,50	0,49	−2,87		0,95	−2,23	3,91	2,03	2,27	0,54
Jul	−0,08	1,48	0,51	−0,38	−3,83	−2,15		−3,27	2,85	0,79	0,97	−0,64
Aug	2,97	5,16	3,39	2,08	−1,32	0,99	3,48		5,93	3,39	3,86	2,66
Sep	−1,82	0,20	−1,31	−2,51	−5,73	−4,21	−2,03	−5,25		−1,77	−1,34	−2,15
Okt	−1,77	0,07	−1,07	−2,48	−5,50	−2,37	0,08	−2,99	2,56		−1,43	−2,25
Nov	−1,29	0,51	−0,61	−1,88	−5,07	−3,14	−0,85	−3,78	1,75	−0,55		−1,78
Dez	2,13	4,17	2,76	1,32	−1,98	−1,77	0,28	−2,87	2,49	1,18	1,57	
	Jan	Feb	Mär	Apr	Mai	Jun	Jul	Aug	Sep	Okt	Nov	Dez

Monatsstatistiken

	Anzahl Monate	durchschn. Performance	positive Monate	durchschn. Performance	negative Monate	durchschn. Performance	Gewinn-Wahrscheinlichkeit	Monatshoch am	Monatstief am
Jan	9	0,09%	3	4,53%	6	−2,12%	0,33%	27.01	21.01
Feb	8	−1,24%	4	2,84%	4	−5,32%	0,50%	02.02	22.02
Mar	8	1,72%	2	16,61%	6	−3,25%	0,25%	27.03	14.03
Apr	8	1,45%	3	10,82%	5	−4,18%	0,38%	27.04	01.04
May	8	3,38%	6	5,40%	2	−2,69%	0,75%	31.05	10.05
Jun	8	−2,87%	4	3,20%	4	−8,93%	0,50%	02.06	26.06
Jul	9	−2,15%	5	3,06%	4	−8,66%	0,56%	09.07	23.07
Aug	9	3,48%	5	8,35%	4	−2,61%	0,56%	24.08	01.08
Sep	9	−5,25%	1	5,40%	8	−6,58%	0,11%	06.09	22.09
Oct	9	2,56%	5	11,30%	4	−8,35%	0,56%	31.10	15.10
Nov	9	−0,55%	4	3,93%	5	−4,12%	0,44%	15.11	10.11
Dec	9	1,57%	5	8,80%	4	−7,48%	0,56%	28.12	14.12

Aktie **UPS** **WKN: 929198**

Jahreszyklus:

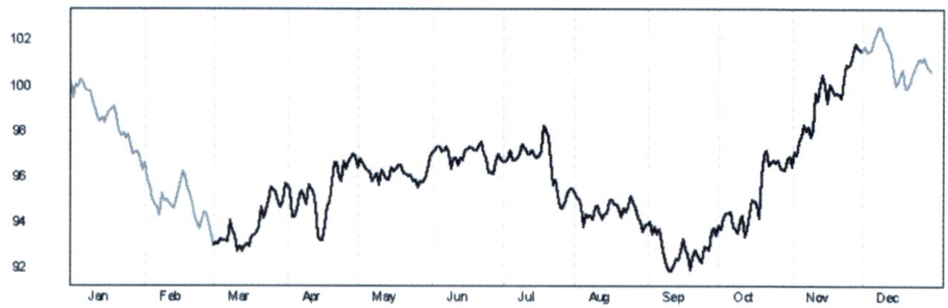

Erfolgreichster Anlage–Zeitraum: 9 Monate zwischen 28. Februar und 30. November

Buy & Hold vs. Anlage–Zyklus:

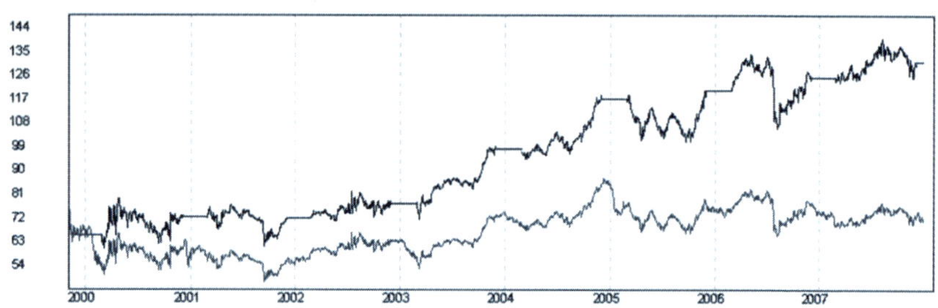

Vergleich: Buy & Hold vs. Anlage–Zyklus

	Buy & Hold	**Anlage–Zyklus**
Kurs 31.12.07:	70,72	131,96
Startkurs:	67,94	67,94
Gesamtperformance seit 10.11.1999:	4,09%	94,23%
All–Time–High:	87,53	140,36
Erreicht am:	09.12.2004	08.08.2007

Das wäre aus einer Anlage von 10.000 geworden:

Anlage vor 10 Jahren:	–	–
Anlage seit Börsengang:	10.409,18	19.423,00

Jahres-Hochs und -Tiefs

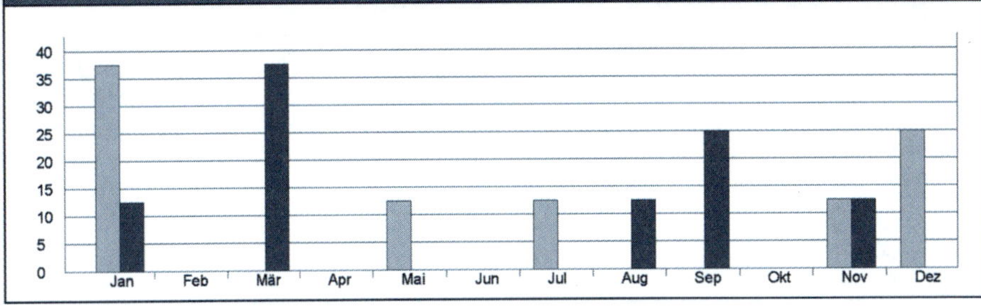

Rendite-Viereck

Jan		5,54	3,58	1,58	1,39	1,19	2,44	3,87	4,12	0,44	−4,12	−2,84
Feb	−2,50		2,00	−0,15	−0,20	−0,23	1,70	3,27	3,44	−0,67	−6,92	−5,85
Mär	−0,56	2,13		0,03	−0,03	0,06	1,91	3,54	3,80	−0,30	−5,08	−4,00
Apr	1,33	4,17	1,92		1,31	1,39	3,16	4,83	5,12	1,03	−3,30	−2,23
Mai	1,34	4,08	2,06	0,21		2,99	4,84	6,53	6,78	2,59	−3,22	−2,09
Jun	1,69	4,43	2,37	0,49	0,28		5,51	7,22	7,53	3,30	−2,82	−1,66
Jul	0,42	3,09	1,18	−0,62	−0,86	−1,06		5,62	5,89	1,88	−4,03	−2,95
Aug	−0,91	1,68	−0,15	−1,92	−2,21	−2,45	−1,33		5,14	1,11	−5,29	−4,19
Sep	−1,06	1,51	−0,36	−2,17	−2,41	−2,72	−1,49	−0,20		0,68	−5,47	−4,42
Okt	2,69	5,42	3,47	1,44	1,27	0,95	2,31	3,65	3,76		−2,03	−1,01
Nov	6,67	9,45	7,52	5,50	5,23	4,96	6,36	7,76	7,94	4,11		2,90
Dez	4,86	7,60	5,73	3,70	3,42	3,08	4,46	5,81	5,95	2,16	−1,16	
	Jan	Feb	Mär	Apr	Mai	Jun	Jul	Aug	Sep	Okt	Nov	Dez

Monatsstatistiken

	Anzahl Monate	durchschn. Performance	positive Monate	durchschn. Performance	negative Monate	durchschn. Performance	Gewinn-Wahrscheinlichkeit	Monats-hoch am	Monats-tief am
Jan	9	−2,84%	3	4,27%	6	−6,39%	0,33%	05.01	31.01
Feb	8	−2,50%	2	3,15%	6	−4,38%	0,25%	01.02	29.02
Mar	8	2,13%	4	6,34%	4	−2,08%	0,50%	31.03	11.03
Apr	8	1,92%	6	3,10%	2	−1,61%	0,75%	29.04	16.04
May	8	0,21%	6	2,04%	2	−5,31%	0,75%	31.05	26.05
Jun	8	0,28%	5	2,55%	3	−3,49%	0,63%	22.06	27.06
Jul	8	−1,06%	3	5,02%	5	−4,70%	0,38%	19.07	27.07
Aug	8	−1,33%	3	1,12%	5	−2,80%	0,38%	01.08	30.08
Sep	8	−0,20%	4	2,49%	4	−2,88%	0,50%	02.09	11.09
Oct	8	3,76%	6	6,00%	2	−2,96%	0,75%	21.10	12.10
Nov	8	4,11%	6	5,82%	2	−0,99%	0,75%	28.11	01.11
Dec	9	−1,16%	3	2,82%	6	−3,14%	0,33%	08.12	20.12

Jahreszyklus:

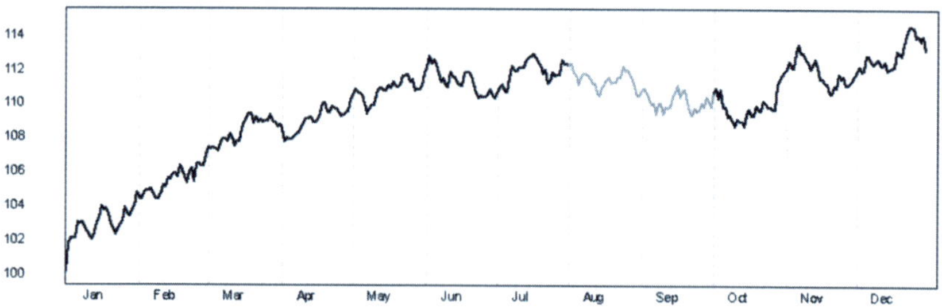

Erfolgreichster Anlage–Zeitraum: 10 Monate zwischen 30. September und 31. Juli

Buy & Hold vs. Anlage–Zyklus:

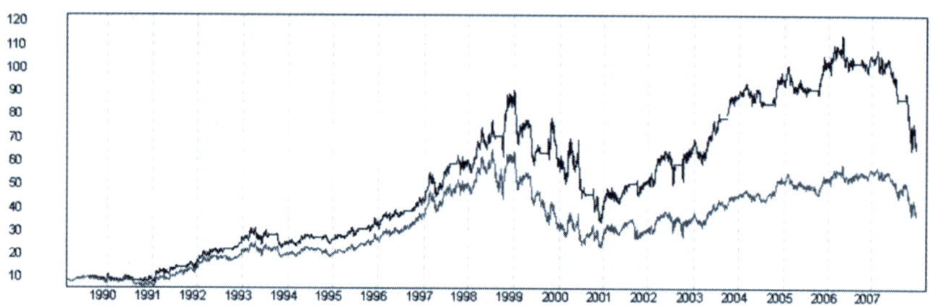

Vergleich: Buy & Hold vs. Anlage–Zyklus

	Buy & Hold	**Anlage–Zyklus**
Kurs 31.12.07:	38,03	66,34
Startkurs:	9,30	9,30
Gesamtperformance seit 09.02.1989:	308,92%	613,36%
All–Time–High:	65,69	115,40
Erreicht am:	16.07.1998	28.04.2006

Das wäre aus einer Anlage von 10.000 geworden:

Anlage vor 10 Jahren:	7.484,75	10.956,13
Anlage seit Börsengang:	40.892,47	71.336,05

Jahres-Hochs und -Tiefs

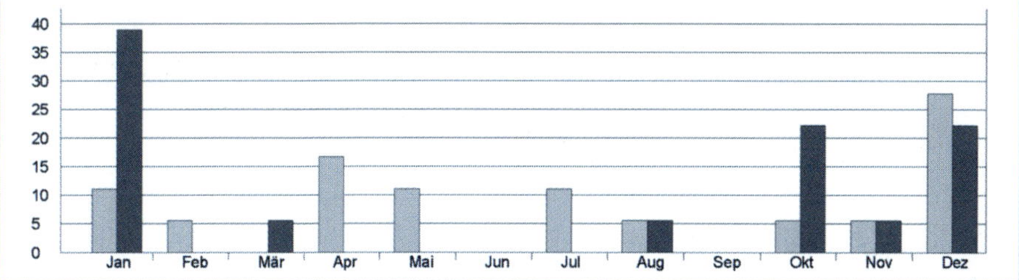

Rendite-Viereck

Jan		8,83	7,06	6,07	3,70	6,10	9,08	5,64	6,47	4,88	5,49	4,13
Feb	1,53		11,65	10,61	7,68	9,97	13,11	9,19	10,11	7,98	8,20	5,87
Mär	3,59	1,86		12,03	9,12	11,36	15,01	10,95	12,07	9,98	10,20	8,00
Apr	4,24	2,89	1,33		10,37	12,34	16,31	11,74	12,85	10,75	10,83	8,48
Mai	5,77	4,54	2,84	1,72		13,71	17,26	13,14	14,40	12,48	12,83	10,51
Jun	3,83	2,61	1,29	−0,06	−1,50		16,35	11,77	12,67	11,01	11,18	8,55
Jul	2,08	1,26	−0,30	−1,61	−3,10	−1,35		9,27	10,41	8,93	9,33	6,51
Aug	3,79	2,43	0,93	−0,23	−1,99	−0,12	3,31		12,92	11,16	11,28	8,73
Sep	3,07	1,69	0,14	−0,95	−2,76	−0,69	2,87	−0,74		10,27	10,34	7,94
Okt	5,48	3,46	1,85	0,58	−1,11	0,91	4,22	0,85	1,82		12,71	10,23
Nov	5,27	2,91	1,60	0,21	−1,45	0,27	3,55	0,45	1,43	−0,35		10,07
Dez	7,72	4,70	3,18	1,93	−0,07	1,85	5,23	1,71	2,57	0,83	1,22	
	Jan	Feb	Mär	Apr	Mai	Jun	Jul	Aug	Sep	Okt	Nov	Dez

Monatsstatistiken

	Anzahl Monate	durchschn. Performance	positive Monate	durchschn. Performance	negative Monate	durchschn. Performance	Gewinn-Wahr-scheinlichkeit	Monats-hoch am	Monats-tief am
Jan	19	4,13%	14	7,21%	5	−4,50%	0,74%	31.01	22.01
Feb	18	1,53%	10	5,93%	8	−3,98%	0,56%	29.02	08.02
Mar	19	1,86%	9	7,15%	10	−2,90%	0,47%	19.03	05.03
Apr	19	1,33%	13	5,16%	6	−6,96%	0,68%	30.04	02.04
May	19	1,72%	12	6,36%	7	−6,22%	0,63%	31.05	07.05
Jun	19	−1,50%	7	5,15%	12	−5,37%	0,37%	02.06	23.06
Jul	19	−1,35%	10	4,92%	9	−8,32%	0,53%	17.07	01.07
Aug	19	3,31%	10	13,10%	9	−7,56%	0,53%	02.08	31.08
Sep	19	−0,74%	9	4,18%	10	−5,17%	0,47%	16.09	07.09
Oct	19	1,82%	10	8,91%	9	−6,06%	0,53%	31.10	14.10
Nov	19	−0,35%	10	5,48%	9	−6,82%	0,53%	06.11	20.11
Dec	19	1,22%	14	4,61%	5	−8,25%	0,74%	24.12	03.12

Aktie Turbo/os **Wells Fargo** **WKN: 857949**

Jahreszyklus:

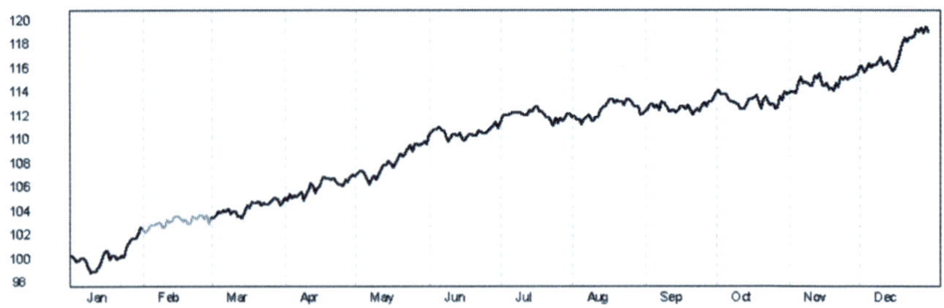

Erfolgreichster Anlage-Zeitraum: 11 Monate zwischen 28. Februar und 31. Januar

Buy & Hold vs. Anlage-Zyklus:

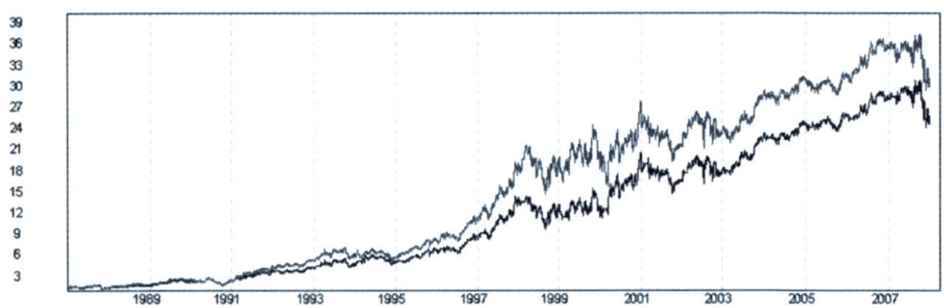

Vergleich: Buy & Hold vs. Anlage-Zyklus

	Buy & Hold	Anlage-Zyklus
Kurs 31.12.07:	30,19	24,91
Startkurs:	1,49	1,41
Gesamtperformance seit 02.01.1987:	1.926,17%	1.662,72%
All-Time-High:	37,47	30,91
Erreicht am:	05.10.2007	05.10.2007
Das wäre aus einer Anlage von 10.000 geworden:		
Anlage vor 10 Jahren:	15.309,33	18.312,66
Anlage seit 1987:	202.617,45	176.272,38

Jahres-Hochs und -Tiefs

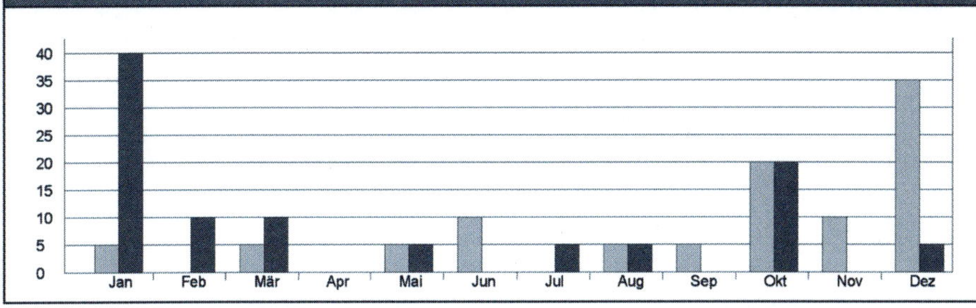

Rendite-Viereck

	Jan	Feb	Mär	Apr	Mai	Jun	Jul	Aug	Sep	Okt	Nov	Dez
Jan		16,58	14,80	12,41	9,63	8,54	7,40	7,96	6,94	7,24	5,70	2,78
Feb	0,97		17,05	14,94	11,72	10,55	9,04	10,18	9,04	9,26	7,00	3,32
Mär	2,46	1,66		16,53	13,35	12,04	10,60	11,86	10,84	10,88	8,46	4,80
Apr	4,79	3,90	2,28		15,83	14,54	13,14	14,65	13,46	13,40	10,90	7,08
Mai	7,15	6,42	4,68	2,55		17,05	15,75	17,12	16,15	16,08	13,38	9,59
Jun	8,26	7,34	5,81	3,58	1,15		16,77	18,11	16,98	17,11	14,73	10,88
Jul	9,32	8,34	6,76	4,49	2,01	0,91		19,27	18,39	18,47	15,98	12,15
Aug	9,23	8,33	6,67	4,34	1,89	0,79	−0,12		18,84	19,06	15,99	12,17
Sep	10,73	9,63	7,98	5,57	3,22	2,10	1,08	1,26		20,96	17,49	13,71
Okt	10,75	9,53	7,92	5,21	3,03	1,99	0,96	1,36	0,08		17,32	13,41
Nov	12,32	11,14	9,61	7,01	4,61	3,51	2,47	3,04	1,85	1,77		14,98
Dez	15,73	14,68	12,87	10,43	7,65	6,73	5,48	6,28	5,03	5,06	3,12	

Monatsstatistiken

	Anzahl Monate	durchschn. Performance	positive Monate	durchschn. Performance	negative Monate	durchschn. Performance	Gewinn-Wahrscheinlichkeit	Monatshoch am	Monatstief am
Jan	21	1,93%	12	6,83%	9	−4,61%	0,57%	31.01	10.01
Feb	21	0,80%	11	6,49%	10	−5,45%	0,52%	26.02	09.02
Mar	21	1,12%	10	5,00%	11	−2,40%	0,48%	28.03	01.03
Apr	21	2,49%	14	5,77%	7	−4,07%	0,67%	30.04	02.04
May	21	2,79%	15	5,46%	6	−3,90%	0,71%	30.05	07.05
Jun	21	0,98%	12	5,02%	9	−4,40%	0,57%	29.06	09.06
Jul	21	0,74%	12	4,10%	9	−3,75%	0,57%	17.07	24.07
Aug	21	0,25%	13	4,33%	8	−6,37%	0,62%	17.08	05.08
Sep	21	1,95%	13	6,19%	8	−4,93%	0,62%	30.09	21.09
Oct	21	−0,14%	13	4,96%	8	−8,43%	0,62%	02.10	26.10
Nov	21	1,14%	11	7,31%	10	−5,65%	0,52%	30.11	01.11
Dec	21	3,28%	16	6,04%	5	−5,55%	0,76%	30.12	03.12

Jahreszyklus:

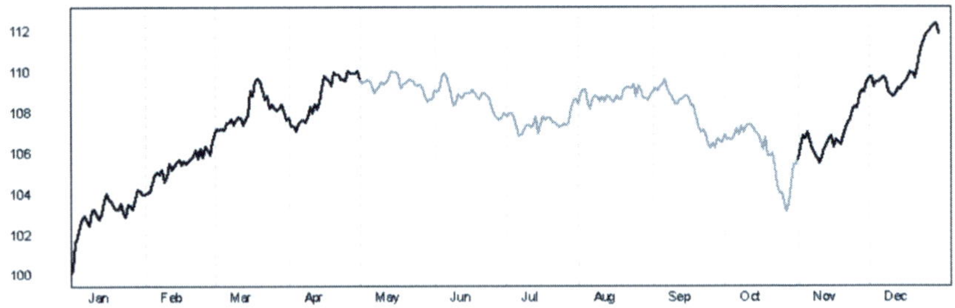

Erfolgreichster Anlage-Zeitraum: 6 Monate zwischen 31. Oktober und 30. April

Buy & Hold vs. Anlage-Zyklus:

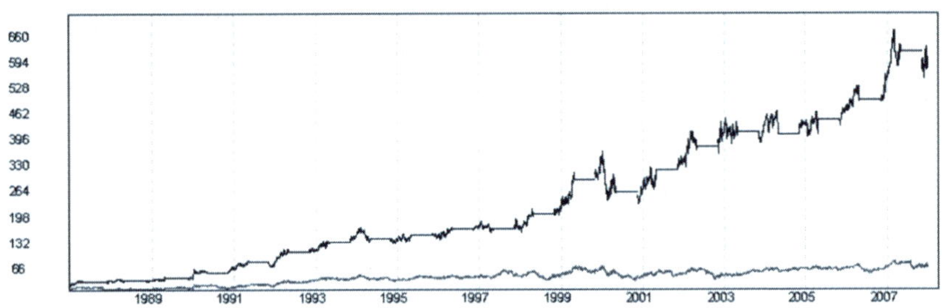

Vergleich: Buy & Hold vs. Anlage-Zyklus

	Buy & Hold	Anlage-Zyklus
Kurs 31.12.07:	73,74	602,90
Startkurs:	15,95	25,35
Gesamtperformance seit 02.01.1987:	362,32%	2.277,87%
All-Time-High:	86,25	675,71
Erreicht am:	06.03.2007	06.03.2007

Das wäre aus einer Anlage von 10.000 geworden:

Anlage vor 10 Jahren:	14.547,25	33.273,68
Anlage seit 1987:	46.231,97	237.787,32

Aktie Weyerhaeuser WKN: 854357

Jahres-Hochs und -Tiefs

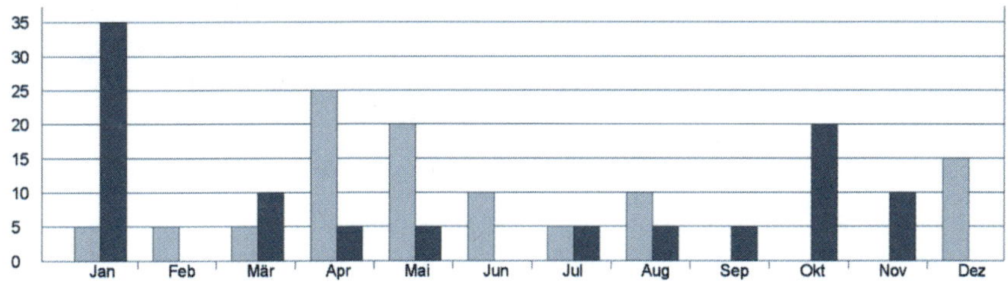

Rendite-Viereck

	Jan	Feb	Mär	Apr	Mai	Jun	Jul	Aug	Sep	Okt	Nov	Dez
Jan		6,37	5,57	3,27	4,66	5,98	5,53	5,15	7,89	9,20	5,86	3,74
Feb	1,86		8,27	6,19	7,68	9,12	8,29	7,52	10,67	12,12	8,62	6,27
Mär	2,56	0,91		7,30	8,60	9,99	8,97	8,47	11,60	13,11	9,47	7,29
Apr	4,58	2,92	2,12		10,61	12,11	11,35	10,94	13,99	15,39	11,61	9,39
Mai	3,28	1,55	0,94	−1,17		11,13	10,29	9,89	13,07	14,54	10,90	8,49
Jun	2,29	0,46	−0,02	−2,10	−0,88		9,03	8,48	11,61	13,05	9,57	7,26
Jul	2,86	1,24	0,79	−1,44	−0,35	0,58		9,11	12,26	13,71	10,30	7,87
Aug	2,89	1,38	0,81	−1,32	−0,06	0,87	0,25		12,40	13,87	10,25	8,04
Sep	0,50	−1,04	−1,59	−3,74	−2,45	−1,60	−2,15	−2,35		11,13	7,62	5,50
Okt	−1,30	−2,85	−3,39	−5,53	−4,20	−3,19	−3,49	−3,78	−1,39		5,75	3,56
Nov	1,91	0,22	−0,25	−2,41	−0,98	−0,02	−0,16	−0,32	2,25	3,65		6,74
Dez	3,78	2,17	1,57	−0,65	0,80	1,84	1,69	1,56	4,13	5,51	2,14	

Monatsstatistiken

	Anzahl Monate	durchschn. Performance	positive Monate	durchschn. Performance	negative Monate	durchschn. Performance	Gewinn-Wahrscheinlichkeit	Monatshoch am	Monatstief am
Jan	21	3,08%	14	7,94%	7	−6,65%	0,67%	29.01	02.01
Feb	21	2,79%	16	5,42%	5	−5,61%	0,76%	29.02	01.02
Mar	21	0,84%	12	5,73%	9	−5,69%	0,57%	19.03	01.03
Apr	21	2,73%	13	7,16%	8	−4,47%	0,62%	20.04	04.04
May	21	−0,31%	11	5,66%	10	−6,88%	0,52%	14.05	29.05
Jun	21	−1,43%	8	6,09%	13	−6,06%	0,38%	05.06	28.06
Jul	21	0,53%	10	7,60%	11	−5,89%	0,48%	31.07	07.07
Aug	21	−1,64%	8	5,17%	13	−5,82%	0,38%	24.08	06.08
Sep	21	−1,11%	10	4,32%	11	−6,05%	0,48%	06.09	27.09
Oct	21	−1,94%	10	5,41%	11	−8,62%	0,48%	11.10	27.10
Nov	21	2,09%	15	5,59%	6	−6,66%	0,71%	30.11	10.11
Dec	21	3,92%	16	6,75%	5	−5,14%	0,76%	30.12	11.12

Jahreszyklus:

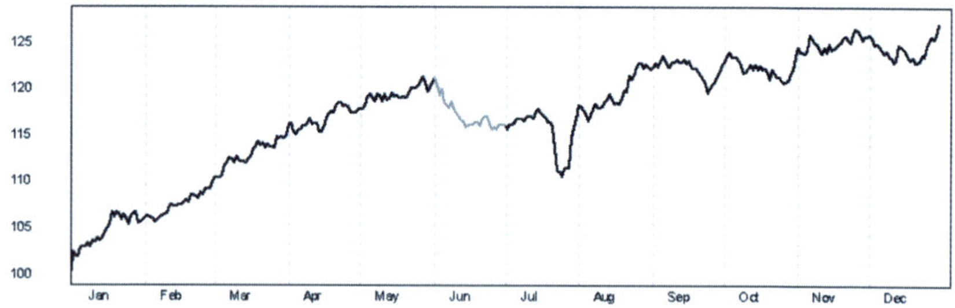

Erfolgreichster Anlage-Zeitraum: 11 Monate zwischen 30. Juni und 31. Mai

Buy & Hold vs. Anlage-Zyklus:

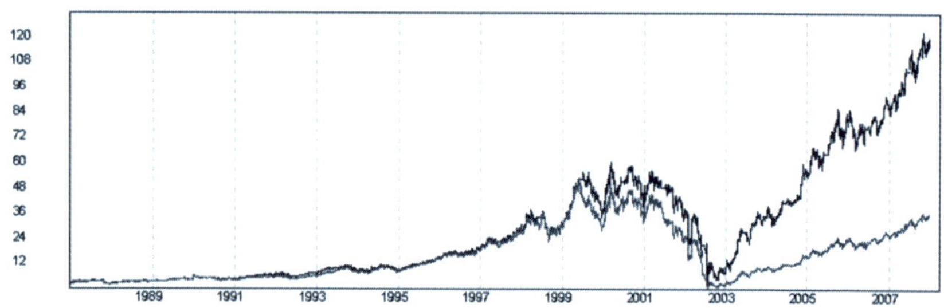

Vergleich: Buy & Hold vs. Anlage-Zyklus

	Buy & Hold	Anlage-Zyklus
Kurs 31.12.07:	35,78	118,38
Startkurs:	2,54	2,87
Gesamtperformance seit 02.01.1987:	1.308,66%	4.031,30%
All-Time-High:	53,13	122,95
Erreicht am:	08.06.1999	06.11.2007

Das wäre aus einer Anlage von 10.000 geworden:

Anlage vor 10 Jahren:	10.446,72	32.592,18
Anlage seit 1987:	140.866,14	413.130,42

Jahres-Hochs und -Tiefs

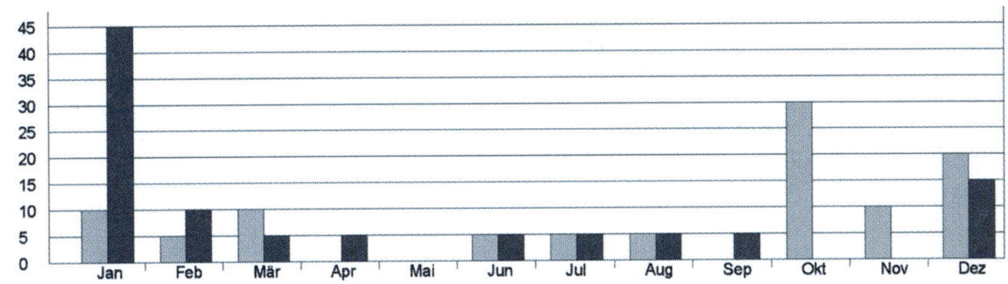

Rendite-Viereck

Jan		17,47	13,75	9,68	6,01	7,99	11,08	6,80	6,77	7,01	4,52	4,07
Feb	2,81		16,98	13,13	9,52	11,91	15,61	11,35	11,86	12,52	9,16	7,90
Mär	7,42	4,56		16,97	13,52	16,38	20,66	16,23	17,31	18,13	14,24	12,46
Apr	10,55	7,05	2,38		14,93	18,40	24,45	20,07	21,87	23,74	18,46	16,48
Mai	14,06	10,11	5,51	2,64		23,20	30,22	25,53	27,47	29,58	23,51	20,91
Jun	10,94	6,85	3,01	-0,09	-3,29		28,18	23,07	25,08	27,19	20,84	18,37
Jul	9,54	5,53	2,20	-0,52	-4,04	-1,92		22,54	23,51	25,06	19,51	17,04
Aug	14,92	10,58	6,62	3,16	-0,48	1,74	4,28		30,38	32,85	25,55	23,20
Sep	16,42	11,77	7,91	4,31	0,66	2,28	4,12	0,28		35,00	27,08	24,88
Okt	17,14	12,49	8,58	4,75	1,15	2,84	4,61	0,60	0,21		27,79	25,50
Nov	16,71	12,55	8,88	5,15	1,58	3,54	6,01	2,06	2,12	1,96		24,31
Dez	17,97	13,45	9,63	5,93	2,28	4,20	6,64	2,62	2,49	2,42	0,68	
	Jan	Feb	Mär	Apr	Mai	Jun	Jul	Aug	Sep	Okt	Nov	Dez

Monatsstatistiken

	Anzahl Monate	durchschn. Performance	positive Monate	durchschn. Performance	negative Monate	durchschn. Performance	Gewinn-Wahr-scheinlichkeit	Monats-hoch am	Monats-tief am
Jan	21	3,89%	17	7,84%	4	−12,90%	0,81%	28.01	01.01
Feb	21	4,48%	14	10,00%	7	−6,57%	0,67%	29.02	05.02
Mar	21	5,28%	15	8,63%	6	−3,07%	0,71%	31.03	03.03
Apr	21	2,72%	11	11,71%	10	−7,16%	0,52%	23.04	04.04
May	21	3,67%	16	7,26%	5	−7,82%	0,76%	27.05	01.05
Jun	21	−3,52%	10	3,96%	11	−10,32%	0,48%	01.06	25.06
Jul	21	−0,71%	14	5,46%	7	−13,05%	0,67%	15.07	25.07
Aug	21	1,56%	11	8,67%	10	−6,26%	0,52%	26.08	05.08
Sep	21	1,20%	14	6,98%	7	−10,36%	0,67%	05.09	24.09
Oct	21	−0,41%	12	5,10%	9	−7,76%	0,57%	03.10	26.10
Nov	21	1,08%	8	14,77%	13	−7,35%	0,38%	25.11	11.11
Dec	21	0,88%	13	5,44%	8	−6,52%	0,62%	31.12	11.12

Jahreszyklus:

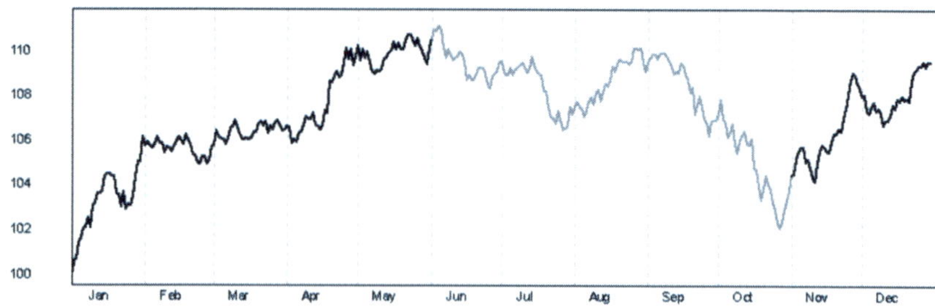

Erfolgreichster Anlage–Zeitraum: 7 Monate zwischen 31. Oktober und 31. Mai

Buy & Hold vs. Anlage–Zyklus:

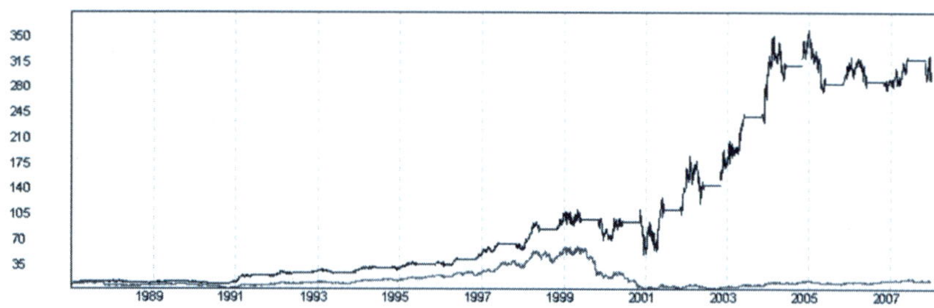

Vergleich: Buy & Hold vs. Anlage–Zyklus

	Buy & Hold	Anlage–Zyklus
Kurs 31.12.07:	16,19	299,47
Startkurs:	9,94	11,02
Gesamtperformance seit 02.01.1987:	62,88%	2.617,68%
All–Time–High:	63,69	362,38
Erreicht am:	03.05.1999	29.12.2004

Das wäre aus einer Anlage von 10.000 geworden:

Anlage vor 10 Jahren:	3.732,13	40.725,99
Anlage seit 1987:	16.287,73	271.767,99

Jahres-Hochs und -Tiefs

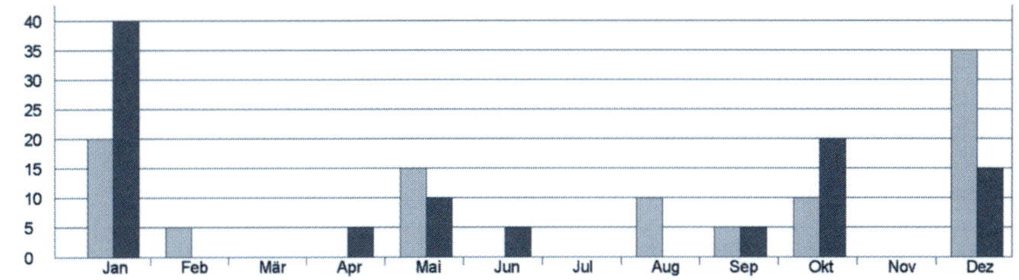

Rendite-Viereck

Jan		8,17	8,15	4,76	4,12	4,72	6,77	5,22	8,61	11,43	6,84	6,38
Feb	-0,75		8,32	5,58	4,94	5,39	7,22	5,61	9,09	11,77	6,70	5,81
Mär	-0,11	0,67		6,11	5,38	5,71	7,58	6,00	9,55	12,43	7,36	6,61
Apr	2,72	3,74	3,14		7,81	8,23	10,23	8,55	12,08	15,15	10,49	10,69
Mai	3,09	4,21	3,75	0,36		8,65	10,81	8,94	12,78	15,93	11,08	11,48
Jun	2,25	3,33	3,12	-0,36	-0,68		10,11	8,26	11,80	14,71	10,02	10,24
Jul	0,01	0,86	0,79	-2,47	-2,87	-2,35		6,48	9,95	12,55	7,83	7,57
Aug	1,23	2,30	2,29	-1,10	-1,54	-0,92	1,69		11,00	13,77	9,02	9,03
Sep	-0,36	0,33	0,52	-2,70	-3,15	-2,85	-0,59	-2,21		11,91	7,27	6,95
Okt	-3,71	-3,17	-2,99	-5,64	-5,96	-5,70	-3,99	-5,39	-3,17		4,24	3,58
Nov	0,10	0,94	1,01	-1,82	-2,27	-1,81	-0,09	-1,48	1,38	3,94		8,32
Dez	2,51	3,44	3,49	0,22	-0,29	0,05	1,79	0,35	3,20	5,38	1,04	
	Jan	Feb	Mär	Apr	Mai	Jun	Jul	Aug	Sep	Okt	Nov	Dez

Monatsstatistiken

	Anzahl Monate	durchschn. Performance	positive Monate	durchschn. Performance	negative Monate	durchschn. Performance	Gewinn-Wahr-scheinlichkeit	Monats-hoch am	Monats-tief am
Jan	21	8,25%	14	15,21%	7	-5,67%	0,67%	31.01	01.01
Feb	21	-0,21%	12	5,43%	9	-7,74%	0,57%	18.02	24.02
Mar	21	1,34%	10	7,43%	11	-4,20%	0,48%	28.03	01.03
Apr	21	3,98%	15	9,86%	6	-10,73%	0,71%	28.04	03.04
May	21	0,63%	13	4,07%	8	-4,97%	0,62%	23.05	08.05
Jun	21	-1,38%	9	5,43%	12	-6,49%	0,43%	04.06	26.06
Jul	21	-3,09%	9	4,03%	12	-8,42%	0,43%	14.07	27.07
Aug	21	0,91%	13	4,72%	8	-5,28%	0,62%	29.08	05.08
Sep	21	-2,16%	9	5,62%	12	-8,00%	0,43%	07.09	27.09
Oct	21	-4,26%	9	9,09%	12	-14,27%	0,43%	02.10	27.10
Nov	21	3,44%	11	11,46%	10	-5,38%	0,52%	27.11	11.11
Dec	21	1,98%	14	7,66%	7	-9,37%	0,67%	31.12	10.12

9. Beginn Anlagzyklus nach Monaten sortiert

9.1 Beginn Anlagezyklus per Ende Januar

Name	WKN	Einstieg	Ausstieg	Index
Arcandor	627500	Januar	Juni	MDax
Campbell Soup	850561	Januar	Dezember	S&P 100
Carrefour	852362	Januar	Dezember	EuroStoxx 50
Home Depot	866953	Januar	Dezember	Dow-Jones
Unilever	A0JMZB	Januar	Dezember	EuroStoxx 50

9.2 Beginn Anlagezyklus per Ende Februar

Name	WKN	Einstieg	Ausstieg	Index
AEP	850222	Februar	Dezember	S&P 100
AES Corp.	882177	Februar	Dezember	S&P 100
Cisco Systems	878841	Februar	Januar	S&P 100
Clear Channel	873046	Februar	Januar	S&P 100
EMC	872526	Februar	Januar	S&P 100
Entergy	889290	Februar	Januar	S&P 100
Exelon	852011	Februar	Dezember	S&P 100
Pfizer	852009	Februar	Januar	Dow-Jones
Tyco International	907902	Februar	Dezember	S&P 100
UPS	929198	Februar	November	S&P 100
Wells Fargo	857949	Februar	Januar	S&P 100

9.3 Beginn Anlagezyklus per Ende März

Name	WKN	Einstieg	Ausstieg	Index
Altria	200417	März	Februar	Dow-Jones
Bristol-Myers S.	850501	März	Dezember	S&P
Comcast	157485	März	Januar	S&P
Hartford Financial	898521	März	Dezember	S&P
IBM	851399	März	Januar	Dow-Jones
Merck & Co.	851719	März	Februar	Dow-Jones
Procter & Gamble	852062	März	Dezember	Dow-Jones
Sanofi-Synthelabo	920657	März	Dezember	EuroStoxx 50
Verizon Communic.	868402	März	Januar	Dow-Jones

9.4 Beginn Anlagezyklus per Ende April

Name	WKN	Einstieg	Ausstieg	Index
H.J. Heinz	851291	April	Dezember	S&P 100
Lehman Brothers	891041	April	März	S&P 100
Medtronic	858486	April	Januar	S&P 100
Norddeutsche Aff.	676650	April	Februar	MDax
Sara Lee	850788	April	März	S&P 100
Software AG	330400	April	Februar	TecDax
Southern Co	852523	April	Dezember	S&P 100
Wal-Mart Stores	860853	April	März	Dow-Jones

9.5 Beginn Anlagezyklus per Ende Mai

Name	WKN	Einstieg	Ausstieg	Index
Altana	760080	Mai	April	MDax
BB Biotech	888509	Mai	März	TecDax
Fedex	912029	Mai	März	S&P 100
Goldman Sachs G.	920332	Mai	März	S&P 100
Salzgitter	620200	Mai	März	MDax
Vinci	867475	Mai	April	EuroStoxx 50

9.6 Beginn Anlagezyklus per Ende Juni

Name	WKN	Einstieg	Ausstieg	Index
Amgen	867900	Juni	Mai	S&P 100
Anheuser-Busch	865178	Juni	Mai	S&P 100
ARCELORMITTAL	A0M0Z0	Juni	Februar	EuroStoxx 50
Conoco Phillips	575302	Juni	Mai	S&P 100
Crédit Agricole	982285	Juni	April	EuroStoxx 50
Dell Computer	121092	Juni	Mai	S&P 100
Fresenius	578563	Juni	April	MDax
Johnson & Johnson	853260	Juni	Mai	Dow-Jones
Williams Cos.	855451	Juni	Mai	S&P 100

9.7 Beginn Anlagezyklus per Ende Juli

Name	WKN	Einstieg	Ausstieg	Index
El Paso	915925	Juli	Mai	S&P 100
GPC Biotech	585150	Juli	Juni	TecDax
Iberdrola	A0M46B	Juli	Juni	EuroStoxx 50
Kraft Foods	655910	Juli	Mai	S&P 100
Microsoft	870747	Juli	Juni	Dow-Jones
National Semi.	857469	Juli	Mai	S&P 100

Name	WKN	Einstieg	Ausstieg	Index
Solarworld	510840	Juli	Juni	TecDax
Sprint Nextel	857165	Juli	Mai	S&P 100
Tele Atlas	927101	Juli	Juni	TecDax
Time Warner	592629	Juli	Mai	S&P 100
Total	850727	Juli	Juni	EuroStoxx 50
Wachovia	868326	Juli	Mai	S&P 100

9.8 Beginn Anlagezyklus per Ende August

Name	WKN	Einstieg	Ausstieg	Index
Abbott Labaratories	850103	August	Juli	S&P 100
Allstate	886429	August	Juli	S&P 100
American Intern. G.	859520	August	Juli	Dow-Jones
Arques AG	515600	August	April	MDax
AT&T	A0HL9Z	August	Juni	Dow-Jones
Burlington Northern	897261	August	Mai	S&P 100
Capitol One Fin.	893413	August	Juni	S&P 100
Colgate-Palmolive	850667	August	Juli	S&P 100
Exxon Mobil	852549	August	Juli	Dow-Jones
Merck KGaA	659990	August	Mai	DAX 30
MLP	656990	August	Juli	MDax
Morphosys	663200	August	Februar	TecDax
Nokia	870737	August	Juni	EuroStoxx 50
Norfolk Southern	867028	August	Juli	S&P 100
Oracle	871460	August	Juli	S&P 100
PepsiCo	851995	August	Juli	S&P 100
Schwarz Pharma	722190	August	Juni	MDax
Target	856243	August	Juli	S&P 100
Techem	547160	August	Juli	MDax

9.9 Beginn Anlagezyklus per Ende September

Name	WKN	Einstieg	Ausstieg	Index
3M	851745	September	Mai	Dow-Jones
adidas	500340	September	Juni	DAX 30
Adva	510300	September	Februar	TecDax
Aegon	A0JL2Y	September	August	EuroStoxx 50
Aixtron	506620	September	April	TecDax
Alcatel	873102	September	Mai	EuroStoxx 50
Alcoa	850206	September	Juli	Dow-Jones
Allegheny Tech.	931083	September	Juni	S&P 100
Allianz	840400	September	Juli	DAX 30
Apple Computer	865985	September	August	S&P 100
Assicurazioni G.	850312	September	Juli	EuroStoxx 50
Avon Products	853836	September	Juni	S&P 100
AWD	508590	September	Mai	MDax
AXA	855705	September	April	EuroStoxx 50
Banca Intesa	850605	September	April	EuroStoxx 50
Banco Santander	858872	September	Mai	EuroStoxx 50
Bank of America	858388	September	Juli	S&P 100
BASF	515100	September	Juli	DAX 30
Bayer	575200	September	Juli	DAX 30
BBVA	875774	September	August	EuroStoxx 50
Bechtle	515870	September	Februar	TecDax
BMW	519000	September	Juli	DAX 30
BNP Paribas	887771	September	Juli	EuroStoxx 50
Carl-Zeiss Meditec	531370	September	Januar	TecDax
Caterpillar	850598	September	Juli	Dow-Jones
Celesio AG	CLS100	September	August	S&P 100
Citigroup	871904	September	Juli	Dow-Jones
Coca-Cola	850663	September	Juli	Dow-Jones

Name	WKN	Einstieg	Ausstieg	Index
Commerzbank	803200	September	Juli	DAX 30
Computer Sciences	855862	September	Mai	S&P 100
Daimler	710000	September	Juli	DAX 30
Deutsche Bank	514000	September	Juli	DAX 30
Deutsche Börse	581005	September	Mai	DAX 30
Deutsche Börse	581005	September	Mai	EuroStoxx 50
Deutsche Post	555200	September	Mai	DAX 30
Deutsche Telekom	555750	September	April	DAX 30
Dow Chemical	850917	September	Mai	S&P 100
Du Pont	852046	September	Mai	Dow-Jones
E.ON	761440	September	Juni	DAX 30
EADS	938914	September	Juli	MDax
Enel	928624	September	Mai	EuroStoxx 50
Epcos	512800	September	Mai	TecDax
Evotec OAI	566480	September	April	TecDax
Fortis B	982570	September	Juli	EuroStoxx 50
France Telecom	906849	September	Januar	EuroStoxx 50
freenet AG	A0EAMMF	September	Februar	TecDax
Fresenius Medical	578580	September	Juli	DAX 30
GEA Group AG	660200	September	Juli	MDax
General Electric	851144	September	Juli	Dow-Jones
Hannover Rück	840221	September	Juli	MDax
HeidelbergCement	604700	September	Juli	MDax
Heidelberger Druck.	731400	September	Mai	MDax
Henkel	604843	September	Juli	DAX 30
Hochtief	607000	September	Mai	MDax
Honeywell	870153	September	Mai	Dow-Jones
Hugo Boss	524553	September	März	MDax
IDS Scheer	625700	September	Juli	TecDax

Name	WKN	Einstieg	Ausstieg	Index
Infineon	623100	September	November	DAX 30
ING Groep	881111	September	Juli	EuroStoxx 50
Intel	855681	September	Juli	Dow-Jones
International Paper	851413	September	Mai	S&P
IVG Immobilien AG	620570	September	Juli	MDax
Jenoptik	622910	September	Mai	TecDax
JP Morgan Chase	850628	September	Mai	Dow-Jones
Kontron	605395	September	Juni	TecDax
Leoni	540888	September	Mai	MDax
Limited Brands	864007	September	Juni	S&P 100
L'Oréal	853888	September	Juli	EuroStoxx 50
Lufthansa	823212	September	August	DAX 30
LVMH	853292	September	Juli	EuroStoxx 50
MAN (Stammaktie)	593700	September	Juli	DAX 30
McDonald's	856958	September	Mai	Dow-Jones
Merrill Lynch	852935	September	Juli	S&P 100
Metro (Stammaktie)	725750	September	Juli	DAX 30
Morgan Stanley	885836	September	Juli	S&P 100
Münchener Rück	843002	September	Juli	DAX 30
Pfeiffer Vacuum	691660	September	April	TecDax
Pfleiderer	676474	September	Juni	MDax
ProSieben Sat.1 Media.	777117	September	August	MDax
Qiagen	901626	September	Mai	TecDax
QSC	513700	September	April	TecDax
Renault	893113	September	Juli	EuroStoxx 50
Repsol	876845	September	August	EuroStoxx 50
Rockwell Auto.	903978	September	Mai	S&P 100
Rofin-Sinar	902757	September	Mai	TecDax

Name	WKN	Einstieg	Ausstieg	Index
RWE (Stammaktie)	703712	September	August	DAX 30
SAP	716460	September	Juli	DAX 30
Schneider Electric	860180	September	April	EuroStoxx 50
SGL Carbon	723530	September	Juli	MDax
Siemens	723610	September	Juli	DAX 30
Singulus Tech.	723890	September	April	TecDax
Société Générale	873403	September	Juli	EuroStoxx 50
St. Gobain	872087	September	Mai	EuroStoxx 50
Südzucker	729700	September	Juli	MDax
Suez Lyonnaise	852491	September	Mai	EuroStoxx 50
Telecom Italia	120470	September	Mai	EuroStoxx 50
Telefonica	869961	September	Juli	EuroStoxx 50
Texas Instruments	852654	September	Mai	S&P 100
ThyssenKrupp	750000	September	Juli	DAX 30
U.S. Bancorp	917523	September	Mai	S&P 100
Unicredito Italiano	850832	September	August	EuroStoxx 50
United Internet	508903	September	Juli	TecDax
United Technologies	852759	September	Juli	Dow-Jones
Vivendi Universal	591068	September	Mai	EuroStoxx 50
Vossloh	766710	September	August	MDax
VW (Stammaktie)	766400	September	Juni	DAX 30
VW (Stammaktie)	766400	September	Juni	EuroStoxx 50
Walt Disney	855686	September	Mai	Dow-Jones

9.10 Beginn Anlagezyklus per Ende Oktober

Name	WKN	Einstieg	Ausstieg	Index
Air Liquide	850133	Oktober	Juli	EuroStoxx 50
American Express	850226	Oktober	Juli	Dow-Jones
Baxter International	853815	Oktober	Juli	S&P 100
Beiersdorf	520000	Oktober	Juli	MDax
Bilfinger Berger	590900	Oktober	Mai	MDax
Boeing	850471	Oktober	Juli	Dow-Jones
Cigna	866918	Oktober	Juni	S&P 100
Continental	543900	Oktober	Juli	DAX 30
CVS Caremark	859034	Oktober	Juli	S&P 100
Deutsche Euroshop	748020	Oktober	April	MDax
ENI	897791	Oktober	September	EuroStoxx 50
Ford Motor	502391	Oktober	Juni	S&P 100
Fraport	577330	Oktober	August	MDax
General Motors	850000	Oktober	Juli	Dow-Jones
Groupe Danone	851194	Oktober	Juni	EuroStoxx 50
Harrah's Entertain.	878809	Oktober	September	S&P 100
HP Hewlett-Packard	851301	Oktober	Mai	Dow-Jones
Krones	633500	Oktober	Juni	MDax
Linde	648300	Oktober	Juli	DAX 30
Philips Electronics	940602	Oktober	Juli	EuroStoxx 50
Raytheon	785159	Oktober	Juli	S&P 100
Stada Arzneimittel	725180	Oktober	August	MDax
TUI	TUAG00	Oktober	Juli	DAX 30
Weyerhaeuser	854357	Oktober	April	S&P 100
Xerox	853906	Oktober	Mai	S&P 100

9.11 Beginn Anlagezyklus per Ende November

Name	WKN	Einstieg	Ausstieg	Index
AMB Generali H.	840002	November	Juli	MDax
Baker Hughes	872933	November	Mai	S&P 100
Celesio	CLS100F	November	August	MDax
ChevronTexaco	852552	November	Juli	S&P 100
Deutz	630500	November	August	MDax
General Dynamics	851143	November	Oktober	S&P 100
Halliburton Co.	853986	November	Mai	S&P 100
IKB Deutsche I.	806330	November	August	MDax
K+S	716200	November	Juli	MDax
KUKA	620440	November	Juni	MDax
Rheinmetall	703000	November	Mai	MDax
Rhön-Klinikum	704230	November	Oktober	MDax
Schlumberger	853390	November	Oktober	S&P 100

9.12 Beginn Anlagezyklus per Ende Dezember

Name	WKN	Einstieg	Ausstieg	Index
Douglas Holding	609900	Dezember	August	MDax
Drägerwerk	555063	Dezember	Juni	TecDax
Puma	696960	Dezember	August	MDax

10. Aktien-Verzeichnis

Thomas Müller

Gewinnen mit Börsenzyklen

9. Auflage 2008, 258 Seiten, gebunden,
Euro 39,95
ISBN 978-3-930851-65-2

„Für Thomas Müller ist die Kenntnis solcher Börsenzyklen eine ‚mächtige Waffe im Arsenal eines jeden Anlegers oder Analysten'. In seinem Buch ‚Gewinnen mit Börsenzyklen' beschreibt der Experte, dass Dax und Dow-Jones dazu neigen, wesentliche Hochpunkte um den Jahrzehntwechsel zu markieren. Die Indizes würden entscheidende Tiefpunkte während der ersten Hälfte eines Jahrzehnts oder in Jahren, die mit einer ‚2' enden, erreichen." *Handelsblatt*

„Es wird Zeit, dass die in den USA schon weiter verbreitete Zyklen-Technik endlich auch nach Deutschland kommt. Besonders bemerkenswert an dem Buch von Thomas Müller ist die akribische Auswertung der deutschen Daten. Damit hat der Anleger auch hierzulande eine fundierte Grundlage für seine Anlageentscheidung." *Oliver Janich, Leiter Anlagestrategie Focus Money*

„Thomas Müller gelingt mit seinem aktuellen Bestseller die Übertragung des in den USA weit verbreiteten Zyklen-Gedankens auf Deutschland in exzellenter Art und Weise. Müller schildert umfassend und kenntnisreich die verschiedenen Zyklen, die Einfluss auf das Geschehen an den Märkten nehmen. Mit diesen Informationen bewaffnet, müssen Anleger in Zukunft vor keiner Marktphase mehr Angst haben." *Sebastian Grebe, Börsenmedien (Der Aktionär)*

„Aus langjähriger Erfahrung weiß ich, wie wichtig es ist, niemals gegen die Statistik zu handeln. Saisonalitäten und Zyklen sind in meinen Augen sichtbar gemachte Statistik. Insofern kann man das neue Buch von Thomas Müller gar nicht hoch genug einordnen. Ein unverzichtbares Werk für jeden, der das zufällige Element in seinem Trading gering halten möchte."

Lothar Albert, Chefredakteur Traders

www.boersenzyklen.de